Die Robinsonade ist die Vorgeschichte der Utopie:
Nicht weit vom Ufer Utopias liegt das Wrack
des gescheiterten Schiffes, aber Robinson hat sich
an Land gerettet, und seine Fähigkeit zu lernen
hat überlebt. Gesunken ist die Fracht des Wissens,
aber sein Können ist regenerierbar.

Gustav Württemberger

Genehmigte Lizenzausgabe für Verlagsgruppe Weltbild GmbH,
Steinerne Furt, 86167 Augsburg

Umschlaggestaltung: Studio Höpfner-Thoma, München
Umschlagmotiv: Eichborn AG, Frankfurt am Main
Gesamtherstellung: Stalling GmbH & Co. KG, Ammergaustraße 72–74, 26123 Oldenburg

Printed in Germany

ISBN 3-8289-1994-4

2004 2003
Die letzte Jahreszahl gibt die aktuelle Lizenzausgabe an.

Dietrich Schwanitz

BILDUNG

ALLES, WAS MAN WISSEN MUSS

Weltbild

An den Leser

Wer hat nicht das Gefühl der Frustration gekannt, als ihm in der Schule der Lernstoff wie tot erschien, wie eine Anhäufung uninteressanter Fakten, die mit dem eigenen pulsierenden Leben nichts zu tun hatten?

Diejenigen, deren Schulzeit durch solche Erfahrungen geprägt wurde, entdecken den Reichtum unserer Kultur dann oft viel später und reiben sich die Augen. Wieso ist ihnen nicht früher schon aufgegangen, daß das Studium der Geschichte die eigene Gesellschaft erst verständlich macht und, wie geistiges Menthol, den Sinn dafür weckt, wie unwahrscheinlich sie ist? Daß große Literatur kein öder Bildungsstoff ist, sondern eine Form der Magie, bei der man an Erfahrungen teilnehmen und sie gleichzeitig beobachten kann? Wer hat nicht schon erlebt, daß ein Gedanke, der einen ehemals kalt gelassen hat, plötzlich zu leuchten beginnt wie ein explodierender Stern?

Ein Buch mit dem ganzen Marschgepäck, das man Bildung nennt

Es gibt immer mehr Menschen, die solche Erfahrungen machen. Das liegt daran, daß unser Wissen im Umbruch und unser Bildungssystem in der Krise ist. Der alte Bildungsstoff scheint fremd geworden und ist in Formeln erstarrt. Auch die Bildungsprofis vertreten ihn nicht mehr mit Überzeugung. Da wir uns weiterentwickelt haben, müssen wir mit unserem kulturellen Wissen von einem neuen Standort aus wieder ins Gespräch kommen. Daß wir das tun, wünschen sich viele, die sich mit unserem Bildungssystem schwertun.

Das sind Menschen, die Wissen nur dann aufgreifen können, wenn es wirklich für sie etwas bedeutet; Schüler und Studenten, die die Aufnahme von allem musealen Bildungsmüll verweigern, weil ihr Wahrnehmungsorgan aus der eigenen Lebendigkeit besteht. Es geht also um diejenigen unter uns, die das Bedürfnis haben, ihr Leben durch den Zugang zu unserem kulturellen Wissen zu bereichern und ins Gespräch der Zivilisation einzutreten, wenn man sie nur ließe. Für sie ist dieses Handbuch geschrieben. Dabei habe ich unser kulturelles Wissen unter dem Blickwinkel gesichtet: Was trägt es zu unserer Selbsterkenntnis bei? Wie kam es, daß die moderne Gesellschaft, der Staat, die Wissenschaft, die Demokratie, die Verwaltung in Europa und nicht anderswo entstanden? Wieso ist es so wichtig, Figuren wie Don Quijote, Hamlet, Faust, Robinson, Falstaff und Dr. Jekyll und Mr. Hyde zu seinen guten Bekannten zu zählen? Was hat Heidegger gesagt, was wir nicht schon wußten? Wo war das Unbewußte vor Freud?

Nach dieser Sichtung habe ich die Geschichte Europas als große Erzählung so präsentiert, daß man den Überblick über den Zusammenhang behält. Dabei habe ich mich ebenso wie bei der Darstellung der Literatur, der Kunst, der Musik, der Philosophie und Wissenschaft darum bemüht, etwas von der Aufregung zu vermitteln, die einen ergreift, wenn man die Kühnheit ihrer Konstruktionen versteht und zu ahnen beginnt, sie könnten unseren Blick auf die Welt für immer verändern und uns zu neuen Menschen machen.

Um dieses lebendige Verhältnis zu unserem Bildungswissen zu gewinnen, ist eines nötig: Man muß allen weihevollen Zinnober, alle Imponiereffekte und allen Begriffsnebel beiseite räumen. Der Respekt vor den kulturellen Leistungen der Autoren muß aus dem Verständnis und der Vertrautheit kommen und nicht aus der Imitation der Verbeugungen anderer vor unverstandenen Götzen. Ihr Kult wird in diesem Handbuch durch Respektlosigkeit zerstört. Deshalb wird das Bildungswissen aus den Formelpanzern herausgeschält und einer sprachlichen Massage unterworfen, mit dem Ziel, daß jeder es verstehen kann, der das will. Gerade wenn man unnötige Verständnisbarrieren wegräumt, braucht man in der Darstellung der Sache keine Kompromisse zu machen, sondern kann die schwierigsten Zusammenhänge erläutern: Wer den Eindruck gewinnt, daß es sich lohnt, wird sich anstrengen.

Ich habe das Gefühl, daß die Zeit reif ist für so ein Buch. Und ich finde, die Leser haben ein Recht darauf. Ich empfinde mit denen, die nach Erkenntnissen suchen und die man mit Formeln abspeist: Früher ist es mir genauso gegangen. Deshalb habe ich das Buch geschrieben, das ich damals gebraucht hätte – das Buch mit dem ganzen Marschgepäck, das man Bildung nennt.

Inhalt

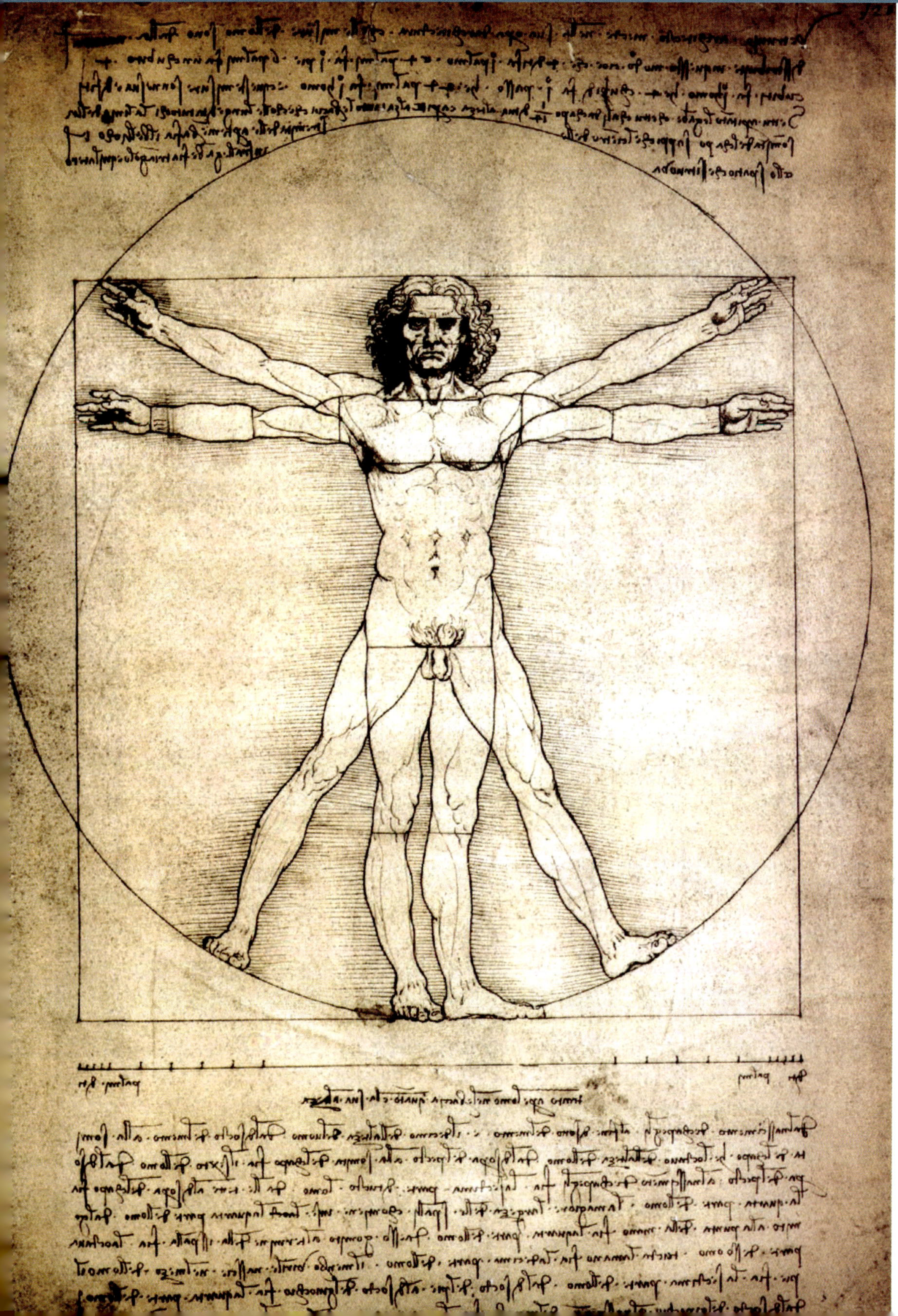

Ausführliches Inhaltsverzeichnis

Übersicht

Zwei Kulturen, zwei Völker, zwei Texte.

Die klassische Antike – Kultur und Geschichte

Das Mittelalter

Die Neuzeit

Die Reformation und die Entstehung der europäischen Staaten

Das 17. Jahrhundert

Das 18. Jahrhundert: Aufklärung, Modernisierung und Revolution

Das 19. Jahrhundert

Das 20. Jahrhundert

Die europäische **Literatur**

Formensprache

Die großen Werke

Theater

Die Geschichte der Kunst

Die Geschichte der Musik

Große Philosophen, Ideologien, Theorien und wissenschaftliche Weltbilder

Philosophen

Theorieszene und Meinungsmarkt

Wissenschaft und ihre Weltbilder

Zur Geschichte der Geschlechterdebatte

Können

Teil 1: Wissen

Einleitung über den Zustand der Schulen und des Bildungssystems, die man ohne weiteres überspringen kann

Hier schildern wir den deprimierenden Zustand der deutschen Schulen als Hintergrund dafür, daß der Sinn für Geschichte amputiert und die Orientierung an sprachlichen Normen und literarischen Standards aufgegeben wurden. Danach gehen wir auf die Notengebung ein, erläutern die Möglichkeiten der Schüler, alles mit allem zu kompensieren, so daß es zu einer Vermischung von Wichtigem und Unwichtigem kommt, und schildern die Hilflosigkeit und das Elend der Lehrer, die in ihrer schweren Aufgabe von den Kulturpolitikern im Stich gelassen wurden. Anschließend schildern wir die Konsequenzen, die das für die einzelnen Fächer hat, und leiten daraus unsere Schlüsse für die eigene Darstellung ab.

Die Geschichte Europas

Die Erzählung beginnt mit den beiden wichtigsten Quellen unserer Kultur: den Berichten vom griechischen Götterhimmel, der Belagerung Trojas und den Irrfahrten des Odysseus sowie mit der Hebräischen Bibel. Sie schildert die erstaunlichen kulturellen Erfindungen Athens wie die Philosophie, die Demokratie, die Kunst und das Theater, geht dann zur römischen Geschichte über, verfolgt den Übergang von der Republik zum Kaisertum, beschreibt die Krise des Imperiums und die Christianisierung sowie den Untergang des Reiches in der Völkerwanderung der Germanen und der Araber und die Entstehung des Lehnswesens im Frankenreich. Die Darstellung des

Der *Parthenon-Fries* an der Athener Akropolis – die Berichte vom griechischen Götterhimmel sind eine Quelle unserer Kultur.

Lebensformen des Mittelalters – beispielsweise das Kloster: auf dem Bild wird eins erbaut.

Mittelalters orientiert sich an exemplarischen Strukturen und konzentriert sich auf die Lebensformen des Klosters, der Stadt, des Rittertums etc. und vermittelt so einen Eindruck vom religiösen Erleben, der hierarchischen Gesellschaft und dem mittelalterlichen Weltbild.
Bei der Darstellung der Renaissance bewundern wir die großen Künstler und verfolgen die Entstehung des neuzeitlichen Europa aus der Reformation und den Glaubenskriegen. Von da ab orientieren wir unsere Erzählung am Prozeß der Modernisierung, die auf drei verschiedenen Wegen erfolgte: dem liberal-parlamentarischen in England, den USA, Holland und der Schweiz, dem der aus dem Absolutismus geborenen Revolution in Frankreich und dem der autoritären Modernisierung von oben in Preußen und Rußland. Dieser Prozeß wird anhand der Geschichte der modernen Staaten nachgezeichnet, wobei ein besonderer Akzent auf der Entwicklung Englands liegt, weil hier die politischen Institutionen erfunden werden, die wir selbst übernommen haben. Der letzte Teil schildert Europas Weg in die Katastrophe, die in den finstersten Tyranneien gipfelte, die je die Welt in Schrecken versetzt haben, und landet schließlich bei dem kulturellen Neubeginn, der damit nötig wird.

Die europäische Literatur

Hier beschäftigen wir uns zunächst mit der Formensprache der Literatur, die aus zwei Koordinaten gewonnen wird: der Stilhöhe und den Verlaufsformen der dargestellten Geschichten. Dann diskutieren wir anhand der Biographie Goethes die Form des Bildungsromans und den Zusammenhang von Biographie und Bildung, was diesen Abschnitt in den Rang eines verspäteten Vorworts des Bildungshandbuches erhebt. Als nächstes folgt die Darstellung bedeutender Werke der europäischen Literatur, wodurch nebenbei eine kleine Geschichte des

Romans abfällt. Nach einer einleitenden Abhandlung über den Zusammenhang von Genie und Wahnsinn erleben wir ein Theaterstück, das in einer Irrenanstalt spielt. Darin diskutieren fünf Insassen, die sich für die Dramatiker Shaw, Pirandello, Brecht, Ionesco und Beckett halten, das moderne Drama, während ihr Dialog die dramatischen Formen vorführt, die sie selbst erfunden haben: das Diskussionsstück, das Meta-Drama, das Lehrstück, das absurde Drama und die metaphysische Farce.

Die Geschichte der Kunst

Eine Art Museumsbesuch führt uns zuerst durch die Stilgeschichte der Romanik und Gotik, der Kunst der Renaissance, des Barock, des Rokoko, des Klassizismus und der Romantik bis zum Impressionismus und macht uns mit dem Werk der wichtigsten Maler bekannt. Dann bringt uns ein Fahrstuhl in die Abteilung für Moderne Kunst, die in einem Modell des Museums im Museum untergebracht ist. Dort geht es nicht mehr darum, sich andächtig in die Werke der Kunst zu versenken, sondern neu sehen zu lernen. Das wird mit Hilfe von Paradoxen, Rätseln, Filmvorführungen, Diavorträgen und Bildbeschreibungen bewerkstelligt, die eine Ahnung davon vermitteln sollen, daß die moderne Kunst das Werk in einen Prozeß der Beobachtung verwandelt.

Geschichte der Musik

Dieses Kapitel führt in die Grundlagen der Musiktheorie ein und macht mit ein paar technischen Begriffen bekannt. Nach einer Darstellung der pythagoreischen Weltmusik und der mittelalterlichen Musik werden die Leistungen der großen Komponisten von Händel bis Schönberg gewürdigt sowie einiges aus ihren Biographien erzählt.

Große Philosophen, Ideologien, Theorien und wissenschaftliche Weltbilder

Zunächst stellen wir die wichtigsten Philosophen und ihre Entwürfe unter dem Aspekt der uns heute noch interessierenden Fragen vor: Descartes, Hobbes, Locke, Leibniz, Kant, Hegel, Schopenhauer, Marx, Nietzsche, Heidegger. Dann diskutieren wir die Ideologien und Theorien, die heute den intellektuellen Meinungsmarkt beherrschen, wie Marxismus, Liberalismus, Kritische Theorie, Diskurstheorie, Dekonstruktivismus, Psychoanalyse; schließlich versuchen wir, uns ein Bild vom Fortschritt der Wissenschaft zu machen, und gehen auf die wissenschaftlichen Konzepte ein, die unser Weltbild besonders geprägt haben.

Zur Geschichte der Geschlechterdebatte

Zum zivilisatorischen Mindeststandard gehört, daß man sich mit den Grundpositionen der Geschlechterdebatte auskennt. In diesem Kapitel wird deshalb gezeigt, wie das Verhältnis zwischen biologischem Geschlecht und sozialer Rolle sich im Laufe der Geschichte ändert; wie diese Änderungen vom Funktionswandel der Familie abhängen; und wie daraus die Frauenbewegung mit ihrem Kampf um politische und rechtliche Gleichberechtigung und der Feminismus mit dem Programm einer Änderung der kulturellen Symbolsysteme entstanden sind. Dabei wird festgestellt, daß sich das zivilisatorische Niveau bei wachsendem Einfluß der Frauen in der Geschichte immer gehoben hat.

Raffael: *Die drei Grazien* – das Verhältnis von Geschlecht und sozialer Rolle ändert sich im Laufe der Geschichte.

Teil 2: Können

Einleitung über die Regeln, nach denen man unter Gebildeten kommuniziert; ein Kapitel, das man auf keinen Fall überspringen sollte

Zur Bildung gehört nicht nur Wissen, sondern auch die Fähigkeit, Bildung als soziales Spiel zu beherrschen. Unsere Analyse zeigt, daß die Regeln dieses Spiels äußerst paradox und schwer durchschaubar sind, weshalb sie in anderen Handbüchern noch nie behandelt wurden.

Das Haus der Sprache

Da nichts so viel über die Bildung eines Menschen verrät wie seine Sprache, werden hier Hinweise für einen souveränen Umgang mit der Sprache gegeben. Diese Empfehlungen betreffen das Verständnis von Fremdwörtern, die Fähigkeit, zwischen mündlichem und schriftlichem Sprachgebrauch mühelos zu wechseln, Dinge umzuformulieren und sich einen Einblick in die Struktur der Sprache zu verschaffen. Danach wird gezeigt, daß die Produktivität der Sprache aus der erotischen Beziehung zweier Prinzipien herrührt: des Satzbaus und des Lexikons der Wortklassen; und wie daraus dann all die Stammbäume, Metaphern-Ehen und poetischen Clanbrüderschaften entstehen, die das Haus der Sprache bevölkern.

Die Welt des Buches und der Schrift

Wir zeigen zu Beginn dieses Kapitels, wie wichtig die Metamorphose (Umwandlung) der Sprache von der Rede zum Text für unsere Bildung ist. Und wir äußern unser Bedauern darüber, daß das Fernsehen die dabei erworbene Fähigkeit der Sinnstrukturierung ebenso wie die Gewohnheit des Lesens zerstört und daß die Schulen trotzdem den Anteil des Schriftlichen zugunsten des Mündlichen bei der Leistungsbemessung reduzieren. Dann führen wir den Leser in die Welt der Bücher ein, geben Tips hinsichtlich des Umgangs mit Buchhändlern und Bibliothekaren, beschreiben die psychischen Selbstschutztechniken bei der Konfrontation mit Tausenden von Büchern und geben Empfehlungen darüber ab, wie man aus einem Buch mit möglichst wenig Aufwand möglichst viele Informationen herauspressen kann.
Zuletzt erläutern wir noch einige Typen des Feuilletons.

Länderkunde für die Frau und den Mann von Welt

Da Bildung inzwischen die Teilnahme an einer internationalen Öffentlichkeit mit einschließt, beschäftigt sich dieses Kapitel mit Verhaltensstandards und Umgangsformen in den verschiedenen westlichen Ländern. Aus der deutschen Geschichte wird begründet, warum bei uns der zivilisierende Einfluß der Frauen einer höfischen und großstädtischen Gesellschaft nicht zum Zuge kam und deshalb der Verhaltensstil sich an männlich geprägten Rollen orientierte, mit dem Ergebnis, daß er durchweg weniger liebenswürdig ist als bei unseren Nachbarn. Vor diesem Hintergrund werden die Verhaltensstile der jeweiligen Länder mit Bezug auf ihre historischen Besonderheiten erklärt. Dabei behandeln wir die USA, Großbritannien, Frankreich, Spanien, Italien, Österreich, die Schweiz und Holland.

Intelligenz, Begabung und Kreativität

In diesem Kapitel geben wir einen Einblick in die derzeitige Diskussion über einen Komplex, der für das Selbstwertgefühl vieler Menschen eine entscheidende Rolle spielt: Intelligenz, Begabung und Kreativität. Dabei gehen wir auf die Unterschiede zwischen Kreativität und Intelligenz ein, zeigen, wie unser Gehirn funktioniert und daß es fünf verschiedene Intelligenzen gibt.

Was man nicht wissen sollte

Dieses Kapitel behandelt jene Wissensprovinzen aus dem Land der Trivialität, die man besser im dunkeln läßt, wie etwa den enzyklopädischen Überblick über die Privatverhältnisse von Schauspielern, Adligen und Prominenten; und es informiert über die Regeln, die die kommunikationstechnische Bewirtschaftung von abseitigen oder bildungsfernen, trivialen oder schlichtweg bedenklichen Kenntnissen betreffen.

Das reflexive Wissen

In diesem Kapitel wird gezeigt, daß Bildung ein Wissen ist, das sich selbst einschätzen kann. Vor diesem Hintergrund wird Bilanz gezogen und ein Extrakt aus den verschiedenen Darstellungen formuliert: Was gehört zur allgemeinen Bildung?

Für unsere Bildung ist die Umwandlung der Sprache von der Rede zum Text außerordentlich wichtig. Ihr Ort ist die Welt des Buches und der Schrift.

Das Wesentliche vom Unwesentlichen trennen

Wissen

Einleitung über den Zustand der Schulen und des Bildungssystems, die man ohne weiteres überspringen kann

Als Robinson Crusoe sich nach dem Schiffbruch an Land gerettet und sich einigermaßen erholt hatte, besann er sich auf die Fähigkeiten eines guten Bürgers: Er verschaffte sich einen Überblick über das Wrack; er machte Inventur; er bilanzierte seine Möglichkeiten; und er analysierte seine Situation.

Bildung ist zu einem Schattenreich geworden. In ihm sind die Vorstellungen davon verdampft, was man eigentlich lernen soll

Wir sind, was die Bildung betrifft, in der Lage Robinsons. Wir haben Schiffbruch erlitten. Das ist schlimm, aber es ist keine Katastrophe, solange man seine Moral behält, nicht in Panik gerät, lernfähig ist und zäh genug, alles wieder neu aufzubauen. Machen wir also Inventur. Sichten wir das Wissen und trennen wir das Wesentliche vom Unwesentlichen. Überprüfen wir unsere Maßstäbe. Korrigieren wir unsere Fehler. Und gewinnen wir dabei unsere Urteilsfähigkeit zurück. Wie ist die Lage, wenn wir sie nicht beschönigen?

Die drei monströsen Schwestern: die Gorgonen

Bildung ist zu einem Schattenreich geworden. In ihm sind die Vorstellungen davon verdampft, was man eigentlich lernen soll. Eine ernsthafte, fachlich solide Überlegung über Bildungsziele findet nirgendwo statt. Statt dessen herrschen die beiden Schwestern – die große Verunsicherung und die große Unübersichtlichkeit.

Immer neue Modelle werden durchgespielt. Die Schule ist zum Prinzip des Tauschhandels zurückgekehrt. Deutsch kann durch Sport ausgeglichen werden und Mathematik durch Religion. Punkte in Leistungskursen zählen doppelt soviel wie die in gewöhnlichen Kursen. Das hat die Schule zu einem Markt gemacht, auf dem Zensuren gehandelt werden und die Schüler mit den Lehrern um Prozentpunkte feilschen. Daß alles mit allem kombinierbar, alles austauschbar und alles kompensierbar ist, hat die dritte der Gorgonenschwestern inthronisiert: die große Beliebigkeit.

Wir sind, was die Bildung betrifft, in der Lage Robinson Crusoes. Wir haben Schiffbruch erlitten.

Ihre Herrschaft hat die Idee vom unaustauschbaren, mit der Sache verbundenen Bildungswert eines Faches verdunsten lassen. Das Grundprinzip jeder Ordnung von Wissensbeständen wurde fallengelassen: die Unterscheidung von Wesentlichem und Austauschbarem, von Zentralem und Randständigem, Pflicht und Kür, Kernfächern und Wahlfächern.
Mythos und Kosmologie lehren uns: Wenn die Entwicklung einen Tiefpunkt erreicht hat, ist es Zeit für eine Umkehr; die längste Nacht ist zugleich auch die Sonnenwende; nach dem Abstieg in die Hölle erfolgt die Auferstehung. Deshalb ist es an der Zeit, die Herrschaft der drei Schwestern zu beenden – der großen Verunsicherung, der großen Unübersichtlichkeit und der großen Beliebigkeit. Zu den mythologischen Gorgonen gehört die Medusa, deren Blick tötet; hält man ihr den Spiegel vor, tötet sie sich selbst. Fangen wir damit an.

An den Schulen brachen die Normen zusammen. Für Jugendliche war das ein Anlaß, ihre Schule geringzuachten. Die Verachtung ergriff auch die Lehrer.

Schulen

Die Schulen leiden in Deutschland an einem quälenden Widerspruch: Die Schüler sollen überall das gleiche lernen, damit die Abschlüsse – vor allem das Abitur – wenigstens ungefähr das gleiche Niveau haben. Aber jedes Bundesland macht seine eigene Schulpolitik, und wie die aussieht, hängt von der Partei ab, von der es regiert wird. Weil aber in einer Leistungsgesellschaft die Karrieren der Menschen vom Bildungssystem abhängen, ist das Schulwesen zwischen den Parteien besonders umkämpft. Deshalb gibt es die beiden Lager der SPD-Länder und der CDU-Länder. Ein Herzensanliegen der SPD ist die Gesamtschule. Sie wurde auf Kosten der Gymnasien besonders gefördert. Man wollte mit der Gesamtschule die Klassengegensätze abbauen und die Chancen für alle erhöhen, durch Bildung gesellschaftlich aufsteigen und ein reiches und erfülltes Leben führen zu können. Außerdem hoffte man, daß die Gesamtschule das fördern würde, was man »kommunikative Kompetenz« nannte und womit man wechselseitiges Verständnis füreinander meinte.
Die CDU dagegen setzte weiterhin auf das dreigliedrige Schulsystem mit Gymnasien, Realschulen und Hauptschulen. Inzwischen kann man sagen, daß von den Ergebnissen her die CDU diesen Streit gewonnen hat: Die Gesamtschule hat nicht gehalten, was man sich von ihr versprach. Alle Leistungsvergleiche beweisen: Gesamtschüler sind schlechter als Schü-

ler der Gymnasien und sogar als Realschüler vergleichbarer Stufen. Und auch die Hoffnung, daß die Unterlegenheit im Intellektuellen durch eine Überlegenheit in sozialer Kompetenz ausgeglichen wird, hat sich nachweislich nicht erfüllt. Die Untersuchungen sind hier nicht kontrovers, sondern belegen eindeutig: Gesamtschulen weisen eine höhere Gewalt- und Kriminalitätsrate auf als andere Schulen, der Drogenkonsum ist höher und die Rücksichtslosigkeit größer, dafür aber sind die Leistungen in Deutsch und Mathematik geringer. Und im allgemeinen ist das Abitur in Ländern, die lange von der SPD regiert wurden, leichter zu haben als in solchen Bundesländern, in der die CDU ein Dauerabonnement auf die Regierung hatte. Entsprechend wird von einem Abiturienten in Hamburg, Nordrhein-Westfalen oder Hessen weniger verlangt als von einem Abiturienten aus Bayern oder Baden-Württemberg. Trotzdem gilt das Abitur überall als Zugangsberechtigung zum Studium, unabhängig davon, wo es gemacht wurde. Das ist ungerecht in doppeltem Sinne: Der bayerische Abiturient muß mehr leisten, um denselben Notendurchschnitt zu bekommen, als sein Hamburger Mitschüler; der Hamburger kann also leichter die Hürde der Zulassungsbeschränkung eines Numerus-clausus-Faches überwinden. Andererseits hat der Hamburger Hochbegabte keine Möglichkeit, so viel zu lernen wie sein bayerischer Altersgenosse, weil er nicht so gefordert wird. Bei den inflationierten (entwerteten) Zensuren hat er auch keine Chance, sich auszuzeichnen, und sitzt so zusammen mit einem Haufen mittelmäßiger Schüler im gleichen Boot. Bleibt ihm nur zu hoffen, daß seine Begabung und der Zufall ihn nach Amerika führen, wo er dann bleiben wird.

Von einem Abiturienten in Hamburg, Nordrhein-Westfalen oder Hessen wird weniger verlangt als von einem Abiturienten aus Bayern oder Baden-Württemberg.

Unter dem Eindruck dieser deprimierenden Ergebnisse haben die Vertreter der Kultusbürokratie auf ein Mittel zurückgegriffen, das sich bewährt hat und in verzweifelten Lagen immer wieder benutzt wurde. Dafür gibt es viele historische Beispiele: Bekanntgeworden etwa sind die Dörfer des russischen Fürsten Potemkin, der seiner Zarin mit transportablen Fassaden eine Fata Morgana blühender Bauernsiedlungen vorgaukelte, oder die gefälschten

Statistiken des real existierenden Sozialismus oder des Kaisers neue Kleider. Mit anderen Worten: Das Zaubermittel bestand in der Aufrechterhaltung von Fiktionen, der Leugnung der Realität und dem Ignorieren des Offensichtlichen. Die Kultusminister sind in diesem Falle soweit gegangen, wissenschaftliche Untersuchungen zum Leistungsvergleich der Schulen geheimzuhalten.

Deshalb gibt es das Paradox: Fast nirgendwo wird so viel gelogen wie in der Bildungs- und Schulpolitik.

Dabei liegt der Haken des ganzen Konzepts in einem einfachen Fehler, den jedes Kind genauso benennen könnte wie die Blöße des Kaisers: Man verwechselt die Chancengleichheit am Anfang des schulischen Leistungswettbewerbs mit der gewünschten Gleichheit der Ergebnisse am Ende.

Man konnte es einfach nicht ertragen, daß nach der Öffnung des Bildungssystems für alle – unabhängig von der sozialen Herkunft – es ausgerechnet die Schulen waren, die wieder neue Unterschiede schufen: Diese waren nicht mehr Unterschiede der Herkunft, sondern Unterschiede nach Maßgabe von Begabungen, Lernwillen, Einsatzfreude, Interesse und Ehrgeiz. Was tat man? Man höhlte die fundamentale Sozialtechnik aus, auf der aller Unterricht beruht: die Bewertung von Lernfortschritten durch Zensuren, anhand derer ein Schüler sich selbst einschätzen, vergleichen und motivieren kann. Zensuren sind keine absoluten, sondern Vergleichsmaßstäbe; wie Geld machen sie Unvergleichbares vergleichbar. Für jeden sehr guten Schüler gibt es einen mittelmäßigen oder schlechten, der sich von ihm unterscheidet. Ohne schlechte sind gute Schüler nicht zu haben. Das aber wurde geleugnet. Die Zensuren wurden inflationiert. Das war wie bei der Inflation des Geldes: Jeder hat zwar jetzt die Brieftasche voller Tausender, aber dafür konnte er sich nichts kaufen. Jeder Schüler, der nicht direkt schwachsinnig war, bekam jetzt eine passable oder sogar eine hohe Punktzahl; aber sie war nichts mehr wert und hatte ihre Aussagekraft verloren. Was in der Sprache die Phrasen, wurden in den Schulen die Zensuren: sie bedeuteten nichts mehr.

Fast nirgendwo wird so viel gelogen wie in der Bildungs- und Schulpolitik

Damit brachen an den Schulen die Normen zusammen. Für Jugendliche, die von Haus aus sehr normativ denken, war das ein Anlaß, ihre Schule geringzuachten; sie konnten sich mit so einer Institution nicht identifizieren. Die Verachtung ergriff auch die Lehrer, die einem schrecklichen Schicksal ausgesetzt wurden.

Lehrer

Lehrer haben es sowieso schon schwer. Zunächst einmal werden sie von anderen sozialen Gruppen unterschwellig verachtet. Das liegt daran, daß sie nie das Bildungssystem verlassen haben, um sich im Leben außerhalb zu bewähren. Nach der Schulzeit wechseln sie zum Studium an die Universität und gehen von da aus zurück an die Schule, um Beamte zu werden. So etwas kann als Lebensangst und Untüchtigkeit interpretiert werden. Außerdem erinnert sich jeder Mensch besonders deutlich an diejenigen Lehrer aus seiner eigenen Schulzeit, die dort eine klägliche Figur abgegeben haben. Das erhöht die Verachtung. Dazu kommt, daß Lehrer tatsächlich eine bestimmte Berufskrankheit haben: Sie schlagen sich Tag für Tag mit

Jugendlichen und Kindern herum; da bleibt es nicht aus, daß sie leicht infantil werden. Ein ständiger Umgang färbt immer auf den Kommunikationsstil der Gegenseite ab: das ist ein soziales Gesetz. Lehrer können sich deshalb leicht über Nebensächlichkeiten aufregen und aus einer Mücke einen Elefanten machen.

Aber diese Verachtung ist ungerecht gegenüber einem Job, den selbst ein gewiefter Manager oder ein nervenstarker Unternehmer kaum einen Morgen lang durchstehen würde, ohne an Flucht zu denken: Nämlich eine Horde lernunwilliger, ungezogener, an Fernsehunterhaltung gewöhnter Bestien für die Erhabenheit des deutschen Idealismus zu interessieren, während diese nichts anderes im Sinne haben als Attacken auf die Würde des Lehrers zu organisieren. Von diesem täglichen Kampf gegen die schiere Unverschämtheit, die sadistische Bösartigkeit und die seelische Rohheit macht sich außerhalb der Schule niemand eine Vorstellung. Und das Abgefeimteste ist: Der Lehrer muß sich die Ungezogenheit und Ruppigkeit seiner Schüler auch noch selber zurechnen lassen: er ist selbst daran schuld; er hat seine Klasse nicht im Griff, sein Unterricht törnt die Kids nicht an, im Gegenteil, sie fühlen sich angeödet. Man möchte mal sehen, wie man mit Goethes »Iphigenie« die Kids antörnen soll: Ein Mindestmaß an Zivilisiertheit der Kinder wird als selbstverständliche Mitgift des Elternhauses gar nicht mehr erwartet. Ihr Verhalten wird allein aus dem Unterricht erklärt, während sie in Wirklichkeit an Konzentrationsschwäche und Erziehungsdefiziten aus dem Elternhaus leiden.

Lehrer – ein Job, den selbst ein nervenstarker Unternehmer kaum einen Morgen durchstehen würde

In dieser Situation haben die Kultusminister und die Schulbehörden, deren Vertreter wohl die Situation in den Schulen kaum aus eigener Anschauung kennen dürften, den Lehrern die meisten Sanktionsmittel aus den Händen genommen, so daß jetzt absolute Waffenungleichheit besteht. Strafen wie Verweise, Abmahnungen, Benachrichtigungen der Eltern und – bei schweren Vergehen – Androhung des Ausschlusses oder Ausschluß aus der Schule sind so von Vorschriften, Anträgen, Abstimmungen und Schulkonferenzen umstellt, daß jeder Lehrer lieber darauf verzichtet: Er würde sich mit dem Aufwand selbst am meisten bestrafen. Da die Schüler das wissen, verhöhnen sie ihn mit dieser Möglichkeit.

Weil die Lehrer also offiziell an ihren Problemen selbst schuld sind, werden sie auf den Pfad der Lüge gedrängt; sie verheimlichen ihre eigenen Schwierigkeiten. Einen öffentlichen Diskurs (Gedanken- und Meinungsaustausch), in dem sich ihre Probleme beschreiben ließen, gibt es nicht. Auf diese Weise werden Lehrer entsolidarisiert und konkurrieren untereinander mit verlogenem Imagemanagement. Sie fingieren ihren Erfolg und tun so, als hätten sie keine Probleme. In Wirklichkeit sind viele von ihnen tief demoralisiert. Um so mehr, wenn sie einmal linke Erziehungsideale geteilt haben. In ihren eigenen Augen haben sie doppelt versagt und müssen das leugnen, um psychisch zu überleben.

Derweil sind die Schulen fast vollständig zur Beute der politischen Parteien geworden. Kaum ein Schuldirektorposten, der nicht mit Blick auf Parteizugehörigkeit besetzt würde. Die jeweils regierende Landespartei hält sich an der Schulpolitik schadlos, um im nächsten Wahlkampf

Vom täglichen Kampf der Lehrer gegen die schiere Unverschämtheit, die sadistische Bösartigkeit und die seelische Rohheit macht sich außerhalb der Schule niemand eine Vorstellung – auch nicht, angesichts des Ungemachs von Lehrer Lämpel in Wilhelm Buschs *Max und Moritz*.

etwas vorweisen zu können: eine neue Maßnahme, eine aufregende neue Konzeption, ein interessantes neues Etikett. So wird die Schule, die langfristige Planungssicherheit braucht, durch ständige Phantomerfindungen in Unruhe gehalten: Fächerübergreifender Unterricht, Projekte, neue Schulverfassungen, Mitbestimmungsmodelle, Elternbeteiligungen lösen einander ab und verbrauchen die dünne Luft der Hoffnung durch ihre eigene Windigkeit.

Die Schulen sind in einem so jämmerlichen Zustand, daß das Elend völlig unbekannt bleibt, weil sein Ausmaß unglaublich ist

Kurzum, die Schulen sind in einem so jämmerlichen Zustand, daß das Elend völlig unbekannt bleibt, weil sein Ausmaß unglaublich ist.

Das heißt nicht, daß es nicht hie und da funktionierende Schulen, engagierte Direktoren und erfolgreiche Lehrer und halbwegs glückliche Schüler gäbe. Vielleicht gibt es sogar eine ganze Menge von ihnen. Aber solche Schulen sind nicht mehr die Regel und die anderen die Ausnahme; vielmehr gelten die Horrorschulen als ebenso normal wie die anderen.

Das liegt daran, daß die Maßstäbe verlorengegangen sind. Man weiß nicht mehr, was mit welchem Ziel gelehrt werden soll. Weil der alte Bildungskanon verengt und überholt erscheint, hat man Normen überhaupt aufgegeben. Hier liegt der Fehler. Bei dieser Verunsicherung muß jeder Neubeginn ansetzen. Die neuen Maßstäbe sind an der Verwestlichung Deutschlands zu gewinnen, die seit dem Kriegsende politisch und seit 1968 kulturell erfolgt ist und seit 1989 politisch und kulturell für die Ex-DDR nachgeholt wird. Das ist für die einzelnen Bildungsbereiche gesondert zu erläutern.

Geschichte

Das Problem ist hier das große historische Trauma der Nazi-Zeit: Diese Epoche wirkt wie ein implodierter Stern, der sich in ein schwarzes Loch verwandelt hat und alles Licht in seiner Dunkelheit begräbt.

Es ist, als ob es nichts anderes mehr gäbe. Die ganze Geschichte kreist um dieses Geschehen. Das aber verstellt den Blick dafür, daß es noch eine andere Geschichte gibt: die Geschichte Europas, aus deren Traditionen heraus die Zivilisation gerettet und die Tyrannei besiegt wurde. Dies ist eine große Erzählung: Aber eben dieser große Stoff wird in der Schule nicht gelehrt.

Aber jede politische Kultur braucht eine Vorgeschichte, die sie stützt und die sie legitimiert. Ohne eine solche Vorgeschichte werden die Menschen ihre eigene Gesellschaft nicht verstehen. Und zur positiven Identifikation mit der eigenen Kultur gehört mehr als die ständige Vermeidung des Bösen. Die Fixierung auf unsere eigene Katastrophengeschichte reicht nicht aus. Sie allein macht neurotisch, isoliert uns von den anderen Nationen und verlängert den »deutschen Sonderweg«.

Deshalb ist es nötig, die »große Erzählung« von der Geschichte unserer Gesellschaft neuzufassen und sie auch als »zusammenhängende Geschichte« wieder zu lehren. Dabei müssen wir den eigenen Irrweg verstehen lernen; wir müssen begreifen, worin der Unterschied zu den anderen bestand; und dann müssen wir uns von unseren eigenen Irrtümern lossagen und uns zu den Werten bekennen, die wir verraten haben. Das erst bedeutet, die eigene Identität aus der Geschichte zu begründen. Aber während die Gründungsmythen der anderen weit zurückreichen, befinden wir uns mitten in der Neugründung unserer Identität. Deshalb müssen wir unsere Katastrophengeschichte einordnen lernen. Das gehört in besonderer Weise zum Bildungswissen.

Die große Erzählung unserer Geschichte ist das Gerüst, in das wir alle anderen Kenntnisse einfügen: Unser Bildungswissen ist historisch geordnet, nicht systematisch. Und diese Schematisierung der Geschichte erfolgt über die Chronologie. Man muß deshalb einen Überblick über das Zeitgerüst haben.

Dabei muß man den Schwachsinn vergessen, mit dem die Bildungsreformer die chronologische Ordnung als Leitfaden des Geschichtsunterrichts zerschnitten und durch solche Trümmer wie Unterrichtseinheiten über »die mittelalterliche Burg« oder »den Reisanbau in Vietnam« ersetzt haben. Indem man gegen die Paukerei von Jahreszahlen polemisierte, gab man zu erkennen, daß man den Verstand verloren hatte: Jahreszahlen sind nicht einfach Zahlen, sondern Vergleichspunkte für weit Auseinanderliegendes, Markierungen für die Gliederung von Abschnitten, Bojen auf der See der Ereignisse, erleuchtete Straßenschilder in der Nacht, die den Weg der Geschichte erst ordnen. Wer gegen die Chronologie polemisiert,

Das Trauma der Nazi-Zeit: diese Epoche wirkt wie ein implodierter Stern, der sich in ein schwarzes Loch verwandelt hat und alles Licht in seiner Dunkelheit begräbt.

ist so meschugge wie jemand, der die Abschaffung der Bretter aus den Bücherborden zu seiner Lebensaufgabe macht. Aber genau das hatten die Bildungsreformer getan. Auf diese Weise ist den Schülern und Studenten der Sinn für die Geschichte als Abfolge der Epochen weitgehend verlorengegangen. Das Gefühl für die »Zeitgestalt« der Geschichte haben sie nie erworben.

Eigene Datenerhebungen unter Anfängern des Anglistikstudiums über zehn Jahre hinweg ergaben, daß nur sechs von 100 Befragten die Frage beantworten konnten, wer Oliver Cromwell war und wann er gelebt hatte. Und die Lebensdaten Shakespeares wurden gerecht auf alle Epochen zwischen dem 12. und 19. Jahrhundert verteilt.

In dieser Amputation des historischen Sinns unterscheiden wir uns von unseren westlichen Nachbarn. Deshalb haben wir die europäische Geschichte in diesem Handbuch so gestaltet, daß der Zusammenhang sichtbar bleibt und ein Überblick erleichtert wird.

Der literarische Kanon und das Problem der Lehrerausbildung

Der Beruf des Lehrers verbindet das Fachstudium mit der Beherrschung einer Praxis: der Praxis der Unterrichtsgestaltung. Im Unterricht verbindet sich Wissen, das man lernt, mit einer Fertigkeit, die man einübt. Das Wissen lernt man auf der Uni, die Fertigkeit übt man in der Schule während des Referendardienstes.

Aber gebrauchen kann man von dem Wissen nur das, was für die Unterrichtspraxis geeignet ist: und das ist meist sehr wenig.

Nehmen wir das Fach Englisch, das an allen Schulen gelehrt wird: Der Hauptteil des Englischstudiums besteht aus der Lektüre und Interpretation der Werke der englischen Literatur von Shakespeare bis heute. Systematisch geht es um die Gattungen der Erzählliteratur, des Dramas und der Lyrik mit ihren Untergattungen, etwa des Romans, der Novelle, der Short story und des Epos und der dazugehörigen Konventionen und Stillagen. Historisch geht es um das Studium der Epochenstile, der zeittypischen Themen, der geistes- und begriffsgeschichtlichen Kontexte und der sozialgeschichtlichen Voraussetzungen. Das sind faszinierende Gegenstände, und wer sie wirklich versteht, findet sich unendlich bereichert.

Nur: In der Schule kann man mit all dem nichts anfangen.

An Literatur bleiben allenfalls die Analyse von ein paar Short stories und die Lektüre von Shakespeares *Macbeth* (weil es das kürzeste Stück ist) übrig. Ansonsten geht es darum, den Kids Englisch beizubringen.

Sofern es aber ein Begleitstudium der Pädagogik auf der Uni gibt, lernt man darin fast nichts; es ist reine Zeitverschwendung, eine bürokratische Kopfgeburt, die die Studenten nur Zeit kostet und sie deprimiert. Natürlich weiß das jeder. Aber was macht man mit den pädagogischen Instituten und den Professoren?

In der Germanistik ist dieses Mißverhältnis natürlich nicht so auffällig; schließlich ist Deutsch keine Fremdsprache. Aber erlernt werden muß auch die Muttersprache. Und das beansprucht den größten Teil des Deutschunterrichts.

Zunächst und vor allem muß man lernen, mündliche Kommunikation in schriftliche Mitteilung zu verwandeln. Wie man weiß, stellt das Schriftliche sehr viel höhere Anforderungen an Logik, Gliederung der Gedanken, Kor-

Gruppenbild einer Knabenklasse 1920/21 in Berlin-Steglitz – der Beruf des Lehrers verbindet das Fachstudium mit der Beherrschung einer Praxis: der Praxis der Unterrichtsgestaltung.

rektheit der Syntax, Aufbau des Textes, Anschlußfähigkeit der Sätze und generelle Plausibilität. Das muß unendlich mühselig eingeübt werden. Doch wie man das macht, wird im Studium nicht behandelt, und auch gutes Deutsch wird auf der Uni selbst nicht gelehrt.

Im Gegenteil: Die Jargons der Germanistik gehören zu den scheußlichsten und unverständlichsten Dialekten, die irgendwo gesprochen werden. Meist sind es Pidgin-Sprachen, also Bastardsprachen zwischen Literaturkritik und einer Modetheorie (z. B. heideggerisch-existentialistisch; adornitisch-verzweifelt-anklägerisch; dekonstruktionistisch-subversiv-karnevalistisch). Die Verbreitung dieser Sprachen hat damit zu tun, daß viele Studenten in der deutschen Literatur das Medium sehen, in dem sich ihr Lebenssinn und Aspekte der persönlichen und nationalen Identität ganzheitlich ausdrücken lassen. Das macht die Germanistik ein wenig zum Religionsersatz und damit anfällig für priesterliche Techniken: magische Praktiken und esoterische Sprachen, mit denen man suggeriert, daß man, wenn man sie erst einmal beherrscht, den Schlüssel zur allgemeinen Demystifikation (Auflösung) der Welträtsel gefunden habe.

Diese germanistischen Dialekte bilden dann die Grundlage für die Entwicklung von Kultgemeinden. Sie sind weitgehend an die Stelle dessen getreten, was man Bildung nannte.

»Bildung« war aber das Konzept, das vor 1968 den Widerspruch zwischen dem Fachstudium und dem Schulunterricht durch den sogenannten »Kanon« überbrückte. Der alte Lektürekanon verklammerte das Studium der Klassiker mit einem erheblichen Lesepensum im Unterricht. Er bildete die Schnittmenge zwischen Schule und Universität. Als er nicht mehr überzeugte, vergaß man seine Klammerfunktion und sah in ihm nur noch eine bildungsbürgerliche Hürde, die dazu diente, den

unteren Schichten den Zugang zu den Fleischtöpfen des Bildungssystems zu verstellen. Statt die neuen Massen akademisch zu sozialisieren, wurden die Unis zu Massenuniversitäten.
Als dieser Lektürekanon seine Brückenfunktion zwischen Schule und Uni verlor, war er in der Krise. Man sah seine nationalpädagogische Herkunft. Zu ihm kann man also nicht zurück. An seiner Stelle bieten wir einen neuen Lektürekanon, der sich an dem orientiert, was auch bei unseren Nachbarn zum kulturellen Wissen gehört.

Konsequenzen und neue Gesichtspunkte

Der alte literarische Kanon war durch das Zusammenfallen der deutschen Klassik mit der Epoche der Romantik bestimmt: Man orientierte sich an den großen Werken der Weimarer Klassik. Was nicht vorkam, war die Literatur der vorromantischen Regelpoetik und die großen Romane der realistischen Welterschließung, die bei unseren Nachbarn zur literarischen Tradition gehören. Deshalb haben wir unseren Kanon in diese Richtung erweitert.
Hinzu kommt ein weiterer Gesichtspunkt: In allen Debatten über die Lehrplanung der kulturwissenschaftlichen Fächer an den Unis fordern die Studenten stets eine stärkere Berücksichtigung des Aktuellen und Modernen; aber gerade die Erfahrung der Universität lehrt uns: Von der Moderne hat man keinen Begriff, wenn man nicht auch die vormoderne Gesellschaft versteht. Deshalb haben wir uns in der Darstellung der Kunst, der Musik und der Philosophie auf diesen Unterschied konzentriert.
Die Schilderung der bildenden Kunst orientiert sich dabei am Historismus und an der Institution des Museums, und die der Musik an den Forminnovationen. In der Darstellung des Denkens versammeln wir die Tradition unter der Rubrik »Philosophie«, bei der wir stärker als üblich die politischen Aspekte betonen und den

Statt die neuen Massen akademisch zu sozialisieren, wurden die Unis zu Massenuniversitäten.

Englische Suffragetten bahnten der politischen Gleichberechtigung der Frauen den Weg. Das zivilisatorische Niveau einer Gesellschaft kann immer an dem Einfluß abgelesen werden, den Frauen ausgeübt haben.

deutschen »Bildungshumanismus« um den angelsächsischen »Bürgerhumanismus« ergänzen. Im zeitgenössischen Denken unterscheiden wir dann »Philosophie«, »Ideologie«, »Theorie« und »Wissenschaft«.

Da das zivilisatorische Niveau einer Gesellschaft immer an dem Einfluß abgelesen werden kann, den Frauen ausgeübt haben, halten wir es für selbstverständlich, daß zur Bildung auch die Kenntnis der Grundpositionen der Geschlechterdebatte gehört. Wir haben deshalb das letzte Kapitel der Darstellung des zivilisierenden Einflusses von Frauen und der Frauenbewegung gewidmet.

Technische Lesehinweise

Bei der Ausbreitung der Wissensbestände kann es nicht ausbleiben, daß es zu Überschneidungen und Verdoppelungen kommt. Wir haben das durch einen Verweisungspfeil im Text gekennzeichnet. Man kann sich dann eventuell in dem angegebenen Abschnitt noch genauer informieren.

Die Überschneidungen betreffen vor allem die Schnittmengen zwischen Geschichte und allen anderen Bereichen. Es kann vorkommen, daß eine Epoche besonders durch eine bestimmte kulturelle Dimension gekennzeichnet ist: etwa das Athen des 5. und 4. Jhdts. v. Chr. durch die Philosophie oder das Italien der Renaissance im 15. und 16. Jhdt. durch die Malerei. In solchen Fällen haben wir die Darstellung der Philosophie und der Malerei in die der Geschichte hineingenommen und – um Verdoppelungen zu vermeiden – in den Abschnitten »Philosophie« und »Malerei« nicht wiederholt. Das gilt auch für die antike Literatur und Kunst. Über Platon, Aristoteles, Euripides, Phidias, Tacitus, Cicero muß man sich also ebenso in dem Kapitel »Geschichte« informieren wie über Botticelli, Michelangelo und Leonardo da Vinci. Darüber hinaus kann sich der Leser aber auch schnell in den Anhängen informieren, wo er einen Überblick über die Jahrhunderte, eine kommentierte Bücherliste und eine Darstellung von Büchern, die die Welt veränderten, findet. Das Handbuch ist so angelegt, daß es sich für lexikalische Kurzinformation und für die Vertiefung bestimmter Fragestellungen gleichermaßen eignet. Und jetzt wünsche ich dem Leser eine gute Bildungs-Reise.

Kultur ist der gemeinsame Schatz von Geschichten

Die Geschichte Europas

Die Geschichte Europas

Zwei Kulturen, zwei Völker, zwei Texte

1922 veröffentlichte der irische Schriftsteller James Augusta Joyce seinen Jahrhundertroman *Ulysses*. Er schildert die Irrwege des irischen Kleinbürgers Leopold Bloom durch Dublin während des 16. Juni 1904. Dieser Tag wird seitdem von Joyce-Fans als »Bloomsday« gefeiert (ein Wortspiel auf Doomsday, der Jüngste Tag). Der Held des Romans ist Jude. Aber die Episoden, die er an jenem Tag erlebt, folgen dem Muster der *Odyssee*. Damit will Joyce daran erinnern: Unsere Kultur ist ein Zweistromland und wird von zwei Flüssen bewässert. Die Quelle des einen sprudelt in Israel, die des anderen in Griechenland. Und die Flüsse – das sind zwei zentrale Texte, die das ganze Bewässerungssystem der Kultur mit nährstoffreichen Geschichten versorgen.

Unsere Kultur ist ein Zweistromland: Eine Quelle sprudelt in Israel, eine in Griechenland

Denn: Eine Kultur – das ist nicht zuletzt der gemeinsame Schatz von Geschichten, der eine Gesellschaft zusammenhält. Dazu gehören auch die Erzählungen von den eigenen Ursprüngen, also die Biographie (Lebensbeschreibung) einer Gesellschaft, die ihr sagt, wer sie ist.

Die beiden zentralen Texte der europäischen Kultur sind

- die jüdische Bibel,
- das griechische Doppelepos von der Belagerung Trojas – die *Ilias* (Troja hieß auf griechisch Ilion) und die *Odyssee*, die Irrfahrt des listenreichen Odysseus vom zerstörten Troja nach Hause zu seiner Frau Penelope.

Der Verfasser des griechischen Epos war Homer. Der Verfasser der Bibel war Gott. Beide sind als mythologische Autoren gekennzeichnet: Homer konnte nicht sehen; Gott durfte man nicht ansehen – es war verboten, sich von ihm ein Bildnis zu machen.

Warum sind diese Texte so wichtig geworden? Um diese Frage zu beantworten, springen wir in die Zeit des Humanismus, der Renaissance und der Reformation – also in die Zeit um 1500 (1517 beginnt mit Luthers Thesenanschlag die Kirchenspaltung).

- 1444 hatte Johannes Gutenberg in Mainz den Buchdruck erfunden. Das bedeutete eine Medienrevolution. Nun war es möglich, die klassischen Texte der Antike, welche die Humanisten wiederentdeckten, überall zu verbreiten. Um dieselbe Zeit gelang es den Fürsten, die staatliche Macht an ihren Höfen zu konzentrieren. Um mithalten zu können, wurde der Adel höfisch und unterwarf sich der höfischen Etikette. Dabei stilisierte man sich in der Malerei und im höfischen Staatstheater nach dem Modell der antiken Helden und des antiken Götterhimmels: man spielte Jupiter und Apollon, Artemis und Aphrodite und förderte die entsprechende Dichtung.
- Zur gleichen Zeit entrissen die Reformatoren – Luther, Calvin, Tyndale – den Priestern die Bibel und übersetzten sie vom Lateinischen in die Volkssprache. Damit ermöglichten sie es einem jeden, sein eigener Priester zu werden. Der Protestantismus bedeutete die Demokratisierung der Religion, aber auch die Anbetung der Texte.

Daraus wurde eine aristokratisch-bürgerliche Mischkultur mit einer eingebauten Spannung zwischen Religion und Staat – ein Grund für die Dynamik und Unruhe Europas. Um diese Kultur zu verstehen, müssen wir zurück zu den Griechen und Juden.

Die Griechen, der Olymp und die Heroen der Literatur

Griechische Stadtstaaten (800–500 v. Chr.)

Bis 800 v. Chr. waren die griechischen Völker in ihre späteren Stammsitze eingewandert und hatten Griechenland und die ägäischen Inseln besiedelt. In der archaischen Zeit von 800 bis 500 hatte der Adel die Könige entmachtet. Es bildeten sich verschiedene Stadtstaaten als politische Zentren heraus: Athen, Sparta, Korinth, Theben, Argos. Aber das Zusammengehörigkeitsgefühl der Griechen wurde durch die panhellenischen Feste, Wettkämpfe und Kulte erhalten (auf griechisch heißt Griechenland Hellas, und pan heißt gemeinsam).

Der griechische Götterhimmel – die vielen Einzelgeschichten sind Teile einer Familiensaga

Die Olympischen Spiele (776 v.Chr.–393 n.Chr.)

Wie alle aristokratisch geprägten Kulturen waren die Griechen sportlich, und so gab es die regelmäßigen Wettkämpfe in Olympia, die ab 776 dokumentiert wurden und alle vier Jahre stattfanden (bis 393 n. Chr.). Man maß sich in den Disziplinen Wettlauf (Kurz- und Langstrecke), Faustkampf, Wettreiten, Wagenrennen und Waffenlauf sowie im Wettstreit der Trompeter. Der Siegerlohn bestand aus einem Kranz aus den Zweigen des von Herkules gepflanzten Ölbaums. Im reichen Athen erhielt der Sieger noch 500 Drachmen, einen Ehrenplatz bei öffentlichen Feierlichkeiten und lebenslange Sozialhilfe, das heißt Speisung auf Staatskosten.

Das Orakel von Delphi

Zum religiösen Mittelpunkt ganz Griechenlands wurde das Apollon-Orakel von Delphi. Wurde es befragt, fiel eine Priesterin nach der Einnahme von Drogen in Ekstase und stieß unzusammenhängende Worte aus, die ein Priester zu vieldeutigen Sprüchen zusammensetzte. Aus ihnen konnte dann der Ratsuchende sich eine Vorhersage herausdeuten, die so widersprüchlich war wie die Empfehlung einer modernen Expertenkommission.

Der Ursprung der Götter

Der griechische Götterhimmel – das Pantheon – besteht aus einer verzweigten Sippschaft mit unübersehbaren Verwandtschaftsverhältnissen. Die vielen Einzelgeschichten sind also eigentlich Teile einer Familiensaga.

Es fing damit an, daß Uranus mit seiner Mutter Gäa, auch bekannt als »Mutter Erde«, Inzest beging. Daraus entstanden erst die Zyklopen und dann die Titanen. Als Uranus die rebellischen Zyklopen in den Tartarus (eine Art komfortable Unterwelt) schleuderte, gab Gäa ihrem jüngsten Sohn Kronos, genannt »die Zeit«, eine Sichel, mit der er seinem Vater das Zeugungswerkzeug absäbelte. Er warf die Genitalie ins Meer, und aus dem blutigen Schaum entstieg Aphrodite, genannt »die schaumgeborene Göttin der Liebe«. Kronos aber heiratete seine Schwester Rhea und bestieg den Thron seines Vaters. Doch war ihm geweissagt worden, daß auch er von einem seiner Kinder entthront werden würde – schließlich hatte er es ihnen vorgemacht. Um das zu verhindern, fraß er alle seine Kinder auf: Hestia, Demeter, Hera, Hades und Poseidon. Seine Frau Rhea fand das zunehmend sinnlos und versteckte ihren drit-

ten Sohn Zeus auf Kreta, wo er von einer Ziegennymphe versorgt wurde und sich mit seinem Ziehbruder Pan von Ziegenmilch und Honig ernährte (später hat Zeus aus Dankbarkeit aus dem Horn der Ziege das Füllhorn geschaffen).

Die Rebellion des Zeus

Erwachsen geworden, schlich sich Zeus als Kellner bei seinem Vater Kronos ein, mischte ein Brechmittel in seinen Ouzo, was bewirkte, daß er alle seine verschluckten Kinder wieder unversehrt hervorwürgte. Dieser Brechanfall löste eine Folge von Kriegen zwischen Kronos und seinen Kindern aus. Es begann damit, daß Zeus die Zyklopen aus dem Tartarus befreite. Diese rüsteten die drei göttlichen Brüder mit Waffen aus: Zeus erhielt den Donnerkeil, Hades eine Tarnkappe und Poseidon seinen Dreizack. Darauf stahl Hades unter dem Schutz der Tarnkappe Kronos' Waffen, und während Poseidon ihn mit dem Dreizack in Schach hielt, tötete Zeus ihn mit dem Blitz. Dann begann der Kampf mit den Titanen. Aber ehe er richtig in Gang kommen konnte, wurden die nervösen Riesen von einem plötzlichen Ruf Pans so erschreckt, daß sie in wilder Flucht davonstoben und der Welt den Begriff »Panik« schenkten. Zur Strafe für diese Schreckhaftigkeit wurde ihr Anführer Atlas dazu verdonnert, den Himmel zu tragen. Alle anderen mußten an Gründerjahrevillen die Balkone stützen. Die Titaninnen aber wurden verschont. Dann teilten sich die drei göttlichen Brüder die Welt: Hades übernahm die Unterwelt, Poseidon das Meer und Zeus das Land.

Wettkämpfe, Feste und Kulte erhielten das Zusammengehörigkeitsgefühl der Griechen.

Athene

Nun begann die Regierung des Göttervaters Zeus. Seine erste Amtshandlung bestand in der sexuellen Belästigung der Titanin Metis. Aber wieder hatte ein Orakel angekündigt, daß der Sohn aus dieser Verbindung Zeus entthronen würde. Darauf verschluckte Zeus kurzerhand die schwangere Metis und bestätigte damit die Regel, die die Söhne dazu verdammt, ihre verhaßten Väter zu imitieren. Nach neun Monaten bekam er gewaltige Kopfschmerzen, und mit Hilfe des Prometheus gebar er aus dem Kopf die voll gerüstete Athene. Wegen ihres mutterlosen Ursprungs aus dem Hirn des Zeus wurde sie die Göttin der Weisheit. In der Verfolgung seiner amourösen Abenteuer wurde Zeus immer rücksichtsloser. Weil z. B. der Herrscher von Korinth, Sisyphos, dem verzweifelten Flußgott verraten hatte, wohin Zeus seine Tochter entführt hatte, verdammte er ihn dazu, für alle Zeiten einen Stein einen Berg hinaufzuwälzen, der kurz vor dem Gipfel immer wieder hinunterpoltert.

Der Rebell Zeus wurde Herrscher über Himmel und Erde.

Die Ehebrüche des Zeus: Themis, Leda, Semele

Einige wenige Kinder zeugte Zeus mit seiner Gattin Hera, etwa Ares, den Kriegsgott, und Hephaistos, den Schmied. Hera machte ihm wegen seiner Unfähigkeit zu einer tiefen Beziehung ständig Vorwürfe, was ihn aber nur um so nachhaltiger zu anderen Frauen trieb. So zeugte er mit Themis die drei Schicksalsgöttinnen, mit Mnemosyne (der Erinnerung) die neun Musen, und mit der Tochter des Atlas zeugte er Hermes, den Götterboten. Auf der Flucht vor seiner eifersüchtigen Hera mußte er bei seinen Eskapaden ständig sein Aussehen wechseln. So nahm er die Gestalt einer Schlange an, um mit Persephone eine Tochter, Artemis, zu zeugen. Er verwandelte sich in einen Schwan, um mit Leda zu schlafen, worauf diese ein Ei legte, aus dem die Zwillinge Castor und Pollux sowie die schöne Helena schlüpften. Die Affäre mit Semele, der Mutter des Dionysos, dem Gott des Weines und des Rausches, war noch spektakulärer: Hera hatte die schwangere Semele dazu überredet, Zeus nicht mehr in ihr Bett zu lassen; daraufhin zerschmetterte Zeus in frustrierter Erregung Semele mit dem Donnerkeil; aber Hermes rettete das Kind, indem er es in Zeus' Schenkel einnähte, wo er es in drei Monaten austrug.

Hermes

Hermes war überhaupt der Hochbegabte unter den Göttern. Schon als Minderjähriger fiel er durch jugendliche Delinquenz, vor allem Viehdiebstahl und komplexe Lügen auf. Er erfand die Lyra, das Alphabet, die Tonleiter, die Kunst des Boxens, die Zahlen und Gewichte und die Kultur des Ölbaums. Seine beiden Söhne erbten seine Begabung zu gleichen Teilen: Autolykus wurde ein Dieb, und Daphnis erfand die Hirtendichtung. Dann übertraf Hermes sich selbst und zeugte mit Aphrodite den zweigeschlechtlichen Hermaphroditus, der langes Haar und Frauenbrüste hatte.

Aphrodite

Obwohl mit Hephaistos verheiratet, huldigte Aphrodite ebenso intensiv der freien Liebe wie Zeus persönlich. Ihr gelang es sogar, den mißmutigen Kriegsgott Ares zu verführen. Mit Dionysos zeugte sie Priapus, ein Kind, dessen enorme Häßlichkeit von einem ebensolchen Genital kaum gemildert wurde. Und selbst mit dem sterblichen Anchises ließ sie sich ein und wurde so Mutter des Aeneas, jenes Trojaners, der als einziger dem Inferno seiner Stadt entkam und als Ersatz für Troja die Stadt Rom gründete.

Eifersüchtig war Aphrodite dennoch. Aus diesem unangenehmen Gefühl heraus sorgte sie dafür, daß Smyrna sich in ihren eigenen Vater verliebte und, als dieser betrunken war, mit ihm schlief. Als nach seiner Ausnüchterung der Vater den Mißbrauch durchschaute, verfolgte er seine Tochter im Zorn, aber Aphrodite verwandelte sie in einen Myrrhebaum, und aus seinem Stamm fiel Adonis, das Kind der Schönheit. Als dieser erwachsen war, trieb Aphrodite es auch mit ihm. Das wiederum machte Ares, den Zänkischen, so eifersüchtig, daß er sich während der Wildschweinjagd in einen wilden Eber verwandelte und Adonis mit seinen Hauern zerfetzte.

Artemis

Aphrodites Gegenteil war Zeus' Tochter Artemis. Sie erbat sich von ihrem Vater die Gabe der ewigen Jungfräulichkeit. Nachdem sie sich mit Pfeil und Bogen ausgestattet hatte, wurde sie die jungfräuliche Göttin der Jagd, der man dann später den Namen Diana oder Titania gab. Unter diesem Namen trat sie in Shakespeares *Sommernachtstraum* als Feenkönigin auf und wurde zum Rollenmodell der jungfräulichen Königin Elisabeth.

Zeus' Tochter Artemis, die jungfräuliche Göttin der Jagd.

Zeus, in Gestalt eines hübschen Stiers, entführt Europa – Fresko aus Pompeji.

Dionysos

Der anarchistischste der Söhne des Zeus war Dionysos, der den Menschen beibrachte, den Wein zu keltern und rauschende Feste zu feiern. Er selbst zog gewöhnlich mit einer Horde wilder Satyrn und entfesselter (weiblicher) Mänaden und Bacchantinnen durch die Gegend und verbreitete eine manische (krankhaft-heitere) Stimmung, wo immer er auftauchte. Im Zuge der Ausgestaltung der Dionysos-Feiern in Athen wurde die Tragödie erfunden (→ Griechenland, Tragödie).

Prometheus – die Büchse der Pandora

Der Schöpfer der Menschen war Prometheus. Er war ein Titan und Bruder des Atlas. Aber schlauer als dieser, hatte er den Sieg des Zeus vorausgesehen und sich auf dessen Seite geschlagen. Doch dann verstieß er gegen dessen Herrschaftsinteressen und brachte den Menschen das Feuer. Zur Strafe schuf Zeus Pandora, die schönste der Frauen, und stattete sie mit einem Kasten aus, der alle Plagen der Menschheit enthielt: Alter, Krankheit, Wahnsinn, Laster und Leidenschaften. Dann schickte er sie mitsamt ihrem Behälter zu Prometheus' Bruder Epimetheus. Aber Prometheus ahnte

Prometheus wurde als Lichtbringer zum Urbild des Revolutionärs: Er brachte den Menschen das Feuer. Zur Strafe schmiedete Zeus ihn an einen Felsen des Kaukasus.

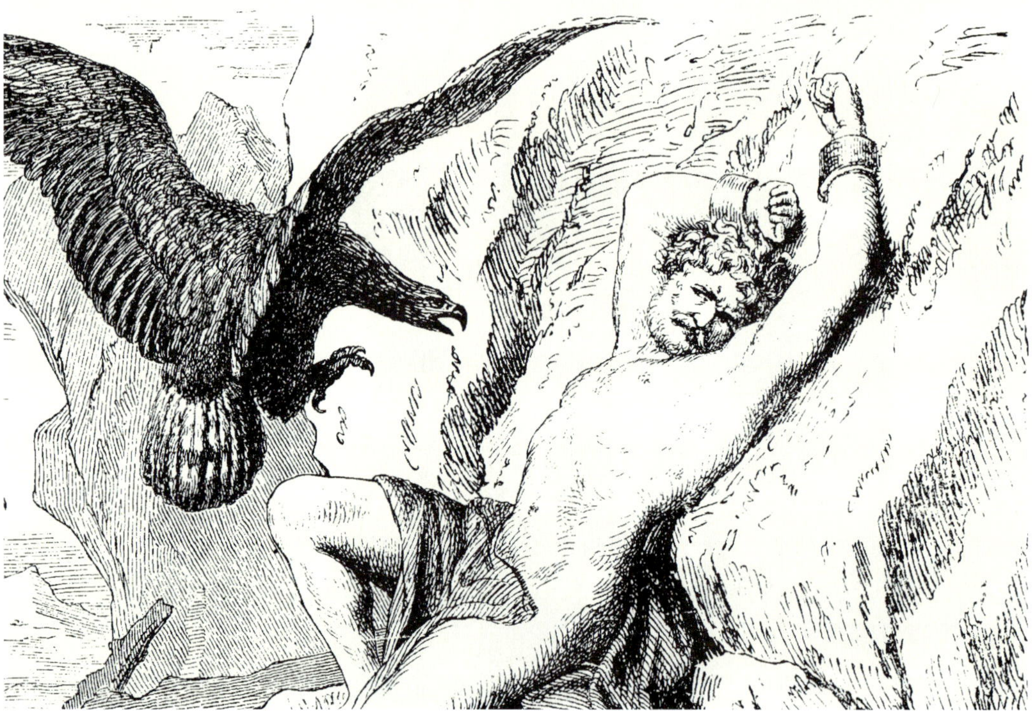

Übles und warnte ihn davor, die Büchse der Pandora zu öffnen. Zur Strafe schmiedete Zeus Prometheus an einen Felsen des Kaukasus und bestellte zwei Adler, die jeden Tag an seiner Leber fraßen. Prometheus aber wurde als Lichtbringer, also als Aufklärer, zum Urbild des Revolutionärs.

Europa

Auch mit den Sterblichen pflegten die Götter fleischlichen Verkehr: das Ergebnis waren Halbgötter und Heroen. Agenor aus Palästina war der Vater Europas. Und als Hermes ihre Viehherde an die See trieb, verwandelte sich Zeus in einen hübschen Stier und entführte sie. Agenor aber sandte seine Söhne aus, sie zu suchen: Phoenix ging nach Phönizien und wurde der Urvater der Karthager. Zilix reiste nach Kilikien und Tarsus zur Insel Tarsos. Kadmos dagegen ging nach Griechenland, gründete die Stadt Theben und heiratete Harmonia, die Tochter des Ares. Zur Hochzeit erschienen alle Götter und gaben Harmonia ein Halsband, das seinem Besitzer zwar unwiderstehliche Schönheit verleiht, aber auch Unheil bringen kann. Das trifft besonders einen Nachkommen des Paares: König Laios.

Ödipus

Dem Laios hatte das Delphische Orakel geweissagt, sein Sohn werde ihn umbringen und dann seine eigene Mutter heiraten. Zur Vermeidung dieser Kalamität wurde der Sohn Ödipus ausgesetzt. Von einem Hirten erzogen, traf er seinen Vater, ohne ihn zu erkennen, und erschlug ihn im Laufe eines Streits über eine unklare Vorfahrtsregelung auf der Straße. Dann befreite er die Stadt Theben von dem menschenfressenden Ungeheuer der Sphinx, indem er ihr Rätsel löste (Was geht erst auf vier, dann auf zwei, dann auf drei Beinen? – eigentlich nicht schwer zu lösen, aber die Sphinx begeht Selbstmord, als es gelöst wird), heiratete zum Lohn die verwitwete Königin, seine Mutter Jokaste, und erfüllte damit den Spruch des Orakels. Da er sich nun um das Wohl der Stadt kümmern mußte, befragte er, als die Pest ausbrach, das Delphische Orakel und bekam den Ratschlag: Vertreibe den Mörder des Laios. Daraufhin eröffnete ihm der blinde, zweigeschlechtliche Seher Teiresias, daß er selbst, Ödipus, seinen Vater ermordet und mit seiner Mutter geschlafen habe. Ödipus war so entsetzt, daß er sich mit einer Nadel aus dem Gewand seiner Mutter blendete. Weil das der Stoff ist, aus dem die Tragödien sind, schrieb Sophokles, der Dichter (496–406), zwei Tragödien über Ödipus. Freud aber ging über Sophokles weit hinaus, indem er alle männlichen Europäer und US-Amerikaner zu Ödipussen erklärte.

Ohne sich dessen bewußt zu sein, ermordete Ödipus seinen Vater und schlief mit seiner Mutter – als er es erfuhr, blendete er sich selbst.

In Theben aber übernahm Ödipus' Onkel und Schwager Kreon das Regiment, verlobte seinen Sohn mit Ödipus' Tochter Antigone und verbot dieser, die Leiche ihres im Kampf gegen

Theben gefallenen Bruders Polineikes zu bestatten (→ Sprache, Selbstbezüglichkeit). Damit brachte er sie in einen Pflichtenkonflikt zwischen Staatsräson und Familienpietät, der Sophokles zu einer Tragödie über Antigone und Hegel zu seiner Tragödientheorie inspirierte.

Amphitryon

Zu einer richtigen Komödie dagegen kam es in der Geschichte des Amphitryon: Nachdem der König von Mykene ihm seine Tochter Alkmene zur Frau gegeben hatte, wurde er zum Dank von Amphitryon erschlagen. Vor der Rache seines Sohnes floh Amphitryon nach Theben, wo er seinem Onkel Kreon bei seinen Kriegen half. Zeus aber verliebte sich in Alkmene und erschien ihr in Gestalt ihres eigenen Mannes, so daß Amphitryon sich bei seiner Rückkehr aus der Schlacht sagen lassen mußte, er sei schon dagewesen. Daraus haben Plautus, Molière, Kleist und Giraudoux wunderbare Verwechslungskomödien gemacht.

Herkules, Sohn des Zeus und der Alkmene, berühmt für seine zwölf mühsamen Arbeiten.

Herkules

Die Frucht aus dieser Verbindung aber war Herkules, berühmt für seine zwölf mühsamen Arbeiten: Unter anderem mußte er den Stall des Augias säubern; den Zerberus, den Wachhund der Unterwelt, fangen; die vielköpfige Hydra töten; den nemeischen Löwen erwürgen, dessen Fell er von da an trug; die Äpfel aus dem Garten der Hesperiden holen, wozu er Antäus im Ringkampf besiegen mußte, der immer wieder neue Kraft gewann, wenn er im Kampf den Boden berührte.

Das Labyrinth

Zeus aber hatte Europa nach Kreta entführt. Dort gebar sie den Minos, der von ihr die Vorliebe für schöne Stiere geerbt hatte. Da er einen von Poseidon aus dem Meer gesandten blendend weißen Prachtstier nicht geopfert, sondern lieber selbst behalten hatte, rächte sich Poseidon für diese Unbotmäßigkeit, indem er dafür sorgte, daß sich Minos' Gattin Pasiphae in den weißen Bullen verliebte. Sie beauftragte den berühmten Bauingenieur Dädalus, ihr eine künstliche Kuh mit gespreizten Beinen zu bauen, in die sie hineinschlüpfen konnte. Als der weiße Bulle die Attrappe sah, wurde er ein Opfer seines blinden Triebes, Pasiphae aber schwanger mit einem Monster – halb Stier, halb Mensch –, das zu dem gräßlichen menschenmordenden Minotaurus heranwuchs. Um den Skandal zu verbergen, mußte Dädalus um den Minotaurus herum ein Labyrinth bauen. Aber als Mitwisser dieses Skandals ließ Minos ihn nicht mehr fort. Doch Dädalus war ein geschickter Handwerker und formte heimlich aus Federn und Wachs Flügel für sich und seinen Sohn Ikarus. Damit erhoben sie sich in die Lüfte zur Flucht. Aber als der mutwillige Ikarus trotz der Warnung des Vaters zu nahe an die Sonne heranflog, schmolz unter der Gluthitze das Wachs, und er stürzte ins Ikarische Meer.

Theseus

Mittlerweile hatte Poseidon den Theseus gezeugt, ihn aber dem Fürsten von Athen, Ägäus, als Adoptivsohn überlassen. Erwachsen geworden, unternahm es Theseus, Kreta vom Minotaurus zu erlösen. Dabei half ihm Ariadne,

Der Sohn des Poseidon, Theseus, unternahm es, Kreta vom Minotaurus zu erlösen.

die Tochter des Minos, indem sie ihm einen Faden gab, mit dessen Hilfe er nach der Tötung des Minotaurus wieder aus dem Labyrinth herausfand. Auf ihre Bitte nahm er sie mit auf die Heimreise, ließ sie aber aus unbekannten Gründen auf der Insel Naxos sitzen, wo sie in bittere Klagen ausbrach. Sie wurde aber bald gerächt, da Theseus bei seiner Rückkunft vergaß, das verabredete weiße Segel als Zeichen des Erfolgs zu setzen. Als der Vater Ägäus vom Ufer aus das schwarze Segel des Mißerfolgs erblickte, stürzte er sich aus Verzweiflung ins Ägäische Meer.

Später verwickelte sich Theseus in zahlreiche Kämpfe mit den feministischen Amazonen (amazon heißt »ohne Brust«, weil die kriegerischen Frauen sich eine Brust abschnitten, um besser mit dem Bogen schießen zu können).

Ähnlich mörderisch wie in der Familie des Ödipus ging es bei den Atriden zu. Die Brüder Atreus und Thyestes rivalisierten um die Herrschaft in Mykene und um dieselbe Frau. Aerope wurde die Gattin des Atreus, aber die Geliebte des Thyestes. Atreus zeugte Agamemnon und Menelaus, Thyestes den Ägisthus, der seinen Stiefvater Atreus erschlug.

Nach all diesen Verbrechen wurde Agamemnon König und heiratete Klytämnestra, die Tochter des Tantalus (Tantalus mußte im Hades die nach ihm benannte Qual erleiden: jedesmal, wenn er trinken will, weicht das Wasser vor ihm zurück). Sein Bruder Menelaus dagegen ehelichte die Tochter Ledas, die schöne Helena. Beiden Frauen hatte Aphrodite vorherbestimmt, durch ihre eheliche Untreue Unheil über die Menschen zu bringen.

Und damit sind wir beim Trojanischen Krieg und der *Ilias* und *Odyssee*.

Ilias und *Odyssee*

Paris und die schöne Helena

Priamus, der König der Stadt Troja am Eingang der Dardanellen, hatte neben zahlreichen anderen Kindern die Söhne Hektor und Paris. Kurz bevor Paris geboren wurde, träumte seine Mutter Hekuba, er werde einst Troja ruinieren. Priamus beauftragte den Verwalter seiner Herden, das verdächtige Kind zu töten; dieser aber ließ es leben und zog es zu einem Hirten heran, der bald durch seine Schönheit und sein unbestechliches Urteil bei der Begutachtung von Vieh auffiel. Deshalb beauftragte ihn Zeus, als Preisrichter bei einem Schönheitswettbewerb zwischen Athene, Hera und Aphrodite zu fungieren und der schönsten von ihnen einen Apfel zu überreichen. Als Aphrodite ihn mit dem Versprechen bestach, sie werde ihn mit der schönen Helena verkuppeln, sprach er ihr den Apfel zu. Enttäuscht beschlossen Athene und Hera, Troja zu vernichten.

Die griechische Expedition nach Troja

Paris wurde als Priamus' Sohn anerkannt und entführte Helena aus Sparta. Daraufhin rief Agamemnon alle griechischen Fürsten zu einer Vollversammlung nach Aulis, wo man eine Strafexpedition beschloß. Aber eine radikale Minderheit wollte sich drücken. Odysseus schützte Wahnsinn vor, Achilles wurde von seiner Mutter Thetis in Frauenkleider gesteckt. Doch mit Hilfe des alten Nestor und des bärenstarken Ajax wurden sie entlarvt und zur Teilnahme verpflichtet; Achilles durfte immerhin seinen Lustknaben Patroklus mitnehmen. Durch eine Flaute wurde die Flotte am Auslaufen gehindert. Bis der Priester Kalchas, ein

Das *Parisurteil* von Lukas Cranach – im Schönheitswettbewerb zwischen Athene, Hera und Aphrodite sprach Paris der Aphrodite den Apfel zu, die ihn mit dem Versprechen bestach, sie werde ihn mit der schönen Helena verkuppeln.

Eines der zahlreichen Abenteuer des Odysseus: die Zauberin Circe verwandelt seine Gefährten in Schweine. Odysseus selbst kann widerstehen.

trojanischer Überläufer, Agamemnon riet, er solle seine Tochter Iphigenie opfern, um Artemis zu besänftigen. Als aber das Beil fiel, wurde Iphigenie von den Göttern nach Tauris entrückt, die Flotte konnte trotzdem auslaufen.

Der Zorn des Achilles

Zehn Jahre belagerten die Griechen die Stadt. Die Geschichte der *Ilias* selbst setzt erst im zehnten Jahr ein: Zum wichtigsten Kämpfer ist Achilles mit seiner Truppe geworden. Als aber Agamemnon ihm eine weibliche trojanische Geisel wegnimmt, zieht er sich im Zorn von den Kämpfen zurück. Das verleitet Hektor von Troja zu einem verlustreichen Ausfall, bei dem er Achilles' Liebling Patroklus erschlägt. Da erhebt sich Achilles in gewaltiger Wut, treibt die Trojaner in die Stadt zurück, erschlägt Hektor und schleift seine Leiche, an den Schweif seines Pferdes gebunden, dreimal um die Stadt. Achilles' Mutter Thetis hatte ihren Sohn nach seiner Geburt in den Styx, den Fluß der Unterwelt, getaucht, um ihn unverwundbar zu machen. Nur an die Ferse, an der sie ihn festgehalten hatte, konnte das Wasser des Styx nicht hingelangen, und just an dieser Stelle trifft ihn der Pfeil des Paris und tötet ihn. Und die Mauern von Troja wollen nicht fallen.

Das trojanische Pferd und Laokoon

Da ersinnt Odysseus die ultimative List: Die Griechen bauen ein großes hölzernes Pferd und lassen durch einen vermeintlichen Überläufer verbreiten, das Pferd mache den Besitzer unbesiegbar. Dann geben sie zum Schein die Belagerung auf, während sich die besten Kämpfer im Inneren des Pferdes verstecken. Als der Priester Laokoon vor dem Pferd warnt, sendet Apollon zwei Schlangen, die Laokoon samt seinen Zwillingssöhnen erwürgen. Priamus glaubt nun, Laokoon sei für seine Beleidigung des Kultbildes bestraft worden, und läßt das Pferd in die Stadt schleppen. Die Insassen warten die Nacht ab, steigen heimlich aus dem

Pferd und öffnen die Stadttore. Damit beginnt die Mutter aller Plünderungen, Massaker und Zerstörungen. Schließlich werden die Mauern Trojas geschleift und seine Ruinen dem Erdboden gleichgemacht.

Tragisches Zwischenspiel – Orestes und Elektra

Aber Agamemnon kann sich seines Sieges nicht freuen. Kaum nach Hause zurückgekehrt, läßt ihn seine Frau Klytämnestra von ihrem Liebhaber Ägisthus erschlagen. Agamemnons Sohn Orestes und seine Tochter Elektra entgehen dem Massaker. Nach acht Jahren kehrt Orestes zurück, und mit Hilfe seiner Schwester Elektra erschlägt er seine Mutter und ihren Liebhaber. Von da an wird er als Muttermörder von den matriarchalischen Rachegöttinnen der Erinnyen verfolgt. Schließlich kommt es in Athen zu einem Prozeß, bei dem es um den Vorrang zwischen Patriarchat und Matriarchat geht. Weil Athene, die Mutterlose, auf die Seite der Männer überläuft, wird Orestes freigesprochen: Um den Vater zu rächen, durfte er die Mutter erschlagen. Hamlet durfte das schon nicht mehr. Das ganze war ein wunderbarer Tragödienstoff, der noch O'Neill zu dem Stück *Mourning Becomes Electra* inspirierte.

Die *Odyssee* – Die Abenteuer des Odysseus

Die *Odyssee* handelt von der langwierigen Heimfahrt des Odysseus und seiner Ankunft zu Hause in Ithaka. Zahlreich sind die Abenteuer, bei denen er seine Cleverneß demonstrieren kann. Vor dem menschenfressenden Zyklopen Polyphem retten sich Odysseus und seine Gefährten, indem sie ihn betrunken machen, ihm sein einziges Auge ausbrennen und sich dann, unter den Bäuchen seiner Schafe versteckt, seinen Nachstellungen entziehen. Auch widersteht er erfolgreich dem Versuch der Zauberin Circe, ihn in ein Schwein zu verwandeln, was nicht jedem Mann gelingt. Dann trifft er auf die Sirenen, deren Gesang wie der der Loreley jeden, der ihn hört,

Odysseus trifft auf die Sirenen und läßt sich an den Mast seines Schiffes binden, um nicht dem tödlichen Sog der Musik zu verfallen – der erste Konzertbesucher.

in den Tod zieht, aber auf Circes Rat verstopft er die Ohren seiner Leute mit Wachs und läßt sich selbst an den Mast seines Schiffes binden, um nicht dem tödlichen Sog der Musik zu verfallen. So wird er, laut Theodor W. Adorno, zum ersten Konzertbesucher. Danach muß er durch eine Meerenge segeln, bei der links der Strudel der Charybdis gähnt und rechts das Monster der Skylla droht. Schließlich landet Odysseus allein, nackt und schiffbrüchig im Land der Phäaken, wo ihn die Königstochter Nausikaa wieder gesundpflegt und ihr Vater ihn mit einem Schiff ausrüstet, das ihn schließlich nach Ithaka bringt.

Die Heimkehr des Odysseus

20 Jahre ist er nicht zu Hause gewesen, da haben sich 112 Freier breitgemacht, die Odysseus' Frau Penelope pausenlos belagern. Sie hat versprochen, sich zu entscheiden, sobald sie das Leichentuch für ihren Schwiegervater Laertes fertiggewebt haben wird, ribbelt aber nachts wieder auf, was sie tagsüber webt. Odysseus verkleidet sich bei seiner Ankunft als Bettler, wird aber von seinem Hund Argus sofort ohne die Hilfe seiner Argusaugen erkannt, aber nicht von seiner Frau. Als Penelope bekanntgibt, daß sie den Freier heiraten werde, der den Bogen des Odysseus spannen und einen Pfeil durch zwölf Axtschäfte schießen könne, greift sich Odysseus den Bogen, spannt ihn, schießt den Pfeil durch die Axtringe, gibt sich zu erkennen und richtet mit Hilfe seiner Diener und seines Sohnes Telemachos unter den Freiern ein Blutbad an. Endlich ist er wieder vereinigt mit Penelope, so wie 3000 Jahre später Leopold Bloom aus Dublin mit seiner Frau Molly.

Wieder zu Hause in Ithaka, richtet Odysseus unter den Freiern seiner Frau Penelope ein Blutbad an.

Die Bibel

Gott

Hier handelt es sich um eine Geschichte von ganz anderem Zuschnitt als die, die uns Homer erzählt, und sie wurde von Gott geschrieben. Einem Gott, den die Europäer als den einzigen anerkannten. Deshalb wurde sie Wort für Wort geglaubt. Um diese Geschichte wurden Meere von Blut vergossen. Um geringfügiger Unterschiede in der Deutung dieser Geschichte willen wurden Länder verwüstet und Städte in Schutt und Asche gelegt. Die wichtigste Gestalt unserer Kultur ist der Gott der Bibel. Und wer nicht an ihn glaubt, bezieht seine Gottesvorstellung trotzdem von ihm, um ihn dann zu leugnen. Wer sagt, ich glaube nicht an Gott, meint nicht Zeus, sondern IHN.

Um diese Geschichte wurden Meere von Blut vergossen

Schöpfung und Sündenfall

Wir alle kennen den Anfang. Gott will es so, und er spricht es aus, und es ward Licht. Das war am ersten Montag, als die Welt begann. Und so schuftete er weiter bis zum Samstag. Da schaut er in den Spiegel und schafft ein Wesen nach seinem Bilde: Adam. Und damit Adam sich nicht langweilt, entnimmt er ihm eine Rippe und macht daraus Eva. Danach erklärt er ihnen die Hausordnung und die Regeln der Gartenbenutzung: Sie dürfen das ganze Obst essen, nur von einem Apfelbaum mit der Aufschrift »Baum der Erkenntnis von Gut und Böse« dürfen sie nicht essen, denn das sei böse und ende tödlich. Aber Eva wittert einen Widerspruch: Wenn die Entdeckung des Unterschieds zwischen Gut und Böse selbst böse ist, stimmt hier etwas mit der Logik nicht. Zur weiteren Aufklärung konsultiert sie die Expertin für Paradoxien, die Schlange, und die deutet es ideologiekritisch: Das Verbot sei antidemokratisch, und die Todesdrohung diene nur dem Schutz des Herrschaftswissens. Sie sollten ruhig essen, dann würden sie selbst wie Gott und könnten Gut und Böse unterscheiden.

Und so kam es zu dem Ereignis, das unter dem Begriff Sündenfall bekannt wurde mit allen seinen Folgen: Entdeckung des Sex und der Scham, Erfindung des Feigenblattes und der Moral, Vertreibung aus dem Garten, Verdammung zur regelmäßigen Erwerbsarbeit und Verengung des Geburtskanals wegen des aufrechten Ganges mit entsprechend verfrühter und dann schmerzhafter Geburt, langer Hilflosigkeit des Kindes, ausgedehnten Pflegezeiten und genereller Doppelbelastung der Frau wegen ihrer Rädelsführerschaft beim Sündenfall.

Das Gesetz Gottes

Schon hier zeigt sich: nichts mehr ist übrig von dem unübersichtlichen Familienclan des Götterhimmels der Griechen. Hier gibt es nur einen Gott, und der vertritt das Prinzip, mit dem sich die Juden fortan identifizieren, das Gebot Gottes oder das Gesetz.

Wenn die Griechen die Götter von Wutanfällen abhalten wollten, brachten sie ihnen Opfer dar. Die fünf Bücher Mose (das Pentateuch) erzählen nun in immer neuen Episoden, wie das Gesetz das Opfer allmählich ersetzt. So erschlägt Kain seinen Bruder Abel, weil Gott den Bratenduft von Abels tierischen Opfern den vegetarischen Opfergaben Kains vorzieht. Als der

Anfall von göttlicher Vernichtungswut, die Sintflut, wieder abklingt und Noah die Arche nach all den Regenwochen wieder verlassen kann, bestärkt der Wohlgeruch des Bratenduftes seines Brandopfers Gott in seinem Entschluß, die Welt fortan zu schonen. Er will von jetzt an keine Opfer mehr. Und zum Zeichen eines neu eingesetzten Vertrages setzt er den Regenbogen an den Himmel.

Abraham

Die nächste Geschichte, in der Gott nebenbei die Stadt Sodom wegen homosexueller Umtriebe vernichtet, erzählt von der Abschaffung des Menschenopfers: Gott prophezeit Abraham eine zahlreiche Nachkommenschaft, obwohl er und seine Frau Sarah dafür schon zu alt sind. Zum Zeichen dafür, daß er seine Manneskraft Gott weiht, führt Abraham die Beschneidung

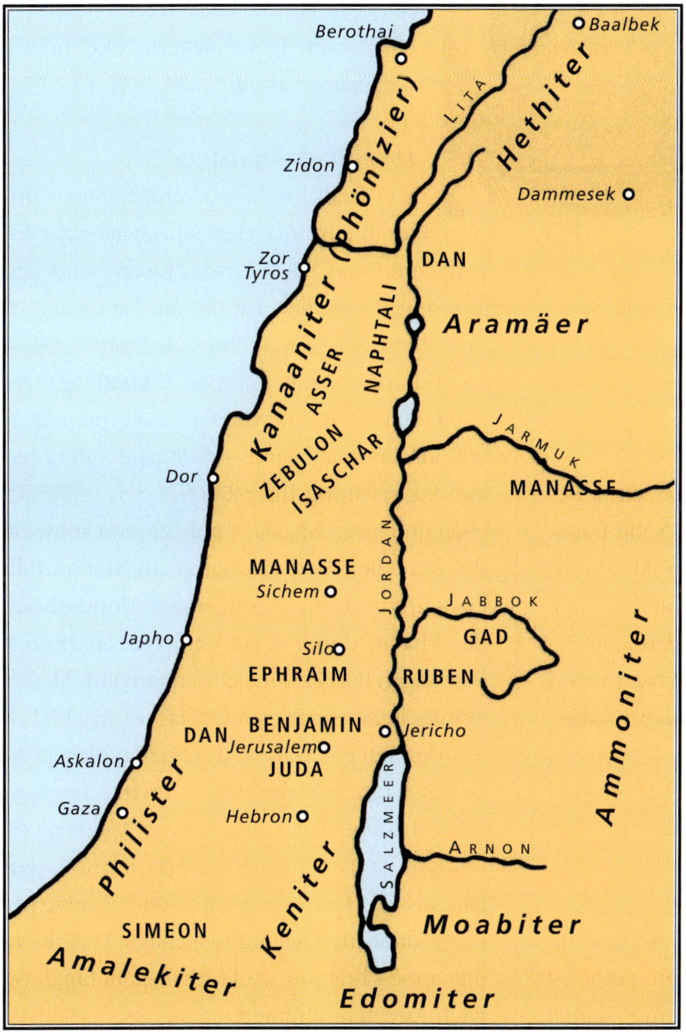

Das Land der Bibel.

Das Menschenopfer ist abgeschafft: Abraham mit dem König von Jerusalem, Melchisedek.

ein. Und gegen alle Gesetze der Natur bekommt die 100jährige Sarah ihren Sohn Isaak. Nun treibt Gott die Prüfung von Abrahams Glaube und Gehorsam auf die Spitze, indem er von ihm verlangt, diesen einzigen Sohn zu opfern. Als Abraham selbst dazu bereit ist, vertauscht Gott im letzten Moment den Knaben mit einem Widder. – Eine weitere Station auf dem Weg, auf dem das Opfer abgeschafft und durch das Gesetz Moses ersetzt wird.

Jakob, genannt Israel

Mit der Geschichte Jakobs, Isaaks Sohn, kommen wir den Griechen am nächsten. Jakob ist ein bißchen wie Odysseus: Er betrügt seinen haarigen Bruder Esau um sein Erstgeburtsrecht, indem er sich ein Schaffell überzieht und so die segnende Hand seines blinden Vaters täuscht (so wie Odysseus das mit Polyphem gemacht hat); er trickst seinen Onkel Laban mit einem Züchterkniff aus, wobei er die neugeborenen Schafe als Eigentum und Labans Töchter Leah und Rachel zu Frauen gewinnt. Dann ringt er eine Nacht lang mit dem Engel des Herrn, der ihm die Hüfte ausrenkt und ihn auf den Namen Israel tauft.

Joseph in Ägypten

Von Leah hat Jakob zehn Söhne – unter ihnen Juda, den Stammvater der Juden – und von Rachel zwei: Joseph und den jüngsten, Benjamin. Die Söhne Leahs ärgern sich über die Liebe Jakobs zu Joseph und dessen Träume von einer großen Zukunft und verkaufen ihn in die Sklaverei nach Ägypten. Dort will ihn die Frau seines Arbeitgebers Potiphar zur Auffrischung ihrer Ehefreuden mißbrauchen und klagt ihn, als er unbeeindruckt bleibt, der sexuellen Belästigung an. Im Kerker fällt er dem kurzzeitig einsitzenden Mundschenk des Pharao durch seine treffsicheren Traumdeutungen und Zukunftsprognosen auf. Als der Mundschenk wieder amtiert, läßt er Joseph holen, der nun die Träume des Pharao prompt so erfolgreich deutet, daß dieser durch rechtzeitige Vorratsbildung eine Hungersnot in Ägypten verhindern kann. So macht Joseph Karriere und läßt, als die Hungersnot auch seine Familie bedroht, diese als nachzugsberechtigte Verwandte mit unbeschränkter Aufenthaltsgenehmigung nach Ägypten kommen.

Schöpfung und Sündenfall. Die Folgen: Entdeckung des Sex und der Scham, Erfindung des Feigenblattes und der Moral.

Moses

Hier leben sie zwar im Wohlstand, werden aber allmählich versklavt und sind Anfällen von Ausländerfeindlichkeit und Pogromen ausgesetzt: So organisiert der Pharao aus Überfremdungsangst einen kollektiven Kindermord. Nur der kleine Moses wird vor dem Anschlag gerettet, indem seine Mutter ihn in einem Weidenkorb den Wassern des Nils übergibt, aus denen eine der Töchter Pharaos ihn herausfischt und zum vornehmen Ägypter erzieht. Sigmund Freud, der überall unlautere Motive sah, hat dagegen vermutet, die Geschichte sei erfunden worden, um den ägyptischen Sohn einer Pharaotochter nachträglich zum waschechten Juden zu machen. Ägypter oder nicht, jedenfalls schaut Moses bei einer Judenverfolgung nicht weg und erschlägt einen besonders sadistischen ägyptischen Schergen. Danach muß er ins Exil nach Midian fliehen, heiratet dort und hütet die Schafe seines Schwiegervaters. Da erscheint ihm Gott in einem brennenden Dornbusch und befiehlt ihm, die Kinder Israels aus Ägypten weg ins Gelobte Land nach Kanaan – dem Land, wo Milch und Honig fließen – zu führen.

Moses führt die Kinder Israels aus Ägypten weg ins Gelobte Land nach Kanaan – dem Land wo Milch und Honig fließen.

Der Auszug aus Ägypten

Nach vielem Hin und Her erklärt sich Moses dazu bereit; weil aber der Pharao sie nicht ziehen lassen will, schlägt der Herr Ägypten mit vielen Plagen, bis er schließlich sogar alle erstgeborenen Ägypter umbringt. Da hat der Pharao genug. Für die Juden aber erläßt der Herr komplizierte Speisevorschriften über ungesäuertes Brot und dergleichen und befiehlt ihnen, das Passah-Fest einzurichten, das künftig an den Auszug aus Ägypten erinnern soll. Der erboste Pharao aber verfolgt sie mit einem Heer bis ans Rote Meer. Wieder steht es schlecht um die Juden. Da teilt der Herr die Wasser des Meeres, läßt die Israeliten hindurchziehen und die Wogen über dem ägyptischen Heer wieder zusammenschlagen. Auf diese Weise bot er eine Demonstration seiner Macht nicht nur für die Ägypter, sondern auch für die Juden. Dieser sogenannte Exodus wurde zum Urbild der Vertreibung, aber auch der Befreiung der Sklaven: Let my people go.

Das Gesetz Moses

Waren die bisherigen Geschichten nur Vorgeplänkel, so kommt nach der Flucht aus Ägypten die eigentliche Geburtsstunde des Volkes Israel. Am Fuße des Berges Sinai deutet Gott durch vulkanische Aktivitäten an, daß er sich diesmal als Berg zu offenbaren wünscht. Unter den Augen des versammelten Volkes steigt Moses in den Berg und verschwindet in Rauch und Feuer. Als er zurückkommt, verkündet er die Zehn Gebote (den Dekalog) und zahlreiche weitere Vorschriften aus dem sogenannten Bundesbuch. Dann steigt er wieder in den Berg und bleibt 40 Tage weg, während deren ihm Gott erklärt, daß er von nun an bei seinem Volk wohnen wolle und daß man ihm deshalb einen Schrein, das Tabernakel der Bundeslade, bauen müsse und wie sie auszusehen habe. Da aber Moses so lange wegbleibt und die Leute ihn für verschollen halten, verbrauchen sie ihre Goldreserven für die Anfertigung eines goldenes Kalbes, das sie im Rahmen einer entfesselten Feier anbeten. Moses aber kommt über sie wie ein gewaltiges Gewitter, zerschmettert vor Wut die neuen Gesetzestafeln und führt die Leviten gegen die Götzendiener in einen blutigen Rachefeldzug. Dann steigt er erneut in den Berg, und Gott schließt den Bund mit dem Volk Israel zum zweiten Mal. Und wieder steigt Moses vom Berg herab, das Gesicht strahlend vom Anblick Gottes, in den Armen zwei Tafeln mit dem Zeugnis des neuen Bundes, beschrieben mit dem Finger Gottes.

Die eigentliche Geburtsstunde des Volkes Israel: Moses steigt zweimal auf den Berg Sinai und kehrt mit zwei Tafeln zurück, die den Bund zwischen dem Volk Israel und Gott bezeugen.

Gott und sein Volk

Damit ist das Verhältnis zwischen Gott und seinem Volk etabliert. Es wird geregelt vom Gesetz. Gott ist das Gesetz, das jetzt in der Bundeslade liegt. Und Israel ist das Volk Gottes, wenn es sich an das Gesetz hält. Und das erste Gebot lautet: Obwohl alle anderen Völker viele, zum Teil auch sehr sympathische Götter anbeten, und obwohl es schwerfällt, anders zu sein als andere, sollst du keine anderen Götter haben neben mir. Die weitere Geschichte Israels dreht sich deshalb um die immer wieder aufbrechende Neigung, den Sonderweg zu verlassen, vom Gesetz des Herrn abzuweichen und sich attraktiven Lokalgöttern wie Beelzebub, dem Herrn der Fliegen, zuzuwenden. Und sie schildert Gottes Wutanfälle und Strafaktionen. Nachdem die Juden das Gelobte Land eingenommen haben, zieht sich dieses Problem durch die Geschichte der Könige Saul, David und Salomo, der schließlich für die Bundeslade den Tempel in Jerusalem baut. Es beherrscht auch die Zeit der Propheten und der Babylonischen Gefangenschaft: 609 erobert Nebukadnezar Israel und verschleppt die jüdische Elite nach Babylon, bis der Perserkönig Kyros 539 das Exil beendet.

Hiob

Schließlich, im Buch Hiob, wird das Problem der Gesetzestreue auf die moralische Spitze getrieben. Dazu wird eine neue Gestalt eingeführt, die später im christlichen Europa eine beispiellose Karriere machen sollte: Satan. Er taucht plötzlich auf. Vielleicht war er schon die Schlange im Paradies, aber jetzt ist er er selbst. Und er redet schon wie Mephisto aus dem *Faust.* »Der Hiob ist gerecht und fromm«, sagt er. »Kunststück! Wo es ihm materiell so gutgeht!« Da entschließt sich Gott wie im *Faust* zu einem Experiment, und er erlaubt Satan zu testen, wie belastbar Hiobs Frömmigkeit ist: Satan tötet alle seine Kinder, ruiniert seinen Be-

sitz und foltert ihn mit Krankheiten. Als Hiob sich über Willkür beklagt und seine Freunde es für religiös unkorrekt halten, Gott Vorhaltungen zu machen, besteht Hiob auf einer ordentlichen Urteilsbegründung durch Gott und erntet schließlich damit ein zweideutiges Lob

609 erobert Nebukadnezar Israel und verschleppt die jüdische Elite nach Babylon in die Gefangenschaft.

des Herrn. Sollte der Test ermitteln, ob Hiob an der Idee eines gerechten Gottes festhielt? Mußte, wenn Gott gerecht bleiben wollte, deshalb der Satan eingeführt werden? Wie dem auch sei, der Test Hiobs endet zuletzt in einer Theodizee, einer Rechtfertigung Gottes angesichts der Übel in der Welt, und er zeigt das Erbe, das wir mit diesem Gott übernommen haben: Die Geschichte wird zu einem fortlaufenden juristischen »Prozeß«, zu einem Verfahren mit generellem Rechtfertigungsnotstand und ständigem Übertretungsbewußtsein mit eingebautem Erlösungsbedürfnis (Messias-Erwartung), aber auch der Idee von einklagbarer Verfahrenssicherheit.

Juden und Christen

Der Rest der Geschichte mit Jesus als Messias spielt dann schon zur Zeit Roms; da gaben die Christen die Gerechtigkeit zugunsten einer Generalamnestie auf. Die Juden aber wählten die Rolle des Hiob, bestanden auf Gerechtigkeit und hielten damit in den Christen den Verdacht wach, moralisch versagt zu haben. Die Christen dagegen waren wieder zum Menschenopfer zurückgekehrt – durch die Kreuzigung Christi –, eine Barbarei, die die Juden durch das Recht und die Griechen durch die Ästhetisierung in der Tragödie abgeschafft hatten. Dafür wurden die Christen mit dem Philosophen Hegel bestraft, der die Gerichtsfähigkeit in Form des dialektischen »Prozesses« der Weltgeschichte wieder einführte: Seitdem beschuldigt immer irgend jemand jemand anderen, sich gegen die Gesetze der Geschichte zu versündigen, was die Zahl der Menschenopfer ins Massenhafte steigert: die Weltgeschichte wird zum Weltgericht.

Die Geschichte Europas

Die klassische Antike – Kultur und Geschichte

Griechenland (500–200 v. Chr.)

Setzen wir zuerst den Zeitrahmen fest: Es geht im Kern um die zwei Jahrhunderte von 500 bis 300 v. Chr. Nach außen sind sie geprägt vom Kampf der Griechen gegen das persische Großreich. Von 500 bis 450 dauert die Zeit der Abwehr; dabei wird Athen reich und mächtig, weil es die Ionischen Inseln zu einem Handelsimperium zusammenfaßt und gegen die Perser schützt. Unter der Führung des Perikles (443–429) erlebt Athen seine Blütezeit. Danach kommt es zum 30jährigen »Peloponnesischen« Krieg mit dem militaristisch-preußischen Sparta (431–404), der mit Athens Niederlage endet. In der Zeit von 400 bis 340 erfolgt der Wiederaufstieg Athens wegen der Schwächung Spartas durch Theben. Dann – zwischen 340 und 300 – erobert das nordgriechische Militärkönigtum Makedonien unter Philip II. ganz Griechenland und unter Alexander dem Großen (336–323) das Perserreich. Damit beginnt die Zeit des Hellenismus (Verbreitung der griechischen Kultur im ganzen östlichen Mittelmeerraum einschließlich Kleinasien, Mesopotamien [heutiger Irak] und Persien), bis dieses Gebiet ab ca. 200 nach und nach vom römischen Imperium geschluckt wird. So werden die Römer die Erben der griechischen Kultur.

Athen

Ist von der griechischen Kultur die Rede, meinen wir zunächst Athen. Denn die Athener haben etwas geschafft, was erst wieder den Engländern im 18. und 19. Jahrhundert gelang: den Übergang von einer Herrschaft der Aristokratie zur Demokratie, ohne dabei die Aristokraten von der Politik auszuschließen. Das war durch Verfassungsreformen unter sehr vernünftigen Tyrannen geschehen. Das Ergebnis müssen wir uns als Radikaldemokratie wie an den Universitäten von 1968 vorstellen (deren Mitgliederzahl auch der einer griechischen Polis entsprach).

> *Polis bedeutete mehr als Stadt oder Staat – es war ein »way of life«, auf den man stolz war*

- Oberste Instanz war die Vollversammlung aller Bürger (außer Sklaven, Frauen und Bewohnern ohne Bürgerrecht).
- Regiert wurde durch Ausschüsse, die regelmäßig neu gewählt wurden. Fachliche Qualifikationen (etwa für Gerichte) brauchte man dafür nicht. Jeder Bürger konnte jedes Amt bekleiden.
- Einzige Ausnahme: der Stratege, der das Heer führte. Er mußte Erfahrung haben. Die Strategen waren dann auch, wie im Falle von Perikles, besonders einflußreiche Männer. Es herrschte allgemeine Wehrpflicht.

Diese Verfassung verwandelte Athen in einen permanent tagenden Debattierclub; nur in der Öffentlichkeit meinten die Athener alle ihre Talente entfalten und »sich selbst verwirklichen« zu können. Diese totale Gemeinschaft nannte man Polis. Das Wort bedeutete mehr als Stadt oder Staat – es war ein »way of life«, auf den man stolz war. Nur in der Polis schien das Leben lebenswert.

Daraus entstand in wenigen Generationen eine Kultur, die nicht ein übernatürliches Wesen, sondern den Menschen selbst zum Maßstab der Gesellschaft machte.

Griechisches Denken

›Abstraktionen sind unwirklich‹, sind wir heute geneigt zu sagen, ›wirklich sind nur die konkreten einzelnen Dinge.‹ Aber der genetische Bauplan, der aus dem Kalb einer Kuh wieder eine Kuh werden läßt, ist er nicht auch real? ›Das ist sogar das einzig Reale‹, hätte ein Grieche geantwortet, ›denn er macht all diese Tiere zu dem, was wir Kuh nennen‹, und er hätte diesen Bauplan Idee genannt.

Für das griechische Denken war nur das Konstante wirklich. Die Kühe kamen und gingen, was aber gleich blieb, war die Form der Kuh. Hinter dem Gewimmel des Konkreten stand die Konstanz der ewigen Formen. Und so suchten die griechischen Vor-Sokratiker (Philosophen vor Sokrates), was hinter all diesen Erscheinungen ist: Wasser, sagte Thales; Gegensätze, sagte Anaximander (damit ist er schon sehr nahe bei der heutigen Physik, die sagt: Symmetrien); Atome, behauptete Demokrit.

Aber der Schlüssel zum Verständnis der griechischen Kultur, das Konzept, das das Erleben und Denken organisiert, die zentrale Kategorie, die am meisten Bedeutungs-Arbeit leistet und der alle anderen zuarbeiten, die von sich aus einleuchtende Vorstellung – das ist der Gedanke, daß in der Realität eingebaute Muster stecken Baupläne und Grundformen, über die sich die Wirklichkeit organisiert; und daß diese Grundformen einfach, erkennbar und rational sind.

Das antike Griechenland.

Die Griechen waren fast schon Bauhaus-Funktionalisten: Sie zeigten mit ihren Säulenreihen unter dem Giebel das Prinzip eines Gebäudes, an dem nichts Überflüssiges war. Dabei unterschied man den dorischen (links), ionischen (Mitte) und korinthischen Stil (rechts).

Vergleicht man die wuchernde Fülle einer gotischen Kathedrale mit einem griechischen Tempel, erkennt man, daß die Griechen fast schon Bauhaus-Funktionalisten waren: Sie zeigten mit ihren Säulenreihen unter dem Giebel das Prinzip und die Statik eines Gebäudes, an dem nichts Überflüssiges war. Dabei unterschied man den dorischen, ionischen und korinthischen Stil. Man erkennt die Unterschiede an den Säulen und den Kapitellen.

Kunst

In der Bildhauerkunst zeigten die Griechen deshalb keine Porträts, sondern den Bauplan und die Grundform des menschlichen Körpers in Ruhe und in Bewegung, in Entspanntheit und im Todeskampf. Aber immer sehen wir die ideale Grundversion einer Haltung. In dieser Form wird die griechische Plastik modellhaft für alle spätere Kunst. Die Namen, die wir mit ihr verbinden, sind Phidias und Praxiteles.

Tragödie (ab 534)

Der Neigung zum Formalismus scheint auf den ersten Blick ein Zug zu widersprechen: Die Griechen – allen voran Athen – pflegten eine ausufernde Festkultur. Mit Festen warben die sponsernden Magnaten um Wähler, Feste erneuerten das kulturelle Wissen und vermittelten das Erlebnis der Einheit der Polis. In Athen entwickelte sich nun aus dem Fest des Dionysos, des Gottes des Rausches, die Tragödie. Ihr Erfinder ist Thespis (um 534), der zwischen Chorgesang und Gegengesang einen Schauspieler die Vorgänge eines mythischen Stoffes in Versen erzählen läßt. (Im Mittelalter entsteht auf dieselbe Weise aus dem christlichen Gottesdienst das neuere europäische Drama.) Nietzsche hat deshalb das Dionysische (das Entgrenzende) in der Tragödie gegen das Prinzip des Apollinischen (das Maßvolle) ausgespielt. Tatsächlich aber reduziert die griechische Tragödie, etwa im Vergleich zu Shakespeare oder Hollywood, die Handlung auf das Wesentliche und konzentriert sich auf ein Problem. Mit der Tragödie vollzieht sich der Schritt vom

Kenneth Branagh in *Mary Shelly's Frankenstein*: Die Stoffe der griechischen Tragödie wurden immer wieder verarbeitet und neu bearbeitet.

Euripides: in seinen Tragödien vollzieht sich der Schritt vom Kult zur Politik, und sie werden als demokratisches Staatstheater zum Kult der Polis.

Kult zur Politik, und sie wird als demokratisches Staatstheater zum Kult der Polis. Dabei wird das Menschenopfer – die Katastrophe eines herausragenden Menschen – zum Anlaß für Problematisierungen: Wo liegen die Grenzen des Planbaren? Wie verhält sich der Mythos der Überlieferung zur Rationalität der Zwecke? Die Aufführungen fanden tagsüber in Amphitheatern statt, die im Prinzip das gesamte Volk, also bis zu 14 000 Mann, fassen konnten. Die Inszenierungen waren als Wettkämpfe zwischen den Autoren organisiert, und die Stücke wurden von gewählten Kampfrichtern bewertet. Während des 5. Jahrhunderts wurden etwa 1000 Tragödien aufgeführt; davon stammten allein 300 von den großen drei: Aischylos, Sophokles und Euripides. Von ihnen sind 33 überliefert, sieben von Aischylos, sieben von Sophokles und 19 von Euripides. Ab 486 gab es auch einen Wettkampf für Komödien-Dichter: der berühmteste war Aristophanes. Anders als die Tragödie bezog sich die Komödie auf reale Menschen und kritisierte wirkliche Verhältnisse, entsprach also eher dem heutigen Kabarett. Wie die Tragödie gebaut ist und wie sie wirken soll, beschreibt uns Aristoteles in seiner *Poetik*: Sie soll Furcht und Mitleid erregen und uns durch eine Katharsis, also eine Reinigung, von unguten Gefühlen läutern. Seine Abhandlung über die Komödie aber wurde nie gefunden und auch von den Figuren in Umberto Ecos Roman *Der Name der Rose* vergeblich gesucht. Die Stoffe der griechischen Tragödie wurden immer wieder verarbeitet und neu bearbeitet, von Euripides' *Iphigenie auf Aulis* bis zu Goethes *Iphigenie* und von Aischylos' *Der gefesselte Prometheus* zu Mary Shelleys *Frankenstein*. Aristoteles' *Poetik* aber wird zum wichtigsten Text der Literaturkritik.

Poesie

Aus der griechischen Poesie beziehen wir viele unserer Begriffe für unsere literarische Formensprache. Epische Sänger wie Homer hießen Rhapsoden (Zusammenfüger von Oden, also Gesängen). Im Übergang vom Epos (Heldenlied) entwickelte sich die Elegie (zur Flöte gesungen), die sich zum Klagelied über Verluste steigert (deshalb elegisch). Zum Vertreter einer Liebes- und Lebensgenußlyrik wurde Anakreon (daher anakreontisch). Am reichhaltigsten war die Chorlyrik mit Hymnen (Preislieder für Götter und Heroen), Päanen (Siegesliedern), Dithyramben (Preislieder für Dionysos, von Satyrn mit Flötenbegleitung ekstatisch vorgetragen) und Oden (pathetische Gesänge über erhabene Gegenstände). Bedeutende Vertreter waren Pindar und Ibykos (die Kraniche des Ibykos). Auch die Begriffe für die Elemente des Dramas sind griechischen Ursprungs: Protagonist und Antagonist (von agon = Kampf) sind Held und Gegenspieler der Tragödie (von tragos = Ziegenbock und Ode, also Bocksgesang). Der Held leidet an Hybris (Hochmut), wird dafür durch sein Pathos (Leiden) bestraft und aufgrund tragischer Ironie (scheinbarer Glücksbegünstigung) in die Katastrophe (Schicksalswende) geführt. Danach kommt das Satyrspiel (heitere Posse), in dem Fruchtbarkeitsdämonen mit Pferdeohren und Phallus die Tragödie parodieren. Das Gegenstück zur Tragödie ist die Komödie (von komus = Festumzug plus Ode), die sich vor allem der Satire widmet (Satire = Verspottung von Mißständen, leitet sich nicht von Satyr, sondern von satura, lat. für Obstschale ab). Von den griechischen Zahlen stammen auch die Namen für die Versmaße Tetra-(vier)meter, Penta-(fünf)meter, Hexa-(sechs)meter, Hepta-(sieben)meter, wie überhaupt zahlreiche Bezeichnungen ab: Pen-

Im Satyrspiel parodieren Fruchtbarkeitsdämonen mit Pferdeohren die Tragödie – Unterweisung von Schauspielern vor einer Aufführung.

tagon (Fünfeck), Pentateuch (fünf Bücher Mose), Pentecoste (Pfingsten, 50 Tage nach Ostern), Pentagramm, Pentathlon (Fünfkampf), Pentameron (in fünf Tagen erzählte Märchensammlung) etc.

Philosophie

Mit der Erfindung der Philosophie eröffnen die Griechen eine neue Epoche der Menschheit. Das Denken entdeckt sich selbst, befreit sich aus den Fesseln der Religion und gibt sich selbst die Gesetze. Es sind die Gesetze der Logik. Dabei bleibt es an die Geselligkeit und die öffentliche Rede gebunden. Denken ist Dialog und nicht Monolog. Das entspricht der Demokratie. Philosophie entfaltet sich als Rede und Gegenrede, als Disputierkunst und als Methode, eine Sache von allen Seiten zu betrachten. Die Griechen nennen das Dialektik. Sie wird besonders von den Sophisten geübt, die als wandernde Rhetoriklehrer Schulungskurse für Politiker geben und sich damit einen schlechten Ruf wegen ihres Opportunismus einhandeln. Von ihnen grenzt sich ein Dreigestirn ab, das wie kein anderes das europäische Denken bis in unsere Zeit geprägt hat: Sokrates, Platon und Aristoteles. Sie gehören zusammen, denn Platon ist Schüler von Sokrates, und Aristoteles ist Schüler von Platon. Sokrates (470–399) durchlebt die perikleische Zeit und den Peloponnesischen Krieg; Platon (427–347) wirkt in der Zeit des Wiederaufstiegs Athens, und Aristoteles (384–322) erlebt den Aufstieg Makedoniens und wird Lehrer Alexanders des Großen.

Mit der Erfindung der Philosophie eröffnen die Griechen eine neue Epoche der Menschheit

Das Denken entdeckt sich selbst, befreit sich von den Fesseln der Religion und gibt sich selbst die Gesetze. Es sind die Gesetze der Logik – Fresko eines Philosophen 1. Jahrhundert n. Chr., gefunden in Pompei.

Sokrates (470–399)

Sokrates selbst hat nichts Schriftliches hinterlassen, und so stammt fast alles, was wir über ihn wissen, aus den philosophischen Dialogen seines Schülers Platon. In diesen Dialogen hören wir ihn sprechen. Sie zeigen uns eine so lebendige Figur, daß sie sich dem europäischen Gedächtnis eingeprägt hat.

Sokrates war Sohn eines Bildhauers und einer Hebamme, bildhauerte anfangs auch selbst und wurde dann Sophist, verstieß aber gegen deren Zunftregeln: Ihm ging es nicht um die Vermittlung verbaler Tricks, sondern um die moralische Begründung der Politik. Weil er sah, daß die Religion dazu nicht mehr ausreichte, suchte er die Elite Athens durch Erziehung zum selbständigen Denken regierungsfähig zu machen. Dahinter standen wohl auch schlechte Erfahrungen mit der Amateur-Demokratie als Herrschaft des Mobs (Ochlokratie): Sokrates ist zwar selbst sehr bürgerlich und lebt bescheiden, zu seinen Schülern aber macht er nur die Vornehmsten. Er will demokratische Elitebildung durch Bildung. Da er Überzeugungstäter ist, nimmt er kein Honorar. Seine Frau Xanthippe aber hatte kein Verständnis dafür, daß die Frage, was das Wesen der Tugend sei, wichtiger sein sollte als das Essen auf dem Tisch, und führte mit ihm lautstarke Beziehungsgespräche, durch die Sokrates weiter seine Dialektik trainierte. Er hatte wohl eine starke Mutterbindung, denn er bezeichnete seine Technik als Hebammenkunst (Mäeutik).

Sokrates holte also die Philosophie von der Natur in die Gesellschaft. Dabei stellte er die Tricks der Sophisten in den Dienst der Wahrheitsfindung und entwickelte das sokratische Verfahren: Er stellte sich unwissend und befragte seinen scheinbar selbstsicheren Gesprächspartner nach den Selbstverständlichkeiten – »Ist nicht, o Kritias, der Bildhauer vor der Statue da?« – »Selbstverständlich« –, führte ihn dann durch weitere Fragen in die Geröllhalde der Widersprüche, brachte ihn zum Straucheln, um dem mittlerweile völlig verwirrten, demoralisierten Gesprächspartner schließlich deutlich zu machen, daß seine vermeintlich sicheren

Sokrates holte die Philosophie von der Natur in die Gesellschaft: Ihm ging es um die moralische Begründung der Politik.

Annahmen nur eine mildere Form der Ignoranz darstellten. Das Prinzip dieser angeleiteten Selbstzerstörung wird als sokratische Ironie bekannt. Das Verfahren ist äußerst spektakulär und hinterläßt bei den Betroffenen tiefe Spuren. Aber es dramatisiert auch auf augenfällige Weise, was Philosophie bedeutet: Man verfremdet die Selbstverständlichkeiten, entautomatisiert die eigenen Wahrnehmungen und kann so die Welt demontieren, um sie – wie später Descartes nach seinem weltvernichtenden Zweifel – unter der Kontrolle der Logik wieder neu aufzubauen. Das ist Geburtshilfe für das selbständige Denken.

In diesen Dialogen werden die Figuren für uns außerordentlich lebendig. Will man sie kennenlernen, sollte man mit dem *Symposion* beginnen. Das ist der Bericht über ein Gelage von erprobten Kampftrinkern aus Anlaß des Sieges des Agathon im Tragiker-Wettbewerb. Anwesend sind u. a. Agathon, Aristophanes, der Komödiendichter, Phaidros, Pausanias und Sokrates. Dabei geht es hemmungslos homoerotisch zu – Homosexualität war als Knabenliebe Teil eines vergeistigten Lehrer-Schüler-Verhältnisses –, und auch das gemeinsame Thema ist die Liebe. Man spricht über Eros als Mittler zwischen Göttern und Menschen, und Aristophanes erzählt den Mythos vom ursprünglichen doppelgeschlechtlichen Kugelmenschen, den die Götter für seine Anmaßung in zwei Teile trennten, die nun vom Eros immer wieder zusammengeführt würden. Dann entfaltet Sokrates die Philosophie von der aufsteigenden Stufenfolge der Liebe: von der Sinnlichkeit über die Liebe zur schönen Seele und zur Wissenschaft bis zur Teilhabe am Mysterium der göttlichen Unsterblichkeit. Diese Lehre von der platonischen Liebe hat in der Verbindung mit christlichen Vorstellungen außerordentliche Karriere gemacht und wird im Florenz der Renaissance wiedererweckt. Auf dem Symposion aber stürmt plötzlich der alkoholisierte Alkibiades an der Spitze einer lärmenden Meute herein und wird gezwungen, ebenfalls eine Lobrede auf die Liebe zu halten. Aber statt dessen hält er eine Rede auf Sokrates, in der er behauptet, in Wirklichkeit habe sich Eros in ihm verkörpert. Durch seine bezaubernden Reden ziehe er alle mit unwiderstehlicher Liebe in seinen Bann, aber dann lenke er ihren Sinn auf ganz andere Dinge und veredle die Liebe zur Philosophie.

Nichts hat das Bild des Sokrates stärker geprägt als dieser Dialog und der Bericht von Sokrates' Tod. Wie noch viele nach ihm wird er angeklagt, die Jugend zu verderben und gegen alte Sitten aufzuhetzen. Er verteidigt sich selbst, wird mit knapper Mehrheit der Richterstimmen verurteilt und darf nun, gemäß altem Brauch, selbst eine Strafe für sich vorschlagen. Aber er provoziert seine Richter, indem er statt dessen eine Belohnung verlangt. Die Richter fühlen sich verhöhnt und verurteilen ihn mit großer Mehrheit zum Tode. Unmittelbar vor seinem Tod unterhält er sich gelassen mit seinen trauernden Schülern über den Tod, lehnt ein Angebot zur Fluchthilfe ab, weil er außerhalb der Polis nicht leben will, und trinkt einen Becher giftigen Schierlings.

Der Tod des Sokrates ist später häufig mit dem von Christus verglichen worden: In beiden Fällen ein freiwilliger Opfertod nach einem Sündenbock-Ritual, veranstaltet durch eine banausische Meute, die im Namen der Orthodoxie auftritt.

Von trauernden Schülern umgeben, nimmt Sokrates einen Becher giftigen Schierlings. Sein Tod ist später häufig mit dem von Christus verglichen worden: ein freiwilliger Opfertod nach einem Sündenbock-Ritual.

Platon (427–347)

Platon geht nach dem Tod des Sokrates auf Reisen, wird zeitweilig Regierungsberater in Syrakus, was mit einem Desaster (nämlich seiner zeitweiligen Versklavung) endet, kehrt nach Athen zurück, gründet in der Nähe der dem Akademos gewidmeten Gärten eine Hochschule, die den Namen Akademie erhält und fast 1000 Jahre bestehenbleibt.

Anders als die meisten seiner Nachfolger vermochte es Platon, anregend und charmant zu schreiben. Ihm lag daran, möglichst viele Menschen für seine Lehren zu gewinnen. Darin führte er die Bildungsidee des Sokrates weiter. Auch ihm ging es um die richtige Ordnung des Gemeinwesens. Entscheidend für die Nachwelt aber ist: Durch ein paar begriffsstrategische Entscheidungen legte Platon das philosophische Programm für die kommende Zeit fest. Er teilte die Welt in ein Reich des ewigen Seins und ein Reich der wechselnden Erscheinungen. Das Reich der Erscheinungen ist eine Höhle, in der wir mit dem Rücken zu einem flackernden Feuer sitzen, während zwischen uns und dem Feuer wirkliche Gestalten vorbeiziehen. Wir aber sehen nur ihre schwankenden Schatten auf der Wand. Sie sind unsere Wirklichkeit. Und das ist Platons berühmtes Höhlengleichnis. Die wahre Wirklichkeit besteht aus den idealen Grundtypen, von denen die Einzeldinge nur Abbilder sind. Diese Grundtypen nennt Platon Ideen. Mit dieser Teilung der Welt in Diesseits und Jenseits begründet Platon die Metaphysik (jenseits der Physik) und den Idealismus. Damit legt er für die kommende Philosophie fest, an welchen Problemen sie sich abarbeiten muß, und er ermöglicht – wenn auch erst nach dem Durchlauf durch die Wiederaufbereitungsanlage des Neu-Platonismus unter der Aufsicht des Plotin (204–270) – eine Liebschaft zwischen Christentum und Philosophie während der Renaissance.

Platon legte das philosophische Programm für die kommende Zeit fest.

Wenn die sinnliche Wahrnehmung uns auch zur Gefangenschaft im Schattenreich der Erscheinungen verdammt, so gibt es doch Berührungspunkte mit der Welt der Ideen: In der Geometrie etwa berühren sich Anschauung und Ideen, wenn uns die Kugel oder das Quadrat eine Ahnung von der Perfektion der Ideen vermitteln (siehe Aristophanes' Mythos vom Kugelmenschen im *Symposion*). Auch können wir durch visionäre Zustände unsere sinnlichen Beschränkungen abwerfen und unserer Seele Flügel verleihen. Dann geraten wir in die Nähe unseres vorgeburtlichen Seelenzustands und erinnern uns an das Reich der Ideen, aus dem unsere Seele stammt und an dem sie teilhat, wenn sie denkt.

Die Ideen selbst bilden eine Art Gravitationssystem von Himmelskörpern mit Ideen von sonnenhafter Anziehungskraft, um die dann kleine Ideen-Trabanten rotieren. Die zentrale Sonne ist die Idee der Trinität (Dreieinigkeit) vom Guten, Wahren und Schönen.

Platons Philosophie trennt deshalb nicht zwischen Morallehre (Ethik), Erkenntnistheorie und Kunsttheorie (Ästhetik). Philosophie zu betreiben ist selbst schon moralisch, und Wis-

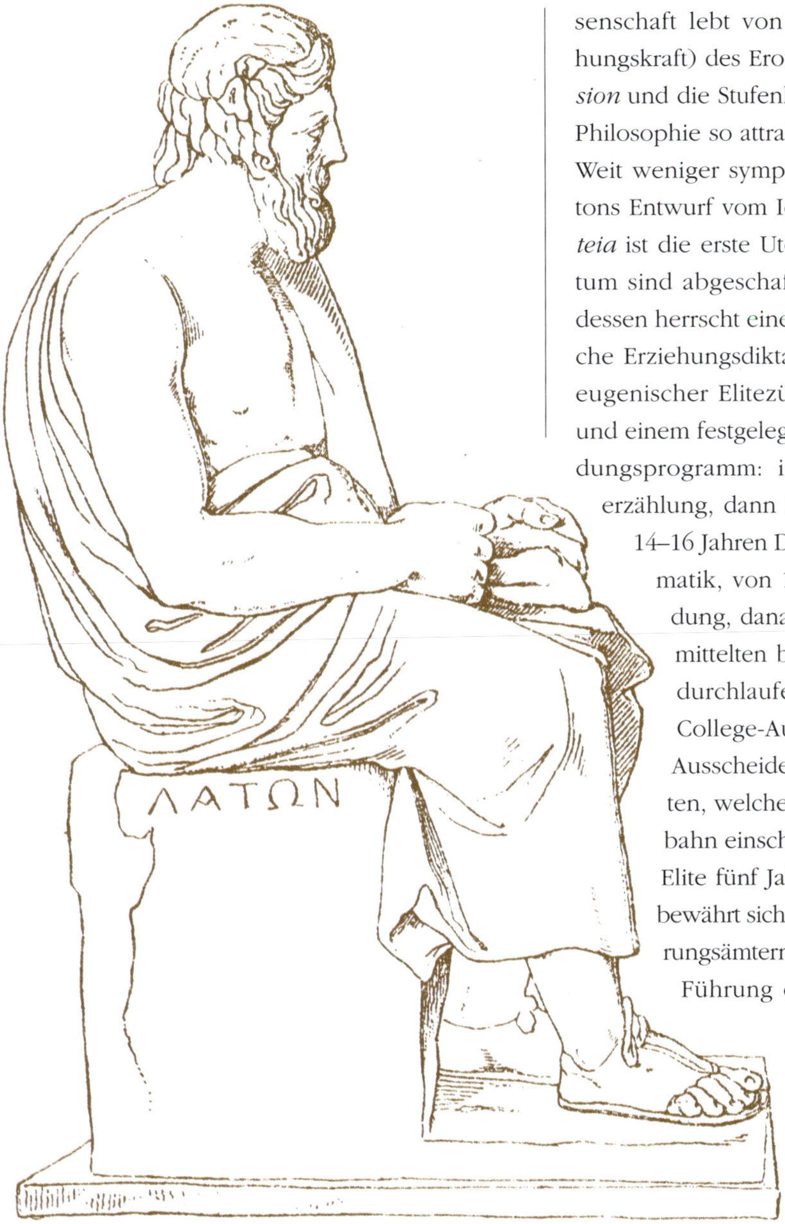

senschaft lebt von der Attraktivität (Anziehungskraft) des Erotischen (siehe das *Symposion* und die Stufenleiter der Liebe). Selten ist Philosophie so attraktiv dargestellt worden.

Weit weniger sympathisch ist uns heute Platons Entwurf vom Idealstaat (die Schrift *Politeia* ist die erste Utopie). Familie und Eigentum sind abgeschafft, statt dessen herrscht eine staatliche Erziehungsdiktatur mit eugenischer Elitezüchtung und einem festgelegten Bildungsprogramm: in der Kindheit Mythenerzählung, dann Lesen und Schreiben, mit 14–16 Jahren Dichtung, mit 16–18 Mathematik, von 18–20 militärische Ausbildung, danach bleiben die Minderbemittelten beim Militär, die Begabten durchlaufen eine wissenschaftliche College-Ausbildung, und nach dem Ausscheiden der praktisch Veranlagten, welche die niedere Beamtenlaufbahn einschlagen, beschäftigt sich die Elite fünf Jahre mit reiner Ideenlehre, bewährt sich 15 Jahre in höheren Regierungsämtern und kann dann mit 50 die Führung des Staates übernehmen. Man sieht: Von Anfang an zeigt die Utopie einen Zug ins Totalitäre und eröffnet die Dialektik, daß oft die besten Absichten den größten Rigorismus (starres Festhalten an Grundsätzen) begründen.

Selten ist Philosophie so attraktiv dargestellt worden

Über Platons Wirkung ist gesagt worden, daß die europäische Philosophie aus nichts als Fußnoten zu Platon bestehe.

Mit der Teilung der Welt in Diesseits und Jenseits begründet Platon die Metaphysik und den Idealismus.

Alexander der Große und der Großkönig Dareios III. von Persien in der *Alexanderschlacht* im Jahre 333 bei Issos.

Aristoteles (384–322)

Aristoteles ist der realistische Zwilling des idealistischen Platon

Aristoteles wurde als Sohn eines Arztes in Stagira auf Chalkidike geboren und deshalb später auch der »Stagirit« genannt. Von seinem siebzehnten Lebensjahr an studierte er 20 Jahre in der Akademie Platons. Dann, nach einem Zwischenstop in Lesbos, wurde er 342 Lehrer des 14jährigen Alexander am Hof Philipps von Makedonien. Nach dem Beginn von Alexanders Feldzügen kehrte er nach Athen zurück und gründete dort seine eigene Schule, das Lykeion (Lyzeum 334), in dessen Laubengängen er und seine Schüler philosophierend umherwandelten und sich damit den Beinamen »Peripatetiker« (Umherwandler) einhandelten. Nach Alexanders Tod wurde er wie Sokrates der Gottlosigkeit angeklagt und starb wenig später im Exil.

Aristoteles ist gewissermaßen der realistische Zwilling des idealistischen Platon. Er schafft aber nicht die Differenz zwischen der Welt der Ideen und der Welt der Erscheinungen ab; statt dessen verallgemeinert er sie. Zu diesem Zweck nimmt er eine kleine, aber entscheidende Änderung vor: Er spricht nicht mehr von Idee und Erscheinung, sondern von Form und Stoff. Diese neue Differenz trennt nun nicht mehr zwei Welten, sondern sie findet sich jetzt an jeder Stelle innerhalb der gleichen Welt: Der Ton ist der Stoff, und der Backstein ist die Form. Aber nun kann diese Form wieder Stoff für eine andere Form werden: der Backstein ist Form für den Ton, aber Stoff für das Haus. Die heutige Theorie (etwa die Systemtheorie) spricht von Form und Medium. Die Laute bilden das Medium für die Form der Sprache, die Sprache ist das Medium für die Form des Textes, der Text ist das Medium für die Form der Verse etc. Nach demselben Prinzip gliedert Aristoteles die Welt in eine Stufenfolge der Stoff-Form-Verhältnisse. Es sind Stufen der fortschreitenden Bestimmung des Unbestimmten, der Überführung des Möglichen ins Wirkliche, oder – wie man heute sagen würde – der Verwandlung des Unwahrscheinlichen ins Wahrscheinliche. Aus dem Rauschen des Geschwätzes kann plötzlich ein Gedicht entstehen wie der David des Michelangelo aus dem Marmorklotz. Die Form weckt aus dem schlafenden Stoff die gespannte Gestalt (heute spricht man von loser und strikter Koppelung der Elemente: Geräusch besteht aus lose gekoppelten Lauten, in der Sprache herrscht strikte Koppelung).

Reine Form, das Unwahrscheinlichste und zugleich das Realste, ist göttlicher Geist. Er ist die erste Ursache, die aus Stoff Form werden läßt; in allen anderen Dingen sind Form und Stoff gemischt. Damit ist auch das Leib-Seele-Problem erledigt. Seele ist Form, Leib Stoff. Innerhalb der Seele finden wir dieselbe Differenz zwischen vegetativer, animalischer und rationaler Seele. Solange ein Ding sich verändert und sich bewegt, ist es noch nicht vollkommen. Unveränderlichkeit und Ruhe sind also Zeichen der äußersten Vollkommenheit; Gott ruht. Dieses Gegensatzpaar von Ruhe und Bewegung sollte sich später als ein Hindernis bei der Ausarbeitung der Gravitationstheorie erweisen.

Aus dieser gegliederten Welt des Seins und aus Aristoteles' Logik haben Schulphilosophen des Mittelalters wie Thomas von Aquin (die Scholastiker) das sogenannte mittelalterliche Weltbild gezimmert. Sie hatten die Schriften des Aristoteles durch arabische Vermittlung wiederentdeckt, und so wurde der Stagirit der beherrschende Philosoph des Mittelalters, dessen Dominanz erst durch eine Platon-Renaissance gebrochen werden konnte. Bis dahin herrschte Aristoteles fast unbeschränkt. Kein Studium des Mittelalters ohne das Studium des Aristoteles.

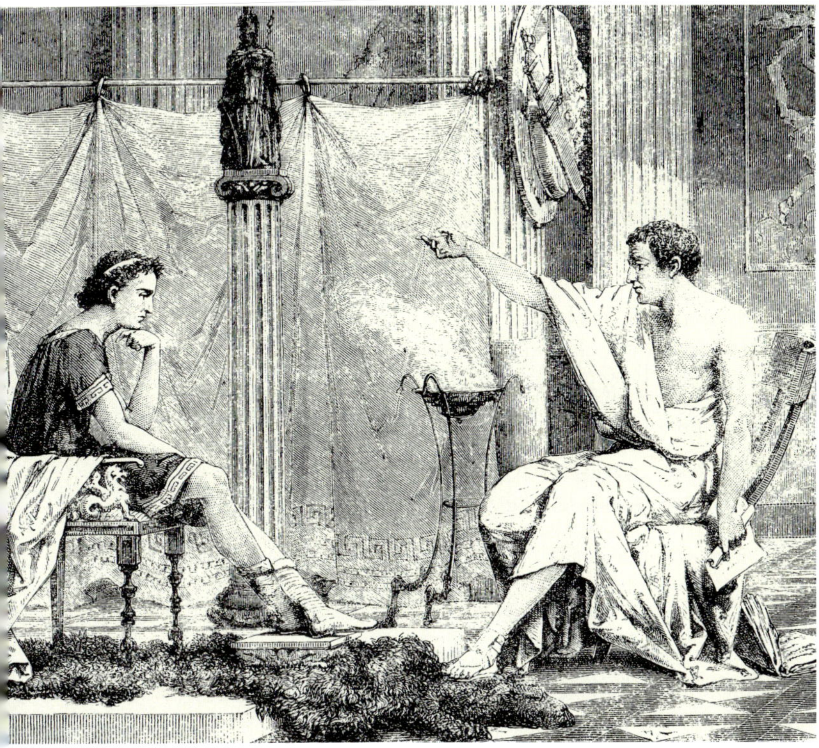

Aristoteles sprach nicht mehr von Idee und Erscheinung, sondern von Form und Stoff. 342 v. Chr. war er Lehrer des 14jährigen Alexander am Hof Philipps von Makedonien geworden.

Andere philosophische Schulen

Als weitere philosophische Schule etablierten sich die Kyniker. Ihr oberstes Ziel war die Bedürfnislosigkeit, deshalb brachten sie »Penner«-Philosophen wie Diogenes hervor, der in einer Tonne lebte und auf Alexanders Frage, ob er sich etwas wünsche, die geflügelten Worte sprach: »Geh mir bitte aus der Sonne.« Was Alexander zu der geflügelten Antwort veranlaßte: »Wäre ich nicht Alexander, möchte ich Diogenes sein.« Der Name Kyniker wurde damit in Verbindung gebracht, daß sie wie Hunde lebten (kynos); daher kynisch. Heute hat Peter Sloterdijk diese Bedeutung wieder aufgegriffen (Kritik der zynischen Vernunft).

Nach der Stoa, der Säulenhalle, nannten sich die Stoiker, eine populär-philosophische Schule, deren Anhänger Gleichmut predigten (daher stoisch). Sie wurde unter dem Terror der römischen Caesaren wie Nero besonders populär. Die Gefolgsleute des liebenswürdigen Epikur erklärten die sinnliche Wahrnehmung zur einzigen Quelle der Erkenntnis und zum höchsten Ziel des Menschen die Lust (daher epikureisch).

Eine sehr urbane und demokratische Urteilsenthaltung praktizierten die Skeptiker, indem sie den Beginn der Philosophie, den Zweifel (die Skepsis), zur Grundhaltung machten und sich von orthodoxen Gemütern den Vorwurf der Haltlosigkeit anhören mußten.

Römische Geschichte

Kommt man in die südfranzösische Stadt Arles am Anfang des Rhône-Deltas, findet man dort eine vollständig erhaltene Arena aus römischer Zeit, die heute wieder in Betrieb ist. Im Mittelalter aber lag die ganze Stadt innerhalb der Arena. Man hatte sie in die Arena hineingebaut, ihre Außenmauern waren auch die Stadtmauern von Arles.

Das hat Symbolkraft. Das neuzeitliche Europa wächst in den Ruinen des römischen Imperiums heran. Diese Ruinen vermitteln ein Gefühl der Kontinuität. Das gilt vor allem für die politischen Institutionen. Als der Frankenfürst Karl der Große am Weihnachtsfest des Jahres 800 aus den Händen von Papst Leo die Kaiserkrone empfängt, glauben beide, das Römische Reich zu erneuern (translatio imperii). Die Kanzlisten Karls des Großen verfassen seine Gesetze auf Latein. Die gelehrte Welt schreibt und verständigt sich auf Latein. Bis in unsere Tage ist Latein die Sprache der römischen Kirche, und vor allem wird die römische Geschichte zur exemplarischen Geschichte überhaupt, aus der Europa wie in einer historischen Versuchsanordnung Politik lernt. Deshalb muß man von der römischen Geschichte die Dramen und die Gestalten kennen, die das spätere Europa besonders fasziniert haben.

Das neuzeitliche Europa wächst in den Ruinen des römischen Imperiums heran

Vorgeschichte (753–200 v. Chr.)

Der Einfachheit halber setzen wir im Jahre 200 ein und erzählen alles Vorherige als Prolog. Warum um 200? Da hat Rom Italien geeinigt, seine Verfassung konsolidiert, in zwei Weltkriegen die Karthager besiegt und schickt sich nun an, in den nächsten 70 Jahren Makedonien und die griechisch gewordene Welt des östlichen Mittelmeers zu schlucken.

Der Sage nach wurde Rom um 753 von den Zwillingsbrüdern Romulus und Remus gegründet, die als Säuglinge ausgesetzt und von einer Wölfin adoptiert worden waren. Die an den Zitzen der Wölfin saugenden Zwillinge wurden zum Wahrzeichen Roms.

Bis um 510 wurde die Stadt von den Königen der nördlich wohnenden Etrusker regiert, einem Volk von Seeräubern und Hedonisten, das außer zahlreichen Kochtöpfen, Trulli und künstlichen Gebissen nicht viel hinterlassen hat. Dann wurde die Stadt eine Republik (von lat. res publica = öffentliche Angelegenheit).

Von 510 bis 270 erobert Rom den Rest Italiens und widmet sich mit Hingabe inneren Kämpfen zwischen Patriziern (Aristokratie) und Plebejern (unangenehm klingende Bezeichnung für das Volk). Das Ergebnis war die Mutter aller Verfassungen, deren Amtsbezeichnungen bis heute weiterleben.

Verfassung

Regiert wurde Rom von zwei gleichberechtigten, jährlich neugewählten Konsuln, die auch oberste Heerführer waren. Oberste Körperschaft war der Senat (erst 300, später mehr Mitglieder). Seine Mitglieder wurden nicht gewählt, sondern von den Konsuln aus der Reihe ehemaliger Staatsbeamter auf Lebenszeit ernannt. Im Senat konzentriert sich während der Zeit der Republik die eigentliche Macht (Budgetrecht, Außenpolitik, Recht über Krieg und Frieden, Aufsicht über die Provinzen etc.).

Daneben gibt es weitere Amtsträger, die unseren heutigen Ministern gleichen: Die Zensoren üben die Moral- und Steueraufsicht aus und kümmern sich um die öffentlichen Bauten; die Ädilen sind die Polizeichefs und beaufsichtigen die öffentlichen Spiele; die Quästoren verwalten die Staatskasse; und für die Justiz sind die Prätoren zuständig. Die Amtsinhaber tragen eine Toga mit Purpurstreifen und werden von Liktoren (Amtsdienern) begleitet, die zum Zeichen der Hoheitsgewalt ein Beil mit drumherumgebundenem Rutenbündel (fasces) tragen. In Anknüpfung an den römischen Imperialstil hat Mussolini dieses Zeichen für seine Partei übernommen, deren Anhänger sich danach Faschisten nannten.

Eine Sonderrolle spielen die Volkstribunen: Sie sind so etwas Ähnliches wie heutige Betriebsräte und vertreten das Volk gegen die Bürokratie. Sie können gegen Senatsbeschlüsse ein Veto einlegen und in der Versammlung der Plebejer eigene Beschlüsse initiieren. Gegen Ende der Republik neigen sie wie heutige Gewerkschaftsvertreter zur Blockadepolitik.

Das römische Reich.

Die Punischen Kriege (264–241/218–201 v. Chr.)

Das erste große Überlebensdrama Roms und sein Aufstieg zur Großmacht vollzog sich im Ersten und Zweiten Punischen Krieg. Gegner war das Handelsvolk der Phönizier, später Punier genannt, mit der Hauptstadt Karthago (nahe dem heutigen Tunis), denen man im ersten Krieg (264–241) Sizilien abnahm.

Der Zweite Punische Krieg (218–201) hat wegen seiner Dramatik die Phantasie der Nachwelt gefesselt. Und das liegt an der Kühnheit des karthagischen Heerführers Hannibal, der Rom fast vernichtet und dann doch scheitert. Um den Krieg nach Italien zu tragen, überschreitet er nach einem Marsch durch Südfrankreich mit 100 000 Mann und 37 Elefanten in zwei Wochen unter großen Verlusten die Alpen und vernichtet das Heer des römischen Konsuls am Trasimenischen See und ein weiteres Heer bei Cannae. Danach fürchten die Römer einen Angriff auf die Stadt selbst (»Hannibal ad portas« – nicht ante –, zitiert von Cicero in der ersten Philippica). Aber sie vermeiden von nun an unter Fabius, genannt Cunctator (der Zögerer), die offene Schlacht und gehen zur Zermürbungs-, Partisanen- und Guerilla-Taktik über, was die Einheimischen gegenüber den ortsfremden Besatzern mit ihren Nachschubproblemen immer in Vorteil bringt (nach Fabius Cunctator benannte sich die Fabian Society, die die Bekehrung der englischen Eliten zum Sozialismus durch intellektuelle Guerillakriege zum Programm erhob). Als Scipio dann den Krieg nach Afrika trägt, wird Hannibal in die Heimat zurückberufen und bei Zama besiegt. Nach der Niederlage arbeitet Hannibal jedoch weiter an Koalitionen gegen Rom, die Römer verlangen seine Auslieferung, und er begeht Selbstmord im Exil. Er ist eine jener romantischen Figuren, die alle

Mit 100 000 Mann und 37 Elefanten überschritt der karthagische Heerführer Hannibal die Alpen, um den Krieg nach Italien zu tragen.

anderen an Genialität überragen und doch verlieren. Ohne es zu wollen, förderte er so den Aufstieg Roms zur Weltmacht und verhalf ihm dazu, das griechische Erbe Alexanders anzutreten. Womit wir wieder im Jahre 200 sind.
In den nächsten 70 Jahren (bis 120 v. Chr.) wird Rom all die besiegten Länder – Karthago, Spanien, Makedonien, Griechenland und Kleinasien (Pergamon) (Syrien und Ägypten haben sich gegenseitig vernichtet) – zu Provinzen machen und dem Imperium einverleiben. Damit wird die hellenistische Kultur miterobert.

Cicero, der Konsul des Jahres 63 v. Chr.: die Aufdeckung der Verschwörung Catilinas gibt ihm Gelegenheit zu rhetorischen Glanzleistungen.

Die große politische Krise und der Übergang zum Caesarentum

Die Abgaben und Steuern aus den Provinzen flossen in die Taschen der Verwalter und Amtsinhaber, die daraus ihre erheblichen Unkosten für die Amtsbewerbung finanzierten. So konnte, wie in den heutigen USA, nur wer reich war oder reiche Gönner fand, sich um ein politisches Amt bewerben. Und das führte zur Bildung einer Schicht von Superreichen, die die politischen Ämter monopolisierten. Zugleich verarmte die Bevölkerung Roms. Das Ergebnis war ein Klassenkampf zwischen der Senatspartei und der Volkspartei. Auf seiten der Volkspartei agierten die Brüder Tiberius und Gaius Gracchus als erfolgreiche Volkstribunen und wurden so zu Vorbildern des Sozialismus.
Im nächsten Schritt kam es zum Bürgerkrieg zwischen Marius, dem Vertreter der Volkspartei, und Sulla, dem Vertreter der Senatspartei, den Sulla mit seinem Expeditionsheer aus einem Kolonialkrieg genauso gewann wie später Franco den spanischen Bürgerkrieg mit der Kolonialarmee aus Marokko. Und wie bei den Faschisten endete der Sieg Sullas mit sogenannten Proskriptionslisten (Todeslisten mit den Namen der Gegner). Von da ab entschied die Armee über das politische Geschick der Teilnehmer im politischen Spiel.

Pompeius und Caesar

Nun erhöht sich das Tempo, und die Krise spitzt sich zu. Unter der Führung des Spartacus unternehmen die Sklaven einen Aufstand (mit Kirk Douglas in der Titelrolle verfilmt; Namensgeber für den Spartakisten-Aufstand in Berlin 1919 und den MSB Spartakus). Der Aufstand wird von Pompeius und Crassus niedergeschlagen (73–71). Darauf befriedigt Pompeius die sozialen Forderungen des Volkes, wird mit außerordentlichen Vollmachten ausgestattet und führt erfolgreich Krieg gegen die Provinzen, während der Senat die Verschwörung des Desperados Catilina niederschlägt und dabei Cicero Gelegenheit zu rhetorischen Glanzleistungen gibt (63 v. Chr.). Dadurch gestärkt, verweigert der Senat Pompeius nach dessen Rückkehr die versprochene Belohnung für seine Veteranen. Um seine Forderungen doch durchzudrücken, schließt Pompeius ein Dreierbündnis (Triumvirat) mit Crassus und dem Eroberer Galliens, Gaius Julius Caesar. Gemeinsam beherrschen sie den Senat. Das geht eine Weile gut, dann fällt Crassus im Krieg gegen die Perser, und schließlich wird die Rivalität zwischen Caesar und Pompeius im zweiten Bürgerkrieg ausgetragen. Er endet mit dem Sieg Caesars, dessen Truppen durch die gallischen Kriege mit Vercingetorix und Asterix (das ist nicht verbürgt) besser trainiert sind. Caesar wird Alleinherrscher. Das ist das Ende der römischen Republik und der Beginn einer neuen Institution: des Caesarentums oder des Kaisertums.

Antonius und Kleopatra

Den Rest kennen wir aus Shakespeares *Julius Caesar*. Unter der Führung von Cassius und Brutus kommt es zu einer Verschwörung, bei der Caesar ermordet wird (44 v. Chr. an den Iden des März – 15. März). Caesars Parteifreund

und Mitkonsul Marcus Antonius schont die Verschwörer, hetzt aber durch eine der besten Reden der dramatischen Literatur das Volk zum Aufstand gegen sie auf und schließt mit Caesars Adoptivsohn Octavian und Lepidus ein Bündnis gegen die Senatspartei im zweiten Triumvirat. Zusammen besiegen sie Cassius und Brutus bei Philippi mit Hilfe von Caesars Geist (»bei Philippi sehen wir uns wieder«). Danach geht es mit Shakespeares *Antonius und Kleopatra* weiter: Antonius wendet sich nach Osten, um Geld für seine Soldaten aufzutreiben. Dabei läßt er sich von der ägyptischen Königin Kleopatra zum Lotterleben verführen. Aufkeimende Reibereien mit dem Rivalen Octavian beseitigen beide durch eine politische Heirat Antonius' mit Octavians Schwester Octavia: Das ist der Anfang vom Ende. Antonius kann von Kleopatra nicht lassen, beginnt eine Willkürherrschaft zu ihren Gunsten und verliert den politischen Verstand. In der nun folgenden militärischen Auseinandersetzung wird er völlig kopflos; als er die von Kleopatra selbst (fälschlich) verbreitete Nachricht von ihrem Tod hört, begeht er Selbstmord (30 v. Chr.).

Aus Shakespeares *Julius Caesar* bekannt: unter der Führung von Cassius und Brutus kommt es 44 v. Chr. zu einer Verschwörung, bei der Caesar im Senat ermordet wird.

Augustus

Damit ist die Krise vorbei. Octavian ist nun Alleinherrscher. Er hat aber aus der Verschwörung gegen Caesar gelernt. Er schont die republikanischen Gefühle, indem er die Fassade der Republik beibehält. Der Senat bleibt bestehen, überträgt ihm aber neben anderen Ämtern den Oberbefehl über das Heer auf Lebenszeit und verleiht ihm zum Zeichen seiner Sonderstellung den Titel Augustus (der Erhabene).

Unter den römischen Kaisern finden sich äußerst bizarre Typen

Danach befriedet Augustus das Reich, konsolidiert seine Grenzen und schafft die Voraussetzungen für die kulturelle Blüte des augusteischen Zeitalters (31 v. Chr. – 14 n. Chr.). In seine Regierungszeit fällt also auch die Geburt Christi. Nach einer langen Regentschaft von beinahe einem halben Jahrhundert war die Institution des Prinzipats (des Kaisertums) so akzeptiert, daß die Regierungsübergabe an seinen Adoptivsohn Tiberius problemlos verlief. Von nun an wurde der Familienname von Octavians Adoptivvater Caesar zum Titel; von »Caesar« leiten sich die Bezeichnungen Kaiser und Zar ab. Alle Imperatoren haben sich seitdem auf Caesar berufen.

Die Kaiserzeit: Nero und andere

Mit der Institution des Kaisertums lebte und starb das römische Imperium. Insgesamt dauerte es ein halbes Jahrtausend, von 31 v. Chr. bis 475 n. Chr. Unter den Kaisern finden sich äußerst bizarre Typen. Schon auf Tiberius folgt eine Reihe höchst exzentrischer Gestalten, die sich durch ihre unwahrscheinlichen Einfälle dem Gedächtnis der Nachwelt eingeprägt haben: Caligula, genannt »das Stiefelchen«, war so verrückt, daß er sein Pferd zum Senator ernannte. An Claudius war nur seine Blödheit bemerkenswert: Nachdem er seine Frau Messalina wegen fortgesetzter skandalöser Hemmungslosigkeit hatte hinrichten lassen, heiratete er die weitaus bösartigere Agrippina, Neros Mutter, die ihn dafür vergiftete. Seine Leistung als Kaiser war äußerst bescheiden: Er fügte dem Alphabet drei neue Buchstaben hinzu, die mit seinem Tod wieder verschwanden. Nero, vom Philosophen Seneca erzogen, begann nicht übel, drehte aber nach der von ihm selbst veranlaßten Ermordung seiner Mutter durch. Um die attraktive Poppaea heiraten zu können,

ermordete er seine eigene Frau. Dann packte ihn das Hitler-Syndrom oder der vollentwickelte Caesarenwahn. Das ist eine Mischung aus Wagnerscher Götterdämmerung, musikalischem Dilettantismus und ungehemmter Bauwut: Um für seine größenwahnsinnigen Bauprojekte Platz zu schaffen, zündete er Rom an, rhapsodierte dazu wie Homer zum brennenden Troja (wunderbar von Peter Ustinov gespielt) und verfolgte dann die Christen und Juden als Brandstifter, womit er dem ›Führer‹ ein leuchtendes Vorbild für die politische Auswertung des Reichstagsbrandes bot. Aber anders als im Falle des ›Führers‹ war das selbst den Prätorianern (Neros Leibstandarte) zuviel, so daß er sich, von ihnen alleingelassen, umbringen ließ. Danach begann mit Flavius Vespasian eine neue Serie tüchtiger Caesaren (von 69 bis ca. 180), wobei Vespasian und sein Sohn Titus mit dem historischen Odium belastet sind, den Aufstand der Juden niedergeschlagen und den Tempel in Jerusalem zerstört zu haben (70 n. Chr.). Die Serie wurde komplettiert durch die alles in allem vernünftigen und erfolgreichen Adoptivkaiser Trajan, Hadrian und Mark Aurel.

Kaiser Nero, wunderbar von Peter Ustinov gespielt, packte das Hitler-Syndrom oder der vollentwickelte Caesarenwahn.

Niedergang

Nach 180 n. Chr. wurde das Kaisertum für 100 Jahre zum Spielball der Armeen und der Prätorianer. Auch kam es im 3. Jahrhundert zu folgenreichen sozialen Veränderungen, die auf einen Verlust der bürgerlichen Freiheiten, Verarmung der Stadtbevölkerung, Ende der städtischen Selbstverwaltung, Absinken der Pächter in Hörigkeitsverhältnisse und staatliche Aufsicht über Berufsgenossenschaften hinausliefen. Als Folge dieser Krise verlegte Kaiser Diokletian (284–305) die Regierungszentrale aus Rom weg, um sie dem Einfluß des Senats zu entziehen, ersetzte den historisch gewachsenen Flickenteppich von gestaffelten Sonderrechten und Freiheiten der verschiedenen Städte und Provinzen durch eine einheitliche Verwaltung und versuchte, das Kaisertum nach dem Muster östlicher Despotien durch ein kompliziertes Hofzeremoniell aus dem Geist des religiösen Charismas neu zu begründen, nicht ohne die Christen dabei als Konkurrenten zu verfolgen.

Rom wird christlich

Diesen Weg ist sein Nachfolger Konstantin der Große (Regierungszeit 325–337) zu Ende gegangen, wobei er zugleich die Richtung wechseln mußte: Er verfiel auf die Idee, das Christentum selbst in den Dienst der Politik zu stellen und das Kaisertum durch Orientalisierung zu retten. Das war eine welthistorische Entscheidung: das Christentum wurde Staatsreligion. Auf dem Konzil zu Nicäa (325) entschied man sich dabei für die Version des Athanasius, eine Lehre, die alle Anhänger seines Rivalen Arius (z. B. die inzwischen christianisierten Goten) zu Abtrünnigen machte. Als symbolischen Vollzug der Orientalisierung des Kaisertums durch das Christentum verlegte Kaiser Konstantin seine Hauptstadt nach Byzanz, das nun in Konstantinopel umgetauft wurde (330).

Der Papst

Der Abzug des Kaisers aus Rom gab dem Bischof von Rom die Freiheit, den geistlichen Caesar zu spielen und sich zum Oberhaupt der Christen aufzuwerfen. Dabei berief er sich auf den Aufenthalt des Apostels Petrus in Rom und ein Wortspiel von Christus: Weil pétros auf griechisch Fels heißt, hatte Christus gesagt, auf diesen »Petrus« will ich meine Kirche bauen. Das Fundament des Papsttums ist somit ein Witz, was jedoch nicht heißt, daß es deswegen schlecht ist. Doch die Päpste selbst fanden es unsolide. So fabrizierten sie ein Dokument mit dem Titel »Die konstantinische Schenkung«. Danach hat Kaiser Konstantin Papst Silvester auf seinem Sterbebett die Herrschaft über den ganzen Erdkreis, insbesondere aber über den Kirchenstaat vermacht. Erst der Humanist Lorenzo Valla entdeckte, daß das ganze Dokument eine Fälschung war. Aber da war die Herrschaft des Papstes schon so gefestigt, daß Luther ganz andere Argumente brauchte, um sie wieder zu erschüttern.

Kaiser Konstantin und Papst Silvester: die Päpste fabrizierten ein Dokument mit dem Titel »Die konstantinische Schenkung«. Danach hat der Kaiser dem Papst die Herrschaft über den Kirchenstaat vermacht.

Das Christentum

Jesus

325 n. Chr. – an dieser Zeitstelle treffen sich die beiden Flüsse, aus denen sich die Kultur Europas speist, und vereinigen sich: der antik-griechische und der jüdische. Aber sie haben sich inzwischen verändert; der antike ist griechisch-römisch geworden, und der jüdische ist jüdisch-christlich geworden.

Das Auftreten des Propheten Jesus von Nazareth (geboren ca. 7 v. Chr., gestorben ca. 30 n. Chr.) gibt dem Verhältnis zwischen dem Gott Israels und dem Volk eine ganz neue Wendung. Und es karnevalisiert das Gottesverhältnis. Karnevalisierung heißt immer Umkehrung: Der Narr wird König, und der König wird erniedrigt. So geschieht es auch im Falle von Christus. Gott inkarniert (verkörpert) sich in einem Kind aus einer besonders ärmlichen Familie. Die Weihnachtsgeschichte macht das deutlich. Kein Geld für eine Herberge, praktisch obdachlos, in einem Stall zwischen Ochs und Esel wird der Gott geboren.

Für die spätere europäische Literaturentwicklung hat das unabsehbare Konsequenzen; es führt exemplarisch vor Augen: Auch das Leben kleiner Leute und ihre Alltagswelt können von hoher Bedeutsamkeit sein.

Natürlich gibt es Zeichen für Jesu Auserwähltheit: Seine Mutter ist eine Jungfrau, und nicht Marias Mann Joseph ist sein Vater, sondern Gott (dafür, daß Joseph das geglaubt hat, ist er später heiliggesprochen worden. Sein Schicksal gleicht dem von Amphitryon, der von seiner Frau Alkmene mit Zeus betrogen und damit zum Stiefvater des Herakles wurde. Herakles entspricht also Christus und mußte, ähnlich wie Christus mit seinen Wundern, außerordentliche Arbeiten verrichten). Darüber hinaus wird Jesu Geburt mit einer äußerst seltenen und bedeutsamen Sternenkonstellation, einer Konjunktion von Jupiter und Saturn, markiert, so daß wenigstens die östlichen Astrologen Kaspar, Melchior und Balthasar dem Kind ihre Aufwartung machen können.

Auch die Prophezeiung, daß dieses Kind als künftiger König der Juden den Machthaber Herodes bedrohen könnte, was den Kindermord des Herodes und die Flucht der Heiligen Kleinfamilie nach Ägypten auslöst, ist heroentypisch (Herodes wird dann im mittelalterlichen Theater zum Bösewicht vom Dienst. Er starb übrigens schon 4 v. Chr., so daß Jesu Geburtsdatum falsch berechnet worden sein muß. In Wirklichkeit wurde er ca. 7 v. Chr. geboren. Auf jeden Fall beruht unsere Zeitrechnung auf einem Fehler).

Das Auftreten des Propheten Jesus von Nazareth karnevalisiert das Gottesverhältnis. Der Narr wird König, und der König wird erniedrigt

Die Wunder

Heroentypisch sind auch die Wunder. Während Herkules den Stall des Augias säubert, schmeißt Christus die Devisenhändler aus dem Tempel. Er heilt einen Querschnittsgelähmten, erweckt den toten Lazarus wieder zum Leben, und als bei einer Hochzeit in einem gewissen Kanaa der Alkohol ausgeht, sorgt er für schnellen Nachschub. Er beruhigt Stürme, jagt ein paar kreischende Dämonen aus einem Verrückten hinaus und in ein Rudel Schweine hinein, das daraufhin geschlossen Selbstmord begeht, und wandelt über dem Wasser. Dabei verkündet er die Lehren späterer Hippies: »Make love, not war«, er glaubt an die Macht der Vergebung und praktiziert Bedürfnislosigkeit.

Die Jünger und der Messias

Allerdings ist er nicht der einzige Hippie-Prophet. Vor ihm hatte sich schon Johannes etabliert, dessen Spezialität die Taufe mit Jordan-Wasser war. Er taufte auch Jesus, und als er ihn untertauchte, öffnete sich der Himmel, eine Taube flog herab, und eine Stimme sagte: »Du bist mein lieber Sohn, an dem ich Wohlgefallen habe.« Also sammelte Jesus ein Dutzend Anhänger um sich, denen er seine Botschaft verkündete. Das waren die Brüder Petrus und Andreas, die Brüder Jakob und Johannes – alles Fischer –, Matthäus, ein Finanzbeamter, und Philipp, Bartholomäus, Taddeus, Simon, noch ein Jakob, Thomas, später »der Ungläubige« genannt, und Judas Ischariot. Nach einiger Zeit des Zusammenlebens fragte Jesus: »Was reden die Leute so über mich? Wer, glauben sie, bin ich?«

»Gib Caesar, was Caesars ist, und Gott, was Gottes ist«
Jesus von Nazareth

»Na ja«, sagten sie, »sie reden so allerhand. Du bist Jeremiah, sagen einige, oder Eliah, der Prophet, und andere verwechseln dich sogar mit diesem Johannes.«
»Dem Täufer?« fragte Jesus.
»Genau«, sagten die Freunde.
»Und ihr, was sagt ihr, wer ich bin?«
Sie drucksten eine Weile herum, aber schließlich hatte Petrus eine Idee: »Du bist der Messias, der Sohn des lebendigen Gottes.«

An dieser Stelle machte Jesus dieses berühmte Wortspiel, von dem sich das Papsttum herleitet: »Du bist Petrus (pétros heißt Fels), und auf diesen Felsen will ich meine Kirche bauen.« Darauf lachten die Kumpel.
Aber Jesus hatte es ernst gemeint (George Bernard Shaw glaubte, erst Petri Antwort hätte Jesus auf die Idee gebracht, sich als Messias zu fühlen). Jedenfalls gab er sich von nun an als Messias aus.
Damit wurde es ernst.

Die Pharisäer

Die Figur des Messias war nämlich eine bei den Juden etablierte, mit genauen Vorstellungen ausgestattete Erlösergestalt. Von ihr erwartete man eine Art zionistischer Wiedergeburt. Diese Hoffnung war jedenfalls der zentrale Programmpunkt der Partei der Pharisäer, einer Gruppe von Radikalfundamentalisten, die auf der strengen Befolgung der biblischen Gesetze bestanden und mit dem konservativen Priesteradel eine herrschende Koalition bildeten. Sie konnten es nicht erlauben, daß ein Dahergelaufener sich selbst zum Messias ernannte und statt nationaler Wiedergeburt durch Gerechtigkeit Instant-Erlösung oder »Wiedergeburt Now« verkündete.
Also kam es auf Betreiben des Kaiphas zu jener politischen Intrige, für die die Juden 2000 Jahre lang haben bluten müssen. Die Hohenpriester schickten Spione in Jesu Versammlungen, die ihn mit Fangfragen kompromittieren sollten: »Bist du dafür, daß wir Steuern an schmutzige römische Gojim zahlen?« Jesus aber holte eine Münze aus dem Portemonnaie mit dem Bild Caesars drauf, wendete sie hin und her und sagte: »Gib Caesar, was Caesars ist, und

Der 12jährige Jesus im Tempel. Sein Auftreten führt exemplarisch vor Augen: Auch das Leben kleiner Leute kann von hoher Bedeutung sein.

Gott, was Gottes ist«, und wand sich so aus dem Dilemma heraus, entweder die Juden oder die Römer gegen sich aufzubringen. Auf dieser Antwort ruht aber die spätere christliche Lehre über das Verhältnis von Kirche und Staat.

Der Gründungsakt des Abendmahls

Im übrigen arbeitete Jesus den Orthodoxen in die Hände, indem er zum Passah-Fest nach Jerusalem ging, obwohl es dort für ihn am gefährlichsten war. Zumal sein Einzug in die Stadt zum populären Triumph wurde, was seine Gefährlichkeit jedem vor Augen führte.

Überdies gab er dem Passah-Mahl durch eine symbolische Inszenierung eine neue Bedeutung. Von einem Erinnerungsmahl für den Auszug aus Ägypten verwandelte er es in einen Ritus, bei dem er selbst das Opfer ist: Der Wein ist sein Blut und das Brot sein Körper. So ersetzt er die Erinnerung an den Exodus durch die Erinnerung an sein Opfer.

Das Abendmahl wird zum zentralen christlichen Ritus werden. Über der Frage, ob Wein und Brot sich beim Abendmahl wirklich in Fleisch und Blut verwandeln oder sie nur symbolisieren, haben sich Konfessionen entzweit und Sekten gebildet. Am Opferschema des Abendmahls macht sich dann eine der zentralen Wahnideen des Antisemitismus fest: Die Vorstellung von der jüdischen Hostienschändung. Deshalb werden die meisten Pogrome (von russisch pogrom = Verwüstung) später zu Ostern veranstaltet werden.

Der Verrat

Auch dafür liefert das Abendmahl eine dramatische Bebilderung: »Es ist einer unter euch, der wird mich denunzieren«, sagt Jesus. Alle sind entsetzt. »Nein, das kann doch nicht sein. Wer ist es denn?« murmeln sie. »Der, dem ich jetzt das Stück Brot geben werde, ist ein IM«, sagte Jesus und reichte

Jesus verwandelt das Abendmahl in einen Ritus, bei dem er selbst das Opfer ist.

eine Schnitte dem Judas Ischariot. Dessen Name wird mit seinem Anklang an ›Jude‹ bei den Christen für ewige Zeiten zum Inbegriff des jüdischen Verräters werden.

Danach geht Jesus in den Park am Ölberg und ringt schlaflos mit seinen Todesahnungen, während seine Genossen sich unsolidarisch aufs Ohr legen. Derweil führt Judas die Beamten der Staatssicherheit zu Jesus und zeigt ihnen durch einen Bruderkuß, wen sie verhaften sollen. Dafür hat er 30 Silberlinge kassiert. Abgesehen von Petrus, der einem Polizisten das Ohr abhaut, geben die Genossen Fersengeld. Selbst Petrus will später nichts mehr von Jesus wissen und streitet jede Bekanntschaft ab.

Der Prozeß

Die Hohenpriester lassen Jesus etwas foltern, verhören ihn dann und stellen in einem Schnellverfahren den Tatbestand der Gotteslästerung fest. Dann übergeben sie ihn der römischen Justiz in Gestalt des Pontius Pilatus und klagen ihn der antirömischen Hetze, des parteischädigenden Verhaltens und der Besudelung der Ideale des Volkes an, weil er behauptet, der König der Juden zu sein.

»Stimmt das?« fragt ihn Pilatus.

»Ja«, sagt Jesus, »aber mein Reich ist im Jenseits.«

»Ein harmloser Irrer«, sagt Pilatus, und da seine Maniküre gerade eine Schale mit Wasser vorbeibringt, um ihm die Hände zu kühlen, sagt er: »Ich wasche meine Hände in Unschuld.«

Schließlich macht er noch einen letzten Rettungsversuch: Weil nach altem Brauch die Volksmenge einen der Verurteilten zur Begnadigung aussuchen darf, stellt Pilatus sie vor die Wahl zwischen dem harmlosen Jesus und einem notorischen Kriminellen namens Barabbas. Aber die Meute brüllt: »Begnadige Barabbas.«

Die Episode dramatisiert die Erlösung auf einer realistischen Ebene: Jesus stirbt anstelle von Verbrechern – damit sind wir gemeint. Und so wird Jesus wie ein Verbrecher zum schimpflichen Kreuzestod verurteilt. Die ganze Geschichte ist so erzählt, daß nicht Pilatus, sondern die Juden am Tod Gottes schuld sind.

Am Ölberg ringt Jesus mit Todesahnungen, während seine Genossen sich unsolidarisch aufs Ohr legen.

Kreuzestod

Das Bild des toten Jesus am Kreuz wurde zur zentralen Ikone Europas. Der gemarterte Leib Gottes wurde in den Mittelpunkt der Bilderwelt gerückt. Christus mit ausgestreckten Armen, den Körper voller Wunden, um die Hüfte ein dürftiges Laken, auf dem Haupt eine Dornenkrone und darüber ein Schild mit der römischen Aufschrift »INRI« (Iesus Nazarenus Rex Iudaeorum, Jesus von Nazareth, König der Juden). Alles ein Bild der letzten Erniedrigung und der höchsten Spannung zwischen Tod und Anspruch auf Göttlichkeit.

Auferstehung

Was danach geschieht, ist von höchstem Belang für den Bericht von der Auferstehung. Nach dem Tod Jesu nehmen Maria Magdalena, eine ehemalige Prostituierte, und zwei weitere Frauen den Leichnam vom Kreuz, waschen und ölen ihn und legen ihn in die Familiengruft eines der Anhänger Jesu, des wohlhabenden Josef von Arimathia. Danach wird ein großer Türstein vor die Graböffnung gewälzt.

Wie ein Verbrecher wird Jesus zum schimpflichen Kreuzestod verurteilt: Hans Memling, *Die Passion Christi.*

Die *Grablegung* von Tizian – nach dem Tod Jesu nehmen Maria Magdalena und zwei weitere Frauen den Leichnam vom Kreuz, waschen und ölen ihn und legen ihn in die Familiengruft eines der Anhänger Jesu.

In der Grablegung wird also die Rolle des Verbrechers wieder gegen die eines ehrenhaften Mannes getauscht.

Die Hohenpriester aber fürchten, daß die Anhänger Jesu den Leichnam stehlen könnten, um dann zu behaupten, Jesus sei auferstanden. Also stellen sie ein paar Wächter vor die Gruft und versiegeln die Tür.

Als aber gegen Morgen Maria Magdalena zum Grabe kommt, ist der Stein weggerollt und das Grab leer. Sie fragt einen Gärtner, wo die Leiche hingekommen sei, aber der sagt nur: »Maria«, da guckt sie genauer hin und erkennt den auferstandenen Christus. Tage später erscheint er auch den Jüngern, unter ihnen dem ungläubigen Thomas, der erst an die Auferstehung glaubt, als er Jesus berühren kann. Die Hohenpriester aber sagen, sie hätten es ja gewußt, die Jünger hätten die Leiche gestohlen, um verbreiten zu können, ihr Meister sei auferstanden. Nach 14 Tagen führt Jesus seine Jünger zu einem Berg, gibt ihnen den Auftrag, seine Lehren weiterzuverbreiten, und verschwindet in einer leuchtenden Wolke. Das Ereignis findet an Himmelfahrt statt.

Kurz darauf, genau genommen an Pfingsten, senken sich kleine Flammenzungen vom Himmel auf die Köpfe der Genossen herab: Der Heilige Geist vermittelt ihnen auf wunderbare Weise Fremdsprachenkenntnisse, damit sie ihre Botschaft auch den Ausländern verkünden können. Das war ein kleiner Schritt für den Heiligen Geist, aber ein großer Schritt für die

Ein kleiner Schritt für den Heiligen Geist, aber ein großer Schritt für die Menschheit

Menschheit: Das Christentum überwand das jüdische Ghetto in Richtung christlichen Internationalismus. Statt »Christentum in einem Land« heißt es nun: »Christen aller Länder, vereinigt euch!«

Paulus, der christliche Trotzki: eigentlich gebührt ihm und nicht Petrus das Verdienst, die römische Kirche gegründet zu haben.

Paulus öffnet das Christentum für Nicht-Juden

Vielleicht ist diese Geschichte aber auch nur eine symbolische Zweitfassung für die Leistung des Apostels Paulus, des christlichen Trotzki. Er begann als fanatischer Christenverfolger, aber auf dem Weg nach Damaskus fiel er, wahrscheinlich infolge eines epileptischen Anfalls, vom Pferd, hatte eine Vision von Christus und war danach drei Tage lang blind. Als er wieder sehen konnte, war er bekehrt. Er ließ sich taufen und nannte sich von nun an Paulus. Anders als die erste Generation von Jüngern war Paulus von vornehmer Herkunft und gebildet. Er war es, der dem Christentum eine ideologisch haltbare Form verpaßte. Auf diese Weise konnte sich die Lehre von der Gegenwart des Meisters lösen und gelehrt und überliefert werden (siehe die Briefe des Apostels Paulus). Er organisierte auf zahlreichen Reisen die auswärtigen Gemeinden und überschritt so die Grenze zwischen Juden und Heiden. Damit judaisierte er vermittels des Christentums den römischen Erdkreis und wurde neben Jesus selbst die welthistorisch entscheidende Figur. Eigentlich gebührt ihm und nicht Petrus das Verdienst, die römische Kirche gegründet zu haben. Wahrscheinlich ist Paulus bei den Christenverfolgungen des Nero umgekommen.

Jerusalem aber wurde im Jahr 70 nach einem jüdischen Aufstand zerstört, und die Christen wurden mit den Juden im Reich verstreut. Vermutlich war das Christentum eine populäre Reaktion auf den elitären Gesetzesrigorismus der Pharisäer. Mit seinem Engagement für die Armen, die Geknechteten und die Getretenen muß es eine große Anziehungskraft während der sozialen Krise des 3. Jahrhunderts entfaltet haben, als die Städte verarmten und die Menschen in die Hörigkeit absanken. Wenig später wurde es Staatsreligion. Gerade rechtzeitig, bevor die Völkerwanderung die Germanen ins Reich spülte, unsere althochdeutsch sprechenden Vorfahren und unsere gotischen und vandalischen Vettern, die die Landkarte Europas gründlich veränderten. Damit beginnt »unsere« Geschichte im engeren Sinne.

Der Heilige Paulus und die Viper – neben Jesus selbst wurde er die welthistorisch entscheidende Figur.

Die Geschichte Europas

Das Mittelalter

400 Jahre Durcheinander (400–800) oder: Das Mittelmeerbecken wird geteilt

Franken und Araber

Wir wenden uns jetzt der Zeit von 400 bis 800 zu. Am Ende dieser Zeit ist das Römische Reich in drei politische Gebilde mit unterschiedlicher Kultur zerfallen.

1. Das Oströmische oder Byzantinische Reich mit der Hauptstadt Konstantinopel. Hier spricht man griechisch. Von hier aus werden die slawischen Völker wie Serben, Bulgaren und Russen christianisiert, und deshalb übernehmen sie eine Version der griechischen Schrift (kyrillisch, nach dem Missionar Kyrill) und die griechisch-orthodoxe Kirchenverfassung.
2. Die Kalifate und Reiche der muslimischen Araber. Um 620 trat in Mekka plötzlich der Prophet Mohammed auf und schuf den radikalen Monotheismus (Ein-Gott-Religion) des Islam. Die islamisierten Nomaden, denen Mohammed für die Verbreitung seiner Lehre das Paradies verhieß, eroberten in nur 100 Jahren Syrien, Palästina, Persien, Mesopotamien, Ägypten, Nordafrika und den größten Teil Spaniens (711), wo sie das Emirat von Cordoba gründeten. Diese arabische Expansion sprengte die kulturelle Einheit des Mittelmeerraums und trennte Europa von Asien und Afrika.
3. Das Frankenreich unter Karl dem Großen, das als einziges von den Germanenreichen der Völkerwanderung übriggeblieben war. Seine Ausdehnung fiel ungefähr mit dem späteren Territorium der Europäischen Wirtschaftsgemeinschaft nach dem Zweiten Weltkrieg zusammen (Frankreich, Westdeutschland, Italien und die Beneluxstaaten). Deshalb berief man sich in den 50er Jahren gern auf Karl den Großen und das christliche Abendland und stiftete in Aachen, Karls Hauptstadt, den Karlspreis.

Die Völkerwanderung

Diese wirre Zeit hat eine gewisse Ähnlichkeit mit der Zeit nach dem Zweiten Weltkrieg. Plötzlich war alles unterwegs. Denn 375 tauchte eine Armee von Hunnen auf, die alle Germanen aus dem deutschen Osten vertrieben. Diese Germanen nannten sich Ostgoten, Westgoten, Alanen, Vandalen, Burgunder und Sweben, waren aber in Wirklichkeit Flüchtlinge. Die Hunnen waren keine Germanen – wenn auch die Engländer bis heute die Deutschen Hunnen nennen –, sondern Mongolen. Endlos waren die Wagenkolonnen, mit denen die Germanen die römischen Straßen verstopften.

Deutschland bleibt germanisch

Wer waren diese Germanen? Die Römer kannten sie schon seit geraumer Zeit und hatten große Mühe gehabt, sie von ihren Grenzen an Rhein und Donau fernzuhalten. Um Ruhe zu haben, machten sie sogar einmal den Versuch, ganz Germanien zu erobern und einzugemeinden. Aber die Germanen packte darob der furor teutonicus (lat. für »deutscher Wutanfall«), und sie beauftragten einen Landesfürsten, Hermann den Cherusker (genannt »Hermann der Verschleimte«), die Besatzungstruppen des Varus in die Sümpfe am Teutoburger Wald zu locken und abzuschlachten (9 n. Chr.). Da gaben die Römer die Germanen als hoffnungslos auf und ermöglichten ihnen so, Deutsche zu werden (der Name stammt von tiodisc = volkssprachlich, wie in Theoderich oder Dietrich = Herrscher des Volkes).

Um sich ihrer ständigen Attacken zu erwehren, errichteten die Römer auf einer Zickzacklinie mit den Eckpunkten Koblenz, Gießen, Schwäbisch-Gmünd und Regensburg einen antigermanischen Schutzwall, den sie limes (= Grenze) nannten. So wurde Deutschland zum ersten Mal geteilt. Für ihre Leute bauten sie die Städte Colonia Agrippinensis (Köln), Moguntiacum (Mainz), Reginae Castra (Regensburg), Augusta Vindelicum (Augsburg), Castra Batava (Passau) und Augusta Treverorum (Trier), das sogar zeitweilig zur Kaiserresidenz wurde und damals mehr Einwohner zählte als zu Zeiten von Karl Marx. Auf diese Weise lebten die Bewohner der römischen Besatzungszone besser als die im freiheitlich-demokratischen Germanien.

Über die Germanen erfahren wir vor allem aus der *Germania* des Historikers Tacitus (55–125 n. Chr.). Tacitus schwärmt für die altrömischen Tugenden der Republik, die er mit der Sittenverderbnis der Kaiserzeit kontrastiert. Deshalb stellt er die Germanen so dar wie später Rousseau die edlen Wilden: Als Vorbild für die dekadenten Römer, also als sittenrein und kampfestüchtig. Die Frauen sind blond, kinderreich und ebenfalls kampfestüchtig.

Augusta treverorum – die römischen Kaiserthermen in Trier.

In Italien errichtet Theoderich der Große das Ostgoten-Reich – hier sein um 520 entstandenes Grabmal in Ravenna.

Goten und Vandalen

Tacitus schildert die in Deutschland ansässigen Kleinstämme der sogenannten Westgermanen, etwa Hessen und Holländer. In der Völkerwanderung (ab 375) treten dann Ostgermanen wie die Goten und Vandalen auf (die Unterscheidung West- und Ostgermanen bezieht sich auf verschiedene Sprachgruppen, daneben gibt es noch die Nordgermanen der Skandinavier). Sie sind es, die in den weströmischen Provinzen germanische Kolonien bilden und schließlich die Regierung übernehmen. In Spanien etablieren sich die Westgoten und Alanen und geben der Provinz Got-Alanien = Katalonien den Namen. Den Süden Spaniens verteilen sie durch Landlose, was arabisiert den Namen al (l)andalus oder Andalusien hergibt. In Italien errichtet Theoderich der Große alias Dietrich von Bern (so nennen die Germanen Verona) das Ostgoten-Reich und liefert den Stoff für Felix Dahns nationalistischen Bestseller *Ein Kampf um Rom* (sehr empfehlenswert zum Studium des deutsch-nationalen Geschichtsbildes mit offenen historischen Rechnungen). Die Vandalen gelangen sogar bis Nordafrika, wo ihr Fürst Geiserich ein Reich begründet, von dem aus er Rom erobert (455). Daraus hat Voltaire geschlossen, die Vandalen seien besonders hingebungsvolle Plünderer (daher der Ausdruck Vandalismus). All das ist relativ kurzlebig: Die Reiche der Ostgoten und Vandalen werden von Ost-Rom aus vernichtet und die Westgoten von den Arabern überrannt. Daraufhin fallen die Langobarden in Italien ein und bleiben in der Lombardei. Sonst aber bleiben nur die Gene für das Blondhaar, die germanischen Vornamen des italienischen und spanischen Adels (Rinaldo, Hermenegildo) und Erinnerungen.

Das Nibelungenlied

Einige der heroischen Überlieferungen haben sich in mittelhochdeutscher Dichtung niedergeschlagen. Das *Nibelungenlied* liefert die Geschichte der Burgunder. Es berichtet, wie der aus Xanten stammende Athlet Siegfried dem unsportlichen Burgunderkönig Gunther verborgen unter einer Tarnkappe dabei half, die bärenstarke Brunhild erst beim Kraftsport zu schlagen und dann zu deflorieren, und wie er dafür Gunthers Schwester Kriemhild zur Frau

Siegfrieds Witwe Kriemhild rächt ihren Gatten und veranstaltet am Hofe des Hunnenkönigs Etzel ein Massaker, in dem alle umkommen: Nibelungentreue.

bekam. Da aber Siegfried seinen Mund nicht halten konnte und gegenüber Kriemhild mit seiner Heldentat protzte, wurde das Geheimnis der königlichen Schwäche publik. Deshalb entschloß sich der finstere Hagen aus Gründen der Staatsräson dazu, Siegfried hinterrücks zu ermorden. Siegfrieds Witwe Kriemhild heiratete daraufhin den Hunnenkönig Etzel oder Attila (gotisch für Väterchen), lud ihre Familie zum Gastmahl an Etzels Hof und veranstaltete aus Rache für den Mord an Siegfried ein Massaker, in dem alle umkamen. Die Entschlossenheit, mit der die Nibelungen, den sicheren Untergang vor Augen, trotzdem bis zur letzten Granate weiterkämpften, wurde im Zeitalter der Weltkriege als Nibelungentreue gepriesen und imitiert. Die restlichen Burgunden aber ziehen weiter und lassen sich schließlich rund um Dijon in der Bourgogne nieder, um Franzosen zu werden und einen vorzüglichen Wein anzubauen.

Franken und Angelsachsen

Von bleibender Dauer sind nur zwei Eroberungen:

1. Die Besiedlung Galliens durch die Franken, die mit ihren ursprünglichen Wohngebieten an Rhein und Main im Kontakt bleiben und auf diese Weise weitere Verstärkung aus der Heimat erhalten.
2. Die Eroberung Britanniens. Um 450 segeln die Angeln und Sachsen unter Führung von zwei Pferdenarren namens Hengist und Horsa über den Kanal und machen die Insel zum Land der Angeln oder England. Bis 1066 reden sie dort altenglisch und schreiben in dieser Sprache, dem Schrecken aller Anglistik-Studenten, das Epos mit dem Titel *Beowulf*. Schottland und Irland lassen sie zunächst unbehelligt, was dazu führt, daß die irischen Mönche den römischen dabei hel-

fen, die Angelsachsen zu christianisieren. Zum Ausgleich helfen dann die Angelsachsen den Iren bei der Missionierung der heidnisch gebliebenen Vettern in Hessen und Niedersachsen. Wichtigster Missionar wird der Engländer Winfried alias Bonifatius, genannt der Apostel der Germanen (675–754). Er wurde von den Friesen ermordet.

Das Frankenreich

Das Frankenreich macht einen gewaltigen Sprung vorwärts, als König Chlodwig (fränkisch für Ludwig oder Louis) aus dem Hause der Merowinger alle Verwandten ermordet, das Reich einigt, die Burgunden und Alemannen unterwirft und katholisch wird (496). Damit ermöglicht er die Verschmelzung der römischen mit der germanischen Bevölkerung und legt den Grundstein für das christliche Abendland und die europäische Union.

In den nächsten 100 Jahren (600–700) kommt es zu parallelverschobenen Völkerwanderungen: Beflügelt vom Islam, erobern die Araber den Süden des Römischen Reiches. Um 600 beginnt Mohammed in Mekka zu wirken, 622 flieht er nach Medina und gründet die erste Gemeinde: Gesetze werden erlassen und der Koran aufgezeichnet. Bis 644 werden der Irak und Ägypten erobert, bis 700 Nordafrika, 711 folgt Spanien. Damit ist das germanisch-römische Frankenreich neben Byzanz das einzige politische Gebilde, das übrigbleibt.
Von der römischen Umgebung abgeschnitten, entwickelt sich hier ein neues Prinzip gesellschaftlicher Organisation: der Feudalismus.

Die Erfindung des Feudalismus

Die merowingischen Könige nach Chlodwig überbieten einander an Unfähigkeit, und so wie bei Inkompetenz des Ministers der Staats-

Um 600 beginnt Mohammed in Mekka zu wirken. Die später hier errichtete Kaaba wird das wichtigste Heiligtum des Islam.

sekretär regiert, regiert bei den Merowingern der Palastchef oder der sogenannte Hausmeier (von major domus stammt der Name Meier). Einer der tüchtigsten von ihnen, Karl Martell, genannt der Hammer, bekam es dann mit den Arabern zu tun. Um sie abwehren zu können, mußte er das Militär neu organisieren. Dabei verfiel er auf eine wegweisende Idee. Er kombinierte das Prinzip der germanischen Gefolgschaftstreue mit der Einrichtung, Kirchengüter zu verleihen. Wer sich militärisch mit seinem Gefolge engagierte, bekam Land zum eigenen Gebrauch geliehen, das er zum Teil wieder an sein Gefolge weiterverleihen konnte. Damit stärkte Karl Martell die Abwehr und stoppte die Araber bei Tours und Poitiers um 732.

Aber das Prinzip seiner Militärorganisation überlebte, wuchs und bestimmte schließlich die ganze Organisation der Gesellschaft: die Kombination von Vasallentreue und Lehensvergabe. Daraus wurde schließlich eine soziale Pyramide: Ein höherer Lehnsmann, etwa ein Herzog, vergab wieder weitere Lehen, und dessen Lehnsmann hatte wieder seine eigenen Lehnsleute. Auf diese Weise wurde aus dem römischen Territorialstaat ein Personenverbandsstaat.

Das Prinzip des Feudalismus

Will man verstehen, wie das politisch funktioniert, muß man sich heutige Parteien ansehen. Der Parteivorsitzende verleiht die obersten Parteiämter, die Kandidatenplätze an der Spitze der Wahlliste und die Posten der Landesvorsitzenden und der Ministerpräsidenten: das sind die Herzöge. Mit ihren Posten sind wieder ganze Netzwerke von Ämtern verbunden, deren Inhaber, die Grafen, Markgrafen, Reichsgrafen, Landgrafen, ebenfalls Posten zu vergeben haben. Wer am ehesten Aussicht hat, einen ho-

Die Franken bekommen es mit den Arabern zu tun. Karl Martell stoppt sie um 732 bei Tours – hier dargestellt – und Poitiers.

Belehnung des Burggrafen Friedrich von Nürnberg mit der Mark Brandenburg 1417: wer am ehesten Aussicht auf einen hohen Posten hat, hat auch die größte Gefolgschaft. Der Feudalismus funktioniert wie die heutigen Parteien.

hen Posten zu ergattern, hat auch die größte Gefolgschaft. Sie unterstützt ihn, weil sie sich selbst dabei eine reiche Beute von Posten, will sagen Lehen, verspricht. Nur der, der aufgrund seiner Tüchtigkeit, seines Kampfesmutes, seiner Beliebtheit beim obersten Lehensherrn oder durch die Verwandtschaft mit seiner Frau die größte Aussicht hat, viele Posten vergeben zu können, hat auch die größte Truppe von Vasallen und Untervasallen. Ihm ist man treu. Dieser Zusammenhang bildet einen Regelkreis. Wer Lehen zu vergeben hat, hat Vasallen, und wer Vasallen hat, hat den ersten Zugriff auf die Posten. Derselbe Regelkreis wirkt aber auch umgekehrt, wenn den Spitzenmann die Fortune im Stich läßt. Macht er zu viele Fehler, hat er die Seuche, verläßt ihn das Glück, verläßt ihn auch die Gefolgschaft. Gerade deshalb wird im Mittelalter die Treue so sehr beschworen. Ständig kommt es zur Konkurrenz zwischen den Legitimen und den Tüchtigen. Das macht das Mittelalter zum Zeitalter des Parteiengezänks. Das Parteiprogramm ist dabei immer nur der Spitzenmann, der Führer der eigenen Seilschaft. Deshalb wird es ständig heißen, Hie Guelf (Welfe), Hie Ghibelline (Staufer), Hie Lancaster, Hie York, Hie Capulet, Hie Montague.

Später wird der Feudalismus seinen eigenen Sozialtypus mit einer eigenen Kultur schaffen: den Typus des Ritters. Aber das erfolgt erst nach einer neuen Mutation – nämlich wenn der Ritter an die Stelle seines Herrn, dem er Vasallentreue gelobt hat, eine Frau setzt. Das ist die Geburtsstunde der abendländischen Form der Liebe. Doch bevor es soweit ist, muß Karl der Große den Feudalismus in die restlichen Länder Europas exportieren.

Die Begründung Europas

Karl, genannt der Große (768–814)

Karl ist der Enkel jenes Araber-Bezwingers Karl, genannt der Hammer. Dessen Sohn Pippin hatte genug von den unfähigen Merowingern gehabt und sich selbst zum König gemacht. Die fehlende Legitimität hatte der Papst geliefert. Als ihm Pippin den Kirchenstaat geschenkt hatte, hatte er ihn aus apostolischer Begeisterung über soviel christliche Gesinnung zum König der Franken gesalbt, und als neidische Landsleute später dem Papst Leo den Kirchenstaat wieder wegnehmen wollten, geriet er in Panik und krönte Karl den Großen am Weihnachtstage des Jahres 800 zum Kaiser, damit er ihn schütze.

Vermächtnis Karls des Großen: die deutsche Kaiserkrone *Corona Aurea*. Ständig prügelten sich die deutschen Fürsten darum, Kaiser zu werden.

Karls Vermächtnis an die Deutschen: die Kaiserkrone

Damit war das Römische Kaiserreich wieder da. Es hat fast genau 1000 Jahre überlebt. Im Jahr 1806 löste es sich nach schmerzhaften Eingriffen Napoleons auf.

Nach Karls Tod 814 herrschte im Frankenreich Dauerstreit um das Erbe. Das Ergebnis war die Spaltung des Reiches in Deutschland und Frankreich. Aber beide stritten sich nun um den Rest: nämlich Italien. Deutschland gewann. Das wurde sein Fluch, denn damit gewann es auch den Papst und die Kaiserkrone und mußte nun das »Heilige Römische Reich Deutscher Nation« werden. Im Jahr 962 wurde der deutsche König Otto I., genannt der Große, zum Kaiser gekrönt. Seitdem sind die Deutschen das Kaisertum nicht mehr losgeworden. Ergebnis:

Ständig prügelten sich die deutschen Fürsten darum, Kaiser zu werden. Das verhinderte, daß rechtzeitig eine Erbmonarchie entstand, die das Land einigen konnte: Zum deutschen Kaiser wurde man gewählt. Und so wechselte die Kaiserkrone immer wieder die Besitzer.

Reihenfolge der mittelalterlichen Kaiser

- Im 10. Jahrhundert regieren die Sachsen-Herzöge als Kaiser (kennzeichnende Vornamen Heinrich und Otto).
- Im 11. Jahrhundert sind es die Franken-Herzöge (Salier) (kennzeichnende Vornamen Heinrich und Konrad).
- Im 12. Jahrhundert sind die Schwaben-Herzöge dran (Hohenstaufen) (kennzeichnende Vornamen Heinrich und Friedrich).
- Im 13. Jahrhundert herrscht Durcheinander – generelle Rivalität und Interregnum.
- 90 Jahre lang, von 1347 bis 1437, regieren der Luxemburger Karl IV. und seine Söhne von ihrer Hauptstadt Prag aus das Reich.
- Ab 1438 wird die Kaiserkrone im Hause Habsburg erblich durch die lange Regierungszeit des Habsburgers Friedrich III. Er ist ein solcher Langweiler, daß er den Ehrgeiz der deutschen Fürsten einschläfert und sie schließlich vergessen läßt, daß sie selbst Kaiser werden wollen. Zu Modellländern wurden statt dessen England und Frankreich. In ihnen wurde auch die Demokratie erfunden. Deutschland dagegen »ging einen Sonderweg« (Historiker-Slang für den Weg in die Sackgasse) und wurde eine »verspätete Nation« (Historiker-Slang dafür, daß, wer zu spät kommt, vom Leben bestraft wird).

Karls Vermächtnis an Europa: der Feudalismus

Karl der Große wird groß, weil er rings um das Frankenreich ein Randgebiet nach dem anderen erobert. Dann überzieht er es mit Feudalismus und schafft so die Basislager, von denen aus die europäischen Staaten neu gegründet werden konnten.

- Er erobert das Langobardenreich in Italien und schluckt es; das bringt die Dauerverbindung mit dem Papst.
- Er erobert die nördlichen Provinzen Spaniens. Von dort ging die Rückeroberung Spaniens von den Arabern aus (die Reconquista ist 1492 abgeschlossen). Und er exportiert den Feudalismus und damit das Rittertum nach Spanien und verbreitet den Typus des Hidalgo.
- Von der Normandie aus wird 1066 England durch die französisch gewordenen Normannen erobert. Sie bringen ihren karolingischen Feudalismus mit nach England und ziehen einen feudalistischen Zentralstaat auf.
- Das gleiche machen sie mit Sizilien.
- Karl erobert und unterwirft die renitenten heidnischen Sachsen (sein längster und zähester Kampf), färbt bei Verden die Aller mit dem Blut ihrer Häuptlinge rot und überzeugt so die heidnischen Norddeutschen, daß sie mit den zivilisierten Süddeutschen ein einig

Das Testament Karls des Großen – Nach seinem Tod 814 herrschte im Frankenreich Dauerstreit um das Erbe. Das Ergebnis war die Spaltung des Reiches in Deutschland und Frankreich.

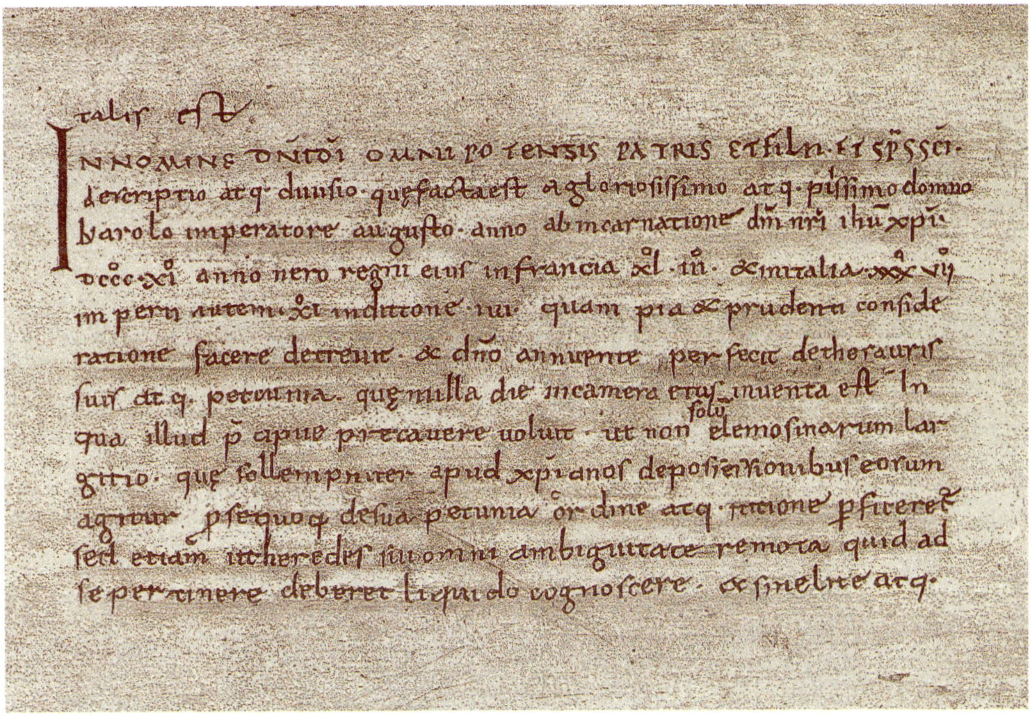
talis est
IN NOMINE DNI DI OMNIPOTENTIS PATRIS ET FILII ET SPS SCI.
descriptio atq· diuisio· quae facta est a gloriosissimo atq· piissimo domno
Karolo imperatore augusto· anno ab incarnatione dni nri ihu xpi
dccc·xi· anno uero regni eius in francia ·xl·iii· et in italia ·xxx·vii
imperii autem ·xi· indictione ·iiii· quam pia et prudenti conside
ratione facere decreuit· et dno annuente perfecit de thesauris
suis atq· pecunia· quae ea die in camera eius inuenta est· In
qua illud praecipue praecauere uoluit· ut non solum elemosinarum lar
gitio· quae sollempniter apud xpianos de possessionibus eorum
agitur· pro se quoq· de sua pecunia ordine atq· ratione perficeret
sed etiam ut heredes sui omni ambiguitate remota· quid ad
se pertinere deberet liquido cognoscere· et sine lite atq·

Vaterland bilden müssen, damit sie gemeinsam in der deutschen Ostkolonisation den barbarischen Ossis die Errungenschaften des Feudalismus bringen können.

So schafft Karl der Große die Grundlagen für die Entstehung der wichtigsten europäischen Länder (Frankreich und die Beneluxstaaten stecken ja sowieso schon im Frankenreich). Und er schafft auch die Grundlagen für das, was später Deutschland heißen sollte.

Zwischenbetrachtung über Deutschland und den deutschen Nationalismus

Deutschland, was ist das?

Bis zur Einigung des Deutschen Reiches 1871 konnte das niemand sagen.

Es gab kein Deutschland, sondern ein Römisches Reich. Aber dazu gehörten auch Italien, Böhmen, Ostfrankreich, die Beneluxstaaten, die Schweiz und Österreich. Sicher, es gab einen deutschen König, aber der regierte auch die Tschechen und die Lothringer und die Holländer. Es gab also nicht in gleicher Weise einen deutschen Staat, wie es später einen englischen oder französischen Staat gab. Deshalb wurden die Deutschen keine Staatsnation (ihre Staaten waren nachher deutsche Teilstaaten wie Österreich oder Lübeck oder Preußen oder Bayern oder Lippe-Detmold).

Als sie sich um 1800 herum anguckten und sich fragten: »Wer sind wir?«, fanden sie nur eine Gemeinsamkeit: die Sprache und Kultur und die Dichtung. Also sagten sie: »Wir sind eine Kultur-Nation« oder: »Wir sind ein Volk der Dichter und Denker.« Das sagten sie nicht, weil sie davon mehr hatten als andere, sondern weil es keine andere Gemeinsamkeit gab.

Und sie sagten: »Wir sind das Volk, das deutsch spricht.« Das war eine fatale Feststellung, denn das brachte später den Führer aller Knallköpfe auf den Gedanken, alles, was deutsch spreche,

Karl unterwirft die heidnischen Sachsen, bekehrt sie – wie hier dargestellt – zum Christentum, und überzeugt die Norddeutschen, daß sie mit den zivilisierten Süddeutschen ein einig Vaterland bilden müssen.

müsse heim ins Reich (für ihn selbstverständlich, denn er war Österreicher, sprach aber schlechtes Deutsch), oder das Reich müsse dahin, wo deutsch gesprochen werde, etwa nach Prag oder Reval oder in die Synagoge von Tschernowitz.

›Ja und‹, mag man fragen, ›ist das nicht bei den anderen genauso? Ein Franzose ist, wer französisch spricht, und ein Engländer, wer es auf englisch tut (es sei denn, er wäre Amerikaner oder Neuseeländer oder Inder oder Kanadier oder Pilot oder Devisenhändler).‹ Weit gefehlt. Für die Franzosen definiert sich die Nation politisch, nicht sprachlich. Engländer ist, wer sich zum ›English way of life‹ und zur britischen Demokratie bekennt, mag er nun englisch, gälisch oder japanisch sprechen. Für ihn ist eine politische Nation keine Schicksalsgemeinschaft, in die man hineingeboren wird wie in eine Sprache; sie ist vielmehr Ergebnis eines willentlichen Zusammenschlusses wie ein Club; ihm kann man beitreten, wenn man sich an die Clubregeln, also an die Verfassung hält.

Deutscher ist nicht der, dessen Eltern deutsch sprechen, sondern der, der hier leben will und sich zum Grundgesetz bekennt

So kam es zu unterschiedlichen Begriffen von »Nation« in Deutschland einerseits und in den westlichen Demokratien andererseits (also wieder mal ein deutscher Sonderweg).

Merke: Wir müssen unseren ethnisch-sprachlichen Nationenbegriff aufgeben und den der anderen annehmen. Also: Deutscher ist nicht der, dessen Eltern deutsch sprechen, sondern der, der hier leben will und sich zum Grundgesetz bekennt, auch wenn er deutsch mit einem Schweizer Akzent spricht, weil er Gastarbeiter in Zollikhofen war.

Die deutschen Stämme

Mit diesem Vorbehalt schauen wir die ethnisch-sprachliche Gestalt dessen, was sich als Deutschland herausschält, an.

Erste Erkenntnis: Deutschland setzt sich aus germanischen Stämmen zusammen, die noch heute an ihren Spezialdialekten erkennbar sind. Das sind sechs Stämme:

- die Bayern, die dann auch Österreich besiedeln;
- die Alemannen, deren Verbreitungsgebiet die Schweiz, Vorarlberg in Österreich, das Elsaß und ungefähr Baden-Württemberg ist;
- die Thüringer, die dann auch den Freistaat Sachsen und Schlesien besiedeln (der Name Sachsen ist durch dynastische Entwicklungen nach Osten gewandert);
- die Sachsen, d. h. grob gesagt die heutigen Niedersachsen und Westfalen, die später in Richtung Mecklenburg und Brandenburg wandern;
- die Friesen (Nord-, Ost- und Westfriesen), die an den Küsten leben und lange die Rheinschiffahrt monopolisieren (siehe die vielen Friesenheims);
- der komplizierteste Stamm von allen, die Franken; sie zerfallen in Rhein-, Main-, Mosel- und Niederfranken und sind die Vorfahren der Franken in Bayern, der Hessen, der Pfälzer, der Lothringer, der Saarländer, der Rheinländer, der Flamen, der Luxemburger und der Holländer (ohne die holländischen Friesen).

Karl der Große schafft die Grundlagen für das, was später Deutschland heißen sollte.

Mittelalterliches Mahl, dargestellt in einer Miniatur aus dem 15. Jahrhundert.

Entwicklung der deutschen Sprache

Sprachlich wird dieses Gebiet aber seit dem Beginn des Mittelalters durch die sogenannte zweite Lautverschiebung in ein oberdeutsches und ein niederdeutsches Gebiet geteilt. Die Grenze zwischen den beiden Gebieten läuft von Düsseldorf nach Osten und heißt nach einer Düsseldorfer Vorstadt Benrather Linie.

In Süddeutschland entwickelte sich aus Althochdeutsch das Mittelhochdeutsche. In ihm wurden das *Nibelungenlied* und der *Parsifal* des Wolfram von Eschenbach verfaßt.

Südlich der Benrather Linie begannen plötzlich die Laute zu wandern, nördlich blieben sie stehen. Die Unterschiede sind bis heute am Kontrast des Hochdeutschen zu Englisch, Holländisch und Platt abzulesen (alles niederdeutsche Dialekte). Also, aus t wird in oberoder hochdeutsch ss oder z, also water zu Wasser, town zu Zaun, token zu Zeichen, two zu zwei, toe zu Zehen, cat zu Katze; p wird zu f, also ape zu Affe, gape zu gaffen, pound zu Pfund, weapon zu Waffe, leap zu laufen, plum zu Pflaume; und d zu t, also day zu Tag, drag zu tragen, devil zu Teufel, dead zu Tod, deep zu tief, daughter zu Tochter etc. Und aus dem alten th (im Englischen erhalten) wird das hochdeutsche t oder d, also three zu drei, thou zu du, thrash zu dreschen, think zu denken, thing zu Ding, thanks zu Danke und thick zu dick etc.

Das schuf zwei Sprachen: das Hochdeutsche und das Niederdeutsche. Zum Niederdeutschen gehören das Niedersächsische – auch Platt genannt – und das Niederfränkische oder auch Niederländische. Während des Mittelalters wurde im gesamten Bereich der Hanse, also von Brügge über Lübeck bis Danzig und Dorpat bis nach Gotland, niederdeutsch gesprochen.

In Süddeutschland entwickelte sich aus Althochdeutsch das Mittelhochdeutsche. In ihm wurden die Minnelyrik von Walther von der Vogelweide und das *Nibelungenlied* und der *Parsifal* des Wolfram von Eschenbach verfaßt (Entstehungszeit alle um 1200).

Das Hochdeutsch, das wir heute sprechen, ist eine mildere Variante des Süddeutschen, die sich aber mit Luthers Bibel paradoxerweise zuerst in Norddeutschland durchsetzte. Warum hier? Weil Norddeutschland protestantisch wurde und die Bibel las. Da man dazu praktisch eine neue Sprache lernen mußte (man sprach ja an sich niederdeutsch), wurde das Hochdeutsche weniger von den eigenen Dialekten beeinflußt als in Süddeutschland. Also wurde die niederdeutsche Aussprache des Hochdeutschen zum Vorbild für ganz Deutschland. In Süddeutschland dagegen überlebten wegen der Nähe zum heimischen Hochdeutschen die Dialekte und die Akzente, während in Norddeutschland das Platt praktisch verschwand (bis auf einige Sprachinseln). Sein Vetter aber, das Englische, machte Karriere. Doch nicht, bevor es sich mit dem Französischen gekreuzt und zum Bastard zwischen Platt und Französisch geworden war.

Entwicklung der romanischen Sprachen

Aus dem Lateinischen aber entwickelten sich die romanischen Sprachen in Frankreich, Italien und auf der Iberischen Halbinsel.

- Frankreich teilte sich in die Langue d'oil im Norden und die Langue d'oc im Süden. Dort wurde das Provençalische zur Sprache der Minnesänger. Schließlich siegte die Sprache der Ile de France um die Hauptstadt Paris.
- In Italien gab es die zahlreichen Regionalsprachen des Neapolitanischen, des Römischen, des Venezianischen, des Lombardischen und des Toskanischen. Schließlich siegte das Toskanische von Florenz.
- Auf der Iberischen Halbinsel gab es das Katalanische um Barcelona, das Kastilische im Zentrum und das Gallego von Galicien. Schließlich siegte das Kastilische in Spanien, und das Gallego wurde portugiesisch.
- Im Osten blieb nach der Eroberung durch die Südslawen – zwischen Bulgaren, Griechen und Ungarn – die romanische Sprachinsel des Rumänischen übrig.

Gesellschaft und Lebensformen des Mittelalters

Die mittelalterliche Gesellschaft war eine Pyramide hierarchisch gegliederter Schichten. An oberster Stelle stand der Adel, der selbst hierarchisch gestuft war: nach dem Kaiser an der Spitze kamen die Könige, Herzöge, Markgrafen, Grafen und Ritter. Dann kamen die freien Bürger der Städte, die eine eigene Hierarchie von ratsfähigen Notablen (Patriziern), reichen Kaufleuten, Handwerkern, Meistern, Gesellen und Lehrjungen bildeten. Die Handwerker waren in Zünften organisiert. Auf dem Lande in den Dörfern gab es die Bauern, Hintersassen, Knechte und Hörigen.

Die Kirche bildete eine Parallelhierarchie vom Papst über die Kardinäle, Bischöfe, Äbte, Pröpste, Kanoniker, Pfarrer, Mönche und Ordensbrüder.

Die mittelalterliche Gesellschaft war eine Pyramide. Die freien Bürger der Städte bildeten eine eigene Hierarchie von ratsfähigen Patriziern, reichen Kaufleuten, Handwerkern, Meistern, Gesellen und Lehrjungen, wie dieses Panorama des deutschen Bürgerlebens im 15. Jahrhundert anschaulich bekundet.

Diese Gesellschaft war weitgehend statisch. Jeder Mensch blieb in der Schicht, in die er hineingeboren worden war. Sein Status definierte seine Person in umfassender Weise: rechtlich, politisch, wirtschaftlich, religiös und persönlich. Jeder Mensch gehörte nur einer Schicht an. Der einzelne war in all seinen Bezügen Kaufmann, Bauer, Handwerker oder Ritter. Mischwesen waren Monster. Einen Unterschied zwischen persönlicher Identität und sozialer Rolle, so wie heute, gab es nicht. Deswegen wurde kein Wert auf Originalität gelegt. In der Kunst wurde nicht das Persönliche, sondern das Typische betont.

Die Ungerechtigkeiten der sozialen Hierarchie wurden durch die Religion kompensiert und diesseitige Nachteile von jenseitigen Vorteilen ausgeglichen. Doch auch die Ordnung des Jenseits wurde als Hierarchie vorgestellt – eine andere Ordnung konnte man sich überhaupt nicht denken. An der Spitze stand natürlich Gott mit Christus, Maria, den Aposteln und seinen obersten Engeln. Dann kamen die himmlischen Heerscharen, die Propheten und biblischen Heroen, schließlich die Märtyrer, Heiligen und Seligen. Sie fanden ihre Fortsetzung im Diesseits durch die Päpste und Prälaten mit ihrer ganzen kirchlichen Hierarchie. Am unteren Ende, als symmetrisches Gegenstück, gab es den Teufel mit seinen Heeren von Dämonen, Geistern und Unterteufeln, die die Seelen der Verdammten in der Hölle quälten.

Zwischen Himmel und Hölle wurde im Mittelalter noch das Fegefeuer geschoben, in dem diejenigen Sünder brutzelten, die weder unschuldig waren noch lebenslänglich bekamen. Sie mußten eine Zeit abbüßen und konnten dabei von Freunden und Verwandten durch Seelenmessen und Ablässe unterstützt werden. Für sie mußte man natürlich bezahlen. Auf diese Weise konnte die Familie mit ihren Toten weiterhin in Kontakt bleiben.

Auch die Ordnung des Jenseits stellte man sich im Mittelalter als Hierarchie vor. Am unteren Ende stand der Teufel mit seinen Heeren, die die Seelen der Verdammten in der Hölle quälten. In diesem Psalter Heinrichs von Blois aus der Mitte des 12. Jahrhunderts verschließt ein Engel die Hölle.

Eine Reliquie machte Reklame, Wunder wie Krankenheilung konnten verkauft werden. Berühmte Wallfahrtsorte verbreiteten so Freude und Profit in der ganzen Gegend. Dieser Holzschnitt aus der ersten Hälfte des 16. Jahrhunderts zeigt hilfesuchende Gläubige vor einer Marienstatue.

Die Kirche als Bank für Gemeinwirtschaft

Die Kirche muß man sich dabei als eine Bank vorstellen, die Heilsgüter und Gnadenmittel verwaltet. Christus und die Heiligen hatten große Heilseinlagen in die Bank eingezahlt, die die Priester für Investitionen und Heilskredite nutzten. Gegen Bezahlung und durch Ableisten auferlegter Bußen (Schenkungen, Pilgerfahrten, Spenden) oder gegen Einzahlung von »symbolischem Kapital« wie Beichte, Abbitte oder öffentlicher Selbstkasteiung bekam man einen Heilskredit, mit dem man dann seine Sündenschulden tilgen konnte. Oder man zahlte durch besonders frommen Lebenswandel selber in die Bank und hatte dann ein Heilsguthaben, das die Kirche als Teil des gesamten Heilskapitals verwaltete und für die Kreditvergabe an andere verwendete. Auf all das hatte die Kirche ein Monopol, und die Priester mußten als einzige Zugangsberechtigte zum Heilskapital Prüfungen und Gelübde ablegen. Für die Austeilung der Heilsgüter gab es eine feste Gebührenordnung: zwei Gulden für eine Seelenmesse, einen Gulden für eine Fürbitte, fünf Gulden für einen Ablaß, ein halbes Bauerngut für ein Generalpardon.

Die Finanzkraft des jeweiligen kirchlichen Kreditinstituts war ganz unterschiedlich; am meisten Heilsgüter hatten die, die die Knochen eines berühmten Märtyrers ergattert hatten. So eine Reliquie machte Reklame und verstärkte das Einlagekapital so sehr, daß über die normalen Gnadenmittel hinaus regelrechte Wunder wie Krankenheilung verkauft werden konnten. Solche Filialen machten ihren Standort zu berühmten Wallfahrtsorten und verbreiteten Freude und Profit in der ganzen Gegend.

Berühmte Wallfahrtsorte waren Rom mit dem Grab des hl. Petrus oder Santiago de Compostela mit den Gebeinen des hl. Jakob oder auch Köln mit den Reliquien der Heiligen Drei Könige; auch der Schrein des hl. Thomas in der Kathedrale von Canterbury löste eine Pilgerfahrt aus, die der Dichter Geoffrey Chaucer in seinen berühmten *Canterbury Tales* beschrieb. Von den Pilgerfahrten lebten ganze Industriezweige.

Kreuzzüge

Eine Reisewelle der besonderen Art stellen die Kreuzzüge dar. Sie wurden 1096 dadurch ausgelöst, daß die muslimischen Herrscher über Jerusalem die bisher allgemein zugänglichen Pilgerstätten im Heiligen Land schlossen. Darauf formierte sich ein Heer unter der Führung eines gewissen Gottfried von Bouillon aus Lothringen und eroberte Jerusalem. Im Verlauf der nächsten 200 Jahre kam es zu weiteren sechs Kreuzzügen und einem Kinderkreuzzug. Dabei entstanden spezielle Kampforden: das waren die Ritterorden der Templer, Johanniter und des Deutschen Ordens.

Die Kreuzzüge – eine Reisewelle der besonderen Art

Bei einem ihrer Kreuzzüge eroberten die Kreuzfahrer aus Versehen Konstantinopel. Und ganz nebenbei kam es zu einem umfangreichen Gedankenaustausch mit den ortsansässigen Muslimen über Philosophie, Architektur, Gartenkunst und angrenzende Gebiete und später zu Lessings Drama *Nathan der Weise*, in dem ein Templer auftritt.

Als dann der Deutsche Orden arbeitslos wurde, gab ihm Kaiser Friedrich Ostpreußen und das Baltikum zur Missionierung. Daraus schnitzte sich der Orden einen eigenen Staat, den sogenannten Ordensstaat. Da sie nicht zimperlich waren, spielen sie im Geschichtsbild der Polen eine ebenso finstere Rolle wie die anderen Kreuzfahrer bei den Arabern.

Klöster

Eine Hochform religiösen Gemeinschaftslebens stellten die Klöster dar. Sie waren gewissermaßen die Trainingslager für den Himmel. Wie bei Hochleistungssportlern ging es hier äußerst diszipliniert und asketisch zu: eisern eingehaltener Tagesablauf, genau abgestufte Diät, regelmäßige geistliche Übungszeiten in Gebet und Andacht, den Rest des Tages Aufbautraining des Geistes durch Arbeit. Wahlspruch: Ora et labora, bete und arbeite. Kurzum, man lebte nach strengen Regeln.

In der Art der Regeln unterschieden sich die verschiedenen Orden: streng oder milde, kultiviert oder asketisch etc. Der Ursprungsorden waren die Benediktiner, gegründet 529 von Benedikt von Nursia in Monte Cassino. Eins ihrer einflußreichsten Klöster lag in Cluny/Frankreich. In immer neuen Reformwellen wurden immer neue Orden gegründet: die Kartäuser, die Zisterzienser, die Augustiner, die Karmeliter, die Prämonstratenser und die Bettelorden der Franziskaner und der Dominikaner, die sich später auf Ketzer- und Hexenverfolgungen spezialisierten und auch vor einem gelegentlichen Pogromaufruf nicht zurückschreckten. Auch Luther, ein ehemaliger Mönch, hat seine Mitmenschen zu einer »Reichskristallnacht« aufgerufen.

Im frühen Mittelalter (550–850) aber waren die Klöster Inseln der Zivilisation. Von ihnen gingen nicht nur geistlicher Einfluß, Bildung und Christentum aus, sondern auch die Rodung der Wälder und wohltuende Erfindungen wie gutgebrautes Bier oder wundersame Heilmittel auf Biobasis. Vor allem aber waren die Klöster große Schreibstuben: Da wurden die Manuskripte gerettet, abgeschrieben und aufbewahrt, die wir aus der Antike geerbt haben. Von den Klöstern Irlands ging die Missionierung Englands aus, und von den Klöstern beider Länder die Missionierung Deutschlands.

Außerdem wurde in den Klöstern der regelmäßige Tageslauf der industriellen Arbeitswelt

Die muslimischen Herrscher über Jerusalem schlossen die bisher allgemein zugänglichen Pilgerstätten im Heiligen Land, was 1096 die Kreuzzüge auslöste. Kaiser Friedrich I. Barbarossa führte 1189 den dritten Kreuzzug zur Befreiung Jerusalems an.

geprobt. Was den Zeitplan nach der Stechuhr betrifft – in dieser Hinsicht sind wir alle Mönche geworden: man sieht es an unserem Hochleistungssport.
Der mittelalterliche Normalmensch aber arbeitete nicht nach der Uhr, sondern nach dem Sonnenstand: im Sommer länger, im Winter kürzer; und nach der anfallenden Arbeit: bei der Ernte länger, wenn es nichts zu tun gab, am liebsten gar nicht, und ein Drittel des Jahres fiel sowieso auf kirchliche und andere Festtage.

Rittertum

Das Kloster war wirtschaftlich gesehen ein Bauerngut mit angeschlossenen Gewerbebetrieben wie Brauereien, Mühlen, Weinkeller, Apotheken für Heilkräuter und häufig auch Krankenhäuser. Daneben gab es auf dem Land das Dorf und die Burg, häufig beides nebeneinander. Die Burg war das Domizil des lokalen Adligen, eines Minifürsten mit einer kleinen Privatarmee, geführt wie eine Großfamilie von Kompaniestärke an aufwärts. Diese Burgen konnten bei Machtzuwachs eine erhebliche Ausdehnung annehmen. Im Hochmittelalter wurden sie zu Zentren einer eigenen Kultur des Rittertums mit Turnieren, Hoffesten und Ritterspielen. Die Burgherrin wurde dabei zur Adressatin der ritterlichen Huldigungen. In ihnen wurde die Vasallentreue zur Minne sublimiert (der Burgherr hatte nichts dagegen) und die Schönheit der Burgherrin in Liebesliedern gepriesen. Daraus entwickelte sich dann der höfische Frauenkult als Teil einer eigenen Kultur des Adels.
Im gesamten Rittertum ging es letztlich um die Zivilisierung des Kampfes durch Frauenkult (Kampf für die Ehre einer Dame) und Ethik (Schutz der Schwachen, Witwen und Waisen). So wurde der Ritter in einem erotisierten Szenario zu einer romantischen Figur männlicher Attraktivität: Todesmutig im Dienste seiner Herrin, opferbereit für den Schutz der Armen und Schwachen, großzügig in seinem Handeln und Denken, unbesorgt um das eigene Leben, das er ständig im Kampf wieder einsetzt, treu in seiner Loyalität und gewinnend und charmant in seinen Manieren. Das hat für die europäische Kultur das Bild viriler (männlicher) Anziehungskraft nachhaltig eingefärbt. Noch in der bürgerlichen Literatur ist der Liebhaber meist ein chevaleresker (ritterlicher) Aristokrat.

Der Ritter – eine romantische Figur männlicher Attraktivität: todesmutig, opferbereit, großzügig, treu und charmant.

Deshalb reden die Frauen bis heute von Märchenprinzen, denn die Taten der fahrenden Ritter wurden in märchenhaften Stories überliefert. Am bekanntesten sind die gesammelten Geschichten um einen gewissen König Artus oder Arthur, einen keltischen König aus Wales, und seine Tafelrunde. Dieser Stammtisch wurde legendär. Um ihn hatte Arthur die besten Ritter der Gegend versammelt, beispielsweise Lancelot, Tristan, Gawain, Erek, Galahad, Perseval und Merlin, den Zauberer. Als Zeichen ihrer Überlegenheit über andere Freunde des Rittersports sollten sie einen besonders wertvollen Pokal erobern, genannt der »Heilige Gral«. Aber statt dessen entbrannte Tristan in Liebe zu Isolde, obwohl sie mit seinem Onkel verlobt war. Jedenfalls waren die Rittertugenden nicht mehr, was sie mal waren. Lancelot fing eine unerlaubte Beziehung zu Arthurs Frau Guinevere an und schaffte es deshalb nicht, den Heiligen Gral zu erobern. Das säte Mißtrauen, und wie immer in solchen Fällen brach die Tafelrunde im Streit auseinander, bis sich alle gegenseitig zerfleischten. Die Literaturwissenschaftler behaupten, das zeige den Untergang der ritterlichen Werte. In Wirklichkeit zeigt es, daß die ritterlichen Werte den Seilschaften des Feudalismus nicht gewachsen waren.

Mit den Arthur-Geschichten beschäftigen sich bis heute die Germanisten (Wolfram von Eschenbach), die Romanisten (Chrétien de Troyes), die Anglisten (Thomas Malory) und die Musikwissenschaftler (Richard Wagner).

Bilder zu den Arthur-Romanen in einer Handschrift des Jahres 1286. Mit den Geschichten über König Arthurs Tafelrunde beschäftigen sich bis heute Germanisten, Romanisten, Anglisten und Musikwissenschaftler.

Städte

Die Wiege der neuzeitlichen Kultur aber liegt wie immer in den Städten. Auch sie wurden häufig von einem Adligen beherrscht, aber noch häufiger waren sie frei, d. h. sie verwalteten sich selbst. Dazu gaben sie sich Rechtsordnungen. Diese hatten häufig Modellcharakter, so im Falle von Lübeck, Magdeburg oder Nürnberg. Man übernahm sie in anderen Städten. Da wurden dann die Demokratie und der moderne Staat im kleinen geprobt. Meistens standen sich das Patriziat – also die ratsfähigen Familien – und die Handwerkerzünfte gegenüber und kämpften um die Regierung der Stadt wie früher Patrizier und Volkstribunen in Rom.

Wehrtechnisch organisierten sich die Städte wie Burgen und verteidigten sich selbst. Für einen Stadtbürger war das Vaterland nicht Deutschland, sondern Nürnberg oder Nördlingen.

So wie Klöster durch ihre Orden ganze Netzwerke bildeten, organisierten die Städte sich in Städtebünden. Nicht der einzige, aber der größte und mächtigste war die norddeutsche Hanse (etwa 70 Städte, Anführerin Lübeck, Blütezeit 14. und 15. Jahrhundert). Auch die deutsche Besiedlung Ostelbiens (später DDR, Schlesien und Pommern) wurde durch Städtegründungen begleitet. Die Ostkolonisation dauerte von 1150 bis ca. 1350 (Berlin wurde 1244 zum ersten Mal erwähnt).

Besonders aber in zwei europäischen Regionen blühten die Städte auf und wurden zu modernen Ministaaten mit entwickelter Kultur und einer

Die Wiege der neuzeitlichen Kultur liegt in den Städten. In ihnen wurden die Demokratie und der moderne Staat im kleinen erprobt. Wehrtechnisch organisierten sich die Städte wie Burgen und verteidigten sich selbst.

rationalen Verwaltung: In Norditalien (Venedig, Verona, Mailand, Florenz, Genua) und in Flandern (Brügge, Gent, Antwerpen). In Deutschland traten neben den Hansestädten noch Augsburg und Nürnberg als Wiegen der Bürgerkultur hervor, und die italienischen und flandrischen Städte wurden zu Geburtsstätten der modernen Malerei.

In den gotischen Kathedralen kommt das Weltbild des Mittelalters wohl am bündigsten zum Ausdruck – Miniatur aus dem 14. Jahrhundert.

Kathedralen: die größten Denkmäler der mittelalterlichen Baukunst – auch in der Gestalt die sie nach Jahrhunderten in den Architekturbildern des Malers Lyonel Feininger fanden.

Kathedralen und Universitäten

Auch waren es in der Regel die großen Stadtgemeinden, die die größten Denkmäler der mittelalterlichen Baukunst schufen, die Kathedralen. Man erkennt ihren gotischen Stil an den Spitzbögen, im Unterschied zu den ›romanischen‹ Vorläufern mit ihren Rundbögen. Die gebündelten Pfeiler und die Spitzbögen suggerieren das Aufwärtsstreben von Flammen und Strahlen. Mit einem solchen Stil war es möglich, den Eindruck der Erdenschwere des Materials abzuschütteln und ganze Steingebirge mit unabsehbaren Mengen von Figuren durch ein einziges Raumprinzip optisch zu zähmen: die emporstrebende Vertikale. Die Kathedralen von Chartres, Reims, Paris, Straßburg oder Köln gehören zu den erstaunlichsten Bauwerken der Welt. In ihnen kommt das Weltbild des Mittelalters wohl am bündigsten zum Ausdruck: das Gegenüber von vielgestaltigem Diesseits der Materie und der einheitlichen Transzendenz des Jenseits: des Lichts.

In den Städten entstand auch eine weitere Einrichtung, die in einigen Fällen ihre mittelalterlichen Ursprünge bis heute bewahrt hat: die Universitäten. Die berühmtesten von ihnen standen in Paris, Oxford, Cambridge, Padua und Prag. Hier lernte man die sieben freien Künste: das sogenannte Trivium (Grammatik, Logik und Rhetorik) und das Quadrivium (Geometrie, Astronomie, Arithmetik und Musik). Daneben gab es natürlich das Fachstudium der Jurisprudenz, der Medizin und der Theologie inklusive Philosophie. Der alles beherrschende Philosoph war Aristoteles; dessen Texte waren von den arabischen Hochschulen überliefert worden. Die mittelalterliche Schulphilosophie – die Scholastik – bestand weitgehend darin, das christliche Weltbild in aristotelischen Begriffen zu systematisieren. Berühmtester Philosoph des Mittelalters, der das versuchte, war Thomas von Aquin. Er spielt bis heute in der katholischen Philosophie eine Rolle, und er war so fett, daß man an seinem Tisch eine Bucht aussägen mußte, damit er an die Speisen heranreichen konnte.

Kosmologie

Die mittelalterliche Kosmologie besteht aus einer hierarchisch gegliederten Welt von poetischer Überzeugungskraft: Im Mittelpunkt des Kosmos ist die Erde. Um sie herum rotieren die Planeten, zu denen auch der Mond und die Sonne gehören. Sie stecken in Kristallschalen von einer Reinheit, die mit der Entfernung von der Erde zunimmt. Unterhalb des Mondes (sub luna) liegt das Reich der Wechselhaftigkeit, die sublunare Welt. Oberhalb herrschen Harmonie und Ruhe. Die Kristallschalen machen beim Drehen Musik, die sogenannte Sphärenmusik. Deshalb fängt Goethes *Faust* mit der Zeile an: »Die Sonne tönt nach alter Weise in Brudersphären Wettgesang ...«

Die Erde setzt sich aus vier Elementen zusammen, die ihrerseits vier Haupteigenschaften immer neu kombinieren – warm und kalt mit feucht und trocken –: Feuer (warm und trokken), Luft (warm und feucht), Wasser (feucht und kalt) und Erde (kalt und trocken). Der Mensch besteht aus denselben Elementen, denen die vier Körpersäfte (humores) entsprechen: gelbe Galle, schwarze Galle, Blut und Schleim. Sind die Säfte harmonisch gemischt, hat der Mensch ein harmonisches Temperament, überwiegt ein Saft alle anderen, hat der Mensch einen ausgeprägten Charakter. Er ist dann entweder Choleriker und neigt zu Wutausbrüchen (von cholon = Galle); oder Melancholiker und neigt zu Schwermut (von melan cholon = schwarze Galle); oder Sanguiniker, eine Frohnatur (von sanguis = Blut); oder er ist Phlegmatiker, ein träger Sack (von phlegma = Schleim). Diesen Typen sind die Elemente zugeordnet: der Wütige ist der Feuerteufel, der Melancholiker der Erdkloß, der Sanguiniker der Luftikus und der Phlegmatiker der Wassermann. Nach dieser Typologie werden noch die Dramen der Shakespeare-Zeit geschrieben. Hamlet etwa ist der typische Melancholiker, Lear ist ein definitiver Choleriker etc.

Oberhalb der Sphären und sie umhüllend wohnt Gott in ewiger Ruhe. In der sublunaren Welt unterhalb des Mondes dagegen wuselt die Bewegung. Aber auch hier ist die Welt hierarchisch geordnet: Die unterste Schicht ist das Mineralreich, dann kommt das Leben, das sich wieder in das vegetative Reich der Pflanzen und das animalische der Tiere teilt. Darüber beginnt das Reich der Rationalität, in dem die Geistwesen der Engel leben. Genau in der Mitte, so wie die Erde, steht der Mensch und hat teil an beidem. Seine Seele ist dreifach gestaffelt, sie ist vegetativ, animalisch und rational. Er ist sowohl Tier als auch Engel, sowohl Materie als auch Geist. Im Tode wird er raffiniert (gereinigt getrennt), d. h. sein irdischer Teil wird der Erde übergeben, seine rationale Seele steigt auf zu den kristallinen Sphären, wo die Geistwesen leben. Denn kristallen ist seine Seele schon jetzt: Darin ist sie wie ein Spiegel, selbst unsichtbar, um anderes sichtbar zu machen, selbst unveränderlich, um die wechselnden Erscheinungen erfassen zu können.

Der Mensch im Mittelalter ist als Mittelpunkt der Welt ein kleiner Kosmos in sich

So ist der Mensch als Mittelpunkt der Welt ein kleiner Kosmos in sich, und auf seinen irdischen Leib scheint die Sonne der Rationalität. Die Welt ist von Gott geschaffen – vor ungefähr 6000 Jahren – und altert nun vor sich hin. Würde Gott sie nicht dauernd erhalten, zerfiele sie sofort. Sie wird also nicht durch eine lückenlose Ursachen-Wirkungs-Verkettung zu-

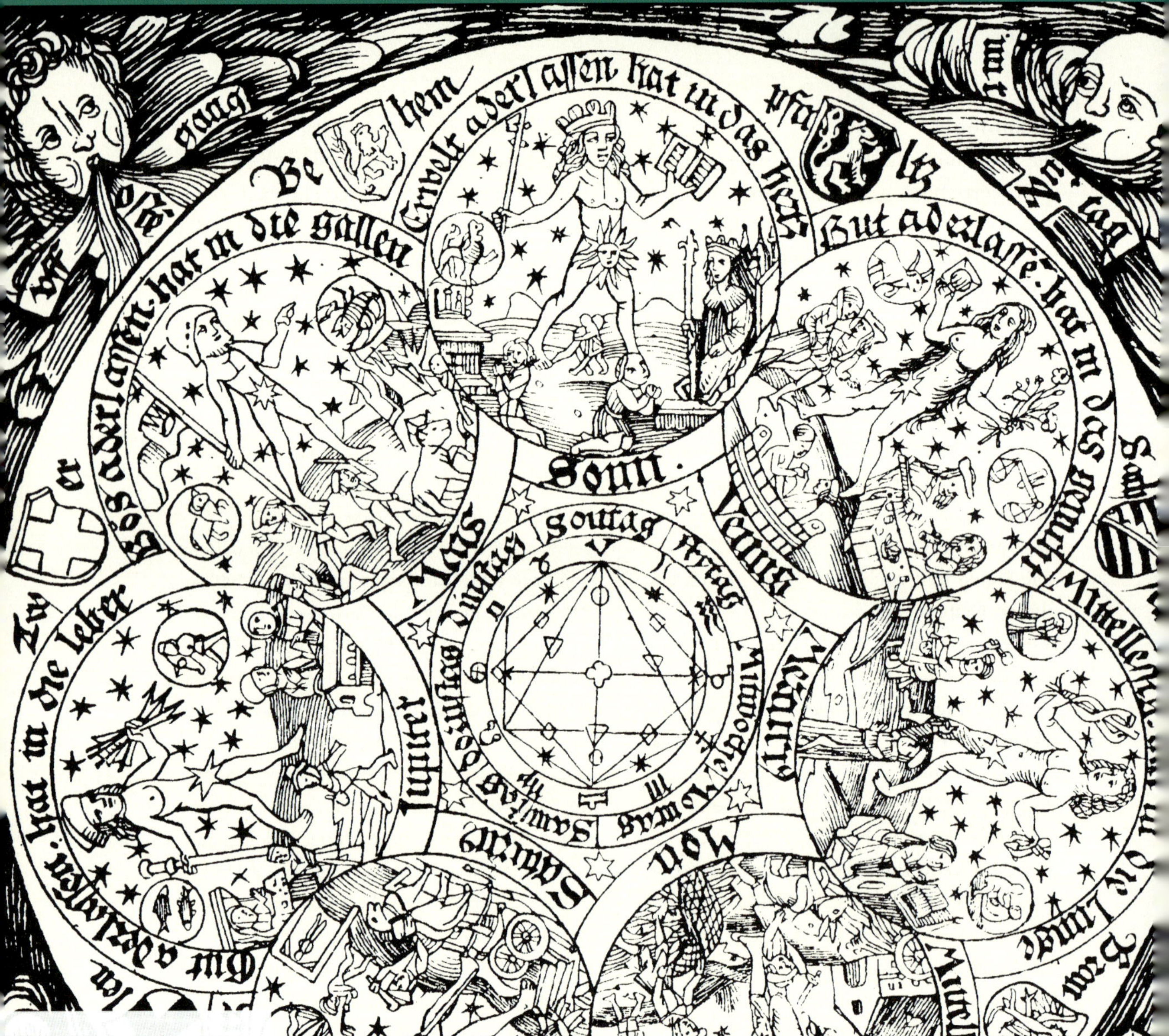

Hierarchische Welt von poetischer Überzeugungskraft: eine astrologische Tafel zeigt die sieben Planeten, die um den Mittelpunkt des Kosmos rotieren.

sammengehalten, sondern durch Gottes Hand. Da die Kausalität noch nicht zwingend ist, kann Gott jederzeit durch Wunder eingreifen. Er ist nicht als einmaliger Schöpfer in die Vergangenheit entschwunden wie heute, sondern wohnt in einer Parallelwelt – sozusagen im Dachgeschoß des Kosmos – und beaufsichtigt alles. Er ist die überwältigendste Gegenwart, die es überhaupt gibt. Aber regelmäßig kommt er noch zu den für ihn vorbereiteten Anlässen, beim Abendmahl, beim Fest und bei der Spendung der übrigen Sakramente.

Dämonen und Teufel

Die Gesellschaft, mit der man kommuniziert, ist also nicht auf Menschen beschränkt. An der Kommunikation beteiligen sich auch Engel, Dämonen, Tiere, Geister, Gespenster, Pflanzen, Teufel, Tote, Heilige, Märtyrer und Gott. Die Jungfrau von Orléans wird regelmäßig von der heiligen Anna und der heiligen Katharina besucht. Die Hexen treiben Unzucht mit Tierdämonen und haben engen Kontakt mit einer Waldgöttin namens Bonadea oder Frau Holle. Die Welt ist vollständig beseelt und verzaubert. Neben den Menschen gibt es noch eine Menge andere Wesen, vom Wichtelmännchen bis zum Dämon, der in den Besessenen haust. Mit ihnen hat man ständigen Kontakt. Für sie gibt es Spezialisten, die die Kommunikation mit ihnen gelernt haben: Denn wenn man sie falsch anredet, drehen sie häufig durch, oder sie rächen sich. Manchmal schließt man auch Abkommen mit ihnen, oder man ruft seinen Schutzengel und alle Heiligen an.

Zur wichtigsten Figur in diesem Geister-Zoo wird der Teufel. Seine Karriere beginnt mit dem Auftreten von verschiedenen Sekten in Südfrankreich, die die Kirche für gefährlich hält: zu ihnen gehören die Katharer (die Reinen, vergl. Katharsis), von denen sich der Name Ketzer ableitet. Sie lehren, daß die Welt gespalten

Plötzlich wird ein alter Volksbrauch dämonisiert, bei dem sich Frauen, die jetzt Hexen genannt werden, im Zustand ekstatischer Entrücktheit auf eine nächtliche Reise begeben, um dem christlichen Glauben abzuschwören und sich dem Kult eines Dämons oder dem Teufel selbst zu weihen – Albrecht Dürer, *Hexensabbat.*

sei in das Reich des Lichts und das Reich der Finsternis und daß der Fürst dieser Welt der Teufel sei. Zur Bekämpfung dieser Sekte richtet die Kirche eine Untersuchungsbehörde ein (Inquisition = Untersuchung), und das Verbrechen, an dem sie die Ketzer erkennt, ist der Umgang mit dem Teufel. Um die Verbrecher überführen zu können, wird eine ganze Theorie über des Teufels Eigenschaften, seine Verführungskünste und seine Helfer und Helfershelfer ausgearbeitet. Auf diese Weise sorgt die Kirche selbst für die Verbreitung der Vorstellungen, die sie eigentlich bekämpfen will. Diese ganze Dämonologie ist fertig, als Europa von einer furchtbaren Katastrophe heimgesucht wird: der Pest.

Hexen- und Judenverfolgungen

1347 wird aus Asien die Beulenpest eingeschleppt, und sie wütet drei Jahre lang bis 1350. Danach ist ein Drittel der Bevölkerung tot. Während der nächsten 50 Jahre bricht die Pest immer wieder aus. Die Katastrophe hat die Ausmaße einer Apokalypse (Weltuntergang). Das schürt die Paranoia (Verfolgungswahn), man sucht nach Sündenböcken. Man findet sie unter zwei Bevölkerungsgruppen: den Frauen und den Juden.

Plötzlich wird ein alter Volksbrauch dämonisiert, bei dem sich Frauen, die jetzt Hexen genannt werden, im Zustand ekstatischer Entrücktheit auf eine nächtliche Reise begeben, um sich zusammen mit Gleichgesinnten an einem entlegenen Ort zu treffen, dem christlichen Glauben abzuschwören und sich dem Kult eines Dämons oder dem Teufel selbst zu weihen. Die nächtlichen Zusammenkünfte werden von attraktiven Sexorgien begleitet und sind von der Anbetung eines Dämons, der Einnahme magischer Essenzen und Drogen und der Verwandlung in Tiere gekennzeichnet. Die Berichte darüber werden von vielen Frauen vor Gericht bestätigt. Sie werden genauso geglaubt wie heute die Berichte von Menschen, die behaupten, daß sie auf einer nächtlichen Reise mit Aliens zusammengetroffen sind, die sie in

Bei den Hexenverfolgungen wurden die Hexen der Unzucht mit dem Teufel überführt und zum Wohle ihrer Seele dem reinigenden Feuer übergeben.

Pogrom an Juden illustriert in einer Weltchronik aus dem Jahre 1493.

ihr Ufo verschleppt haben, um mit ihnen überirdischen Sex zu treiben. Diese Art Partys wurde im Mittelalter als Hexensabbat bekannt. Sie fanden vielfach Niederschlag in literarischen Werken, etwa in Shakespeares *Macbeth* oder Goethes *Walpurgisnacht* im *Faust*. Im 14. und 15. Jahrhundert aber wurden die Hexen der Unzucht mit dem Teufel überführt und zum Wohle ihrer Seele dem reinigenden Feuer übergeben. Hexenverfolgungen gab es bis ins 17. Jahrhundert.

Bei seinem Versuch, die Menschheit durch die Pest zu verderben, hatte der Teufel – so sagt man – eine weitere Gruppe von Helfern: die Juden. Als seine Handlanger vergiften sie angeblich die Brunnen und sorgen so für die Ausbreitung der Pest. Wo die Pest auftaucht, hinterläßt sie deshalb eine Blutspur von Judenmassakern, die sich von Savoyen durch die Schweiz bis ins Rheinland nach Deutschland zieht. In Colmar, Speyer, Worms, Oppenheim, Frankfurt, Erfurt, Köln, Hannover, überall werden die Juden ermordet, in Straßburg allein 16 000. Der Haß auf die Juden beruht auf religiösem Aberglauben (sie haben Christus getötet, und sie haben merkwürdige Speisevorschriften und neigen zu Hostienschändung und Kindsmord) und auf der christlichen Wirtschaftsmoral. Und diese wiederum beruht auf folgender Bibelstelle: »Von den Fremden magst du Zinsen nehmen, aber nicht von deinen Brüdern.« Folge: Die Christen sind Brüder in Christo und dürfen deshalb auf geliehenes Geld keinen Zins nehmen (natürlich tun sie es doch). Für die Juden aber sind die Christen Fremde, also dürfen sie Zins nehmen. Doch Geld ist unfruchtbar. Wenn die Juden das Geld durch Zins vermehren, sind sie wie Zauberer, die mit Geld Sex treiben. Statt Kindeskinder gibt es Zinseszinsen. Da den Juden christliche Berufe verboten sind, werden sie Geldverleiher, die man dann besonders haßt, wenn man bei ihnen Schulden hat, die sich laufend vermehren, solange man nicht zahlt. In den Augen der Christen sind sie

Der mittelalterliche Antisemitismus war nicht rassistisch, sondern religiös: Bei seinem Versuch, die Menschheit durch die Pest zu verderben, hat der Teufel – so sagt man – die Juden als Helfer. Diese sind beinahe selbst wie Satan. Sie haben einen Bocksbart, sie stinken und sind von großer Manneskraft. Sie umzubringen ist also ein gottesfürchtiges Werk.

Fremde, sie sind Wucherer, sie schlachten Kinder, sie entweihen die Hostie, sie vergiften die Brunnen, sie haben Gott getötet, und sie haben im Auftrage Satans die Pest verbreitet. Ja, sie sind beinahe selbst wie Satan. Sie haben einen Bocksbart, sie stinken und sind von großer Manneskraft. Sie umzubringen ist also ein gottesfürchtiges Werk. Dazu rufen demagogisch begabte Bettelmönche auf, die soziale Anliegen mit Anklagen gegen den Wucher verbinden und in ihren Predigten den apokalyptischen Endkampf des Lichts und der Finsternis für die Gegenwart ankündigen. Sie heißen nicht gerade Adolf, sondern Bernhardin oder Johannes, aber sie sind ihm erstaunlich ähnlich: privat asketisch, mit großem Einfühlungsvermögen für die Ängste, Obsessionen und sozialen Probleme ihrer plebejischen Zuhörer, rhetorisch begabt und besessen von dämonologischen Phantasien und apokalyptischen Visionen. Ihre Predigten lösen immer wieder Judenmassaker aus. Die prominentesten von ihnen hat die Kirche heiliggesprochen. Ob Papst Pius XII. deshalb nichts gegen Hitler gesagt hat? Weil Hitler ihnen ähnelte, dem heiligen Bernhardin von Feltre und dem heiligen Bernhardin von Siena und dem heiligen Johannes von Capestriano?

Die Katastrophe der Pest wird aber zum großen Brandbeschleuniger für die Beendigung des Mittelalters. Warum? Die Entvölkerung durch Massaker und die Seuche macht Land billig und Arbeit knapp, die Löhne steigen, die Grundherrn müssen, um ihr Land bewirtschaften zu können, mit Geld locken, die alte Verfassung der Grundherrschaft löst sich auf, und alles wirkt zusammen, um die Geldwirtschaft zu beschleunigen. Geldwirtschaft aber heißt Auflösung der Lehens- und Gefolgschaftsverhältnisse durch Bezahlung. Heere bestehen nun nicht mehr aus Vasallen und Untervasallen, sondern aus bezahlten Söldnern. Und regiert wird nicht mehr durch gestaffelte Vergabe von Hoheitsrechten an die Lehensleute, sondern mittels einer Verwaltung mit bezahlten Beamten. Das aber ist schon die Voraussetzung für die Entstehung des modernen Staates. Irgendwann im 15. Jahrhundert verliert das Mittelalter die Puste, und als es 1500 wird, hat die Neuzeit begonnen. In der Zwischenzeit hat der Mensch die Schwelle zu einer neuen Dimension überschritten.

Die Katastrophe der Pest wird zum großen Brandbeschleuniger für die Beendigung des Mittelalters

Die Pest entvölkert weite Landstriche, macht Land billig und Arbeit knapp. Die Grundherren müssen, um ihr Land bewirtschaften zu können, mit Geld locken, die alte Verfassung der Grundherrschaft löst sich auf. In den Städten werden die tags zuvor Verstorbenen nachts beiseite geschafft.

Die Geschichte Europas

Die Neuzeit

Renaissance

Renaissance heißt Wiedergeburt. Es war Giorgio Vasari, der diesen Ausdruck in seinen Lebensbeschreibungen der italienischen Künstler schon 1550 zur Kennzeichnung seines Zeitalters erfand. Damit meinte er die Wiederentdeckung der heidnischen Kultur der Antike nach dem langen Schlaf des Mittelalters. Und diese Renaissance zeigte sich vor allem in der Baukunst, der Skulptur und der Malerei und schuf die herrlichen italienischen Städte, die wir heute noch bewundern.

In der Renaissance kehrte der Mensch aus dem Jenseits zurück und entdeckte das Paradies auf Erden

Das war nicht zufällig so: Denn was da wiedergeboren wurde, waren der Genuß am Diesseits, die Sinnlichkeit, die Farben, das Licht und die Schönheit des menschlichen Körpers. Der Mensch kehrte aus dem Jenseits zurück und entdeckte das Paradies auf Erden. Es war ein Paradies von Formen und Farben. Diese Entdeckung löste einen Taumel aus. Die Renaissance erlebte sich als Fest, als Überschwang und als Exzeß, und deshalb drückte sie sich vor allem in den Künsten aus, die die Sinne ansprechen: Architektur und Malerei.

Wie ist der Zeitrahmen? Wir setzen die Renaissance auf ca. 130 Jahre von 1400 bis 1530 an. Warum bricht dieses Fest der Wiedergeburt in Italien aus?

Weil hier am frühesten der Feudalismus der Geldwirtschaft weicht, mit dem Ergebnis: Statt ein feudales Königreich wird Italien eine Ansammlung von Stadtstaaten.

Woher kommt das Geld?

- Über Italien führen die Handelswege in den Orient. Das dabei gesammelte Kapital fließt auch in die Industriezweige des Kunsthandwerks und der Textilindustrie und schafft ein einflußreiches Bürgertum.
- Die kirchlichen Abgaben des christlichen Europa ergießen sich in einem unaufhörlichen Strom nach Rom, wo die Päpste ab 1450 die Stadt neu auszubauen beginnen und schließlich mehr Künstler beschäftigen als je zuvor. Als schließlich für den Bau des Petersdoms der christliche Erdkreis mit Abgaben völlig ausgepreßt werden soll, löst das die Reformation aus (1517).
- Wegen dieser Explosion der Geldwirtschaft wird Italien auch die Wiege des Bank- und Kreditgeschäfts (alle Ausdrücke, die mit dem Bankgeschäft zusammenhängen, sind italienisch: Konto, Girokonto, bankrott, Disagio, Kredit, Skonto etc.). Und die Hauptstadt der Bankgeschäfte ist Florenz. Die Familie mit dem größten Bankhaus wird auch die Beherrscherin von Florenz: die Medici.

Und unter den Medici wurde Florenz zum neuen Athen und zur Wiege der Renaissance. Aus Florenz bzw. Arezzo stammten schon die literarischen Vorläufer der Renaissance, die die italienische Literatursprache schufen und dafür sorgten, daß das heutige Italienisch die Sprache von Florenz ist: Dante, Petrarca und Boccaccio.

- Dante bot noch einmal eine Synthese des mittelalterlichen Weltbildes: Mit der Darstellung von Hölle, Fegefeuer und Paradies in seiner *Göttlichen Komödie* schuf er ein letztes Mal einen moralisch geordneten Kosmos, in dem jede Strafe und jede Belohnung ihren Platz hatte.

- Petrarca schuf mit seinen *Sonetten an Laura* die moderne Liebeslyrik.
- Und Boccaccio schuf mit seinem *Decamerone* das Vorbild für die Novelle und setzte einen Maßstab für die sexuelle Freizügigkeit der Renaissance.

In Florenz hatte auch 1439 ein Konzil zur Vereinigung der römischen mit der griechischen Ostkirche stattgefunden, das eine Menge griechischer Gelehrter nach Florenz brachte. Als 1453 die Türken Byzanz eroberten und das Ostreich auslöschten, flohen viele griechische Gelehrte nach Florenz. Das trug dazu bei, daß in Florenz das Fieber des Humanismus besonders nachhaltig ausbrach. Humanisten waren Gelehrte, die sich in ihrer Leidenschaft für die antiken griechischen und lateinischen Texte gegenseitig überboten. Alle zusammen erhoben sie die Formensprache der antiken Literatur zum neuen Stilideal. Auf diese Weise wurden wiederentdeckt:

In den italienischen Stadtstaaten herrschten ziemlich illegitime Machthaber, die sich mit List, Tücke und Geld an die Macht geputscht hatten

- für die Tragödie Seneca;
- für die Komödie Plautus und Terenz;
- die griechischen und römischen Historiker von Herodot und Thukydides bis Livius und Sallust;
- für die Dichtung: Horaz, Catull und Ovid;
- und in der Philosophie vor allem Platon (Aristoteles hatte sowieso das Mittelalter beherrscht). Es kam zu einer regelrechten Platon-Renaissance in Florenz, und man gründete wieder eine platonische Akademie. Dabei spielte besonders die Vorstellung der platonischen Liebe eine Rolle (→ Sokrates; → Botticelli).

Außerdem herrschte in Florenz vor der Machtübernahme der Medici eine unstabile Quasi-Demokratie mit sich befehdenden Parteien. Deshalb war es nützlich, sich beim Kampf um die Macht durch Prachtentfaltung und Kunstaufträge die Gunst der Bürger zu sichern oder, wenn man an der Macht war, sich durch die Vergabe von öffentlichen Aufträgen an der Macht zu halten. So kam es,

- daß die Medici zu den größten Mäzenen (Kunstförderern) der Geschichte wurden und die Renaissance in Florenz begann;
- daß die meisten Künstler anfangs aus Florenz kamen;
- daß in der Folge auch anderswo die Regenten ihren unsicheren Herrschaftsanspruch durch Prachtentfaltung, öffentliche Bauten und symbolisches Staatstheater legitimierten.

Nach vielen Kriegen und Eroberungen hatte sich in Italien eine Gruppe von fünf Stadtstaaten herausgebildet, die mächtiger waren als andere. In ihnen herrschten in der Regel ziemlich illegitime Machthaber, die sich mit List, Tücke und Geld an die Macht geputscht hatten. Das übliche Verfahren bestand darin, politische Unterstützung durch Geldgeschenke und Postenvergabe zu kaufen. Das schuf, wie in heutigen Parteien, große Netzwerke von Klienten (Klüngel und Seilschaften), mit deren Hilfe die Machthaber ihre Herrschaft stabilisierten und Dynastien bildeten.

Die fünf mächtigsten Staaten waren:

- **Florenz:** Hier herrschten die Medici.
- **Mailand:** Hier herrschten die Sforza.

- **Der Kirchenstaat:** Hier herrschten die Päpste; aber ihr Verfahren, an die Macht zu kommen, war dasselbe wie anderswo: Wer Papst werden wollte, bestach die Kardinäle, die ihn wählten. Außerdem verfügte ein Papst aus der Familie der Borgia (seine Tochter war Lucrezia Borgia) über einen ausgeprägten Familiensinn und versuchte, selbst eine Dynastie zu gründen.
- **Venedig:** Hier regierte keine Dynastie, sondern eine Oligarchie (Herrschaft der wenigen). Eine festgelegte Anzahl von Senatorenfamilien bildete einen Rat, der zum Regierungschef einen Dogen wählte (venezianisch für Duce = Führer). Die Regierung beschäftigte eine sehr professionell arbeitende Geheimpolizei; auf diese Weise wurde Venedig zur politisch stabilsten Macht in Italien (und zur reichsten) und überlebte den Untergang der anderen.
- **Neapel** bildete ein wenig urbanes Königreich, das ganz Süditalien umfaßte. Es war zwischen den Dynastien der spanischen Aragon und der französischen Anjou umkämpft. Das bildete den Anlaß für die Einmischung fremder Mächte (Frankreich, Spanien, der Kaiser) in Italien, den Untergang der freien Städte (außer Venedig) und das Ende der Renaissance im 16. Jahrhundert. Abgesehen davon hat Neapel für die Renaissance die geringste Rolle gespielt.

Die Zentren waren also Florenz, Rom, Venedig und Mailand. Daneben gab es kleinere Zentren wie Ferrara, wo die Este regierten, Mantua mit den Da Feltres, und den Hof von Urbino, wo ein gewisser Baldassare Castiglione das bekannte Benimmbuch – sozusagen den Knigge – für den Höfling der Renaissance schrieb: *Il Cortegiano* (*Der Höfling*). Das Buch wurde in ganz Europa maßgeblich.
Diese Städte wurden nun zur Bühne eines 150 Jahre dauernden Kunstwettbewerbs.
An ihm nahmen teil:

Venedig: die politisch stabilste (und reichste) Macht in Italien.

La Primavera von Sandro Botticelli: die Bilder der Renaissance sind nur zu verstehen, wenn man die griechische Mythologie, die Philosophie und selbstverständlich das Personal der Liebe kennt.

Sandro Botticelli aus Florenz (1444–1510)

Eine Allegorie der platonischen Liebe: Botticellis *La Primavera* (Detail).

Er erhielt seine Aufträge von den Medici. Zwei seiner Bilder sind zu modernen Ikonen (Kultbildern) geworden. Das erste heißt *Die Geburt der Venus*: Aus einer Muschel erhebt sich die schaumgeborene Göttin mit nichts bekleidet als mit ihrem langen blonden Haar. Das andere Bild ist eine allegorische Vision (Allegorie = Verbildlichung eines abstrakten Konzepts), es heißt *La Primavera*, der Frühling. Da Florenz die Hauptstadt des Platonismus ist, ist *La Primavera* eine Allegorie der platonischen Liebe. Das folgende ist die Andeutung einer Deutung: Von rechts naht sich Zephir, der Wind, und verströmt den göttlichen Atem; dabei umarmt er die Nymphe Chloris und erfüllt sie mit Geist im Bild einer Begattungsvorstellung. Chloris verwandelt sich durch die Umarmung und wird zur nächsten Figur: Flora. Diese verweist auf die zentrale Figur, die dem Bild den Namen gegeben hat: Primavera. Das alles ist auch ein Bild der Liebe. Mit Leidenschaft wendet sich der Himmel der Erde zu und verwandelt sie durch den Frühling. Demgegenüber steht auf der linken Seite des Bildes Merkur, der Mittler zwischen Himmel und Erde, und wendet sich wieder dem Himmel zu. Er repräsentiert den Wiederaufstieg des Geistes. Zwischen ihm und der zentralen Figur der Primavera stehen die drei Grazien, die als Venus, Juno und Athene die Schönheit, Eintracht und Weisheit darstellen. Sie haben ihre Hände so verschränkt, daß sie mal oben über den Köpfen schweben und mal unten auf Schenkelhöhe. Vermittelt werden sie von den mittleren, die genau auf Augenhöhe sind. Zusammen symbolisieren sie damit noch einmal den Weg des Geistes. Das ist der platonische Kreislauf der Ausgießung des Geistes und seiner Rückkehr zum Himmel in Form einer kosmologischen Erotik. Und man sieht, daß die Bilder der Renaissance nur zu verstehen sind, wenn man die griechische Mythologie, die Philosophie und selbstverständlich das Personal der Liebe kennt.

Leonardo da Vinci aus Vinci (bei Empoli; 1452–1519)

Er dürfte wohl das bekannteste Bild der Welt gemalt haben, die *Mona Lisa* (hängt im Louvre in Paris). Er verkörperte am deutlichsten das Ideal des Renaissance-Menschen: nämlich das Universalgenie. Er war Architekt, Erfinder von Apparaten und Kriegsmaschinen, ein vollendeter Zeichner, ein unermüdlicher Naturforscher, ein ideenreicher Ingenieur und ein genialer Maler. Er entwarf Kostüme und Schmuck, malte Fresken und Porträts, baute Bewässerungskanäle, entwarf Badezimmer, malte Pferdeställe aus und schuf Madonnenbilder und Altäre. In Mailand malte er eins seiner berühmtesten Bilder: das *Abendmahl*. Es zeigt die Jünger in dem Moment, in dem Christus sagt: »Einer von euch wird mich heute verraten.« Dann ging Leonardo nach Florenz und ließ sich auf einen Wettbewerb mit seinem Rivalen Michelangelo ein. Leonardo malte ein Fresko auf der einen und Michelangelo auf der gegenüberliegenden Wand des gleichen Saales. Leonardo verlor, weil seine Farben verliefen. Zu dieser Zeit war er drei Jahre lang (1503–1506) damit beschäftigt, die Gattin des Francesco del Giocondo aus Florenz immer wieder in sein Atelier zu bestellen und zu versuchen, ihr wehmütiges Lächeln und den rätselhaften Ausdruck ihres Gesichts auf die Leinwand zu bannen. Zu den Sitzungen ließ er Musiker kommen, die den Ausdruck der Wehmut auf ihrem Gesicht noch steigerten. Dabei gelang ihm das berühmteste Lächeln der Malerei. Hysteriker haben sich vor dem Bild erschossen. Der Ox-

Das wohl bekannteste Bild der Welt, die *Mona Lisa* von Leonardo da Vinci.

forder Professor Walter Pater behauptete, daß sich in diesem Gesicht die gesamte Erfahrung der Menschheit ausdrückt. Vielleicht lächelte aber die Gioconda, bekanntgeworden unter dem Namen *Mona Lisa*, auch ironisch über ein Geheimnis des Malers: Leonardo war homosexuell, und er hatte eine Macke, die Freud sehr interessierte: er war außerstande, ein Kunstwerk fertigzustellen. Auch die *Mona Lisa* behielt er selbst unter dem Vorwand, sie sei nicht fertig. Ansonsten war Leonardo von großer Körperstärke, bog ein Hufeisen mit der bloßen Hand, konnte reiten und fechten, legte Wert auf elegante Kleidung, schrieb mit links, liebte Kuriositäten und war äußerst neugierig. Sein zeichnerischer Blick war völlig unparteiisch und erfaßte ebenso das Groteske und das Häßliche wie das Schöne. Er war fasziniert von allen dynamischen Phänomenen, Wasserwirbeln, Wolken, Bergen, Felsen, Gebirgen, Blumenranken, Emotionen und Luftströmungen. Ständig beschäftigte er sich mit Problemen des Fliegens. Er entwarf oder baute Flugapparate, Fallschirme, eine Walzmaschine, einen Universalschraubenschlüssel, einen Mörser, ein Maschinengewehr, ein Unterseeboot und ein dampfgetriebenes Geschütz. Er beschäftigte sich mit Thermik, Akustik, Optik, Mechanik und Hydraulik, verglich die menschliche mit der tierischen Anatomie und fertigte unzählige Zeichnungen menschlicher Organe, Blutgefäße und Nervenfasern an. Er war eine der universalsten Begabungen, die je gelebt haben, und ist vielleicht nur mit Leibniz oder Goethe vergleichbar.

Michelangelo Buonarrotti (1475–1564)

Michelangelos entscheidender Karrieresprung war dramatisch. Er meißelte gerade als Lehrling an einem Faun, als Lorenzo Medici vorbeikam und kritisch anmerkte, wieso so ein alter Faun so ein vollständiges Gebiß haben könne. Da haute Michelangelo mit einem einzigen Hammerschlag dem Faun einen Zahn aus dem Oberkiefer. Aus Begeisterung über diese Kombination von Temperament und Geschick nahm Lorenzo ihn in sein Haus auf. Michelangelo ließ sich aber dort in einem Streit sein Nasenbein zertrümmern. Danach ging er nach Padua und Rom, schuf dort seine marmorne *Pietà* (trauernde Maria mit dem toten Christus auf dem Schoß), kehrte nach Florenz zurück, wo er zwei Jahre lang mit einem Marmorklotz kämpfte, um den in ihm eingeschlossenen *David* zu befreien (Kopie steht vor dem Palazzo Vecchio, Original in der Akademie der Künste in Florenz – unbedingt ansehen), und wurde dann von Papst Julius II. beauftragt, die Sixtinische Kapelle auszumalen. Dort malte er, auf dem Rücken auf einem Gerüst liegend, an die Decke der Kapelle die berühmten Szenen aus dem Alten Testament: Die Schöpfung, wie Gott Vater seine rechte Hand ausstreckt und damit, ihn erschaffend, den schlaffen Finger Adams berührt; den Sündenfall; Noah, wie er betrunken ist; und vieles mehr und alles im Geiste des Alten Testaments, d. h. prophetisch,

Der *David* von Michelangelo, aus dem Marmorklotz befreit.

Michelangelo wurde beauftragt, die Sixtinischc Kapelle auszumalen. Dort malte er, auf dem Rükken auf einem Gerüst liegend, an die Decke den Sündenfall.

nicht malerisch, sondern plastisch. Und in das Bild der Schöpfung der Welt läßt Michelangelo die Energie seiner eigenen Schöpfungskraft beim Malen mit einfließen, die Dynamik, die Kräfte hinter der Geburt einer Welt und die Leidenschaften, die sich allein in den menschlichen Körpern ausdrücken. Ungefähr 50 weibliche und männliche Akte enthält die Sixtinische Kapelle, aber keine Landschaften und keine Pflanzen. Alles ist athletische Kraft; Michelangelos muskulöse Körper sind nicht sinnlich, sondern stark. Als Maler war er ein Bildhauer und als Bildhauer ein Bodybuilder. Vier Jahre arbeitete Michelangelo an der Decke im ständigen Streit mit dem Papst, der das Gemälde sehen wollte und Michelangelo drängte, das Gerüst abreißen zu lassen. Als der sich weigerte, drohte der Papst, ihn vom Gerüst hinunterwerfen zu lassen. Als er es endlich sah, gestattete er sich zu sterben. Er hatte das gewaltigste Kunstwerk erblickt, das jemals geschaffen wurde. Michelangelo verzichtete auf alles Pittoreske, Dekorative, Ornamentale, auf Landschaften, Arabesken, architektonische Hintergründe und konzentrierte sich nur auf die menschlichen Körper. Seine Bilder atmen den Geist des Alten Testaments oder des neuen Protestantismus. Sie haben etwas Düsteres, für die Renaissance Untypisches, und gerade deshalb wurde Michelangelo einer ihrer größten Künstler. Wenn er arbeitete, war er besessen. Er vernachlässigte sich und schlief in seinen Kleidern. Nach der Fertigstellung der Sixtinischen Kapelle war er vorzeitig gealtert. Trotzdem wurde er fast 90 Jahre alt.

Als Maler war Michelangelo ein Bildhauer und als Bildhauer ein Bodybuilder

Tizian (1477 oder um 1487/90–1576)

Er wurde vielleicht noch älter, nämlich knapp 100 Jahre, aber sein Geburtsjahr ist nicht sicher bestimmt. Sein Hauptquartier aber war nicht in Florenz, sondern in Venedig. Im übrigen aber war er das Gegenteil von Michelangelo. Er war vielleicht der repräsentativste Maler der Renaissance. Seine Spezialität war die Darstellung weiblicher Schönheit – er hat viele Venusse und Aphroditen gemalt und die Jungfrau Maria, als ob sie Venus wäre. Bei ihm sieht man nichts von Michelangelos Protest gegen die Welt und nichts von der finsteren Seite des Lebens. Alles ist Farbe, Licht und Sinnengenuß. Er war der unerreichte Meister der Nuancierung in der Farbgebung und in der Darstellung des Lichts. Neben den Frauen war seine zweite Spezialität die Anfertigung prachtvoller Porträts. Wegen der Strahlkraft seiner Bilder erhielt er Porträtaufträge von den Großen der Welt und malte Kaiser (Karl V.), Päpste, Herzöge und Dogen. Als er starb, erwies ihm Venedig die Ehre eines Staatsbegräbnisses. Er liegt in der Kirche Santa Maria Gloriosa dei Frari begraben.

Tizians Spezialität war die Darstellung weiblicher Schönheit: *Venus mit Orgelspieler*.

Raffael (eigentlich Raffaello Santi; 1483–1520)

Er stammte aus Urbino, gelangte aber über Perugia und Florenz nach Rom, wo er im Auftrage von Papst Julius II. den Saal ausmalte, in dem der Heilige Vater die kirchlichen Gnadenerlasse unterzeichnet (Stanza della Signatura). Die Motive für das monumentale Werk wirken wie ein Kunstprogramm der Renaissance: es zeigt die Versöhnung von Religion und Philosophie, von Christentum und Antike und von Kirche und Staat. Die Kirche ist durch die Dreifaltigkeit sowie die Apostel und Kirchenväter repräsentiert, die Philosophie durch die Dreiergruppe der Philosophen und Zuhörer: Platon weist als Idealist mit dem Zeigefinger nach oben zum Himmel, Aristoteles als Realist nach unten zur Erde, Sokrates zählt seine Argumente an den Fingern auf, und Alkibiades lauscht ihm verzückt. Die Gruppe wird vervollständigt durch weitere Philosophen wie den halbnackten Diogenes, Archimedes mit den Kreisen, Pythagoras mit einer Harmonietabelle, Heraklit beim Abfassen von Rätseln, und unter den lauschenden Schülern ist einer, der Raffaels Züge trägt. Raffaels eigenes Werk aber zeigt diese Versöhnung da am deutlichsten, wo er in seinen zahlreichen Madonnen antike Anmut mit christlicher Frömmigkeit vereint. Die Lieblichkeit seiner Marienbilder wird von niemandem übertroffen. In dieser Synthese bündelt er auch die Einflüsse anderer Maler wie Leonardo, Giorgione oder Michelangelo. Seine bekannteste Gottesmutter, die sogenannte *Sixtinische Madonna*, ist zur Mutter aller Gottesmütter geworden. In einer klassischen Pyramidenkomposition bläht sich hinter der Jungfrau ihr blauer Mantel im Himmelswind und läßt ihr rotes Unterkleid sichtbar werden. Ihr Gesicht ist rosig, und sie schaut traurig-verwundert in die Welt, auf dem Arm das unschuldige Jesuskind, während sich hinter ihr der Vorhang öffnet, um den Blick auf das Paradies freizugeben. Dies wurde die Lieblingsmadonna der ganzen Chri-

In seinen Madonnen vereint Raffael antike Anmut mit christlicher Frömmigkeit.

Die Lieblichkeit der Marienbilder Raffaels wird von niemandem übertroffen, auch nicht von unzähligen religiösen Devotionalien und Postkarten.

stenheit und das Vorbild unzähliger Devotionalien, Reproduktionen und Postkarten. Unter den Künstlern war Raffael der heiterste. Bei ihm spürt man nichts von den Geburtswehen des Schöpfertums, man ahnt bei ihm keine Rätsel wie bei Leonardo und erschrickt nicht vor den dämonischen Energien wie bei Michelangelo (deshalb fand im 19. Jahrhundert eine englische Malerschule ihn zu oberflächlich und nannte sich entsprechend »die Präraffaeliten«). Bei Raffael gibt es weder eine Kluft zwischen Körper und Geist, noch zwischen Gefühl und Verstand. Für die Sixtinische Madonna hat vermutlich seine Geliebte Modell gestanden. Wie Vasari berichtet, überließ er sich den amourösen Vergnügungen ohne Maß, so daß er eines Tages »die Grenzen überschritt« und an Überanstrengung starb, erst 37 Jahre alt.

Die Städte

Diese Künstler haben im Verein mit zahllosen Architekten, Handwerkern und Baumeistern jenes Schatzhaus Italien gebaut und dann bis zum Rand so mit Kunstwerken gefüllt, daß es seitdem zum Mekka aller Kunstbeflissenen und Schönheitsdurstigen geworden ist. Dabei wurden die Städte Italiens zu leuchtenden Inseln der Pracht. Die Päpste formten aus der Ruinenstadt der Antike ein neues barockes Rom der Magnifizenz rund um den neuen Petersdom, die größte Kirche der Christenheit. Florenz begeisterte sich an der Kuppel seines Domes, die Brunelleschi im Kampf gegen die Gesetze der Gravitation errichtet hatte, und die Millionäre wie die Medici und Pitti füllten ihre Paläste zu beiden Seiten des Arno mit den Werken, die zu Hunderten die Ateliers und Werkstätten der florentinischen Künstler verließen. In Pisa bestaunte man jeden Tag den siegreichen Kampf des marmornen Turmes gegen die Schwerkraft, bis Galilei ihr durch seine Experimente das Geheimnis der Fallgesetze entriß. Palladio schmückte Vicenza und seine Umgebung mit seinen Palästen und Villen im Stil der

Antike, die zum Vorbild aller englischen Landhäuser, säulengeschmückten Südstaatenpaläste der USA und des Weißen Hauses in Washington wurden. Zur Krönung dieses Zeitalters und kommender Jahrhunderte aber wurde die Fata Morgana über dem Wasser in Gestalt einer Stadt aus goldenen Kuppeln und Palästen mit dem Namen Venedig. Mit ihrer in der Welt einzigartigen Kulisse wurde die Stadt in der Lagune zu einem der Zauberorte der Welt, den sich die Dichter immer wieder zum Schauplatz ihrer Geschichten wählten: von Shakespeares *Kaufmann von Venedig* bis zu Thomas Manns *Tod in Venedig* und den Krimis von Donna Leon. In ihrer langen Blüte bildete die Stadt die Bühne für eine Festkultur, die den Ruhm Venedigs in ganz Europa verbreitete: die feierliche Einsetzung eines Dogen, der Festtag der Frauen – der *Garanghelo* –, der Geburtstag des Stadtpatrons, des heiligen Markus, und das größte Fest des Jahres, die *Sposalazio del Mare*, Venedigs zeremonielle Hochzeit mit dem Meer: All das bot Gelegenheit für Regatten mit Tausenden von wimpelgeschmückten Booten und Gondeln auf dem Canale Grande und dem Meer vor der Piazza San Marco mit der orientalischen Fassade der Markuskirche und des Dogenpalastes. Venedigs Karneval wurde berühmt. Und je weiter die Geschichte fortschritt und Venedig überdauerte, desto mehr wurde die Stadt ein Ort der Poesie, der Sehnsucht und der Hochzeitsreisenden. Dabei war Venedig auch verantwortlich für eine zweifelhafte urbane Erfindung: das Ghetto der Juden, so benannt nach einer Gießerei – getto – auf dem Gelände, das allen anderen Ghettos der Welt seinen Namen gegeben hat.

Wer sein Auge und seinen Geschmack bilden will, sollte nach Venedig, Florenz oder Rom fahren

Diese Städte Italiens wurden spätestens vom Ende des 17. Jahrhunderts an zum Ziel der Bildungsreisen der jungen Männer Europas. Solche Bildungsreisen empfehlen sich auch heute noch. Wer sein Auge und seinen Geschmack bilden will, sollte statt an den Strand von Rimini nach Venedig, Florenz oder Rom fahren, denn die Frauen von Raffael und Tizian sind immer noch schöner als die Bikini-Mädchen aus der Kolonie von Wanne-Eickel und Bottrop.

Venedig wurde zu einem der Zauberorte der Welt: Boote auf dem Canale Grande.

Ende der Renaissance

Und warum versiegten nach 130 Jahren die Quellen, die diese Schönheit hervorgebracht hatten? Weil ein Italiener und ein Deutscher sie zuschütteten.

- 1492 entdeckte der Genuese Cristoforo Colombo Amerika, und die Portugiesen fanden den Seeweg nach Indien. Danach zogen die Kaufleute Nordwesteuropas es vor, ihre Waren über Antwerpen und Lissabon ein- und auszuführen. Das Erbe Italiens traten die Niederländer an.
- 1517 schlug der Augustinermönch Martin Luther 95 Thesen mit religiös äußerst unkorrektem Inhalt an die Tür der Schloßkirche zu Wittenberg, die einer verbreiteten, wenn auch latenten (unterschwelligen) Unzufriedenheit mit der Kirchenleitung öffentlichen Ausdruck verliehen. Aus dem Rinnsal der Unzufriedenheit wurde schnell ein Dammbruch, der die Kirche endgültig spaltete. Am Ende, als die Wasser sich wieder verlaufen hatten, ließen die Fluten drei Lager zurück.
- Die Katholiken. Sie blieben der römischen Kirche treu oder wurden mit dem Mittel verschärfter Überredung wieder eingefangen. Das geschah vor allem in Spanien, Italien, Frankreich, Polen und Irland.
- Die Lutheraner und Anglikaner. Die Lutheraner folgten der Lehre Martin Luthers und bildeten Staatskirchen, die den Fürsten unterworfen waren. So geschah es in Skandinavien, dem Baltikum und Deutschland. Auch die anglikanische Kirche Englands war dem König unterworfen, aber sie kombinierte die katholische Liturgie (Gottesdienstordnung) mit der calvinistischen Lehre von der Prädestination (daß Gott das Schicksal einer jeden Seele vorherbestimmt hat).

Wittenberg: Lutherdenkmal auf dem Marktplatz und Stadtkirche.

Calvinisten und Puritaner setzen auf die Basisdemokratie der freien Gemeinde: Jeder soll sein eigener Priester sein. Sie entfalten ihre Wirkung vor allem in den Ländern, in denen später die Demokratie erfunden wird

Johann Calvin.

▶ Die Calvinisten und Puritaner. Der Name Calvinisten leitet sich von dem radikalen Reformer Calvin her, der in der Stadt Genf einen fundamentalistischen Gottesstaat errichtete; Puritaner hießen in England die Radikal-Protestanten, die den Gottesdienst von allem katholischen Beiwerk reinigen wollten (pur). Ihnen gemeinsam war die Abneigung gegen eine Amtskirche mit Priestern und Bischöfen, wie sie auch Luther organisierte. Statt dessen setzten sie auf die Basisdemokratie der freien Gemeinde ohne Priester und Prälaten: Jeder sollte sein eigener Priester sein. Entsprechend zerfielen sie bald in eine Unzahl von Sekten, die ihre Buntscheckigkeit durch fundamentalistische Entschlossenheit kompensierten. Sie entfalteten ihre Wirkung vor allem in der Schweiz, in Holland, Schottland, England und dann weitgehend ungestört in Amerika. Das sind auch die Länder, in denen die Demokratie erfunden wird. Am staatsfrömmsten dagegen werden die Lutheraner in Deutschland, was ungute Folgen haben sollte.

Für Italien aber bedeutete die Kirchenspaltung, daß der Geldstrom, der in der Form zahlloser Abgaben und Gebühren Italien befruchtet hatte, fast austrocknete.

Mit der Entdeckung Amerikas und der Reformation verlor Italien gleich zwei seiner wichtigsten Geldquellen. Davon hat es sich nicht mehr erholt. Statt dessen folgte der Schwerpunkt Europas der Sonne und wanderte nach Westen.

Die Geschichte Europas

Die Reformation und die Entstehung der europäischen Staaten

Gehörte das 15. Jahrhundert Italien, so gehört das 16. Jahrhundert den anderen Nationen Europas: Deutschland, Spanien, England und Frankreich. Denn sie entstehen jetzt und bauen sich, mit Ausnahme Deutschlands, als Wohnung einen Staat.

War die Renaissance der Prolog, so setzt im 16. Jahrhundert das eigentliche Drama der Neuzeit ein. Dabei gibt es mehrere entscheidende Entwicklungsstränge.

War die Renaissance der Prolog, so setzt im 16. Jahrhundert das eigentliche Drama der Neuzeit ein

Die Entstehung moderner Staaten

Der Vorgang kennzeichnet die Entwicklung in Spanien, Frankreich und England. Er ist in seinen Grundzügen ähnlich: Durch die Expansion der Geldwirtschaft und den Aufstieg des Bürgertums wird der alte Feudaladel geschwächt. Vor allem verliert er seine militärische Unabhängigkeit. Als Schiedsrichter zwischen den beiden Klassen kann der König sein Gewaltmonopol gegen den Adel durchsetzen und alle Macht an seinem Hof konzentrieren. Weil es sich um uneingeschränkte Macht handelt, spricht man auch von Absolutismus (genaugenommen von Frühabsolutismus).

Das ist für die betroffenen Länder zunächst einmal ein Segen. Vor allem anderen: Der Absolutismus beendet die ewigen Bürgerkriege und Adelsfehden, sichert den inneren Frieden und schafft so die Voraussetzungen für eine Blüte der Wirtschaft und Kultur. Er einigt die Länder, weckt nationale Gemeinschaftsgefühle und schafft größere Märkte für die Entwicklung der Volkswirtschaft. Das sieht in den einzelnen Ländern folgendermaßen aus:

Spanien

Neben Portugal gab es zwei Königreiche: Kastilien und Aragón. Sie werden mit der Heirat zwischen Isabella von Kastilien und Ferdinand von Aragón endgültig zum Königreich Spanien vereint. Das königliche Paar vertreibt 1492 die letzten Mauren aus Granada und beendet die jahrhundertelange Reconquista (Rückeroberung Spaniens von den Mohammedanern). Im gleichen Jahr schicken sie den Genuesen Cristoforo Colombo nach Indien, wobei dieser aus Versehen Amerika entdeckt. So können die Reconquistadoren sofort als Conquistadoren (Eroberer) in Mexiko und Südamerika weitermachen und die Indianer so zum Christentum bekehren, wie sie vorher die Muslime bekehrt haben: durch Feuer und Schwert. Auf diese Weise zerstören Cortés und Pizarro die Reiche der Azteken und Inka und stehlen ihr Gold und ihr Silber. Der Dauerzufluß von Edelmetallen macht das 16. Jahrhundert zu Spaniens Siglo de oro, dem goldenen Jahrhundert. In kürzester Zeit wird Spanien zum mächtigsten Land Europas und zum Zentrum eines Reiches, in dem die Sonne nicht untergeht. Dazu tragen aber auch sogenannte dynastische (herrschaftssichernde) Heiraten bei, Heiraten mit Männern aus dem Hause Habsburg. Einer von ihnen hat selbst sehr geschickt geheiratet, nämlich Maximilian, genannt »der letzte Ritter«. Er hat sich mit der schönen Maria von Burgund vermählt, die den Vorteil hat, zu den reichsten Erbinnen auf dem Markt zu gehören. Ihre Mitgift besteht aus dem Herzogtum Burgund beiderseits der deutsch-französischen Grenze, das die heutigen Beneluxstaaten, Lothringen und das heutige Burgund (um Dijon und Lyon) umfaßt. Wie heute die europäische Union wird es von Brüssel aus regiert. Dieses Gebilde bringt die schöne Maria ihrem letzten Ritter Max mit in die Ehe. Außerdem schenkt sie ihm Philipp den Schönen, dem sie ihre Schönheit vererbt. Philipp seinerseits wird mitsamt seinem Erbe mit der Infantin, d. h. der spanischen Kronprinzessin Johanna vermählt. Philipp ist zu schön, um treu zu bleiben. Als Johanna ihn wieder mal im Verdacht hat, vergiftet sie ihn. Aber als sie feststellt, daß er diesmal unschuldig ist, wird sie wahnsinnig, und da sie den schönen Leichnam Philipps überall auf ihren Reisen mit herumschleppt, verdient sie sich den Beinamen »Johanna die Wahnsinnige«. Der Sohn aus dieser Ehe wird der mächtigste Monarch der Christenheit werden, Herr über die Neue Welt und Spanien, einschließlich des Königreichs Neapel, Herrscher Burgunds, König von Böhmen und Erzherzog Österreichs und seiner Besitzungen, Herrscher über ganz Oberitalien und Kaiser des Heiligen Römischen Reiches Deutscher Nation, genannt Karl V. oder Carlos Quinto. Sein Sohn Philipp II. sollte noch Portugal kassieren. Zusammen regierten Vater und Sohn das Jahrhundert (1516/19–1598) und versuchten dabei, die Welt zu erobern. Das wurde von zwei Menschen vereitelt: von Martin Luther und der Königin Elisabeth von England.

Trotzdem wurde das 16. Saeculum das Jahrhundert Spaniens. Das spanische Drama erblühte unter Calderón de la Barca und Lope de Vega. Zwei spanische Urtypen begannen

Der mächtigste Monarch der Christenheit, Karl V., im Alter von 31 Jahren.

ihre Reise durch die europäische Kultur: *Don Juan*, der Frauenverführer, und *Don Quijote*, der wahnsinnige Ritter von der traurigen Gestalt, der gegen Windmühlen kämpft, über den Idealen die Realität ignoriert und glaubt, er könne in der Neuzeit noch wie ein mittelalterlicher Ritter leben. Bis zum heutigen Tage hat er immer wieder Nachfolger gefunden, die in den Kostümen der Vergangenheit leben und darüber die Gegenwart vergessen (→ Literatur). Die Habsburger Könige machten Madrid zur Hauptstadt, und Philipp II. baute sich seine Residenz im Escorial. Die spanische Kunst wetteiferte mit der italienischen und brachte Velázquez und andere Genies hervor. Vor allem aber halfen die Habsburger Herrscher der Kirche dabei, daß Spanien katholisch blieb. Durch ihren jahrhundertelangen Kampf mit den Muslimen waren die Spanier besonders Ketzerempfindlich. Hier hatte die Inquisition bisher gegen ehemalige Muslime und Juden gewütet. 1492, im gleichen Jahr, als Kolumbus Amerika entdeckt und die letzten Mauren aus Spanien vertrieben werden, vertreiben die Spanier auch die Juden. Ihr Auszug wird mit dem Exodus aus Ägypten verglichen. Das alles geschieht um der Einheitlichkeit einer Gesellschaft willen, die man anders nicht meint integrieren zu können.

Frankreich

Bis 1435 hatte Frankreich sich mit England einen 100jährigen Krieg geliefert (die Engländer erhoben Anspruch auf die französische Krone). 1429 war Jeanne d'Arc aufgetreten, genannt die Jungfrau von Orléans, und hatte das französische Heer dazu inspiriert, die Engländer endgültig zu verjagen. Danach hatte Ludwig XI. (1461–83) die großen Vasallen Frankreichs gezähmt und das Land der königlichen Herrschaft unterworfen. Doch dann wird die staatliche Einheit im ersten Bürgerkrieg bedroht, den die Reformation auslöste: Die Protestanten werden in Frankreich Hugenotten genannt (französische Verballhornung des deutschen Wortes Eidgenossen). Und so heißt der erste Religionskrieg auch Hugenottenkrieg (1562–98). Während dieses über 30 Jahre währenden Kriegszustandes verüben die Katholiken in Paris an den Protestanten ein Massaker, das als die »Bartholomäusnacht« in die Geschichte eingeht (25. August 1572). Der Horror dieses Blutrausches stärkt überall in Europa den Widerstand der Protestanten gegen die Katholiken. Der Bürgerkrieg wird schließlich beendet durch die Thronbesteigung Heinrichs von Navarra als Heinrich IV. (französisch Henri Quatre), der das Haus Bourbon begründet. Er ist zwar Protestant, aber um das Land zu befrieden, tritt er zum Katholizismus über (sein Satz »Paris ist eine Messe wert« wird sprichwörtlich), gibt den Protestanten Schutzgarantien (in dem Edikt von Nantes) und legt so den Grundstein für den französischen Absolutismus und die Machtentfaltung Frankreichs im 17. Jahrhundert unter Kardinal Richelieu und Ludwig XIV., dem Sonnenkönig.

Kardinal Richelieu, Erster Minister Ludwigs XIV.

England

In England kommt es am Ende des 15. Jahrhunderts wegen Thronstreitigkeiten zu einem Adelsbürgerkrieg zwischen den Häusern Lancaster und York, dem sogenannten Rosenkrieg (1455–85; beide Adelsgeschlechter hatten eine Rose im Wappen), in dem der alte normannische Adel sich gegenseitig ausrottet. Das macht die Bahn frei für den Sohn jenes Fürsten aus dem Hause Tudor, der den Krieg beendet hatte: Heinrich VIII. Als er auf den Thron gelangt, führen seine Eheprobleme zu einer entscheidenden Wendung im Geschick des Landes und der Welt: Seine Gemahlin Katharina von Aragón schafft es nicht, ihm einen männlichen Thronerben zu schenken. Er sucht deshalb beim Papst um eine (damals übliche) Ungültigkeitserklärung seiner Ehe nach. Der Papst aber kann nicht, wie er will, denn er ist in der Gewalt Karls V. Die mit Scheidung bedrohte Katharina ist aber Karls Tante, und unter dem Druck des Kaisers verweigert der Papst die Ungültigkeitserklärung der Ehe. Darauf sagt sich Heinrich VIII. von Rom los und macht die englische Kirche zu einer Nationalkirche, der sogenannten anglikanischen Staatskirche mit dem König selbst als oberstem Bischof. Dann läßt er sich scheiden, um die muntere Anna Boleyn zu heiraten und sie zur Mutter von Königin Elisabeth zu machen. Dann hebt Heinrich die Klöster auf und verteilt ihre Güter an seine Gefolgsleute. Auf diese Weise schafft er einen neuen Adel, der durch dick und dünn zum Protestantismus hält, um auf keinen Fall die Klostergüter wieder herausrükken zu müssen. Dieser neue Adel ist ziemlich illegitim, aber absolut königstreu und patriotisch. Seine mangelnde Legitimität versucht er durch Imagepolitik und Selbstreklame zu kompensieren. Das erfolgt durch Mäzenatentum und Protektion von Literaten, die den jeweiligen Adligen ihre Werke widmen. Diesem System verdanken wir die Blüte des Dramas und der Literatur am Ende des 16. Jahrhunderts, die durch den Namen Shakespeare überstrahlt wird. Aber bevor es soweit ist, ermordet Heinrich VIII. Anna Boleyn, seine zweite Gattin, weil sie ihn angeblich betrügt, heiratet Frau Nr. 3, die ihm endlich den männlichen Erben schenkt und stirbt, so daß er schnell Nr. 4 heiraten muß, um sich prompt wieder scheiden zu lassen, weil er sich in Nr. 5 verliebt hat, die er heiratet und dann wegen des Verdachts der Untreue ebenfalls köpfen läßt, bis er resigniert die Frau Nr. 6 heiratet, die ihn überlebt (englische Schulkinder lernen die Abfolge seiner sechs Frauen mit der Formel = divorced, beheaded, died / divorced, beheaded, survived, also: geschieden, geköpft, gestorben / geschieden, geköpft, überlebt). Wegen dieses wahrhaft königlichen Wiederholungszwangs und dieses eines Blaubart würdigen Frauenverbrauchs hat sich Henry VIII. dem Gedächtnis der Nachwelt eingeprägt. Darin kommt wohl dieselbe Tatkraft und Rücksichtslosigkeit zum Ausdruck, deren es bedurfte, um die Klöster zu enteignen, die Kirche zu unterwerfen, einen neuen Adel zu schaffen und nach der Katastrophe der Rosenkriege den englischen Staat auf neue absolutistische

Königin Elisabeth: unter ihrer langen Regentschaft entfaltete sich eine beispiellose kulturelle Blüte.

Grundlagen zu stellen. Dabei wurde das Parlament – geteilt in Ober- und Unterhaus – nicht etwa ausgeschaltet, sondern als Versammlung königstreuer Untertanen zum Erfüllungsgehilfen königlicher Maßnahmen gemacht. Erst 100 Jahre später sollte das Parlament seine Macht gegen den König richten. Doch einstweilen unterstützte es ihn. Das galt auch für Heinrichs dritte Nachfolgerin auf dem Thron, die berühmte Königin Elisabeth. Unter ihrer langen Regentschaft (1559–1603) entfaltete sich eine beispiellose kulturelle Blüte, und unter ihrer Herrschaft wurde die spanische Invasionsflotte, die sogenannte Armada (die Bewaffnete), durch das Bündnis der Briten mit dem Wetter geschlagen (1588). Ausgelöst wurde diese Invasion durch die Tatsache, daß Elisabeth die katholische Königin von Schottland, Maria Stuart, hatte köpfen lassen, weil sie sie im Verdacht hatte, einen Mordanschlag auf sie veranlaßt zu haben.

Hofkultur und Staat

Wir erleben im 16. Jahrhundert die Entwicklung zum modernen Nationalstaat. Aus dem feudalen Personenverband wird ein Territorialstaat, in dem nur der Fürst das Gewaltmonopol innehat. Die Macht konzentriert sich an seinem Hof. Wollen die Adligen immer noch an der Macht teilhaben, müssen sie ihre Burgen verlassen und zu Hofe gehen, um dort ein Amt mit Einfluß oder mit lukrativen Einkünften zu ergattern. Das kann man nur, wenn man sich beim Monarchen beliebt macht oder Eindruck schindet. Dabei hat man gegen erhebliche Konkurrenz zu kämpfen, weil alle dasselbe wollen. Man hat nur eine Chance, indem man sich an eine Hofclique anschließt, um an die einschlägigen Informationen heranzukommen. Dabei erleben die Adligen, die bisher auf ihren Burgen nach Gutdünken schalteten, zum ersten Mal den Zwang, auf noch Mächtigere und Höhergestellte Rücksicht zu nehmen. Dazu

1588 wird die Armada durch das Bündnis der Briten mit dem Wetter geschlagen.

gehören auch Frauen. Das zivilisiert. Um dabei den Überblick zu behalten und die eigenen Machtchancen zu wahren, braucht man andere Eigenschaften als Brutalität. Hier mußte man sich kontrolliert verhalten, man mußte beobachten und planen, sich selbst zurückhalten und vielleicht sogar verstellen. Wollte man gefallen, mußte man sich höflich verhalten, die Etikette nicht verletzen und durch angenehme Manieren charmieren und für sich einnehmen. Man mußte, wollte man seine Ziele erreichen, andere Menschen mit psychologischem Scharfblick durchschauen können und sie in komplizierten Intrigen für sich einsetzen. Mit anderen Worten: Der Hof züchtete eine neue Verhaltenskultur, die durch gute Manieren, Selbstkontrolle, Verstellung, Intrigen, Schauspielerei und Selbstdarstellung gekennzeichnet war. So wurde der Hof eine Bühne, auf der die Tugenden des Schauspielers prämiert wurden. Man konnte von einem Staatstheater sprechen, in dessen Mittelpunkt der Monarch stand. Je nachdem, wie geschickt die Höflinge ihre Rollen spielten, stiegen oder sanken sie in seiner Gunst, und das entschied sowohl über ihren

Die Macht konzentriert sich am Hof. Wollen die Adeligen an der Macht teilhaben, müssen sie ihre Burgen verlassen und zu Hofe gehen.

Einfluß als auch über ihre Einkünfte: Wer auf diese Weise für ein gutes Bonmot die Einkünfte aus dem Zoll auf spanischen Wein geschenkt bekam, hatte weniger finanzielle Sorgen als vorher, und wer gar die Herrschaft über das Ohr des Königs gewann, wurde mächtiger als seine rechte Hand.

Reguliert wurde das Staatstheater durch eine ausgeklügelte Etikette. Sie war nicht funktionslos, sondern hielt durch die Betonung abgestufter Gunstbezeugungen die Konkurrenz der Höflinge in Gang. Und solange sie untereinander konkurrierten, war die Macht des Monarchen ungefährdet, d. h., um die ehrgeizigen Adligen im Zaum zu halten, mußte der Hof ein ständiges Drama bieten, das ihre Energien band. Das war der Grund dafür, daß an den europäischen Höfen eine eigene Hofkultur entstand, bei der sich die Monarchen und der Adel darin gefielen, sich von den Malern und Dichtern der Zeit in den Rollen der antiken Götter und Heroen darstellen zu lassen.

Nach der Wiederentdeckung durch die Humanisten und die Renaissance wird die antike Kultur zum Kostümfundus für die Selbstdarstellung der Monarchen und ihrer Höflinge. Auf diese Weise machen sie die Erfahrung, daß die Gesetze des Handelns nicht nur moralischen, sondern auch dramaturgischen Regeln folgen, und lernen dabei Politik. Der erste, der daraus die Konsequenzen zieht, ist der Italiener Niccolò Machiavelli mit seinem Buch *Der Fürst (Il Principe)*.

Ist die Entwicklung des modernen Staates die eine Energiequelle für den Motor der Modernisierung, so stammt die andere aus der Reformation. Und dafür müssen wir nach Deutschland.

Deutschland

Die italienische Renaissance hatte im 15. Jahrhundert ihren Glanz auch auf die süddeutschen Städte geworfen. Diese waren den Städten jenseits der Alpen als Handelspartner verbunden, und so wurden sie ihnen ähnlich. Wie in Florenz die Medici wurden die Fugger in Augsburg zu Herren über ein weltweites Finanzimperium: Sie finanzierten die Unternehmungen des Kaisers Maximilian, kauften Karl V. die Kaiserkrone und sicherten sich dafür die Herrschaft über den Bergbau der Alten und Neuen Welt und damit über die Edelmetalle. Ihr Metallimperium kreuzte sich mit dem Gewürzimperium der Portugiesen in Antwerpen und machte die flandrische Stadt zum wichtigsten Finanzzentrum. Nürnberg dagegen wurde zum Zentrum des Kunsthandwerks; hier residierten die Gold- und Silberschmiede, die ganz Europa mit ihren Produkten versorgten, und hier führte Albrecht Dürer die deutsche Malerei von der Gotik zur Renaissance. Er glich Leonardo darin, daß er alles zeichnete, was ihm vors Auge kam; Michelangelo glich er darin, daß er von religiösen Themen und dem Prozeß der Schöpfung besessen war, und Tizian darin, daß er die Gesichter seiner Auftraggeber in seinen Porträts verewigte. So wurde er zum bedeutendsten Maler der Deutschen. Unvergleichliches aber leistete er als Pionier der graphischen Kunst: Er wurde zum Prinzen des Holzschnitts, zum Fürsten des Kupferstichs und

Die Fugger kauften ihm die Kaiserkrone: Karl V. um 1516.

zum absoluten Herrscher im Reich der Buchillustration und der Graphik. Seine graphischen Blätter hatten den Vorteil, daß sie durch die Druckerpresse vervielfältigt werden konnten; damit ließ sich ihre Beachtung verstärken und wesentlich mehr Geld verdienen. Sein Stich *Ritter, Tod und Teufel* wurde eine nationale Ikone, mit dem *Heiligen Hieronymus im Gehäuse* und der *Melancholia* auf den nächsten folgenden Plätzen. In ihnen erkannte sich Deutschland wieder, es war schon das Deutschland der Kirchenspaltung.

Der Anlaß der Reformation

Der Anlaß dazu kam aus Rom. Papst Leo X. aus dem Hause Medici brauchte Geld für den Petersdom, und deshalb schickte er Ablaßverkäufer übers Land. Das waren Bettelmönche, die als Drücker päpstliche Zertifikate über die Vergebung aller Sünden an die Leute verhökerten. Die Fürsten sahen es gar nicht gern, daß so viel Geld die Taschen ihrer Untertanen verließ und in den Tresor des Heiligen Vaters wanderte. Leo konnte sie nur dadurch überreden, die Ablasserei zuzulassen, daß er sie am Profit beteiligte. Dabei vergaß er Friedrich den Weisen von Sachsen. Weise verbot Friedrich daraufhin in seinem Ländle den Ablaßhandel. Nun gab es aber einen besonders gerissenen Verkäufer namens Tetzel, einen Dominikanermönch, der sich praktisch auf die sächsische Grenze stellte. Da liefen die Leute des nahen Wittenberg herbei und hörten seinen Werbespruch: »Sobald das Geld im Kasten klingt, die Seele in den Himmel springt«, und sie kauften. Weil sie aber zweifelten, ob die Zertifikate auch ihre theologische Gültigkeit hatten, rannten sie zur Universität von Wittenberg, um den dortigen Professor die Bonität der Ablässe bestätigen zu lassen. Der Professor aber lehnte es ab, das zu bestätigen.

Er hieß Martin Luther.

Am nächsten Tag hämmerte er einen Anschlag an die Tür der Schloßkirche, auf dem er seine Ablehnung in 95 Thesen begründete. Und um die richtige Öffentlichkeit herzustellen, übersetzte er seine Thesen auch gleich aus dem Lateinischen ins Deutsche. Das war am 31. Oktober 1517. Noch heute feiern die Protestanten diesen Tag als Reformationstag.

Der Papst brauchte Geld, und deshalb schickte er Ablaßverkäufer über das Land.

Martin Luther: nicht gute Werke, sondern allein der Glaube rettet den Menschen vor der Hölle.

Martin Luther

Wer war dieser Martin Luther? Als Sohn eines Bergmanns sollte er Jura studieren, geriet aber vorher in eine Krise und schwur während eines Gewitters, wenn er überlebe, werde er sein Leben der Kirche weihen. Danach trat er als Mönch in ein Augustinerkloster ein, versuchte durch Askese seine Schuldgefühle loszuwerden, hungerte sich halb zu Tode und hatte schließlich, von den Kasteiungen zermürbt, ein Erlösungserlebnis: Bei der Lektüre einer Paulus-Stelle überflutete ihn plötzlich die Einsicht, nicht gute Werke, sondern allein der Glaube an Gottes Gnade werde den Menschen vor der Hölle retten. Danach machte er schnell Karriere. Er pilgerte nach Rom, wurde als Professor an die Universität von Wittenberg berufen und stieg die kirchliche Karriereleiter bis zum Generalvikar, dem Verwaltungschef des Bischofs, hinauf.

Der Bruch mit Rom

Die Reaktion auf Luthers Thesen war ein wilder Pamphletenkrieg mit den üblichen Drohungen des Establishments: Feuer und Schwert. Daraufhin zitierte Papst Leo Luther nach Rom. Nun wurde Dr. Martinus eine Schachfigur auf dem Feld der Politik. Leo hatte nämlich beschlossen, eine neue Steuer zur Finanzierung eines Kreuzzuges zu erheben, zehn bis zwölf Prozent des Einkommens sollten die Leute herausrücken (zusätzlich zu allen anderen Steuern, Gebühren und Abgaben). Das war Kaiser Maximilian und den Fürsten zuviel. Sie protestierten heftig und hielten Luther als ideologische Waffe in der Hinterhand. Statt nach Rom mußte er zum Reichstag nach Worms. Da sollte er sich vor dem Gesandten des Papstes, Kardinal Cajetan, wegen Ketzerei verantworten und seine Irrlehren widerrufen. Er widerrief nicht, und seine Kollegen an der Wittenberger Universität, Philipp Melanchthon und Andreas Karlstadt, stellten sich auf seine Seite. Der Vizekanzler der Uni Ingolstadt (später hat Frankenstein hier studiert), Johannes Eck, heizte die Stimmung an, indem er Luther zum Disput herausforderte. Während des Streitgesprächs ließ sich Luther dazu hinreißen, die Autorität des Papstes anzuzweifeln. Das ging an die Wurzel, war also radikal (von radix, lat. für Wurzel).

Eck kehrte nach Rom zurück und empfahl die Exkommunikation (Ausschluß aus der Kirche, Vorform des Parteiausschlusses) Luthers. Das ganze Land aber feierte Luther als Helden. Der Humanist Ulrich von Hutten begrüßte Luther als Befreier Deutschlands von Rom und bot ihm mit anderen Rittern seinen Schutz an. Als der Papst ihn wirklich mit der Exkommunikation bedrohte, empfahl Luther in einer auf deutsch geschriebenen Schrift *An den christlichen Adel der deutschen Nation*, sie sollten dem Papst den Gehorsam verweigern und eine deutsche Nationalkirche einrichten, dann würde der ständige Geldfluß nach Rom aufhören. Schließlich sei nicht der Papst, sondern die Heilige Schrift die einzige Autorität, und im übrigen sei jeder Mensch sein eigener Priester. Damit war der Rubikon überschritten (mit der Überschreitung des Grenzflusses Rubikon hatte Caesar seinerzeit den Bürgerkrieg begonnen). Der Konflikt war nun unausweichlich. Und mit seinem Aufruf begann die Ehe der Reformation mit dem Nationalstaat: Wo man künftig protestantisch wurde, wurde man es auch aus nationalen Gründen, am deutlichsten in England.

Als Luther dann tatsächlich exkommuniziert wurde, antwortete er mit der Schrift über *Die babylonische Gefangenschaft der Kirche*: Wie einst die Juden in Babylon habe die Kirche des Neuen Testaments in der langen Gefangenschaft des römischen Papstes geschmachtet. Von da ab reagierten die beiden Parteien nur noch aufeinander, indem sie die Aufrufe, Sendschreiben und Bullen (päpstlicher Erlaß von lat. bulla = Siegel) der jeweils anderen Partei öffentlich verbrannten. Schließlich erklärte Luther, niemand komme in den Himmel, der nicht die Lehren des Papstes ablehne. Er hatte seine Gegenkirche errichtet und den Papst exkommuniziert. Die Spaltung war da.

Luther auf dem Reichstag zu Worms 1521: »Hier stehe ich. Ich kann nicht anders.«

»Hier stehe ich. Ich kann nicht anders.«

Inzwischen aber hatte sich auf dem politischen Schachbrett ein Umschwung vollzogen: auf Kaiser Maximilian war sein Enkel Karl, später der V., gefolgt. Er war aber vor allem König von Spanien, und da konnte er sich keinen Protestantismus leisten. Außerdem brauchte er die Unterstützung des Papstes im Kampf gegen die vorrückenden Türken. Die Entscheidung fiel mit dem Reichstag zu Worms 1521. Karl bot Luther freies Geleit, um sich dort zu verantworten. Trotz der Warnungen seiner Freunde ging er hin, und seine Reise wurde ein Triumphzug. Vor der versammelten Menge der Fürsten stellte ihm der päpstliche Gesandte zwei Fragen: Erstens, ob er diese Schriften (der Gesandte hatte Luthers Schriften auf einen Tisch gehäuft) verfaßt habe, und zweitens, ob er sie widerrufe. Luther bejahte die erste Frage und erbat sich für die Beantwortung der zweiten einen Tag Bedenkzeit. Am nächsten Tag trat der Reichstag wieder zusammen und hielt, als die Frage erneut gestellt wurde, wie alle Welt den Atem an. Luther antwortete: Seine Beschreibung der kirchlichen Mißstände sei allgemein gebilligt worden, worauf der Kaiser »Nein!« dazwischenschrie. Was die theologischen Fragen betreffe, fuhr Luther fort, werde er alles widerrufen, von dem man ihm nachweisen könne, daß es der Bibel widerspreche. Darauf fragte ihn der päpstliche Legat, ob er ernsthaft glaube, er allein sei im Recht und alle Apostel, Päpste und Kirchenväter der Vergangenheit und Gegenwart würden sich irren. Darauf gab Luther zur Antwort, er glaube nur der Heiligen Schrift. »Hier stehe ich, ich kann nicht anders.« Kaiser Karl ließ ihn ziehen, verhängte aber die Reichsacht über ihn.

Die Ausbreitung der Reformation

Luther verkleidete sich als Ritter, nannte sich Junker Jörg und versteckte sich auf der Wartburg. Inzwischen verselbständigte sich die außerkirchliche Opposition. Sein Kollege Karlstadt warf das Mönchsgewand ab und heiratete. Wenig später folgten ihm weitere 13 Mönche aus Luthers Augustinerkloster. Bald war die Hälfte der deutschen Klöster leer. Studenten zerstörten Altäre und Marienbilder. Deutschland verwandelte sich in einen Kriegsschauplatz der Pamphlete, Flugschriften und Thesenpapiere. Mit Luthers Auftreten stieg die Zahl der in Deutschland gedruckten Bücher von 150 im Jahr des Thesenanschlags auf ca. 1000 sieben Jahre danach. Davon nahmen die meisten für die Reformation Partei. Luthers Schriften dagegen waren Bestseller und wurden in ganz Europa verkauft. Die Reformation wurde erst möglich mit der Revolution der Medien durch den Buchdruck. Der Protestantismus wurde eine Buchreligion.

Luthers Schriften waren Bestseller und wurden in ganz Europa verkauft – der Protestantismus wurde eine Buchreligion

Die deutsche Bibel

Deshalb gehört es zu den entscheidenden Taten Luthers, daß er die Bibel ins Deutsche übersetzte.

1521 kam das Neue Testament auf deutsch heraus.

Der Übersetzung lag die zweisprachige Neuausgabe der Bibel auf griechisch und lateinisch des Erasmus von Rotterdam zugrunde.

1534 ließ Luther auch das Alte Testament folgen.

Luthers Bibel wurde zum wichtigsten Buch der Literatur.

Es war ein Glücksfall, daß der Reformator ein begabter Schriftsteller war. So versorgte Luthers Bibel das ganze Volk mit einem gemeinsamen Vorrat von Redewendungen.

Weil die Protestanten die Bibel für Gottes Wort hielten, wurde der Text selbst verehrt. Ihn las man nicht nur in der Kirche, sondern in der Familie nach den Mahlzeiten, bei Familienandachten und als einsame Lektüre im Winkel. Zugleich wurde die Bibel in der Predigt gedeutet und ausgelegt.

Es war ein Glücksfall, daß der Reformator ein begabter Schriftsteller war und ein ebenso kräftiges wie bilderreiches und volkstümliches Deutsch schrieb. So versorgte Luthers Bibel das ganze Volk mit einem gemeinsamen Vorrat von Redewendungen, Bildern, Vergleichen, rhetorischen Figuren und zitierbaren Sprüchen und Formeln. Mit ihrer Hilfe drang Luthers Deutsch in die letzten Ritzen und Spalten der Sprache ein und formte aus den vielen Dialekten und Mundarten nach und nach die deutsche Schriftsprache. Auf diese Weise lieferte die Reformation auch in dieser Hinsicht den entscheidenden Antrieb für die Entstehung des Nationalbewußtseins.

Die neue Kirche

Darüber hinaus machte Luther die Bibel zur einzigen Richtschnur für alle religiösen Lehrmeinungen. Weil sie in der Bibel nicht vorkamen, schaffte er das Fegefeuer, die Verehrung Marias, die Heiligen und die Sakramente der Beichte und der Letzten Ölung ab. Anstelle des Rituals machte er die Predigt zum Mittelpunkt des Gottesdienstes. So wurde mit der Predigt und der Bibel der protestantische Glaube eine Religion des Wortes und der Schrift.

Seine heftigste Feindschaft aber galt dem Autoritätsanspruch des Papstes und der römischen Kirche. Den Priestern wurde ihr Privileg genommen, als Mittler zwischen Gott und Menschen aufzutreten. Das machte auch den Zölibat der Priester (Ehelosigkeit) sinnlos. Jeder war nun sein eigener Priester. Das bedeutete den Todesstoß für die Autorität der Amtskirche. Die ganze Hierarchie wurde abgeschafft. Die Kirche hörte auf, Gottes Gnade zu verwalten, und alles, was sie an Traditionen aus dem Hei-

dentum übernommen hatte, wurde getilgt. Damit wurde das Christentum wieder jüdischer. Die universale Kirche von ehedem wurde durch nationale Landeskirchen ersetzt, von denen jede einzelne dem Staat untertan war. Damit wurde die Religion wieder jenseitiger, während das Diesseits der Obrigkeit überlassen blieb. Das machte die Lutheraner staatsfromm. In dieser Hinsicht ereilte Luther das Schicksal eines jeden Revolutionärs: Er wurde von noch radikaleren für ihre sozialen Forderungen in Anspruch genommen. Mit Parolen aus Luthers Schriften kam es in Süddeutschland zu einem Bauernaufstand. Luther distanzierte sich, und die Revolte wurde blutig niedergeschlagen. Luther hatte den Punkt erreicht, an dem er sich gegen die Revolte wendete und auf die Seite der Herren schlug.

Die Wiedertäufer

Um die gleiche Zeit traten in der Schweiz die ersten Wiedertäufer auf. Sie praktizierten die Erwachsenentaufe, erwarteten die baldige Wiederkunft Christi, übten zivilen Ungehorsam und widersetzten sich friedlich jedem obrigkeitlichen Zwang. Einige befürworteten auch eine Art Kommunismus und die Vielweiberei. Sie gewannen schnell Zulauf und wurden ebenso schnell verfolgt, und zwar von Katholiken und Lutheranern gleichermaßen. Von Schwaben gelangte die Botschaft der Täufer nach Holland und überzeugte den Propheten Jan Mathys und seinen Jünger Jan Bokelsen aus Leiden. Kurz darauf ereilte sie der Hilferuf des lutherischen Pastors Bernhard Rottmann aus Münster, der sich im Konflikt mit dem Bischof von Münster nicht mehr zu helfen wußte. Tatendurstig und von Gottes Hilfe beflügelt, eilten die beiden Holländer herbei und prügelten des Bischofs Söldner aus der Stadt. Unter dem Druck der bischöflichen Belagerung errichteten sie in Münster ein Regiment, das ein totalitäres Gemisch aus Kriegsrecht und Wiedertäuferherrschaft bildete. Dazu gehörte eine Art Gemeinwirtschaft und, was die Nachwelt am meisten fasziniert hat, die Vielehe. Da in der Stadt Frauenüberschuß herrschte, waren die Frauen von Münster begeistert. Denn als konventionelle Gemüter den verantwortlichen Anführer Jan von Leiden gefangennahmen, wurde er von den Frauen der Stadt wieder befreit. Das bewahrte ihn und die anderen Wiedertäufer aber nicht vor der furchtbaren Rache des Bischofs: Als nach langer Belagerung die Stadt gestürmt wurde, wurden die Wiedertäufer bestialisch gefoltert und ihre zerfetzten Körper in Käfigen am Turm der Lambertikirche den Krähen zum Fraß angeboten. Dort hängen die Käfige noch immer zur Erinnerung an die Strenge der apostolischen Kirche. Die Wiedertäufer aber wurden wieder friedlich, nannten sich nach dem Holländer Menno Simons auch Mennoniten und gingen ihrer zweiten Verfolgungswelle in den Niederlanden entgegen. Später wanderten viele nach Amerika aus und bildeten dort die Gemeinden der Amish in Pennsylvania (dargestellt in dem Film *Der einzige Zeuge*). Andere überlebten im verborgenen im Schweizer Emmental und im Berner Jura rund um Bellelay. Ihr anarchistisches Rebellentum bot einen Vorgeschmack des demokratischen Fundamentalismus, der später die Calvinisten Hollands, die Puritaner Englands und die amerikanischen Pilgerväter beseelen sollte.

Die Kirche hörte auf, Gottes Gnade zu verwalten. Damit wurde das Christentum wieder jüdischer

Die Schweiz

Die Orte (Kantone) der Schweiz und die Städte der Niederlande verbindet etwas, das sie parallel verschobene Schicksalsbahnen beschreiten ließ: Sie beherrschen entscheidende Verkehrswege: die Schweizer Orte die Alpenpässe und die niederländischen Städte die Seehäfen im Rheindelta. Und in beiden Fällen waren ihre Landesherren die Habsburger. Als sie erfolgreich gegen sie rebellierten, wurden auch sie unabhängig vom Deutschen Reich, das eigentlich das Römische war. Das ist der Grund ihrer Selbständigkeit. Sie wurde 1648 im Westfälischen Frieden von Münster anerkannt.

Die Schweizer kämpften unfair und erwarben sich den Ruf der Unbesiegbarkeit

Vielleicht weil die wichtigeren Handelswege über die Alpen gingen, waren die Schweizer früher dran. 1291 gründeten die drei Urkantone Uri, Schwyz und Unterwalden am Vierwaldstättersee einen neuen Bund der Eidgenossen gegen Österreich und besiegelten ihn mit dem Rütli-Schwur. Wenn wir Schillers *Wilhelm Tell* glauben dürfen, wurde ihr Widerstand dadurch ausgelöst, daß ein sadistischer Österreicher namens Geßler von dem wackeren Schwyzer Wilhelm Tell verlangte, er solle aus 100 Meter Entfernung mit der Armbrust einen Apfel vom Kopf seines Sohnes herunterschießen. Diese Missetat erregte die Schweizer so sehr, daß während des ganzen 14. Jahrhunderts immer mehr zu den Urschweizern stießen, um sich mit ihnen zu verbinden. Dazu mußten sie alle zusammen in großer Langmut immer wieder österreichische und später auch burgundische Heere besiegen, die in die Schweiz einfielen, um sich niedermetzeln zu lassen: Die Schweizer kämpften nämlich unfair: sie hielten sich einfach nicht an die Regeln des ritterlichen Kriegssports mit dem Kampf in der Rüstung vom Pferd herab, wie es allein einem Aristokraten anstand. Da sie Bauern waren, gingen sie zu Fuß und stocherten die geharnischten Ritter mit fünf Meter langen beharkten Lanzen namens Hellebarden vom Pferd und gaben ihnen, wenn die Ritter in ihren Rüstungen hilflos wie Käfer auf dem Rücken lagen, den Gnadenstoß. Da Aristokraten, außer in England, praktisch lernunfähig sind, erwarben sich die Schweizer den Ruf der Unbesiegbarkeit. Seitdem ließ man sie in Ruhe. Statt dessen umgaben sich die Fürsten Europas mit Schweizer Garden, eine Gewohnheit, die der Papst bis heute beibehalten hat. Die Schweizer aber wurden mit ihrer militärischen Potenz und ihren Alpenpässen fast eine Großmacht. Und da sie sich antiautoritär selber regierten, hießen sie, außer in den Urkantonen Uri, Schwyz und Unterwalden, die Reformation willkommen. So wurde die Schweiz zur Heimat zweier Reformatoren: Ulrich Zwingli in Zürich und Jean Calvin in Genf.

Bei der kritischen Prüfung der Religion kam der Pfarrer am Münster in Zürich, Ulrich Zwingli, zu ähnlichen Ergebnissen wie Luther und führte 1524 die Reformation in der Stadt ein. Dabei gab es Unterschiede in der Lehre vom Abendmahl. Luther glaubte an die Transsubstantiation (wirkliche Verwandlung von Wein und Brot in Blut und Leib Christi); Zwingli hielt das für eine symbolische Rede. Im sogenannten »Marburger Religionsgespräch« versuchten sie sich vergeblich zu einigen. Zeitweilig war halb Deutschland zwinglianisch. Zwingli selbst fiel im Krieg gegen schweizerische Katholiken (1531). Weit folgenreicher aber war die Entwicklung der Reformation in Genf.

Der calvinistische Gottesstaat von Genf und der Geist des Kapitalismus

In Genf stießen eine Stadt und ein Mann aufeinander mit weltgeschichtlichen Folgen. Die Stadt am Kreuzwege der Handelsrouten lag im Kampf mit ihren Herren, dem Bischof und dem Herzog von Savoyen, die ihren Handel behinderten und ihr die Gurgel zudrückten. In ihrer Not wandte sie sich an die Schweizer um Hilfe. Die kamen gern und jagten Bischof und Herzog in die Flucht. Da der katholische Klerus der Stadt zum Feind gehalten hatte, bekannte sich die Stadt fortan zur Reformation. Zwei Monate später zog das Schicksal in die Stadt in Gestalt des Jean Calvin (1536).

Er stammte aus Nyon in Frankreich, hatte Jura studiert, sich aber mit seinen Schriften als Reformtheologe einen Namen gemacht.

Calvin glaubte an die Prädestination (Schicksalsfestlegung): Gott hatte von Beginn der Schöpfung an den Menschen vorherbestimmt, wer erlöst und wer verdammt wird.

Diese absurde Lehre sieht auf den ersten Blick so aus, als müsse die Moral ihren Einfluß auf das Verhalten des Menschen verlieren, weil ja doch alles festliegt. Theoretisch stimmt das auch. Praktisch aber tritt das Gegenteil ein: Weil gottesfürchtiges Verhalten als Symptom dafür gewertet wird, daß man zu den wenigen Auserwählten gehört, möchte jeder an sich die Zeichen der Gnade Gottes entdecken und verhält sich entsprechend. Calvins Lehre wirkte als sich selbst erfüllende Prophezeiung.

Und sie enthielt ein eingebautes Immunsystem: Die ständige Sorge, ob man zu den Erlösten gehörte, machte Sonderleistungen wie Askese oder Standhaftigkeit unter Verfolgungen zu einem Erkennungszeichen der Erwähltheit. Man entwickelte ein Elitebewußtsein der Tugendhaften und fühlte sich als Gemeinschaft der Heiligen. Wer Calvinisten verfolgte, stärkte sie. Es war wie bei der paradoxen Freundschaft zwischen Sadisten und Masochisten.

Wenn wir Schillers *Wilhelm Tell* glauben dürfen, löste ein sadistischer Österreicher namens Geßler den Widerstand der Eidgenossen aus.

Als Calvin in Genf eintraf, wurde er Mitarbeiter des Reformators Farel, der gerade ein strenges Tugendregiment einführte. Dagegen rebellierte nun wieder die Partei der Libertins (in Calvins Gegenpropaganda nahm der Begriff die Bedeutung von Wüstling an) und jagte die Reformatoren aus der Stadt. Der katholische Bischof kehrte zurück und mit ihm die Unberechenbarkeit und die geschäftsschädigende Korruption. Zerknirscht riefen die Handelsherren Calvin zurück und übertrugen ihm alle möglichen Vollmachten.

Calvin wurde zum protestantischen Ajatollah und schuf einen Gottesstaat – Recht und Gesetz der Gemeinde stehen in der Bibel

Calvin aber wurde zum protestantischen Ajatollah und schuf einen Gottesstaat. Wenn je irgendwo eine Utopie verwirklicht worden ist, dann in Genf unter der Leitung Calvins in der Zeit zwischen 1541 und 1564. Sie wurde zum Vorbild fast aller fundamentalistischen und puritanischen Gemeinden in Holland, England und Amerika.

Das oberste Prinzip des Gottesstaates hieß: Recht und Gesetz der Gemeinde stehen in der Bibel. Die Interpretation dieses Gesetzes ist Aufgabe der Pastoren und Ältesten (Presbyter). Ihrem obersten Organ (in Genf dem Konsistorium) ist auch die weltliche Obrigkeit unterworfen. Das bedeutete die Errichtung einer Theokratie (Herrschaft Gottes) wie im alten Israel. Der Besuch des Gottesdienstes wurde zur Pflicht, und Tugend wurde zum Gesetz. Das Vergnügen oder, je nach Perspektive, das Laster wurde verboten. Im einzelnen wurden untersagt: unanständige Lieder, Tanzen, Würfeln, der Vollrausch, Kneipenbesuch, kulinarische Übertreibungen, Luxuskonsum, Theater, auffällige Frisuren und unsittliche Kleidung. Die Zahl der Gänge, die eine Mahlzeit haben durfte, wurde vorgeschrieben. Schmuck und Spitzen waren ebenso unerwünscht wie die Vornamen von Heiligen. Erwünscht waren biblische Vornamen wie Habakuk oder Samuel. Auf Unzucht, Ehebruch, Gotteslästerung und Götzendienst stand die Todesstrafe. Hingegen erlaubte Calvin das Verleihen von Geld gegen Zinsen (allerdings nicht zu Wucherzinsen).

Die Erwähltheitsvorstellungen, die Schriftheiligkeit, die Orientierung nicht am Gewissen, sondern am Gesetz, und die Erlaubnis, Geld gegen Zinsen zu nehmen, legte die Identifikation der Calvinisten mit dem Volk Israel nahe. Das trennte die calvinistische Mentalität von der lutherischen. Vor allem grub es dem Antisemitismus das Wasser ab, mit dem Ergebnis, daß in calvinistisch imprägnierten Ländern wie Holland, England und Amerika der Antisemitismus unbedeutend blieb (im Unterschied zu Spanien, Frankreich, Deutschland, Polen und Rußland).

Das Regime Calvins in Genf war totalitär. Die Ältesten und Pastoren kontrollierten als Sittenpolizei alle Haushalte. Sie führten Verhöre durch und vertrieben bei Verfehlungen die Betreffenden aus der Stadt.

Der Ruhm Genfs verbreitete sich über ganz Europa. Reisende waren entzückt, daß es keinen Raub, keine Laster, keine Prostituierten, keinen Mord und keinen Parteienzwist gab. Sie schrieben nach Hause, daß Verbrechen und Armut unbekannt seien. Statt dessen herrschten Pflichterfüllung, Sittenreinheit, Mildtätigkeit und Askese durch Arbeit.

Denn auch das gehörte nach Calvin zu den Geboten des Herrn: Der Mensch soll die Zeit, die

ihm Gott gegeben hat, nicht für Eitelkeiten verschwenden, denn wenn er das tut, ist das ein Zeichen, daß er zu den Verdammten gehört. Nutzt er sie dagegen für sinnvolle Arbeit, deutet das darauf hin, daß er zu den Erwählten gehört. Mehrt sich deshalb sein Geld als schöne Nebenwirkung der Arbeit, ist auch das ein Zeichen der Erwähltheit, was auf jeden Fall die Erfolgreichen überzeugt.

Folge: Der Calvinismus paßte sehr gut zu den Handelsinteressen Genfs, zum Kapitalismus überhaupt und zum amerikanischen Erfolgsdenken.

Das wissen wir spätestens seit dem Buch des deutschen Kirchenvaters der Soziologie, Max Weber, über *Die protestantische Ethik und den Geist des Kapitalismus.*

Ermöglichte das Luthertum die Ehe zwischen Religion und Staat (siehe Preußen), ermöglichte der Calvinismus die Ehe zwischen Religion und Geld.

So wird die Reformation zur Hebamme der Moderne.

Unanständige Lieder, der Vollrausch, kulinarische Übertreibungen wurden im calvinistischen Genf untersagt.

Staat und Religion: Religionskriege

Die Hofkultur und die Entwicklung des Staates durch die absolute Monarchie ist eine Sache der Aristokratie.

Die Reformation ist eine Sache der Städte und des Bürgertums.

Im Luthertum unterwirft sich die Religion dem Staat.

Im Calvinismus richtet sich der Staat nach der Religion.

Im übrigen stimmen alle Parteien in Europa darin überein, daß eine Gesellschaft nur durch die Einheit des Glaubensbekenntnisses (Konfession = Bekenntnis) zusammengehalten wird. Deshalb werden fast alle Kriege um den Sieg eines Bekenntnisses geführt.

Nach dem 30jährigen Krieg wurde Deutschland provinziell und meldete sich für ein Jahrhundert aus der europäischen Kultur ab

Das Ergebnis des sogenannten Hugenottenkriegs war der Sieg des Staates über die Religion: der protestantische Thronerbe Heinrich von Navarra trat aus Staatsräson zum Katholizismus über und legte den Grundstein für den Absolutismus Ludwigs XIV.

Der nächste Religionskrieg brach in Deutschland 1618 aus und dauerte 30 Jahre. Das Ergebnis war die Verwüstung des Landes und der Sieg der Provinz über den Zentralstaat. Die nationale Kultur, die mit Luther und Dürer und den Reformatoren so kräftig begonnen hatte, versandete und verfiel in einen 100jährigen Tiefschlaf. Es fehlte eine Hauptstadt, die zur Bühne der Nation werden konnte und sie weckte. Das Schicksal von Frankreich und England dagegen wurde von nun an in ihren Hauptstädten Paris oder London entschieden. Deutschland aber wurde provinziell (das merkt man bis heute) und meldete sich für ein Jahrhundert aus der europäischen Kultur ab. Die Aristokraten wurden französisch, und das Bürgertum wurde sprachlos. Wer nicht abstumpfte, überließ sich in Deutschland der Musik als einer universalen Sprache jenseits der Sprache. Da hatte die zweite Halbzeit der Reformation schon längst begonnen.

Katholische Gegenreformation

Warum konnte die Reformation in der ersten Hälfte des Jahrhunderts sich ausbreiten, ohne auf große Gegenwehr von seiten des Kaisers oder der Kirche zu stoßen? Antwort:

1. Bevor er die Leute vom Vorteil der wahren Religion überzeugen konnte, mußte der Papst erst seine eigene Kirche reformieren. Dazu brauchte er einen Anlauf. Schließlich veranstaltete er einen Reformparteitag, genannt das Konzil zu Trient. Es tagte von 1545 bis 1563 in der Hauptstadt des heutigen Tridentino und reformierte die Kirche durch:

- Festsetzung der katholischen Parteilinie gegenüber den protestantischen Abweichlern, Revisionisten und Paulinisten;
- Straffung der Ausbildung der Kader;
- Reform der Parteihierarchie und des Klerus;
- Einführung der Zensur und des Index verbotener Bücher;
- Übernahme der Methoden der Heiligen Inquisition, also Spitzelei, Folter und Terror;
- militärische Organisation der Parteikader im Jesuitenorden (1534 von Ignatius von Loyola begründet, der dieselbe Schule wie Calvin besucht hatte und ihm ähnelte).

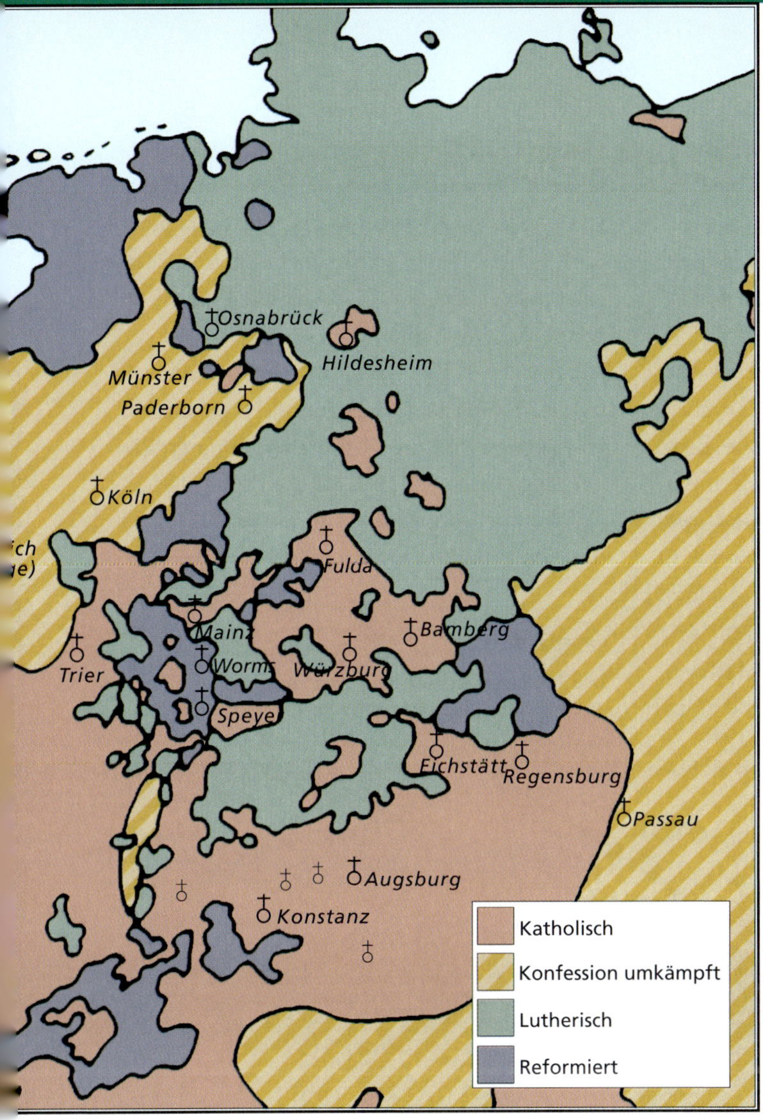

Konfessionsverteilung um 1600.

Durch diese Maßnahmen wurden große Teile Deutschlands, ganz Frankreich und Polen für den Katholizismus zurückgewonnen.

2. Kaiser Karl aber wurde vom ultimativen Gegenschlag gegen die Protestanten zunächst abgehalten durch eine Macht, die ihn von ganz anderer Seite bedrohte: die Türken.

Die Türken

Sie nannten sich Osmanen nach dem Fürsten Osman (1299–1326), der Kleinasien erobert hatte. Seit dem 8. Jahrhundert bekannten sie sich zum Islam. Osmans Sohn Urhan, der weitaus bedeutender war, organisierte das Volk als Kriegerkaste einer mobilen Militärmaschinerie mit stehendem Heer, einer Fremdenlegion – der Elitetruppe der Janitscharen (christliche Kinder, die ihren Eltern weggenommen und zu Elitesoldaten ausgebildet wurden) – und einer schlagkräftigen Kavallerie. Da der Übertritt zum Islam die Aufnahme in die türkische Kriegerkaste bedeutete, machten viele Christen davon Gebrauch, als die Türken im 14. und 15. Jahrhundert den Balkan eroberten. Am 28. Juni 1389 schlugen die Türken die Serben vernichtend auf dem Amselfeld (im Kosovo), nachdem ihr Sultan Murad von dem serbischen Terroristen Obilie ermordet worden war. Seitdem feiern die Serben diesen Tag als Nationalfeiertag und machten den Attentäter zum Helden. 1914 erschoß der Terrorist Gavrilo Princip am selben Tag den neuen Murad, den Erzherzog Franz Ferdinand von Österreich. Und wegen der Schlacht auf dem Amselfeld beanspruchen die Serben bis heute den Kosovo als heilige Erde. Denjenigen aber unter ihrem Volk, die sich zum Islam bekannten und sich zu den Unterdrückern gesellten, vergaben sie nie: den bosnischen Muslimen. An ihnen haben sie sich 600 Jahre später in Srebrenica gerächt. Lange unterdrückte Völker haben ein gutes Gedächtnis, weil sie noch offene Rechnungen haben.

Die Türken aber schritten wie die orientalischen Preußen, die sie waren, von Sieg zu Sieg. Erst erstürmten sie 1453 Konstantinopel und machten es zu ihrer Hauptstadt Istanbul. Damit war das Oströmische Reich, das »über 1000 Jahre christliches Griechenland« bedeutet hatte, ausgelöscht. Dann eroberte Selim nach seinem Sieg über Persien noch Armenien, Palästina, Syrien und Ägypten und wurde schließlich Schirmherr über die heiligen Stätten in Mekka und Medina. Damit nahm er den Titel Kalif an. Während der Islam im Westen Europas vor den Christen zurückwich (in Spanien), wurde er im Osten expansiv und unterwarf sich die christlichen Völker des Balkans. Unter Suleiman dem Prächtigen (1520–66) wurden die Türken für Karl V. bedrohlich. 1526 überrannten sie Ungarn und erschienen 1529 vor Wien. Sie belagerten die Stadt, allerdings vergeblich.

Solange die Türken-Gefahr dauerte, konnte es sich Karl nicht leisten, gegen die Protestanten vorzugehen und die Christenheit in einen Religionskrieg zu stürzen. So wurde die Reformation auch durch die Türken gerettet, und die Evangelischen sollten ihnen dankbar sein.

Die Türken schritten von Sieg zu Sieg. 1529 erschienen sie vor Wien.

Der Aufstand der Niederlande

Karl V. hatte das Gebiet der heutigen Beneluxstaaten zu einer staatsrechtlichen Einheit zusammengefaßt und von einer Statthalterin regieren lassen, die in Brüssel residierte. Mit seiner Abdankung 1555 wurden seine Länder geteilt; Bruder Ferdinand erbte die Kaiserwürde und die österreichischen Erbländer, Sohn Philipp II. alle spanischen Länder und die Niederlande. Sofort ging er daran, auch hier die Beschlüsse des Tridentiner Konzils durchzusetzen. Aber der Großteil der niederländischen Provinzen war calvinistisch geworden. Unter der Führung des Adels kam es zu ›konterrevolutionären‹ Bilderstürmen (Zerstörung des Kirchenschmucks). Daraufhin schickte Philipp den Herzog Alba, der im Namen der katholischen Brüderlichkeit die Konterrevolution blutig unterdrückte. Im Gegenzug kündigten die sieben nördlichen Provinzen (heutiges Holland) dem König den Gehorsam auf und erklärten sich zur unabhängigen Republik (1581). In einem langen und blutigen Krieg erkämpften sie unter der Führung von Moritz, Prinz von Oranien, gegen die Spanier ihre Freiheit. Auf diese Weise wurde das protestantische Holland (nördliche Niederlande) von dem spanisch-katholisch gebliebenen Belgien (südliche Niederlande) getrennt.

Holland, der Handel und die Toleranz

In der niederländischen Republik lag die Legislative bei einer Art Bundesrat, einer Delegiertenversammlung der Provinzlandtage mit dem Namen »Generalstaaten«. Die Regierung bildeten die Statthalter der Provinzen, von denen die meisten dem Hause Oranien angehörten (das Haus Oranien bezog seinen Namen von der französischen Stadt Orange; deshalb sind die Trikots der holländischen Fußballnationalmannschaft bis heute orange. Weil ein Wilhelm von Oranien 1688 englischer König wurde und die katholischen Iren schlug, feiern die protestantischen Nordiren bis heute den Orange Day). Holland kämpfte während des gesamten 30jährigen Krieges weiter und erhielt 1648 im Westfälischen Frieden von Münster seine Unabhängigkeit. Inzwischen hatte es die absolute Seeherrschaft erobert, das Speditionsgeschäft zur See monopolisiert, die portugiesischen Kolonien in Südafrika, Ostindien (Ceylon) und Westindien (Karibik) annektiert und den Spaniern die Silberflotte weggenommen. Es hatte den ganzen Welthandel an sich gezogen und das Zentrum des Bankgeschäfts von Antwerpen nach Amsterdam verlegt. Und wie immer folgte dem Bankgeschäft (siehe Florenz, Augsburg, Antwerpen, Amsterdam) der Aufschwung der Kultur.

Holland hatte die absolute Seeherrschaft erobert und den Welthandel an sich gezogen.

Mit der Handelsfreiheit zogen in Holland die Geistesfreiheit, die Wissenschaft, die Buchkultur und Toleranz ein. Nach Holland flüchteten die Verfolgten Europas, die Gelehrten, die Intellektuellen und die Kreativen. Und Amsterdam wurde das neue Jerusalem der Juden, die hier ungestört ihren Glauben praktizieren durften.

Entdeckt wurde die Neue Welt von Italienern und getauft von Deutschen, aber finanziert und beherrscht wurden diese Unternehmungen von Spaniern und Portugiesen

Die Werkstatt aber, in der der Weltgeist aus den Religionskriegen zwei neue kulturelle Erfindungen bastelte, die die Zukunft Europas bestimmen sollten, stand in England. Diese beiden kulturellen Erfindungen waren:

- die parlamentarisch kontrollierte Monarchie mit Zweiparteiensystem und modernem Regierungsapparat bei religiöser Toleranz, und
- die moderne Aufklärung unter der Herrschaft der Wissenschaft und der Vernunft.

Bevor wir dazu kommen, müssen wir noch die Schilderung der dritten Antriebskraft der Modernisierung nach der Bildung moderner Staaten und nach der Reformation nachtragen: die Entdeckungen der Astronomen, Seefahrer und Wissenschaftler; und das neue Bild des Himmels, der Erde, der Natur und des Menschen.

Das Bild der Erde, des Himmels und der Gesellschaft

1453 hatten die Türken Konstantinopel erobert und damit endgültig den Orient-Handel des Westens unter ihre Kontrolle gebracht. Das beflügelte die Versuche des Prinzen Heinrich von Portugal, genannt »der Seefahrer«, den Seeweg nach Indien um Afrika herum zu finden. Erst Vasco da Gama schaffte es 1498; ab da wurde der Seeweg billiger als der Landweg, und der italienische Handel empfing einen tödlichen Schlag.

1492 rang der Genuese Cristoforo Colombo endlich Isabella von Kastilien die Erlaubnis ab, für sie Amerika zu entdecken. Aber eigentlich wollte er hintenherum nach China (nicht nach Indien). Daß Amerika dazwischenlag, wußte er nicht und hielt es bis zuletzt für Westindien, und so heißt die Karibik bis heute noch. Am 12. Oktober 1492 landeten seine Schiffe auf San Salvador.

Als der Beauftragte der Medici in Spanien, Amerigo Vespucci, von Kolumbus' Entdeckungen hörte, wurde er selbst vom Reisefieber gepackt und erreichte 1497 als erster das amerikanische Festland. Seine Berichte darüber fanden ihren Weg zu dem Professor für Kosmographie, Martin Waldseemüller aus Freiburg, und der schlug vor, die Neue Welt »Amerika« zu nennen. Diesen Vorschlag verwirklichte dann der Kartograph Gerhard Mercator, indem er auf seiner berühmten neuen Weltkarte die ganze Gegend Amerika nannte. Daraufhin wurden die Ureinwohner Amerikaner.

Entdeckt wurde die Neue Welt also von Italienern und getauft von Deutschen, aber finanziert und beherrscht wurden diese Unternehmungen von Spaniern und Portugiesen. Von nun an ergoß sich aus der Iberischen Halbinsel ein endloser Strom von Pionieren, Abenteurern, Missionaren, Verbrechern, Goldsuchern, Spekulanten und Flüchtlingen in die Neue Welt, und diese belästigten die Ureinwohner mit ihrer Goldgier, ihren Grippeviren, ihrer Kriminalität und ihren christlichen Überzeugungen.

Da die Amerikaner Heiden waren, fühlten sich die christlichen Spanier zu Raub, Totschlag, Erpressung, Mord und Plünderung berechtigt. So konnte der Kampf gegen die Ungläubigen, der

Der Genuese Cristoforo Colombo rang Isabella von Kastilien die Erlaubnis ab, für sie Amerika zu entdecken. Am 12. Oktober 1492 landeten seine Schiffe auf San Salvador.

Der Verkehr mit der Neuen Welt wurde von Spaniern und Portugiesen beherrscht: Fernando de Magellan.

in Spanien 1492 zu Ende gegangen war, ohne ein einziges Jahr Pause in Amerika fortgesetzt werden. Die Conquistadoren waren brutale Haudegen mit einer Neigung zum Massenmord. 1521 eroberte Hernán Cortés das Aztekenreich im heutigen Mexiko. Wenig später zerstörte Francisco Pizarro das Reich der Inka in Peru. Sebastian Cabot erforschte die Gegend am Rio de la Plata in Südamerika. Fernando de Magellans Seelenverkäufer umrundeten 1519–21 die Erde und fanden dabei den Stillen Ozean. De Soto durchquerte Florida, »die Blumige«, Pedro de Alvarado entdeckte Texas, und Francisco de Coronado stieß bis Kansas vor. Die Engländer und Franzosen mußten sich mit den Resten im waldigen Norden begnügen und versuchten jahrhundertelang vergeblich, durch das kanadische Eis eine Nordwestpassage nach China zu finden.

Die Entdeckung Amerikas bedeutete eine der größten Revolutionen der Menschheitsgeschichte.

- Das wirtschaftliche Schwergewicht verlagerte sich vom Mittelmeer zum Atlantik. Dem Niedergang Italiens entspricht der Aufstieg der atlantischen Nationen Portugal, Spanien, England und Holland. Die Spanier sind zwar die ersten, aber den Konkurrenzkampf mit den Holländern und Engländern werden sie verlieren. Wahrscheinlich, weil sie nicht wie diese calvinistischen Workaholics, sondern katholische Hidalgos mit einer Neigung zur Siesta sind.
- Für die Ureinwohner bedeutet die Entdeckung eine furchtbare Katastrophe. Sie werden Opfer von europäischen Grippeerregern, gegen die sie keine Abwehrkräfte haben, und von Massenmord und Sklavenarbeit, die sie nicht aushalten. Von ca. 15 Millionen Einwohnern Mexikos zur Zeit der Entdeckungen leben nach 100 Jahren nur noch drei Millionen.
- Das bedingt die zweite Katastrophe: Man fängt Schwarze in Afrika, die das Klima und die Plantagenarbeit überstehen, und verkauft sie als Sklaven.
- 1545 nimmt das Silberbergwerk von Potosi in Bolivien seine Arbeit auf, und von da an überquert jedes Jahr eine Silberflotte den Atlantik. Die Suche nach Edelmetallen entzündet die Phantasie immer weiterer Eroberer, und die Silberflotte der Spanier wird zur Ernährungsgrundlage englischer Piraten. Langfristig etabliert sich der sogenannte Dreieckshandel: Von Europa mit Glasperlen und Tinnef nach Afrika, um Sklaven zu kaufen oder zu jagen, mit den Sklaven zu den

Plantagen und Minen in Amerika, mit Silber oder Zuckerrohr und Tabak, Mais und Baumwolle etc. wieder zurück nach Europa. So brauchen die Schiffe nie leer zu fahren. Der Dreieckshandel fällt später in die Hände der Holländer und Engländer.

- Nach Spanien ergießt sich ein ständiger Strom von Edelmetallen, aber das Land hat seine bürgerliche Kultur zerstört (Judenvertreibung, Maurenvertreibung), verpulvert das Geld durch eine unproduktive Imperialpolitik (militärische Unternehmungen, Prachtbauten) und verliert den Wettkampf der Textilindustrie gegen England. Entsprechend fehlt ihm die Infrastruktur, um das Geld im Land zu halten: es fließt weiter nach Holland, oder es landet in den Taschen englischer Piraten wie Drake oder Hawkins, die mit königlichem Wohlwollen die Spanier ausrauben und aus Patriotismus die Königin an den Profiten beteiligen.
- Mit der Entdeckung Amerikas und der Einbeziehung Indiens und Ostasiens entsteht ein einheitliches Weltwirtschaftssystem mit entsprechender Arbeitsteilung: Differenzierte industrielle Entwicklung im Zentrum (Holland, England, Frankreich mit Ausstrahlung nach Norditalien und Westdeutschland), Monokulturen und Plantagenwirtschaft sowie Leibeigenschaft und Sklaverei in der Peripherie (Osteuropa und Kolonien) und Lohnarbeit im Zentrum.

Die Entdeckung Amerikas bedeutete eine der größten Revolutionen der Menschheitsgeschichte

Die Landung des Cristoforo Colombo mit seinen Schiffen Niña, Pinta und Santa Maria in der Neuen Welt.

TYPVS ORB
AMERICA SIVE IN
DIA NOVA
CIRCVLVS ARCTICVS
Noua Francia
Chilaga
Florida
Estotilant
TROPICVS CANCRI
MAR DEL NORT
CIRCVLVS AEQVINOCTIALIS
MAR DEL ZVR
Caribana
Peru
Brasil
Amazones
Chile
Chica
TROPICVS CAPRICORNI
EL MAR PACIFICO
CIRCVLVS ANTARCTICVS
Terra del Fuego
TERRA AVSTR

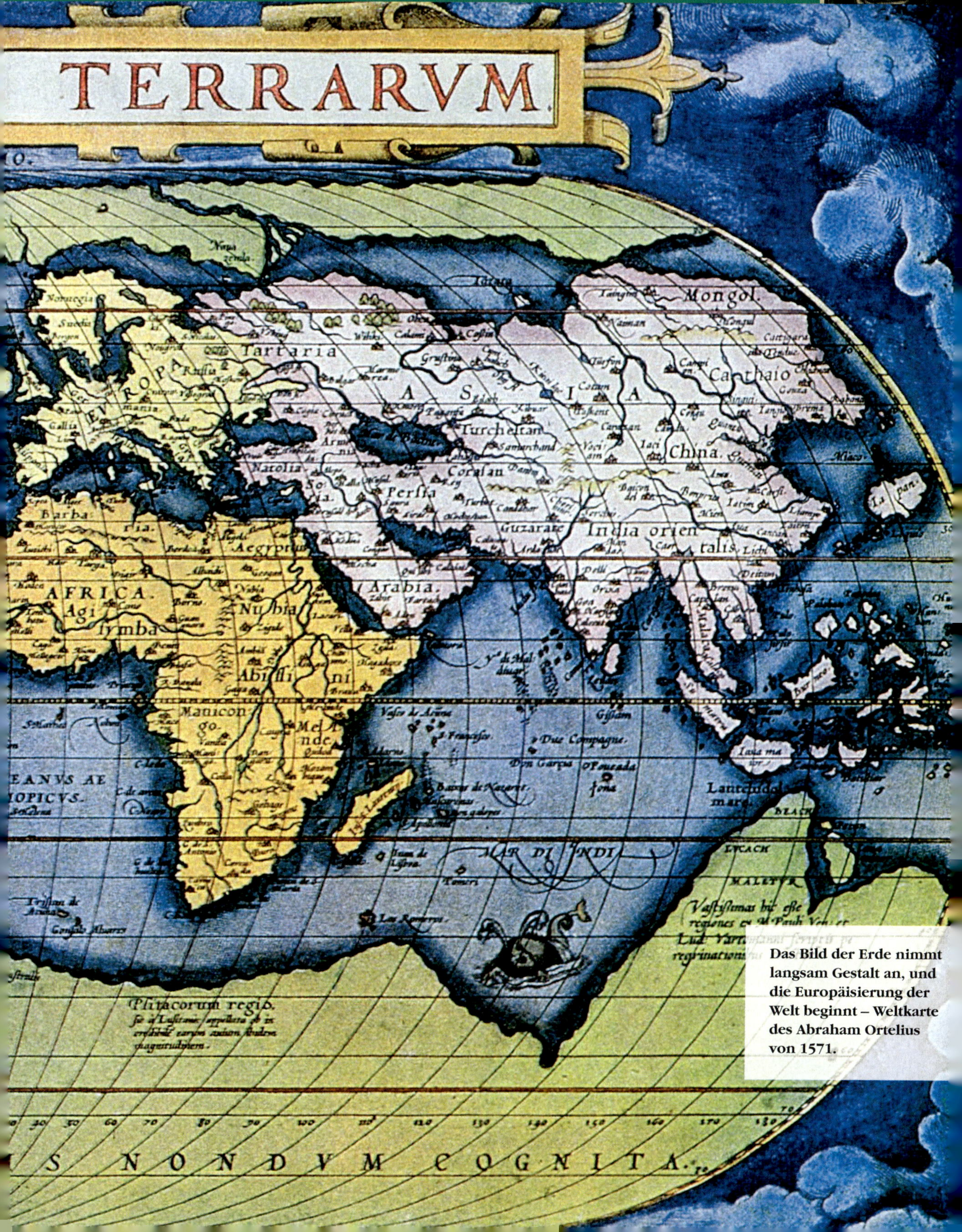

Das Bild der Erde nimmt langsam Gestalt an, und die Europäisierung der Welt beginnt – Weltkarte des Abraham Ortelius von 1571.

Zugleich beginnt die Europäisierung der Welt aufgrund militärischer und waffentechnischer Überlegenheit: Das Kolonialzeitalter ist angebrochen. Nach der Antike beginnt eine neue Zeit der Sklaverei. Die Literatur ersetzt den Ritterroman durch den Abenteuerroman, den Heiligen Gral durch Eldorado und Don Quijote durch Robinson Crusoe mit Freitag als erstem Sklaven.

Philipp Melanchthon lehnte Kopernikus ab und hielt an der Erzählung der Bibel fest.

Der Himmel – vom ptolemäischen zum kopernikanischen Weltbild

1540 brachte der Professor für Mathematik in Wittenberg, Georg Joachim Rheticus, einen ersten Bericht über die Arbeiten des Nikolaus Kopernikus aus Thorn an der Weichsel heraus. Kopernikus hatte in Krakau und Bologna Jura und Medizin studiert und war dann Kanonikus in Frauenburg in Westpreußen geworden. Auf der Basis der Angaben des alten Ptolemäus, des Schöpfers des geozentrischen Weltbildes (alles dreht sich um die Erde), hatte er ausgerechnet, daß die Bewegungen der Planeten sich besser erklären ließen, wenn man annähme, daß die Erde sich um die Sonne drehe und nicht umgekehrt. Das war so kühn, daß Kopernikus nur Eingeweihte davon unterrichtete. Tatsächlich schüttelten die Zeitgenossen den Kopf, als sie davon hörten. Die Idee schien ihnen unsinnig und der Augenschein das Gegenteil zu beweisen. Luther und Melanchthon lehnten die Vorstellung ab, weil die Bibel erzählte, Josua habe die Sonne angehalten und nicht die Erde. Die Kirche fand die Idee empörend, und das, obwohl Rheticus seine Schrift schlauerweise dem Papst gewidmet hatte. Aber als Giordano Bruno, ein radikaler Neuplatoniker, soweit ging, seinen ketzerischen Pantheismus mit der Uhr des Kopernikus zu verbinden, sah sie sich gezwungen, den Philosophen öffentlich zu verbrennen.

1543, kurz nach seinem Tod, erschien dann die endgültige Fassung von Kopernikus' Theorie unter dem Titel *De revolutionibus orbium coelestium libri VI,* sechs Bücher über die Umdrehungen der Himmelskreise. Als Galilei andeutete, Kopernikus könne recht haben, ließ ihn der Papst die Folterkeller besichtigen, worauf Galilei seine Unterlagen noch einmal prüf-

te und feststellte, er habe etwas übersehen, tatsächlich stehe die Erde still. Doch als er sich von dem Schock erholt hatte, murmelte er: »Und sie bewegt sich doch«, was die beginnende Starrköpfigkeit der Wissenschaftler illustriert. 1616, im Todesjahr Shakespeares, der das ptolemäische Weltbild auch poetischer fand als das kopernikanische, setzte der Papst das Buch über die Himmelsrevolutionen auf den Index librorum prohibitorum, die Liste der verbotenen Bücher. Erst 1757 wurde es wieder gestrichen. Seitdem behaupten die Polen, Kopernikus sei Pole gewesen, und die Deutschen, er sei Deutscher gewesen; vorher war es umgekehrt.

Die Kirche wehrte sich so zäh gegen die kopernikanische Revolution, weil sie die vertraute Architektur des dreistöckigen Hauses zum Einsturz brachte: im Obergeschoß der Himmel, im Erdgeschoß die Erde und im Keller die Hölle. Plötzlich driftete die Erde mit anderen Planeten durch einen riesigen Raum; das kam einer Zwangsräumung gleich, einer zweiten Vertreibung aus dem Paradies. Man wohnte nicht mehr im Zentrum. Das bedeutete das Exil. Der Mensch wurde heimatlos, und Gott, der praktisch über den Menschen gewohnt hatte – wo war er?

Deshalb dauerte es eine lange Zeit, bis Kopernikus allgemein akzeptiert war. Das ganze 16. Jahrhundert klammerte sich an das alte ptolemäische Weltbild. Mit der drohenden kosmischen Heimatlosigkeit stieg sogar der Aberglaube. Der Himmel wurde zu einer nächtlichen Landkarte der Angst. Der alte babylonische Kalender mit den Sternzeichen, die nur der Unterstützung des Gedächtnisses gedient hatten, wurde nun zu einem System magischer Sterneneinflüsse umgedeutet. Krasser Unsinn verbreitete sich. So glaubte man tatsächlich, das Sternzeichen der Geburtsstunde entscheide über das ganze Schicksal. Den gleichgültigen Himmelskörpern wurden Wirkungen auf das Temperament zugeschrieben. Wer unter dem Saturn geboren war, wurde melancholisch (man vergleiche Dürers Stich *Melancholia*). Sternendeuter kamen in Mode, und Scharlatane, Magier und Astrologen hatten Hochkonjunktur. Es war nicht nur die Zeit des Kopernikus, sondern auch die Zeit von Nostradamus,

Mit dem Sieg des kopernikanischen Weltbildes im 16. Jahrhundert kamen Himmel und Erde in Bewegung.

Karikatur auf Nostradamus und seine Prophezeiungen – das ganze 16. Jahrhundert klammerte sich an das alte ptolemäische Weltbild. Sternendeuter kamen in Mode, und Scharlatane, Magier und Astrologen hatten Hochkonjunktur.

Agrippa und Faust. Nostradamus (eigentlich Michel de Notre Dame) sagte Karl IX. von Frankreich eine Lebensdauer von 90 Jahren voraus und beschädigte seine Glaubwürdigkeit nur ein wenig, als Karl mit 24 verstarb. Der Kölner Magier Heinrich Cornelius Agrippa entwarf einen Kult des Abrakadabra, mit dem er sich Macht über die Dämonen verschaffte, so daß ihn einer in der Form seines Hundes begleitete (Agrippa hatte seinen Hund einfach zum Dämon ernannt, was vielleicht gar nicht so unrealistisch war). Daraus wurde die Legende des Paktes zwischen dem Teufel und dem Schwarzkünstler Georg oder Johannes Faust (aber Goethe nennt seinen Faust Heinrich [»Heinrich, mir graut vor dir«] in Erinnerung an Heinrich Agrippa).

Wie Blaise Pascal, der französische Philosoph, später sagte: Die unendlichen Räume des Weltalls machen angst.

Die Gesellschaft

Heute ist die Menschheit deckungsgleich mit der Gesellschaft. Das ist geschichtlich einmalig und neu. Im Mittelalter – so hatten wir gesagt – gehörten zur Gesellschaft auch Engel, Märtyrer, Heilige, Geister, Tote, Teufel, gar nicht zu reden von Wichtelmännern, Kobolden, Ungeheuern, Feen und dem ganzen Dämonen-Zoo. Sie nahmen teil an der allgemeinen Kommunikation. Der Protestantismus bewirkte hier eine radikale Reduktion: Er verbannte die Märtyrer, Heiligen und zahlreichen Mittelsleute, Zwischenträger und Türsteher, die sich zwischen Gott und die Menschen gedrängt hatten, und verdammte sie zum Schweigen. Er schaffte das Fegefeuer ab und vernichtete so das Parallelreich der Toten. Waren sie bisher noch prinzipiell erreichbar (man konnte ihren Zustand durch Fürbitten beeinflussen), wurden sie jetzt von den Lebenden getrennt, der Vergangenheit überantwortet und verloren sich im Fluß des Vergessens. Das brachte sie zum Schweigen. Das einzige, was jetzt noch zählte, war das Gespräch zwischen Mensch und Gott.

Heute ist die Menschheit deckungsgleich mit der Gesellschaft. Das ist geschichtlich einmalig und neu

Das bedeutete die Entzauberung der Welt zugunsten einer ungeheuren Konzentration, der Konzentration auf die Schrift. Zur neuen Quelle der Bedeutung wurde das neue Medium: das Buch.

Die Schrift

Die Druckschrift entfaltete eine eigene Magie. Die normierten, immer wieder als graphisch identisch erscheinenden Buchstabentypen ließen die Äußerung eines Buches als quasi objektiv erscheinen und gaben ihnen eine ganz eigene Beglaubigung. Da man den Autor nicht sah, konnte man die Botschaft nicht auf ihn beziehen, und der Verlust an Emphase und Unterstützung durch die Situation, die die mündliche Rede bot, wurde in der Schrift durch größere Kohärenz (Zusammenhang, Dichte) und logischen Aufbau wettgemacht. Erst mit der Schrift eröffnete sich der Vergleich zur mündlichen Rede, und was beim Übergang von einem zum andern identisch blieb, war der Sinn. So wurde Geist abstrakt. Er wurde nicht mehr als eine andere Person, sondern als Sinn gefaßt. Protestanten haben es mit dem Sinn.

Die Konzentration auf das Gespräch zwischen Gott und Mensch verdammte alle andere Kommunikation zum heidnischen Götzendienst. Sie schädigte nachhaltig die Artenvielfalt des Mittelalters, indem es die Magier, die Toten und die Heiligen ihrer Umwelt beraubte. Sie überlebten dann im Reservat der katholischen Kirche oder aber im Zoo der Literatur.

Die Literatur

Die Literatur kompensierte die Entzauberung der Welt durch künstlerische Wiederverzauberung, durch Fiktion. Werden die Feen unglaubwürdig, stehen sie in Shakespeares *Sommernachtstraum* im Theater wieder auf. Der Calvinismus aber, der in puncto Heidentum und Vergnügen keinen Spaß verstand, verbot daraufhin die Theater als Tempel eines Götzendienstes, in dem man sich mit dämonischen Schattenspielen abgab.

Buchdrucker im 16. Jahrhundert: die Druckschrift ließ die Äußerung eines Buches als quasi objektiv erscheinen.

Vorbereitung zum Hexensabbat – für ein paar Generationen wurde die alte Welt des Mittelalters gespenstisch. Judenverfolgungen und Hexenwahn nahmen wieder zu.

Aber alle Geister ließen sich diesen Massenmord nicht gefallen. Sie kehrten wieder, wie der ermordete Vater Hamlets, als Gespenster. Für ein paar Generationen wurde die alte Welt des Mittelalters gespenstisch. Das machte die Welt der Reformation besonders anfällig für dämonologische Panikanfälle. Judenverfolgungen und Hexenwahn nahmen wieder zu. Der Kampf der Konfessionen bedeutete eine regelrechte Bluttransfusion für den Teufel. Er wurde wieder viel häufiger gesichtet als Anführer der Gegenpartei.

Es gab wüstere Jahrhunderte als das 16., mit dem die Neuzeit begann. Etwa das 14. mit der Pest, für Deutschland das 17. mit dem 30jährigen Krieg oder das 20. mit der Neigung zu Massenmorden. Aber es gab selten ein Jahrhundert, das historisch so januskÖpfig gespalten war wie dieses. Noch kämpften die alten Mächte um ihr Leben und wußten nicht, daß sie zum Untergang verdammt waren: die Mittelmeerkultur, das universale Reich, die universale Kirche und das mittelalterliche Weltbild. Aber schon waren die neuen Mächte nicht mehr totzukriegen: die Weltwirtschaft, die die Erde umspannte, der Nationalstaat, der Protestantismus und die Wissenschaft. Die Menschen des 16. Jahrhunderts erlebten beides zugleich; kein Wunder, daß die Spannung sie oft hysterisch machte.

Ihren stärksten Ausdruck fand diese Spannung im größten Lichte der Menschheit, dem Mann aus Stratford namens William Shakespeare. Seine Stücke spielen in Italien, aber auch auf den Bermudas, im antiken Rom, in Athen und in Troja und im mittelalterlichen London. In ihnen tummeln sich moderne Politiker und ungläubige Machiavellisten, aber auch Hexen, Dämonen, Geister und Kobolde. Sie zeigen Beispiele zärtlichster Liebe und mörderischer Brutalität, unglaublicher Treue und kaltblütigster Prinzipienlosigkeit. Die Welt kennt keine heitereren Bilder einer unbeschwerten Gesellschaft als seine Komödien und keine düstereren Höllen der Mordlust und der Verzweiflung als seine Tragödien. Seine Stücke sind ebenso heidnisch wie christlich, ebenso protestantisch wie katholisch, ebenso individualistisch wie feudalistisch, ebenso machiavellistisch wie moralisch, ebenso aufgeklärt wie abergläubisch und ebenso modern wie traditionell. Zwar glaubte er noch an das ptolemäische Weltbild, aber das Prinzip von Kopernikus' Revolution hat er immer wieder dargestellt: nämlich daß der Augenschein trügt und unsere größten Sicherheiten im Nu in bloße Chimären (Trugbilder) verwandelt werden können. In seinem Werk finden sich alle Spannungen, die die Geburt einer neuen Welt freisetzt. Und deshalb muß man ihn lesen oder besser noch durch den Kauf einer Theaterkarte persönlich besuchen, dann kann man erleben, was man hier nur liest.

Es gab selten ein Jahrhundert, das so januskÖpfig gespalten war wie das 16. Jahrhundert – Ihren stärksten Ausdruck fand diese Spannung im größten Lichte der Menschheit, William Shakespeare

Das 17. Jahrhundert

Im 17. Jahrhundert entscheidet sich das Schicksal dreier Nationen über drei verschiedene Wege der Staatenbildung.

Deutschland – der Absturz

Der 30jährige Krieg in Deutschland (1618–48) war eine mörderische Katastrophe der größeren Art. Er wurde um zwei Prinzipien geführt:

- um die Vorherrschaft der katholischen oder der evangelischen Konfession;
- um die Vorherrschaft des Kaisers im Reich oder die Unabhängigkeit der Fürsten.

Er endet mit der Unabhängigkeit der Fürsten. Damit ist die Ausbildung eines Nationalstaats blockiert. Das Ergebnis ist: Ohnmacht des Reiches und Kleinstaaterei. Das bedeutet für den Kampf der Konfessionen ein Unentschieden: Der jeweilige Kleinfürst bestimmt, welcher Glaube in seinem Kleinstaat gilt. Im Fürstentum Bayreuth ist man evangelisch, im Bistum Bamberg katholisch. Konfessionell wird Deutschland ein Flickenteppich: Das wirkt bis heute auf die regionalen Temperamente. In Süddeutschland – also Österreich, Bayern und Baden, aber nicht Württemberg – ist man katholisch; auch in Westdeutschland bleibt es dunkel, in der Pfalz, im Rheinland und in Südoldenburg. Und wie heißt der westfälische Schöpfungsmythos? »Gott sprach: ›Es werde Licht!‹ Nur an zwei Orten blieb es finster, in Paderborn und Münster.« In Hessen dagegen und Niedersachsen, in Thüringen, Anhalt, Sachsen, Schleswig-Holstein, Mecklenburg und Preußen ist man evangelisch. Lange hat diese Landkarte auch die Parteienlandschaft eingefärbt: In katholischen Gegenden wählt man CDU, in evangelischen eher SPD.

Staatlich blieb Deutschland bis zur Reichsgründung von 1870/71 zersplittert. Mit dieser Kleinteiligkeit wurde es provinziell. Da eine Hauptstadt fehlte, entwickelte es auch keine städtische tonangebende Gesellschaft, die der Nation in Geschmack, Sprache und Lebensart ein Vorbild sein konnte. Die Deutschen verloren den Kontakt zu einer Kultur der Sprache und der Verständigung: Gespräch, Rhetorik, Konversation, Witz, Unterhaltsamkeit, Verständlichkeit, Manieren, Lebensart, Humor, Eleganz des Ausdrucks, alles das gehört nicht zu den Eigenschaften, für die andere Nationen uns besonders rühmen. So flüchteten die Deutschen in die Sprache jenseits der Sprache: in den Gesang und die Musik. Oder in die simple Verbohrtheit.

Die Deutschen verloren den Kontakt zu einer Kultur der Sprache: Rhetorik, Konversation, Witz, Manieren, Lebensart, Humor, alles das gehört nicht zu den Eigenschaften, für die andere Nationen uns besonders rühmen

Im übrigen machte sie das Dauermassaker des 30jährigen Krieges schwermütig und todessüchtig. In einigen Gegenden wurden durch den Krieg zwei Drittel der Bevölkerung ausgerottet. An der Schlächterei beteiligte sich fast ganz Europa: Frankreich, Dänemark, Schweden, Spanien, Polen und viele andere. Am Ende lag das Land in Trümmern, zurückgemordet in die Barbarei und seelisch schwer traumatisiert. Das kollektive Gedächtnis hat das nicht verarbeiten können.

Im Wettlauf der Nationen war Deutschland ausgeschieden. Erst über 200 Jahre später erschien es wieder, inzwischen in zwei Blöcke zerfallen: Preußen und Österreich mit dem heutigen Süddeutschland in der Mitte. Das war die Entscheidung für einen katastrophalen Weg in die Moderne in Gestalt einer Unglücksgeschichte und Tragödie: Die Form des Nationalstaats wurde verfehlt. Der war aber die Form, in der die Demokratie zuerst erschien. Ganz anders Frankreich und England. Ihr Aufstieg begann jetzt. Er verlief auf verschiedenen Wegen.

Frankreich – L'État c'est moi

In Frankreich entsteht der zentralistische Beamtenstaat mit dem absoluten König als Spitze. Zwei Kardinäle und ein König sind für diese Entwicklung verantwortlich:

- Während der Regierung von Ludwig XIII. (1610–1643) herrscht in Wirklichkeit Kardinal Richelieu. Über ihn kann man in Alexandre Dumas' *Die drei Musketiere* nachlesen.
- Während der Minderjährigkeit von Ludwig XIV. regiert Kardinal Mazarin.
- Ab 1661 regiert der bedeutende Ludwig XIV. selbst, der diesem Regierungssystem eine kulturelle Form, einen Stil, eine Dramatur-gie und eine Bühne gibt. Es ist der barocke Stil (→ Kunst) der Hofkultur von Versailles. In ihr werden die immer gefährlichen Adligen durch Zeremoniell, Intrigen, Feste und das ständige Hoftheater beschäftigt gehalten. Der

Er gibt dem Absolutismus einen Stil und eine Bühne: Ludwig XIV.

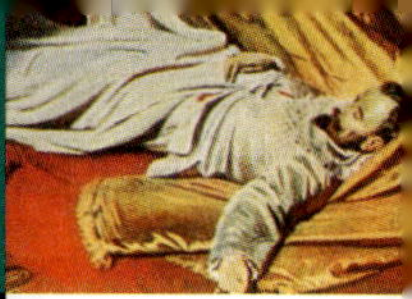

Die barocke Hofkultur des »Sonnenkönigs«: Ludwig XIV. mit seiner Familie in mythologischen Kostümen.

Hof Ludwigs XIV., der sich von seinen Anbetern »der Sonnenkönig« nennen läßt (le roi soleil), wird nun zum Vorbild Europas. Der König selbst verfügt über absolute, durch niemanden kontrollierte Macht. In Zeiten, in denen ständig mörderische Bürgerkriege drohen, ist das ein Preis, den die Untertanen für den Frieden gern bezahlen. Dafür sind sie zur totalen Unterwerfung bereit. Im König bringt sich das Wesen des Staates zur Anschauung: das Gewaltmonopol. Deshalb sagt Ludwig XIV. (auf französisch Louis Quatorze): »Der Staat bin ich / L'État c'est moi.«

Der Ausbau des Staates wird systematisch betrieben:

- systematische Wirtschaftspolitik durch Einfuhr von Rohstoffen aus eigenen Kolonien und Ausfuhr von Fertigwaren – das befördert die Industrie und hieß Merkantilismus (von mercantia = Handel);
- Einrichtung eines stehenden Heeres, Ausbau der Festungen (Ingenieur Vauban);
- Ausbau der Infrastruktur von Wegen, Straßen und Kanälen (heute noch vorbildlich);
- Ausbau der Verwaltung durch Fachminister und königliche Repräsentanten in den Provinzen;
- systematische Kolonialpolitik: Erwerb von Louisiana – das ganze Land westlich des Mississippi von New Orleans bis Quebec in Kanada;
- Entfaltung der Hofkultur als Liturgie der neuen Religion des Staates: Statt Kirchen werden Schlösser gebaut, statt der Gottesdienste werden Hoffeste veranstaltet, an die Stelle von Eucharistie und Sakramenten treten der Auftritt und die Anbetung des Königs durch seinen Hof.

Diese Kultur findet ihren Ausdruck in der Theatralik des Barock. Es ist die Zeit der Reifröcke und der gepuderten Perücken. Der Hof Louis' wird zum Modell aller Höfe Europas. Damit wird der europäische Adel französisiert. Am Hofe des russischen Zaren spricht man ebenso französisch wie später am Hofe Friedrichs des Großen von Preußen.

Kultur, Theater und Literatur

Als später das deutsche Bürgertum die deutsche Nation und die deutsche Sprache entdeckt (ab ca. 1750), muß es diese Errungenschaften gegen einen französisierten deutschen Adel durchsetzen. Das begründet die Allergie der deutschen Nationalisten gegen Frankreich. Sie haben uns unsere Identität geklaut. Entsprechend wird die deutsche kollektive Identität im Kontrast zu dem stilisiert, was man für französisch hält: Eleganz, Witz, Schliff, aristokratische Finesse und Savoir-vivre. Das alles denunziert man als modische Oberflächlichkeit, Dekadenz, bloße Zivilisation im Kontrast zur deutschen Tiefe, Erdigkeit, Gradlinigkeit, Kultur, Authentizität, die man für sich selbst reklamiert.

Das und nicht der Konflikt zwischen den Staaten ist der Ursprung vom Mythos der deutsch-französischen Erbfeindschaft.

Die Deutschen hatten von da an bis 1945 eine Beziehung zu Frankreich wie heute die Araber oder Perser zu den Amerikanern: Sie haßten sie, weil sie sie in ihrer heiteren Überlegenheit bewunderten. Das Nationalgefühl besoff sich an kulturellen Ressentiments.

Wie immer erblühte mit der Hofkultur in Frankreich auch das Theater, weil der Hof selbst aus Theater besteht.

1643 gründete der Schauspieler Jean-Baptiste Molière die ruhmreiche Comédie française und begann seine brillanten Typenkomödien zu schreiben (zugeschnitten auf Charaktertypen wie der Geizige (→ Literatur). Noch heute sind sie auf dem Theater lebendig: Tartuffe, der allen Betroffenheitsvirtuosen und heuchlerischen Gutmenschen den Namen gab; der Misanthrop, das Urbild aller tugendhaften Menschenfeinde, und L'Avare, der Geizige.

Eine Lesung des Dramatikers Pierre Corneille.

Corneille und Racine nahmen die Vorschriften des Aristoteles allzu genau und zwängten ihre Tragödien in die drei Einheiten der Handlung, der Zeit und des Ortes, aus denen sie erst der deutsche Sturm und Drang mit Hilfe des wilden Shakespeare wieder befreite.

Nichtsdestoweniger sehen die Franzosen in den beiden ihre größten Tragiker.

La Fontaine schrieb seine Fabeln von der Grille und der Ameise oder dem Wolf und dem Lamm in so flüssigen Versen, daß sie heute noch in den französischen Lehrbüchern der Welt auftauchen.

Und die Damen führten Salons und schrieben und lasen romantische Romane. Allen voran Madame de Scudéry, Madame de Sévigné und vor allem Madame de Lafayette, die mit ihrem Roman *La Princesse de Clèves* (Die Prinzessin von Kleve) den ersten psychologischen Roman schuf. Im Salon von Madame de Sablé verkehrte François de La Rochefoucauld, der seine zynischen Erkenntnisse über die egoistische Natur des Menschen in düster leuchtende Sinnsprüche (Maximes) faßte, die jeder gebildete Franzose kennt: »Heuchelei ist eine Verbeugung des Lasters vor der Tugend«. Kann man es besser ausdrücken? Oder: »Wahre Liebe ist wie eine Geistererscheinung: jeder spricht von ihr, aber kaum einer hat sie je zu Gesicht bekommen«. Oder: »Tugendhafte Frauen sind wie verborgene Schätze, sie sind nur deshalb in Sicherheit, weil niemand nach ihnen gesucht hat«.
Bis heute künden die Kolonnaden des Louvre und der Palast von Versailles von der Pracht des Zeitalters Ludwigs des XIV.
Zu seinen weniger rühmlichen Taten zählen die Aufhebung des Edikts von Nantes und die Vertreibung der Hugenotten. Sie flohen nach England und Preußen und brachten ihre Fertigkeiten und ihre protestantischen Tugenden mit. Für Frankreich aber bedeutete das einen »brain drain« (Abfluß von Hirnsubstanz), wie später die Vertreibung der Juden aus Deutschland.
Der Absolutismus war der eine Weg in die Moderne. Er führte zur Französischen Revolution. Der andere Weg wurde von England beschritten. Er brachte die parlamentarische Demokratie.

La Fontaine schrieb seine Fabeln in so flüssigen Versen, daß sie heute noch in den französischen Lehrbüchern der Welt auftauchen.

England, die puritanische Revolution und die Erfindung der parlamentarischen Demokratie

England: 1588 bis zur Glorious Revolution von 1688

1587 hatte die große Königin Elisabeth die Königin der Schotten, Maria Stuart, hinrichten lassen. Und zwar nicht, weil sie schöner war, sondern weil sie katholisch war und mit dem finsteren Philipp II. von Spanien gegen Elisabeth Mordkomplotte schmiedete.

Darauf schickte Philipp 1588 seine Armada, um England für den rechten Glauben wiederzugewinnen. Weil auf den Schiffen aber mehr Mönche als Soldaten waren und die Winde einem protestantischen Gott gehorchten und der Stammbaum des spanischen Admirals imponierender war als seine Navigationskunst, erreichte die spanische Flotte nur die Grenze des spanischen Machtbereichs und ging unter. Kurz darauf erschien Shakespeare auf den Brettern, die die Welt bedeuten, und kündete vom Glanz der elisabethanischen Kultur. Sie leuchtete in den letzten Jahren von Elisabeths Regierung heller als je zuvor in der englischen Geschichte, und sie fuhr fort zu leuchten, als Elisabeth 1603 starb und ihren Thron dem protestantischen Sohn der geköpften Maria, James I., hinterließ. James vereinte zwar Schottland mit England, zeigte aber ungute absolutistische Neigungen. Dabei stieß er auf ein selbstbewußtes Parlament, geteilt in ein Oberhaus der Aristokratie, das House of Lords, und ein Haus der Gemeinen, das House of Commons. Dieses House of Commons war ursprünglich ein Repräsentationsorgan der Provinzen, das der zentralen Erfassung der Steuern diente. Da es im ganzen 16. Jahrhundert stramm königstreu war, hatten die Könige es nicht abgeschafft, sondern für die Durchsetzung ihrer Kirchenpolitik genutzt (Einführung der Reformation, Schaffung einer anglikanischen Staatskirche, Einziehung der Klostergüter und

Die Königin der Schotten, Maria Stuart, wurde hingerichtet, weil sie gegen Elisabeth Mordkomplotte schmiedete.

Weiterverkauf an einen neuen königstreuen Adel). Jetzt aber war das Parlament voller Juristen und hatte sich von einem gefügigen Debattierclub zu einer selbstbewußten Körperschaft mit eigener Geschäftsordnung, eigenen Komitees und Unterkomitees, dem Steuerbewilligungsrecht und dem Recht, Gesetze zu initiieren, entwickelt. Und es war wesentlich eigenwilliger geworden; und das lag an einer weiteren Entwicklung.

In den großen Städten, vor allem in London, griffen die Lehren Calvins aus Genf immer mehr um sich. Sie schufen fundamentalistische Protestanten, denen der katholische Ritus der anglikanischen Kirche mißfiel. Sie wollten den Gottesdienst auf die Predigt konzentrieren und von allem papistischen Beiwerk reinigen. Wegen dieser Reinigungsabsicht nannte man sie Puritaner. Schließlich gingen sie dazu über, die anglikanische Kirche wegen ihrer Hierarchie von Bischöfen und Prälaten selbst in Frage zu stellen und freie Gemeinden zu gründen. Deshalb nannte man sie auch Kongregationalisten (von congregatio = Versammlung), Separatisten, Independents oder Dissenter, Abweichler. Sie waren protestantische Fundamentaldemokraten, die auch zunehmend die calvinistische Theologie übernahmen: vor allem die Lehre von der vorherbestimmten Gnadenwahl der wenigen Erwählten, als die sie sich selber sahen.

In Schottland hatten sie schon gesiegt und die selbstbewußte presbyterianische Kirche errichtet (mit Synoden und gewählten Ältesten). Als Charles I. 1625 seinem Vater auf den englischen und schottischen Thron folgte (England und Schottland sind seit James I. durch Personalunion verbunden), war das englische Parlament voller puritanischer Abgeordneter. Als erstes verweigerten sie die Bewilligung der Steuern. Nach mehreren Parlamentsauflösungen und neuen Verweigerungen machte das Parlament die Bewilligung davon abhängig, daß der König das Herzstück der parlamentarischen Macht förmlich anerkannte:

König Charles I.: mit einem Schlag legt ihm der Henker das Haupt vor die Füße.

»No taxation without representation« (keine Steuern ohne parlamentarische Bewilligung. Als dieses Prinzip später verletzt wurde, löste es die amerikanische Revolution aus).

Danach entließ Charles das Parlament und errichtete mit Hilfe zweier Männer ein quasi absolutistisches Regime.

- Sein Kanzler, der Earl of Strafford, imitierte Kardinal Richelieu und baute eine straffe Verwaltung auf.
- Der Erzbischof Laud näherte die anglikanische Kirche wieder der katholischen an, schonte Katholiken und verfolgte Puritaner.

Mit weltgeschichtlichen Folgen:

Die verfolgten Puritaner nannten sich nun Pilgerväter und schifften sich nach Amerika ein. 1640 gab es in der Gegend, die heute Neuengland heißt, 25 000 von ihnen. Ihre Institutionen, ihr Glaube und ihre Einstellungen sollten die Entwicklung der großen Gesellschaft prägen, die dort entstand: der USA.

Charles I. auf dem Weg zur Hinrichtung.

Andererseits wurden Anglikaner wieder Katholiken, wie z. B. Lord Baltimore. Er erhielt von Charles eine Lizenz, in Amerika auch eine Kolonie zu gründen, aber eine katholische. Er tat es und nannte sie nach der Heiligen Jungfrau Maryland. Ihre größte Stadt wurde Baltimore.

Vom Erfolg seines autokratischen Regiments in England geblendet, ging Charles nun gegen die presbyterianische Kirche in Schottland vor. Darauf schlossen sich die Presbyterianer zu einem Glaubensbündnis zusammen (National Covenant). Um sie zu schlagen, brauchte Charles ein Heer, für das Heer brauchte er Geld, und für das Geld brauchte er das englische Parlament. Er berief es ein, es zeigte sich aufmüpfig, er löste es auf und berief ein neues ein. Dieses Parlament sollte als das »Long Parliament« in die Geschichte eingehen, weil Charles es nicht mehr los wurde. Statt dessen wurde es Charles los.

Dieses Parlament beginnt sofort mit einer reformerischen Gesetzgebung, erklärt den geheimen Rat des Königs für illegal, läßt die Kruzifixe aus den Kirchen werfen und geht dann zur Revolution über, indem es den Kanzler des Königs hinrichtet. Es legt dem König eine Anklageschrift mit abzustellenden Mißständen vor und verlangt den Oberbefehl über die Armee. Als der König daraufhin versucht, einige Abgeordnete wegen Hochverrats zu verhaften, stellt sich das Parlament unter den Schutz von London. Charles flieht aus der Stadt und überläßt sie seinen Gegnern. Das Parlament aber ruft das Volk zum Ungehorsam gegen den König auf, gründet einen Wohlfahrtsausschuß als Regierungsersatz und beginnt damit, selbst eine Armee aufzustellen. Im August 1642 beginnt der englische Bürgerkrieg.

Die ländlichen Gegenden und die Aristokratie sind royalistisch, Teile der Gentry (der Landjunker), die Kaufleute und Handwerker und vor allem die Hauptstadt London halten zum Parlament. Da auch die Flotte das Parlament unterstützt und die Royalisten von den ausländischen Subsidien (Hilfsgeldern) abschneidet, und da die presbyterianischen Schotten dem Parlament zu Hilfe kommen, wird Charles I. schließlich geschlagen und gefangengenommen. Der militärische Erfolg ist vor allem einem kleinen Grundbesitzer zu danken, der eine neue Kavallerie aufstellt und schließlich eine unbesiegbare Armee aus glaubensstarken Puritanern ausgebildet hat, eine Armee, so diszipliniert und religiös, wie sie die Welt bis dahin wahrscheinlich noch nie gesehen hat: Oliver Cromwell.

Diese Armee ist radikaler als das presbyterianisch gewordene Parlament. Als es zum Zwist zwischen den siegreichen Revolutionären kommt, driften die Gemäßigten wieder zurück ins Lager des Königs. Darauf marschiert Cromwell gegen das Parlament, schließt alle gemäßigten und royalistischen Mitglieder aus und läßt nur noch ein sogenanntes Rumpfparlament übrig. Dies erklärt das Prinzip der Volkssouveränität und sich selbst zum Souverän. Da es nicht zwei Souveräne geben kann, klagt es den König des Hochverrats wegen Rebellion gegen den Souverän, das Volk, an.

Am Ende des Prozesses erkennt das Gericht auf die Todesstrafe. Am 30. Januar 1649 besteigt Charles I. das Blutgerüst, legt den Kopf auf den Block, und mit einem einzigen Schlag legt ihm der Henker das Haupt vor die Füße. England ist eine Republik.

Es ist das erste Mal in der Weltgeschichte, daß ein König als Folge eines revolutionären Programms geköpft wird. Als das Haupt fiel, hat die anwesende Menge angeblich ein dumpfes Stöhnen hören lassen, als hätte sie die weltgeschichtliche Tragweite dieses Ereignisses erahnt. Das Szenario sollte sich zweimal – in Frankreich und Rußland – wiederholen.

Die englische Republik wurde Commonwealth getauft, und unter dieser Bezeichnung ist sie in die Geschichtsbücher eingegangen. Sie hat nur zehn Jahre, bis 1660, gedauert. Sie hat es nicht geschafft, eine richtige Verfassung zu finden. Der Gegensatz zwischen gemäßigtem Parlament und radikal-puritanischem Heer blieb ungelöst. Cromwell mußte schließlich unter dem Titel Lord Protector quasi als Militärdiktator, als ein früher Napoleon, regieren. Als er starb, wurde aus Frankreich Charles' Sohn Charles II. geholt. Unter ihm und seinem Bruder, James II., kommt es zwischen 1660 und 1688 zur Restauration.

Oliver Cromwell, Heerführer und Staatsmann.

Kulturelle Folgen der englischen Revolution

Aber trotzdem hat das Commonwealth tiefe Spuren hinterlassen. Als erstes die Erfahrung: Es geht auch ohne König. Das war eine demokratische Urerfahrung. Plötzlich haben viele Leute in Komitees, Milizen und Vereinigungen an der Verwaltung mitgewirkt und politische Erfahrungen gewonnen.

Während des Commonwealth herrschte die Sittenstrenge der regierenden Puritaner. Der Luxus wich der Einfachheit, der Müßiggang der ständigen Arbeit, Sport war verboten, die Theater blieben geschlossen, die Wirtshäuser wurden es jetzt (daher die wahnsinnigen Öffnungszeiten bis heute), der Gottesdienst war Pflicht, die Bibellektüre wurde zur Hauptbeschäftigung, und die Askese der Mönche wurde im Alltag zur methodischen Lebensführung, bei der alles dem Zwecke diente, die Zeit sinnvoll zu nutzen und sie nicht in Müßiggang zu verschwenden. Natürlich züchtete das eine Mentalität der Selbstüberwachung durch ein schlechtes Gewissen. Es war die Geburtsstunde einer masochistischen Disziplin, in der die innerweltliche Askese zur Arbeitsethik der modernen industriellen Welt wurde. Ohne Puritanismus sähe der Kapitalismus anders aus.

Ohne Puritanismus wäre England nicht zum Vorreiter der Modernisierung geworden.

Ohne Puritanismus hätte Amerika sich anders entwickelt. Will man die Extremformen des Christentums vergleichen, vergleiche man den Katholizismus in Rio de Janeiro mit dem Protestantismus in Providence.

Die protestantische Mentalität ist durch ständige Selbstprüfung und Selbstkontrolle bestimmt (das disponiert heute die Amerikaner für die Psychoanalyse). Der Gerichtshof der Kirche wandert nach innen und wird zur ständigen Prüfung des Gewissens. Als einzige Richtschnur des Handelns wird es zum Quälgeist,

Ohne Puritanismus hätte Amerika sich anders entwickelt: Landung der *Mayflower* mit den »Pilgervätern« am 26. Dezember 1620 auf Cape Cod.

aber auch zur Kraftquelle der Unabhängigkeit gegenüber Autoritäten. Die Abschaffung der Beichte wird kompensiert durch öffentliche Sündenbekenntnisse. Da die Selbstbeobachtung das eigene Leben zum Exerzierfeld ständiger Bewährung und Prüfung macht, inszenieren Puritaner ihre Selbstreflexion gern um ein dramatisches Erweckungserlebnis. In ihm beginnt man ein neues Leben, man schlägt ein neues Blatt auf und bekommt eine zweite Chance. Das begründet die amerikanische Neigung zu »fresh starts«, zur Rhetorik des Anfangs und zur Geste des Aufbruchs. Bis heute ist das in der positiven Bewertung des Berufswechsels und des Wohnungswechsels sichtbar. Solche Erlebnisse werden als Zeichen der Gnade erfahren und verbinden sich mit dem Bewußtsein der Auserwähltheit als einer Quelle des amerikanischen Sendungsbewußtseins.

Glorious Revolution und Entwicklung des Zweiparteiensystems

Charles II., der 1660 den verwaisten Thron seines geköpften Vaters bestieg, war ein vorurteilsloser Monarch, der durch seine zynische Liebenswürdigkeit, seine Toleranz und die Zahl der Mätressen populär wurde. Aber er hatte einen sturen Bruder. Als James II. den Thron erbte, wiederholte er alle Fehler von Charles I., indem er sich bemühte, England in den Schoß der katholischen Kirche zurückzuführen. Deshalb richteten sich die Hoffnungen der Protestanten auf seine protestantische Tochter Mary, die den noch protestantischeren, weil calvinistischen Holländer William von Oranien geheiratet hatte. Als aber James soweit ging, eine katholische Frau zu heiraten, die ihm sogar einen katholischen Erben gebar, war die Geduld der Protestanten am Ende. 1688 luden sie den Oranier ein, nach England zu kommen und, beflügelt von ihrem Wohlwollen, sich selbst den Thron zu erobern. William kam, sah, und König James ergriff die Flucht. Daraufhin kam es zu einem Verfassungsdisput zwischen zwei Parteien: Die einen sagten, der Thron sei vakant und Wilhelm König; das waren die Progressiven, und sie wurden Whigs (von whig a mare, Schimpfwort für schottischer Pferdedieb) genannt. Die anderen sagten, William sei nur der Stellvertreter des legitimen James und regiere als sein Repräsentant, sie waren Legitimisten und wurden Tories genannt (Schimpfname für irische Gesetzlose).

Charles II. war ein vorurteilsloser Monarch, der durch seine zynische Liebenswürdigkeit, seine Toleranz und die Zahl seiner Mätressen populär wurde.

Die Whigs setzten sich durch, und die Tories gerieten in die Opposition. Aber beide Parteien hatten aus der Restauration von 1660 gelernt. Bevor Wilhelm den Thron bestieg, mußte er eine *Bill of Rights* unterschreiben.

Diese *Bill of Rights* ist die Grundlage der Verfassung Großbritanniens geworden. In ihr wird zugesichert: freie Wahl des Parlaments, freie Rede, freie Debatte der Parlamentarier und Immunität gegen gerichtliche Verfolgung; keine Steuer darf ohne parlamentarische Bewilligung erhoben werden; der König darf keine Gesetze des Parlaments außer Kraft setzen, nicht katholisch sein und ohne parlamentarische Bewilligung kein stehendes Heer unterhalten.

Anschließend wurde die Glaubensfreiheit für Puritaner erklärt. Ein Radikalenerlaß schloß sie allerdings so lange vom öffentlichen Dienst aus, wie sie sich nicht in einem rein konventionellen Konformitätseid vor der anglikanischen Kirche verbeugten. Den Quäkern wurde erlaubt, vor Gericht ihren Hut aufzubehalten, den Baptisten und Mennoniten wurde die Erwachsenentaufe gestattet, und allen wurde es freigestellt, Gott in jeder Form zu verehren, die sie für richtig hielten.

George I. sprach kein Englisch und wurde bei den Kabinettssitzungen immer wieder durch seinen Ersten Minister vertreten. So entstand das Amt des Premierministers.

Damit wurde die staatliche Politik von der Religion getrennt. Der Staat verzichtete darauf, die Einheit der Gesellschaft über die Einheit der Religion zu sichern. Damit trennte sich auch die Gesellschaft vom Staat. Sie darf buntscheckkig und sogar zerstritten sein, solange sie sich an die Gesetze hält.

Dies war ein Quantensprung in Richtung politischer Zivilisation und Menschenrechte. Innerhalb dieses Rahmens bildete sich vor und nach der Wende zum 18. Jahrhundert der Apparat der parlamentarischen Regierung heraus.

- Parlamentsouveränität: Durch eine Reihe dynastischer Zufälle blieben William und Mary und die nächste Königin Anne kinderlos (während die nächsten Erben katholisch waren). Deshalb mußte das Parlament immer wieder die Könige auswählen. So gewöhnte man sich daran, daß der wahre Souverän das Parlament war.
- Drei der regierenden Könige waren ständig abwesend oder inkompetent: William war mit der Bekämpfung von Ludwig XIV. beschäftigt und Holländer, Queen Anne war kindlich, und George I. war Hannoveraner und sprach kein Englisch – deshalb wurde der König immer wieder bei den Kabinettssitzungen durch seinen ersten Minister vertreten. So entstand das Amt des Premierministers.

Die Glaubensfreiheit – ein Quantensprung in Richtung politischer Zivilisation und Menschenrechte

- Am wunderbarsten aber war die Ausbildung des Zweiparteiensystems. An sich galten die Parteien als eine der sieben Plagen Ägyptens, weil sie in den Bürgerkrieg führten. Aber die Whigs und Tories lernten den Kompromiß aufgrund einer Paradoxie: An sich waren die Whigs gegen ein starkes Königtum, aber William war *nicht* ihr König, und deshalb mußten sie ihn stützen. An sich waren die Tories für ein starkes Königtum, aber William war nicht *ihr* König, und deshalb mußten sie ihn bekämpfen. Außerdem waren sie in der Opposition und bedienten sich der Mittel der Propaganda und der Satire und der Kritik. Die undemokratischere Partei mußte sich der demokratischeren Techniken bedienen. Beide Parteien mußten also das Gegenteil von dem tun, was ihre Prinzipien verlangten.
- Zu der öffentlichen Agitation und dem Parteienstreit gehörte die Pressefreiheit. Sie wurde praktisch mit dem Auslaufen der Licencing Act 1694 erklärt. Sofort schossen verschiedene Zeitungen aus dem Boden und wurden zum Sprachrohr dessen, was erst-

mals seit Athen wieder entstand: der öffentlichen Meinung.

- Weil die englischen Schriftsteller alle in Kontakt mit den Parteien und den Zeitungen standen, sich mit ihren Schriften am offenen Meinungsstreit beteiligten und für ein dadurch trainiertes Publikum schrieben, mußten sie verständlicher und unterhaltsamer schreiben. Das machte die englische Literatur soviel populärer als die deutsche.
- Durch die Ausweitung des öffentlichen Dienstes wurden immer mehr Parlamentarier von Regierungsjobs abhängig; der Rest wurde bestochen, für die Regierung zu stimmen. Das war die Vorform der Fraktion der Regierungspartei. Wer keinen Job bekam oder kein Geld, blieb tugendhaft, empörte sich und war in der Opposition. Auf diese Weise erhielten die Parteien eine parlamentarische Form. Die Zeitgenossen hielten das ganze System für den Gipfel der Korruption.

Zugleich durchläuft England in der Zeit nach der Glorious Revolution von 1688 einen Modernisierungsschub.

- Der Modernisierungsmotor der Geldwirtschaft läuft auf Hochtouren: Die Börse und die Bank von England werden gegründet, Aktiengesellschaften schießen aus dem Boden, die Spekulation und die Lotterie werden populär, das Papiergeld wird erfunden,

Allen wurde freigestellt, Gott in jeder Form zu verehren, die sie für richtig hielten: hier eine Quäker-Versammlung.

der Begriff Millionär wird geläufig, und die neu entwickelte Lebensversicherung macht es möglich, für die Nachkommen zu sorgen, ohne Land kaufen zu müssen.

- Der Philosoph John Locke liefert zur Entwicklung des Parlamentarismus die passende Theorie in seiner *Epistola de tolerantia (Brief über die Toleranz)* und vor allem in seinen *Two Treatises on Government.* Entscheidend ist der zweite Treatise (Traktat): Er enthält die Lehre von der Gewaltenteilung zwischen Legislative (Parlament) und Exekutive (Regierung und König). (Später wird das noch von Montesquieu durch die Judikative, die richterliche Gewalt, ergänzt.) Selten hat eine Schrift eine stärkere Wirkung ausgeübt als *The second Treatise.* Er rechtfertigt die Amerikanische und Französische Revolution. Die amerikanische Unabhängigkeitserklärung übernimmt Formulierungen von Locke. Dasselbe gilt für die Erklärung der Menschenrechte der Französischen Revolution.

Lockes Theorie der Repräsentativverfassung wird zur Inspiration für die Freiheitskämpfer der Völker. Nachdem der Philosoph Thomas Hobbes in seinem *Leviathan* den Staat als Verhinderer des Bürgerkriegs beschworen hatte, begründet Locke die Einheit des Gemeinwesens auf den ständigen Bürgerkrieg der Meinungen. Aber dieser Bürgerkrieg ist gezähmt, weil die gegenwärtige Opposition durch Aussicht auf künftige Regierungsübernahme friedlich gehalten werden kann.

Damit weist Locke der zivilen Gesellschaft den Weg zum Erfolg.

John Locke. Selten hat eine Schrift stärkere Wirkung ausgeübt als *The second Treatise*.

Das neue Weltbild

Um dieselbe Zeit erlebt die englische Wissenschaft einen ungeheuren Aufschwung. 1660 wurde die Royal Society gegründet, die sofort zur angesehensten Gelehrtengesellschaft Europas avancierte. Ihr Vorbild war das »Domus Salomonis«, das der Gründungsvater der Wissenschaftspolitik und Wissenschaftsplanung, Sir Francis Bacon, in seiner Wissenschaftsutopie *Nova Atlantis* (1627) entworfen hatte (Swift veralbert dann die Royal Society in *Gulliver's*

Travels, 1726). John Flamsteed richtet in Greenwich eine Nationalsternwarte ein, um der englischen Schiffahrt eine bessere Längengradbestimmung zu bescheren. Die Position von Greenwich wird so zum Nullmeridian der Erde. Robert Hook eröffnet den Blick durch das Mikroskop auf die Welt der Kleinstlebewesen und macht die Uhr durch die Einsetzung einer Spiralfeder vom Pendel unabhängig und damit transportabel. Mit der Taschenuhr im Jackett wird die Welt synchronisierbar. Robert Boyle schickt mit seinem Buch *The sceptical Chymist* (1661) die Schwarzkünstler, Zauberer, Goldmacher, Nekromantiker und Scharlatane ins Reich der Fabel, vertreibt den Glauben an Goldmacherei und die Transmutation der Metalle, gibt die okkulten Künste der verdienten Lächerlichkeit preis und versetzt der alten Temperamentenlehre der Medizin den Todesstoß. Weil er ihre regelmäßige Kreisbahn entdeckt, bannt Edward Halley die Angst vor Kometen, die man bis dahin für Vorzeichen der Wutanfälle Gottes gehalten hat.

All diese und noch mehr Entdeckungen werden zusammengefaßt in einem neuen System, das von Isaac Newton entworfen wird. 1687, ein Jahr vor der Glorious Revolution, bringt die Royal Society sein Hauptwerk heraus: *Philosophiae naturalis principia mathematica* (*Mathematische Prinzipien der Naturlehre*). In ihm entwickelt er die Theorie von der Gravitation als Erklärung der Bewegung der Himmelskörper aus einem einzigen Prinzip.

***Royal Observatory*, Nationalsternwarte in Greenwich, seit 1883 der Nullmeridian.**

1687 bringt die Royal Society Isaac Newtons Hauptwerk heraus: *Philosophiae naturalis principia mathematica*. In ihm entwickelt er die Theorie von der Gravitation als Erklärung der Bewegung der Himmelskörper aus einem einzigen Prinzip.

Auch dies ist ein Markstein der Moderne. Es beendet die Vorstellung mehrerer Welten – etwa Himmel, Erde, Hölle – durch die Idee eines einzigen Raumes, in dem alle Körper aufeinander einwirken.

Noch entscheidender ist das Konzept einer homogenen abstrakten Zeit, in der alle Dinge miteinander synchronisierbar sind.

Im Mittelalter war Zeit in ein in sich ruhendes Jenseits und die Flüchtigkeit des Diesseits gedoppelt. Das Diesseits war nicht kausal geschlossen, sondern anfällig für Einbrüche aus dem Jenseits, etwa die Wunder Gottes.

Newtons Zeit aber ist so total und absolut wie der Raum. Ein Jenseits gibt es nicht mehr. Statt dessen ist Zeit in Vergangenheit und Zukunft geteilt. Damit wird Wirkliches und Mögliches miteinander verbunden. Das Mögliche ist dann nicht mehr etwas, was aus der Parallelpräsenz des Jenseits ins Diesseits einbricht, sondern etwas, das die Zukunft als Dimension des Möglichen bereitgehalten hatte. Die Fließrichtung der Zeit wird durch die Ursache-Wirkungs-Verkettung bestimmt. Jetzt wird die Welt durch lückenlose Kausalvernetzung zu einem geschlossenen System. In ihm sind Eingriffe durch Wunder Gottes unmöglich. Die Welt wird als Uhrwerk vorgestellt, das von selbst läuft. Selbst Gott würde da nur noch stören. Raum und Zeit schließen sich zu einem Zusammenhang permanenter Bewegung. Der Kosmos wird zum System ineinandergreifender Teile. Gott wird als Schöpfer an den Anfang des Universums zurückversetzt. Die Welt aber ist, wie Leibniz sagt, schon die beste aller möglichen und würde durch Gottes Eingriffe nur gestört werden.

Von jetzt an wird man die Verbesserung der Welt nicht mehr aus dem Jenseits, sondern von der Zukunft erwarten. Im übrigen vertreibt diese totale Kausalvernetzung die Geister, Dämonen und angstmachenden Wesen aus den Winkeln. Die Welt wird hell. Der neue homogene Raum wird durchleuchtet, die Fackel der Vernunft vertreibt die Nacht und weckt die Somnambulen aus ihrem geistigen Schlummer, der Hahn kräht, und der Tag bricht an. Die englischen Denker und Wissenschaftler nach der Glorious Revolution schaffen die Voraussetzungen für die französische Aufklärung. Niemand hat das deutlicher gesagt als Voltaire in seinen *Briefen über die Engländer* (*Lettres philosophiques* von 1734).

Von jetzt an wird man die Verbesserung der Welt nicht mehr aus dem Jenseits, sondern von der Zukunft erwarten

Wie vormals in Athen ist der Aufschwung der Wissenschaft und Philosophie in England ein direktes Ergebnis der Einführung der Demokratie. »Die englische Verfassung«, sagt Voltaire, »hat eine solche Vollkommenheit erreicht, daß infolgedessen alle Menschen jene natürlichen Rechte genießen, deren sie in fast allen Monarchien beraubt sind.«

Und so wird zu Beginn des 18. Jahrhunderts England zum Haupt der Koalition, die die Versuche Ludwigs XIV. im Spanischen Erbfolgekrieg vereitelt, auch Spaniens Erbe als Beherrscherin Europas anzutreten.

Gottfried Wilhelm Freiherr von Leibniz, Philosoph und Mathematiker.

Das 18. Jahrhundert: Aufklärung, Modernisierung und Revolutionen

Im 18. Jahrhundert entsteht die Neue Welt. Zwei Modelle sind dabei maßgeblich:

- Die englische Verfassung wird zum Vorbild der französischen Intellektuellen und inspiriert das Denken der Aufklärung. Das Ergebnis sind Revolutionen in Amerika und Frankreich. In ihnen wird der Absolutismus gesprengt und eine radikale Demokratie etabliert.
- Der französische Absolutismus wird zum Modell der Entwicklungsländer Europas im Osten. Das Ergebnis sind aufgeklärte Despotien, in welchen die Modernisierung von oben erfolgt: Rußland, Preußen und Österreich.

Während die autokratischen Mächte mit dem Schweiß und dem Blut ihrer Untertanen gedüngt werden, sind England und Frankreich dabei, die Welt durch den Ausbau ihrer Kolonialreiche zu europäisieren. In der Mitte des Jahrhunderts spitzt sich ihre Rivalität zu.

Beide Entwicklungen verflechten sich im Siebenjährigen Krieg. Daraus wird ein Weltkrieg. Auf der einen Seite stehen Preußen und England, auf der anderen Seite sind Rußland, Frankreich und Österreich miteinander verbündet. Gekämpft wird zugleich in Schlesien, Kanada und Indien. 1763, als der Friede geschlossen wird, sind die Würfel gefallen und die Weichen gestellt für folgende Entwicklungen:

- Die Europäisierung der Welt wird von England ausgehen.
- Frankreich läuft auf eine Revolution zu, die den absolutistischen in einen demokratischen Staat verwandelt.
- Drei neue Mächte entstehen: die USA, Preußen und Rußland.

Alle drei Entwicklungen bestimmen noch die Geschichte unseres Jahrhunderts. Die beiden von oben modernisierten Länder – Rußland und Preußen-Deutschland – werden totalitäre Staaten. Sie stehen dann nacheinander den angelsächsischen Demokratien und Frankreich gegenüber.

Doch bevor wir das alles betrachten, fragen wir nach der (weitgehend) französischen Aufklärung.

Die französische Aufklärung und das Auftauchen der Intellektuellen

Sie nannten sich »philosophes«, waren aber keine einsamen Denker, die schwer verständliche Systeme entwarfen; statt dessen schrieben sie elegante Essays für das große Publikum, Satiren, geistreiche Romane und witzige Dialoge. Sie waren philosophierende Schriftsteller und hießen Diderot, d'Alembert, d'Holbach, Helvétius und – als Großmeister von ihnen allen – François Arouet, der sich Voltaire nannte.

Sie nahmen den Typus vorweg, den man später als Intellektuellen bezeichnete: Ohne Loyalität, es sei denn gegenüber ihrer eigenen Vernunft, kritisch gegenüber etablierten Autoritäten, am kritischsten gegenüber den Mächtigen, spöttisch und satirisch und im polemischen Gestus demaskierend. Sie waren nicht gelehrt, sondern aktuell, nicht akademisch, sondern journalistisch. Sie kümmerten sich um die unsinnigen Taten der Regierungen und die Mißstände der Gesellschaft. Sie bereiteten der Vernunft einen triumphalen Empfang und inthronisierten sie als oberste Richterin aller Einrichtungen der

Gesellschaft. Sie organisierten den Kampf gegen Mythen, Dogmen und Aberglauben. Als Repräsentantin des Obskurantismus (des Dunkelmännertums) erschien ihnen die Kirche und als besonders absurd das Christentum.

So verwandelten die »philosophes« mit ihrer Respektlosigkeit von Paris aus das geistige Klima Europas. Es durchdrang die Kultur so gründlich wie vorher die Reformation. Das verlangte nach einer neuen Synthese.

Um 1745/46 taten sich verschiedene Verleger zusammen, um das neue Wissen der Zeit in einer Enzyklopädie zusammenzufassen. Ursprünglich sollte es nur eine französische Ausgabe von Chambers' englischer *Cyclopaedia* von 1711 werden. Dann aber wurde einer der »philosophes« beauftragt, das Lexikon herauszugeben: Denis Diderot. Er war bisher nur durch subversive Schriften und einen Roman aufgefallen, in dem die Sexualorgane der Damen von ihren Abenteuern erzählten (*Die indiskreten Kleinode*, 1748). Nun sorgte er dafür, daß sein berühmter Freund Jean d'Alembert seinen Geist und seine Feder in den Dienst der Enzyklopädie stellte. Als sie sich an die Arbeit machten, gaben sie die Orientierung an Chambers auf und entwarfen anhand der Grundvermögen des Menschen eine neue Landkarte des Wissens: Geschichte für das Gedächtnis, Wissenschaft für die Philosophie, Theologie für die Vernunft, Literatur für die Imagination etc. Der Begriff, der das Ganze organisierte, hieß Natur. Daraus wurde das Programm einer natürlichen Religion, einer natürlichen Philosophie, einer natürlichen Ethik, einer natürlichen Psychologie abgeleitet.

Denis Diderot vertrat einen Typus, den man später als Intellektuellen bezeichnete: loyal nur gegenüber der eigenen Vernunft und kritisch gegenüber den Mächtigen.

All das wurde in der einleitenden Abhandlung von d'Alembert zusammen mit einem solch beredten Glaubensbekenntnis an die Kraft der Vernunft entwickelt, daß dieser Text zu den bedeutendsten Schriften der französischen Pro-

saliteratur zählt. Die Helden und Vorbilder der Enzyklopädie waren Francis Bacon und John Locke.

Als die ersten Bände erschienen, fiel der Zensor über sie her, aber durch die Fürsprache der Mätresse des Königs, Madame de Pompadour, und anderer konnten Diderot und d'Alembert ihre Arbeit wieder aufnehmen. Das Verbot hatte die Öffentlichkeit auf das Unternehmen aufmerksam gemacht, und die Zahl der Subskribenten stieg von 1000 auf 4000. Der dritte Band behandelte u.a. die Widersprüche der Bibel und säte Zweifel da, wo vorher Glaube gewesen war. Dann gesellte sich Voltaire zu den Autoren und bearbeitete den Buchstaben E mit den Artikeln Eleganz, Eloquenz und Esprit. Diderot selbst aber schrieb den Meta-Artikel *Encyclopédie*, der vielleicht der beste, sicher aber der längste des Lexikons ist. Darin schildert er noch einmal die Aufklärungsabsicht der Enzyklopädie und die künftige Revolution der Wissenschaft. Jeder Band verursachte bei seinem Erscheinen eine Sensation in ganz Europa. Die Kirche und der Hof schäumten vor Empörung. Immer wieder wurde die Enzyklopädie verboten. Der Papst belegte sie mit einem Verdammungsurteil, und es gereicht Friedrich dem Großen zur Ehre, daß er anbot, sie unter seiner Schirmherrschaft in Berlin herauszubringen. 1765 erschien der letzte Band; da waren schon sieben Raubdrucke erschienen, die meisten von ihnen in der Schweiz. Insgesamt kamen 43 Auflagen in 25 Ländern heraus. In vielen bürgerlichen Haushalten nahm sie den Platz der Bibel ein; Familien lasen abends einen Artikel gemeinsam; zu ihrem Studium wurden Vereine gegründet.

Die Enzyklopädie ist ein Monument der Aufklärung. Sie wurde zur entscheidenden Kraft bei der Aushöhlung der alten Ordnung und der Vorbereitung der Revolution. Ihr Programm war es, die Religion durch die Wissenschaft und den Glauben durch die Vernunft zu ersetzen.

Die »philosophes« waren nicht gelehrt, sondern aktuell, nicht akademisch, sondern journalistisch. Sie schrieben für das große Publikum: Jean Lerond d'Alambert.

Starke Männer und aufgeklärte Despoten

Frankreichs absolutistischer Staat vereinigte Despotismus mit rationaler Verwaltung. Das wirkte attraktiv auf die Despoten in den unterentwickelten Ländern Europas im Osten. Überall tauchten nun starke Männer auf – und auch Frauen –, die sich den neuen Gedanken öffneten und ihre Länder neu schufen – oder dabei scheiterten.

Polen – Jan Sobieski und August der Starke

Polen litt unter derselben Krankheit wie das Heilige Römische Reich Deutscher Nation: Nach der Vereinigung mit Litauen (1569) erstreckte sich sein Staatsgebiet zwar über die endlosen Ebenen zwischen Ostsee und Schwarzem Meer, aber wie in Deutschland verhinderte der Adel, daß eine starke Erbmonarchie entstand. Jeder polnische König wurde gewählt, und im Reichstag des Adels (dem Seym) genügte eine Gegenstimme, um einen Beschluß zu verhindern (liberum veto).

Als die Polen 1674 den tüchtigen Heerführer Jan Sobieski zum König wählten, wählten sie zugleich einen romantischen Helden: Sobieski sah auch königlich aus, war ein kühner und genialisch erfolgreicher Heerführer und entzündete die Phantasie durch eine Romanze mit der Schönheit Maria Kaziemira. Sie war seine Jugendliebe. Er mußte in den Krieg. Sie heiratete einen Trottel. Als er zurückkehrte, schmachtete sie. Er wurde ihr Liebhaber. Der Trottel starb aus Höflichkeit, und die Liebenden waren vereint. Sein großes Ziel war die Reform Polens und die Niederwerfung der Türken. Als diese 1673 Wien belagerten, war es Jan Sobieski und seine polnische Armee, die Wien retteten. Sein Hof wurde zu einem Zentrum der Aufklärung. Protestanten und Juden genossen fast so etwas wie Religionsfreiheit. Kulturell öffnete er Polen dem französischen Einfluß. Politisch aber konnte er es nicht reformieren. Als er starb, kassierten die Mitglieder des Seym ihre Bestechungsgelder und wählten den Kurfürsten von Sachsen, August den Starken. Dieser wiederum war aufgeklärt genug, um den evangelischen gegen den katholischen Glauben einzutauschen und König von Polen zu werden.

Der Kurfürst von Sachsen, August der Starke, war aufgeklärt genug, um den evangelischen gegen den katholischen Glauben einzutauschen und König von Polen zu werden.

Peter I. war geradezu besessen von der Idee, Rußlands Abriegelung von Europa zu beenden.

Rußland und Peter der Große

Zum erstenmal und spät ist hier von den Ostslawen die Rede, die seit ihrer Vereinigung unter dem schwedischen Wikingerkönig Rurik (862) »Rus« genannt wurden. Unter Vladimir dem Heiligen (980–1015) traten die Russen zum Christentum in seiner griechisch-orthodoxen Version über und übernahmen die Riten der byzantinischen Kirche. Das Zentrum der russischen Kultur war Kiew. Ab 1223 brach Dschingis Khan, der expansive Mongole, über die Russen herein, und 1242 wurde Rußland Teil des mongolischen Reiches der Goldenen Horde. Die Großfürsten regierten aber unter mongolischer Oberaufsicht vergleichsweise unabhängig weiter. Und Iwan I. (1323–40) machte Moskau zur Hauptstadt der Russen. 1472 befreite Iwan III. Rußland von den Mongolen, erklärte sich selbst zum Großfürsten aller Reußen und machte durch die Symbole seiner Herrschaft deutlich, daß er sich als Nachfolger des 1453 untergegangenen Kaisertums von Byzanz fühlte. Sein Sohn Wassilij III. nannte sich deshalb Zar (Kaiser) und ließ durch italienische Architekten die Zitadelle von Moskau, den Kreml, neu aufbauen. Dessen Sohn Iwan IV. (1533–84) erwarb sich den Beinamen »der Schreckliche«, weil er auf brutale Weise jeden Widerstand gegen seine autokratische Herrschaft brach, zugleich aber das Reich modernisierte und die kaiserliche Leibgarde (die Strelitzen) schuf. 1613 starb die Dynastie Ruriks aus, und ein Seitenzweig – die Romanovs – stellten bis 1917 die Zaren. Ab 1682 regierte Sophia mit Hilfe der Strelitzen als Regentin für einen schwachsinnigen Bruder und ihren Halbbruder Peter I. Dieser hatte derweil Zeit, sich in der sogenannten »deutschen Kolonie« in Moskau herumzutreiben und festzustellen, daß die dort wohnenden Ausländer den Russen an Bildung, Kultur und vor allem technischen Fertigkeiten weit überlegen waren.

Tatsächlich dämmerte Rußland im mittelalterlichen Halbschlaf dahin. Es hatte kein römisches Recht, keine Renaissance und keine Reformation erlebt, statt dessen aber die Despotie der Mongolen. Die Bauern aber kannten nur die Schwere des Bodens, die Knute des Herrn und das Murmeln der orthodoxen Priester, die im Dämmerlicht der Kirchen vor goldenen Ikonen mit immergleichen Bewegungen die Räucherfäßchen schwangen.

Als Peter sich 1689 – ein Jahr nach der Glorious Revolution in England – an die Macht putschte, begann auch für Rußland eine neue Zeit, denn selten hat ein Fürst sein Land so sehr verändert wie Zar Peter Rußland. Er dürfte darin nur noch von Lenin übertroffen worden sein, mit dem er manche Ähnlichkeit hat.

Peter war geradezu besessen von der Idee, Rußlands Abriegelung von Europa zu beenden und sich einen Zugang zum Meer zu verschaffen, und zwar entweder zum Schwarzen Meer – das bedeutete Krieg mit den Türken – oder zur Ostsee – und das bedeutete Krieg mit den Schweden. Sie beherrschten damals das Baltikum und stellten eine europäische Großmacht dar.

Erst versuchte er es mit den Türken. Als er eine Niederlage erlitt, sah er ein, daß das Land erst modernisiert werden mußte. Und nun begann eine der erstaunlichsten Episoden im Leben eines Herrschers. Er stellte eine Gesandtschaft von circa 250 Männern zusammen, die in Westeuropa den Schiffbau und andere Fertigkeiten erlernen sollten, und verkleidete sich dann selbst als Mitglied dieser Gesandtschaft. Natürlich gab er sich immer wieder zu erkennen. Der Kurfürstin-Witwe von Brandenburg fiel Peters Abneigung gegen Messer und Gabel auf. Sie war verblüfft darüber, daß sich die Russen beim Tanzen über die harten Knochen der deutschen Damen beschwerten: Sie hatten die Fischbeinstäbe ihrer Korsagen für ihre Knochen gehalten.

Selten hat ein Fürst sein Land so sehr verändert wie Zar Peter Rußland.

In Zaandam, dem holländischen Mekka des Schiffbaus, wohnte Peter eine Zeitlang, als Schiffszimmermann verkleidet, im Häuschen des Arbeiters Gerit Kist. Später erhielt das Häuschen eine Tafel mit der Inschrift »Einem großen Mann ist nichts zu klein« und Peter der Große ein Denkmal in Lortzings Oper *Zar und Zimmermann*. Tagsüber arbeitete er zehn Monate lang als normaler Balkenschlepper beim Bau eines Schiffs, nachts studierte er die zugehörige Theorie. Danach besuchte er Gelehrte und Wissenschaftler in ihren Werkstätten, schaute bei Leeuvenhoek durch das Mikroskop, sah sich in Boerhaaves

Anatomiesaal das Innere der Leichen an, hörte Vorlesungen über Ingenieurkunst und Mechanik und lernte nebenbei das Zähneziehen, das er an seinen Untergebenen übte. Er verfrachtete Wagenladungen mit neuen Geräten und Werkzeugen nach Rußland und schickte ihnen Hunderte von Kapitänen, Armeeoffizieren, Köchen und Ärzten hinterher, um seine Landsleute auszubilden. Er besuchte London und Wien und machte auf der Rückreise bei August dem Starken in Polen Station. Sie begründeten dabei auf der Stelle eine tiefe Männerfreundschaft, weil sie endlich jemanden gefunden hatten, der es in den Disziplinen des schweren Kampftrinkens und des Zerknüllens von Silbergeschirr mit ihnen aufnehmen konnte. Dabei heckten sie die Idee aus, sich zusammenzutun und Schweden seine Besitzungen auf dem Kontinent wegzunehmen. Als auch Dänemark der Koalition beitrat, begann der Nordische Krieg von 1700 bis 1721.

Karl XII. und Schweden

Es wurde der Kampf eines genialen Feldherrn, des schwedischen Königs Karl XII. gegen den russischen Winter. Karl gewinnt jede Schlacht. Er besiegt Dänemark, Polen und auch Peter den Großen, dessen Armee noch nicht den gewünschten Ausbildungsstand erreicht hat. Er setzt August den Starken ab und beginnt von Polen aus den Marsch in Rußlands Weiten. Dabei wird er zum Vorgänger Napoleons und Hitlers. Zar Peter zieht sich immer weiter zurück und läßt dabei alle Städte und Vorräte niederbrennen. So lockt er Karl immer tiefer in ein verwüstetes Land. Dann kommt der Winter und wird ungewöhnlich streng. Den Schweden frieren die Hände und Füße ab.

Endlich, am 11. Mai 1709, kommt es bei Poltava, südwestlich von Charkow, zum Stalingrad des 18. Jahrhunderts. Als die Schlacht vorüber und Karl XII. besiegt ist, hat sich die Welt verändert. Rußland ist in Europa angekommen. Es frißt das Baltikum und die Ukraine. August der Starke besteigt als Herrscher von Peters Gnaden wieder den polnischen Thron. Zwar flieht Karl XII. in die Türkei und bringt Peter noch einmal durch ein türkisches Heer in Gefahr, aber als der Sultan ihn lästig findet, reitet er in einem Gewaltritt von 14 Tagen von Istanbul nach Stralsund, verteidigt die Stadt dort gegen Belagerer, kehrt nach Schweden zurück, hebt neue Truppen aus und fällt, erst 36 Jahre alt, als er Norwegen angreift.

Karl XII. von Schweden, ein genialer Feldherr, der Totengräber der schwedischen Großmacht.

Karl XII. war ein schwedischer Hannibal. Er war ein genialer Feldherr, erneuerte fast die Wikingerherrschaft über Rußland und erreichte doch das Gegenteil von dem, was er wollte. Er wurde der Totengräber der schwedischen Großmacht und der Geburtshelfer Rußlands.

Peters Reformen

Peters Modernisierung Rußlands ist so despotisch wie später die Sowjetisierung durch Lenin und Stalin. Zuerst mußten sich die Russen die Bärte abschneiden. Wer es nicht tat, mußte eine Bartsteuer zahlen. Dann mußte die rus-

Seit Peter dem Großen schwankt Rußland zwischen den slawophilen Altrussen und den westlichen Erneuerern

sische Tracht verschwinden. Er befreite die Frauen aus dem Frauenhaus, stutzte die Macht der orthodoxen Kirche, verbot, Mystiker und Fanatiker zu Priestern zu weihen, und führte die religiöse Toleranz ein. Er ersetzte den Geburtsadel durch eine Art Verdienstadel, der in Ränge eingeteilt war; der Rang richtete sich nach der Bedeutung ihrer Verdienste um den Staat. Die Regierung bestand aus einem Senat und Fachministerien. Dem Senat waren die Provinzgouverneure verantwortlich. In den Städten gab es drei Klassen: reiche Kaufleute und Akademiker, Lehrer und Handwerker, Arbeiter und Angestellte. Die Dorfgemeinschaft (Mir) blieb eine kollektive Körperschaft. Die Leibeigenschaft ließ Peter unangetastet. Zugleich betrieb er eine aktive Industriepolitik und förderte den Bergbau, das Handwerk und die Textilindustrie. Wie später bei der sowjetischen Kollektivierung wurden Bauern zwangsweise zu Industriearbeit gepreßt. Dabei entstand eine Art Industriesklaverei. Nach dem Ende des Krieges mit Schweden führte er im Inneren den Freihandel ein. Er installierte den julianischen (protestantischen) Kalender, machte die kyrillische Schrift obligatorisch (die Kirche benutzte noch die altslawische Schrift), ließ Zeitungen drucken, gründete Bibliotheken und kopierte das deutsche Gymnasium. Er importierte Schauspieler aus Deutschland, Baumeister aus Italien und Wissenschaftler aus allen Ländern Europas. Vor allem aber schleppte er ganz Rußland an die Ostsee, wo er dem Reich eine neue Hauptstadt baute: St. Petersburg. Wie später die sowjetischen Großprojekte auf den Knochen der Häftlinge des Gulag und der Kriegsgefangenen gebaut wurden, wurde St. Petersburg auf den Knochen der russischen Arbeitssklaven und der schwedischen Kriegsgefangenen errichtet. Über 120 000 liegen in den Sümpfen der Newa.

Als Peter 1725 im Alter von 52 Jahren starb, wurde er von allen gehaßt. Er war eine Figur wie Heinrich VIII. von England oder Lenin: ungewöhnlich grausam, ungewöhnlich zielstrebig, besessen von einer Vision, ungewöhnlich vital, ungewöhnlich zäh, ungewöhnlich begabt und rücksichtslos. Er hatte sein Land gewaltsam in die Moderne befördert.

Damit hat er zugleich seinen späteren Nachfahren Lenin und Stalin, aber auch Gorbatschow ein Beispiel gegeben. Seitdem schwankt Rußland zwischen den slawophilen Altrussen und den westlichen Erneuerern.

Die Zarinnen: Anna, Elisabeth und Katharina die Große

Ein Mann kann außergewöhnlich sein, aber noch außergewöhnlicher ist es, wenn ein außergewöhnlicher Mann eine außergewöhnliche Mätresse hat. Katharina, die spätere Zarin Katharina I., war als Magd des lutherischen Pastors Glück in Marienburg aufgewachsen. Bei der Belagerung der Stadt wurde auch sie erobert und ergriff den Beruf der Konkubine. Die Betten der Kommandanten als Leiter benutzend, bestieg sie endlich das Lager des Zaren. Sie wurde ihm unentbehrlich, teilte klaglos sein Feldbett, beruhigte ihn, wenn er in Krämpfe verfiel, und heiterte ihn auf, wenn er Trübsinn blies. 1712 heiratete er sie, und 1724 krönte er sie zur Zarin. Damit schaffte sie dasselbe wie vor ihr Theodora, Gattin des Kaisers

Katharina II. auf dem Zarenthron – sie opferte ihre Keuschheit auf dem Altar der Politik: Der leitende Minister wurde jeweils ihr Liebhaber, oder umgekehrt.

Justinian: den Aufstieg von der Prostituierten zur Kaiserin.

Nach Peters Tod schaltete sie den rechtmäßigen Erben aus und machte sich selbst zur Zarin. Damit sicherte sie ihrer Tochter Elisabeth den Thron, nachdem deren Vorgängerin, die Zarin Anna, ihn geräumt hatte. Elisabeth brachte Friedrich den Großen im Siebenjährigen Krieg an den Rand des Abgrunds und bestimmte dann einen Enkel Peters des Großen, den unfähigen Peter III., zu ihrem Nachfolger. Diesen Fehler aber machte sie wieder gut, indem sie ihm eine außergewöhnliche Frau aussuchte: Sophia von Anhalt-Zerbst. Inmitten eines Chaos von Palastrevolten und Verschwörungen, bei denen der unfähige Peter sein nutzloses Leben ließ, wurde sie als Katharina II. die Zarin aller Reußen (1762–96).

Zarin Katharina II. setzte die Waffen einer Frau ein.

Um ihre prekäre Stellung zu sichern, setzte sie neben ihrer hohen Intelligenz noch die Waffen einer Frau ein. Zwar hatten auch ihre Vorgängerinnen dem Prinzip der freien Liebe gehuldigt, aber Katharina entwickelte diese Praxis zu einem neuen Regierungssystem weiter: Sie verstärkte die Loyalität des jeweils leitenden Ministers, indem sie ihre Keuschheit auf dem Altar der Politik opferte. Mit anderen Worten: Der leitende Minister wurde auch jeweils ihr Liebhaber, oder umgekehrt. Das war die serielle Monogamie auf politischer Grundlage. Wenn in England die Fraktion der Mehrheitspartei den Premierminister wählte, übernahm in Rußland Katharina den Part der Fraktion. Unter ihren Favoriten hat sich besonders Fürst Potemkin durch die von ihm erfundenen Fassadendörfer einen Namen gemacht, mit denen er der Zarin blühende Landschaften vorgaukelte.

Katharina war eine aufgeklärte Philosophin vom Schlage Voltaires. Mit ihm korrespondierte sie genauso wie mit fast allen »philosophes« der Aufklärung. Politisch setzte sie Peters Reformen fort. Sie übertrug die Gerichtsbarkeit über die Leibeigenen von den Gutsherren auf öffentliche Richter. Sie schaffte die Folter ab und erneuerte die religiöse Toleranz, die nach Peters Tod wieder gelitten hatte. Sie unterwarf die orthodoxe Kirche dem Staat und schuf ein Erziehungswesen mit Schulen und Akademien, das aber durch die Kirche in seiner Entfaltung wieder gebremst wurde. Dabei vergaß sie auch die Frauenbildung nicht und gründete Schulen für Mädchen. Sie errichtete Krankenhäuser, verbesserte die Hygiene und demonstrierte die Gefahrlosigkeit des Impfens, indem sie sich als zweite Russin gegen die Pocken impfen ließ. Obgleich sie durch ihre Günstlingswirtschaft die Privilegien des Adels befestigte, setzte sie Peters aktive Industriepolitik fort. Und neben all diesen aufreibenden Tätigkeiten fand sie noch die Zeit, Opern, Gedichte, Dramen, Märchen, Abhandlungen und Memoiren zu schreiben. Sie gab eine anonyme satirische Zeitschrift heraus, die sie mit eigenen Beiträgen füllte, und schrieb eine Geschichte der römischen Kaiser. Neben Elisabeth von England und Christine von Schweden war sie eine der außergewöhnlichsten Herrscherinnen, die je auf einem Thron Platz genommen haben.

Preußen, der Soldatenkönig und Friedrich der Große

Etwa zur gleichen Zeit, da das gewaltige Rußland am Horizont Europas erschien, begann im Komposthaufen des deutschen Reiches plötzlich ein Maulwurfshügel zu wachsen: Brandenburg-Preußen. Dafür hatte Friedrich Wilhelm, der große Kurfürst, die Vorarbeit geleistet (1640–88). Er hatte nach französischem Vorbild die Verwaltung modernisiert, ein stehendes Heer geschaffen und die Wirtschaftspolitik am Merkantilismus ausgerichtet. Sein Sohn Friedrich III. handelte dem Kaiser die Königswürde ab und nannte sich ab 1701 Friedrich I., König in Preußen. Im übrigen aber war, wie Rußland, Preußen ein rückständiges Land, in dem die Bauern Leibeigene der Grundherren waren und von einer anmaßenden Kaste von Junkern kujoniert wurden. Deshalb verlief, ähnlich wie in Rußland, die Modernisierung über die Militarisierung. Nur wurde im protestantischen Preußen der Kadavergehorsam zur Pflichterfüllung veredelt und als Verdienst ausgelegt.

Entsprechend war der Vater des Vaterlandes ein ähnlich brutaler Modernisierer wie Peter der Große. Die Rede ist von Friedrich Wilhelm I., genannt der »Soldatenkönig«. In ihm verband sich der Oberlehrer mit dem Feldwebel. Sein ständiger Gefährte war sein Stock, mit dem er auf jeden einprügelte, der ihm mißfiel. Der Stock war zugleich das Symbol der beiden Institutionen, auf die er die Größe Preußens baute: die Schule und die Armee. 1722 führte Preußen früher als irgendein Land die allgemeine Schulpflicht ein: Jede Gemeinde mußte eine Schule unterhalten. Eine Generation später hatte Preußen jedes andere europäische Land im

Der Große Kurfürst – hier im Kreise seiner Offiziere – leistete die Vorarbeit für den Aufstieg Preußens.

Stand der Allgemeinbildung überholt. Die nimmermüde Sorge des Königs aber galt dem Ausbau der Armee. Zwei Drittel des Staatshaushaltes wurden davon verschlungen. Adlige wurden zum Offiziersdienst verpflichtet und alle zusammen einem gnadenlosen Drill unterworfen. Kavallerie, Artillerie und Infanterie erhielten durch den Drill eine solche Beweglichkeit, daß sich keine andere Armee damit messen konnte. Im übrigen hatte der König eine Schwäche für lange Kerls, die er sammelte wie Peter der Große Zwerge; seine sonstigen Bedürfnisse wurden damit befriedigt, daß er sich im Tabakskollegium mit groben Scherzen amüsierte, bei denen etwa ein Philosoph auf den Rücken eines Bären gebunden wurde. Kurzum: er hatte den Humor eines Stammtischbruders, aber er zeugte einen ganz andersartigen Sohn.

Nach langen Zeiten der Dürre begegnen wir damit wieder einem deutschen Fürsten, der in das kollektive Gedächtnis der Zivilisation eingewandert ist. Gemeint ist Friedrich II., genannt »der Große«. Schon daß er seinem Kommißkopf von Vater Widerstand leistete, macht ihn bedeutend. Papas Erziehungsideal war ein Typ Herrscher, der die Tugenden eines pedantischen Sparkommissars mit der Sensibilität eines Armeestiefels verband. Aber der Sohn neigte zu Schöngeistigem, drehte sich Locken, parlierte Französisch statt das knorrige Deutsch eines Soldaten, machte sich über die Religion lustig, pflegte verdächtige Freundschaften mit Hauptmann Katte und Leutnant Keith und spielte auf der Flöte. Kurzum, wenn Friedrich auf seinen Macho-Papa nicht wie eine Schwuchtel wirkte, dann doch wie ein fast noch flüssiges Weichei, das außerstande war, Preußen zu regieren. Als Papa ihn dabei erwischte, wie er heimlich Gedichte las, prügelte er mit dem Krückstock auf ihn ein, und bei einer anderen Gelegenheit versuchte er, seinen Sohn mit der Vorhangkordel zu erdrosseln. Als Friedrich mit Freund Katte nach England fliehen wollte, wurden sie erwischt. Der König ließ sie vor ein Kriegsgericht stellen und beide zum Tode verurteilen. Auch dabei glich Friedrich Wilhelm wieder Peter dem Großen. Mit Rücksicht auf

Auf der Armee war die Größe Preußens gebaut: die »langen Kerls«.

die anderen Fürsten Europas ließ Papa Friedrich leben, aber dafür mußte dieser dabei zusehen, wie Freund Katte exekutiert wurde. Dann wurde er eingesperrt. Als der Vater ihn für abgehärtet genug hielt, ließ er ihn die Wirtschaft und Verwaltung Preußens studieren und versetzte ihm einen neuen Schlag, indem er ihn mit Elisabeth Christine von Braunschweig verheiratete. In Rheinsberg verbarrikadierte sich der Kronprinz und begann eine Korrespondenz mit Voltaire, die über 40 Jahre lang dauerte. Er wurde Freimaurer, lobte die englische Verfassung und schrieb einen Anti-Machiavelli. Als er 1740 das Erbe seines Vaters antrat, begrüßte die Welt einen Philosophen auf dem Königsthron. Die Aufklärung hatte sich in das Herz der Fürsten vorgearbeitet.

Friedrich II.: ein deutscher Fürst, der in das kollektive Gedächtnis der Zivilisation eingewandert ist.

Am ersten Tag seiner Regierung schaffte er die Folter ab. In den nächsten Tagen erklärte er die Religionsfreiheit und die Pressefreiheit. Er berief einen Freidenker an die Spitze der Berliner Akademie der Wissenschaften und machte sie zu einer der besten Akademien Europas. Und dann enttäuschte er alle Welt, indem er unter fadenscheinigen Vorwänden einen Krieg vom Zaun brach und der netten Maria Theresia von Österreich Schlesien wegnahm. Die Kaiserin aber weigerte sich standhaft, Friedrichs Eroberung anzuerkennen. Sie bahnte ein Bündnis mit Rußland und Frankreich an, und um ihr zuvorzukommen, begann Friedrich 1756 den Siebenjährigen Krieg. Und zum erstenmal bemerkte die staunende Welt, daß hinter den märkischen Kiefernwäldern etwas Neues herangewachsen war: Preußen. Preußen, das war eine Armee mit einem Staat als Anhängsel. Und diese Armee marschierte unter der Leitung des jungen Feldherrn Friedrich gegen die drei Armeen der verbündeten Großmächte, allein unterstützt durch Zahlungen Englands, und hielt sie durch glänzende Siege und auszehrende Niederlagen in Schach. Friedrich sprach zwar französisch, aber er gab allen Deutschen, die sich an die Ohnmacht des Reichs gewöhnt hatten, das Gefühl: hier ist mal endlich einer, der es den andern zeigt. Schließlich behielt er Schlesien, und die halb protestantische Provinz wurde preußisch. Und mit den neuen Ressourcen und der Überlegenheit seiner Armee wurde Preußen eine Großmacht. Die kleinste zwar, aber eine Großmacht in dem, was man nun das Konzert der europäischen Mächte nannte: Frankreich, England, Österreich, Rußland, Preußen. Und durch sein Durchhalten im Siebenjährigen Krieg half Friedrich seinem Verbündeten England, den Weltkrieg gegen Frankreich zu gewinnen, den beide Länder um ihre Kolonien in Übersee führten.

Preußen, das war eine Armee mit einem Staat als Anhängsel

Der Weltkrieg zwischen England und Frankreich

In England war William Pitt 1756 Premierminister geworden. Er stellte den ersten Fall eines leitenden Ministers dar, der allein die Interessen der Londoner City – also der Kaufleute und Finanziers – vertrat. Entsprechend war sein Programm die Errichtung eines englischen Empire und die Beherrschung des Handels der Welt. Dabei stieß er in Nordamerika und in Indien auf Frankreich. Zumal in Nordamerika drückten die großen französischen Territorien von New Orleans bis Quebec in Kanada den 13 englischen Kolonien die Luft ab.

William Pitt stellte den ersten Fall eines leitenden Ministers dar, der allein die Interessen der Londoner City vertrat.

Während Friedrich die Franzosen zu Lande schlug, koordinierte Pitt die Aktionen zur See. Er griff nicht mehr Frankreich selbst an, sondern den französischen Handel. Dabei bediente er sich des Informationsnetzwerks der englischen Händler. Auf diese Weise wurde in Afrika Dakar als Basis für den Gummi- und Sklavenhandel erobert, in Kanada wurden Montreal und Quebec als Basislager für die Fisch- und Pelzhandelspostenkette genommen, und in Indien warf die Ostindische Kompanie die Franzosen auf eigene Faust hinaus, während Pitt die ostasiatischen Handelsstraßen blockierte und den Teehandel mit China an sich brachte. Seitdem trinken die Engländer nicht mehr Kaffee, sondern Tee (weil er billiger wurde).

Und die Franzosen verloren ein Weltreich, weil ihre Regierungen noch immer die dynastischen Rivalitäten in Europa für wichtiger hielten als die Weltpolitik in Übersee. Und die Engländer gewannen ein Weltreich, weil ihre parlamentarisch kontrollierte Regierung schon die Handelsinteressen der Kapitalisten repräsentierte. Indien, Kanada, das ganze Land bis zum Mississippi von New Orleans bis Florida wurden englisch. Friedrich der Große war der Mitbegründer des Britischen Empire.

Und 1763, mit dem Ende des Siebenjährigen Kriegs, beginnt die Moderne. Warum?

Der Krieg hat die Bühne vorbereitet, auf der nun eine ungemeine Zeitbeschleunigung einsetzt und die Entwicklung in die vierfache Revolution führt.

1. Die Beseitigung Frankreichs als kolonialer Rivale hat auch für die englischen Kolonien jede Gefahr beseitigt. Sie brauchten nun gegen niemanden mehr geschützt und verteidigt zu werden. Mit anderen Worten: Mit ihrem Sieg über Frankreich im Siebenjährigen Krieg hatten die Engländer selbst den einzigen Grund beseitigt, aus dem die Kolonien es duldeten, von England aus regiert zu werden. 1776 – nur 13 Jahre nach dem Sieg Englands – erklärten die 13 amerikanischen Kolonien Englands ihre Unabhängigkeit. Damit ist neben Preußen eine weitere Großmacht geboren, der die Zukunft gehört – die USA. Zugleich bedeutet die Unabhängigkeitserklärung eine Revolution: Die Amerikaner – Nachfahren der Puritaner – kündigen dem König schon wieder den Gehorsam auf. Der Unabhängigkeitskrieg ist ebenfalls ein siebenjähriger Krieg und dauerte von 1776 bis 1783. Aber in Wirklichkeit

Die Unabhängigkeitserklärung der USA bedeutet eine Revolution: Die Amerikaner kündigen dem König den Gehorsam auf.

ist es ein Bürgerkrieg mit einem Ozean dazwischen. Auf beiden Seiten gibt es Loyalisten und Rebellen. In England sitzen die Rebellen im Parlament, z. B. der alte Pitt, der Dramatiker Richard Sheridan, der Lebemann Charles Fox und der politische Essayist Edmund Burke – und halten fulminante Reden für die amerikanische Freiheit und gegen die Tyrannis der Regierung. 13 Jahre vor der Französischen beginnt die Amerikanische Revolution. Die Unabhängigkeitserklärung enthält die Deklaration der Menschenrechte in würdiger englischer Prosa: »We hold these truths to be self-evident: that all men are created equal; that they are endowed by their Creator with certain inalienable rights; that among these are life, liberty and the pursuit of happiness ...« (Wir halten folgende Wahrheiten für offensichtlich: daß alle Menschen gleich geschaffen sind; daß sie von ihrem Schöpfer mit bestimmten unveräußerbaren Rechten ausgestattet wurden; daß unter ihnen das Recht auf Leben, Freiheit und das Streben nach Glück ist.)

2. Der Sieg Englands im Siebenjährigen Krieg und die Herrschaft über den Welthandel öffneten das Tor zur industriellen Revolution. Dazu waren drei Dinge nötig: große Absatzmärkte, gigantische Kapitalien und die Erzeugung titanischer Energien, um Maschinen zu betreiben. Mit der Erfindung und Verbesserung der Dampfmaschine durch James Watt nach 1765 war der Kreislauf geschlossen, der von nun an immer schneller die Welt verändern sollte: Da die Dampfmaschine – etwa im Gegensatz zur Elektrizität – ihre Energie an einem Ort konzentrierte, mußten auch die Maschinen an einem Ort konzentriert werden und ebenfalls die Menschen, die die Maschinen bedienten. Damit war das Fabriksystem geboren. Danach war nichts mehr wie vorher. Eine neue Art der Hölle entstand. Der Kapitalismus war da.

Eine neue Art der Hölle entstand. Der Kapitalismus war da

In diesem System führten große Kapitalien dazu, daß sich ungeheure Energien zum Betrieb vieler Maschinen vereinigten, die von vielen Menschen zur gleichen Zeit bedient wurden, um eine riesige Menge von Massenprodukten für gigantische Absatzmärkte herzustellen, damit wieder riesige Kapitalien verdient wurden. Nachdem der Prozeß einmal in Gang gekommen war, beschleunigte er sich selbst, und dabei wurden die Master-Manufacturers bei der Leitung der Fabriken zunehmend von den Kapitaleigentümern ersetzt. Dieses Fabriksystem ermöglichte die schlimmste Art der Ausbeutung seit den Steinbrüchen von Syracus und der Silbermine von Potosi. Die Arbeiter waren nicht mehr in Zünften organisiert und also schutzlos. Sie arbeiteten für einen Hungerlohn bei einer Arbeitszeit von zehn bis zwölf Stunden unter furchtbaren gesundheitlichen Bedingungen und wohnten in Slums.

Das sollte zum Anlaß für die Entstehung der Gewerkschaften und für die Kapitalismuskritik von Marx werden.

Die Beschleunigung in der Umwälzung aller Lebensverhältnisse bewirkt eine Kulturrevolution, die wir mit dem Epochenbegriff der Romantik bezeichnen. Sie setzt etwa in den 1760er Jahren ein. Man versteht sie am besten, wenn man sich klarmacht, daß neue Formen des Erlebens sich im Umbau der zentralen Begriffe ausdrücken.

Zentral ist ein neues Erleben der Zeit: Die technischen Veränderungen lassen jetzt auch die Dinge des Alltags schneller veralten. Die eigene Kindheit wird deshalb »vergangener«, sie lebt nur noch in der Erinnerung. Also entdeckt man die Nostalgie. Nostalgie ist romantisch. Damit entdeckt man auch die »Kindheit« als eigene

Mit der Erfindung der Dampfmaschine war der Kreislauf geschlossen, der immer schneller die Welt verändern sollte.

Die »Kindheit« als eigene Dimension des Erlebens – das fördert die Einfühlung, und man entdeckt die Mutterliebe.

Dimension des Erlebens, das fördert die Einfühlung, und man entdeckt die Mutterliebe.
Da sich alles verändert, entdeckt man jetzt die »Geschichte«. Bis jetzt gab es nur Geschichten im Plural, »Stories«. Sie waren im Prinzip wiederholbar und illustrierten die Beständigkeit der moralischen Grundsätze: etwa »Hochmut kommt vor dem Fall«. Deshalb konnte man aus der Geschichte lernen. Erst jetzt entsteht der Kollektiv-Singular »Geschichte« im Sinne von Weltgeschichte, die fortschreitet und in der sich nichts wiederholt; denn alles verändert sich ja. Das hat eine weitreichende Konsequenz:

Die Geschichte wird zur neuen Leitvorstellung. Wird sie als Fortschritt gedacht, werden ihr alle die Hoffnungen angehängt, die bisher mit der Religion verbunden waren. Sie erhält ein Ziel: Erlösung des Menschen in der Utopie.
Das führt zur Entstehung der Ideologien. Mit dem Ende der Religion wird das Zeitalter der Ideologien eingeläutet; die Religionskriege des 17. Jahrhunderts werden als Kriege der Ideologien im 20. Jahrhundert wiederauferstehen.

- Da die Geschichte sich nicht wiederholt, fühlt man sich zum ersten Mal in der Menschheitsgeschichte einmalig. Das wertet das Konzept der Originalität auf. Der Begriff »Individuum« (was eigentlich »ungeteilt« heißt) erhält jetzt die Bedeutung von Originalität. Jedes Individuum erlebt die Welt auf seine eigene Weise. Das drückt sich am besten in der Kunst und Poesie aus. Damit wird die Kunsttheorie auf eine neue Basis gestellt. Vorher war Kunst Nachahmung der Natur nach Regeln, die die Klassiker vorgegeben hatten. Aber Nachahmung verbietet jetzt die Originalität. Also ahmt der Künstler die Welt nicht mehr nach, sondern schafft eine neue. Der Künstler wird zum Schöpfer, der so wie Gott verfährt, nämlich frei. Als kleiner Bruder Gottes wird er aufgewertet – zum Genie. Und zwar ab 1750.
- Da alle Individuen Originale sind, sind sie auch alle gleich viel wert. Es gibt nicht mehr verschiedene Klassen von Individuen von geringerem oder größerem Wert. Also wird auch die Einteilung der Menschen in Stände – also Adel, Klerus, Bürger und Bauern – unplausibel. Das sind willkürliche, von

Menschen erfundene Einteilungen, die der Natur des Menschen widersprechen. Zum Gegenbegriff der falschen Gesellschaft wird jetzt die Natur erhoben. Die Natur ist gut (was die Grünen immer noch glauben, weil sie ja Romantiker sind, obwohl doch Tiger Lämmer fressen). Deshalb entdeckt man jetzt die Naturvölker wie die Indianer. Es entsteht die Vorstellung vom »edlen Wilden«. Die Französische Revolution will die natürliche Ordnung wiederherstellen und räumt deshalb alles ab, was man für gesellschaftliche Erfindungen hält. Man verehrt die Göttin Natur, man will natürliche Grenzen wie den Rhein (was die Deutschen für nicht so natürlich halten). Man schafft die alten Provinzen ab und nennt die neuen Départements nach natürlichen Gegebenheiten wie Flüssen. Man gibt den Monaten neue natürliche Namen wie Hitzemonat (Thermidor) oder Nebelmonat (Brumaire). Politisch entscheidend dabei ist, daß alle Menschen »natürliche Rechte« haben wie »Freiheit, Gleichheit ...«, siehe die amerikanische Unabhängigkeitserklärung. Werden diese Rechte verletzt, haben die Menschen ein Recht auf Revolution. Und um das alles erlebbar zu machen, beschwört die romantische Poesie die Natur, die gute, als Resonanzraum und Schwingungsverstärker für die menschliche Seele. Indem sie sich in die Natur versenkt, nimmt die Seele ein Bad und reinigt sich von all dem gesellschaftlichen Schmutz, der an ihr kleben geblieben ist. Die Gesellschaft wird schlecht, eine Welt der Heuchelei, der Selbstverfälschung und Unechtheit. In ihr verliert sich der Mensch und wird sich fremd. Mit einer

Zum Gegenbegriff der falschen Gesellschaft wird die Natur erhoben. Deshalb entdeckt man jetzt die Naturvölker wie die Indianer.

Jean-Jacques Rousseau liest in der freien Natur.

Ausnahme: wenn er eine verwandte Seele findet in der Einsamkeit zu zweit – also in der Liebe.

- Zum Ersatz der Gesellschaft, der verfälschenden, wird die Intimität der Liebe. Sie ist eine Sphäre, in der man ganz bei sich bleiben kann. Ihr Verständigungsmittel ist deshalb auch nicht mehr die abgegriffene Sprache, sondern eine Spezialsprache jenseits der Sprache: das Gefühl. Gefühle kann man nicht heucheln, sie sind immer echt (wer sie dennoch heuchelt wie ein Heiratsschwindler, gilt als besonders abgefeimt). Gefühl wird deshalb zum Losungswort der Epoche.

So paradox es klingt: In der Aufklärung müssen sich Gefühl und Vernunft noch nicht widersprechen. Das Gefühl ist so natürlich wie die Vernunft. Der Widerspruch entstand erst dann, als die Vernunft die Regierung übernahm und dabei das Gefühl verletzte. Es gibt einen Menschen, der durch seine exzentrische Karriere und seinen seelischen Exhibitionismus mehr für die Verbreitung des Konzepts des Gefühls getan hat als irgendein anderer: Jean-Jacques Rousseau (1712–1778). Er schrieb mit seinem *Emile* das alternative Erziehungsbuch für das naturbelassene Kind (steckte aber seine eigenen Kinder ins Waisenhaus), riß sich in seinen *Confessions* (Bekenntnissen) die seelischen Hosen herunter und ließ ganz Europa daran teilnehmen, wie es ihn schmerzte, ein einsamer Rebell, ein Ausgestoßener und Geächteter zu sein. Da sich jeder irgendwie einsam fühlte, fühlte ganz Europa mit ihm. Er inspirierte die Französische Revolution und Goethes *Werther*, er erfand den Weltschmerz und den Begriff der volonté générale (der allgemeine Wille). Dieser Begriff wurde wegen seiner Unklarheit zu einer gefährlichen Waffe in der Französischen Revolution. Er bedeutete so etwas Ähnliches wie später das objektive Interesse des Proletariats. Jeder konnte vorgeben, in seinem Namen zu handeln, und seine Verbrechen damit rechtfertigen. Damit sind wir bei der vierten, der politischen Revolution. Sie gibt es in Form eines Vorspiels in Amerika und eines Hauptstücks in Frankreich.

Das Vorspiel: Die amerikanische Unabhängigkeit

Revolutionen brechen nicht dann aus, wenn es den Leuten am schlechtesten geht, sondern dann, wenn sie glauben, nur wenig trenne sie davon, daß es ihnen besser geht; wenn eine Stimmung aufkommt, daß etwas faul ist, daß die Regierten die Nase voll haben und die Regierenden ihre eigene Ideologie nicht mehr glauben; und wenn man einen Haken findet, an dem sich die Revolte aufhängen läßt.

Revolutionen brechen aus, wenn Leute glauben, nur wenig trenne sie davon, daß es ihnen besser geht

In Amerika war dieser Haken die Steuer. Sie verletzte den englischen Verfassungsgrundsatz: no taxation without representation (keine Steuer ohne Vertretung im Parlament). Zwar hatten die amerikanischen Kolonien jeweils ihre eigenen Parlamente, die Gesetze beschließen konnten, aber das galt nicht in wirtschaftlichen Dingen. Hier war das Londoner Parlament für das ganze Empire zuständig, und es degradierte Amerika zum Rohstofflieferanten und Absatzmarkt für britische Fertigwaren. So verhinderte es die Entstehung amerikanischer Industrien. Außerdem durften die Amerikaner nur auf britischen Schiffen ex- und importieren. Um sich zu wehren, organisierten die Amerikaner einen Steuerboykott. Da ersetzten die Briten die Steuer durch Zöl-

16. Dezember 1773: die »Boston Tea Party« löst den amerikanischen Unabhängigkeitskrieg aus. Einige Bostoner, als Mohawk-Indianer verkleidet, kippten die Ladung britischer Teeschiffe in den Hafen.

le. Darauf antworteten die Amerikaner mit einem Boykott britischer Waren. Als die Ostindische Kompanie trotzdem in Boston eine Ladung Tee löschte, verkleideten sich am 16. Dezember 1773 einige Bostoner als Mohawk-Indianer und kippten den Tee in den Hafen. Das war die sogenannte »Boston Tea Party«, die den Unabhängigkeitskrieg auslöste.

Dies war einer der wenigen Kriege, die England verlor. Aber England wurde von anderen Engländern geschlagen, Nachfahren der Puritaner, die das Land schon einmal während der Revolution erobert hatten. Außerdem kämpften auf englischer Seite vor allem deutsche Soldaten aus Hessen, die der Landgraf wie Sklaven für gutes Geld an die Engländer verkauft hatte. Den Oberbefehl über die Armee übernahm, wie jeder weiß, George Washington, unterstützt vom preußischen Offizier Steuben, der ihm die Truppen drillte (bis heute gibt es in New York eine Steuben-Parade). Die Franzosen waren entzückt, daß die Engländer verprügelt wurden, und schickten Geld, 6000 Soldaten und General Lafayette.

George Washington: Oberbefehlshaber der Armee im amerikanischen Unabhängigkeitskrieg und erster Präsident der USA.

Die Verfassung der USA

Nach dem Friedensschluß mit England 1783 trat in Philadelphia eine verfassungsgebende Versammlung zusammen (1787). Die dominante Figur war der ehemalige Adjutant Washingtons, Alexander Hamilton, der an der Spitze der sogenannten Federalists die Zentralregierung der Union stärken wollte. Sein Gegner war Thomas Jefferson, der Verfasser der Unabhängigkeitserklärung, der die Unabhängigkeit der Einzelstaaten betonte. Das Problem sollte später den Bürgerkrieg auslösen. Und die Südstaaten machten bei der Union nur mit, wenn man ihnen die Sklaverei erlaubte. Unter diesen Bedingungen beschloß die Versammlung eine Verfassung, die (nach dem Schema von Montesquieu) eine strikte Gewaltenteilung zwischen gesetzgebender Gewalt (Legislative), ausführender Gewalt (also Regierung oder Exekutive) und richterlicher Gewalt (Judikative) vorsieht. Die Legislative liegt beim Kongreß,

Das Weiße Haus, eine Art Königshof, an dem die Gunst des Präsidenten und nicht die der Partei über die Karriere in einem hohen Amt entscheidet.

der aus zwei Häusern besteht: 1. dem Senat. In ihn entsendet jeder Staat unabhängig von seiner Größe je zwei Senatoren; 2. dem Repräsentantenhaus (proportional nach der Bevölkerungszahl gewählt; das Ganze entspricht ungefähr unserem Bundesrat und unserem Bundestag). Der Senat wird alle drei Jahre zu einem Drittel neu gewählt. Er entscheidet auch unter dem Vorsitz des obersten Bundesrichters über eine Amtsenthebung des Präsidenten (impeachment). Die Abgeordneten des Repräsentantenhauses werden direkt aus jedem Staat für zwei Jahre gewählt. Gegen Gesetze kann der Präsident ein Veto einlegen. Stimmen danach in beiden Häusern zwei Drittel der Abgeordneten für das Gesetz, tritt es trotz des Vetos in Kraft.

Der Präsident wird indirekt durch Wahlmänner gewählt. Jeder Staat hat so viele Wahlmänner, wie er Abgeordnete zum Senat und zum Repräsentantenhaus schickt. Die Wahlmänner werden von den stimmberechtigten Bürgern gewählt. Der Präsident ist also nicht auf eine Mehrheit im Parlament angewiesen wie der deutsche Kanzler oder der britische Premierminister, der sofort stürzt, wenn er die Mehrheit verliert. Das hat den Nachteil, daß sich in den USA Exekutive und Legislative gegenseitig bekämpfen und blockieren können wie während der Präsidentschaft von William Jefferson (»Bill«) Clinton. Andererseits gibt die Verfassung dem Präsidenten größere Unabhängigkeit und mehr Macht. Das macht das Weiße Haus zu einer Art Königshof, an dem die Gunst des Präsidenten und nicht die der Partei über die Karriere in einem hohen Amt entscheidet.

Die Judikative liegt bei einem unabhängigen Obersten Bundesgericht (Supreme Court). Es besteht aus einem Oberrichter (Chief Justice) und acht beigeordneten Richtern (Associated Justices). Die Richter werden vom Präsidenten und Senat auf Lebenszeit ernannt und können nur vom Kongreß abgesetzt werden.

Die Verfassung wurde zwar durch Zusätze (amendments) ergänzt, aber nicht substantiell verändert. Sie ist das Heiligtum der Amerikaner. Sie wurde zum Integrationsinstrument der Einwanderer. Die Verfassungsväter sind moderne Heilige geworden. Die Anbetung der Verfassung entspricht der Textgläubigkeit von Bibellesern. Die Verehrung des Gesetzes ähnelt der alttestamentarischen Achtung vor dem Gesetz Gottes. Der amerikanische Patriotismus ist ein Verfassungspatriotismus.

Warum die Revolution in Frankreich ausbricht: Ein struktureller Vergleich mit England

Anders als in England war in Frankreich der Adel von der Steuer befreit, und während in England nur der älteste Sohn Land und Titel erbte und die anderen Söhne bürgerliche Erbinnen heiraten oder einen Beruf ergreifen mußten, war ihnen in Frankreich die Verbindung mit dem dritten Stand verboten. Während in England der Adel durch kapitalistisches Wirtschaften verbürgerlichte und das Bürgertum in der Gentleman-Kultur adlige Lebensgewohnheiten annahm, bildete in Frankreich der Adel eine Kaste für sich.

In England war die Kirche schon von Heinrich VIII. dem Staat unterworfen worden, und Klöster gab es nicht mehr. Die religiöse Toleranz hatte den Druck der Leidenschaften aus den religiösen Fragen entweichen lassen. Die Kirche wurde weitgehend als sozial nützliche Einrichtung gesehen, die den Armen mit christlichen Tröstungen über ihre Armut hinweghalf. In aufgeklärten Kreisen aber fand man es zunehmend unnötig, sich als Christ zu bekennen; das galt als unvernünftig. Und den Enthusiasmus und die christlichen Tugenden überließ man den puritanischen Sekten.

Anders in Frankreich: Hier war die Kirche neben dem König die entscheidende Macht. Sie besaß etwa ein Drittel des Bodens und wurde nicht besteuert. Statt dessen kassierte sie von jedem Bauern über ein Zehntel seines Viehs und seiner Ernte. Davon hielt sie ihre Pfarrer in Armut und ihre Bischöfe im Luxus. Sie unterstützte die Zensur und förderte die Unwissenheit ihrer Schäfchen.

In England war das parlamentarische Regierungssystem so flexibel, daß es die verschiedenen Interessen der regierenden Schichten miteinander vereinbaren und ausdrücken konnte. In Frankreich war es zur Entwicklung des Landes in Widerspruch geraten.

In England verbürgerlichte der Adel, und das Bürgertum nahm adlige Lebensgewohnheiten an.

Die Französische Revolution

Die Legitimität des Absolutismus ist im König verkörpert. Wenn man schon prinzipielle Zweifel daran hat, dann um so mehr, wenn der König ein ziemlich ratloser Depp ist. Und das war Ludwig XVI. Außerdem litt er an einer Vorhautverengung: das machte den Akt zur Qual und trug ihm die Verachtung seiner österreichischen Gattin Marie-Antoinette ein. Zum Ausgleich und aus schlechtem Gewissen ließ er sie in die Staatsgeschäfte hineindirigieren und das Geld für Günstlinge und Luxus verpulvern. Als Hungerrevolten in Paris ausbrachen, fragte sie, warum die Leute, wenn sie kein Brot hätten, nicht Kuchen äßen. So etwas verbittert, wenn es bekannt wird.

Ludwig XVI.: ein ziemlich ratloser Depp.

Schließlich mußte der König den Staatsbankrott verkünden. Um ihn zu beheben, berief er 1788 die Generalstände ein. Das war ein mittelalterliches Parlament, das zum letzten Mal 1614 getagt hatte. In ihm versammelten sich die Abgeordneten des Adels, der Kirche und der gemeinen Bürger getrennt.

Die Nationalversammlung

Als am 5. Mai 1789 die Generalstände zusammentraten, brach in Paris die Hölle los. Überall schossen politische Clubs aus dem Boden, in denen Reden geschwungen und Fraktionen gebildet wurden. Am wichtigsten wurde der Club Breton. In ihm traten Männer auf, die den Gang der Revolution bestimmen sollten: der Abbé Sieyès, Graf Mirabeau, Georges Danton und der dürre Rechtsanwalt Robespierre. Dieser Club sollte die Wiege der Jakobiner, einer Partei der radikalen Republikaner, werden.
Schon nach den ersten Zusammenkünften begannen Geistliche und Adlige zu den Delegierten des dritten Standes, den Bürgern, überzulaufen. Der König schickte einen Boten mit dem Befehl, auseinanderzugehen und getrennt zu tagen. Da erhob sich Graf Mirabeau mit dem wüsten Pockennarbengesicht und donnerte mit Löwenstimme: »Der König befiehlt? Der König hat hier nichts zu befehlen! Wir sind das Volk. Wir werden erst unsere Plätze verlassen, wenn man uns mit Waffengewalt dazu zwingt.« Das war die Kriegserklärung der Demokratie an den Absolutismus. Die Ständevertretung hatte sich in eine Nationalversammlung verwandelt. Da entließ der König den populären Finanzminister Necker und zog Truppen um Paris zusammen.

Die Bastille

Als das bekannt wurde, sprang der Journalist Camille Desmoulins auf einen Tisch vor einem Café und forderte die Menge auf, sich zu bewaffnen. Darauf begannen die Leute, sich blau-weiß-rote Kokarden anzuheften und die Zeughäuser zu stürmen, um Waffen zu verteilen. Am 14. Juli stellten sie fest, daß ihnen die Munition fehlte. Sie zogen zur alten Festung der Bastille und schickten eine Abordnung an den Kommandanten, den liebenswürdigen Marquis de Launay, mit der Bitte, nicht zu schießen. Der Marquis versprach es und lud die Delegation zum Essen ein. Das hätte er nicht tun sollen, denn die Menge wurde ungeduldig. Ein paar

Tollkühne kletterten über die Mauern und ließen die Zugbrücken herab. Als die Menge über sie in die Festung strömte, schossen die Soldaten zurück und wurden massakriert. Dann befreite die rasende Menge die verblüfften Gefangenen, holte sich die Munition und prügelte den Marquis zu Tode. Zur Feier dieses Ereignisses wurde der französische Nationalfeiertag auf den 14. Juli gelegt und bis heute gefeiert.

Die Erstürmung der Bastille versorgte die Radikalen und das Volk von Paris mit reichlich Selbstbewußtsein. Es fand seinen Ausdruck in der Presse. Der radikalste der Journalisten war der Arzt Jean-Paul Marat. Weil er von einer Dermatitis, einer chronischen Hautentzündung, geplagt wurde, verbrachte er die meiste Zeit im Bad. Er machte sich zum Sprachrohr des Proletariats, hetzte gegen die Reichen und forderte die Diktatur mit sich selbst als Diktator. Es begann eine Zeit der Tumulte und Aufstände. Die Bauern bewaffneten sich und stürmten Schlösser und Klöster. Da die Nationalversammlung sah, daß die Revolution sich von Paris auf das Land ausdehnte, proklamierte sie die Befreiung der Bauern, was der König bestätigen mußte. Das war das Ende des Feudalismus in Frankreich.

Am 27. August 1789 vollzog die Versammlung die Erklärung der Menschenrechte. Sie war von Lafayette vorgeschlagen worden, den die Unabhängigkeitserklärung der USA beeindruckt hatte. In Artikel 2 heißt es: »Diese Rechte sind Freiheit, Eigentum, Sicherheit und Widerstand gegen Unterdrückung«. Artikel 6 besagt: »Das Gesetz ist der Ausdruck des allgemeinen Willens« (damit ist die volonté générale von Rousseau und nicht der Wille der Mehrheit gemeint).

20. Juni 1789: Der »Ballhausschwur« – die Kriegserklärung der Demokratie an den Absolutismus.

Der gefangene König

Ende September 1789 schwirrten Gerüchte durch Paris, der König ziehe Truppen zusammen, und die Journalisten forderten, der König solle von Versailles nach Paris umziehen, wo das Volk ihn besser kontrollieren könne. Am 5. Oktober versammelten sich die Marktfrauen zu einer Prozession, die sich nach dem zehn Meilen entfernten Versailles wälzte. Als sie in Versailles ankamen, fraternisierten die Soldaten mit den Frauen. Um den König zu schützen, eilte Lafayette mit der Nationalgarde hinterher, schloß sich aber dem Wunsch an, der König möge nach Paris übersiedeln. Am nächsten Morgen formierte sich ein merkwürdiger Zug: an der Spitze die Nationalgarde, anschließend die Kutschen des Königs mit seiner Familie, dann eine lange Reihe von Karren mit Mehl für das hungernde Paris und schließlich der Zug der Marktfrauen, begleitet von Revolutionären, die auf ihren Spießen die abgeschnittenen Köpfe ermordeter Palastwachen trugen.

Die Verfassung von 1790

Inzwischen war eine konstituierende Versammlung gewählt worden, die eine neue Verfassung ausarbeitete und die Errungenschaften der Revolution in Gesetzesform goß. Frankreich wurde in Départements eingeteilt. Die adligen Privilegien und Titel wurden aufgehoben. Das Wahlrecht erhielt nur, wer Steuern zahlte. Das Strafrecht wurde humanisiert. Und der Staatsbankrott wurde behoben, indem man

Ein merkwürdiger Zug: der gefangene König übersiedelt nach Paris.

auf Vorschlag des Bischofs von Autun die Kirchengüter verstaatlichte. Der Bischof hieß Charles Maurice de Talleyrand. An der Debatte über die Verfassung zeichneten sich die künftigen Konflikte zwischen wohlhabendem Bürgertum und proletarischen Massen bereits ab. Einstweilen lud aber die Versammlung das Volk zu einer Feier auf das Marsfeld, um auf die Verfassung zu schwören. 300 000 Menschen kamen und leisteten den Eid. In jeder Stadt Frankreichs wurden ähnliche Feiern abgehalten. Das war am 14. Juli, und die Revolution feierte ihren zweiten Geburtstag.

Ein halbes Jahr später verkleideten sich König und Königin als Monsieur und Madame Korff, schlichen sich nachts aus den Tuilerien und fuhren in Richtung Belgien. Kurz vor der Grenze wurden sie von Bauern aufgegriffen und nach Paris zurückgebracht. Darauf agitierten die Clubs für eine Absetzung des Königs. Dieser aber erteilte seine Zustimmung zur neuen Verfassung. Da bereitete die konstituierende Versammlung die Wahl zu einer Gesetzgebenden Versammlung vor und löste sich auf. Sie hatte Frankreich umgekrempelt und neu erfunden.

Die Gesetzgebende Versammlung

Die Wahlen zur Gesetzgebenden Versammlung wurden vom Geschrei der Zeitungen und der politischen Clubs begleitet. Der Bretonische Club zog in ein Jakobinerkloster um. Danach wurden seine Mitglieder künftig Jakobiner genannt. In den Provinzen wurden 6800 Ableger gegründet mit einer halben Million Mitglieder. Es war die bestorganisierte Macht der Revolution neben der Kommune von Paris, die mit ihrer Ratsversammlung die Nationalgarde kontrollierte. Den ganz Linken waren die Jakobiner zu bürgerlich, und sie gründeten den Cordellier-Club. Er wurde zur Heimat von Danton, Marat und Desmoulins. Auf der anderen Seite des politischen Spektrums gründeten im Palais Royal die Monarchisten ihren eigenen Club um Lafayette und Talleyrand.

Die Wahl selbst wurde vom Straßenterror der Jakobiner und Cordelliers begleitet. In der Sitzverteilung der gewählten Versammlung saßen die Königstreuen rechts und die Radikalen links:

Daher stammen die Bezeichnungen für rechts und links. Da die Linke etwas höher saß, hießen sie auch bald »die Bergpartei«. Die gemäßigten Jakobiner waren in der Regel Abgeordnete aus den Industriezentren der Provinz. Sie hießen nach dem Departement Gironde Girondisten. Auch sie waren Republikaner, vertraten aber die Autonomie der Provinzen gegenüber der revolutionären Diktatur von Paris.

Radikalisierung

Als Österreich und Preußen ein antifranzösisches Bündnis schlossen und der König die dagegen ergriffenen Maßnahmen sabotierte, marschierte eine Abordnung radikaler Marseiller nach Paris, um die Revolution zu feiern und notfalls zu verteidigen. Unterwegs sangen sie ein Revolutionslied, das durch diesen Marsch den Namen *die Marseillaise* erhielt. Es wurde die französische Nationalhymne: »Allons enfants de la patriiie, le jour de gloire est arrivé – Auf geht's, Kinder des Vaterlaaandes, der Tag des Ruhms ist nunmehr da«. Als der Herzog von Braunschweig an der Spitze einer Invasionsarmee den Aufruf veröffentlichte, das Volk solle sich ihm und dem König unterwerfen, stellten die Radikalen den König als Verräter hin und beantragten seine Absetzung. Als die Gesetzgebende Versammlung nicht reagierte, rief Marat in seiner Zeitung zum Sturm auf den königlichen Palast der Tuilerien auf. Der Palast wurde von circa 1000 Mann der Schweizer Garde verteidigt. Als die Menge gegen den Kordon der Garde drängte, eröffneten die Schweizer das Feuer. Unter der Führung der Marseiller Abordnung wurden sie von der Menge überrannt und erschlagen. Dann machte sich die Menge über das Küchenpersonal her und schlachtete die gesamte Dienerschaft des Palastes ab. Die königliche Familie wurde in einem befestigten Kloster unter scharfer Bewachung eingesperrt.

Die neue heilige Dreifaltigkeit: »liberté, égalité, fraternité«

Inzwischen hatten wegen des Terrors alle Abgeordneten außer den Linken die Gesetzgebende Versammlung verlassen. Da der König nun abgesetzt war, wurde er durch einen Exekutivrat ersetzt. Vorsitzender des Rats und Regierungschef wurde der Abgeordnete Georges Danton. Danton gehört zu den bemerkenswerten Persönlichkeiten, die die Revolutionen hervorzubringen pflegen. Er war groß, entstellt durch eine Narbe, pockennarbig obendrein und ein gewaltiger Redner. Er war kein Fanatiker, liebte das Vergnügen und die Frauen, pflegte einen weltzertrümmernden Humor und neigte zu gotteslästerlichen Flüchen. Und er war von Vorurteilen frei und äußerst scharfsinnig. Als Politiker versuchte er, auf dem Tiger zu reiten. Er verteidigte die Revolution gegen die militärische Bedrohung von außen und gegen die radikalen Anarchisten von innen, und dazu suchte er sich wechselnde Verbündete.

Die September-Morde

Die Kommune und die Gesetzgebende Versammlung verschärften inzwischen die antiklerikalen Maßnahmen: Das Tragen kirchlicher Gewänder in der Öffentlichkeit wurde verboten. Die Priester mußten die Staatsaufsicht über die Kirche anerkennen oder auswandern. Und Vater, Sohn und Heiliger Geist wurden durch die neue Heilige Dreifaltigkeit »liberté, égalité, fraternité« ersetzt. Allen ausländischen Fürsprechern der Freiheit wurde die französische Staatsbürgerschaft verliehen: bis auf Friedrich Schiller waren es fast nur Amerikaner und Engländer.

Inzwischen marschierten die preußischen Truppen des Herzogs von Braunschweig auf Paris zu. Die Panik wuchs. Das Gerücht machte die Runde, es gebe Pläne, die gefangenen Verräter der Revolution zu befreien. Um dem zuvorzukommen, rief Marat dazu auf, die Gefangenen hinzurichten, bevor sie befreit werden konnten. Darauf zogen Richter und Henker in Begleitung einer blutrünstigen Menge von Gefängnis zu Gefängnis und schlachteten die Insassen ab, Priester und Adlige, Irre und junge Frauen und alle, die man finden konnte. Das Massaker dauerte fünf Tage.

Die Gesetzgebende Versammlung erkannte, daß die Absetzung des Königs die Verfassung überholungsbedürftig gemacht hatte. Sie schrieb Neuwahlen zu einem Nationalkonvent aus und löste sich am 20. September 1792 auf. Das war der Tag der Schlacht von Valmy, bei der die Revolutionstruppen dem Heer des Herzogs von Braunschweig standhielten. Und Goethe, der dabei war, sah gleich: »Von hier und heute geht ein neuer Abschnitt der Weltgeschichte aus.«

Danton war ein Idol der Revolution. Doch Robespierre ließ die Anklage gegen ihn vorbereiten. Vor dem Tribunal verteidigte sich Danton so geschickt, daß man ihm das Wort entzog, ehe er sich unter das Fallbeil legen mußte.

Nationalkonvent

Die Wahl zum Konvent wurde von den Jakobinern mit Hilfe des Straßenterrors gelenkt. Deshalb saßen in der Versammlung nur noch Jakobiner und Girondisten. Als erstes führte der Konvent einen neuen Revolutionskalender ein, damit das Volk die alten Heiligen und Feiertage vergaß. Die Monate hießen nun nach der natürlichen Gegebenheit der Jahreszeit etwa Germinal (Knospen), Floréal (Blühen) und Prairial (Wiesen) für die Frühlingsmonate. Die 7-Tage-Woche wurde durch drei Dekaden mit dem zehnten Tag, dem Décadi, als Ruhetag ersetzt. Weil man eine Truhe mit Geheimdokumenten gefunden hatte, die belegten, daß der König mit Emigranten konspiriert hatte, machte man ihm den Prozeß. Nun wiederholte sich das Szenario der englischen Revolution und folgte der gleichen Logik: Der Königsmord dient den Radikalen dazu, die Revolutionäre durch eine gemeinsame Bluttat zusammenzuschweißen und die Brücken hinter sich abzubrechen. Wer da mitgemacht hat, kann später nicht mehr zum Feind überlaufen und verteidigt mit der Revolution sich selbst. Königsmord ist Symbolpolitik. Am 16. Januar 1793 stimmte die Mehrheit des Konvents für die Todesstrafe. Am 21. Januar bestieg Ludwig XVI. das Schafott, fast auf den Tag genau 154 Jahre, nachdem Charles I. von England denselben Weg beschritten hatte. Und wie damals ging die Menge nach der Exekution deprimiert auseinander. Sie hatte die freudianische Urszene des Vatermords gesehen. Sie ahnte, daß sie nun keinen Sündenbock mehr hatte und dazu verdammt sein würde, sich selbst anzufallen.

Der Königsmord: die freudianische Urszene des Vatermords

Rückschläge

Der Königsmord und die Annexion Belgiens provozierten die Feindschaft Englands, da die Besetzung der Scheldemündung seinen Handel mit Europa bedrohte. In den Revolutionstruppen kam es zu Massendesertionen. In Belgien gab es Niederlagen gegen die Österreicher. Unter dem Druck dieser Probleme delegierte der Konvent ihre Lösung an Komitees für spezielle Ressorts wie Handel, Finanzen, Landwirtschaft etc. Die drei wichtigsten Ausschüsse waren das Komitee für allgemeine Sicherheit – also die Polizeibehörde –, das Revolutionstribunal – eine Art Volksgerichtshof für Schnellurteile gegen Feinde der Revolution – und die eigentliche Regierung, der sogenannte Wohlfahrtsausschuß. Er übte praktisch eine Diktatur aus, die mit dem Kampf der Revolution gegen äußere Feinde gerechtfertigt wurde. Die Menschenrechte, die gerade verkündet worden waren, wurden außer Kraft gesetzt, um sie zu verteidigen.
Vom 6. April bis zum 10. Juli 1793 führte wiederum Danton den Vorsitz. In dieser Zeit kam es zur Abrechnung zwischen radikalen Jakobinern und gemäßigten Girondisten. Diese versuchten, den von der Kommune gesteuerten Straßenterror durch ein Untersuchungskomitee zu brechen. Daraufhin wurde der Straßenterror erhöht und der Konvent von der Menge gezwungen, die Girondisten zu verhaften und abzuurteilen. Marat verlas ihre Namen von einer Liste. Drei Girondisten konnten nach Caen flie-

hen und hielten dort Reden über das Wüten Marats. Unter den Zuhörerinnen war auch die 25jährige Charlotte Corday, eine ehemalige Klosterschülerin. Sie besorgte sich einen Empfehlungsbrief und ein Küchenmesser und ging nach Paris, suchte Marat auf, der vor seiner Dermatitis wieder in sein Bad geflohen war, und rammte ihm das Messer in die nackte Brust. Der Revolutionsmaler David hat den toten Marat im Bad gemalt. Sein Leichnam wurde später ins Pantheon überführt. Charlotte aber wurde auf der Place de la Concorde hingerichtet.

Die Schreckensherrschaft

Der führende Mann des Wohlfahrtsausschusses wurde nun Robespierre. Er repräsentierte den Terror im Namen der Tugend. Im Terror verband sich die Reaktion auf die militärische Gefahr von außen mit der weiteren Radikalisierung der Revolution im Inneren. Gegen die äußere Gefahr organisierte das Ausschußmitglied Carnot die »levée en masse«, die Aushebung einer Revolutionsarmee. Dann wurde ein Gesetz zur generellen Verdächtigung aller Revolutionsfeinde erlassen. Zuerst machte man Marie-Antoinette, der Königin, den Prozeß. Die Anklage lautete auf Bereicherung am Volksvermögen und sexuelle Belästigung ihres Sohnes. Unter dem Hohn der Zuschauer wurde sie guillotiniert. Dann kamen die Aristokraten an die Reihe und schließlich die Revolutionäre selbst, »die die Revolution verraten hatten«. Wie Saturn fraß die Revolution ihre Kinder. In die Provinzen wurden Sonderbeauftragte geschickt, um die Guillotine in Gang zu setzen: St. Just ins Elsaß, Carrier in die Vendée und Fouché an die untere Loire und nach Lyon. Diese Massaker wurden von antichristlichen Propagandafeldzügen begleitet. Die Kirche *Notre Dame* wurde in *Tempel der Vernunft* umbenannt, der Bischof von Paris setzte sich die Revolutionsmütze auf, und alle Kirchen wurden geschlossen. Darauf brach in der Vendée ein Aufstand los. Er wurde mühsam im Blut von 500 000 Menschen erstickt.

Inzwischen erzielten die aus der Revolution hervorgegangenen Generäle und Offiziere militärische Erfolge. Unter ihnen war ein Artille-

Der tote Jean-Paul Marat: eine Klosterschülerin rammte ihm das Messer in die nackte Brust.

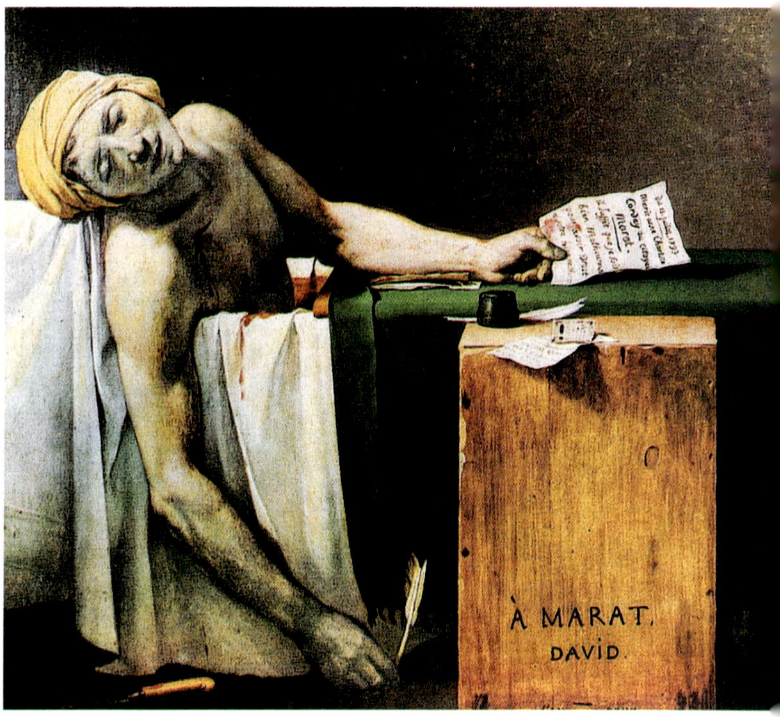

riehauptmann namens Napoleone Buonaparte aus Ajaccio in Korsika. Ihm war die Rückeroberung des Hafens von Toulon zu verdanken. Diese Erfolge bewogen Danton, zum Frieden und zum Ende des Terrors aufzurufen. Gleichzeitig griffen die radikalen Ultras um Hébert den Wohlfahrtsausschuß an. Zwischen zwei Feuern spielte Robespierre die eine Partei gegen die andere aus. Er provozierte Hébert zum Aufstand und ließ ihn dann mit Hilfe von Danton zum Tode verurteilen. Dann ließ er die Anklage gegen Danton vorbereiten. Danton war ein Idol der Revolution. Und so machten sich die beiden bereit, Trotzki und Stalin zu spielen. Vor dem Tribunal verteidigte sich Danton so geschickt, daß man ihm das Wort entzog. Am 5. April 1794 wurde er zur Guillotine an der Place de la Concorde gebracht. Bevor er sich unter das Fallbeil legte, sagte er zum Henker: »Zeig dem Volk meinen Kopf, er ist es wert.« Die Revolution war eben ein Drama. Georg Büchner hat diese Szenen in seinem Stück *Dantons Tod* in Literatur verwandelt.

Danach beendete Robespierre den Feldzug gegen das Christentum mit einem Kompromiß: Am 8. Juni 1794 ließ er in Rousseauscher Manier ein Fest des höchsten, aber unbekannten Wesens feiern. Die Symbolik entsprach der eines Erntedankfestes mit Allegorien. Dann verschärfte Robespierre den Terror gegen Volksfeinde durch ein Gesetz, nach dem auf die Verbreitung falscher Nachrichten die Todesstrafe stand. Die Leute blieben zu Hause und sagten nichts mehr. Inzwischen formierte sich im Wohlfahrtsausschuß eine heimliche Koalition derjenigen, die sich von Robespierre bedroht fühlten. In einer tumultuösen Sitzung wurde er angeklagt und verurteilt. Er versuchte Selbst-

28.7. 1794: Die Festnahme Robepierres – Gegen den »Unbestechlichen« formierte sich im Wohlfahrtsausschuß eine heimliche Koalition derjenigen, die sich von ihm bedroht fühlten.

mord zu begehen, schoß sich aber in den Kiefer. Als er am 27. Juli zur Guillotine gekarrt wurde, die vom Blut seiner Opfer noch rot war, zogen die Zuschauerinnen ihre Sonntagskleider an. Robespierre hatte den Beinamen »der Unbestechliche« erhalten. Er war unbestechlich wie der Tod. Die Ermordung des Todes aber ist ein Karneval. 70 Anhänger Robespierres in der Kommune von Paris folgten ihm auf die Guillotine. Der Terror war zu Ende.

Die Revolution hatte ihren extremsten Punkt erreicht und rutschte von da an wieder nach rechts in die Hände des Besitzbürgertums. Die Girondisten nahmen ihr Mandat wieder ein, die Jakobinerclubs wurden geschlossen, die Terrorgesetze außer Kraft gesetzt, die Religion wurde wieder zugelassen und die Pressefreiheit wieder hergestellt. Schließlich beschloß der Konvent eine neue Verfassung, die der amerikanischen recht ähnlich sah. Das provozierte diesmal einen Aufstand von rechts. Der Konvent beauftragte einen jungen Offizier, der gerade in Paris weilte, den Aufstand niederzuschlagen, der das auch prompt und fachmännisch besorgte: sein Name war Napoleone Buonaparte.

Den Aufstand prompt und fachmännisch niedergeschlagen: Napoleone Buonaparte.

Das Direktorium und der Putsch Napoleons

Vier Jahre lang, von November 1795 bis zum November 1799, herrschte das sogenannte Direktorium. Es gab zwei Kammern, den Rat der Fünfhundert und den Rat der Alten, die zusammen die Legislative bildeten. Die Regierung wurde von einem fünfköpfigen Ausschuß gebildet, dem Direktorium. Das war die Zeit, in der Napoleon für die Revolution Italien eroberte und wie Caesar Ägypten unterwarf. Das Direktorium wurde von einem liberalen Triumvirat von Republikanern beherrscht, das die Interessen der Großbourgeoisie vertrat, die Kassen der eroberten Länder plünderte und durch seine Schwäche den zweiten Koalitionskrieg provozierte, in dem Frankreich es mit einem Bündnis aus England, Rußland und Österreich zu tun bekam. In seiner Not rief das Direktorium Napoleon aus Ägypten zurück. Als in der allgemeinen Krise eine jakobinische Reaktion drohte, ermutigte das Direktorium Napoleon zum Putsch. Er zögerte nicht, überschritt den Rubikon und begab sich auf den Weg Caesars zur Macht. Wie dieser beerbte er eine Republik, die nicht aus ihrer Krise herausfand.

Napoleons Genie

Bis 1804 regierte Napoleon als Erster Konsul, von 1804 bis zu seinem Ende 1815 als Kaiser. Er befriedete die zerrissene Nation, sorgte für niedrige Steuern und eine gute Verwaltung, erzwang durch einen Sieg über die Österreicher den Frieden, modifizierte das Recht im *Code Napoléon* und schloß Frieden mit der Kirche. Als er die Lombardei, Genua und die Schweiz schluckte, formierte sich 1805 die dritte Koalition zwischen England, Österreich, Rußland und Preußen. Das Ergebnis war der Sieg Napoleons über die verbündeten Österreicher und Russen bei Austerlitz.

Napoleon – hier bei seiner Krönung – regierte bis 1804 als Erster Konsul und von 1804 bis zu seinem Ende 1815 als Kaiser.

Was machte Napoleon zu so einem überlegenen Feldherrn? Wie ein vorweggenommener Chaostheoretiker hatte er die seltene Gabe, im Durcheinander der sich verschiebenden Menschenmassen Strukturlinien der Ordnung zu sehen. Dann konzentrierte er seine Artillerie und den Angriff auf den schwächsten Punkt des Gegners und brach dort durch seine Linien. Außerdem verstand er es, die Loyalität seiner Offiziere und das Vertrauen seiner Soldaten zu gewinnen, indem er ihnen das Gefühl gab, zu ihnen zu gehören. Und er ließ seine Truppen schneller marschieren als andere und nutzte das Gelände besser aus. Er hatte eben einen Adlerblick, der nur das Wesentliche sah.

Mit diesem Adlerblick zeichnete er die Landkarte Europas neu. So wurde er der wichtigste Herrscher in der deutschen Geschichte vor Bismarck und Hitler.

Napoleon und das Ende des Heiligen Römischen Reiches

Um 1800 bestand das Heilige Römische Reich aus einem Sammelsurium von 250 unabhängigen Fürstentümern. Nur zwei Mächte überragten den Rest: das katholische Österreich mit dem Haus Habsburg, das auch den Kaiser stellte, und das protestantische Preußen. Beide hatten ihr Schwergewicht im Osten, und ihre Territorien dehnten sich weit über die Reichsgrenzen hinaus. Österreich war mit dem Königreich Ungarn vereinigt, das es von den Türken befreit hatte, und Preußen hatte vom Deutschen Orden Ostpreußen geerbt, das nicht zum Reich gehörte. Zusätzlich hatten beide mit Rußland zusammen Polen unter sich aufgeteilt, das 1795 ganz von der Landkarte verschwunden war.

Napoleon – der wichtigste Herrscher in der deutschen Geschichte vor Bismarck und Hitler

Das Gros der Kleinstaaten lag in Westdeutschland auf dem Territorium der späteren Bundesrepublik. Ihnen gab Napoleon zum ersten Mal eine Form. Um die vielen Fürsten für die Verluste zu entschädigen, die sie durch die französische Annexion des linken Rheinufers erlitten hatten, beschloß ein Reichsdeputationshauptschluß die Abschaffung der geistlichen Herrschaft und freien Städte und die Reduzierung der Länder auf ein überschaubares Maß. Diese schlossen sich 1806 zum Rheinbund zusammen und unterstellten sich dem Protektorat Napoleons. Darauf erklärte Franz I. von Österreich das Heilige Römische Reich Deutscher Nation für beendet. Es hatte über 1000 Jahre, von 800 bis 1806, bestanden und nie funktioniert. Es war ein amorphes Gebilde, ungeheuer überlebensfähig auf niedrigstem Niveau. An seine Stelle traten die Errungenschaften der Französischen Revolution: der *Code Napoléon*, die Gleichheit vor dem Gesetz, die Religionsfreiheit, eine ordentliche Verwaltung etc. Die Formierung des Rheinbundes bedeutete den ersten Versuch einer deutsch-französischen europäischen Union unter französischer Führung und dem Einschluß Westdeutschlands und Ausschluß Preußens und Österreichs.

Europa zur Zeit Napoleons.

Der Weltgeist zu Pferde und der Zusammenbruch Preußens

In Jena saß der deutsche Philosoph Georg Wilhelm Friedrich Hegel und arbeitete an einem neuen Projekt: Er schrieb an einer Weltgeschichte in Form eines Bildungsromans. Held des Romans war der Geist. Deshalb nannte Hegel den Roman *Phänomenologie des Geistes.* Wie im Roman stellte Hegel die Erzählperspektive auf die jeweilige Erlebnisgegenwart des Helden ein, der sich selbst immer mißverstand. Dadurch produzierte er Widersprüche zwischen seinem beschränkten Selbstverständnis und dem, was er nicht sah. Das war dann die Wand, gegen die der Geist lief. Die Beulen, die er sich dabei holte, provozierten ihn zur Erweiterung seines Selbstverständnisses: »Ich bin einer, der den Unterschied zwischen mir und der Wand zu fühlen bekommt. Wenn ich das weiß, hebe ich den Unterschied zwischen mir (These) und Wand (Antithese) in meinem neuen Bewußtsein (Synthese) auf.« Diesen Lernprozeß nannte Hegel Dialektik. So erreicht der Weltgeist um so höhere Stufen, je mehr Widersprüche er schluckt und verarbeitet. Die höchste Synthese aller Widersprüche, der erfahrenste Geist, der alles verarbeitet hat, wird zum Schluß des Romans an Hegels Studierstube in Jena vorbeiziehen: Es ist Napoleon, unterwegs zur Schlacht bei Jena und Auerstedt, in der er am 18. Oktober 1806 Preußen vernichtet. Napoleon ist der Weltgeist zu Pferde. Er ist das notwendige Ziel des weltgeschichtlichen Lernprozesses, in dem der Geist sich selbst kennengelernt hat. Aber daß er das ist, das weiß Napoleon nicht, das muß Hegel ihm sagen. Er versteht also Napoleon besser als dieser sich selbst. So läuft die Weltgeschichte auf eine letzte Synthese zu: die Synthese zwischen Napoleon, dem Helden, und Hegel, der seine Geschichte erzählt, weil er sie versteht. Diese Geschichte findet wenig später einen aufmerksamen Leser aus Trier namens Karl Marx. Er dreht die Geschichte um, stellt sie, wie er sagt, vom Kopf auf die Füße, sagt, die Widersprüche sind nicht geistiger Natur, sondern stecken im Unterschied zwischen materiellen Produktionsbedingungen und Besitzverhältnissen, und er verkehrt die Beziehung von Hegel und Napoleon so, daß sie statt in die Vergangenheit in die Zukunft weist: Wer die Weltgeschichte wie Hegel versteht, kann sie auch wie Napoleon planen. Das Ergebnis ist die Russische Revolution von 1917, die sich symmetrisch zur Französischen auswirkt: Ihr Erbe Stalin vereint die Rollen von Robespierre und Napoleon, exportiert die Revolution, erobert statt West- Osteuropa, vernichtet Preußen und schluckt Ostdeutschland, so daß der Rheinbund wieder ersteht. Das alles war die Folge der Begegnung zwischen Napoleon und Hegel.

Napoleon ist der Weltgeist zu Pferde. Aber daß er das ist, das weiß Napoleon nicht, das muß Hegel ihm sagen

Die Wiedergeburt Preußens

Nach der Schlacht bei Jena und Auerstedt floh der preußische König Friedrich Wilhelm III. nach Ostpreußen, und Napoleon zog in Berlin ein. Er annektierte alles preußische Territorium westlich der Elbe, formte aus den polnischen Gebieten das Großherzogtum Warschau und kassierte die preußischen Staatseinnahmen als Kriegsentschädigung.

Napoleon eroberte für die Revolution Italien und begründete damit seinen militärischen Ruhm.

Heinrich Friedrich Karl Freiherr vom Stein: der Schock der Niederlage ermöglichte seine Reformen.

Hardenberg zog die Kirchengüter ein, belegte den Adel mit einer Steuer und emanzipierte die Juden.

Dieser Schock ermöglichte es dem preußischen Innenminister, dem Freiherrn vom Stein, und seinen Helfern und Nachfolgern, Preußen von Grund auf zu reformieren.

- Er befreite die Bauern aus der Leibeigenschaft und ermöglichte ihnen Land zu kaufen.
- Er proklamierte die Gewerbefreiheit, so daß jeder unbehindert von feudalen Beschränkungen jeden Beruf ergreifen konnte. Bürgerliche konnten Güter kaufen und Adlige einen Beruf ergreifen.
- Er verordnete, daß die Städte sich selbst verwalten sollten, und schuf damit die vorbildliche Kommunalverwaltung in Deutschland.
- Außerdem reorganisierten Scharnhorst, Gneisenau und Hardenberg die preußische Armee. 1814 wurde die allgemeine Wehrpflicht eingeführt.
- Als Napoleon Steins Entlassung erzwang, zog sein Nachfolger Hardenberg die Kirchengüter ein, belegte den Adel mit einer Steuer und emanzipierte die Juden.
- Der Erziehungsminister Wilhelm von Humboldt reformierte das Bildungssystem und schuf eine einheitliche Volksschule sowie ein einheitliches Gymnasium. 1810 gründete er die Universität von Berlin. In ihr sollten die Hochschullehrer nicht mehr nach Lehrplan unterrichten, sondern in Freiheit mit ihren Studenten zusammen forschen. Dieses Konzept erwies sich als äußerst erfolgreich und wurde von Amerika später kopiert.
- 1806 verhängte Napoleon eine Sperre für die Einfuhr englischer Waren, um die englische Industrie zu ruinieren. Befreit von der englischen Konkurrenz, entfaltete sich die Industrie in Deutschland.

Napoleons Abstieg

Großreiche zerbrechen an Überdehnung, also an Selbstüberlastung. Nach den Seesiegen Nelsons war klar, daß Napoleon England nicht schlagen konnte. Seine Truppen kämpften in Spanien gegen den Herzog von Wellington einen aussichtslosen Abnützungskrieg. Seine Brüder provozierten Aufstände in den Ländern, die sie regierten: Joseph in Spanien und Ludwig in Holland. Und Zar Alexander weigerte sich, die Schließung der Häfen für englische Waren mitzumachen. Da beging Napoleon den Fehler, den Hitler später wiederholen sollte: mit einer riesigen Armee aus Franzosen und zwangsverbündeten Deutschen und Preußen fiel er in Rußland ein. Der Oberbefehlshaber Kutusov tat, was schon Peter der Große bei der Invasion Karls XII. getan hatte: Er wich zurück und zerstörte die Vorräte. Als Napoleon in das verlassene Moskau einzog, zündeten die Russen es an. Das zwang ihn, noch vor dem Winter (19. Oktober 1812) den Rückzug anzutreten. Was die Strapazen und der Frost nicht schafften, vollendete Kutusov beim Übergang der Armee über die Beresina. Darauf wechselte Preußen die Seiten und lief zu den Russen über. Die französische Besatzung und die damit verbundenen finanziellen Belastungen hatten in Deutschland den Nationalismus geweckt. Es gab Freiwilligenverbände (die Lützowsche Freischar trug die Farben Schwarz-Rot-Gold, die die Nationalfarben werden sollten). Österreich trat der Koalition bei, und am 16. bis 19. Oktober 1813 besiegelte Napoleons Niederlage in der Völkerschlacht bei Leipzig das Ende der napoleonischen Herrschaft in Deutschland. Die Verbündeten marschierten 1814 in Paris ein, zwangen Napoleon zur Abdankung, verbannten ihn auf die Insel Elba, setzten den Bruder des letzten Königs als Ludwig XVIII. ein, versammelten sich zur Friedenskonferenz in Wien und wurden wieder aufgeschreckt, als Napoleon zurückkehrte und eine neue Armee aufstellte. Bei Waterloo in Belgien wurde er von den Preußen und Engländern endgültig geschlagen und auf die Insel St. Helena weit draußen im Südatlantik verbannt, um über die Eitelkeit des menschlichen Strebens nachzudenken.

Napoleons Niederlage in der Völkerschlacht bei Leipzig besiegelte das Ende seiner Herrschaft.

Die Geschichte Europas

Das 19. Jahrhundert

Wiener Kongreß 1814–15

Auf dem Friedenskongreß in Wien wurde getanzt. In den Tanzpausen schuf man unter der Leitung des Wiener Kanzlers Metternich die Staatenordnung für das 19. Jahrhundert. Dabei produzierte man einen großen Widerspruch, der die Geschichte der nächsten 150 Jahre bestimmen sollte:

- Die Französische Revolution hatte gezeigt: Die Form, in der sich ein Land modernisieren konnte, war der Nationalstaat. Die Beteiligung der Menschen an der Politik durch die Demokratie setzte eine kulturell und sprachlich vereinheitlichte Verständigungsgemeinschaft voraus. Demokratie und die Einheit der Nation gehörten zusammen. Wenn es keinen Nationalstaat gab, wurde die Demokratisierung behindert, weil sie den Staat zu sprengen drohte.
- Die Friedensordnung von Wien betonte die vorrevolutionären (die restaurativen) Prinzipien der Legitimität der Fürsten und des Christentums. Deshalb unterdrückte sie die nationalen und demokratischen Bewegungen. Zu diesem Zweck gründeten die reaktionären Mächte Preußen, Österreich und Rußland eine Heilige Allianz. Von diesen drei konnte allenfalls Preußen als Nationalstaat gelten, aber es umfaßte nicht die ganze Nation.

Die Folgen des Wiener Kongresses für Deutschland

Für Deutschland war entscheidend, daß Preußen seine polnischen Beutestücke verlor und statt dessen ungefähr das Gebiet des heutigen Nordrhein-Westfalen gewann. Dadurch wurde es deutscher und westlicher, kassierte das spätere Industrierevier und verklammerte West- und Ostdeutschland. Als Nachfolgeorganisation des Römischen Reiches wurde der Deutsche Bund gegründet. Die Hauptstadt war Frankfurt, weil früher dort die deutschen Könige gewählt worden waren. Der Deutsche Bund bestand aus 39 selbständigen Einzelstaaten. Etliche, wie Bayern oder Baden und Württemberg, entsprachen schon fast den heutigen Bundesländern, wenn auch Niedersachsen Kurfürstentum Hannover hieß, Nordrhein-Westfalen preußisch war und Hessen sich in Kurhessen und das Großherzogtum Hessen teilte. Aber es gab auch den unabhängigen Staat Fürstentum Waldeck und den Staat Herzogtum Braunschweig. Außerdem gehörten zum Deutschen Bund die österreichischen Länder einschließlich des heutigen Tschechien. Umgekehrt besaßen die beiden Großmächte Preußen und Österreich riesige Gebiete außerhalb des Deutschen Bundes. Preußen besaß Ost- und Westpreußen und die polnische Provinz Posen, und Österreich bewies allein dadurch, daß es keinen richtigen Namen hatte, daß es eigentlich im Zeitalter des nationalen und demokratischen Aufbruchs ein unmögliches Gebilde war: Man nannte es abwechselnd Österreich-Ungarn, die Habsburger Monarchie, die Doppel-Monarchie, die Donau-Monarchie, das Völkergefängnis oder, wie in Musils Roman *Der Mann ohne Eigenschaften*, Kakanien (von k.u.k.: kaiserlich-königlich). Zu ihm gehörten außer den deutschen und tschechischen Gebieten (nach heutiger Benennung) Ungarn, die Slowakei, Südpolen, Slowenien, Kroatien, Nordwestrumänien (Siebenbürgen

Auf dem Friedenskongreß in Wien wurde getanzt. In den Tanzpausen schuf man die Staatenordnung für das 19. Jahrhundert

oder Transsilvanien), die Bukowina, Südtirol und später Bosnien.

Zum Ausgleich entließ Österreich Belgien in die Unabhängigkeit, das sich daraufhin mit Holland vereinigte, sich aber dann wieder mit ihm verkrachte und 1830 selbständig wurde. Die anderen Mächte garantierten seine Neutralität, und diese Neutralität hat Deutschland im Ersten Weltkrieg verletzt.

Der deutsche Nationalismus nahm eine frustrierte, ressentimentgeladene und verdruckst-bösartige Form an

Für Österreich-Ungarn waren also alle nationalen Bewegungen einschließlich der deutschen pures Gift. Und deshalb hatte der gewiefte Metternich bis zum Jahr der nächsten Revolution, 1848, nichts anderes zu tun, als im Deutschen Bund jede nationale und demokratische Regung zu ersticken. Deutschland war nicht zu einigen, ohne Österreich zu sprengen oder hinauszuschmeißen. Die beiden Lösungen nannte man großdeutsch und kleindeutsch. Als der Führer, der schließlich ein Österreicher war, sein Land ins Reich heimholte, sprach er deshalb vom Großdeutschen Reich.

Weil die Heilige Allianz (und Österreich besonders) die nationale Einigung der Deutschen fortgesetzt behinderte, nahm der deutsche Nationalismus langsam eine frustrierte, ressentimentsgeladene und verdruckst-bösartige Form an. Als dann 1848 auch noch die liberale Revolution mißlang, in der sich nationale und demokratische Motive noch gegenseitig verstärkt hatten, wurde die Bühne bereitet für die Trennung des deutschen Nationalismus von der demokratischen Tradition.

Wir müssen uns also immer daran erinnern: Das ist nur bei uns geschehen. Für Engländer und Franzosen sind Nationalstaat und Demokratie dasselbe. Ihr Nationalismus hat zugleich die Demokratie möglich gemacht.

Vormärz

Als Vormärz bezeichnen wir die Zeit zwischen Wiener Kongreß und der Revolution von 1848, die im März begann. Es war die Zeit des Biedermeier, in der sich das deutsche Bürgertum aus politischer Frustration in die Wohnstuben zurückzog und deutsche Innigkeit und provinzielle Gemütlichkeit pflegte, während die nationaldemokratischen Studentenverbindungen in den Universitätsstädten Rabatz machten, Feste feierten, deutsch-nationale Lieder sangen, Bier in sich hineinschütteten und Anfälle von Terrorismus durchmachten: 1819 ermordete der Student Karl Ludwig Sand aus Patriotismus den Erfolgsdramatiker Kotzebue, weil er ihn für einen russischen Spitzel im Dienst der Reaktion hielt. Sand wurde vor dem Heidelberger Tor hingerichtet. Und dann antwortete Europas Oberreaktionär Metternich (»Ach, geh mir weg mit Metternich, mein Vetter küßt viel netter mich«) mit einem Radikalenerlaß, den sogenannten Karlsbader Beschlüssen: Die Zensur wurde eingeführt, Burschenschaften und Turnvereine wurden verboten, und das Land wurde mit Polizeispitzeln und Denunzianten überschwemmt.

Auch in Preußen wurden die Reformen gestoppt. Die Bauernbefreiung pervertierte dahingehend, daß die Bauern vertrieben wurden und die Junker auf ihre Kosten ihre Güter vergrößerten. Deshalb gab es in Ostelbien Gutswirtschaften, in Westdeutschland Dörfer mit freien Bauern. Zu Beginn der Befreiungskriege hatte Friedrich Wilhelm III. die Bürger mit dem Versprechen zu den Waffen gerufen, sie durch eine Verfassung an der Regierung zu beteiligen. Nach dem Sieg konnte er sich daran nicht mehr erinnern. Als Friedrich Wilhelm IV. an die Regierung kam, waren die Hoffnungen der Liberalen ebenso groß wie unbegründet: Der Geist dieses Königs war im Mittelalter steckengeblieben. Als er wie Ludwig XVI. 1847 eine Ständeversammlung einberief, passierte ihm etwas Ähnliches wie Ludwig: Die Revolution brach aus. Und wie Ludwig beeilte er sich, eine preußische Nationalversammlung einzuberufen (1848).

Die Nationalversammlung in der Paulskirche, das erste gesamtdeutsche Parlament.

1848

Jetzt zeigte sich, daß die deutsche Revolution durch die zweite Aufgabe behindert wurde: Die nationale Einigung mußte erst hergestellt werden. In Frankreich und England gab es den Nationalstaat schon, als die Revolutionen ausbrachen. Die Nation brauchte nur noch ihre Beteiligung an der Macht zu erobern. Es gab eine Hauptstadt, eine nationale Bühne, eine Presse, eine öffentliche Meinung, eine Regierung und eine Nationalversammlung bzw. ein Parlament. In Deutschland mußte das alles erst hergestellt werden. Als Bühne wählte man die Hauptstadt des Deutschen Bundes, Frankfurt. Dort wurde am 18. Mai 1848 in der Paulskirche das erste gesamtdeutsche Parlament, die deutsche Nationalversammlung, eröffnet.

Es war ein Parlament von Professoren. Entsprechend weltfremd, umständlich und grundsätzlich war es. Man debattierte endlos über eine großdeutsche oder kleindeutsche Lösung bei der Einigung Deutschlands (mit oder ohne Österreich), über eine starke oder schwache Reichsgewalt und über Monarchie oder Republik. Nach einem Jahr wurde die neue Reichsverfassung am 28. März 1849 verabschiedet. Sie sah eine konstitutionelle Monarchie vor. An der Spitze der Regierung sollte ein erblicher Kaiser stehen. Die Legislative bestand aus einem Staatenhaus (dem Bundesrat) und einem Volkshaus (dem Bundestag). Inzwischen hatte das österreichische Kaiserhaus sämtliche Aufstände in Wien und Italien unterdrückt. Es blieb absolutistisch und zentralistisch regiert.

Frankfurt am Main, 10.9.1848: Verkündung des Waffenstillstands durch den Abgeordneten Rössler.

In Preußen wurde zwar eine Verfassung eingeführt, aber das Parlament blieb ständisch und war in ein Herrenhaus und ein Abgeordnetenhaus unterteilt, und das Abgeordnetenhaus wurde wieder nach einem Dreiklassensystem der gestaffelten Steuerleistung gewählt. Repräsentiert waren also nur der Adel und die Reichen.

Das Paulskirchen-Parlament rang sich nach langem Hin und Her dazu durch, dem preußischen König Friedrich Wilhelm IV. die Kaiserkrone anzubieten. Der aber vergab eine einmalige Chance zur friedlichen Einigung Deutschlands auf demokratischer Grundlage. Ihm war nicht gut genug, was Wilhelm III. von England schon 1688 ohne Probleme akzeptiert hatte, nämlich eine Krone von Parlamentes und nicht von Gottes Gnaden. Weil er nicht durch die »Kanaille« zum Kaiser gemacht werden wollte, lehnte Friedrich Wilhelm die Krone ab. Zum zweiten Mal wurden die deutschen Demokraten und Patrioten frustriert. Und das bereitete die Trennung der Patrioten von den Demokraten vor und legte den Schluß nahe: Wenn die nationale Einigung nicht von unten auf demokratischem Weg klappt, muß sie eben von oben auf staatlichem Wege erfolgen. Das war der Weg Bismarcks. Er hat die Deutschen in die Scheiße geführt.

Paradoxerweise blieb das bis heute vielen Historikern verborgen, weil Bismarck persönlich als Kanzler jede nationale Großmannssucht bremste.

Marx

Bevor die 48er Revolution losbrach, erschien im Januar 1848 ein Pamphlet, das folgendermaßen begann: »Ein Gespenst geht um in Europa, das Gespenst des Kommunismus ...« Die Verfasser waren Karl Marx und Friedrich Engels. Der eine war ein freier Journalist aus Trier und der andere ein Fabrikant aus Wuppertal. Das Pamphlet hieß *Das kommunistische Manifest.* Es wurde fast von niemandem beachtet, außer von der Polizei in Belgien, wo Marx sich gerade aufhielt. Sie stellte einen Zusammenhang zwischen der wilden Rhetorik und der wenige Wochen später ausbrechenden Revolution her und wies Marx aus. Daraufhin traf der Vater des Marxismus eine der wichtigsten Entscheidungen seines Lebens und emigrierte nach London. Dort fand er im Britischen Mu-

Friedrich Wilhelm IV. frustrierte die Demokraten und Patrioten.

Der Marxismus begann mit einem Mißverständnis: Karl Marx, ein Journalist aus Trier, hängt der bürgerlichen Revolution eine sozialistische Deutung an.

seum alle die Materialien vor, die ihn instand setzten, *Das Kapital* zu schreiben. So begann der Marxismus mit einem Mißverständnis, das 1917 zum Prinzip erhoben wurde: Einer bürgerlichen Revolution wurde eine sozialistische Deutung angehängt. Der Sozialismus begann als Parasit der Liberalen und fraß sie schließlich auf.

1850–70 in Frankreich, Italien und den USA

Während Deutschland sich mit seinen feudalen Spinnweben beschäftigte, führten andere Länder vor, wie der Modernisierungskonflikt gelöst werden konnte.

- In Frankreich hatte sich 1850 ein zweiter Napoleon der zweiten Revolution bemächtigt, der sich – anders als Friedrich Wilhelm IV. – durch eine Volksabstimmung die Kaiserkrone verleihen ließ und sich fortan Napoleon III. nannte. (Napoleons kleiner Sohn war ein paar Tage als Napoleon II. nominelles Oberhaupt Frankreichs gewesen und zählte deshalb mit. Der neue Kaiser Louis Napoléon war des ersten Napoleons Neffe.) In Frankreich konnte man nur noch Kaiser von Volkes Gnaden werden.
- Italien war ähnlich wie Deutschland in Kleinstaaten aufgeteilt, die vom reaktionären Österreich beherrscht wurden. Und ähnlich frustriert war der Nationalismus (beide Länder wurden deshalb später faschistisch). Das kleine Preußen Italiens hieß Piemont-Sardinien mit der Hauptstadt Turin. Sein Ministerpräsident Cavour sicherte sich die Unterstützung Napoleons bei der Einigung Italiens, und zusammen schlugen sie die Österreicher bei Solferino (der Schweizer Philanthrop Henri Dunant war so geschockt von dem Massaker, daß er das Rote Kreuz gründete [Negativ der Schweizer Flagge]). Danach brach in Italien ein nationaler Aufstand aus, an dessen Spitze Guiseppe Garibaldi aus Nizza zum italienischen Volkshelden wurde. Als Norditalien schon unter dem König Vittorio Emmanuele geeint war (1860), vertrieb

Garibaldi mit seinen Freischärlern die Bourbonen aus Sizilien und Neapel.

- Von 1861 bis 1865 dauerte der verlustreichste Krieg des 19. Jahrhunderts nach den Napoleonischen Kriegen: der amerikanische Bürgerkrieg zwischen Nord- und Südstaaten. Nach der Wahl von Abraham Lincoln waren die sklavenhaltenden Südstaaten aus der Union ausgetreten und bildeten eine eigene Föderation. Die Südstaaten beruhten ökonomisch auf der Plantagenwirtschaft von pseudoaristokratischen Gutsbesitzern, die am gewinnbringendsten mit Sklaven betrieben werden konnte (auch die Gutsherrschaft Preußens hatte mit leibeigenen Bauern gewirtschaftet, die erst 1807 befreit worden waren). Der Norden war industrialisiert, und Industrie setzt Mobilität und Freiheit voraus. So ging es im Bürgerkrieg zwar vordergründig um ›für oder wider die Union‹ oder ›für oder wider die Sklaverei‹, aber letztlich stand dahinter der Konflikt zwischen zwei unvereinbaren Produktionsweisen. Er ist für viele durch den Roman und den Film *Vom Winde verweht* von Margaret Mitchell anschaulich gemacht worden. Wie alle Bürgerkriege wurde auch der amerikanische mit großer Erbitterung geführt, und der Sieg der Nordstaaten hat psychische Narben hinterlassen, die bis heute spürbar sind. Was passiert wäre, wenn der Süden gesiegt hätte, kann man an Deutschland sehen. Da hat das rittergutsbesitzende Preußen sich den industriellen Westen unterworfen. Das ist erst mit der Annexion der Ex-DDR durch Westdeutschland wieder umgedreht worden. Damit haben wir jetzt die Situation am Ende des amerikanischen Bürgerkriegs erreicht.

Nach der Wahl von Abraham Lincoln begann einer der verlustreichsten Kriege des 19. Jahrhunderts.

Der Stratege Otto von Bismarck: Nation wurde mit Obrigkeitsstaat assoziiert.

Der Weg zur Einigung Deutschlands

Am politischen Himmel Preußens war die entscheidende Konjunktion (Stellungsgleichheit zweier Gestirne) die Verbindung zwischen Wilhelm I. (regierte seit 1860) und Otto von Bismarck. Bismarck hatte sich als Landtagsabgeordneter einen Ruf als konservativer Ultra erworben. Wilhelm I. seinerseits plante eine Heeresreform, die das preußische Abgeordnetenhaus aber ablehnte. So landete man 1862 in einer Blockade, aus der niemand mehr herausfand. Als Wilhelm keine leitenden Minister mehr fand, stellte Bismarck sich zur Verfügung: Wie Alexander der Große haute er den gordischen Knoten einfach durch, indem er die Heeresreform ohne die Genehmigung des Landtags durchzog, um sich später, nach ein paar gewonnenen Kriegen, die Erlaubnis dafür nachliefern zu lassen. Aber diese Taktik verpflichtete ihn zu einer Politik der Einigung Deutschlands, die die Liberalen bei ihren nationalen Sehnsüchten packen sollte.

Den Hintergrund dazu bot die schleswig-holsteinische Frage. Sie war so kompliziert und verworren, daß man jederzeit daraus geeignete Konfliktanlässe gewinnen konnte. Vom englischen Premierminister Palmerston stammt das Wort, nur drei Leute hätten diese Frage verstanden: sein Vorgänger, aber der sei tot, ein deutscher Professor, aber der sei darüber verrückt geworden, und er selbst, aber er habe sie vergessen. Also, zwei Dinge gibt es auseinanderzuhalten: Es gab eine alte Bestimmung, daß die Herzogtümer Schleswig und Holstein nie getrennt werden dürften (»up ewig ungedeelt«). In beiden Herzogtümern regierte der König von Dänemark, aber nur in einem galt die weibliche Erbfolge, im anderen nicht. Holstein gehörte zum Deutschen Bund, Schleswig nicht. Um die Komplikationen auszuräumen, die bei einer weiblichen Erbfolge in Dänemark eintreten konnten, hatte der dänische König Friedrich VII. beide Herzogtümer einfach dem dänischen Staat einverleibt. Das hatte 1848 einen Aufstand der Schleswig-Holsteiner und eine nationalistische Welle in Deutschland zur Folge gehabt. Darauf wurde im sogenannten Londoner Protokoll festgehalten, die Thronfolge liege beim Hause Sonderburg-Glücksburg, und die beiden Herzogtümer dürften nicht dem dänischen Staat einverleibt werden. Christian IX. von Dänemark aber ignorierte bei seinem Regierungsantritt diese Übereinkunft einfach und annektierte die beiden Herzogtümer 1863. Das bot Bismarck den Anlaß, Preußen und Österreich in den erfolgreichen Krieg gegen Dänemark hineinzumanövrieren und den Dänen die Herzogtümer wegzunehmen. Mit Österreich teilte er sich dann die Verwaltung der »Ungedeelten«. Das bot neue Anlässe zum Zank. Als Österreich wegen eines solchen Konflikts den Bundestag anrief, stellte Bismarck das als Vertragsbruch hin, ließ Preußen aus dem Deutschen Bund austreten und erklärte Österreich den Krieg (1866). Wegen der moderneren Gewehre siegte Preußen bei Königgrätz. Bismarck schonte Österreich, annektierte dagegen die norddeutschen Staaten, die das Pech gehabt hatten, auf der falschen Seite zu stehen, wie Hannover, Hessen, Frankfurt sowie Schleswig und Holstein. Der Deutsche Bund wurde aufgelöst und durch einen Norddeutschen Bund unter der Führung Preußens ersetzt.

Dieser Bund war schon eher ein Bundesstaat als ein Staatenbund. Bei ihm lag die Vertretung nach außen, der Oberbefehl über die Armee und die Entscheidung über Krieg und Frieden. Es gab einen Bundesrat und einen freigewählten Reichstag, der das Budgetrecht hatte, sowie einen Bundeskanzler, der vom Bundespräsidenten, dem König von Preußen, ernannt wurde. Das war schon die Vorform der späteren Reichsverfassung.

Im Abgeordnetenhaus trat Bismarck nun mit seinen Erfolgen vor die Kammer und bat die Abgeordneten um nachträgliche Billigung seines Verfassungsbruchs bei der Heeresreform (Indemnität). Die Liberalen waren jetzt in einem Dilemma: Wenn sie zustimmten, verrieten sie die liberalen Prinzipien der Rechtsstaatlichkeit; wenn sie ablehnten, verrieten sie die nationalen Ideale.

Der Kaiser war Chef des Reiches, der Reichskanzler allein ihm verantwortlich: Wilhelm I.

Mit anderen Worten: durch diesen Trick zerrte Bismarck auseinander, was zusammengehört: Demokratie und nationales Empfinden.

Ergebnis: Die liberale Partei spaltete sich in die

- demokratischen Liberalen und
- die nationalen »Nationalliberalen«.

Die Mehrheit bestand aus Nationalliberalen. Bismarck hatte ihnen ihre demokratischen Prinzipien mit glitzernden nationalen Glasperlen abgekauft. Von diesem Sündenfall hat sich der Liberalismus nie wieder erholt.

Gründung des deutschen Kaiserreichs

Es gehörte zu den Geburtsfehlern des neuen Reiches, daß es auf dem Rücken des besiegten Frankreichs gegründet wurde. Und daß man Frankreich obendrein Elsaß-Lothringen wegnahm, verknüpfte das neue Reich mit der

Erinnerung an eine Demütigung in Frankreich und mit der Erinnerung an einen militärischen Triumph in Deutschland. Die Feier der Reichsgründung wurde somit immer zu einer Siegesfeier über Frankreich. Das vergiftete die Beziehung beider Länder.

Und das kam so: Ein katholischer Hohenzollernprinz wurde plötzlich Anwärter auf den spanischen Thron. Das erregte die öffentliche Meinung der Franzosen, die sich an die Habsburger Umklammerung durch Karl V. erinnerten. Darauf verzichtete der Prinz weise. Aber nun überzog Napoleon III. und forderte von Wilhelm als dem Chef des Hauses Hohenzollern, daß er auf alle Zeiten auf den Thron verzichten solle. Diese Forderung redigierte Bismarck so effektiv für die Presse, daß sich der gesamtdeutschen Brust ein antiwelscher Empörungsschrei entrang. Verstört erklärte Napoleon Preußen den Krieg.

Was noch nie passiert war: Die süddeutschen Staaten schlossen sich dem Norddeutschen Bund an, und dank der Benutzung der Eisenbahn und der besseren Führung wurde Frankreich bei Sedan und Metz geschlagen. Napoleon dankte ab, Frankreich wurde eine Republik und kämpfte bis zur Kapitulation von Paris noch weiter.

Nach windungsreichen Verhandlungen mit den Fürsten wurde Wilhelm I. im Spiegelsaal des Schlosses von Versailles zum deutschen Kaiser proklamiert.

22 Jahre nach der Paulskirche wurde das damals angestrebte Ergebnis auf dem entgegengesetzten Weg erreicht: Das Parlament war nun

Im Spiegelsaal des Schlosses von Versailles wurde Wilhelm I. zum deutschen Kaiser proklamiert.

Mitbegründer der Sozialdemokratischen Arbeiterpartei: August Bebel.

nicht beteiligt. Die Einigung war ein souveräner Gründungsakt der Fürsten und der Militärs. Sie hatten die nationale Identität geklaut und in die eigene Tasche gesteckt. Von jetzt an wurde die Nation nicht mehr mit dem Volk assoziiert, sondern mit dem Obrigkeitsstaat. Der Stratege, der alle ausgetrickst hatte, hieß Otto von Bismarck. Er wurde von den Ausgetricksten danach zu ihrem Heros stilisiert, zum Kanzler von Blut und Eisen und zum Schmied der deutschen Einheit. Das war das Ergebnis der Perversion, daß der nationale Traum der Demokraten von einem genialen und skrupellosen Junker mit vorurteilslosem Intellekt und feudalen Instinkten verwirklicht worden war.

Diese Perversion drückte sich auch in der Reichsverfassung aus: Der Kaiser war Chef des Reichs, der Reichskanzler und preußische Ministerpräsident war allein dem Kaiser verantwortlich und nicht dem Parlament. Er wurde von ihm ernannt und entlassen. Es gab einen Bundesrat als Ländervertretung und einen Reichstag, der in freier, geheimer und direkter Wahl gewählt wurde. Die zentrale Figur war der Reichskanzler, der seinerseits dem Monarchen ausgeliefert war. Da er nicht dem Reichstag verantwortlich war, konnte er auch nicht von ihm gestürzt werden. So verhinderte die Verfassung, daß die Parteien ihr Rollenspiel als Regierungspartei und Opposition lernten und Erfahrung mit dem Regierungsapparat sammelten. Sie blieben ideologische Clubs und durften lediglich Meinungen haben.

Die verspätete Nation

Später als die anderen großen europäischen Völker (wenn man von den Polen einmal absieht) hatte sich Deutschland seinen nationalen Staat gezimmert. Zudem war das noch in einer Zeit geschehen, in der die anderen Nationen bereits damit begonnen hatten, sich die Erde aufzuteilen und Kolonialreiche zuzulegen. Gleichzeitig war die intellektuelle Welt

Ferdinand Lassalle, der Gründer des Allgemeinen Deutschen Arbeitervereins.

erfüllt vom Lärm der Debatten über Darwins Theorie vom Überleben der Tüchtigsten als Motor der biologischen Evolution. Diese Stimmung und die plötzliche Freigabe aller nationalen Ressourcen lösten eine explosive Entwicklung aus, die auf die Deutschen wie eine erfolgreiche Aufholjagd wirkte:

- Die rapide Industrialisierung stärkte die Wirtschaftskraft, schuf aber auch ein schnell wachsendes Industrieproletariat.
- Das führte zur Gründung von Arbeiterparteien: 1875 vereinigte sich der Allgemeine Deutsche Arbeiterverein, der von Lassalle gegründet worden war, mit der Sozialdemokratischen Partei Bebels und Liebknechts zur SPD. Die Lehre war noch klassisch-marxistisch, also weder revisionistisch (Aufgabe des Konzepts der Revolution zugunsten der Evolution) noch leninistisch (Delegation des Mehrheitswillen an eine Avantgarde von Profirevolutionären).
- Bismarck reagierte mit der Peitsche von staatlichen Verfolgungen und Verboten (Sozialistengesetze) und dem Zuckerbrot einer fortschrittlichen Sozialgesetzgebung (Kranken-, Unfall-, Rentenversicherung für Arbeiter). Er behandelte die Sozialdemokraten genauso wie die Liberalen, denen er die Peitsche des autoritären Staates mit dem Zukkerbrot des Nationalismus versüßt hatte.
- Rapide Modernisierung von Recht, Währungssystem, Post, Eisenbahn, Verkehrsnetz und allgemeiner Infrastruktur. Das Wirtschaftswachstum war zeitweise schneller als das der USA.

Kurzum: Deutschlands Gewicht nahm rapide zu. Weil das so war, lag Bismarcks Ruhm in der Außenpolitik, mit der er Deutschlands Friedlichkeit betonte und alle europäischen Mächte in eine komplizierte Bündnispolitik verstrickte, die es ihnen unmöglich machen sollte, gegeneinander und vor allem gegen Deutschland Krieg zu führen.

Eckstein dieser Politik war der Grundsatz: Frankreich ist unversöhnlich, also muß es isoliert bleiben.

Erst versuchte er ein Dreierbündnis zwischen Deutschland, Österreich und Rußland. Aber da sich die europäische Türkei langsam auflöste, gerieten Rußland und Österreich auf dem Balkan aneinander. Also blieb Österreich übrig.

Dann versuchte er einen Dreibund zwischen Deutschland, Österreich und Italien, aber die Italiener konnten Österreich nicht vergeben, daß es noch in Venetien unerlöste (Irredenta) italienische Erde besaß.

Bismarcks Bündnissystem war so ausgeklügelt, daß nur er sich darin zurechtfand. Aber nun kam die Katastrophe

Dann wurde er ganz trickreich. Er förderte einen Orient-Dreibund zwischen Österreich, Italien und England gegen russische Angriffe auf die Dardanellen.

Gleichzeitig schloß er mit Rußland einen Geheimvertrag (Rückversicherungsvertrag), in dem er Rußland Unterstützung bei dem Vorgehen gegen die Dardanellen versprach.

Das ganze war so ausgeklügelt, daß nur Bismarck sich darin zurechtfand. Aber nun kam die Katastrophe: Wilhelm I. starb 1888, und auch sein liberaler Nachfolger, Kaiser Friedrich III., segnete im selben Jahr das Zeitliche. Mit ihm wurde die ganze liberale Generation übersprungen. Statt dessen folgte ihm der junge Wilhelm II.

Wilhelm und der Wilhelminismus

Wilhelm wartet bis zum 20. März 1890, und dann entläßt er Bismarck. Da hat das neue Reich nur noch 24 Jahre zu leben. Dann beginnt der Erste Weltkrieg. Auf den Tag genau elf Monate vorher schenkt die ehemalige Dienstmagd Clara aus Niederösterreich ihrem Mann Alois einen Knaben: sein Name ist Adolf Hitler. Wilhelm wird ihm den Weg bereiten.

Wilhelm II., Repräsentant eines vor Kraftgefühl besoffenen Bürgertums.

Wilhelm ist ein anmaßender Angeber und Schwadronierer, ein humorloser Renommist, der Paraden und Säbelrasseln liebt, die Karikatur des Preußen mit der Pickelhaube, dem »Es-ist-erreicht-Bart« und dem Monokel im Auge. Er hat eine verkrüppelte Hand, die er bei Paraden versteckt, und einen Minderwertigkeitskomplex gegenüber England. Deshalb muß er auch eine Flotte haben, denn er weiß, die Zukunft liegt auf dem Meer. Das größte Heer hatte er schon, aber was ist er in den Augen seines angelsächsischen Vetters ohne Flotte? Er fühlt sich, und das ist er auch, als Parvenü, der das selbstverständliche Überlegenheitsgefühl des anderen beneidet. Aber er fühlt auch die eigene Kraft und möchte sie zeigen. So rumort er herum und verbreitet Unruhe.

In all dem ist Wilhelm II. ein Repräsentant des wilhelminischen Bürgertums: Besoffen vor Kraftgefühl, hat es den galoppierenden Machtzuwachs der geeinten Nation seelisch nicht verarbeitet. Durch die Militarisierung des Lebens aufgrund der allgemeinen Wehrpflicht und des Prestiges der Militärs fühlen sich die Bürger als halbe Aristokraten und nehmen deren Gewohnheiten an: den Kasernenton in der Kommandosprache von Ämtern und Behörden, den zackigen Drill in der Schule, das Duell in den Verbindungen der Universitäten, den Schmiß im Gesicht, als ob man aus der Schlacht käme, und Uniformen, wo es nur geht. Die Welt staunt über einen neuen Maschinenmenschen und beginnt, ihn als Horrorgestalt zu fürchten. Das Image der Deutschen, die früher als verträumte Poeten und skurrile Gelehrte angesehen wurden, ändert sich: Jetzt sieht man ihn als unberechenbaren, aber seelenlosen Pickelhaubenträger, ein Kerl aus Metall, durch vernünftiges Reden nicht mehr erreichbar. In Mitteleuropa ist ein Monster erschienen.

In Mitteleuropa ist ein Monster erschienen

Die Lager

Wilhelms Politik zerstörte das Bismarcksche Bündnissystem. Zuerst trieb die Reichsregierung Rußland in das Bett Frankreichs, dessen Isolierung damit vorbei war. Dann begann man mit dem verschärften Aufbau einer deutschen Flotte, um England herauszufordern. England hatte seinerseits im Burenkrieg um 1900 die bitteren Wasser der Isolierung gekostet. So verabschiedete es sich vom ehrwürdigen Prinzip der »splendid isolation« und knüpfte militärische Bande zu Frankreich. Da England immer noch dem Grundsatz huldigte, keine festen Bündnisse einzugehen, sprach man diplomatisch von einer »entente cordiale«, von herzlichem Einverständnis. Am Ende hatte sich das Bismarcksche Bündnissystem von einem Segen in einen Fluch verkehrt. In Europa stan-

den sich zwei hochgerüstete Lager gegenüber: Deutschland und Österreich-Ungarn, die sogenannten Mittelmächte, auf der einen Seite und England, Frankreich und Rußland auf der anderen (Italien war zwar mit den Mittelmächten verbündet, sollte aber später auf seiten der Alliierten in den Krieg eintreten). Schloß man früher Bündnisse erst dann, wenn ein Krieg drohte, wußte man jetzt durch die festen Bündnisse schon mitten im Frieden, wer der nächste Gegner war. Das machte den Frieden zur Vorkriegszeit, schürte das Mißtrauen, vergiftete die Atmosphäre, weckte die Paranoia und belebte den Antisemitismus: In Frankreich wurde der jüdische Hauptmann Dreyfus zu Unrecht wegen Spionage für Deutschland verurteilt. Bei der Suche nach Verrätern fand man immer die Juden. Derweil planten die Generalstäbe schon im Frieden den Krieg. Das war das Ergebnis des zerfallenden Bündnissystems Bismarcks, das viele Historiker noch immer loben. Aber damit nicht genug: In unglaublicher Blödheit hatte die Reichsregierung das Schicksal Deutschlands mit einer Macht verkettet, die sich im Säurebad der Freiheitsbewegungen ihrer Völker langsam auflöste: Österreich-Ungarn. Der galoppierende Zerfall des einzigen Verbündeten gab den deutschen Politikern das Gefühl des Zeitdrucks, so als ob sie vor dem endgültigen Exitus Kakaniens noch den Showdown riskieren müßten.

Um England herauszufordern, begann die Reichsregierung mit dem verschärften Aufbau einer deutschen Flotte.

Das 20. Jahrhundert

Der Anbruch des 20. Jahrhunderts gehört zu den wohl paradoxesten Momenten in der bunten Geschichte dieses unruhigen Kontinents. Europa stand auf dem Gipfel seiner Macht. In ihren Kolonialreichen teilten sich die Europäer die Erde. Ihre Zivilisation war überall maßgeblich. Das 19. Jahrhundert hatte materiellen Wohlstand und kulturellen Fortschritt gebracht. Die Erkenntnisse der Wissenschaft verlängerten das Leben, und die Technik erleichterte es. Wenn auch die Industriearbeiter nicht im Luxus lebten, so litten sie doch nicht mehr die gleiche Not wie zu Anfang des Jahrhunderts. Gewerkschaften und sozialistische Parteien sorgten für ein Minimum an Schutz. Selbst die Frauenbefreiung machte Fortschritte in Gestalt besserer Bildungsmöglichkeiten. Die Völker Rußlands und Österreich-Ungarns lebten zwar in politischer Unfreiheit, aber doch – mit Abstufungen – unter einer ordentlichen Verwaltung und in halbwegs zivilisierten Verhältnissen. Nie war es den Völkern Europas so gut gegangen wie um 1900.

Nie war es den Völkern Europas so gut gegangen wie um 1900 – 45 Jahre später lag dasselbe Europa in Trümmern

45 Jahre später lag dasselbe Europa in Trümmern. Unter den rauchenden Ruinen lagen circa 70 Millionen Tote. In geradezu atemberaubender Leichtfertigkeit hatten die Politiker die Hunde des Krieges von der Leine gelassen und einen Taumel der Selbstzerstörung ausgelöst. Die Geschichte hat schreckliche Epochen wie die Zeit der Pest oder den 30jährigen Krieg gekannt, aber niemals vorher hatte es Massenschlächtereien solchen Ausmaßes gegeben wie in dem 30jährigen Krieg von 1914 bis 1945 (wenn man von der Kampfpause dazwischen mal absieht).

Warum das so kommen mußte (mußte es so kommen?), bleibt ein düsteres Rätsel. Fest steht jedoch: Der kollektive Wahnsinn wurde von Deutschland ausgelöst und verwandelte es dabei selbst in ein Irrenhaus, in dem ein Tobsüchtiger das Kommando übernahm und der Zivilisation selbst den Krieg erklärte. Und wir können nur entgeistert verfolgen, wie – nachdem die Büchse der Pandora einmal geöffnet war – das Geschehen immer die schlimmste Wendung nahm. Der Erste Weltkrieg war die Urkatastrophe des 20. Jahrhunderts. Von ihm gingen alle Schockwellen der Rebarbarisierung aus, die die Jahrzehnte danach zu einem Zeitalter der Tyrannei und der Massenmorde gemacht hat.

Die Entfesselung des Ersten Weltkrieges

Als die Sieger des Ersten Weltkrieges in Versailles zur Friedenskonferenz zusammenkamen, stellten sie fest: »Der Krieg ist von den Zentralmächten ... mit Vorbedacht geplant worden ...« Diese sogenannte Kriegsschuldthese diente als Begründung für die Bestrafung Deutschlands und für die Reparationszahlungen, die es leisten mußte. Sie wurde deshalb von deutschen Historikern bekämpft. Als dann nach dem Zweiten Weltkrieg feststand, daß dieser eindeutig von Hitler ausgelöst worden war, wollte man nicht auch noch am Ersten schuld sein und bekämpfte die Kriegsschuldthese weiter. Heute ist allgemein anerkannt: Sie entspricht den Tatsachen. Und so war der Ablauf: Am 28. Juni 1914 erschoß der serbische Terrorist Gavrilo Princip den österreichischen Thronfolger Erzherzog Franz Ferdinand und seine Frau bei einem Besuch in Sarajevo. In der deutschen Regierung (Kaiser, Reichskanzler Bethmann-Hollweg, hohe Beamte und Militärs) sah man darin eine gute Gelegenheit für einen militärischen Showdown der Verhältnisse. Deshalb drängte man Österreich dazu, aggressiv und schnell zu reagieren. Diese Aktivität verbarg man hinter einem Schleier vorgetäuschter Ferienstimmung, um sich selbst als überraschtes Opfer hinstellen zu können. Erstens wollte man Englands öffentliche Meinung dahingehend beeinflussen, daß es nicht gegen Deutschland in den Krieg eintrat, und die deutschen Sozialdemokraten sollten glauben, Deutschland müsse sich verteidigen, damit sie für die Kriegskredite stimmten. So überreichte Österreich den Serben am 23. Juli ein Ultimatum, das so gehalten war, daß sie es ablehnen mußten. Dann erst erfuhren die deutschen Stellen vom österreichischen Zeitplan: Man wollte die Antwort der Serben abwarten, dann die diplomatischen Beziehungen abbrechen, dann mobilisieren, was 14 Tage dauerte, und dann erst den Krieg erklären. Das aber hätte die Möglichkeit eröffnet, daß andere Mächte durch ihre Vermittlung die Krise ent-

Europa vor 1914.

schärft hätten. Deshalb drängte die deutsche Seite die Österreicher zur sofortigen Kriegserklärung. Sie erfolgte am 28. Juli, auf den Tag einen Monat nach dem Attentat. Damit waren die Würfel gefallen, denn nun hatte die Automatik der Bündnisabsprachen und der Mobilmachungspläne eingesetzt, und die Militärs übernahmen das Kommando.

Der Krieg

Unvorstellbar ist heute, daß der Kriegsausbruch, zumal in Deutschland, einen Freudentaumel auslöste. Man erlebte die Verschmelzung des Kollektivs im Fest, das von den Hemmungen eines in Routine erstarrten Lebens einer Industriegesellschaft entlastete. Zugleich stellte man sich jeden Krieg wie den letzten vor, weil man die Folgen des waffentechnischen Fortschritts noch nicht kannte. Im Krieg von 1870/71 hatte die deutsche Schnelligkeit entschieden, und der forsche Zangenangriff wurde belohnt. Diese Taktik wollte man im sogenannten Schlieffenplan mit einer großen Zangenbewegung auf Paris wiederholen. Aber dazu marschierte man mitten durch die belgische Neutralität, und das wiederum zog England in den Krieg, das die belgische Neutralität garantiert hatte. Die Ironie der Geschichte aber war: Es war alles vergeblich. Die Erfindung des Maschinengewehrs hatte inzwischen den Verteidiger gegen den Angreifer begünstigt. Der deutsche Angriff blieb stecken. Zwischen der Schweizer Grenze und Flandern gruben sich die Armeen im Schlamm ein und blieben da, bis die Lernunfähigkeit der Generäle zehn Millionen junge Männer das Leben gekostet hatte. Das war eine Massenschlächterei mit Artillerie und Maschinengewehren, die dadurch als Krieg getarnt wurde, daß die eine oder andere Seite hin und wieder einen Matschhügel eroberte und dabei Tausende von Soldaten verlor. Eine ganze Generation junger Männer wurde hier vier Jahre lang traumatisiert und brutalisiert. Unter ihnen war ein Meldegänger namens Adolf Hitler, den der Krieg aus der Isolation seiner Außenseiterexistenz befreit hatte. Er liebte den Krieg, der ihm

Die deutsche Taktik zog England in den Krieg, das die belgische Neutralität garantiert hatte: britische Front in Flandern.

das Gemeinschaftsgefühl der Männerkameradschaft bescherte, und er sollte später das Fronterlebnis glorifizieren. Viele hatte dieses Fronterlebnis für ein späteres ziviles Dasein untauglich gemacht. Hitler war dazu immer schon untauglich gewesen, und deswegen konnte ein Typ wie er später die Gefühle von so vielen ausdrücken: Mit seinen Aufmärschen der SA spielte er einfach weiter Fronterlebnis, verschönert durch eine Wagnersche Dramaturgie. Er, der Bewunderer des Männerheims, wurde der Regisseur all jener, die wie er jahrelang mit anderen Männern in Unterständen zugebracht und das Blitzen des Granatfeuers beobachtet hatten.

Revolution in Petrograd

Der Erste Weltkrieg ist die Mutter der Russischen Revolution. Es war eine bürgerliche Revolution, die zwischen dem 8. und 14. März 1917 in Petrograd (so hieß St. Petersburg seit Kriegsbeginn) ausbrach, und der Anlaß war die chaotische Kriegsführung der Regierung. Am 16. März dankte Zar Nikolaus ab, und Prinz Lwow bildete eine provisorische bürgerliche Regierung, die den Krieg weiterführen wollte. Das war ein Fehler, denn die Arbeiter und Bauern, die sich in sogenannten Sowjets (Räten) organisierten, hatten genug vom Krieg. Sie warteten auf jemand, der den Krieg beendete. Aber dieser jemand saß eingeschlossen von feindlichen Mächten in einer kleinen Wohnung in Zürich und überlegte verzweifelt, wie er nach Petrograd kommen könnte. Die Deutschen wußten, daß dieser Mann genug Einfluß hatte, um mit seiner Friedenspropaganda den Kriegswillen der Russen zu schwächen. Also setzten sie ihn mit ein paar Gesinnungsgenossen am 12. April 1917 in einen plombierten Eisenbahnwagen und karrten ihn quer durch Deutschland zur Fähre nach Schweden, von wo er am 17. April in Petrograd eintraf. Sein Name war Wladimir Iljitsch Uljanow, der sich Lenin nannte.

1917: russische Soldaten nach der Revolution, die ein Putsch war.

Als Lenin mit deutscher Hilfe 1917 in Petrograd eintraf, war er der einzige, der eine klare Theorie, ein klares Programm und ein schlagkräftiges Instrument zum sofortigen Handeln hatte.

Lenin

Die russische Intelligencija (so nennt man dort die Intellektuellen) war seit ihrem Entstehen in den 1830er Jahren in Slawophile (Advokaten des russischen Sonderwegs) und Westler geteilt. Als die slawophilen Sozialrevolutionäre zum Terror übergingen, wanderte das Schwergewicht wieder zu den Westlern, die unter dem Einfluß Plechanows zu Marxisten geworden waren und durch die forcierte Industrialisierung Rußlands bestätigt wurden. Zu ihnen gehörte auch Wladimir Iljitsch Uljanow. Er war der Sohn eines Schulinspektors und einer protestantischen deutschen Mutter. Sein Bruder wurde wegen eines Terroranschlags auf den Zar hingerichtet. Wladimir Iljitsch studierte die Rechte, trat der sozialdemokratischen Partei bei, etablierte sich mit einer Schrift über den Kapitalismus in Rußland als marxistischer Theoretiker und gründete 1900 die Untergrundzeitschrift *Iskra* (Funke). Ihr Redaktionsteam war in Wirklichkeit das Zentrum einer straff organisierten Untergrundpartei, deren lokale Gruppen über eine regelmäßige Korrespondenz von der Zentrale aus gelenkt wurden. Das *Iskra*-Team organisierte auch den ersten Kongreß der russischen Sozialisten. Auf ihm entzweite man sich über Lenins eigenen Beitrag zum Marxismus: die Theorie der revolutionären Strategie. Darüber hatte Marx wenig gesagt, weil er glaubte, in den liberalen Gesellschaften des Westens würden die Widersprüche des Kapitalismus die Mehrheiten für die Revolution von selbst produzieren. Lenin aber wußte, daß das in einem Polizeistaat wie Rußland unmöglich war. Deshalb konzipierte er eine Partei, die wie ein Orden als straff geführte Organisation disziplinierter Berufsrevolutionäre die trägen Massen erst zum Sozialismus erziehen sollte. Die Anhänger Lenins nannten sich Bolschewiki (Mehrheitler) und die Gegner der Kaderpartei wurden Menschewiki (Minderheitler) genannt. Am Ende setzte sich Lenin durch. Wenn aber die Massen erst von der Partei erzogen werden mußten, brauchte man das Reifestadium des Kapitalismus gar nicht abzuwarten und konnte gleich zur sozialistischen Revolution übergehen. Als Lenin mit deutscher Hilfe am 17. April 1917 in Petrograd eintraf, war er der einzige, der eine klare Theorie, ein klares Programm und ein schlagkräftiges Instrument zum sofortigen Handeln hatte. Er gewann mit der Forderung nach einer Landreform und sofortigem Frieden die Zustimmung der Massen. Im Mai übernahm ein Parteitag der Bolschewiken Lenins Position. Die Bolschewi-

Als die Briten Panzer einsetzten, brachen die Alliierten durch die deutschen Linien.

ken wiederum gewannen die Kontrolle über die Sowjets. Im Sommer trat der Ministerpräsident Lwow zurück, und Kerenski bildete eine liberal-menschewikische Regierung, die von Krise zu Krise stolperte. Am 7. November besetzten die Bolschewiken die strategischen Punkte Petrograds und bildeten einen Rat der Volkskommissare mit Lenin als Vorsitzendem, Leo Trotzki als Kommissar für Auswärtiges und Josef Stalin als Kommissar für Nationalitäten. Diese Regierung rief alle Arbeiter der kriegsführenden Mächte auf, die Kämpfe einzustellen, und unterzeichnete am 3. Dezember 1917 einen Waffenstillstand mit den Mittelmächten. Damit gewannen sie die Zustimmung der Soldaten, Bauern und Arbeiter. In einer Krise hatten eine Handvoll Berufsrevolutionäre die Macht übernommen, weil sie die augenblickliche Stimmung des Volkes richtig einschätzten. Ein Mann allein hatte diese Wendung herbeigeführt: Wladimir Iljitsch Lenin. Seine Autorität als Gründungsvater des Sowjetstaates blieb bis zuletzt unbestritten. Die Erfahrung, daß wenige entschlossene Verschwörer einen ganzen Staat übernehmen können, begründete die Stalinsche Paranoia. Später stilisierte die sowjetische Propaganda die Machtübernahme als Massenerhebung, wobei der Sturm auf das Winterpalais den Sturm auf die Bastille darstellen sollte, und nannten sie nach dem russischen Kalender »Oktoberrevolution«. Aber es war keine Revolution, sondern ein Putsch.

Deutschlands Kollaps

Seit Kriegsbeginn hatte England eine Seeblockade gegen Deutschland verhängt, und Deutschland konterte mit einer Gegenblockade durch U-Boote. Als die Briten bewußt die Blockade verschärften, erklärten die Deutschen den unbeschränkten U-Boot-Krieg, bei dem auch amerikanische Schiffe versenkt wurden. Das bot den Anlaß für Präsident Wilson, Deutschland im April 1917 den Krieg zu erklären. Dies wiederum entschied den Krieg zugunsten der Alliierten. 1918 scheiterte eine deutsche Offensive, und als die Briten Panzer einsetzten, brachen die Alliierten durch die deutschen Linien. Von der Furcht gepeinigt, daß die deutsche Armee sich auflösen könnte, beschwor General Ludendorff die Regierung, um einen Waffenstillstand zu bitten. In Berlin besann man sich plötzlich auf die 14 Grundsätze für einen gerechten Frieden ohne Sieger und Besiegte, die der amerikanische Präsident proklamiert hatte, nahm Sozialdemokraten in die Regierung auf, demokratisierte die Verfassung und bat am 3. Oktober um einen Waffenstillstand. Die Nachricht verursachte an der deutschen Front und zu Hause einen Schock, weil die Regierungspropaganda bis zuletzt verkündet hatte,

Europa nach dem Ersten Weltkrieg.

man stehe kurz vor dem Endsieg. Diese unerklärliche Plötzlichkeit des Kollapses, ohne daß die Front wirklich zusammengebrochen und das Land besetzt worden war, ließ später die sogenannte Dolchstoßlegende entstehen: das Heer sei im Felde unbesiegt, aber die Juden und Bolschewiken hätten ihnen von hinten durch Verrat einen Dolch in den Rücken gejagt. Dieses Szenario erhielt eine scheinbare Beglaubigung dadurch, daß der Kaiser durch Meutereien und Aufstände zur Abdankung gezwungen wurde, Scheidemann die Republik ausrief und die Kanzlerschaft an den Sozialdemokraten Friedrich Ebert übergeben wurde. All das konnte so ausgelegt werden, als ob die Sozialisten von der Niederlage profitierten.

Friedensverhandlungen in Versailles: der Vertrag war ein Armutszeugnis für die Weisheit der Alliierten.

Versailles

Der Friedensvertrag von Versailles ist ein Monument der Kurzsichtigkeit und ein Armutszeugnis für die Weisheit der Alliierten. Überall wurden Keime für neue Konflikte gelegt. Die Habsburger Monarchie wurde zerlegt, aber die Grenzen zwischen den Nachfolgestaaten so gezogen, daß zahlreiche Minderheiten entstanden. Deutschland wurde amputiert, durch den Schuldspruch gedemütigt und mit Reparationslasten belegt, die das Land zur Verzweiflung trieben, den Haß auf die Sieger schürten und zugleich die Weltwirtschaft ruinierten. Den Österreichern wurde verboten, sich an Deutschland anzuschließen. In der Tschechoslowakei und Polen überließ man eine große deutsche Minderheit einer unfreundlichen Regierung, und man beschränkte die deutsche Souveränität durch Kontrollen, Auflagen, Begrenzungen bei der Bewaffnung und bei der Mannschafts-

Die »goldenen« Zwanziger Jahre – Otto Dix *Großstadt*, 1928.

Als hätten die Sozialisten von der Niederlage profitiert: Reichskanzler Friedrich Ebert.

Weimar

Nach der Abdankung des alten Regimes lag die Macht plötzlich in den Händen der Linken. Aber sie war gespalten über der Frage, ob das Land nach der Manier der neuen Sowjetunion ein Rätestaat oder nach westlichem Modell eine parlamentarische Demokratie werden sollte. Durch das Bündnis der Sozialdemokraten mit dem Generalstab fiel die Entscheidung für die parlamentarische Demokratie. Damit hatte die SPD zugleich gegen die eigenen Genossen optiert, die den Rätestaat wollten.

Das Ergebnis war die Trennung von Sozialdemokraten und Kommunisten (»Wer hat uns verraten? Sozialdemokraten«). Damit zeichnete sich früh schon das Dilemma der Sozialdemokraten als das Dilemma der Weimarer Republik ab. Um die Radikalen von links abzuwehren, paktierten die Sozis mit dem kaiserlichen Heer und der kaiserlichen Beamtenschaft. Aber die hatten die Demokratie so wenig akzeptiert wie die Kommunisten. Als die Republik von rechts bedroht wurde, ließen die Bürgerlichen die Sozis im Stich. Im Rückblick erweist es sich als Versäumnis, daß die Sozis sich nicht ihre eigene Beamtenschaft und ihr eigenes Heer geschaffen hatten. Aber es war natürlich auch besonders pervers, es mit einem Bürgertum zu tun zu haben, das die bürgerliche Demokratie ablehnte. So mußten die Sozis das Schiff der Weimarer Republik zwischen der Skylla der kommunistischen Genossen und der Charybdis der bürgerlichen Rechten hindurchsteuern. Und als mit der Wirtschaftskrise von 1929 plötzlich eine rechte Partei von bisher unbekannter Militanz auf der Bühne erschien, waren die Sozialdemokraten unvorbereitet.

stärke und mit verbotenen Zonen. Entscheidend aber war, daß die umnachteten Alliierten mit diesen Belastungen bewirkten, daß die Deutschen die junge Republik mit der Niederlage identifizierten, das Kaiserreich aber mit herrlichen Zeiten. Die Mehrheit sah den aufgezwungenen Friedensvertrag als demütigende Schande an und nannte ihn das *Versailler Diktat.* Die, die es unterzeichnet hatten, wurden als Verräter diffamiert und einige von ihnen ermordet. Kein Politiker konnte es wagen, nicht für die Revision des Versailler Vertrages zu plädieren. Er war einer der wichtigsten Gründe dafür, daß das Bürgertum sich nicht mit der neuen Demokratie identifizierte; und neben der Weltwirtschaftskrise war er wohl die zentrale Ursache für den Aufstieg der Nationalsozialisten.

Hitler

Niemand hat je den Widerspruch zwischen der seelischen Öde der Person Hitlers und der monströsen Wirkung dieser Figur erklären können. Aber wahrscheinlich war Hitler der Grenzwert, bis zu dem sich eine Person verflüchtigen kann, um eine Stimmung zu werden, eine atmosphärische Verdichtung als Schnittmenge von Tausenden von Leuten, wenn sie in einer Massenversammlung nur noch auf das reagieren, was auch bei all den andern ankommt. Er war das, was die Menge verband, wenn er ihr in seinen Inszenierungen ihre Gemeinsamkeit verstärkt zurückgab. Denn er war ein Regisseur. Unfähig zu geregelter Arbeit, hatte er vor dem Krieg in Wien und München seine Tage den Träumen von künftiger Größe gewidmet, für die er sich aus den Opern Richard Wagners mit Bildern versorgte. Als er dann im Nachkriegs-München in seiner Rolle als Polizeispitzel auf die Truppe von Schießbudenfiguren stieß, die er zur Keimzelle der Nazi-Partei machen sollte, entdeckte er plötzlich sein Talent zur rhetorischen Narkotisierung der Massen. Damit hatte er sein Metier gefunden. Er konnte seine Größenphantasien jetzt inszenieren. Etliche Hitler-Kenner sind der Meinung, daß er auch seinen Antisemitismus erst jetzt entdeckte. Vielleicht waren ihm seine ideologischen Versatzstücke – Sozialdarwinismus, Rassenwahn, Lebensraumtheorie, Antibolschewismus, Antisemitismus – nur wichtig, wenn sie der Inszenierung dienten.

Und hier manifestiert sich, daß er nicht so sehr eine Person als die perfide Inkarnation eines Kollektivs war. Er hatte die geniale Idee, die Deklassierten und Arbeitslosen in Uniformen zu stecken. Mit dieser Operetten-Idee erreichte er mehrere Ziele auf einmal. Die Uniformierten bekamen wieder Selbstbewußtsein und fühlten sich nicht mehr isoliert, sondern als Teil einer Gruppe. Er beschwor das berühmte Fronterlebnis herauf und machte die Niederlage in der Phantasie ungeschehen. Er suggerierte den Bürgerlichen die Ordnung einer Armee im Gegensatz zum Chaos, das sie von links befürchteten. Damit konnte er sich für künftige Bündnisse als Macht der Ordnung empfehlen. Die Kommandostruktur einer Armee, die er imitierte, rechtfertigte die Selbststilisierung als Führer, der absoluten Gehorsam verlangte. Und wann immer es nötig war, konnte er aus den Uniformierten die Truppen für den Straßenterror und den Saalschutz gewinnen, mit dem er die anderen einschüchterte. Vor allem aber bildeten die seriellen Muster der angetretenen Uniformierten die Kulissen, vor denen er seine Opernauftritte mit seinen ekstatischen Rhetorik-Arien gestaltete.

Der Ewige Jude als Archetyp.

Hitler überbrückte den Widerspruch zwischen nationaler Größe und doppelter Deklassierung im persönlichen und nationalen Absturz durch die theatralische Simulation. Er hatte immer schon die Realität umgeträumt. Jetzt fingierte er sie durch Rituale und Inszenierungen, durch Kulissen und Beschwörungen. Die Theatralik gab der wahnsinnigen Rhetorik einen Kontext und machte sie plausibel. Er inszenierte die Sehnsüchte der Deutschen und löste ihre Widersprüche. Ihr Heer war nicht besiegt worden,

Wahrscheinlich war Hitler der Grenzwert, bis zu dem sich eine Person verflüchtigen kann, um eine Stimmung zu werden

kein äußerer Feind konnte es schlagen, nur ein Verräter konnte es zu Fall bringen, einer, der mit anderen Waffen kämpfte, heimlich und verborgen, ein Parasit und Zersetzer, der Ewige Jude. Jetzt hatten die Deutschen einen Feind, dem sie ihre Niederlage lieber zuschrieben als Franzosen oder Engländern. Der Rassismus diente dazu, sich im Kontrast zu den Juden als Gemeinschaft einer verwandten Blutsbrüderhorde zu fühlen. Und der Antisemitismus lieferte das Negativ zur Selbstinszenierung der Gemeinschaft in Uniform, weil der Ewige Jude als Archetyp dessen beschworen werden konnte, der sich ausschloß und gegen die Magie der Gemeinschaft immun war. Er war der genuine Verräter, immer zugleich auf beiden Seiten der Grenze der Gruppe, sowohl Deutscher als auch Fremder, sowohl assimiliert als auch orthodox, sowohl innen als auch außen, und im Innern des Volkskörpers zugleich als Parasit und Saboteur im Dienste der fremden Mächte. Wenn Hitlers Judenhaß erst nach dem Beginn seiner Demagogenkarriere entstand, dann deshalb, weil er wußte: Die Juden wären gegen seine Inszenierungen immun gewesen. Sein Antisemitismus war der Groll auf den Zuschauer, der nicht klatschte, der Haß des Schamanen auf die, die seine Verrenkungen kalt ließen.

Hitler, *Der Große Diktator*, hatte die geniale Idee, die Deklassierten und Arbeitslosen in Uniformen zu stecken.

Sowjetrußland

In Rußland festigt die kommunistische Partei ihre Herrschaft durch Terror und baut unter der Führung von Leo Trotzki eine Rote Armee auf, die bis 1922 den Bürgerkrieg gegen die »Weißen« gewinnt. Nach dem Sieg wird die Union der Sozialistischen Sowjetrepubliken gegründet. Der neue Staat besteht aus einer Pyramide von Sowjets (Räten), von der Kreis- über die Gouvernements- bis zur Staatsebene. Jeder Sowjet besteht aus Delegierten der nächstniedrigen Sowjets. Die Kandidaten aber werden von der Partei vorgeschlagen und öffentlich gewählt; die eigentliche Macht liegt also bei der Partei, die als Priesterkaste das Deutungsmonopol der heiligen Texte des Marxismus-Leninismus hat. Sie wird von oben nach unten diktatorisch regiert. Ihre wichtigsten Führungsorgane sind das Politbüro und dessen Wohlfahrtsausschuß, das Zentralkomitee. Gab es in der Französischen Revolution den Parallelismus zwischen Konvent und Jakobinerclubs, gibt es in der Russischen Revolution die Doppelung von Sowjet und Partei. Der Unterschied war, daß in Frankreich im Konvent entschieden und in den Clubs debattiert wurde. In Sowjetrußland wird dagegen in der Partei entschieden und im Sowjet abgestimmt, wie die Partei entschieden hat. Außerdem gab es in Frankreich natürlich mehrere Clubs, in Rußland gibt es nur eine Partei. Das ist so, als habe die Kirche den Staat unterworfen.

Dabei wurde wie in der berühmten Parabel in Dostojewskis *Die Brüder Karamasow* Christus durch den Großinquisitor ersetzt. Bis zu seinem Schlaganfall 1922 war das Lenin. Dann begann der Machtkampf um die Nachfolge. Die Kandidaten waren Leo Trotzki, der Schöpfer der Roten Armee und brillantester Kopf der Partei; Gregorij Sinowjew, Vorsitzender des Petrograder Sowjet; Leo Kamenjew, Vorsitzender des Moskauer Sowjets, und Nikolaj Bucharin, Chef der Parteizeitung *Prawda*. Gewonnen wurde er nach dem Tod Lenins (1924) durch einen unscheinbaren Mann, den alle andern unterschätzt hatten und den Lenin wegen seines Organisationstalents zum Generalsekretär der Partei gemacht hatte: Josef Stalin. Dort hatte »Seine Unauffälligkeit« alle wichtigen Positionen mit seinen Gefolgsleuten besetzt. Nach Lenins Schlaganfall formierte sich das Anti-Trotzki-Triumvirat Sinowjew, Kamenjew und Stalin. Stalin entpuppte sich als die entscheidende Figur. Sinowjew und Kamenjew wechselten mehrmals die Seiten, und 1927 wurde

Nach Lenins Schlaganfall entpuppte sich Stalin als die entscheidende Figur.

Trotzki als Ketzer aus der Partei ausgeschlossen. Damit siegte auch Stalins Programm »Aufbau des Sozialismus in einem Land« über Trotzkis Konzept »Export der Revolution in die kapitalistischen Länder«. Nach seinem Sieg begann Stalin mit dem Aufbau einer der blutigsten Tyranneien, die die Welt seit den Tagen von Tamerlan in Schrecken versetzt hatten.

Der »Duce« Benito Mussolini: Faschismus war Machismo, zur Ideologie gesteigert.

Mussolini

Benito Mussolini, ein ehemaliger Lehrer, hatte zunächst als Journalist agitiert für die sozialistische Partei. Beeinflußt von syndikalistischen Theorien über spontane Gewalt, gründete er eine Kampftruppe (fascio di combattimento), die er im Kampf der Fabrikbesitzer gegen streikende Arbeiter einsetzte. Wo immer es streikende Arbeiter oder Bauern gab, die das Land besetzten, tauchten die schwarzbehemdeten Kampftruppen Mussolinis auf. So wurde der Faschismus als Parasit des Sozialismus groß.

So wurde der Faschismus als Parasit des Sozialismus groß

Zugleich veredelte Mussolini als »Duce« (Führer) der Faschisten die Demonstration der Gewalt durch eine nationalistische Rhetorik. In einem von Streiks, Straßenkämpfen und Terror geschüttelten Land sahen die Bürgerlichen im Duce den einzigen, der die öffentliche Ordnung wiederherstellen konnte. In diesem Klima bereitete Mussolini einen Sternmarsch der Kampfverbände auf Rom vor, und der verschreckte König Vittorio Emmanuele ernannte ihn am 30. Oktober 1922 zum Premier.

Dann bildete Mussolini eine faschistisch-bürgerliche Koalitionsregierung und schuf eine faschistische Miliz, die nicht dem König, sondern ihm selbst unterstellt war. Er schaffte die Pressefreiheit ab, richtete einen faschistischen Rat ein, terrorisierte die Gegner, verfügte, daß bei Wahlen die größte Partei drei Viertel der Parlamentssitze erhalten sollte, und gewann die öffentliche Meinung durch staatliche Arbeitsbeschaffungsprogramme und Wiederherstellung der öffentlichen Ordnung (sogar die Züge sollen pünktlich gefahren sein, was als Gipfel der Effizienz galt). Dann warf er die Nicht-Faschisten aus der Regierung und brachte die Beamtenschaft und alle Berufsverbände auf seine Linie. Die Wahlen von 1929 erbrachten das einmalige Ergebnis von 100% für den Duce. Solch ein Resultat wurde selbst von den Sozialisten nie erreicht.

Die höchsten Werte auf dem ideologischen Altar des Faschismus waren der Staat, die Vitalität und der Kampf. Sie forderten eine Form der männlichen Existenz im Glorienschein von Heroismus und Dynamik. Kein Zweifel, der Faschismus war Machismo, zur Ideologie gesteigert, und hatte etwas Pueriles.

Mussolinis Bewegung wurde zum Vorbild für Hitler. Bereits im Jahr 1923 versuchte der Führer, Mussolinis Marsch auf Rom im Marsch auf die Feldherrnhalle in München zu imitieren. Zwar wurden die Marschierer von der bayerischen Polizei zusammengeschossen und Hitler selbst zu einem Jahr Festungshaft verknackt, aber damit hatte er einen Anlaß, um in einem Totenkult die Märtyrer der Bewegung mit der Ehrung der Weltkriegsgefallenen zu verbinden und sich auf diese Weise in die Trauer der Deutschen um ihre gefallenen Söhne einzuschleichen.

Atempause

Der gescheiterte Hitler-Putsch von 1923 war die letzte der Nachkriegsrevolten. Danach setzte eine gewisse Erholung ein, weil die Reparationen gelockert wurden und eine Währungsreform die Wirtschaft stabilisierte (November 1923). Die Parteien der Mitte nahmen den linken und rechten Extremisten zunehmend Wähler ab, und 1925 wurde der kaiserliche General Hindenburg zum Reichspräsidenten gewählt. Damit erhielt die Weimarer Republik endlich ihren adäquaten Repräsentanten als Verkörperung ihrer eigenen Widersprüchlichkeit: An der Spitze des Staates stand ein Präsident, der die Verfassung und die Demokratie ablehnte, und er stand da, weil die Wähler des demokratischen Lagers ihre Stimmen zersplittert hatten. Und daß sich ein kaiserlicher Ge-

Ein Präsident, der die Verfassung und die Demokratie ablehnte: Hindenburg.

neral für dieses Amt überhaupt hergab, drückte das Bündnis der Republik mit dem »Ancien régime« gegen die Kommunisten aus. Als sich ein neuer Bündnispartner in Form des Führers und seiner braunen Massen anbot, ließen die kaiserlichen Konservativen die Republik im Stich und griffen statt dessen in die braunen Massen.

Eine Währungsreform hatte erst im November 1923 die Wirtschaft stabilisiert.

Hitler ante portas: Vom Schwarzen Freitag 1929 bis zum 30. Januar 1933

Der Oktober 1929 markiert die Wasserscheide zwischen Nachkriegszeit und Vorkriegszeit. Da beginnt am »Schwarzen Freitag« mit dem Börsenkrach in New York die große Weltwirtschaftskrise. Die Ursache lag in der Kombination von Überproduktion in den USA und den ökonomischen Folgeschäden der Reparationsforderungen an Deutschland. In Deutschland bedeutete das Firmenzusammenbrüche und die Vermehrung der Arbeitslosen auf sechs Millionen. Diese Katastrophe schien dem Apokalyptiker (Künder des Weltendes) Hitler recht zu geben: Die demokratischen Parteien versagten. Die Undurchschaubarkeit der Finanzverhältnisse lenkte den Blick auf die angeblichen Experten des Geldes: die Juden.

Derweil regierte im Reichstag in einer großen Koalition mit bürgerlichen Parteien die SPD mit ihrem Reichskanzler Müller. Sie hatte eine bequeme Mehrheit von 289 von 450 Sitzen. Mit ihr hätte man die Folgen der Weltwirtschaftskrise bewältigen können. Aber in einer heute unglaublich erscheinenden Leichtfertigkeit verspielte man die Mehrheit und öffnete die Büchse der Pandora. Im Frühjahr 1930 gab es in der Koalition einen Streit über ¼ Prozent bei den Beiträgen zur Arbeitslosenversicherung. Alle Parteien waren bereit sich zu einigen, aber auf Druck der Gewerkschaften verhinderte Arbeitsminister Wissell einen Kompromiß. Darauf trat die Regierung zurück. Es war der folgenreichste Rücktritt der deutschen Geschichte.

Denn diese Regierung war die letzte, die sich auf eine parlamentarische Mehrheit stützen konnte. Darauf ernannte Hindenburg Brüning

München, 10. April 1932 | 37. Jahrgang Nr. 2

SIMPLICISSIMUS

Herausgabe: München BEGRÜNDET VON ALBERT LANGEN UND TH. TH. HEINE Postversand: Stuttgart

Die Sieghaften

(E. Schilling)

Im Frühjahr 1932 mußte der Reichspräsident neu gewählt werden, und Hitler trat gegen Hindenburg an. Ergebnis: 19 Millionen für Hindenburg, 13 Millionen für Hitler. Das Schicksal gab den Deutschen noch eine Chance: Hitler und Hugenberg nach ihrer Wahlniederlage in einer Karikatur des Simplicissimus.

„Man sieht es ihnen eigentlich gar nicht an, daß sie eine Niederlage erlitten haben." — „Sie wissen es ja auch noch nicht, sie lesen doch bloß ihre eigenen Blätter."

zum Reichskanzler, der mit einem Minderheitenkabinett regierte und durch Kürzung der Staatsausgaben die Zahl der Arbeitslosen weiter erhöhte. Die Mehrheit des Reichstags war dagegen: Brüning reagierte mit Notverordnungen, löste den Reichstag auf und setzte für September 1930 Neuwahlen an.

Zuvor hatten 54 Kommunisten und zwölf Nazis im Reichstag gesessen. Aber der war noch vor dem Schwarzen Freitag gewählt worden. Mittlerweile tobten auf der Straße die Dämonen der Weltwirtschaftskrise. Die Neuwahlen im September 1930 beförderten 77 Kommunisten und 107 Nazis in den Reichstag. Jetzt war eine Mehrheitsbildung nicht mehr möglich. Brüning konnte nur noch mit Notverordnungen regieren. 1931 verboten die Alliierten eine Zollunion zwischen Österreich und Deutschland. Das belebte wieder die Propaganda der nationalen Rechten, und die Nazis schlossen sich mit den Rechts-Parteien der *Deutschnationalen* und dem *Stahlhelm* zur *Harzburger Front* zusammen.

Trotz Wahlniederlage der Nazis stellte das Schicksal die Weichen zurück auf den Abgrund

Aber das Schicksal gab den Deutschen noch eine Chance. Im Frühjahr 1932 mußte der Reichspräsident neu gewählt werden, und Hitler trat gegen Hindenburg an. Ergebnis: 19 Millionen für Hindenburg, 13 Millionen für Hitler (3,7 für Thälmann, den Kommunisten). Nach dieser eindeutigen Niederlage Hitlers verbot Innenminister Groener seine Kampfverbände der SS und der SA, und die Arbeitslosenzahlen gingen zurück. Aber da schlug das Schicksal erneut zu und gab das Signal zum Auftritt der preußischen Reaktionäre.

Sie erschienen in der doppelten Formation der Intriganten und der Agrarlobby der ostelbischen Gutsbesitzer: Die Reichsregierung hatte die Subvention ihrer Rittergüter von der Bedingung abhängig gemacht, daß die Gutsherren Land für Bauernsiedlungen abgaben. Daraufhin schenkten sie Hindenburg ein Rittergut, um ihn zu einem der ihren zu machen. Als Brüning ein Gesetz zur Enteignung überschuldeter Güter einbrachte, lehnte Hindenburg ab und entließ ihn. Gleichzeitig intrigierte der Amtschef im Reichswehrministerium, General Schleicher, zusammen mit dem Staatssekretär im Präsidialamt, Meißner, für eine Rechtsregierung, und beide betätigten sich als Ohrenbläser des seniler werdenden Hindenburg. Dieser ernannte den Kavallerieoffizier Franz von Papen zum neuen Reichskanzler. Papen bildete eine Regierung aus reaktionären Aristokraten, hob das Verbot der SA auf und schrieb Wahlen aus. Während des Wahlkampfs ließ Hitler eine Terrorwelle über das Land rollen. Das Ergebnis: Im neuen Reichstag saßen 230 Nazis, 133 Sozis und 89 Kommunisten. Die Nazis waren zur stärksten Partei geworden und schlossen jede Mehrheitsbildung aus. Papen bot Hitler eine Beteiligung an einer Koalition als Juniorpartner an, aber der Führer lehnte schroff ab: Er wollte die ganze Macht. Darauf schrieb Papen zum zweiten Mal Reichstagswahlen aus. Sie fanden am 6. November 1932 statt. Ergebnis: Die Nazi-Partei schrumpfte auf 33,1% (von 37,4%). Wieder schien das Schicksal eine günstige Wende zu nehmen. Hitler war verzweifelt. Goebbels notierte in seinem Tagebuch, wie deprimiert alle seien. Sie glaubten, sie hätten die Gelegenheit verpaßt. Aber wieder stellte das Schicksal die Weichen zurück auf den Abgrund zu.

Am 30. Januar 1933 ernennt Hindenburg Hitler zum Kanzler. Fackelzug der »nationalen Verbände« SA, SS und Stahlhelm zur Feier der »Machtübernahme«.

Am 1. Dezember 1932 tragen Papen und General Schleicher, inzwischen zum Reichswehrminister ernannt, ihre Lagebeurteilung Hindenburg vor. Papen will ohne Reichstag regieren und, gestützt auf die Reichswehr, eine autoritäre Verfassung einführen; Schleicher glaubt, das führe zum Bürgerkrieg. Statt dessen bietet er an, Hitler gegen den linken Flügel der Nazis um seinen Rivalen Strasser auszuspielen und mit Hilfe der gespaltenen Nazis doch noch eine parlamentarisch gestützte Regierung zustande zu bringen. Hindenburg hat eine panische Angst vor dem Bürgerkrieg und ernennt Schleicher zum Reichskanzler. Dem mißlingt das Manöver. Doch dann nimmt Papen Kontakt mit Hitler auf, und jetzt verwandelt das Schicksal den Rückgang der Nazi-Partei bei den letzten Wahlen von einem Segen in einen Fluch: Die Verluste haben Hitler kompromißbereit gemacht. Und was er Papen vorher abgeschlagen hatte, nimmt er jetzt an: eine Koalition. Einzige Bedingung: Er wird Kanzler. Am 30. Januar 1933 ernennt Hindenburg Hitler zum Kanzler. Die Würfel sind gefallen. Selten hat ein Mensch etwas getan, das so verhängnisvolle Folgen hatte. Die beiden Dilettanten Schleicher und Papen haben mit dem Feuer gespielt und dabei die Welt angezündet. General Schleicher wird für seine Mühe später in der »Nacht der langen Messer« von den Nazis umgelegt (s. unten). Der Verband der ostelbischen Rittergutsbesitzer hat um der Interessenpolitik willen den letzten Reichskanzler gestürzt, dessen Regierung zwischen Deutschland und den Nazis stand. Als Folge davon sind die Ostelbier von der Erde verschwunden.

Hitler ist ziemlich gesamtdeutsch. Sein Charakter formte sich im phantastischen Schattenreich »Kakaniens« (des kaiserlich-königlichen Österreich). Seine politische Karriere begann im Dunst der bayerischen Bierzelte. Seine größten Wahlerfolge hatte er in den protestantisch-ländlichen Gebieten Norddeutschlands. Aber in den Sattel gehoben haben ihn politisch unbedarfte preußische Junker von geradezu unglaublicher Engstirnigkeit. Erst haben sie ihn in ihrem Dünkel unterschätzt und meinten, sie könnten ihn wie einen Domestiken behandeln; und dann sind sie ihm gefolgt und wurden seine Werkzeuge bei der Zerstörung der Welt, weil sie sich in einem mit ihm einig waren: Sie wollten ihre Niederlage im Ersten Krieg wettmachen, die ihnen ihren guten Ruf und ihr Prestige genommen hatte. Sie beide waren Mißgeburten des Weltkriegs.

Hitler und die freiwillige Selbstentmannung des Reichstags

Hitler begann als Kanzler einer Koalition mit Hugenberg, dem Chef der *Deutsch-Nationalen Volkspartei*. In seiner Regierung saßen nur drei Nazi-Minister, aber sie besetzten die Schlüsselressorts für den nächsten Wahlkampf: Göring war Minister ohne Geschäftsbereich, also für alles zuständig; Frick wurde Innenminister, also zuständig für die Polizei; und Goebbels wurde Minister für Propaganda. Das ganze wurde als Vereinigung der nationalen Kräfte gefeiert und durch eine artige Verbeugung Hitlers vor Hindenburg bei einem Staatsakt in Potsdam besiegelt. Für den 5. März 1933 setzte Hitler Neuwahlen zum Reichstag an (die Nazis hatten ja nur 33% der Sitze). Im Wahlkampf verband er jetzt die Einschüchterungskulisse des Staatsapparats mit dem SA-Terror und entfachte einen beispiellosen Propagandarummel. Am 27. Februar brannte der Reichstag (bis heute ist nicht restlos geklärt, ob hinter dem Brand die Nazis standen oder ein umnachteter Einzelgänger aus Holland namens van der Lubbe). Prompt gaben die Nazis die Parole aus, der Brand sei ein Fanal für einen kommunistischen Aufstand, und am 28. Februar setzte Hitler nach § 48 der Weimarer Verfassung durch Notverordnung zum Schutz von Staat und Volk die Grundrechte außer Kraft (diese Verordnung blieb bis 1945 gültig). Dann verbot er die Kommunistische Partei, verhaftete ihre Funktionäre und unterdrückte ihre Presse.

Die Kälber hatten ihren Schlächter selber gewählt und ihm das Fleischermesser überreicht, mit dem er sie abschlachten konnte.

Seit Nero Rom anzündete und die Christen der Brandstiftung bezichtigte, um sie verfolgen zu können, hat es keine so abgefeimte Mehrzweckbrandstiftung gegeben. Die Wahlen brachten 288 Nazis und 52 Deutsch-Nationale ins Parlament, also bei 647 Reichstagssitzen eine Mehrheit von 340 für die Koalition gegenüber 307 Sitzen für die Opposition, die sich das Zentrum, die SPD und die KPD sowie ein paar bürgerliche Splitterparteien teilten. Hitler hätte also mit einer parlamentarischen Mehrheit regieren können. Aber jetzt kommt der letzte Akt des parlamentarischen Selbstmords.

Trotz seiner Mehrheit verlangt Hitler ein Gesetz, das es ihm ermöglicht, vier Jahre ohne das Parlament zu regieren. Mit anderen Worten: Er fordert die Diktatur und die Abdankung des Parlaments. Für dieses Gesetz braucht er eine Zweidrittelmehrheit, und das Unglaubliche geschieht. Die bürgerliche Opposition, d. h. das Zentrum (Vorgängerin der CDU) und die bürgerlichen Splitterparteien stimmen zu. Die einzige Partei, deren Abgeordnete dagegen stimmen – Ehre ihrem Andenken –, ist die SPD (94 Nein-Stimmen). Die Kommunisten waren schon vorher aus dem Reichstag ausgeschlossen worden. Damit wurde Hitler auf legalem Weg zum Diktator gemacht. Die Kälber hatten ihren Schlächter selber gewählt und ihm im Parlament, dem Kontrollinstrument der Macht, das Fleischermesser überreicht, mit dem er sie abschlachten konnte. Und daß er das tun würde, hatte er ihnen vorher haarklein erzählt. Die deutschen Politiker hatten aus Blödheit Selbstmord begangen.

Die Nachgeborenen fragen: Wo lagen die Gründe für diese unglaubliche Beklopptheit? Sie lagen in der romantischen Identität der Deutschen im Verein mit ihrer obrigkeitsstaatlichen Selbstentmündigung. Diesen Mix bescherte ihnen eine lange Übung in zwei nichtolympischen Spezialdisziplinen: zu gehorchen und die Realität durch eine phantastische Wunschwelt zu ersetzen. Hitler bot beides – Militär und nationale Phantastereien. Wohl dem Volk, das die Frauen und Männer in sein Herz schließt, die selbständig denken können und sich nicht entmündigen lassen und sich nichts vorschreiben lassen, wenn sie es nicht einsehen.

Die Nazi-Herrschaft

Das Ermächtigungsgesetz markiert das Ende der Weimarer Republik und den Beginn des Dritten Reiches (nach dem Heiligen Römischen und dem Wilhelminischen Reich). Von da ab folgte Schritt auf Schritt die Unterwerfung unter den Tyrannen. Zuerst wurde die SA als Hilfspolizei übernommen, so daß der Terror nun staatlich wurde. Dann wurden die Länderparlamente aufgelöst, die SPD verboten und die Gewerkschaften sowie die Berufsverbände, die Jugendverbände und die Interessenverbände in Untergliederungen der Nazi-Partei verwandelt. Gleichzeitig wurde Hitler durch die Eroberung des Staates zu einer entscheidenden Gewichtsverlagerung innerhalb der Nazi-Organisationen genötigt. Das lag daran, daß die SA ihn vor ein Dilemma stellte: mit ihr hatte er den Staat zugleich simuliert und erobert. Jetzt aber, da er ihn hatte, wurde die SA mehr als überflüssig. Entweder wollte sie mit der Eroberung des Staates weitermachen; aber wie konnte ein Heer von Rabauken einen Staat aufziehen, mit dem man die Welt eroberte? Oder sie blieb bloße Staffage, die Parodie einer Armee wie in der Operette. Und dann gab Hitler sein theatralisches Geheimnis preis. Der Chef der SA war ein alter Kampfgefährte namens Röhm, und er war schwul. Er wollte seine 300 000 Mann mit den 100 000 der Reichswehr verschmelzen und eine eigene nationalsozialistische Revolutionsarmee schaffen (wie Trotzki in Rußland). Das aber bedeutete den Konflikt mit Hitlers Partnern, den preußischen Junkern der Reichswehr. So spielte Hitler die einen gegen die anderen aus, unterstellte Röhm den Plan zu putschen und ließ in der *Nacht der langen Messer* am 30. Juni 1934 Röhm und die

Hitler fordert die Diktatur und die Abdankung des Parlaments. Eine Zweidrittelmehrheit des Reichstags stimmt zu.

Unter dem Kommando Heinrich Himmlers stählte sich die SS für die schmutzigen Aufgaben der Zukunft.

in Bad Wiessee versammelte SA-Führung ermorden. Das war der Auftakt zu einer mehrere Tage dauernden Bartholomäusnacht, in der Hitler alte Rechnungen beglich und unter anderem auch den einzigen Mann ermordete, der wußte, wie er zur Macht gekommen war, weil er ihm in den Sattel geholfen hatte: General Schleicher (s. oben). Auch er hatte seinem Henker den Strick gereicht. Die Reichswehr aber zeigte sich über die Mordaktion sehr zufrieden, obwohl auch zwei Generäle ermordet wurden. Das ist die Funktion gemeinsam geplanter Verbrechen: sie schweißen zusammen. Mit dem Blut seiner SA-Kumpel verklebte Hitler die Reichswehr mit den Nazis, indem er die SA für sie opferte. Statt des Königsmords verübte er den Brudermord. Damit beruhigte er zugleich auch die Bevölkerung, die den SA-Terror leid war. Hitler empfahl sich den Leuten, indem er ein Problem beseitigte, das er selbst produziert hatte. Mit seiner Machtübernahme sah es so aus, als ob die Straßenkämpfe aufhörten und die Ordnung wieder zurückkehrte. Die Gangster warfen sich in den Smoking und wirkten staatstragend. Der Staatsrechtsprofessor Carl Schmitt spendete gepflegt Beifall, indem er schrieb: »Der Führer schützt das Recht.« Die Morde wurden fachmännisch ausgeführt von einer Sondereinheit, die als Hitlers persönliche Leibwache begonnen hatte und deren Mitglieder ein persönliches Treuegelöbnis auf den Führer abgelegt hatten. Sie trug schwarze Uniformen (im Unterschied zu den braunen der SA), hatte als Emblem einen Totenkopf, nannte sich *Schutzstaffel* (SS) und stand seit 1929 unter dem Kommando Heinrich Himmlers. Sie fühlte sich als neue Elite des Nazi-Staates, stählte sich für die schmutzigen Aufgaben der Zukunft, übernahm nach der Machtergreifung einen Teil der Polizei und bildete im Krieg als Waffen-SS eine Elitetruppe der Wehrmacht. Die SS-Mörder versammelten sich vor allem im Reichssicherheitshauptamt (Gestapo, Sicherheitspolizei und Sicherheitsdienst) und in den Kommandostellen und Wachmannschaften der Konzentrationslager. Himmler selbst hatte für seine Truppe die Durchführung der Lebensraumpolitik im zu erobernden Osten vorgesehen: Umsiedlung, Germanisierung, Versklavung der unterworfenen Völker sowie Züchtung der Herrenrasse und Vernichtng der Juden. Er wurde schließlich nach Hitler der mächtigste Mann im Nazi-Staat und war zweifellos der meschuggeste Nazi der ganzen mörderischen Bande.

Als Hitler den Staat erobert hatte, wurde die SA mehr als überflüssig.

Die Konferenz von München 1938 gilt als Höhepunkt der Befriedung Hitlers mit dosierter Kost.

Erfolge

Wenn man sich die erstaunliche Tatsache erklären will, daß die Elite eines kultivierten Volkes sich in den Dienst dieser Serienkiller stellte, so findet man vier Gründe:

1. Am Anfang wirkten sie nicht nur wie Serienkiller, sondern auch wie altruistische (selbstlose) Idealisten, die ihr Leben dem Dienst an ihrem Volk geweiht hatten und dabei ein paar Unregelmäßigkeiten begingen.
2. Die Kultiviertheit war kaum in der politischen Moral verankert und wurde weit überschätzt.
3. Die Nazis stilisierten sich als letztes Bollwerk zwischen dem Bürgertum und der »roten Flut«.
4. Den Rest erklären die Erfolge, die wie eine nachträgliche Rechtfertigung der eigenen Selbstaufgabe wirken:

- Die Arbeitslosigkeit wurde durch öffentliche Arbeitsbeschaffungsmaßnahmen gesenkt. Daß man den Kredit mit künftigen Eroberungen zurückzahlen wollte, wußte man natürlich nicht.
- Die Propaganda und der Rummel verbreiteten eine hysterische Aufbruchstimmung.
- Die Alliierten blieben ihrer eigenen Idiotie treu und gaben Hitler, was sie der Republik verweigert hatten: außenpolitische Erfolge. Schlag auf Schlag revidierte er die Bestimmungen des Versailler Vertrags. Er führte die allgemeine Wehrpflicht wieder ein, rüstete die Armee auf, holte das Saarland aus Frankreich zurück, besetzte das Rheinland (es war entmilitarisiert, und Frankreich hätte wegen des Vertragsbruchs einmarschieren müssen), kassierte Österreich (Verwirklichung des großdeutschen Traumes von 1848) und zerstückelte die Tschechoslowakei, um das deutsche Sudetenland zu kassieren. Die Konferenz von München 1938, bei der die Vertreter Englands, Frankreichs und Italiens ihm ihren Schützling Tschechoslowakei auf dem Tablett servierten, gilt als Höhe- und als Wendepunkt der Befriedungspolitik (appeasement) des britischen Premiers Chamberlain, der meinte, Hitler mit dosierter Fleischkost friedlich halten zu können. Kaum drehte Chamberlain ihm den Rücken zu, drehte Hitler ihm eine Nase und fraß den Rest der Tschechei. Das bewirkte einen Umschwung in England und brachte nach Kriegsausbruch den Hitler-Gegner Churchill an die Macht.

Rassenpolitik

Im Lichte der späteren Judenvernichtung liegt der Beginn der Verfolgung, Diskriminierung und Ausgrenzung der Juden aus der Gesellschaft wie eine monströse Schande auf den Deutschen. Diese Juden waren Deutsche so wie alle anderen. Aber die Nazis behandelten sie wie Feinde, nahmen ihnen die Bürgerrechte, kennzeichneten sie mit einem gelben Stern wie im Mittelalter, schikanierten sie, beschimpften sie, erniedrigten sie, drangsalierten sie, terrorisierten sie, nahmen ihnen die Möglichkeit, sich zu ernähren, zu bilden, zu bewegen, zu informieren, stahlen ihnen ihr Vermögen, quälten sie und ermordeten sie. Und niemand half ihnen. Sie hatten Nachbarn, Vorgesetzte, Untergebene, Mieter, Vermieter, Vereinskameraden, Lehrer, Schüler, Kindergärtnerinnen, Arbeitskollegen, Stammkunden, Klienten, Patienten, Ärzte, Rechtsanwälte, Freunde, Studenten und Dienstboten; aber niemand verteidigte sie, niemand protestierte, niemand empörte sich, niemand sagte, das ist mit unserer nationalen Ehre nicht vereinbar. Nun gut, viele fühlten sich eingeschüchtert und machtlos. Aber auch die Eliten, die Generäle, sagten sie, die Diskriminierung verstößt gegen den Ehrenkodex der Reichswehr, und hielten sie zu ihren jüdischen Offizieren? Und die Universitäten? Da gab es viele jüdische Professoren. Und die Wirtschaftsführer? Die hohen Beamten? Die Rittergutsbesitzer und die Großagrarier, die Konzernchefs und die Bankiers? Und was ist mit den Bischöfen und den deutschen Pfarrern, den Generalvikaren und Konsistorialräten? Alle so machtlos wie Tante Erna, die den SA-Mann beschimpft, der das Geschäft ihres Lieblingsbäckers zertrümmert? Es gibt keinen Zweifel, die deutschen Eliten waren moralisch zusammengebrochen. Auch ohne das mörderische Ende bleibt ihre Gleichgültigkeit gegenüber den Juden (es hätten auch die Fahrradfahrer sein können, die Auswahl ist völlig willkürlich) ein Monument der seelischen Verödung und der politischen Barbarei. Trotz aller späteren Standhaftigkeit unter den selbstverschuldeten Qualen haben sie jeden moralischen Kredit verloren, und 1968 hat man es ihnen gesagt.

Viele deutsche Juden hatten noch Glück: Die frühe Drangsalierung wirkte als Warnung; viele wanderten aus und entgingen so den Massenmorden in Osteuropa.

Die Begegnung der »Sieger« Hitler und Stalin: »Der Abschaum der Menschheit, wenn ich nicht irre?« – »Der blutige Mörder der Arbeiterklasse, wie ich annehme?«

Stalin

Schaudern wir angesichts des Schauspiels, in dem sich unsere Eltern und Großeltern einer Bande dämonischer Hanswurste auslieferten, die sich die Versklavung der Welt vorgenommen hatten, so empfinden wir es als Rätsel, daß aus einer Lehre zur Befreiung der Arbeiter aus der Lohnsklaverei die andere große Tyrannei unseres Jahrhunderts entstehen konnte. Das geschah in Rußland, und der Tyrann war Stalin. Eine primitive Figur wie Hitler, mißtrauisch und verschlagen, begann er ohne Rücksicht auf die Komplexität ökonomischer Zusammenhänge die forcierte (erzwungene und überhastete) Industrialisierung und die plötzliche Kollektivierung der Landwirtschaft: Den Bauern (Kulaken) wurde das in der Revolution gewonnene Land wieder weggenommen und zu großen Staatsgütern (Sowchosen) oder Genossenschaftsgütern (Kolchosen) zusammengelegt. Die Großbauern wurden dabei liquidiert, in Lager deportiert und für Zwangsarbeit eingesetzt. Das Ergebnis war, daß Millionen Menschen verhungerten. Da Stalin alles, was nicht klappte, nicht seiner eigenen Fehlplanung, sondern der Wirkung von Saboteuren zuschrieb, begann eine allgemeine Hatz auf Sündenböcke und eine Suche nach Volksfeinden und Schädlingen. Dem Terror fielen weitere Millionen zum Opfer. Mit dieser Wahnsinnspolitik weckte er eine gewisse innerparteiliche Opposition. Als er noch überlegte, wie er sie unschädlich machen konnte, bot ihm Hitler mit der *Nacht der langen Messer* ein Beispiel der Entschlossenheit. Da wurde mit oder ohne Stalins Hilfe der Parteisekretär von Leningrad (ehemals Petersburg) Kirow ermordet. Das war der Auftakt zur sogenannten *Großen Säuberung*. Das Volkskommissariat für innere Angelegenheiten (NKWD) verhaftete Tausende von Parteimitgliedern und klagte sie an, unter der Führung von Stalins einstigen Triumviratsgenossen Sinowjew und Kamenjew eine Verschwörung angezettelt zu haben. In bizarren Schauprozessen wurden die revolutionären Führer der ersten Stunde vor Gericht gestellt und durch die Folter gezwungen, die absurdesten Verbrechen zu gestehen. Ihre Geständnisse erregten das Staunen der Welt. Heute weiß man: Wer nicht gestehen wollte, wurde gar nicht erst öffentlich vor Gericht gestellt, sondern gleich hinter den Kulissen erschossen. Danach wurden Hunderte Generäle und Tausende von Offizieren der Roten Armee liquidiert. Jeder, der mit einem Opfer befreundet war, und der Freund dieses Freundes wurde in das Inferno hineingerissen. Über die Hälfte der Delegierten des 17. Parteitags und 70 Prozent des Zentralkomitees wurden liquidiert. Unter der Wolke des allgemeinen Verdachts versuchte jeder, seine Loyalität zu beweisen, indem er andere denunzierte, bevor er selbst denunziert wurde. Es war die Wiederholung der Schreckensherrschaft der Französischen Revolution im großen Maßstab. Die Revolution fraß ihre eigenen Kinder, aber diesmal war aus der Revolution wieder Saturn geworden, und sein Name war Stalin.

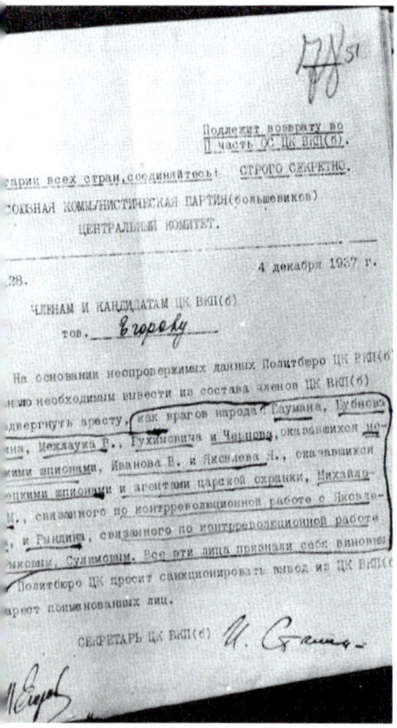
Подлежит возврату во
II часть ОС ЦК ВКП(б).

...арии всех стран, соединяйтесь! СТРОГО СЕКРЕТНО.
...ЮЗНАЯ КОММУНИСТИЧЕСКАЯ ПАРТИЯ (большевиков)
ЦЕНТРАЛЬНЫЙ КОМИТЕТ.

4 декабря 1937 г.
...28.

ЧЛЕНАМ И КАНДИДАТАМ ЦК ВКП(б)
тов. Егорову

На основании неопровержимых данных Политбюро ЦК ВКП(б)
...ло необходимым вывести из состава членов ЦК ВКП(б)
...двергнуть аресту, как врагов народа: Баумана, Бубнова
...на, Межлаука В., Гухиновича и Чернова, оказавшихся не...
...кими шпионами, Иванова В. и Яковлева Я., оказавшихся
...цкими шпионами и агентами царской охранки, Михайло...
...М., связанного по контрреволюционной работе с Яковле...
..., и Гындина, связанного по контрреволюционной работе
...ыковым, Сулимовым. Все эти лица признали себя виновн...
Политбюро ЦК просит санкционировать вывод из ЦК ВКП(б)
арест поименованных лиц.

СЕКРЕТАРЬ ЦК ВКП(б) И. Сталин

Die Große Säuberung: von Stalin abgezeichneter Brief des Politbüros an das Zentralkomitee der KPdSU mit der Bitte, mehrere Verhaftungen zu sanktionieren.

Was war der Sinn dieser sogenannten »Säuberung«? Auch ihre Mutter ist der Erste Weltkrieg. Stalin hatte besser als andere Hitlers Absichten durchschaut. Die Säuberung begann nach der Machtübernahme der Nazis. Er vermutete, daß es zum Krieg mit Deutschland kommen würde, und dann konnte es geschehen, daß die Situation von 1917 sich wiederholen würde. Dabei sah er sich selbst in der Rolle des Zaren und seine Gegner in der Rolle der Roten Revolutionäre. Also liquidierte er sie vorher und besetzte ihre Posten mit seinen eigenen Anhängern.

Zugleich entlasteten die Angeklagten, die sich vor Gericht der übelsten Verbrechen bezichtigten, den großen Stalin von dem Verdacht, schwere politische Fehler gemacht zu haben. Darin erfüllte sich dann doch eine nicht vorhersehbare Folge der marxistischen Lehre: Im Reich der Freiheit, als das der Sozialismus galt, konnte es für alles, was trotzdem nicht klappte, nur noch böse Absichten geben. Und Gott Stalin suchte nach Schuldigen, um sich selbst nicht denunzieren zu müssen.

Zugleich war Stalin ein monströser Peter der Große. Unter seiner Tyrannei verwandelte sich Rußland in ein Land der Industriesklaven, und das riesige Reich wurde von einem Netzwerk von Arbeitslagern überzogen, dem *Archipel Gulag*.

Jeder für sich, errichteten Hitler und Stalin die bösartigsten Tyranneien, die die Welt je gesehen hat. Daß die linke Tyrannei die Feindin der rechten war und somit die Hoffnung der Antifaschisten, hat den westlichen Linksintellektuellen lange die Einsicht versperrt, daß Stalin wahrscheinlich mehr Menschen umgebracht hat als Hitler.

Unter Stalins Tyrannei verwandelte sich Rußland in ein Land der Industriesklaven und wurde von einem Netzwerk von Arbeitslagern überzogen.

Der Spanische Bürgerkrieg

Die spanische Republik war wie die Weimarer Republik aus der Desintegration (dem Zerfall) der Monarchie hervorgegangen. Wie in der Weimarer Republik wurde sie durch den Konflikt zwischen bürgerlichen und Arbeiterparteien gefährdet, und wie in Deutschland wurde die soziale Krise durch die Weltwirtschaftskrise verschärft. In einem Chaos von Streiks, Straßenkämpfen und antiklerikalen Exzessen der linken Volksfront revoltierten 1936 die Truppen unter dem falangistischen (faschistischen) General Franco in Marokko. Mit deutscher und

General Franco: unter seiner Führung revoltierten die Truppen 1936 in einem Chaos von Streiks, Straßenkämpfen und antiklerikalen Exzessen.

Republikanische Brigardiers kapitulieren vor falangistischen Truppen.

italienischer Hilfe setzten sie nach Spanien über, besetzten die Hälfte des Landes und marschierten auf Madrid. Da brachte die sowjetische Hilfe für die Republik Franco zum Stehen. Auf republikanischer Seite wurde die Verteidigung nicht von der hilflosen Regierung organisiert, sondern von lokalen Verteidigungskomitees der Arbeiter und Bauern selbst, die je nach Region von Anarchisten, Sozialisten oder Kommunisten beherrscht wurden. Diese Komitees schlachteten erst mal die jeweiligen lokalen Oppositionellen ab und terrorisierten die Kirchen. Schließlich wurde die liberale Regierung durch eine sozialistisch-kommunistische Koalition ersetzt. Derweil wütete der Terror der Nationalen noch schlimmer. Ihm fiel auch der Dichter García Lorca zum Opfer.

Für die westlichen Emigranten, Intellektuellen, Demokraten und Literaten, die durch die Hilflosigkeit der Demokratien gegenüber Hitler und Mussolini frustriert waren, bot sich endlich eine Gelegenheit, durch persönlichen Einsatz die Faschisten zu bekämpfen. So traten viele als Freiwillige auf republikanischer Seite in die internationalen Brigaden ein, und ihre Berichte über den Krieg und das Sterben und die Opfer hinterließen uns die Erinnerung an ein antifaschistisches Epos voller Grausamkeit, Buntheit, Idealismus und Liebe zu Spanien. Am bekanntesten wurde Ernest Hemingways Roman *Wem die Stunde schlägt.*

Der Krieg wurde durch die deutsche und italienische Waffenhilfe für Franco entschieden. Dabei lieferten die Deutschen eine Premiere des Horrors, dem sie selber wenig später millionenfach ausgesetzt werden sollten: die Legion Condor bombardierte die baskische Stadt Guernica, um den Piloten ein wenig Praxiserfahrung zu vermitteln. Dieser Schrecken wurde in Picassos Bild *Guernica* dokumentiert.

Guernica von Pablo Picasso – Als deutsche Waffenhilfe für Franco bombardierte die Legion Condor die baskische Stadt, um den Piloten ein wenig Praxiserfahrung zu vermitteln.

Der Zweite Weltkrieg

Am 1. September 1939 fielen deutsche Truppen ohne Kriegserklärung in Polen ein und begannen den Zweiten Weltkrieg. Er war möglich geworden, weil Stalin mit Hitler einen Nichtangriffspakt geschlossen hatte, in dem er sich Polen mit ihm teilte. Die Kommunisten und Sozialisten hatten danach keine Verrenkung gescheut, Stalins Motive zu rechtfertigen. In Wirklichkeit wollte er wohl die kapitalistischen Mächte aufeinanderhetzen, denn England hatte seine Appeasement-Politik (Befriedungspolitik) beendet und zusammen mit Frankreich Polen eine Beistandsgarantie gegeben. Zu spät, um Hitler zu stoppen. So erklärten England und Frankreich nach Hitlers Überfall Deutschland den Krieg.

Hitler führte den Krieg wie ein Gangster

Hitler führte den Krieg wie ein Gangster: durch überraschende Überfälle. Sie wurden möglich durch die Kombination von Luftangriffen mit schnellen Vorstößen motorisierter Verbände. Frankreich lebte noch im Ersten Weltkrieg und hatte sich mit der Maginot-Linie einen Schützengraben gebaut. General de Gaulle hatte vergeblich nach Panzerverbänden verlangt, und so waren die Franzosen hilflos, als die Deutschen durch Belgien und Holland rollten. Bis zum 22. Juni 1941 überfiel Hitler ganz West- und Nordeuropa (außer Spanien, die Schweiz und Schweden) sowie Jugoslawien und Griechenland. Wider Erwarten hatte Churchill, der neue Premier Englands, sich nach Frankreichs Niederlage nicht bereit gezeigt, Frieden zu schließen. Der Versuch, England durch Luftangriffe an den Verhandlungstisch zu bomben, mißlang in der *Battle of Britain*. Da begann Hitler am 22. Juni 1941 das Unternehmen *Barbarossa*: die Invasion Sowjetrußlands. Im Oktober 1941 brachte der Winter den deutschen Angriff 20 Meilen vor Moskau zum Stehen. Hitler hatte der Armee keine Winterausrüstung gegeben: Die Soldaten sollten glauben, sie wären im Herbst wieder zu Hause. Das war der Wendepunkt des Krieges, denn zum selben Zeitpunkt, am 7. Dezember, griffen die Japaner die US-Flotte in Pearl Harbor im Pazifik an. Und vier Tage später erklärte Hitler den USA den Krieg. Damit war der Krieg ein Weltkrieg geworden.

Im Jahr 1942 erneuerten die Deutschen ihre Offensive in Rußland, bis aufgrund von Hitlers Durchhaltebefehl die 6. Armee im Dezember 1942 in Stalingrad vollständig eingekesselt und nach einem viehischen Verzweiflungskampf vernichtet wurde. Von da an ging es nur noch rückwärts. Bei ihrem Rückzug zerstörten die Deutschen das ganze Land, um dem Gegner die Möglichkeit zu nehmen, sich zu versorgen. Am 10. Juli 1943 landeten die Briten und Amerikaner in Italien, und am 6. Juni 1944 war *D-Day* (Debarcation Day, Landungstag) in der Normandie. Amerikaner und Briten landeten in Frankreich und eröffneten eine zweite Front im Westen.

Schon längst war offensichtlich, daß Deutschland den Krieg nicht mehr gewinnen konnte, und doch dachte niemand von den hohen Generälen daran, Hitler zu verhaften und den Krieg zu beenden. Sie opferten ihre Soldaten weiter. Für viele war ihr Treueid auf Hitler mehr wert als das Leben ihrer Soldaten. Es war die perverse Moral der Kriegerkaste eines Militärstaates. Am Ende überließen sie es Oberst Stauffenberg, einem untergeordneten Offizier mit einem Auge und einem Arm, den Tyrannen durch ein Attentat zu beseitigen. Am 20. Juli 1944 schlug das Attentat fehl und führte nur zur Ermordung der Verschwörer und anderer Regimegegner.

Im übrigen kämpften die Deutschen weiter, bis die Russen Berlin eroberten. Am 30. April erschoß sich der Führer in seinem Bunker. Und am 8. Mai unterzeichnete Admiral Dönitz die bedingungslose Kapitulation. Die Deutschen hatten sich bis zuletzt mit Hitler identifiziert und waren ihm in den Untergang gefolgt. Niemals war ein Herrscher bei den Deutschen so populär gewesen wie Hitler. Zuerst war er zur Verkörperung ihrer Pathologie geworden, dann hatte er sie dazu verführt, einen Hexensabbat ohnegleichen mit ihm zu feiern: So etwas schweißt zusammen. Noch heute zeigt sich das Land von ihm besessen, indem es alle zwei Minuten schwört, ihn überwunden zu haben.

Diese Bindung wurde bewirkt durch die gemeinsam verübten Verbrechen von einem Ausmaß, wie es die Welt bis dahin noch nicht gekannt hatte.

Am 6. Juni war D-Day in der Normandie. Amerikaner landeten in Frankreich und eröffneten eine zweite Front.

Bei der Partisanenbekämpfung wurden unbeteiligte Zivilisten als Geiseln genommen und liquidiert: Partisanenkrieg Oktober 1941 in Minsk.

Verbrechen

Der Ursprung dieser Verbrechen liegt in den vierjährigen Massenschlächtereien des Ersten Weltkriegs. Sie hatten den Verstand ruiniert, die Psyche überlastet und vielen Menschen die zivilisierten Hemmungen geraubt. Die Nazis und die Generäle, die die Niederlage ungeschehen machen wollten, bildeten sich ein, sie hätten den Weltkrieg verloren, weil sie ihn nicht rücksichtslos genug geführt hätten. Das wollten sie jetzt wiedergutmachen. Die darwinistische Rassenlehre vom Kampf ums Dasein und vom Überleben der Stärkeren enthielt für die schlichteren Gemüter eine Rechtfertigung ihrer Untaten und beruhigte ihr Gewissen. Nie in der Geschichte der zivilisierten Menschheit hat ein Volk barbarischer Krieg geführt als die Deutschen.

- Unmittelbar hinter der Front im Osten gingen motorisierte Einsatzgruppen auf Menschenjagd, trieben alle Juden eines eroberten Ortes vor frisch ausgehobenen Massengräbern zusammen und erschossen sie, Mann, Frau und Kind. Auf diese Weise wurden circa zwei Millionen Menschen ermordet.
- Alle gefangenen kommunistischen Funktionäre wurden erschossen.
- Bei der Partisanenbekämpfung wurden unbeteiligte Zivilisten als Geiseln genommen und liquidiert.
- Die Gefangenen des Rußlandfeldzugs wurden als Arbeitssklaven verbraucht, ohne zureichend ernährt zu werden. Millionen sind auf diese Weise verhungert.
- In Polen verfolgten die Nazis die Politik, die Eliten auszurotten, um das polnische Volk zu versklaven. Dabei haben die Nazis Millionen Menschen umgebracht. Im Gegenzug wurden die Deutschen zum Opfer der Massenvernichtung.
- Die Anglo-Amerikaner verlegten sich auf die Vernichtung der deutschen Städte durch Bomberflotten: Dabei wurden wahllos Zivilisten umgebracht.
- Bei ihrer Invasion Deutschlands vertrieb die Rote Armee nach Massenvergewaltigungen alle Deutschen aus Ostpreußen, Pommern und Schlesien sowie aus den Sudetengebieten. Auf der Flucht kamen Millionen um.

Der Völkermord an den Juden

Die menschliche Vorstellungskraft sträubt sich dagegen, sich vor Augen zu führen, was inzwischen mit dem Begriff *Shoah* oder *Holocaust* bezeichnet wird: die systematische fabrikmäßige Ermordung der Juden in Vernichtungslagern wie Auschwitz, Treblinka, Majdanek und Sobibor. Dabei wurden einschließlich der von den Einsatzgruppen umgebrachten Menschen etwa sechs Millionen Menschen ermordet. Das Ziel war die Ausrottung des Volkes Israel.

Diese Verbrechen sind von so alptraumhafter Dimension, daß es unmöglich ist, sie zu begreifen. Weil sie jenseits aller Vernunft sind, hat das Nachdenken darüber religiöse Züge angenommen. Soweit aber die historische Wissenschaft sich damit beschäftigt, gibt es zwei Lehrmeinungen:

- Die Intentionalisten sagen: Hitler hat diesen Völkermord immer gewollt und von vornherein geplant.
- Die Funktionalisten sagen: Der Völkermord hat sich schrittweise aus den sich verschärfenden Folgen der eigenen Maßnahmen ergeben, nach der Manier: Man wollte Siedlungsraum für die Deutschen, also schleppte man die Juden in die Ghettos, aber da konnte man sie nicht ernähren, also verfiel man auf die Idee, sie zu ermorden, etc.

Diese Verbrechen sind von so alptraumhafter Dimension, daß es unmöglich ist, sie zu begreifen. Weil sie jenseits aller Vernunft sind, hat das Nachdenken darüber religiöse Züge angenommen

Ein ausdrücklicher Führerbefehl, der den Völkermord anordnet, ist nie gefunden worden. Dokumentiert ist lediglich eine Arbeitsbesprechung zwischen Vertretern des Ministeriums des Inneren, der Justiz, des Ministeriums für die Ostgebiete, des Auswärtigen Amtes, der Reichskanzlei und des Beauftragten für den Vierjahresplan, die die Maßnahmen zur praktischen Durchführung der Vernichtung aufein-

In Vernichtungslagern wurden etwa sechs Millionen Menschen systematisch und fabrikmäßig ermordet. Das Ziel war die Ausrottung des Volkes Israel.

ander abstimmten. Die Konferenz tagte am 20. Januar 1942 unter dem Vorsitz des SS-Führers Reinhard Heydrich in einer Villa am Wannsee. Anschließend gab es noch ein gemütliches Beisammensein mit Sekt. Auffällig ist, daß diese Konferenz stattfand, als Hitler nach dem Scheitern des Angriffs auf Rußland und nach dem amerikanischen Kriegseintritt erkennen mußte, daß er den Krieg nicht mehr gewinnen konnte. Wollte er wenigstens noch die Juden in seinen Untergang mitnehmen? Er hat auch viele Deutsche mitgenommen, aber sie haben ihm dabei geholfen. Nie hat ein Volk etwas Irrsinnigeres getan. Damit haben sie sich selbst das zugefügt, was sie den Juden zugedacht hatten: Sie haben sich aus dem Kreis der menschlichen Zivilisation hinausbefördert; sie tragen jetzt das Brandzeichen, dessentwegen die Christen die Juden bis in unsere Zeit verfolgt haben: Sie hatten Gott gemordet. Eine Welt, in der das vergessen wird, ist nicht vorstellbar.

Zum Entsetzen der Physiker beschloß der Nachfolger Roosevelts, Präsident Truman, die Atombombe auf Japan abzuwerfen

Die Apokalypse

Deutschland lag unter rauchenden Trümmern, die Japaner aber kämpften noch weiter. Die Amerikaner hatten ihnen eine Eroberung nach der anderen wieder abgenommen, aber die Invasion Japans hätte noch viele US-Boys das Leben gekostet.

Nun hatten kurz vor Ausbruch des Krieges Otto Hahn und Fritz Straßmann entdeckt, wie man Atome spalten und damit ungeheure Energien freisetzen kann. Es gab nur wenige Physiker, die verstanden, worum es dabei ging, und sie hatten vor dem Krieg fast alle zusammen in Göttingen studiert oder kannten sich sonst persönlich: Otto Hahn, Carl Friedrich von Weizsäcker, Enrico Fermi, Niels Bohr, Robert Oppenheimer, Eduard Teller, Albert Einstein etc. Viele von ihnen waren wie Einstein vor den Nazis in die USA geflohen. Da erfuhr Eduard Teller, daß Niels Bohr in Kopenhagen während einer Unterhaltung mit Weizsäcker den Eindruck gewonnen hätte, die deutschen Physiker würden Hitler die Bombe bauen. Er trat an Einstein heran, er solle Präsident Roosevelt klarmachen, daß die USA den Deutschen zuvorkommen müßten. Einstein schrieb dem Präsidenten einen Brief, und der ordnete an, die Bombe zu bauen. In der Wüste bei Los Alamos wurde ein Physikerghetto mit Labors eingerichtet, und unter der Leitung Robert Oppenheimers bauten die Physiker eine Bombe gegen Hitler. Fast alle waren aus den faschistischen Staaten geflohen: aus Deutschland kamen James Franck, Max Born, Rudolf Peierls, Hans Bethe, Eugen Wigner, aus Italien Enrico Fermi und Bruno Pontecorvo und aus Ungarn Leo Szilard, Eduard Teller und Johann von Neumann. Die Bombe wurde kurz nach der deutschen Kapitulation fertig. Hätte der Krieg etwas länger gedauert, wer weiß? Aber zum Entsetzen der Physiker beschloß der Nachfolger Roosevelts, Präsident Truman, sie auf Japan abzuwerfen, um die sofortige Kapitulation zu erzwingen. Am 6. August 1945 leuchtete über Hiroshima und Nagasaki jeweils ein gewaltiger Blitz, in dem die beiden Städte verglühten. Ein neues Zeitalter hatte begonnen. Wenige Tage später kapitulierte Japan. Der Zweite Weltkrieg war zu Ende.

Die Apokalypse: am 6. August 1945 leuchtete über Hiroshima und Nagasaki jeweils ein gewaltiger Blitz, in dem die beiden Städte verglühten.

Die geteilte Welt: 1945 bis 1989

Mit dem Ende des Zweiten Weltkriegs war auch die Herrschaft Europas über den Globus vorbei. Zwei Mächte teilten sich das Erbe: Amerika und die Sowjetunion. Dabei ging Stalin als erster auf Expansionskurs. Mit Hilfe der nationalen kommunistischen Parteien verwandelte er die von der Roten Armee besetzten Länder Osteuropas und die Osthälfte Deutschlands in Satellitenstaaten. 1949 wurde auch China durch die Revolution Mao Tse-tungs kommunistisch.

Durch die Revolution Mao Tse-tungs wurde auch China kommunistisch.

Zur Abwehr der sowjetischen Expansion half Amerika dem zerstörten Westeuropa und den Westzonen Deutschlands durch die Marshall-Plan-Hilfe wieder auf die Beine, führte in Westdeutschland eine Währungsreform durch (1948), widersetzte sich der Abschnürung Westberlins durch die Luftbrücke (1948) und gründete die NATO (North-Atlantic-Treaty-Organisation). Schließlich wurden Berlin, Europa und die Welt durch den Eisernen Vorhang geteilt. Die Sowjetunion verfügte nun auch über die Atombombe, und die Welt erstarrte unter dem Gleichgewicht des Schrekkens. Es begann die Zeit des »kalten Krieges«. Nur im geteilten Korea führten die USA einen »heißen Krieg«, als das kommunistische Regime des Nordens eine Invasion von Südkorea begann (1950).

Selten hat sich ein Sieger – beflügelt durch diese neuen Frontstellungen – gegenüber den Feinden von gestern so großzügig verhalten wie Amerika gegenüber Deutschland und Japan. Dadurch gelang es, sie zu Verbündeten zu machen und in ihnen stabile Demokratien aufzubauen. 1949 wurde die Bundesrepublik Deutschland aus der Taufe gehoben. Ihre Verfassung hat die Weimarer Erfahrungen eingearbeitet: Splitterparteien werden durch die Fünfprozentklausel verhindert, und der Kanzler kann nur durch ein konstruktives Mißtrauensvotum abgewählt werden, was eine bloß negative Blockadepolitik verhindert. Mit dieser Verfassung wurde die Bundesrepublik Deutschland der stabilste und friedlichste und demokratischste Staat der deutschen Geschichte. Das lag daran, daß es der CDU gelang, die nationalen und antidemokratischen Trümmer der bürgerlichen Parteienlandschaft einzusammeln und demokratisch zu erziehen; und daß die preußischen Junker als gesellschaftliche Gruppe verschwunden waren.

Zugleich wurde Westdeutschland zum Kristallisationspunkt der europäischen Einigung. Um den deutschen Patienten unter psychiatrische Aufsicht zu stellen, betrieb der erste Kanzler Konrad Adenauer von der CDU gegen die Opposition der SPD die Integration der Bundesrepublik in den Westen. Dazu gewann er als Partner die Franzosen, die durch die Niederlage gegen Hitler ihren Machtverlust deutlicher registriert hatten als die Briten und ihn durch die europäische Einigung kompensieren wollten. So wurde die Europäische Wirtschaftsgemeinschaft zunächst ohne die Briten gegründet und umfaßte ziemlich genau das Territorium, das Karl der Große einst regiert hatte (Benelux, Italien, Frankreich und Westdeutschland). Durch die Westintegration, die stabile Demokratie, die europäische Einigung und die Amerikanisierung der Kultur sowie die Diskreditierung (Entwertung) der eigenen nationalen Tradition machte Westdeutschland eine tiefgreifende Metamorphose durch: Es wandelte seinen Sozialcharakter und wurde in Lebensstil, Habitus und Einstellungen westlich. Sozial war das möglich geworden, weil der Krieg, die Vertreibung im Osten und die völlige Mobilisierung der Bevölkerung die gesellschaftliche Hierarchie atomisiert und plattgewalzt hatte: Der Krieg war soziologisch gesehen (nicht politisch) das Äquivalent einer Revolution. Und psychologisch war das möglich, weil die Deutschen durch die Nürnberger Kriegsverbrecherprozesse, die Entnazifizierung, die re-education, die amerikanische Kulturarbeit und Schulpolitik und schließlich durch die Studentenbewegung von 1968 gezwungen wurden, ihren Verbrechen ins Gesicht zu sehen. Dadurch wurde es den Deutschen auch möglich, große Summen als Wiedergutmachung an den 1948 gegründeten Staat Israel zu zahlen, ihre Städte wieder aufzubauen, ohne einen Haß auf ihre Zerstörer zurückzubehalten (die militärisch völlig sinnlos gehandelt hatten) und es ohne revanchistische Reaktionen hinzunehmen, daß

Europa nach 1945.

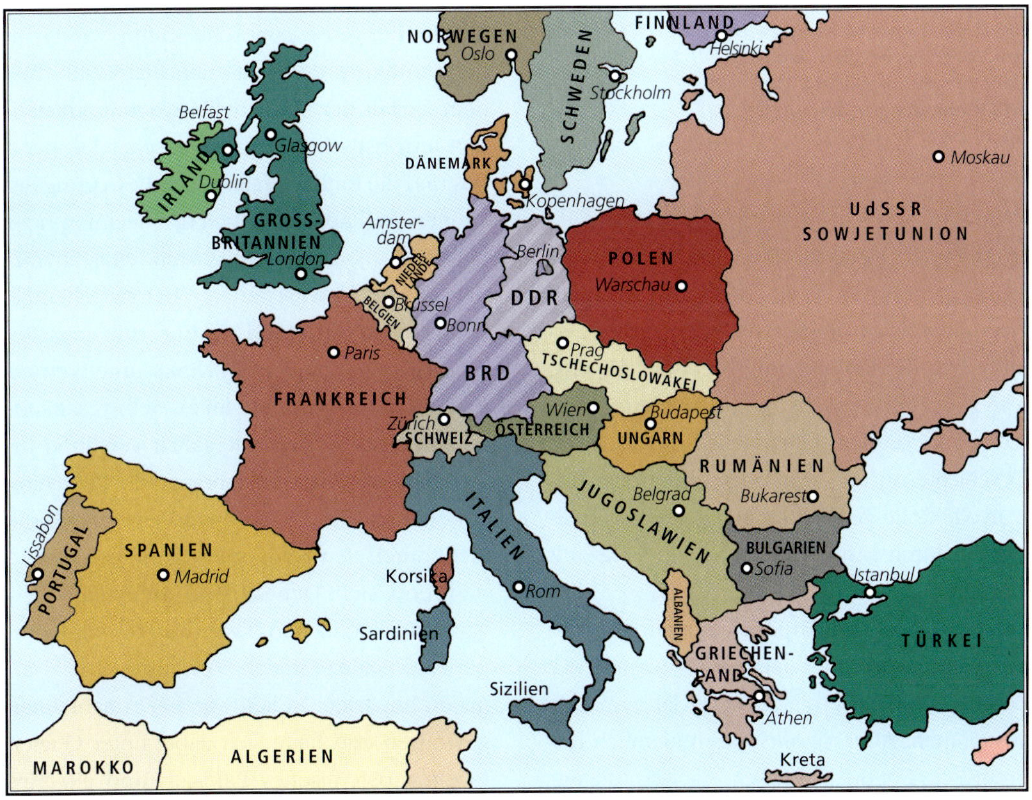

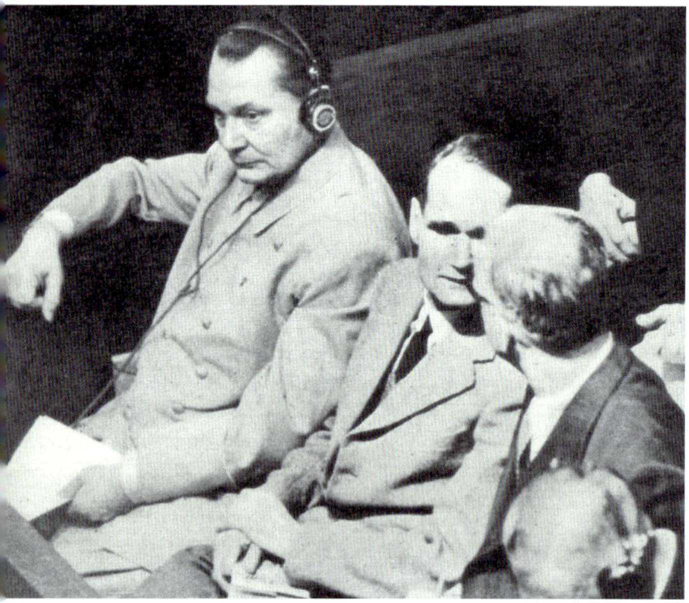

Die Deutschen wurden gezwungen, ihren Verbrechen ins Gesicht zu sehen – Göring, Heß und Ribbentrop während des Nürnberger Prozesses.

15 Millionen Deutsche aus ihrer Heimat vertrieben wurden und die östlichen Provinzen Deutschlands für immer an Polen fielen. Damit zahlte die Bevölkerung Preußens für das, was ihre Führungsschicht anzurichten geholfen hatte. Preußen selbst verschwand aus der Geschichte, in der es alles in allem eine unheilvolle Rolle gespielt hatte. Die deutsche Einigung durch Bismarck war zu teuer bezahlt worden.

Dieser Nachruf muß Friedrich den Großen, die preußischen Reformer und die Königinnen der Berliner Salons am Anfang des 19. Jahrhunderts ausnehmen. Aber sie alle waren ziemlich unpreußisch: Friedrich war schöngeistig, die Salonköniginnen waren jüdisch und die Reformer waren keine Preußen.

Zugleich hatte sich Deutschland durch seine Niederlage, seine beschränkte Souveränität und seine Westintegration als selbständige Macht aus der großen Politik verabschiedet. Es begann die Zeit des Wohlstands und des politischen Biedermeier, auf die die Bewegung von 1968 mit Re-Ideologisierung und politischer Phantasterei (Übergang zum Sozialismus) reagierte.

Die Studentenbewegung war ein internationales Phänomen. In Deutschland entstand sie aus der Mischung dreier Trends: der Legitimationskrise Amerikas durch den Vietnam-Krieg; der Ausweitung des Bildungssystems; und der Aufarbeitung der Nazi-Verbrechen. Das Nazi-Problem zog die politische Kultur wieder in den Bannkreis der deutschen Phantastik. Aus dem Zerfall der Studentenbewegung entstanden terroristische Gangs politischer Desperados und die fundamentalistische Bewegung der Grünen. In ihnen zeigte sich die Metamorphose der Deutschen am deutlichsten: eine unterirdische Theoriewaschanlage hat die ehemals rechte Naturanbetung, Kulturkritik und Lebensreformmentalität auf links umetikettiert und auf diese Weise ein linkes Selbstverständnis mit einer rechten Mentalität versöhnt. Inzwischen ist diese Generation an die Regierung gekommen. Sie ist die erste Generation, die nicht durch den Krieg selbst geprägt wurde.

Während sich Deutschland allmählich verwandelte, liquidierten (lösten auf) die westeuropäischen Mächte in den 60er Jahren ihre kolonialen Imperien. Indien war 1947 unabhängig geworden und hatte sich dabei unter Qualen in ein moslemisches Pakistan und ein hinduistisches Indien gespalten. Und Frankreich führte noch sinnlose Kolonialkriege gegen die Befreiungsbewegungen von Indochina und Algerien. Aber England gelang es im großen und ganzen recht gut, die Entlassung seiner zahllosen Kolonien in die Unabhängigkeit auf zivilisierte Weise zu organisieren. Anderswo wurden die neuen Staaten sofort durch Bürgerkriege bedroht, die als Stellvertreterkriege der Supermächte geführt wurden: Man unterstützte die eigene Seite und verlängerte so den Krieg. Dabei nahmen die USA in Kauf, auch autoritäre oder semifaschistische Regimes zu unterstützen, und untergruben so ihren moralischen Kredit. Das motivierte die Studentenbewegung dazu, Kapitalismus mit Faschismus gleichzusetzen (wobei man den Krieg der USA gegen Hitler als unbedeutenden Ausrutscher hinstellen mußte).

Dieser Weltdualismus wurde stabil gehalten durch die Gefahr, daß sich bei einem Angriff die Nuklearmächte gegenseitig vernichteten. Das zwang beide Seiten dazu, sich an den sensiblen Punkten ganz vorsichtig zu bewegen. Nur einmal war der Showdown zum Greifen nahe: Als 1962 Präsident Kennedy eine Blockade Kubas gegen sowjetische Schiffe mit Raketen an Bord verhängte: Im letzten Moment gab der sowjetische Partei- und Regierungschef Chruschtschow nach, und die Schiffe drehten ab. Der Rest bestand aus Spionage, wechselseitiger Inspektion, Konferenzen, Krisen und diplomatischen Lösungen.

Showdown Kuba-Krise 1962: im letzten Moment gab der sowjetische Partei- und Regierungschef Chruschtschow nach, und die Schiffe mit den Raketen an Bord drehten ab.

Der sogenannte Sowjetblock wechselte wie die Sowjetunion selbst zwischen Eiszeiten und Tauwetter. Jedes Tauwetter führte zu einer Revolte in den Satellitenstaaten (Ostdeutschland 1953, Ungarn 1956, Tschechoslowakei 1968 und Polen mit der Gewerkschaftsbewegung der Solidarnosc seit 1979). Und jedesmal reagierte die Sowjetunion mit der Unterdrückung der Bewegung und einer neuen Eiszeit, bis unter Generalsekretär Gorbatschow das Tauwetter die Sowjetunion selbst erreichte. Da schmolz das riesige Reich wie das Eis an der Sonne. Es war nur durch den Frost zusammengehalten worden, d. h. durch den Terror. Exakt 200 Jahre nach der Französischen Revolution ging das Zeitalter der Ideologien zu Ende.

In ihm vollzog sich unter Qualen in Europa und Amerika der Übergang von der ständisch gegliederten Adelsgesellschaft zur modernen Industriegesellschaft. Dabei gab es zwei Wege:

- Der eine wurde von den Kernländern der Moderne, England, Frankreich, Holland, Schweiz und den USA, beschritten. Indem sie es aufgaben, die Einheit der Gesellschaft durch die Einheit des Glaubens zu sichern,

Als unter Generalsekretär Gorbatschow das Tauwetter die Sowjetunion erreichte, schmolz das riesige Reich wie das Eis an der Sonne: Öffnung des Grenzübergangs Glienicker Brücke in Berlin am 10. November 1989.

schufen sie Verfassungen auf der Basis der Toleranz und der Machtkontrolle. So gründeten sie die Einheit der Gesellschaft auf die Permanenz des Streits zwischen Regierung und Opposition, deren Wechsel dem Wandel der Gesellschaft folgt. Auf diese Weise wurde der Bürgerkrieg eingefangen und parlamentarisch gezähmt. Es ist die einzig erfolgreiche Form der Modernisierung geworden. Die betroffenen Länder waren geprägt von Aufklärung und calvinistischer Reformation.

▶ Der andere Weg wurde von den Staaten eingeschlagen, die die Anpassung der Bevölkerung an die Industrialisierung durch bürokratische und militärische Disziplinierung erzwungen hatten. Das waren Rußland, Preußen, das untergegangene Österreich und Japan und mit Abstrichen die halbentwickelten Länder Italien und Spanien, wo die Regimes mit der Kirche paktierten. Nach der Russischen Revolution wurden sie im Kampf gegen den Sozialismus alle faschistisch. Aber Faschismus und Sozialismus waren beide totalitäre Systeme, die auf der totalen Kontrolle der Gesellschaft durch den Machtapparat beruhten. Sie waren beide unstabil. Der Faschismus lebte von der Dynamik, mit der er die Menschen in Atem hielt, und wurde deshalb auf den Weg der Eroberung gedrängt. Der Sozialismus dagegen ruinierte die Wirtschaft, indem er die Arbeit durch Zwang und Kontrolle zu steuern versuchte. Weil er in Rußland realisiert wurde, wurde daraus eine orientalische Despotie, die für die moderne Industriegesellschaft nicht geeignet ist. Das ist auch für die hartnäckigsten Intellektuellen 1989 endgültig offenbar geworden.

Finale: 1989 bis 2000

Damit ist das Zeitalter zu Ende gegangen, das einige als die Moderne bezeichnen. Jetzt leben wir, so sagt man, in der Postmoderne. Doch die Bezeichnungen sind Unsinn. Vorüber sind die Glaubenskriege um den richtigen Weg zur Moderne. Jetzt sind wir in der Moderne angekommen, und jetzt erst wissen wir, wo dieser Weg begann: in England vor 300 Jahren in der Glorious Revolution von 1688. Oder schon 1649 mit der Enthauptung Karls I.? Um das zu entscheiden, müssen wir diese Erzählung nochmal lesen, weil man sie dann erst versteht.

Der Morgen des neuen Jahrtausends gießt sein Licht auf ein neues Europa, das nach langer Tyrannei im Begriff ist, wiedergeboren zu werden

Die Nacht dieses finsteren Jahrhunderts ist zu Ende. In seiner ersten Hälfte schien es keine Konstellation zu geben, die nicht die schlimmste Wendung nahm. In der zweiten Hälfte dagegen haben wir unverschämtes Glück gehabt: Die Völker Europas hatten aus ihren Desastern gelernt. Hoffentlich vergessen wir niemals, wie unwahrscheinlich das ist.

Das Ziel der Bildung ist es, die Geschichte seiner eigenen Gesellschaft zu verstehen. Jetzt ist die Eule der Minerva gelandet. Der Morgen des neuen Jahrtausends gießt sein Licht auf ein neues Europa, das nach langer Tyrannei im Begriff ist, wiedergeboren zu werden. Dabei ist zuletzt der Bürgerkrieg Europas dahin zurückgekehrt, wo er 1914 begann: auf den Balkan.

Literatur tritt in zwei Formen auf – Vers und Prosa

Die europäische
Literatur

Formensprache

Literatur tritt in zwei Formen auf: Vers und Prosa. Dazu gibt es drei Gattungen: Lyrik, Drama und Erzählliteratur.

Anfangs dominierte der Vers in allen drei Gattungen: Die *Ilias* ist genauso eine Verserzählung wie das *Nibelungenlied*. Zu Zeiten, da Geschichten nicht in Büchern gelesen, sondern mündlich tradiert (überliefert) wurden, diente der Vers der Stützung des Gedächtnisses. Noch eine Ballade, die man früher gern auswendig lernte, ist eine kleine Verserzählung.

Nach der Erfindung des Buchdrucks löste sich der Vers von der Erzählung und blieb auf das Drama und die Lyrik beschränkt. Die Erzählungen wurden von da an in Prosa verfaßt. Schließlich, im 20. Jahrhundert, ließ auch das Drama den Vers fallen.

In der Vor-Moderne – und d. h. in der vor-romantischen Literatur (vor 1770) – richteten sich die Gattungen, die Story und die Stilhöhe nach dem gesellschaftlichen Status des Helden.

Also:

1. Götter und Heroen gehörten zur Sphäre des Wunderbaren und Übernatürlichen. Ihre Gattung war die Romanze. Das Prinzip für die Konstruktion der Story war das Abenteuer (Herkules, Odysseus, Christus, fahrende Ritter). Der Stil war erhaben.
2. Könige und Aristokraten waren zwar außergewöhnliche Menschen, aber sie waren doch den Gesetzen der Gesellschaft und der Natur unterworfen. Die typische Story bestand darin, daß sie das vergaßen, sich durch Hybris (Überheblichkeit) versündigten und bestraft wurden. Ihre typische Gattung war deshalb die Tragödie. Im übrigen konnte auch nur ein Aristokrat eine große Passion erleben. Bis zum 18. Jahrhundert wäre der Anspruch von Bürgerlichen, ebenfalls leidenschaftlich lieben zu können, als ebenso lächerliche Anmaßung empfunden worden, wie wenn sie sich Pagen zugelegt hätten. Überhaupt waren ernsthafte, moralisch interessante Schicksale nur Aristokraten vorbehalten, weil nur sie frei, waffen- und duellfähig waren und über so etwas wie Ehre verfügten.
3. Der realistische Stil paßte zur Darstellung der Bürger und des gemeinen Volkes. Er war prosaisch, bediente sich also der Prosa. Ursprünglich waren die zugehörigen Gattungen komisch: also der Schelmenroman, der Schwank und die Komödie. Diese mittlere Stillage wurde dann im 18. Jahrhundert und vollends nach der Romantik zur herrschenden Ausdrucksform für die bürgerliche und wichtigste Gattung der modernen Literatur überhaupt: den realistischen Roman.
4. Zur Darstellung von Schurken, Monstern, Bösewichtern, lasterhaften, niedrigen und ekelhaften Menschen sowie infernalischen und lächerlichen Zuständen diente die Satire. Ihr Stilmerkmal war die Groteske. Gattungsmäßig knüpfte sie an die Romanze an, war also unrealistisch, und betonte das Abartige, Niedrige, Gemeine und Häßliche, also auch die Würdelosigkeit des Körpers, die Ausscheidungen, den Schmutz, die Sexualität und alles, was die Scham gnädig verhüllte. Und sie drückte die Verletzungen der moralischen Ordnung der Gesellschaft durch die Zertrümmerung der schönen Formen aus.

Die Groteske als herrschende Stilrichtung der modernen Literatur betont den politischen Terror, den Wahnsinn, die Entfremdung und die Isolation. Das macht die moderne Literatur so deprimierend

Sie ist zur herrschenden Stilrichtung der modernen Literatur in diesem Jahrhundert geworden, die den politischen Terror, den Wahnsinn, die Entfremdung, die Isolation und die Schmerzen des gequälten Körpers betont. Das macht die moderne Literatur so deprimierend.

Stories

Die Anzahl der typischen Stories ist kleiner, als man bei der wuchernden Fülle von literarischen Werken vermuten könnte. Aber viele sind lediglich Variationen von Grundmustern. Vier dieser Grundmuster haben wir schon genannt.

1. Die Romanze: Ihr Grundprinzip ist eine Serie von Abenteuern, die möglichst phantastisch zu sein haben. Die häufigste Organisationsform ist eine Reise oder Odyssee. Nicht selten bekommt die Reise dadurch ein Ziel, daß sie der Suche nach einem Schatz, einem Geheimnis oder irgendeinem Objekt der Sehnsucht, der Begierde oder der Erlösung geweiht ist. Das kann ein Pokal sein wie der Heilige Gral, ein Füllhorn, das Goldene Vlies, das Eldorado, das Paradies, ein verborgener Schatz, ein Zauberort, die Geheimnisse des Spionage- oder Kriminalromans oder eine Jungfrau, die irgendwo gefangen ist und häufig den Schatz bei sich hat (und deswegen auch Schatz genannt wird). Auch die Utopie ist in der Regel eine Romanze (wie die *Utopia* des Thomas Morus lagen die Utopien bis in die Neuzeit hinein nicht in der Zukunft, sondern in fernen Gegenden). Die Stimmung der Romanze ist sommerlich und märchenhaft. Diesem Schema der Suche nach dem Zauberort der Erlösung folgt auch noch der moderne Tourismus.

2. Die Tragödie: Sie hat eine anspruchsvollere Plotstruktur (Plot = gestaltete Handlung), die durch Widersprüche, Wendungen und Paradoxien bestimmt ist. Sie beginnt mit dem Glück des Helden, das ihn unvorsichtig, überheblich und vertrauensselig macht. Dann häufen sich die Warnungen. Schließlich setzt ein Konflikt ein, und der Held faßt Entschlüsse zur Vermeidung bevorstehender Gefahren, die dem Gesetz der tragischen Ironie unterworfen werden: Die Aktivität des Helden führt die Katastrophe herbei, die er damit gerade vermeiden wollte. Nach spannungsverstärkenden Verzögerungen kommt es zur schmerzhaften Selbsterkenntnis des Helden, wenn er begreifen muß, daß er sich sein eigenes Grab geschaufelt hat. An dieser Struktur kann die Tragödie aussichtslose Lagen, Zwickmühlen, Dilemmata und unlösbare Konflikte zwischen gleichrangigen Werten darstellen. Häufig werden Omina eingesetzt, um die Handlung voranzutreiben: Träume, Orakel, Warnungen, Pläne, Weissagungen von Hexen oder Expertenkommissionen. Diese Voraussagen produzieren Reaktionen, die just das Desaster verursachen, das sie verhindern wollen.
Sozial gesehen ist die Tragödie ein Sündenbock-Ritual: Ein bedeutendes, hochrangiges Individuum, das zunächst geliebt wurde, gerät durch seine Verstrickungen zusehends in die Isolation, bis die Gesellschaft all ihren aufgestauten Haß und ihre Schuld auf es projiziert und sich durch seine Opferung reinigt. Heute haben tragische Plots oft die Form von Skandalen, bei der die Lynchmeute von den Medien gespielt wird. Hexenjagden, die Verfolgung von Mobbing-Opfern, Pogrome, Diskriminierung von Minderheiten und Kampagnen gegen ver-

Sozial gesehen ist die Tragödie, hier *Maria Stuart*, ein Sündenbock-Ritual: Ein bedeutendes, hochrangiges Individuum, das zunächst geliebt wurde, gerät durch seine Verstrickungen zusehends in die Isolation.

meintliche Schurken haben alle eine ähnliche Struktur, wobei sich immer ein isoliertes Opfer und eine Jagdmeute gegenüberstehen.

Die Tragödie betont die Unerbittlichkeit der Zeit, die Verfallenheit an den Tod und die Unterwerfung unter die Gesetze der Gesellschaft und der Natur. Isolation wird als Selbstüberhebung bestraft, so als ob der Held sich durch Stolz aus der Gesellschaft ausschlösse.

3. Die klassische Komödie ist die Umkehrung der Tragödie. Ist das Thema der Tragödie der Tod, so ist es bei der Komödie die Liebe. Sie sorgt dafür, daß der komische Held da beginnt, wo der tragische Held endet: in der Isolation. Denn die Gesellschaft, vertreten durch den Vater der Geliebten, erlaubt ihm nicht, sie zu heiraten. Doch nach und nach zieht der jugendliche Held durch seinen Charme, seine Attraktivität und seine zukunftsfrohe Jugendlichkeit, die das Leben selbst repräsentiert, immer mehr Verbündete auf seine Seite, bis er fast eine Gegengesellschaft zusammen hat. Diese unterwirft den alten Vater (in der Romanze war das der Drache, der die Jungfrau bewacht) durch Intrigen und Täuschungen einer komischen Therapie, die ihn zur Einsicht und dazu bringt, dem jungen Sieger seine Tochter zu geben. In einem anschließenden Hochzeitsfest wird dann die Versöhnung der geteilten Gesellschaft mit sich selbst gefeiert, die auch den alten Widersacher miteinschließt.

Ist die Tragödie die Ästhetisierung des Sündenbock-Rituals im Opfer durch Katharsis (Reinigung), so dramatisiert die Komödie die Hochzeit. In der Komödie geht es um die Fruchtbarkeit, die den Tod besiegt. Sie thematisiert die Sexualität und die Erotik. Ihr Ziel ist die gesellschaftliche Integration.

Deshalb entspricht die Demokratie auch der Komödie: Der Führer der Opposition verführt gegen den Willen des alten Herrschers seine Tochter, die Wählerschaft, zieht sie durch Charme und Versprechungen und Jugendlichkeit auf seine Seite, unterwirft schließlich den Alten einer komischen Therapie durch den Wahlkampf, bis er am Wahlabend zur Einsicht kommt, wenn die Tochter zum jugendlichen Helden überläuft, der nun die Regierung übernimmt und den bisherigen Herrscher beerbt. Zuletzt wird die gespaltene Gesellschaft im Hochzeitsfest der neuen Regierung mit dem Volk mit sich selbst versöhnt.

Die Demokratie entspricht der Komödie

In der Tragödie siegt das alte Gesetz der Gesellschaft über das rebellische Leben; in der

Komödie besiegt das revoltierende Leben das Gesetz des alten Herrschers, der die Tochter nicht herausrücken will. So gesehen ist die Geschichte Christi beides – Tragödie und Komödie: Zuerst siegt das Gesetz, und Jesus wird in einem Prozeß als Sündenbock verurteilt und getötet; dann aber steht er wieder vom Tode auf, ersetzt das Alte Testament (das Gesetz) durch ein Neues Testament und versöhnt die Gesellschaft durch die Liebe, indem er sich mit der neuen Kirche als der Braut Christi verbindet.

Die Komödie kann auch die Vermeidung der Tragödie direkt vorführen, wenn sie die Beziehung zum Gesetz umdreht: Dann wird die Gesellschaft ungesetzlich, und ein einzelner verteidigt allein das Gesetz, bis er die anderen bekehrt hat: Das ist das Schema des amerikanischen Western, in dem der einsame Sheriff gegen die Meute der Gesetzlosen antritt.

4. Satire: Sie ist die Umkehrung der Romanze insofern, als ihr Thema nicht die Reise ins Offene, sondern in die Gefangenschaft ist. Ihre beliebtesten Schauplätze sind deshalb die Orte des Zwangs und der Unfreiheit, wie Gefängnisse, psychiatrische Anstalten, Schulen, Krankenhäuser, Internate, Arbeitshäuser, Konzentrationslager, Schiffe, Strafkolonien und alles, was sich als Simulation der Hölle eignet. Das Personal der Satire besteht deshalb aus sadistischen Teufeln und ihren unschuldigen Opfern, also vorzugsweise aus grotesken Tyrannen und unschuldigen Kindern. Im Mittelalter war der Kindermörder Herodes der archetypische Erzschurke des Theaters, und bei Shakespeare sind es Richard III. und Macbeth, die mit den Kindern die Zukunft der Gesellschaft morden. Der typische Plot der Satire zeichnet sich durch *Stasis*, durch Unveränderlichkeit und Stagnation, oder öde Wiederholbarkeit aus, so

Die Komödie dramatisiert die Hochzeit. In der Komödie geht es um Fruchtbarkeit, die den Tod besiegt.

Das Personal der Satire besteht aus sadistischen Teufeln und ihren unschuldigen Opfern. Bei Shakespeare ist Macbeth – hier mit Banquo und den Hexen – der Erzschurke.

wie sich im Gefängnis nie etwas ändert und alles wiederholt. Am schlagendsten hat das Bekkett mit seinem *Warten auf Godot* zum Ausdruck gebracht, das bei einer Aufführung im Knast von St. Quentin die Gefangenen in seinen Bann schlug. Weil die Satire die typische Gattung der modernen Literatur ist, ließ sich in ihren Formen auch der Totalitarismus des 20. Jahrhunderts mit seinen Lagern, Folterkellern und KZs besonders gut darstellen. Hier unterliegt die Geschichte selbst einer tragischen Ironie der Gattungen: Bei dem Versuch, die Utopie als Romanze der Revolution zu realisieren, produzierte man die satirische Hölle der Lager, und dann galt: die Revolution wurde zum Tyrannen, der seine Kinder frißt.

Durch die Schwarzweißzeichnung bei der Kontrastierung von Sadismus und Unschuld changiert (wechselt, geht über zu) die Satire leicht zum Melodram und zur Schauerliteratur. Das war eine Spezialität der Romantik, in der die Hölle aus mittelalterlichen Verliesen, Gefängnissen der Inquisition und Gewölben verfallener Burgen bestand, in denen unschuldige Jungfrauen von irren Adligen, sadistischen Mönchen, wahnsinnigen Wissenschaftlern oder teuflischen Verbrechern gefangengehalten und unter irrem Gelächter mit der Aussicht auf Vergewaltigung oder ähnliche Torturen unterhalten wurden. Aus diesem Arsenal der schwarzen Romantik mit ihren Trivialmythen lebt noch ein Großteil der heutigen Film- und Schundproduktion von Dracula bis zum Snuff-Movie.

Geschichte der Literatur und literarischer Kanon

Man könnte diese erste Kartographie der Literatur noch verfeinern, aber für unsere Zwecke reicht sie, um das Terrain abzustecken, auf dem die moderne Literatur zu verorten ist.

Im Mittelalter dominiert die Romanze.

In der Renaissance übernehmen die Tragödie und der heroische Stil die Führung, wobei man sich an antiken Vorbildern orientiert.

Und mit dem 18. Jahrhundert und vollends mit dem realistischen Roman des 19. wird die mittlere Stillage der realistischen Prosa zum Maßstab der bürgerlichen Literatur und ihrer alles beherrschenden Gattung des Romans.

Mit der Avantgarde des 20. Jahrhunderts wird die Literatur wieder »unrealistisch«, bricht mit den Grundannahmen der »natürlichen Einstellung« – Charakter, Handlung, Kausalität, Logik und Sprache als Mittel der Verständigung – und drückt den Verlust der moralischen Integration der Gesellschaft in der Zertrümmerung der schönen Formen der Literatur aus. Statt dessen herrschen nun die Formen der Satire in Gestalt des Grotesken, des Deformierten, des Exzesses, des Schocks, der Desintegration und des Häßlichen.

Nichts fürchtet die moderne Literatur deshalb mehr, als schön zu sein: Sie geriete sofort unter den Verdacht, bestechlich – d. h. kitschig – zu werden. Aber – an dieser Feststellung geht kein Weg vorbei – moderne Literatur zu lesen ist deshalb anstrengend und manchmal deprimierend.

Andererseits: Die ältere Literatur ist zwar schön, aber da sie sich auf eine vergangene Gesellschaft bezieht, vermag sie gegenwärtige Erfahrungen nur unzureichend auszudrücken.

Literarische Bildung

In Europa war die geistige Emanzipation von der Kirche durch die Wiederentdeckung der antiken Autoren erfolgt. Einer weitgehend aristokratisch geprägten Kultur galten diese deshalb als vorbildlich.

Das änderte sich mit der Romantik (ab 1770). Die Bürger, die von Gleichheit und Demokratie träumten, konnten es nicht zulassen, daß sich die Stillagen der Literatur nach dem sozialen Status richteten, mit der Devise: Vers und heroische Schicksale für die Adligen, Prosa und lächerliche Situationen für das gemeine Volk. Damit hörte man auf, die Normen der Dichtung aus der klassischen Literatur zu beziehen, und man hörte auf, Dichtung als Nachahmung des Lebens zu begreifen. Mit weitreichenden Folgen:

- Von einem Handwerker, der nach Regeln verfuhr, wurde der Dichter zu einem Schöpfer. Als Schöpfer wurde er zum kleinen Bruder Gottes. Wie Gott schuf er neue Welten und Gestalten, weil sein großer Bruder ihm eine Portion göttlicher Einsicht mitgegeben hatte – man nannte das Genius und seinen Träger ein Genie –, eine Art übersinnliche

Die deutsche Hochliteratur: statt Gesellschaft Schwingungen der Seele in der Natur.

Sensibilität, die schon an Wahnsinn grenzte und seinen Träger dazu verdammte, mit der gewöhnlichen Meute von Spießern in Konflikt zu geraten.

- Da die Dichtung nicht mehr die Wirklichkeit und die antiken Autoren nachahmte, wurde sie originell. Mit seiner Originalität beglaubigte sich jetzt der Dichter als Schöpfer. Das setzte ein anderes Verständnis der Geschichte voraus. Geschichte bestand nun nicht mehr aus der Wiederholung typischer Stories, aus denen man Moral und Weltläufigkeit lernen konnte, sondern brachte immer wieder Neues hervor. Deshalb wirkte die Erfahrung der Antike überholt. Jede Gegenwart war anders und brauchte neue Literatur. Dadurch wurde Literatur zu dem Medium, in dem der »Zeitgeist« in immer neuer Gestalt zum Ausdruck gebracht wurde. In ihm vergewisserte sich die Menschheit der Formen, in denen sie ihre Erlebnisverarbeitung organisierte. Die Literatur wurde zur Erfahrungsgeschichte der Menschheit.
- Anders als in den westlichen Ländern entstand die deutsche Hochliteratur erst in der Romantik. Da entstieg sie just dieser Kluft zwischen der klassizistischen, an der Antike orientierten, und der neuen bürgerlichen Literatur. Da die klassizistische Literatur aber aristokratisch und die Aristokratie Europas im 18. Jahrhundert kulturell französisch waren, betonte die deutsche Literatur von Anfang an das Gegenteil von dem, was als typisch französisch galt: statt Nachahmung der Klassiker Originalität; statt Vernunft das Irrationale und Phantastische; statt Dichtung nach Regeln Inspiration und Genie; statt Gesellschaft die Schwingungen der einsamen Seele in der Natur; statt Konvention Freiheit, Rebellentum und Weltschmerz; und weil die Deutschen keinen gemeinsamen Staat hatten, bezogen sie aus der deutschen Literatur zum ersten Mal das Gefühl ihrer Einheit (als Volk der Dichter und Denker). Deshalb entwickelte sich besonders in Deutschland eine aus der neuen Literatur geborene Bildungsidee. Sie besagt:

Wilhelm von Humboldt: unter dem Einfluß der von ihm reformierten Universität wurde die Bildungsidee auch in anderen Ländern übernommen.

Gebildet kann sich nur der nennen, der die großen Werke der Literatur als Ausdruck der Erfahrungsgeschichte der Menschheit kennt, denn Literatur bietet den besten Zugang zum Verständnis der eigenen Kultur.

Diese Bildungsidee wurde durch den Einfluß Goethes und der von Humboldt reformierten Universität auch in anderen Ländern übernommen und infiltrierte die Schullehrpläne und die Geisteswissenschaften in den Universitäten.

Goethe wurde zum exemplarischen Repräsentanten der neueren Bildungsidee, weil er romantische mit antiromantischen Impulsen verband.

Goethe und die exemplarische Biographie

Nun hatte die klassische lateinisch-griechische Literatur den Vorteil, für ganz Europa verbindlich und in ganz Europa verständlich zu sein. Die europäische Aristokratie war international. Die neuere Literatur aber wurde in den jeweiligen Landessprachen geschrieben. Das brachte die Gefahr des nationalen Provinzialismus mit sich. Und tatsächlich bildeten sich nationale Literaturen heraus, die vor allem in Form des kollektiven Gedächtnisses die nationale Identität abstützen sollten:

Dieser Tendenz der freiwilligen Selbstbeschränkung wurde als universelle Bildungsidee das Konzept der »Weltliteratur« entgegengehalten. Sein Exponent war Goethe.

Darüber hinaus wurde Goethe zum exemplarischen Repräsentanten der neueren Bildungsidee, weil er romantische mit antiromantischen Impulsen verband:

Exponent des Konzepts der »Weltliteratur« als universelle Bildungsidee: Goethe.

- gegenüber dem Nationalismus der Romantik vertrat er das Konzept der Weltliteratur;
- auf den Geniekult und den Subjektivismus reagierte er mit dem Rückgriff auf klassische Stoffe und Formen (*Iphigenie*);
- auf die Betonung von Entfremdungs- und Weltschmerzgefühlen, auch durch ihn selbst (*Werther*), reagierte er mit der Anpassung ans Establishment durch Übernahme eines Ministeramtes;
- auf die romantische Gebrochenheit reagierte er mit Naivität;
- auf die Ablehnung aller Konventionen und auf die Glorifizierung der heroischen Einsamkeit reagierte er mit der Betonung von Weltläufigkeit und Urbanität.

Er balancierte damit seine eigenen romantischen Impulse durch die Betonung des Gegenteils aus. Damit ersetzte er gewissermaßen die klassische Tradition, die in Deutschland fehlte. Und weil er in seiner Person die Verbindung zwischen bürgerlich-romantischer und aristo-

kratisch-klassischer Tradition verkörperte, näherte er die deutsche Literatur wieder dem europäischen Standard an und machte sie auch für andere Völker zugänglich. Die Form aber, in der er das tat, war romantisch:
Es war die Form der exemplarischen Biographie mit periodischen Identitätskrisen und Häutungen. Diese Biographie stand wie die Hegelsche Geschichtsphilosophie unter dem Gesetz der Dialektik von Widersprüchen. Das Prinzip des dialektischen Widerspruchs muß man kennen, weil es als Denkfigur in der Neuzeit eine strategische Stelle besetzt hat: Es ist als Dreischritt von These, Antithese und Synthese bekannt geworden.
Aber was bedeutet diese Formel im wirklichen Leben? Sie bedeutet ungefähr folgendes: Jede Position (Erfahrungsfigur, Weltanschauung, Lebenshaltung) kristallisiert durch ihre Begrenztheit an ihren Rändern Uneingelöstes, ungelenkte Energien, kurz: Überschüssiges, das sich nach und nach zu einer handfesten Gegenwelt auswächst. Das Ancien régime provoziert die Revolution, die Klassik die Romantik, die Whigs die Tories, die Utopie die Skepsis, die Aufklärung die Irrationalität etc. Das ist dann die Antithese. Schließlich überwuchert die Antithese die These. Es handelt sich aber nicht nur um eine schlichte Negation im Sinne einer bloßen Ablehnung oder Vernichtung, vielmehr wird diese ergänzt durch eine Form der Bewahrung in der Anhebung des Widerspruchs auf eine höhere Ebene durch die Synthese. Für diesen Vorgang prägte Hegel den Begriff der »dreifachen Aufhebung«: das ist Negation, Aufbewahrung und Anhebung auf eine höhere Ebene zugleich (siehe auch oben die Beschreibung der Komödie als Antagonismus von Vater – Liebhaber und anschließender Versöhnung im Fest).
Warum beschäftigen wir uns mit dieser Sophistik?
Weil Hegel glaubte, damit das Gesetz der Weltgeschichte gefunden zu haben, und Marx glaubte das auch. Aber in Wirklichkeit hat er ziemlich genau beschrieben, wie der Lebensroman einer Identitätsbildung verläuft. Hegel hat also die Krisen einer exemplarischen Bildungsbiographie beschrieben, wie sie Goethe den Deutschen vorgelebt hat.
Im selben Sinne, wie die literarischen Werke zum Ausdruck der historischen Epochen wurden, wurden sie bei Goethe zum Ausdruck von Lebensphasen, in denen sich eine Folge exemplarischer Erfahrungen ausdrückte.

Mit dem Rückgriff auf klassische Formen reagierte Goethe auf den Geniekult – *Iphigenie*.

Der Bildungsroman oder ein verspätetes Vorwort

Goethes Leben und Dichtung wurden zur exemplarischen Bildungsbiographie der Deutschen, an der sich Generationen von Studienräten und Bildungsbürgern orientierten. In seiner autobiographischen Schrift *Dichtung und Wahrheit* und seinen Bildungsromanen *Wilhelm Meisters Lehrjahre*, *Wilhelm Meisters Wanderjahre* und *Die Wahlverwandtschaften* hat er seinen Lebensroman reflektiert.

Das Konzept der Bildung ist eng mit der Literatur und der Geschichte verflochten: Es schlägt sich in einer literarischen Form nieder

Und hier zeigt sich, warum das Konzept der Bildung so eng mit der Literatur und der Geschichte verflochten ist: Es schlägt sich in einer literarischen Form nieder, nämlich dem sogenannten Bildungsroman oder Entwicklungsroman. Diese Form des Romans konzentriert sich meist auf die Zeit im Leben einer Figur, in der sie erwachsen wird und ihre Bestimmung findet. Dabei zeigt sie, wie die Protagonisten (Hauptfiguren, Helden) aus Unerfahrenheit notwendig Irrtümer begehen, sich an diesen Irrtümern abarbeiten, sie anschließend korrigieren und dabei eine Stufenfolge wachsender Selbsterkenntnis hinaufschreiten. Sie begreifen dann im Rückblick ihre eigene Geschichte der fortgesetzten Irrtümer als notwendige Vorgeschichte der Selbsterkenntnis. Der Prozeß der Bildung führt also zur Bildung, die es erst möglich macht, den Prozeß zu verstehen. Die Struktur eines solchen Romans ist kreisförmig.

Es gibt zwei weitere Romanformen, die einen ganz ähnlichen Aufbau haben, aber doch nicht so heißen: den Künstlerroman und den Liebesroman.

Im Künstlerroman ist die Zirkelstruktur des Bildungsromans noch deutlicher ausgeprägt – also über den Umweg der Irrtümer zur Selbstkorrektur und von da aus zur Einsicht in den Umweg über die Irrtümer: Denn der angehende Künstler findet über diesen Weg zur Kunst, die ihn, wenn er ein Schriftsteller ist, in die Lage setzt, seinen eigenen Weg dahin zu beschreiben, wie er Schriftsteller wurde.

Ein solcher Roman ist etwa James Joyces *Jugendbildnis des Dichters* (A *Portrait of the Artist as a Young Man*). Häufig verfremden die

Mehrfach hat Goethe seinen Lebensroman reflektiert, in den *Wahlverwandtschaften* ebenso wie in den *Wilhelm-Meister*-Romanen und der autobiographischen Schrift *Dichtung und Wahrheit*.

Die

Wahlverwandtschaften.

Ein Roman

von

Goethe.

Erster Theil.

Tübingen,

in der J. G. Cottaischen Buchhandlung.

1809.

Gottfried Keller: Sein *Grüner Heinrich* ist der nach dem *Wilhelm Meister* bekannteste Bildungsroman der deutschen Literatur im 19. Jahrhundert.

Schriftsteller auch ihre künstlerische Entwicklung, indem sie sich als Maler oder Bildhauer verkleiden: So ist der Held des nach *Wilhelm Meister* bekanntesten Bildungsromans der deutschen Literatur im 19. Jahrhundert, *Der grüne Heinrich* von Gottfried Keller, ein Maler; und in Hermann Hesses Roman *Narziß und Goldmund* ist er ein Bildhauer.

Wenn der Liebesroman mehr ist als bloß eine Geschichte, an deren Ende sie sich kriegen, dann ist er häufig auch ein verkappter Bildungsroman. Die Hindernisse, die anfangs die Liebe bedrohen, sind dann nicht äußerlicher Art wie die Heiratspolitik der Eltern oder Standesunterschiede, sondern sie stammen aus der Unerfahrenheit oder der mangelnden Selbsterkenntnis der Figuren selbst. Die Liebesgeschichte wird dann als Serie von Mißverständnissen und liebesverhindernden Irrtümern angelegt, in deren Überwindung die Beteiligten ihre wahren Gefühle füreinander und damit sich selbst entdecken. Weil es dabei immer um zwei Figuren geht, wird die Selbsterkenntnis mit der besseren Erkenntnis des Gegenübers in Zusammenhang gebracht: Erst wenn man sich selbst und seine Gefühle durchschaut, kann man auch den anderen verstehen und umgekehrt. Liebesromane dieser Art werden deshalb als Erfahrungsprozesse durch Beseitigung von Vorurteilen oder romantischen Klischees oder Eigendünkel und dergleichen angelegt und zeigen häufig eine Gefühlserziehung des einen Partners durch den anderen. Die besten Liebesromane dieser Art stammen von Jane Austen und heißen deshalb auch *Stolz und Vorurteil* oder *Vernunft und Empfindsamkeit.*

Die Pointe daran ist, daß die Form, in der Bildung sich manifestiert, die des Romans ist. Deshalb muß man, will man sich selbst durchschauen, die dazu geeignete Form aus der Literatur kennen.

Literatur ist Geschichtsschreibung in der Form persönlicher Erlebnisse und Erfahrungen. Und diese Erfahrungen kristallisieren sich in bestimmten literarischen Figuren, die man nach der Lektüre besser kennt als sich selbst: Hamlet, Don Quijote, König Lear, Ophelia, Romeo und Julia, Don Juan, Robinson Crusoe, Tartuffe, Ahasver, Faust, Mephisto, Huckleberry Finn, Oliver Twist, Frankenstein, Dracula, Alice im Wunderland etc. Alle zusammen bilden den Bekannten- und Freundeskreis der Gebildeten.

Die europäische Literatur

Die großen Werke

Die Göttliche Komödie

Am Anfang der volkssprachigen Literatur Europas (also nicht der lateinischen) steht das größte Werk der italienischen Literatur und das größte Werk des europäischen Mittelalters: *Die Göttliche Komödie* des Florentiners Dante Alighieri (fertiggestellt 1321).

Um es zu verstehen, muß man daran denken, daß der Buchdruck noch nicht erfunden war und Wissen häufig auf mündlicher Überlieferung beruhte. Und was nicht aufgeschrieben ist, muß man im Kopf haben. Deshalb gab es eine entwickelte Gedächtniskultur. Dabei stellte man sich die symbolische Ordnung der Welt wie eine Art moralisches Museum mit verschiedenen Abteilungen vor, in dem jede Sünde und jede Strafe ihren Platz hatte. Wenn man sich an etwas erinnern wollte, durchwanderte man im Geiste mit einem Museumsführer das Gebäude und suchte den Ort auf (den Gemeinplatz), an den man die Figur mit ihrer exemplarischen Geschichte fand, die man zitieren wollte. Dantes *Göttliche Komödie* ist so ein Erinnerungssystem.

Es beginnt damit, daß sich Dante am Karfreitag 1300 im Wald des Irrtums verlaufen hat. Dort trifft er Vergil, den Verfasser der *Aeneis*, und dieser führt ihn in einem steilen Abstieg durch die neun Kreise der Hölle. Zuerst durchqueren sie die Vorhölle des Limbo, in der die untadeligen, aber ungetauften Größen der Antike wohnen. Dann kommt in einer absteigenden Stufenfolge der Höllenkreise der erste Kreis; in ihm schmachten die Sünder der unerlaubten Liebe, die noch am geringsten bestraft werden. Danach folgen die Fresser, die Geizkragen, die unbeherrscht Wütenden und die Mißmutigen. Im sechsten Kreis der Hölle, wo die Ketzer sind, beginnen die wirklich schrecklichen Qualen. Der siebte Kreis ist die Folterkammer für die Mörder, Selbstmörder, Gotteslästerer und Perversen; der achte Kreis zeigt die Qualen der Betrüger, Hexer, Scharlatane, Hochverräter und Spitzel; und im Zentrum des neunten Kreises erblickt Dante den in ewiges Eis eingefrorenen Luzifer selbst, der mit drei Köpfen an den Verrätern Brutus und Cassius, den Mördern Caesars, und an Judas, dem Verräter Christi, nagt.

> *Die symbolische Ordnung der Welt stellte man sich als moralisches Museum mit verschiedenen Abteilungen vor*

Durch einen Tunnel führt Vergil ihn dann in die entgegengesetzte Hemisphäre zum Berg des Fegefeuers. Dieser Berg ist das symmetrische Gegenstück zum Loch der Hölle: in neun konzentrischen Zirkeln führt der Weg aufwärts zum Gipfel. Das ganze ist als Arbeitslager organisiert; die Sünden, die die Gefangenen büßen – z. B. Geiz, Völlerei und Lust – sind Perversionen eines an sich göttlichen Strebens einer Liebe, die von ihrer wahren Bestimmung ab- und auf irdische Ziele umgelenkt worden ist.

Vergil verläßt Dante am Eingang des irdischen Paradieses, und dieser wird quer durch das aktive Leben zur Seligkeit des kontemplativen Lebens geführt. Hier, an der Pforte der Seligkeit, empfängt ihn Beatrice, Dantes platonisch verehrte Geliebte Beatrice Portinari, die er idealisierte und zum Urbild aller weiblichen Inspirationsfiguren in der europäischen Dichtung machte. Noch Goethes Veredelungsagentur des »ewig Weiblichen« steht in dieser Tradition. Und es ist Beatrice, die Dante zum Paradies führt. Zuerst hören sie die Sphärenmusik und steigen dann durch die Himmel der planetarischen

Sphären mit den zugehörigen Seligen, die jeweils für bestimmte Tugenden stehen, empor zum neunten Himmel. Dieser ist in die neun Stufen der Engelshierarchie eingeteilt. Danach sieht man einen Fluß von strahlendem Licht. In seiner Mitte erhebt sich der Hofstaat Gottes in Gestalt einer weißen Rose. Auf ihren Blütenblättern sitzen die Kirchenväter, Propheten und Engel selig in der Betrachtung Gottes. Beatrice nimmt ihren Platz in der Nähe Gottes wieder ein, und Dante ist durch diese Reise selbst so gereinigt worden, daß ihm ein Blick auf die Gottheit gestattet wird.

So finden wir hier schon das Schema der Bildungsreise als Vorläufer des Bildungsromans. Dabei hat der Leser die Großen der Mythologie und der Geschichte kennengelernt. Insofern ist die *Divina Commedia* für das ausgehende Mittelalter auch ein Lehrbuch mit der Überschrift »Bildung. Alles, was man wissen muß«. Wer das Werk gelesen hatte, war von Dante so geführt worden wie dieser durch Vergil und Beatrice. Später wird Goethe das nachmachen, wenn er Mephisto Faust durch die Höhen und Tiefen des Daseins schleppen läßt. Trotz der Durchquerung des Schrecklichen und der Qualen in der Hölle und im Fegefeuer geht das Ganze gut aus und heißt deshalb »eine göttliche Komödie«.

Francesco Petrarca

Francesco Petrarca (1304–1374) aus Arezzo wurde berühmt durch seine humanistischen Studien und vor allem durch seine Liebeslyrik. Dabei handelt es sich um Lieder, Madrigale, Balladen und – sein Markenzeichen – Sonette, die der geliebten Laura gewidmet sind. Offenbar gibt es nicht wie bei Dantes Beatrice ein reales Vorbild für Laura; dafür ist sie aber etwas realistischer dargestellt als die Engelsfiguren der Troubadours (Minnesänger) oder Dantes. Die Gedichte, die sich an Laura wenden,

Francesco Petrarcas Sonette werden für Jahrhunderte zum Vorbild Europas.

etablieren den zukunftsweisenden Konflikt späterer Lyriker: Der Geliebte möchte erhört werden, aber er weiß: wenn er es wird, leidet seine Dichtung. Diese Sonette Petrarcas werden für Jahrhunderte zusammen mit ihren Themen zum Vorbild Europas, an dem sich noch Shakespeare mit seinen Sonetten orientiert. Und jeder Besucher Südfrankreichs weiß, daß Petrarca den Mont Ventoux in der Vaucluse bei Carpentras bestiegen hat, um die Natur zu preisen, obwohl es nicht stimmt.

Giovanni Boccaccio

Petrarcas Freund war Giovanni Boccaccio (1313–1375), der ab 1341 in Florenz lebte. Sein Name ist verbunden mit der unsterblichen Geschichtensammlung des *Decamerone* (von griech. deca = zehn und hemera = Tag). Im Jahre der Pest, 1348, treffen sich sieben junge Damen und drei junge Herren, um aus der Stadt zu fliehen und sich in einem Landhaus in den Hügeln wiederzutreffen. Dort vertreiben sie sich die Zeit, indem sie sich an zehn Tagen jeweils zehn Geschichten erzählen. Die hundert Schwänke, Anekdoten und Novellen, die auf diese Weise zustande kommen, bilden ein Inventar von Geschichten, das von Generationen von Dramatikern und Erzählern Europas geplündert wurde; und weitere Generationen von Schülern und Schülerinnen der Lehranstalten Europas haben sich an der Freizügigkeit der erotischen Geschichten ergötzen und daran lernen können, wie heiter eine sexuell unverkrampfte Kultur sein konnte.

Nach der italienischen Literatur beleben sich auch die spanische und die englische und die französische Literatur, während die deutsche noch bis zur Romantik weiterschläft.

Don Quijote

Der berühmteste Roman Spaniens ist der *Don Quijote* von Miguel de Cervantes (1547–1616). Angefeuert durch die Lektüre alter Ritterromane, legt sich der spanische Junker Don Quijano den romantisch klingenden Namen Don Quijote zu, zieht die verrostete Rüstung seiner Vorfahren an, zerrt einen alten Klepper, Rosinante, aus dem Stall, tauft ein Bauernmädchen in Dulcinea del Toboso um und erwählt sie zu seiner Herzensdame. In einer Dorfschenke, die er für eine Burg hält, nimmt ihn der Wirt in den Orden der Fahrenden Ritter auf und rät ihm, sich einen Knappen zu nehmen. Nachdem seine Freunde durch die Verbrennung seiner Bibliothek einen vergeblichen Therapieversuch unternommen haben, wählt er sich den erdigen Sancho Pansa zum Knappen, und zusammen ziehen die beiden durch Spanien, um den Schwachen zu helfen und die Unterdrücker zu bekämpfen – der Ritter von der traurigen Gestalt auf seinem Klepper und der fette Sancho Pansa auf seinem Esel, ein archetypisches Paar und ein fleischgewordener Kontrast zwischen dem visionären Idealisten und bauernschlauen Realisten.

Um seine Rolle als Weltbeglücker durchhalten zu können, entdeckt Don Quijote überall Unterdrückung: Kriminelle hält er für gefangene Edelleute, eine Schafherde für eine feindliche Armee und Windmühlen für Riesen. Daß Sancho Pansa in den Riesen Windmühlen sieht, hält er für ein Ergebnis der ideologischen Verblendung durch den Gegner.

In einer Fortsetzung sind die beiden dann bei einem Herzog zu Gast, der zum Schein mit seinem ganzen Hofstaat auf Don Quijotes Wahnwelt eingeht, um sich auf seine Kosten zu amüsieren, bis er durch die Arglosigkeit und den Idealismus des Ritters beschämt wird. Schließlich wird Don Quijote von einem Ritter zum Zweikampf gefordert, der ihm das Gelöbnis abfordert, für ein Jahr dem Rittertum abzuschwören, falls er verlieren sollte. Als er nach seiner Niederlage seine Rolle ablegt, durchlebt er in einem Trip der schmerzlichen Selbsterkenntnis, wie sich seine Ideale in Anlässe für tiefe Scham verwandeln: zum Schluß durchschaut er seine Illusionen, erlebt einen Moment der hellen Verstandesklarheit und stirbt.

Der Roman hat eine Figur geschaffen, die sich immer dann besonders vermehrt, wenn attraktive, aber veraltete Ideologien ins Koma fallen und überalterte Lebensformen gespenstisch werden. Entsprechend hat das letzte Jahrhundert sehr viele Don Quijotes gesehen. Zugleich ist es der erste bedeutende Roman, der selbst die illusionsstiftende Wirkung der Romane vorführt und darin selbstbezüglich und zugleich realistisch wird: Er setzt sich von den Ritterromanzen ab und, indem er sie veralbert, beglaubigt er sich selbst als realistisch.

Der *Don Quijote* hat modellbildend gewirkt, und sein Schema ist vielfach imitiert worden (etwa von Henry Fielding in *Joseph Andrews*); zugleich wurde in dem Paar des Hidalgo und seines Knappen auch ein Porträt Spaniens gesehen.

Der Spötter von Sevilla und der steinerne Gast

Spaniens Literatur hat Europa eine weitere archetypische Figur geschenkt: Don Juan, den Frauenverführer. Sein Ursprung ist das Drama *Der Spötter von Sevilla und der steinerne Gast* (*El Burlador de Sevilla y convidado de piedra*) von Tirso de Molina (1584–1648). Don Juan ist, wie man weiß, skrupellos. Bei einem seiner Abenteuer tötet er den Vater der Gelieb-

Don Quichote und Sancho Pansa – ein fleischgewordener Kontrast zwischen dem visionären Idealisten und bauernschlauen Realisten.

William Shakespeare, der kleine Bruder Gottes, dessen Werk er am achten Schöpfungstag durch seine eigene poetische Schöpfung verdoppelt.

ten, und als er Jahre später in dessen Heimatstadt zurückkommt, findet er in der Kirche die Statue des Getöteten. Spöttisch zupft Don Juan das Standbild am Bart und lädt den Toten zum Essen. Und tatsächlich: Die Statue kommt und präsentiert die Gegeneinladung zu einem Nachtmahl in seiner Gruft. Don Juan, der Tollkühne, folgt ihr, und zum Schluß faßt die Statue ihn mit steinerner Hand und zieht ihn in die Hölle.

Es gibt zahlreiche Bearbeitungen, aber ihren Weg ins europäische Gedächtnis hat diese Geschichte in Form von Mozarts *Don Giovanni* gefunden, eine Warnung an alle bedenkenlosen Verführer und ein Trost für alle betrogenen Ehemänner und hintergangenen Väter. Oder doch nicht? Offenbar besteht ein Zusammenhang zwischen Don Juans verführerischer Wirkung und seiner blasphemischen Tollkühnheit.

William Shakespeare

Es war England vorbehalten, der Menschheit den Dichter aller Dichter und den Dramatiker aller Dramatiker zu schenken, der nächst Gott von der Welt am meisten geschaffen hat: William Shakespeare (1564–1616), geboren am Tage des Heiligen Georg, des Schutzpatrons Englands, dem 23. April 1564, zu Stratford-upon-Avon, verheiratet mit der acht Jahre älteren Anne Hathaway aus Stratford, verschwunden und in London wieder aufgetaucht, von Kollegen als Hansdampf-in-allen-Gassen beschimpft, Schauspieler, Teilhaber und Stückeschreiber des Theaters der Lord Chamberlain's Men, Autor von Komödien, Historien und Tragödien, unerschöpflich in seiner Erfinderkraft, Liebling der Könige und des Publikums, Verfasser von Kassenschlagern und theatralisches Genie par excellence, adoptiert von den Dichtern der deutschen Romantik und zum Vorbild erhoben, der kleine Bruder Gottes, dessen Werk er am achten Schöpfungstag durch seine eigene poetische Schöpfung verdoppelt, gestorben an seinem Geburtstag, dem 23. April 1616, dem Tag der Vollendung, in der Pfarrkirche zu Stratford begraben, während er selbst

Es war England vorbehalten, der Menschheit den Dichter aller Dichter und den Dramatiker aller Dramatiker zu schenken, der nächst Gott von der Welt am meisten geschaffen hat

Shakespeares' Globe Theater, Rekonstruktion des 1596 erbauten und 1644 abgerissenen Gebäudes.

ewig weiterlebt in seinen unsterblichen Werken. Amen.

Shakespeares Figuren sind bis heute lebendig geblieben und treiben sich auf allen Bühnen der Welt herum. *Hamlet*, dem der Geist seines ermordeten Vaters erscheint und ihn zur Rache auffordert, kämpft fortan mit der Frage, der Don Quijote noch zum Opfer gefallen ist: Habe ich ein Gespenst gesehen, oder war die Erscheinung echt? Welches Kriterium hat man, um seine eigene Beobachtung zu prüfen? Doch wieder nur seine eigenen Beobachtungen. Und schon tut sich ein Abgrund der unendlichen Reflexion auf: die subjektive Innenwelt. Und so wird Hamlet, jener melancholische Hysteriker und selbstmörderische Komödiant, zum ersten Intellektuellen, gedankenreich und tatenarm, und zum Urbild des romantischen Menschen, der sich mit ideologischen Fieberträumen und den Halluzinationen des Selbstzweifels herumschlägt. In ihm hat sich Deutschland wiedererkannt und erkennt sich immer noch wieder: Wie Hamlet blickt es zurück, besessen von einer unerlösten Vergangenheit und fixiert auf Morde und Opfer.

Viele von Shakespeares Figuren sind in das kollektive Gedächtnis eingegangen: *Othello*, der Mohr von Venedig, Ehemann der schönen Desdemona, aufgestachelt zu rasender Eifersucht durch den Teufel in Menschengestalt, Jago, den machiavellistischen Intriganten, vor dessen motivloser Bosheit wir erschauern.

Oder *Shylock*, der jüdische Wucherer, die Verkörperung eines Volkes im Zustand des Außenseitertums, Repräsentant des Ghettos, geizig und rachsüchtig, dem Shakespeare zugleich einen bewegenden Appell zu Fairneß, zur Menschlichkeit und Brüderlichkeit in den Mund legt, die Gegenfigur zu Lessings *Nathan der Weise*.

Oder *Falstaff*, die Verkörperung des Karnevals und des Wohllebens, gewaltiger Fleischberg und gewaltiger Spötter, die Verbindung von Geist und Fleisch, der Verdreher der Ordnung, Zertrümmerer der Welt, Narr des Prinzen und unerschöpflicher Erfinder von Ausreden, Lügen, Fiktionen und Szenarien, darin ein Double seines Schöpfers, ein verdeckter Dramatiker wie Shakespeare und die Inkarnation des Geistes des Festes, währenddessen die Verschwendung und der Rausch das Kommando übernehmen und, wie im Drama selbst, der Ausnahmezustand herrscht.

Oder *Macbeth* mit seiner Lady, die kein anderes Motiv kennt als den Ehrgeiz, ein verkappter Mann und eine Hexe, die ihren Mann von Mord zu Mord treibt, bis er schließlich wie Herodes zum kindermordenden Tyrannen wird,

der erschlagen werden muß wie ein räudiger Hund.

Oder *König Lear*, der als alter Mann seine drei Töchter einem Liebestest unterwirft und dann, wie im Märchen, die gute Tochter verstößt und den beiden falschen sein Reich vererbt; zur Strafe wird er von ihnen verstoßen, und wir erleben auf der Bühne die Qual eines langsamen Schrumpfungsprozesses, bis der alte König, tobend und protestierend, seine Macht, seine gesellschaftliche Rolle, seine Bediensteten, sein Haus, seine Kleider, seine Kinder und schließlich den Verstand verliert, weil er die Spannung zwischen seiner Impotenz und seinen wuterregenden Qualen nicht mehr aushalten kann.

Oder *Romeo und Julia*, das archetypische Liebespaar, das in nur einer lyrischen Nacht den ganzen Rausch der Liebe erlebt, bevor diese auf der Spitze des Paradoxes zugleich ins Gegenteil abstürzt und sich doch noch einmal zur letzten Vereinigung im Tode steigert. So zerspringen sie, wie Julia vorausgesehen hat, mit einem Seufzer in tausend glitzernde Fragmente und werden als Sternbild der Liebenden an den Himmel der europäischen Kultur gesetzt, damit sich später die Paare nachts daran orientieren können, während Romeo und Julia auf ewig das Sonett flüstern, das Shakespeare ihnen für ihre erste Begegnung in den Mund gelegt hat.

Und welche Zauberwelten werden da beschworen: die Welt des *Sommernachtstraums* mit dem Ehekrach zwischen der Feenkönigin Titania und ihrem Oberon, der aus Rache den Kobold Puck ausschickt, um Verwirrung zu stiften, bis Titania einen Esel liebt. Es ist eine magische Welt, in der Shakespeare eine eigene Liliput-Folklore erfindet und alle Elemente des klassischen Hexensabbat dem Prozeß einer künstlerischen Entgiftung unterwirft, eine Welt der ständigen Verwandlung und der fließenden Grenzen, letztlich eine Welt der Maskierung und der Schauspielerei selbst.

Welche Abgründe liegen zwischen dieser magischen Welt und der Welt der Politik in *Julius Caesar* oder *Richard III.*; da gibt es nur Kalkül, Manipulation des Gegners, politische Schachzüge und rationale Strategien; hier herrscht der illusionslose Geist Machiavellis, der Politik nicht mehr moralisch, sondern technisch versteht.

Und welch ein Unterschied zwischen der finsteren Hölle von *Macbeth* und *König Lear* und der arkadischen Welt von *Wie es euch gefällt* mit der witzigen Rosalind, oder der unbeschwerten Festesstimmung in *Was ihr wollt* mit seinem Personal aus Trunkenbolden, Liebesleuten und lyrischen Narren. Es ist kaum glaublich, daß alles dies vom selben Dichter stammt.

Und doch ist es so. Was ist Williams Geheimnis?

Shakespeare ist ein Meister der sprachlichen Kernfusion. Das setzt Energien frei, die wie reiner Sinn strahlen. Hier ist ein Beispiel aus der Komödie *Maß für Maß*.

Shakespeare ist ein Meister der sprachlichen Kernfusion. Das setzt Energien frei, die wie reiner Sinn strahlen

Original:

»But man proud man
dressed in a little brief authority
most ignorant of what he's most assured
(his glassy essence) like an angry ape
plays such phantastic tricks before high
heaven as makes the angels weep who,
with our spleens, would all themselves
laugh mortal.«

Übersetzung:
»Doch der Mensch, der stolze Mensch,
gekleidet in ein wenig kurze Amtsgewalt,
verkennt, was ihm am nächsten ist
(seine Spiegelseele), und wie ein wütender
Affe, spielt er solch irre Faxen vor dem
hohen Himmel, daß die Engel weinen,
die mit unserer Milz sich alle sterblich
lachen würden.«

Die Kernspaltung erfolgt in der Metapher: »dressed in a little brief authority«. Da wird die Amtsgewalt als Kostüm vorgestellt. Das löst eine semantische Kettenreaktion aus, die zur Kernschmelze führt und eine ganze Welt in Theater verwandelt: Der Mensch wird zum zornigen Affen, der vor einem Spiegel Grimassen schneidet. In der gleichen Weise wird die Welt zu einer Bühne und der Himmel mit seinen Kristallschalen (so stellten sich die Elisabethaner den Himmel vor) zu den Zuschauerrängen, auf denen die Engel den äffischen Faxen der Menschen zusehen; diese sind um so äffischer, als sie ihr eigentliches Wesen verkennen: ihre Spiegelseele (»his glassy essence«), die deshalb wie der Himmel und wie der Spiegel aus Glas ist und damit unsichtbar und unwandelbar, um dadurch spiegelgleich die wechselnden Erscheinungen sichtbar machen zu können. Darin aber ähnelt die Seele auch dem Theater, das dem Menschen den Spiegel vorhält (die Schauspieler sind unsichtbar, um die Figuren sichtbar zu machen). So wie der Himmel regnet, so weinen die Engel über das, worüber wir in unserer Beschränktheit lachen: unsere grotesken Verrenkungen. Der Mensch steht also genau in der Mitte zwischen göttlichen Engeln und tierischen Affen, die sterbliche Seite nach außen gekehrt, die unsterbliche unsichtbar und darin selbst wieder dem Spiegel gleich, der unwandelbar und unsichtbar nur die flüchtigen Erscheinungen sichtbar macht. In nur sechs Zeilen gelingt es Shakespeare, die ganze Kosmologie, Engel, Affen, Menschen, das Theater, Lachen und Weinen, Himmel und Erde im Spiegel der Sprache heraufzubeschwören, um uns zu zeigen, was Autoritätsanmaßung ist, zu der ein Amt verführt. Das ist Magie.

Wer so etwas nachvollziehen kann – nicht mühselig und langsam, so wie jetzt, sondern im Rhythmus und Tempo des Verses –, der hat das

Viele von Shakespeares Figuren sind in das kollektive Gedächtnis eingegangen.

Tragische Umstände regten diese Apotheose (Verherrlichung) Molières im Bühnenbild des *Eingebildeten Kranken* an: Molière spielte die Hauptrolle in seiner effektvollen Komödie, während er auf der Bühne starb.

Gefühl, Gott am ersten Schöpfungstage zuzuschauen; der erlebt den Urknall als einen poetischen Orgasmus der Kreativität. Es gibt kein besseres Gefühl auf dieser Erde als dieses. Es befreit aus Depression und schlechter Laune und macht dankbar dafür, daß man lebt.

Jean-Baptiste Molière

Die klassisch-französische Literatur ist bis heute lebendig geblieben in der Gestalt des Jean-Baptiste Molière (1622–1673), der eigentlich Jean-Baptiste Poquelin hieß. Molière ist der Schöpfer der französischen Komödie und wurde der Favorit Ludwigs XIV. Als theatralisches Allround-Talent schrieb er die Stücke, führte Regie und spielte selbst die Hauptrolle. An den Titeln seiner Komödien sieht man, daß er sich über solche Charaktertypen lustig macht, die durch eine bestimmte Besessenheit aus dem Gleichgewicht gebracht worden sind und sich in dieser Schieflage verfestigt haben. Wegen dieser Typik sind die entsprechenden Figuren sprichwörtlich geworden.

In *Der Misanthrop* (Der Menschenfeind) hat der Titelheld Alceste sich geschworen, sich nicht mehr nach den heuchlerischen Konventionen der Gesellschaft zu richten, sondern nur noch ehrlich und aufrichtig zu sprechen. Leider ist er aber in die scharfzüngige, eitle und kokette Célimène verliebt, die all das verkörpert, was er verachtet, während er selbst die Zuneigung der aufrichtigen Eliante zurückweist. Damit zeigt Molière die Ambivalenzen der starken Gefühle: Man haßt das besonders, was man heimlich liebt; nur die verachten die Gesellschaft, die sie vergeblich umworben haben.

In *Der Geizige* zeigt uns Molière den aus Lebensangst komprimierten Wahnsinn, den nur das Geld hervorbringen kann. Einer der Typen, der von Molières Schöpfungen seinen Namen bezogen hat, ist der *Tartuffe* oder der Heuchler. Dabei handelt es sich um einen öligen moralischen Hochstapler, der sich hinter einem Schleier salbungsvoller Reden in das Vertrauen des einfältigen Orgon einschleicht, sich in sein Privatleben einmischt, ihn seiner Familie entfremdet und sich sein Vermögen unter den Nagel reißt, bis er sich schließlich dadurch demaskiert, daß er Orgons Frau sexuell belästigt. Das Stück war ein Angriff auf die damaligen Gutmenschen, die religiös Korrekten und pseudo-devoten Betroffenheitsvirtuosen, die sich häufig als Seelenbelästiger und Ratgeber in größere Haushalte einschlichen und die Frömmigkeit ihrer Opfer zur Erbschleicherei auszunutzen versuchten. Entsprechend heftig waren die Reaktionen: Verbote des Stückes, Androhung der Exkommunikation gegen alle, die zu seiner Verbreitung beitrugen, und der Vorschlag, Molière auf dem Scheiterhaufen zu verbrennen. Das wurde bei der Rückkehr des Königs von seinem Feldzug alles wieder rückgängig gemacht, aber es belegt die Funktion der Komödie, Mißstände der Gesellschaft durch Lächerlichkeit erkennbar zu machen. Die Langlebigkeit von Molières Komödien ist deshalb auch ein Anlaß für melancholische Betrachtungen: Geändert hat sich wenig, und die Gegenwart wimmelt von Tartuffes und politisch Korrekten, die sich über das Schwingen der Moralkeule den Einfluß einer Priesterkaste verschaffen wollen.

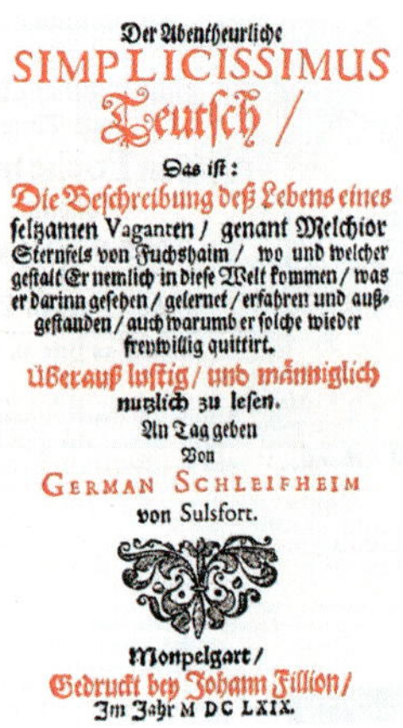
Der Abentheurliche
SIMPLICISSIMUS
Teutsch /
Das ist:
Die Beschreibung deß Lebens eines
seltzamen Vaganten / genant Melchior
Sternfels von Fuchshaim / wo und welcher
gestalt Er nemlich in diese Welt kommen / was
er darinn gesehen / gelernet / erfahren und auß-
gestanden / auch warumb er solche wieder
freywillig quittirt.
Überauß lustig / und männiglich
nutzlich zu lesen.
An Tag geben
Von
GERMAN SCHLEIFHEIM
von Sulsfort.
Monpelgart /
Gedruckt bey Johann Fillion /
Im Jahr M DC LXIX.

Das erste bedeutende Werk der neuen deutschen Literatur, das heute noch fesselt: ein »Schelmenroman«.

Geradezu tragische Umstände verbinden Molière mit seiner effektvollen Komödie *Der eingebildete Kranke*. Sie handelt von einem Hypochonder, der seine Tochter zwingen möchte, einen Arzt zu heiraten, um permanent medizinisch versorgt zu werden. Molière spielte die Hauptrolle, als er wirklich krank war; dabei wirkte er so echt, daß die Zuschauer sich vor Lachen die Seiten hielten, während Molière auf der Bühne starb.

Der abenteuerliche Simplicissimus

Das erste bedeutende Werk der neuen deutschen Literatur, das heute noch fesselt, ist der Roman *Der abenteuerliche Simplicissimus* von Hans J. Chr. von Grimmelshausen (um 1621–1676). Es handelt sich um einen sogenannten »Schelmenroman«, dessen junger Held Simplicius (der Einfältige) die verrücktesten Abenteuer im Europa des 30jährigen Kriegs besteht (1618–1648). Bei einem betrügerischen Hokuspokus muß er zum Beispiel ein Kalb spielen, wird von wilden Kroaten entführt, verkleidet sich als Frau, tritt wieder, er selbst geworden, in den Dienst des Kaisers, wird zu Lippstadt zur Heirat gezwungen, reist nach Paris, nach Wien und nach Moskau, gewinnt und verliert ein Vermögen, sammelt Erfahrungen mit den Frauen und endet schließlich als weiser Eremit auf einer Insel. Es ist zugleich eine Art Entwicklungsroman, eine Allegorie (eine Versinnbildlichung) der Pilgerfahrt der Seele zum Heil und eine Illustration der Unbeständigkeit des Schicksals im Geiste des christlichen Pessimismus, mit dem der saftige Ton nicht so recht zusammenpassen will. Grimmelshausen setzte wegen des Erfolges des Buches das Genre in den simplicianischen Schriften fort, wo er auch die Geschichte von der *Landstörtzerin Courasche* erzählt, die Brecht den Stoff für sein Stück *Mutter Courage* geliefert hat. Und nach Grimmelshausens Roman hat auch die berühmte Satirezeitschrift *Simplicissimus* ihren Namen erhalten.

Robinson Crusoe

Wenn man von *Don Quijote* einmal absieht, gebührt das Anrecht auf den Titel »erster realistischer Roman der Weltliteratur« dem Robinson Crusoe von Daniel Defoe (1660–1731). Und Defoe hat wiederum das Recht auf den Titel »erster Journalist«. Damit sind wir in der Welt der Moderne und der Welt des Bürgertums angekommen. Defoe war ein glühender Anhänger von William of Orange, jenem englischen König aus Holland, den die Whigs in der »glorreichen Revolution« von 1688 zum König machten, nachdem er die Bill of Rights als Garantie der verfassungsmäßigen Freiheitsrechte jedes Engländers unterschrieben hatte. Mit diesem Bekenntnis zur Toleranz wurde auch die Pressezensur aufgehoben, und es entwickelte sich in England früher als anderswo eine freie Presse, die um eine neue Macht kämpfte: die öffentliche Meinung. Mehr als andere ist Defoe mit dieser Entwicklung verflochten. Er gründete mit *The Review* die erste Zeitung, die nicht nur Nachrichten, sondern auch Kommentare brachte. Daneben sehen wir ihn in wechselnden Rollen als Unternehmer, Bankrotteur, Wahlagent, Parteispitzel, Regierungsberater, Herausgeber und Autor, der historische Werke, Biographien, Reiseberichte, Erziehungsbücher und Romane verfaßt.

1719 schreibt er mit *The Life and Strange Surprising Adventures of Robinson Crusoe* einen Schlüsseltext der Moderne. Da man in den Jugendausgaben des Romans den Inhalt immer auf den Inselaufenthalt reduziert, sei daran erinnert: Der Schiffbruch ist erst die dritte einer Serie

Der erste Journalist: Daniel Defoe. Wir sehen ihn in wechselnden Rollen, als Autor, Regierungsberater, Unternehmer und Bankrotteur.

von Episoden, in denen Crusoe immer die gleiche Sünde begeht: Er schlägt die Warnungen seines Vaters in den Wind, sich mit seinem bescheidenen, bürgerlichen sozialen Status zufriedenzugeben. Statt dessen läuft er von zu Hause weg, um im Seehandel schnell reich zu werden. Dabei wird er zweimal von Gott gewarnt: einmal gerät er in einen Sturm, das zweitemal in die Sklaverei. Nach seiner Befreiung wird er wohlhabender Plantagenbesitzer in Brasilien, aber auch hier befällt ihn die Unruhe größerer Aussichten, die ihn zu einer Sklavenbeschaffungsfahrt, zum Schiffbruch und zum Inselaufenthalt führt. Erst durch seine geistige Krise auf der Insel lernt er, sein Schicksal als Bestrafung für seine Rebellion gegen Gottes Sozialordnung zu verstehen, und akzeptiert den Inselaufenthalt als Gelegenheit zur Bewährung. Dabei rekapituliert (wiederholt) Robinson im ständigen Experimentieren mit mehreren Problemlösungen die Geschichte der menschlichen Naturbeherrschung vom Ackerbau bis zur Domestikation der Tiere. Sein Erfindungsreichtum und sein Blick für die unbeschränkte Verwendbarkeit von allem und jedem machen die ganze Welt unter dem gleichen Gesichtspunkt vergleichbar: dem der Instrumentalisierung im Dienste der Selbsterhaltung (→ Philosophie, Hobbes).

Das betrifft auch die Zeit. Mit ihr wirtschaftet er so wie mit seinen Vorräten. Darin erweist er sich als echter bürgerlicher Puritaner. Er verwaltet die Lebenszeit als einen Vorrat, über den man sich selbst und Gott später Rechenschaft abzulegen hat. Die Zeit lernt Robinson nun auf der Insel nutzbringend für Arbeit aufzuwenden. Um den Überblick zu behalten, führt er Tagebuch und übt sich in der Kunst der Selbstbeobachtung. So lernt er methodische Lebensführung durch Zeiteinteilung, verleiht seinem Dasein durch Regelmäßigkeit Stabilität und behält sich trotz der Einsamkeit damit selbst im Blick. Auf diese Weise wird Robinsons Inselaufenthalt zum Inbegriff des bürgerlichen Schicksals: Die Kombination aus sozialer Einsamkeit, Selbstkontrolle, methodischer Lebensführung, Selbständigkeit und technischer Erfindungsgabe wird zum Programm der nächsten Jahrhunderte. Robinson Crusoe ist eine Illustration des Zusammenhangs zwischen Puritanismus und Kapitalismus.

Zugleich mit diesem zwingenden Inselszenario der Robinsonade erfindet Defoe den realistischen Stil der detaillierten Schilderung. Sie gehören zusammen: Das Inselszenario verfremdet den Alltag, und die vertrauten Routinehandlungen des täglichen Lebens wirken plötz-

1719 schreibt Defoe *The Life and Strange Surprising Adventures of Robinson Crusoe*, einen Schlüsseltext der Moderne.

lich nicht mehr selbstverständlich. Das macht den Alltag interessant und erhebt ihn zum Gegenstand der Literatur jenseits der Trivialität. Es beginnt die Zeit des Realismus und des Romans.

Zugleich ist Robinson auch ein Entwicklungsroman, in dem der Held stellvertretend für den Leser lernt, eine Katastrophe durch autobiographische Selbstdeutung moralisch zu integrieren und sinnvoll zu machen: Der Kredit des Lebensgenusses muß durch Leidensrückzahlungen abgetragen werden. Das ist die Wiedereinführung des Fegefeuers, das schon vor dem Tode beginnt; es ist das moderne Leben, das hier geschildert wird.

Natürlich ändert sich das Inselszenario grundlegend durch das Auftauchen Freitags: Verloren, wie er ist, im Meer der Zeit, ist Robinson sich seiner Identität so wenig sicher, daß er ständig von der Angst verfolgt wird, verschlungen zu werden: verschlungen vom Meer, von wilden Tieren und schließlich von Kannibalen. Als er den ersten Fußabdruck im Sand sieht, gerät er in Panik. Und von da an wird der Roman zur Kolonialgeschichte. Robinson befreit Freitag von einer Horde Kannibalen, macht ihn zu seinem Diener und bringt ihm europäische Sitten und seine Sprache bei. Zum Schluß besiedelt er die Insel mit gestrandeten Europäern und wird Gouverneur. Das britische Empire hat ihn wieder.

Aufgrund seines erzieherischen Werts wurde der Roman sowohl ein ungeheurer Erfolg als auch ein Modell für Nachahmungen. Innerhalb von fünf Jahren erschienen ein holländischer, ein deutscher, ein französischer, ein schwedischer und sogar ein sächsischer Robinson. Das Modell der sogenannten Robinsonade wird mit anderen Zielen und anderem Personal abgewandelt: Bekannt geworden sind Schnabels empfindsamer Roman *Insel Felsenburg* (1721) und die idyllische Inselromanze *Paul et Virginie* (1787) von Bernardin de Saint-Pierre. Der Robinson inspirierte die utopischen Staatsromane, die Reiseliteratur und die Erziehungsromane. Es sollte noch zahlreiche ideologisch abgewandelte Robinsonaden geben. Selbständig abgewandelte Varianten sind F. Marryats *Masterman Ready* (*Steuermann Rüstig*, 1843), Gerhart Hauptmanns *Insel der großen Mutter* (1925) und William Goldings *Lord of the Flies* (1954; *Der Herr der Fliegen*), der zum Schulbuchklassiker wurde.

Zugleich mit dem Inselszenario der Robinsonade erfindet Defoe den realistischen Stil der detaillierten Schilderung.

Gullivers Reisen

Zum Genre der imaginären Reise gehört auch ein Werk, das sehr viel mit *Robinson Crusoe* gemeinsam hat und doch kein Roman ist, sondern eine der effektvollsten Satiren, die je geschrieben wurden: *Gullivers Reisen* (*Gulliver's Travels*, 1726) von Jonathan Swift (1667–1745). Dabei handelt es sich um die Berichte von vier Seereisen, die der Schiffsarzt Lemuel Gulliver unternommen hatte. Die erste Reise führte ihn in das Land Lilliput (den Namen hat Swift erfunden), dessen Einwohner sechs Zoll (ca. 15 cm) groß sind. Gulliver kommt an den Hof von Liliput und hat Gelegenheit, die Kämpfe zwischen den Parteien der Tramecksans und der Slamecksans zu beobachten. Hiermit bietet Swift eine Satire der heimischen Parteien, besonders der Whigs. Auf der zweiten Reise wird die Perspektive umgedreht, und Gulliver besucht das Land Brogdingnagg, die Heimat der tugendhaften Riesen. Hier wird Gulliver selbst zum Lilliputaner, und seine Erzählungen vom korrupten Parteienstaat in England erregen das Erstaunen des Königs von Brogdingnagg. Dieser verkörpert die politischen Ideale des englischen Humanismus, so wie sie nach Swifts Meinung von den Tories vertreten wurden: eine Verbindung von Römertugenden, ländlichem Leben und politischem Engagement für das Gemeinwohl. Zugleich ist Gullivers Schilderung Brogdingnaggs durch die perspektivische Vergrößerung geprägt, die seinen Blick mikroskopisch scharf macht: Die Gesichtshaut der Brogdingnagger wird zu einer Kraterlandschaft, und die Besichtigung von Wunden und Geschwüren wird zu einer ständigen Überforderung der Ekelabwehr. Das bietet Swift die Gelegenheit, seine Satire zu einem Hamletschen Ausbruch des Ekels vor dem menschlichen Körper zu steigern. Angewidert schildert Gulliver die riesigen Läuse, die wie Schweine im Fleisch von Bettlern wühlen, und läßt sich von den Ausdünstungen der Milchdrüsen betäuben, als ihn eine Ehrenjungfrau der Königin zum Spaß rittlings auf ihre Brustwarze setzt.

Die dritte Reise führt Gulliver nach Laputa, Balnibarbi, Luggnagg, Glubbdubdrib und Japan. Laputa ist eine fliegende Insel, die sich, wie England das mit Irland tut, mit ihrem ganzen Gewicht auf das von ihr beherrschte Balnibarbi herabzusenken droht, um es zu zerquetschen. In Balnibarbi besucht Gulliver die Akademie von Lagado, die für die Kühnheit ihrer Experimente und die Phantastik ihrer Projekte berühmt ist. So will man etwa politische Differenzen durch Gehirnoperationen beseitigen und Verschwörungen durch die rechtzeitige Analyse der Exkremente von Politikern verhindern. Damit zielt Swift auf die Royal Society, die angesehenste wissenschaftliche Gesellschaft der Welt.

Auf seiner Reise nach Glubbdubdrib lernt Gulliver die großen Heroen der Geschichte kennen, nur um festzustellen, daß sie in Wirklichkeit die größten Schurken waren. Swifts perspektivische Relativierung arbeitet dabei nach dem gleichen Muster, mit dem sein Freund John Gay in seiner *Bettleroper* (Vorbild für Brechts *Dreigroschenoper*) den Premierminister Walpole im Bild des Gaunerkönigs Peachum darstellt. Schließlich trifft Gulliver in Luggnagg auf die Struldbruggs – biologisch unsterbliche Menschen – und verliert dabei alle Illusionen über die Vorteile der Unsterblichkeit. Die Struldbruggs degenerieren mit zunehmen-

Jonathan Swift führte die relativierende Optik entgegengesetzter politischer Parteien in die Literatur ein.

dem Alter in einen senilen Zustand subhumaner Verblödung.

Die vierte Reise ist vielleicht die bemerkenswerteste von allen. Sie führt Gulliver in ein Land, das von zwei charakterlich völlig unterschiedlichen Arten von Lebewesen bewohnt wird. Bei der ersten handelt es sich um die Houyhnhnms, eine Spezies rationaler Pferde, die so edel und tugendhaft sind, daß sie Gullivers Erzählungen über die heimischen Kriege, die Lügen der Politiker und die Korruption der Rechtsverdreher nur mit Mühe begreifen, weil ihnen die Kategorien für das Verständnis des Bösen fehlen. Die andere Spezies bilden die Yahoos, eine degenerierte Art von Humanoiden, die sich durch Gemeinheit, Lasterhaftigkeit und generelle Ekelhaftigkeit auszeichnen. Durch den Umgang mit den bewunderswerten Pferden und durch die Tatsache, daß ein Yahoo-Mädchen ihn sexuell begehrt, muß Gulliver zu seiner Schmach einsehen, daß er als Mensch eher den Yahoos als den Pferden gleicht, und verfällt in einen tiefen Selbsthaß, der in ihm einen heftigen Ekel vor dem gesamten Menschengeschlecht auslöst.

In der Gegenüberstellung von Houyhnhnms und Yahoos konfrontiert Swift die Anthropologie des Thomas Hobbes mit der von John Locke (→ Philosophie, Hobbes, Locke). Die Yahoos repräsentieren den tierischen Zustand des Kriegs aller gegen alle, die Houyhnhnms leben nach den Vorstellungen Lockes ohne einen Fürsten in Freiheit, aber nicht in sittlicher Anarchie, sondern gemäß den Gesetzen der Vernunft und der zivilen Gesittung, in der Natur und Kultur zusammenfinden. Das vierte Buch von *Gulliver's Travels* führt uns also selbst den Wechsel von der schwarzen Anthropologie des 17. Jahrhunderts zum Optimismus des 18. Jahrhunderts vor. Die Yahoos verkörpern die traditionell christliche Sicht der korrupten Natur des Menschen, die eines starken Regiments bedarf; die Houyhnhnms repräsentieren

Gullivers Reisen **berichtet von vier Seereisen des Schiffsarztes Lemuel Gulliver. Die erste führt ihn in das Land Lilliput, dessen Einwohner nur sechs Zoll groß sind.**

das Vertrauen auf die Selbstregulierung der Zivilgesellschaft. Nach diesem Muster unterscheiden sich bis heute die ideologischen Optionen: Wer die Menschen für Yahoos hält, ist konservativ und verlangt einen starken Staat, der dann von Houyhnhnms gesteuert werden muß; wer sie für Houyhnhnms hält, versteht den Staat als ideologische Maskierung der Yahoos.

Defoe und Swift leben mitten in den Turbulenzen, in denen sich die Regierungsmaschine und die Wirtschaftsmentalität der neuzeitlich-bürgerlichen Demokratie herausbilden. In Defoes Robinson Crusoe erfahren wir, welche religiösen und moralischen Vorstellungen und Antriebe hinter einer Mentalität stehen, die auch noch die unsrige ist. Und bei Swift sehen wir, wie aberwitzig vom Standpunkt der Tugend aus ein Regierungssystem aussehen mußte, das dem rückhaltlosen Parteienstreit ausgeliefert war. Aber wir sehen auch, daß es just diese relativierende Optik der entgegengesetzten Parteien war, die Swift in die Literatur einführt, indem er denselben Menschen einmal zum moralischen Zwerg und das andere Mal zum ethischen Riesen erklärt.

Pamela und *Clarissa*

Zwei heute wenig gelesene Klassiker haben zu ihrer Zeit eine ungeheure Wirkung gehabt, die bis heute anhält: die Romane *Pamela* und *Clarissa* von Samuel Richardson (1689–1761). In beiden Fällen handelt es sich um Briefromane. Beide berichten davon, wie ein bürgerliches, tugendhaftes Mädchen in die Gewalt eines sittenlosen Adligen gerät, der es unzüchtig belagert. In den Briefen erfährt der Leser von der Not der Mädchen, ihrer Standfestigkeit und auch von ihren ambivalenten Gefühlen gegenüber ihren Belagerern, die sie durchaus nicht nur für unattraktiv halten. In *Pamela* droht der Adlige, sie zu vergewaltigen, in *Clarissa* tut er es tatsächlich. Das begründet den Unterschied zwischen beiden Romanen. In *Pamela* ist der Belagerer schließlich so zermürbt, daß er, obwohl sie nur ein Dienstmädchen ist, sie um ihre Hand bittet, die sie, da nun alles legal ist, huldreich gewährt. In *Clarissa* hat sich der Belagerer durch die Vergewaltigung diese Möglichkeit verbaut: Als er ihr die Ehe anträgt, lehnt sie ab.

Die Briefform ermöglicht eine neue Art des Erzählens. Geschildert wird fast immer das gerade Erlebte oder sogar die gegenwärtige Stimmung und die Seelenlage im Zustand der Aufgewühltheit. Wir hören die Geschichte nicht aus der distanzierten Rückschau, sondern zeitgleich mit den Ereignissen. Die Handlung verlagert sich in das Innere des Hauses und das Innere der Person. Der Roman wird psychologisch und erlaubt es Frauen, als Heldinnen und als Autorinnen in Erscheinung zu treten. Das bedeutet eine viel stärkere emotionale Leserbeteiligung als bisher, und so gewinnt der Roman vor allem Leserinnen.

Das entscheidende aber ist, daß Richardson einen neuen Mythos begründet. Es ist der Mythos vom exemplarischen Liebespaar des bürgerlichen Romans. Kulturelle Voraussetzung für diesen Mythos ist die Tabuisierung der Sexualität für die Frauen und die Gründung der Ehe auf das Gefühl. Wir befinden uns an der Schwelle zum Zeitalter der Empfindsamkeit. Das Gefühl als ein alle Menschen vereinigendes Band, das auch die ständischen Grenzen überwindet (»Deine Zauber binden wieder, was die Mode streng geteilt …«). Es wird zum Kampfbegriff des Bürgertums in seiner Auseinandersetzung mit dem Adel. Dessen Sittenlosigkeit setzt es die Tugend entgegen. Vor diesem Hintergrund überträgt Richardson die Gegensätze zwischen Aristokratie und Bürgertum auf das neue Paar. Der Liebhaber ist ein Adliger, der männlich, aktiv und skrupellos sich der Tradition außerehelicher Liebschaften verpflichtet fühlt; die Heldin ist bürgerlich, passiv, häuslich, gefühlsbezogen und in puncto Sexualität absolut prinzipienfest und tugendhaft. Richardson projiziert also die ständischen Gegensätze auf die Geschlechter, sexualisiert sie und macht aus dem sozialen Konflikt einen Geschlechterkampf zwischen adligem Laster und bürgerlicher Tugend, in dem ein weiblicher Engel von einem männlichen Teufel belagert wird.

Daraus gewinnt Richardson das Muster für den bürgerlichen Liebesroman: Eine bürgerliche Frau hält den zweideutigen Annäherungen des aristokratischen Mannes aus Tugendgründen so lange stand, bis dieser, völlig zermürbt, ihre Feinfühligkeit und ihre Wünsche zu respektieren gelernt hat und ihr einen Antrag macht. Erst dann darf die Frau auch ihre eigenen Gefühle entdecken und den bisherigen Quälgeist lieben. Damit werden zwei Stereotypen geschaffen, die 150 Jahre lang die Literatur beherrschen sollen: der aristokratische Verführer, an

Samuel Richardson: seine heute wenig gelesenen Romane *Pamela* und *Clarissa* haben eine ungeheure Wirkung gehabt.

dessen offener Triebhaftigkeit die tugendhafte Heldin ihre eigenen verdrängten sexuellen Impulse schaudernd wahrnehmen kann, und die neue Heldin: jung, fragil, delikat, passiv, asexuell, tugendhaft und frei von Gefühlen gegenüber ihrem Bewunderer, bis sie geheiratet wird. Werden diese Grenzen überschritten, fällt sie in Ohnmacht.

In sublimierter Form finden wir dieses Muster dann etwa bei Jane Austens *Stolz und Vorurteil* (der Aristrokrat Darcy und die bürgerliche Elisabeth) oder in Charlotte Brontës *Jane Eyre* (der skrupellose Rochester und die tugendhafte Gouvernante). Richardsons Romane aber machten einen außerordentlichen Eindruck bei den Zeitgenossen, und die gesamte Geistlichkeit Europas atmete auf, weil die Literatur endlich die Tugend verherrlichte. Die Literatur hatte also ihr Thema gefunden: die Liebe und das Gefühl. Von da an widmete sie sich zunehmend diesem Gegenstand und wurde die Form, in der man öffentlich über Privates kommunizieren konnte. Sie wurde durch die stärkere Dramatisierung des Geschehens und durch die größere Leserbeteiligung selbst eine Art Intimkommunikation, indem sie durch ihre Suggestivität und ihre emotionale Ladung zum Miterleben verführte.

Die Leiden
des
jungen Werthers.
Erster Theil.

Leipzig,
in der Weygandschen Buchhandlung.
1774.

Eine ganze Generation hat sich in Werthers Weltschmerz wiedererkannt.

Die Leiden des jungen Werthers

Unter dem unmittelbaren Einfluß von Richardson schrieb Goethe dann das Gegenstück zu den weiblich akzentuierten Romanen von Richardson – das Manifest des Gefühls aus männlicher Perspektive: *Die Leiden des jungen Werthers* (1774). Mit diesem Briefroman haben wir zugleich eine Krisenepisode aus Goethes Biographie vor uns, die er durch Schreiben bewältigt.

Als angehender Jurist praktiziert Goethe am Reichskammergericht in Wetzlar und verliebt sich bei einem Ball in Volpertshausen in Charlotte Buff. Er macht ihr den Hof, aber sie ist schon dem Gesandtschaftssekretär Kestner versprochen. Auf demselben Ball lernt er auch den Legationssekretär Carl Wilhelm Jerusalem kennen. Nachdem er Charlotte weiter vergeblich belagert hat und wieder abgereist ist, erfährt Goethe, daß Jerusalem sich Kestners Pistole ausgeliehen und sich damit erschossen hat – er war in eine verheiratete Frau verliebt.

Seine eigene Verzweiflung und Jerusalems Tat fließen im Werther zusammen. Werther ist ein Mensch des Gefühlsüberschwangs und der Schwärmerei. Er läßt sich von pantheistischen Empfindungen überwältigen und feiert in einer lyrischen Prosa die Verschmelzung seiner Seele mit der Natur. Dieser Überschwang steht aber im Gegensatz zu den gesellschaftlichen Konventionen und der nüchternen weltbürgerlichen Respektabilität, so daß Werther, statt sich mitteilen zu können, durch seine Gefühlsintensität vereinsamt. Da lernt er auf einem Ball auf dem Lande Lotte kennen und erlebt erneut das ozeanische Gefühl eines Glückstaumels: »Ich sah ihr Auge tränenvoll, sie legte ihre Hand auf die meinige und sagte: ›Klopstock‹! Ich versank in dem Strom der Empfindungen, den sie in dieser Losung über mich ausgoß. Ich ertrugs nicht, neigte mich auf ihre Hand und küßte sie unter den wonnevollsten Tränen.« Da wirft Lottes nüchterner Verlobter Albert einen kalten Schatten auf das Verhältnis. Werther verläßt die beiden, fühlt sich angeödet durch die Kleingeistigkeit seiner Kollegen, muß sich als Bürgerlicher aus einer adligen Gesellschaft hinauswerfen lassen und kündigt, zunehmend von Lebensekel befallen, seinen Job. Es treibt ihn zurück in die Gesellschaft Lottes, wo er wieder auf den elenden Albert trifft. Seine Frustration steigert sich mit Hilfe der Lektüre des Ossian – eines gefälschten schottischen Epos (aber das wußte Goethe noch nicht) – zur Verzweiflung. Ein letztes Mal liest er mit ihr Ossian, er küßt sie, wirft sich ihr zu Füßen, sie schließt sich im Nebenzimmer ein, er leiht sich bei Albert ein paar Pistolen, schreibt einen Abschiedsbrief an Lotte, zieht den Anzug der ersten Ballnacht an und erschießt sich am Schreibtisch – ein wiedergeborener Hamlet der Empfindsamkeit.

Der Erfolg des Romans war ungeheuer. Eine ganze Generation hat sich in Werthers Weltschmerz wiedererkannt. Es gab eine veritable Werther-Mode, bei der man Werthers Anzug imitierte: blauer Frack, gelbe Weste, Filzhut und ungepudertes Haar. Eine Selbstmordwelle rollte durchs Land, und später sollte der große Napoleon, der selbst das Gegenteil von Werther war, eine Ausgabe des Romans immer mit sich führen.

Gotthold Ephraim Lessing

Das deutsche Drama beginnt mit der Adoption Shakespeares und seines Blankverses (fünfhebiger Jambus = xx: die Axt / im Haus / erspart / den Zim / mermann) durch Gotthold Ephraim Lessing (1729–1781). Mit seiner *Minna von Barnhelm* (1767) schreibt er gleich eine der reizendsten deutschen Komödien, in der ein ehrpusseliger preußischer Offizier durch die Genialität seiner Geliebten von seiner Don Quijoterie kuriert wird: Weil er sie nur nimmt, wenn sie unglücklich ist, muß sie die Unglückliche mimen. Und Lessings *Nathan der Weise* erinnert daran, welchen Zivilisationsstandard

Mit der Adoption Shakespeares durch Gotthold Ephraim Lessing beginnt das deutsche Drama.

die Aufklärung in diesem Lande schon einmal erreicht hatte: Das Stück spielt während der Kreuzzüge in Jerusalem; der Titelheld ist ein jüdischer Kaufmann, der alle Religionen für verschiedene Ausdrucksformen derselben Wahrheit hält. Als ein Tempelritter sich in seine Adoptivtochter Recha verliebt und diese Beziehung wiederum den Sultan Saladin, einen Moslem, ins Spiel bringt, werden alle drei monotheistischen Religionen miteinander konfrontiert. Am Ende stellt sich heraus, daß Recha und der Tempelherr Geschwister sind und beide die Kinder von Saladins Bruder. Ihr gemeinsamer geistlicher Vater aber ist Nathan der Weise, so daß sich schließlich alle Beteiligten als Mitglieder einer Menschheitsfamilie umarmen können.

Zentral für Lessings Botschaft ist die Episode in der Mitte des Stücks, in der der Sultan die vielgepriesene Weisheit Nathans testet und ihm die Frage nach der wahren Religion stellt. Nathan antwortet mit der Ringparabel aus der dritten Geschichte des *Decamerone* von Boccaccio: Seit Menschengedenken vererbt in einer Familie in jeder Generation der Vater vor seinem Tode seinem Lieblingssohn einen wertvollen Ring, der ihn auf dem Pfade der Tugend und des Glücks hält. Schließlich kommt er auf einen Vater, der sich zwischen seinen drei Söhnen nicht entscheiden kann, weil er alle gleich liebt. So läßt er zwei weitere gleich aussehende Ringe anfertigen und gibt jedem der drei einen davon. Nach seinem Tode kommt es zum Streit, weil jeder den echten Ring zu besitzen beansprucht. Der Richter aber verfügt, daß laut Testament des Vaters derjenige den echten Ring haben müsse, dessen Lebenswandel die Kraft des Ringes durch seine Vorbildlichkeit beweise. Damit habe jeder eine Chance, die Echtheit seines Ringes nachzuweisen.

Diese salomonische Antwort begeistert den Sultan und zeigt, was Nathan und Lessing unter der Verwandlung von Glaubensweisheiten in Vernunftwahrheiten verstanden. Das Drama ist ein Gegenentwurf zu Christopher Marlowes *Jude von Malta*, einem Stück, in dem sich Juden, Christen und Muslime in der Kunst übertreffen, sich gegenseitig hereinzulegen. Und es ist ein Gegenentwurf zu Shakespeares *Kaufmann von Venedig* mit seinem finsteren jüdischen Wucherer Shylock.

Friedrich Schiller

Das zweite Gestirn neben Goethe am Himmel der Weimarer Klassik ist Friedrich Schiller (1759–1805). In dem Jahrzehnt, das von der Jahrhundertwende genau in der Mitte geteilt wird, also von 1794 bis 1805, war seine Arbeit eng mit der Goethes verbunden.

Im Unterschied zu Goethe konzentrierte sich Schillers dichterisches Temperament auf die dramatisch zugespitzte Handlung des politischen Theaters in historischen Kostümen. Zugleich besaß er die Gabe der sententiösen (merkspruchartigen) Verdichtung, die sein Werk zu einem Steinbruch für den deutschen Zitatenschatz gemacht hat: »Die Axt im Haus ...«; »durch diese hohle Gasse muß er ...«; »der Mohr hat seine Schuldigkeit getan ...«; »da werden Weiber zu Hyänen ...«

Schiller begann seine Karriere mit dem Paukenschlag von *Die Räuber* (1782), dem archetypischen Drama des »Sturm und Drang«. Das war eine literarische Bewegung um Max Klinger, Goethe, Schiller, Lenz und Bürger, die in Abweichung vom Stilideal der französischen

Friedrich Schillers Dramen zeigen, daß man in Deutschland Politik durch Geschichte ersetzte.

Klassik sich an Shakespeare, Ossian, Rousseau und Hamann orientierten und das Rebellische, Prometheische und Dämonische betonten. In den *Räubern* geht es um die Brüder Franz und Karl Moor, die einander gegenüberstehen wie französisches Freidenkertum (Franz) und deutscher Sturm und Drang (Karl); dabei betrügt der jüngere Bruder Franz den älteren Karl um sein Erbe. Dieser sammelt einen Haufen Gesetzlose um sich herum, geht in die Wälder und wird ein Robin Hood. Am Ende kehrt er, mit dem Blut Unschuldiger befleckt, nach Hause zurück, um seine geliebte Amalia noch mal zu sehen, und alles endet in Verstrickung, Selbstmord, Mord und Katastrophe. Die Regieanweisungen enthalten Charakterisierungen wie: »Tritt herein in wilder Bewegung und läuft heftig im Zimmer auf und nieder«, oder: »schäumend auf die Erde stampfend!«; und Amalie sagt Sätze wie: »Mörder, Teufel! Ich kann dich Engel nicht lassen.« Das Mannheimer Publikum war bei der Erstaufführung so begeistert, daß sich wildfremde Menschen in die Arme fielen. Es war ihnen egal, daß Schiller seine rivalisierenden Brüder aus Shakespeares *König Lear* gestohlen hatte.

Maria Stuart gemalt von François Clouet.

Don Carlos (1787) basiert auf dem Leben des Sohnes des spanischen Königs Philipp II. Don Carlos teilt seinen Freiheitsidealismus mit dem erfahreneren und älteren Marquis Posa. Als die beiden sich gegen den Tyrannen verschwören, wird Don Carlos verdächtigt. Um den Prinzen zu entlasten, lenkt Marquis Posa allen Verdacht auf sich und wird hingerichtet. Als Don Carlos darauf die Freiheit angeboten wird, läßt er sich dazu hinreißen, in einem idealistischen Ausbruch dem Tyrannen zu trotzen, und wird der Inquisition überantwortet. Die bekannteste Zeile des Stücks, Marquis Posas Appell an Philipp: »... geben Sie Gedankenfreiheit!«, hat während der Nazizeit Beifallsstürme ausgelöst. Das Stück wurde zur Grundlage von Verdis Oper *Don Carlos* (1867).

Wallenstein (1798/99) ist eine Trilogie, bestehend aus *Wallensteins Lager, Die Piccolomini* und *Wallensteins Tod.* Sie behandelt den Sturz des kaiserlichen Generals Wallenstein während des 30jährigen Krieges. Mit ihr beginnt die klassische Phase in Schillers Produktion, und sie stellt zugleich einen Höhepunkt des dramatischen Werks dar.

Wallenstein versteht sich als Vertreter einer neuen Friedensordnung. Aber um sich gegen die Unzuverlässigkeit des Kaisers zu wappnen und diesen seine Unabhängigkeit spüren zu lassen, nimmt er Kontakt zum schwedischen Gegner auf, wird von seinem »Freund« Octavio Piccolomini verraten – dessen Sohn Max auf Wallensteins Seite steht – und reagiert darauf mit einer durch seinen Sternenglauben verursachten Unentschlossenheit, mit der er die Katastrophe herbeiführt, die er vermeiden möchte: seine Absetzung und seine Ermordung. Und so gilt für Wallenstein noch heute, was der Prolog über ihn sagt: »Von der Parteien Gunst und Haß verwirrt / schwankt sein Charakterbild in der Geschichte.« Golo Mann hat eine interessante Biographie über ihn geschrieben.

Maria Stuart (1801) behandelt die Rivalität zwischen der mächtigen Königin Elisabeth von England und der von ihr gefangengehaltenen schönen Königin Maria Stuart von Schottland. Die Spannung wird aus der Unsicherheit gewonnen, ob das über Maria verhängte Todesurteil vollstreckt wird oder nicht. Thematisch geht es um das Problem des politischen Showgeschäfts und der Imagepolitik.

Die Jungfrau von Orleans (1802) ist eine romantische Tragödie, die das Auftreten der Jeanne d'Arc verarbeitet, das im 100jährigen Krieg zwischen Frankreich und England die Wende zugunsten Frankreichs herbeiführt. Sie zeigt, wie die Jungfrau ihre historische Mission verletzt, als sie sich ganz menschlich in den Engländer Lionel verliebt. Aber erst im Konflikt mit dem göttlichen Willen wird sie »menschlich« groß. Das Drama lebt von seinen opernhaften Tableaus. Zum Vergleich lese man Shaws Stück *Die Heilige Johanna* (*St. Joan*), geschrieben nach der Heiligsprechung der Jungfrau, die schließlich als Hexe verbrannt worden war.

Wilhelm Tell (1804) dramatisiert den freiheitlichen Gründungsmythos der Schweiz: Die Demütigung eines einzelnen (Tell muß einen Apfel vom Kopf seines Sohnes schießen) löst eine allgemeine Freiheitsbewegung aus. Das Drama behandelt die Wechselwirkung zwischen dem Handeln von Einzelpersonen (Tell) und dem Verhalten der Allgemeinheit, die im Fall der Schweiz zur erfolgreichen Selbstbefreiung führt: »Nein, eine Grenze hat Tyrannenmacht / wenn der Gedrückte nirgends Recht kann finden / wenn unerträglich wird die Last – greift er / hinauf getrosten Mutes in den Himmel / und holt herunter seine ew'gen Rechte ...«

Schiller war Deutschlands Ersatz für eine bürgerliche Revolution. Er gehörte zu den wenigen Deutschen, die die französische Republik nach der Revolution zu ihren Ehrenbürgern gemacht hat. Weil er sein revolutionäres Freiheitspathos mit Erbaulichkeit und Theatralik zu verbinden verstand, wurde er zum Hausdichter des liberalen deutschen Bürgertums. Zugleich waren seine Dramen aufgrund ihrer politischen Tendenz der wichtigste Grund, warum sich die Juden Osteuropas in die deutsche Kultur verliebten: unter ihnen wurde der Name Schiller populär. Sie zeigen aber auch, daß man in Deutschland Politik durch Geschichte ersetzte.

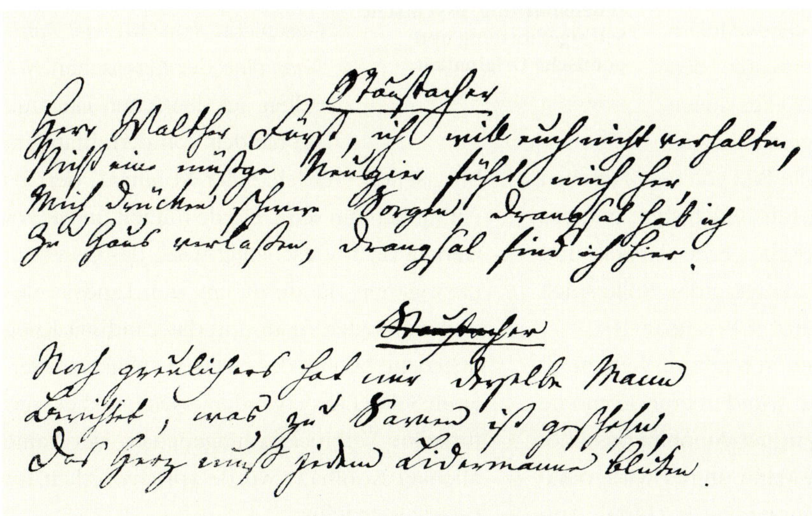
Stauffacher
Herr Walther Fürst, ich will euch nicht verhalten,
Nicht eine müßge Neugier führt mich her,
Mich drücken schwere Sorgen! Drangsal hab ich
Zu Haus verlassen, Drangsal find ich hier.

~~Stauffacher~~
Noch greulichers hat mir derselbe Mann
Berichtet, was zu Sarnen ist geschehn
Das Herz muß jedem Biedermann bluten.

Schillers Manuskript des *Wilhelm Tell* – die Dramatisierung einer Selbstbefreiung.

Heinrich von Kleist

Heinrich von Kleist (1777–1811) gehört zur Kategorie der romantischen Dichter, die man auf französisch »poètes maudits« (wörtlich: verfluchte Dichter) genannt hat: Bei ihnen sind riskante Lebensführung, psychische Selbstgefährdung und poetische Originalität miteinander verflochten. Kleist begeht zusammen mit Henriette Vogel 1811 Selbstmord. Um so erstaunlicher ist es, daß er mit *Der zerbrochene Krug* (1808) die beste deutsche Komödie schreibt. Sie handelt von dem holländischen Dorfrichter Adam, der einen Fall von sexueller Belästigung untersuchen muß (der zerbrochene Krug symbolisiert den geschädigten Ruf des Mädchens Eve), bei dem er selbst der Schuldige ist. Das ist die komödiantische Version des Ödipus, und die Komik lebt von den verzweifelten Versuchen des Richters, unter den Augen des Justizrats Walter seinen Kopf aus der Schlinge zu ziehen.

Heinrich von Kleist, ein »poète maudit«: riskante Lebensführung, psychische Selbstgefährdung und poetische Originalität.

Das Stück greift das alte Bild von des Menschen Psyche als eines inneren Gerichtshofs auf, das einerseits protestantisches Erbe darstellt und andererseits bei Freud eine große Rolle spielt (Leugnung, Zensur etc. → Psychoanalyse).

Das Thema der inneren Spaltung behandelt Kleist auch in seiner wunderbaren Komödie *Amphitryon* (1807), in der Amphitryons Ehefrau Alkmene ihrem Mann untreu wird, ohne es zu wissen, weil Jupiter sie in Gestalt Amphitryons beglückt. Dabei geht es um den Unterschied zwischen göttlichem Liebhaber und menschlichem Ehemann, zwischen pflichtgemäßer und freiwilliger Liebe.

Im *Prinz Friedrich von Homburg* (1811) kehrt Kleist zum Thema der Selbstverurteilung zurück: der Held des Dramas ist der somnambule Kavalleriegeneral des Großen Kurfürsten, der, in romantischer Träumerei befangen, in der Schlacht den Feind angreift, bevor er den Befehl dazu erhält, dadurch den Sieg herbeiführt und wegen militärischen Ungehorsams doch zum Tode verurteilt wird. Nach einer eindrucksvollen Darstellung der Todesangst akzeptiert der Prinz die Gerechtigkeit des Urteils. Erst als er sich dem Gesetz unterworfen hat, kann ihn der Kurfürst begnadigen.

Bis 1808 schreibt Kleist mit der Geschichte von *Michael Kohlhaas* eine der klassischen Novellen der deutschen Literatur. Sie handelt von dem brandenburgischen Pferdehändler Kohlhaas, der, als ein Junker ihm seine Pferde ruiniert und er vor Gericht nicht entschädigt wird, das Gesetz in die eigenen Hände nimmt, den Landsitz des Junkers niederbrennt und das Land mit Krieg überzieht, bis ihm doppelt Gerechtigkeit widerfährt: Seine Pferde werden ersetzt, und er wird für seine Verbrechen hingerichtet. Der Name Michael Kohlhaas wurde sprichwörtlich für Gesetzesfanatiker.

Faust. Tragödie in zwei Teilen

Faust. Tragödie in zwei Teilen von Johann Wolfgang von Goethe, erster Teil (1797–1806), zweiter Teil (1824–1831).

Der Faust ist die gewaltigste Dichtung in unserer Sprache und bietet wie sonst nur Dantes *Göttliche Komödie* oder James Joyce' *Ulysses* ein Inventar unserer Kultur. Der Rahmen umfaßt Himmel und Erde und die europäische Geschichte von Homer bis zu Goethe. Es ist deshalb auch ein Erinnerungssystem. Die Gestalt des Faust ist durch Goethe zum Repräsentanten einer spezifisch modernen Maßlosigkeit und Unruhe geworden, die auf die Wissenschaft, die Technik und die Grenzenlosigkeit der offenen Zukunft bezogen ist. In diesem Sinne wird die Bezeichnung »faustisch« verwendet.

In seinem Handlungsentwurf verbindet Goethe die Hiobs-Wette zwischen Gott und dem Teufel (→ Hiob, Geschichte) mit dem Motiv des Teufelspaktes zwischen Faust und Mephistopheles. Faust war der Name eines legendär gewordenen Magiers, Schwarzkünstlers und Gelehrten aus dem 16. Jahrhundert, dessen Leben schon der Zeitgenosse Shakespeares, Christopher Marlowe, in seinem Stück *Dr. Faustus* dramatisiert hatte. Und es gab ein Volksbuch über die Taten dieses Nekromanten (Schwarzkünstlers). In die Figur mischten sich Vorstellungen, die mit anderen spektakulären Magiern wie Paracelsus und Heinrich Agrippa verbunden waren. Deshalb nennt Goethe seinen Faust Heinrich, obwohl der historische Faust Georg hieß, Marlowe ihn aber Johann nennt.

Goethe schickt der Handlung des Faust einen Prolog im Himmel voraus, in dem der Teufel mit Gott eine Wette darüber abschließt, ob es ihm gelingt, den Geist des Faust von seinem unendlichen Streben abzubringen und ihn mit Trivialem zufriedenzustellen (»Staub soll er fressen und mit Lust«). Zu diesem Zweck läßt Gott dem Teufel wie bei Hiob freie Hand.

Am Beginn der eigentlichen Handlung sehen wir den Gelehrten Faust, wie er in seiner nächtlichen Studierstube und dann mit seinem Famulus (Gehilfen) Wagner beim Osterspazier-

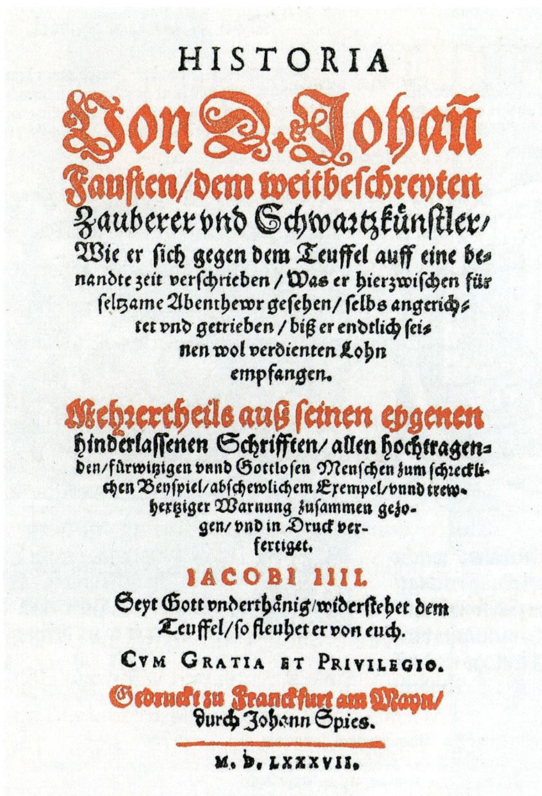

HISTORIA
Von D. Johañ
Fausten/dem weitbeschreyten
Zauberer vnd Schwartzkünstler/
Wie er sich gegen dem Teuffel auff eine benandte zeit verschrieben / Was er hierzwischen für seltzame Abenthewr gesehen/ selbs angerichtet vnd getrieben / biß er endtlich seinen wol verdienten Lohn empfangen.
Mehrertheils auß seinen eygenen hinderlassenen Schrifften/ allen hochtragenden/fürwitzigen vnnd Gottlosen Menschen zum schrecklichen Beyspiel/abschewlichem Exempel/vnnd trewhertziger Warnung zusammen gezogen/ vnd in Druck verfertiget.
IACOBI IIII.
Seyt Gott vnderthänig/widerstehet dem Teuffel/so fleuhet er von euch.
CVM GRATIA ET PRIVILEGIO.
Gedruckt zu Franckfurt am Mayn/ durch Johann Spies.
M. D. LXXXVII.

Ein Volksbuch berichtete schon im 16. Jahrhundert von den Taten des Magiers und Schwarzkünstlers Faust.

gang seine Unzufriedenheit mit der traditionellen Wissenschaft und der Enge der bürgerlichen Existenz überhaupt zum Ausdruck bringt. Diese Stimmung ruft Mephisto auf den Plan, der sich, als Hund maskiert, einschleicht (»das also war des Pudels Kern«) und ihn zu einem Pakt überredet. Mephisto soll Faust dabei helfen, zu erkennen, »was die Welt / im Innersten zusammenhält«. Dafür überschreibt Faust ihm seine Seele, fügt aber die Klausel hinzu: »Werd ich zum Augenblicke sagen / verweile doch, du bist so schön / dann magst du mich in Fesseln schlagen«. Nach satirischen Seitenhieben auf den Campus der Universität und die Sitten, die dort herrschen (Schülerszene und Sauferei in Auerbachs Keller), wird Faust in einen jugendlichen Stutzer verwandelt. Dann beginnt die Gretchen-Handlung, die den ersten Teil des *Faust* ausmacht.

»Werd ich zum Augenblicke sagen / verweile doch, du bist so schön / dann magst du mich in Fesseln schlagen«

Diese Tragödie variiert das Szenario Richardsons (→ Richardson): Rücksichtslose Verführung eines unschuldigen bürgerlichen Mädchens durch den zum jungen Wüstling mutierten Faust unter Beihilfe des Teufels, Vergiftung von Gretchens Mutter, Tötung von Gretchens Bruder im Duell, uneheliche Schwangerschaft, Kindsmord, Einkerkerung und Wahnsinn Gretchens. Dabei hat Goethe heftig auf Ophelia aus dem *Hamlet* zurückgegriffen: Faust entspricht Hamlet, Gretchen Ophelia, und ihr Bruder Valentin Laertes, während Mephisto Ophelias Lieder singt. Um die Dämonie der Geschlechtslust zu illustrieren, fügt Goethe in die Gretchen-Handlung die romantische Walpurgisnacht ein. Das ist ein Hexensabbat, für dessen Schilderung er *Macbeth* und den *Sommernachtstraum* plündert.

Gegenüber dem Handlungsschwung der Tragödie wechselt der zweite Teil zum Panorama-Stil eines symbolischen Welttheaters. Im Prolog erwacht Faust aus einem Heilschlaf wie nach einem psychotischen Schub und erscheint im ersten Akt in der Begleitung Mephistos am Kaiserhof. Dort betätigt er sich als Zauberer, der sich den zerrütteten Staatsfinanzen widmet. Dabei erweist sich Mephisto als Anhänger von Keynes, indem er durch die Betätigung der Notenpresse die Inflation ankurbelt. Kulturpolitisch betreibt Faust eine Wiederbelebung der griechischen Klassik, indem er Helena und Paris als Inkarnationen klassischer Schönheit heraufbeschwört und schließlich dabei scheitert. Der zweite Akt führt in die alte Studierstube des Faust, wo der inzwischen promovierte Wagner ein gentechnisches Labor eingerichtet hat und, wie der berühmte Forscher Frankenstein an der Uni Ingolstadt, aus entsprechender Biomasse im Reagenzglas einen künstlichen Embryo macht: den Homunculus. Dieses Männchen weist Faust den Weg zur klassischen Walpurgisnacht. Dort versammeln sich vorhomerische Fabelwesen, griechische Götter und Naturphilosophen zu einem Meeresfest, das wie in Platons Symposion (→ Sokrates) in einer Lobpreisung des allgewaltigen Eros gipfelt. Im dritten Akt erfolgt die Begegnung Fausts mit Helena. Dabei repräsentiert sie den Formsinn der Antike, und Faust, der Vertreter des romantischen Nordens, repräsentiert die seelische Erlebniskraft. Aus ihrer Vereinigung entspringt der Geist der Poesie selbst, Euphorion, mit dem Goethe die meteorhafte Erscheinung Byrons zu fassen versucht: Euphorion verglüht in einem poetischen Höhenrausch, so wie Byron sich in seinem Enthusiasmus für die Befreiung Griechenlands opfert. Nachdem auch Helena gestorben ist, deren Züge dabei mit denen Gretchens verschmelzen, kehrt Faust aus dieser zeitlosen Sphäre auf die Erde zurück, hilft mit Mephistos Unterstützung dem Kaiser beim Sieg über seine Gegner und wird zum Lohn mit einem Küstenstreifen belehnt. Im fünften Akt beginnt er ein Großprojekt der Ingenieurskunst, indem er durch Eindämmung des Meeres Land gewinnt. Dabei läßt er brutal die Hütte des alten Pärchens Philemon und Baucis abfackeln, weil sie bei der

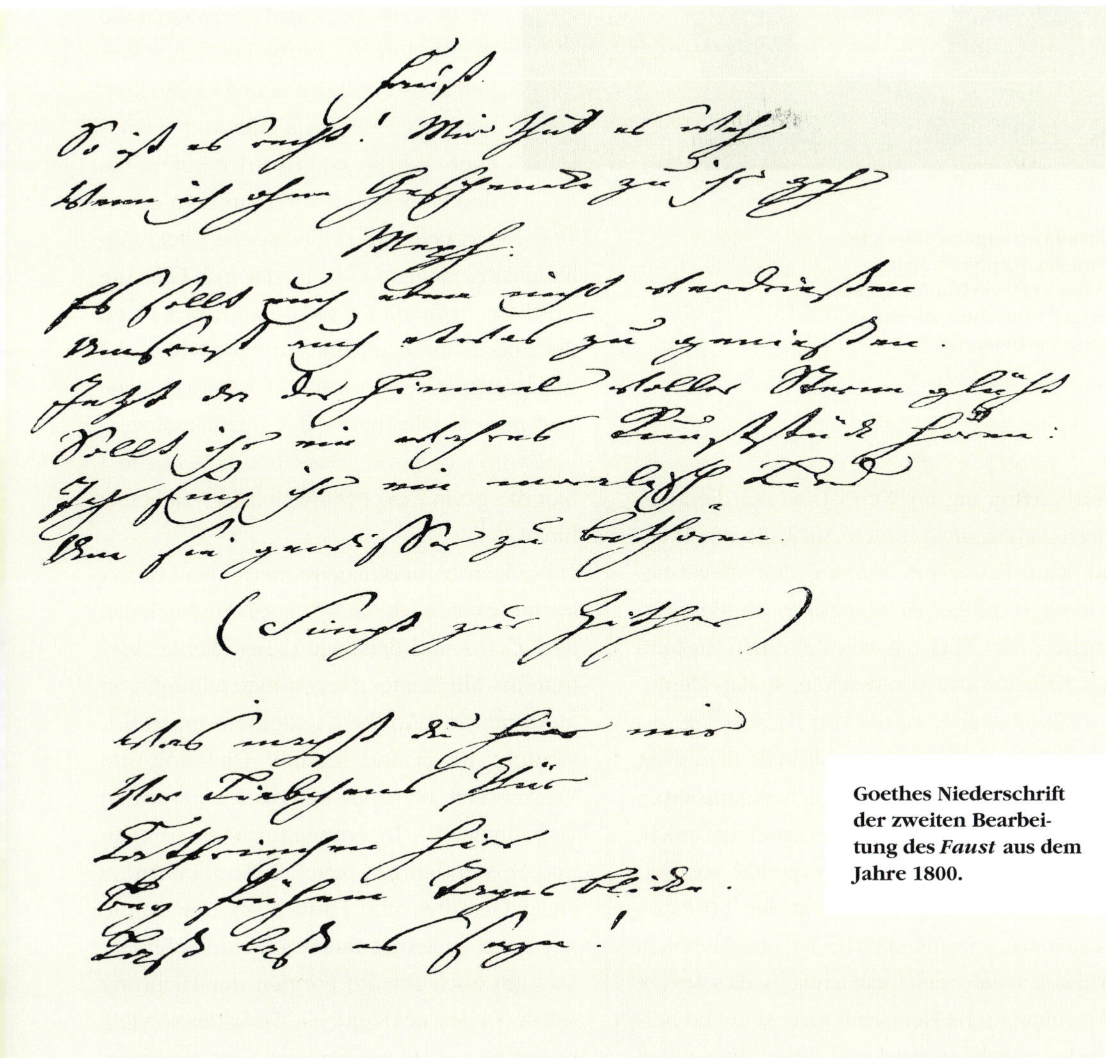

Goethes Niederschrift der zweiten Bearbeitung des *Faust* aus dem Jahre 1800.

Gustaf Gründgens' Darstellung des Mephisto, hier in der 1960 verfilmten Hamburger Faust-Inszenierung, wirkt bis heute nach.

Der Faust ist die Summa Poetica und eine Anatomie unserer Kultur

Flurbereinigung im Weg ist, wobei die alten Herrschaften umkommen. Mit Hilfe der Technik kann Faust jetzt Wunder ohne Magie bewirken, so daß er sich langsam von Mephisto emanzipiert. Aber das läßt ihn einen Zustand der Zufriedenheit voraussehen, so daß Mephisto fälschlicherweise die von Faust selbst formulierte Vertragsklausel erfüllt sieht: Er erblickt die Möglichkeit der freiheitlich organisierten Arbeitsgesellschaft (»solch ein Gewimmel möcht ich sehen«) und sagt: »Im Vorgefühl von solchem Glück / genieß ich jetzt den höchsten Augenblick«. Damit sinkt er tot um. Mephisto will sich seiner Seele bemächtigen, da schwebt eine himmlische Heerschar rosenstreuend hernieder, Mephisto wird von einem knackigen Engel erotisch abgelenkt, und schon entführen die Himmelsboten Fausts Seele. Wieder einmal ist der »arme Teufel« geprellt. Die Engel aber singen die Begründung für Fausts Errettung: »Wer immer strebend sich bemüht / den können wir erlösen.« Am Ende wartet Gretchen auf ihn wie Beatrice auf Dante und variiert ihre Verse aus dem ersten Teil: »Neige, neige / du Ohnegleiche / dein Antlitz gnädig meinem Glück / der früh Geliebte / nicht mehr Getrübte / er kommt zurück.« Und der Chorus mysticus gibt uns zum Schluß die Interpretation des Ganzen: »Alles Vergängliche / ist nur ein Gleichnis / das Unzulängliche / hier wird's Ereignis / das Unbeschreibliche / hier ist's getan / das ewig Weibliche / zieht uns hinan.«

Diese knappe und magere Zusammenfassung kann nur einen schwindsüchtigen Eindruck von dem Glanz und der Fülle dieses Werkes vermitteln. Mit seiner Gegenüberstellung von Moderne und Antike, Heidentum und Christentum, Kunst und Technik, Dichtung und Wissenschaft, Romantik und Klassik, mit seinen vielfältigen Beschwörungen, Inszenierungen und Verwandlungen bietet es ein Inventar so vieler Gestalten und Formen unserer Kultur, wie wir es in keiner anderen Dichtung finden. Das gilt auch für die Formen der Dichtung selbst. Es gibt kein anderes Werk, das so viele metrische Variationen benutzt. Gott spricht im

fünfhebigen Jambus mit Kreuzreimen; Faust wechselt zwischen sehnsuchtsvoll fließenden Vierhebern, Terzen und reimlosen Trimetern; Mephistos Parlando entfaltet sich im lässig-weltmännischen Madrigal-Vers von wechselnder Länge: »Ich bin der Geist, der stets verneint / und das mit Recht; denn alles, was entsteht / ist wert, daß es zugrunde geht; drum besser wärs, daß nichts entstünde.« Das Werk ist gespickt mit Liedern, Balladen, Hymnen und Chören. Im *Faust* wird die gesamte Formensprache der Dichtung versammelt. Er ist wahrhaft eine Summa Poetica und eine Anatomie unserer Kultur. In ihm zeigt die deutsche Sprache, was sie kann, welche Figuren sie beherrscht und zu welchem Glanz und zu welcher Ausdruckskraft sie es zu bringen vermag. Im *Faust* verschmilzt die deutsche Kultur mit der europäischen, und so gibt es kein Werk, in dem die Schnittmenge zwischen beiden größer wäre. Der *Faust* ist die Dichtung, in der andere Nationen die deutsche Literatur am ehesten kennenlernen, und Faust und Mephisto sind die beiden Deutschen, denen sie wahrscheinlich am aufmerksamsten zugehört haben.

Natürlich blieb es nicht aus, daß der *Faust* zum nationalen Arbeitsdiensteinsatz für Volk und Vaterland gepreßt wurde und daß die faustische Maßlosigkeit dazu herhalten mußte, das deutsche Sendungsbewußtsein zu legitimieren. Das hat Thomas Mann mit seinem *Dr. Faustus* von 1947 dann wieder geradegerückt, indem er den Faust nach der Nazizeit auf den neuesten Stand gebracht hat: Es spielen dann die Musik, der Rausch, der Irrsinn und Nietzsche eine zentrale Rolle, und am Schluß wird Faustus wirklich vom Teufel geholt, dem er seine Seele verkauft hatte.

Zwischenbetrachtung: Der Roman

Die Dichter der deutschen Klassik haben sich auf die Lyrik und das Drama konzentriert. Der realistische Roman spielt bei ihnen noch keine große Rolle. In England dagegen hatte er sich in den 100 Jahren seit Robinson Crusoe voll entwickelt. Nachdem Richardson das Muster der Liebesgeschichte erfunden und den Roman psychologisiert hatte, hat Laurence Sterne (1713–1768) mit seinem humoristischen *Tristram Shandy* (1759 ff.) schon einen Roman über das Romanschreiben geschrieben. Horace Walpole hatte 1764 mit seinem *Schloß von Otranto* den Schauerroman (auf engl. »Gothic novel«) erfunden, und Sir Walter Scott, der Dichter des romantischen Schottland, den historischen Roman geschaffen (*Ivanhoe*, 1819). Schließlich hat Jane Austen (1775–1817) in den Romanen *Emma* und *Stolz und Vorurteil* die mobile Erzählperspektive entwickelt. Damit hat sie dem Roman das Gestaltungsprinzip verschafft, in dem das Geheimnis seines Erfolges liegt: die Geschichte so zu erzählen, daß wir sie mal aus der Perspektive einer wichtigen Figur erleben und dann wieder direkt, wobei wir die Figur von außen sehen. Auf diese Weise kann der Roman psychologische Innenschau und breites gesellschaftliches Panorama verklammern. Er zeigt uns, wie sich Individuum und Gesellschaft begegnen und sich dabei gegeneinander relativieren. Deshalb ist die dominante Literaturform des 19. und 20. Jahrhunderts der moderne Roman. Er ist die literarische Form der bürgerlichen Gesellschaft.

Walter Scott, der Dichter des romantischen Schottland, schuf den historischen Roman *Ivanhoe*.

1830 bricht in Paris wieder mal eine Revolution aus: Der reaktionäre Karl X. dankt ab, und an seiner Stelle besteigt Louis Philippe den Thron. Man nennt ihn den *Bürgerkönig*, und es beginnt die hohe Zeit des Bürgertums. Ein Jahr zuvor, also 1829, hatte Honoré de Balzac (1799–1850) seine Romanproduktion aufgenommen, die sich schließlich auf mehr als 90 Romane und Erzählungen belaufen sollte. Mit denen, die er unter dem Titel *La comédie humaine* (»Die menschliche Komödie« im Gegensatz zur »göttlichen Komödie«) zusammenfaßte, versuchte er eine vollständige soziologische Inventarisierung der französischen Gesellschaft seiner Zeit zu bieten.

1832 waren Goethe und Scott gestorben. Im selben Jahr hatte in England Charles Dickens (1812–1870) seine Produktion aufgenommen. Und 1832 erfolgte in England das, was dasselbe bewirkte wie eine Revolution: eine Wahlrechtsreform, die dafür sorgte, daß die politische Macht vom Adel auf das Bürgertum überging. Auch hier entfaltete sich die bürgerliche Gesellschaft und mit ihr der Roman.

Nur nicht in Deutschland. Warum nicht? Lag es nur an den rückschrittlichen Verhältnissen? Das allein kann es nicht gewesen sein, denn plötzlich beteiligte sich ein weiteres Land an der Produktion großer Literatur: Rußland. Und es waren Romanschreiber, die gleich mit in die vorderste Reihe vorrückten und gewaltige Gesellschaftspanoramen und psychologische Studien von großer Tiefenschärfe lieferten: Dostojewskij und Tolstoi. Ihre Gesellschaft war die von Moskau und St. Petersburg.

Eben das fehlte in Deutschland. Es gab keine Hauptstadt, die der Gesellschaft als Bühne diente, um sich darauf sichtbar zu machen. Der Roman ist die Gattung der Metropolen. Die Romane spielen in Paris, London und St. Petersburg, und selbst die, die in der Provinz spielen, beziehen ihr Bild von der gesamten Gesellschaft aus der Hauptstadt.

Im Vergleich zu unseren Nachbarn hat Deutschland bis zu Thomas Mann keine Romane hervorgebracht, die sich mit Dickens, Flaubert oder Dostojewskij vergleichen ließen. Statt dessen floß die Energie der Erzählung in die Geschichtsschreibung und die Geschichtsphilosophie: Statt der Romane gab es historische Spekulationen, statt der Erzählungen Ideologie.

Honoré de Balzac versuchte eine vollständige soziologische Inventarisierung der französischen Gesellschaft seiner Zeit.

Rot und Schwarz

1830 erschien auch einer der bekanntesten Romane der französischen Literatur: *Rot und Schwarz* (*Le Rouge et le Noir*) von Henri Stendhal (eigentlich Henri Beyle). Der Untertitel zeigt, daß auch die Gegenwart historisch gesehen wird. Er lautet: *Chronik des 19. Jahrhunderts*. Darin erzählt Stendhal die Geschichte des sozialen Aufsteigers Julien Sorel, eines Zimmermanns Sohn aus der Franche Comté. Hübsch und begabt, aber für körperliche Arbeit ungeeignet, ist Julien in die falsche Gesellschaftsschicht geboren worden, und so entschließt er sich, den einzigen Weg zum sozialen Aufstieg einzuschlagen, der einem Provinzler offensteht: Er bereitet sich auf das Priesteramt vor. Dazu muß er, ein Verehrer Rousseaus und Napoleons, Frömmigkeit heucheln. Aber wegen seiner guten Lateinkenntnisse wird er vor der Ablegung des Gelübdes Hauslehrer im Haushalt des konservativen Bürgermeister von Verrières, dessen Frau sich in ihn verliebt. Er aber benutzt die erotische Unterwerfung der sozial überlegenen Frau als Zeichen des sozialen Aufstiegs. Vor dem drohenden Skandal flieht er dann ins Priesterseminar, wo er angesichts der verbreiteten Gemeinheit und Engstirnigkeit sich weiter in der Kunst der Heuchelei vervollkommnet. Durch Empfehlung eines Gönners wird er dann Sekretär und Vertrauter des Marquis de la Mole in Paris, wo er zum Weltmann avanciert. Er beginnt ein Verhältnis mit der Tochter des Marquis, die, ebenso hart und willensstark wie Julien, ihm eine Rolle in ihren Träumen vom Ausbruch aus einer Gesellschaft, die sie langweilt, zugedacht hat, während er sie seinerseits als weitere Sprosse beim sozialen Aufstieg benutzt. Den Machtkampf zwischen beiden gewinnt Julien: Als sie ein Kind erwartet, überredet sie ihren Vater dazu, Julien einen Adelstitel zu verschaffen: Er wird Chevalier de la Vernaye. Er ist an der Spitze der Gesellschaft angekommen. Da wird er durch einen Brief wieder hinuntergestürzt, den seine ehemalige Geliebte, die Frau des Bürgermeisters von Verrières, an den Marquis schreibt, um Julien als Heuchler zu entlarven. Außer sich vor Wut reist dieser nach Verrières, findet seine ehemalige Geliebte in der Kirche und feuert zwei Schüsse auf sie ab. Sie wird nur verletzt, er aber wird zum Tode verurteilt. Da mit seiner Zukunft auch sein sozialer Ehrgeiz bedeutungslos geworden ist, kann er nun sein wahres Gefühl für die ehemalige Geliebte entdecken, die ihn ruiniert hat.

Stendhal: Begründer des sozialen Realismus im Roman.

In Julien porträtiert Stendhal eine jener überlegenen Naturen, die vor Energie und Leidenschaftlichkeit vibrieren und denen er aufgrund ihrer Vitalität das Recht zugesteht, sich rücksichtslos selbst zu verwirklichen. In der Begegnung mit einer engen und spießigen Gesellschaft bleibt solchen außergewöhnlichen Menschen nur die Heuchelei als Maskierung der Rebellion. Umgekehrt wird Julien zum Maßstab der gesellschaftlichen Mittelmäßigkeit. So ist *Rot und Schwarz* zugleich ein Charakterroman und ein gesellschaftskritischer Roman. Daß Stendhal den tragischen Konflikt eines sozial niedrigen Menschen völlig schlüssig aus der Verfaßtheit der Gesellschaft entwickelt, ist neu und macht ihn zu einem der Begründer des sozialen Realismus im Roman.

Oliver Twist

Der Darsteller der viktorianischen Gesellschaft ist Charles Dickens (1812–1870). Einer seiner populärsten Romane ist *Oliver Twist* (1837/39). Er spielt im Milieu der Londoner Unterwelt und in einer jener neu eingerichteten schaurigen Disziplinierungsanstalten für Arbeitslose und für verwaiste Kinder, dem sogenannten Arbeitshaus. Der Findling Oliver wächst dort auf und begeht das grauenhafte Verbrechen, um einen Nachschlag von Haferschleim zu bitten. Er wird vom Arbeitshausdirektor Mr. Bumble dem Bestattungsunternehmer Mr. Sowerberry als Lehrling übergeben, läuft davon und fällt einer Diebesbande in die Hände. Ihr Anführer ist der finstere Fagin, der Oliver durch Einübung in die bürgerlichen Tugenden des Fleißes und der Genauigkeit wie ein Berufsschullehrer zu einem professionellen Dieb zu erziehen versucht und dabei von Nancy, Bill Sikes und dem »Artful Dodger« unterstützt wird. Der wohlhabende väterliche Mr. Brownlow rettet Oliver, aber auf Anstiftung des bösen Monks wird er von seiner Gang gekidnappt und durch die erzwungene Teilnahme an einem Einbruch kompromittiert. Dabei wird er verwundet und von der liebevollen Rose gesundgepflegt, die sich als seine Tante herausstellt. Schließlich wird enthüllt, daß hinter Olivers Unglück der böse Monks, sein Halbbruder, steckt, der sein Erbe kassieren wollte. Am Ende werden die Bösen bestraft und Oliver von Brownlow adoptiert, der ihm eine ordentliche Bildung zukommen läßt.

In diesem Roman finden sich viele thematische Stränge, die sich in bezug auf die späteren Romane verallgemeinern lassen und den typischen Dickens-Effekt ergeben: Zunächst ist da ein schreiender sozialer Mißstand, der an einer Institution festgemacht wird, in diesem Fall das Arbeitshaus. Als erster Romancier hat Dickens die Institutionen geschildert, die der Disziplinierung der modernen Gesellschaft dienen, wie Schulen, Gefängnisse, Fabriken, Besserungsanstalten, Büros, Gerichte, Polizeibehörden etc. Und als erster schildert er den mit der staatlichen Bürokratie auftauchenden neuen Typus des Leuteschinders und Aufsehers, der sich mit seinem Sadismus auf die Vorschriften berufen kann (→ Foucault, Adorno). Aus dieser Schicht gewinnt er eine Porträtgalerie brutaler und schikanöser Kleintyrannen mit ihrer Psychologie des Ressentiments: In seiner Darstellung wirken sie grotesk, komisch und schauerlich.

Die Perspektive, aus der heraus diese Tyrannen ihre besonders schaurige Gestalt gewinnen, ist die des Kindes, das nichts versteht und alles in einem fremden Licht sieht. Im Zentrum von Dickens' Werk stehen sich das unschuldige Kind und das Monster mit dem verhärteten Herzen gegenüber.

Der Raum, in dem die Kinder ihre Verlorenheit erfahren, ist die große Stadt. Dickens ist einer der ersten, der die Erfahrungen der Großstadt in literarische Form bringt. Er wird zum Dichter Londons. Und noch heute ist das Image Londons als vergleichsweise anheimelnde Metropole durch Dickens geprägt.

Aber zu seiner Zeit überwog die Erfahrung, daß die Großstadt die Wahrnehmung über ihr Fassungsvermögen hinaus beanspruchte: Deshalb beschreibt Dickens die Stadt als eine Erfahrung des Monströsen, Konturlosen, Amorphen; London verschwimmt im Nebel, löst sich im Regen auf, die Straßen versinken im Schmutz, die Themse wird unkenntlich in ihren schlammigen Ufern, Häuser werden von Abfallbergen begraben, und die Menschen verlieren sich in den Massen von Dingen, die sie umgeben.

Zugleich bietet die Detailfülle des Dickensschen Werkes einen Warenhauskatalog moderner Errungenschaften: Er schildert als erster die Eisenbahn, die Polizeibehörde, die Bürokratie, die Schulen, die Parlamentswahlen, die Zeitungen, die Gasbeleuchtung, den Londoner Verkehr, die Müllbeseitigung, die Friedhofsverwaltung und eine Unmenge von Berufen vom Ladenbesitzer bis zum Lumpensammler. Selbst Historiker haben seine Romane als dokumentarische Quelle herangezogen.

Die Brontë-Sisters und Flaubert

Für die Frauen stellt sich die gesellschaftliche Konvention als Zwang dar, zwischen spießiger Sicherheit und romantischem Abenteuertum, das in den Abgrund führt, zu wählen. Um die Jahrhundertmitte erscheinen drei Romane, die sich diesem Thema widmen und doch in ihren Mitteln verschieden sind. *Jane Eyre* von Charlotte Brontë (1816–1858); *Wuthering Heights* von ihrer Schwester Emily (1818–1848) und *Madame Bovary* von Gustave Flaubert (1821–1880).

Jane Eyre wandelt das Richardson-Paar des bürgerlichen Mädchens und des adligen Wüstlings ab: Die Heldin Jane ist eine kleine, unscheinbare, aber äußerst widerstandsfähige Gouvernante, die den Vater des Kindes, das sie betreut, leidenschaftlich liebt. Dabei handelt es sich um den merkwürdigen exzentrischen Landjunker Mr. Rochester, dessen unkonventionelles Benehmen von einem Geheimnis herrührt: Auf dem Dachboden versteckt er vor der Welt seine wahnsinnig gewordene Frau. Sie stellt eine beunruhigende, stets rumorende Gegenwart dar. Am Tag der Hochzeit mit Jane bricht sie aus, und das Geheimnis wird entdeckt. Zwar kommt es doch noch nach langen Verwicklungen zum Happy-End, aber dazu muß der ganze Landsitz niedergebrannt werden, Rochester erblinden und die Wahnsinnige in den Flammen umkommen. Charlotte Brontë hatte einen versoffenen Bruder, der häufig bei brennender Kerze einschlief und das Haus in Flammen setzte. Was sie nicht wußte, war, daß der Schriftsteller Thackeray, Autor des Romans *Jahrmarkt der Eitelkeiten* (1848), dem sie ihren Roman *Jane Eyre* widmete, eine wahnsinnige Frau hatte.

Charles Dickens, der Darsteller der viktorianischen Gesellschaft.

Gustave Flauberts *Madame Bovary* wird sprichwörtlich zum weiblichen Gegenstück von *Don Quijote*.

Wuthering Heights von Charlottes Schwester Emily Brontë ist ein Roman ganz eigener Art: Schauplatz der Handlung sind die einsamen Hochmoore Yorkshires. Die Geschichte selbst ist eine Familiensaga, die vom Schicksal der rauhen Earnshaws auf Wuthering Heights und den zivilisierten Lintons im Tal handelt. Zwischen die beiden Familien drängt sich ein zigeunerhaftes Findelkind, das der alte Earnshaw seiner Tochter Catherine als Spielgefährte mit nach Hause bringt: Heathcliff. Zwischen Catherine und Heathcliff entwickelt sich eine Liebe, die etwas von der rauhen Qualität der Yorkshire-Hochmoore annimmt: Sie scheint so notwendig und unbedingt wie die Natur selbst. Weil aber Heathcliff unter der Herrschaft von Cathys Bruder ungehobelt und ungebildet bleibt, heiratet Cathy den zivilisierten Edgar Linton. Tief verletzt verschwindet Heathcliff für ein paar Jahre, wird auf geheimnisvolle Weise reich und ein Gentleman, kehrt zurück und rächt sich an allen, die dazu beigetragen haben, Cathy und ihn auseinanderzubringen: Er heiratet Edgar Lintons Schwester Isabella, um ihr Erbe an sich zu bringen, jagt dem zum Trunkenbold verkommenen Bruder Cathys den Landsitz Wuthering Heights ab und läßt dessen Sohn genauso verwildern, wie ihn damals sein Vater hat verkommen lassen. Doch mit der zweiten Generation bahnt sich die Versöhnung zwischen rauher Natur und Zivilisation an: Die junge Cathy zieht sich nicht mehr vor dem Verwilderten zurück, sondern erzieht ihn selbst zu einem gebildeten Menschen.

Dem Genre der Don Quijoterie zuzurechnen ist dagegen Flauberts *Madame Bovary* (1856). Die Heldin Emma Bovary, mit dem gutmütigen, aber dummen Landarzt Charles Bovary verheiratet, ist eine unzufriedene und sentimentale Frau, die ihre Sehnsüchte nach dem Muster romantischer Klischeevorstellungen ausrichtet. Sie begeht Ehebruch, macht enorme Schulden und nimmt sich schließlich selbst das Leben. Der Roman wurde für seine präzise Darstellung des trivialen Alltags berühmt, und der Begriff »Bovarysme« wurde sprichwörtlich als Bezeichnung für das weibliche Gegenstück zu *Don Quijote.*

Gemeinsam ist allen drei Romanen, daß Frauen als emotional Fordernde auftreten und ihren Anspruch auf erotische und gefühlsmäßige Erfüllung anmelden.

Krieg und Frieden

Zu den größten Romanen der Weltliteratur gehört *Krieg und Frieden* von Leo Tolstoi (1828–1910). Die Handlung umfaßt ungefähr die Zeit zwischen 1805 und 1820 und konzentriert sich auf Napoleons Feldzug gegen Moskau und den russischen Widerstand. Dazu weitet sich der Roman zu einem gewaltigen Panorama mit über 500 Personen, die alle gesellschaftlichen Ränge und Stufen repräsentieren. Eingewebt in dieses Geflecht sind die Lebensgeschichten der Hauptcharaktere: Natascha Rostowa, Prinz Andreij Bolkonskij und Pierre Bezuchow. Die Freunde repräsentieren zwei kontrastierende Lebenseinstellungen: Bolkonskij versucht die Welt mit dem Intellekt zu erfassen; Pierre repräsentiert die altrussische Tradition der bäuerlichen Weisheit, die sich auf das Gefühl und den Instinkt verläßt. Beide lieben die anmutige und lebhafte Natascha, deren Charme den ganzen Roman aufhellt. Sie gilt als Tolstois überzeugendster und gelungenster Charakter. Ihre Entwicklung von mädchenhaften Exaltiertheiten über den ersten Ball und die erste Liebe bis zu ihrem Schicksal als Frau und Mutter wird mit bewundernswerter Detailtreue und vollendeter Einfühlung verfolgt. Zunächst ist sie mit Prinz Andreij verlobt, verliert sich dann an den Wüstling Anatol Kurabin und heiratet schließlich Pierre. Die Erzählung wechselt zwischen persönlichen Schicksalen und der Darstellung von Schlachten, Lagebesprechungen, Märschen und Truppenschauen, sowie der Diskussion von Tolstois Philosophie. Aus diesen Kontrasten entsteht ein Monumentalgemälde der ganzen russischen Gesellschaft. Kontrastierung ist überhaupt das wichtigste Kompositionsprinzip des Romans, wie auch schon der Titel zeigt. Dabei reflektiert die Differenz zwischen den beiden befreundeten Hauptfiguren Pierre und Andreij auch den ideologischen Gegensatz, der die Geschichte Rußlands seit Peter dem Großen kennzeichnet: den zwischen der altrussischen Tradition der Slawophilen, die sich auf die russische Dorfgemeinschaft und die russische Religiosität berufen, und den Westlern, die in der Tradition Peters des Großen (→ Geschichte, Peter der Große) Rußland durch Imitation des Westens modernisieren wollen.

Krieg und Frieden gehört zu den größten Romanen der Weltliteratur und konzentriert sich auf Napoleons Feldzug gegen Moskau und den russischen Widerstand: Kaiser Napoleon im brennenden Moskau.

Die Brüder Karamasow

Dieser ideologische Gegensatz zwischen Westlern und Slawophilen trägt auch dazu bei, das Werk des anderen großen russischen Erzählers dieses Jahrhunderts zu verstehen, der als Psychologe unter den Romanciers gilt: Fjodor Dostojewskij (1821–1881). Er ließ sich mit einem Zirkel von Intellektuellen ein, die die verbotenen Schriften der französischen Sozialisten lasen. Sie wurden entdeckt, der Verschwörung angeklagt und zum Tode verurteilt. Mit anderen Verurteilten wurde Dostojewskij zur Hinrichtung geführt und im letzten Moment zu vier Jahren Arbeitslager in Omsk und zu vier Jahren Armeedienst verurteilt (1849). Die Haft in Omsk verschaffte ihm die Bekanntschaft mit den unteren Klassen der russischen Gesellschaft, was sich für seine spätere Arbeit als unschätzbare Bereicherung erweisen sollte. Und sie legte den Grundstein für Dostojewskijs altrussisch eingefärbte Vorstellung von der Erlösung durch Leiden. 1879/80 erschien sein Meisterwerk *Die Brüder Karamasow*, das ein weiteres Trauma in Dostojewskijs Leben reflektierte: die Ermordung seines Vaters durch dessen Leibeigene.

Die Geschichte dieses Romans handelt von Fjodor Pawlowitsch Karamasow und seinen vier Söhnen Dimitrij, Ivan, Alyoscha und dem Epileptiker Smerdjakow, einem Bastardsohn. Der alte Fjodor, ein unwürdiger und haltloser Clown, rivalisiert mit seinem ältesten Sohn Dimitrij um die Ortsschönheit Gruschenka. Vater und Sohn verwickeln sich in heftige Streitereien über sie und über Dimitrijs Erbe. Kurz darauf wird der alte Fjodor tot aufgefunden, ermordet. Dimitrij wird verhaftet und des Mordes angeklagt. Dieser Handlungsstrang wird mit dem Schicksal der anderen Brüder verflochten: Der brillante Intellektuelle Ivan muß sich eingestehen, daß er heimlich des Vaters Tod herbeigewünscht und diesen Wunsch auf

In der Haft machte Fjodor Dostojewski die Bekanntschaft mit den unteren Klassen der russischen Gesellschaft, was sich für seine spätere Arbeit als unschätzbare Bereicherung erweisen sollte.

den unehelichen Bruder Smerdjakow übertragen hat, der ihm gewissermaßen hörig ist und in allem eine verzerrte Karikatur von ihm darstellt. Der Rationalismus Ivans kontrastiert wiederum mit der altrussischen Religiosität des jüngsten Sohnes Alyoscha und dessen spirituellen Mentors Zosima, der Gelegenheit erhält, Dostojewskijs eigene religiöse Überzeugungen zu äußern.

Wenn man die ideologische Temperatur Rußlands und die Vorgeschichte der späteren Sowjetunion verstehen will, gibt es nichts Besseres als die Lektüre von Dostojewskij

Natürlich steht die Geschichte vom Vatermord in einem Resonanzbezug zum westlich rationalistischen Atheismus. Dieser wird exemplarisch zum Ausdruck gebracht in einer von Ivan erfundenen Parabel, der Legende vom Großinquisitor: Christus kommt wieder auf die Erde zurück und tritt im Spanien des 16. Jahrhunderts auf. Der Großinquisitor läßt ihn sofort gefangennehmen und klagt ihn an, die Gaben des Versuchers, Brot, Wunder und autoritäre Führung, um der Freiheit willen zurückgewiesen zu haben. Diese Zurückweisung sei die Ursache für alles Leid der Menschheit. Demgegenüber bekennt sich der Großinquisitor zum Antichrist: Mit seiner Hilfe werde er den Menschen schon hier auf Erden glücklich machen. Daraufhin küßt Christus den Großinquisitor schweigend auf den Mund und verläßt ihn. In dieser Legende wird die ideologische Entwicklung der nächsten 100 Jahre vorweggenommen, nachdem Nietzsche Gottes Tod verkündet hat und die Diktatoren dieses Jahrhunderts das Programm des Großinquisitors in Angriff genommen haben.

Dostojewskij aber dringt bei der radikalen Inszenierung einer Welt ohne Gott zu den Vorstellungen vor, die die Existentialisten später von der Absurdität des Daseins entwickeln sollten. Wie Nietzsche endet der Gottesleugner Ivan im Wahnsinn, während Dimitrij für einen Vatermord verurteilt wird, den Smerdjakow begangen und den Ivan inspiriert hat, ohne es zu wollen. Dies nimmt die Geschichte Rußlands im 20. Jahrhundert vorweg. Wenn man also die ideologische Temperatur Rußlands und die Vorgeschichte der späteren Sowjetunion verstehen will, gibt es nichts Besseres als die Lektüre von Dostojewskij.

Buddenbrooks

Der erste deutsche Roman von einigermaßen vergleichbarer Bedeutung ist Thomas Manns *Die Buddenbrooks* (1901). Es ist die Familiengeschichte einer Kaufmannsfamilie aus Lübeck, der Stadt, aus der Thomas Mann und sein Schriftstellerbruder Heinrich (*Professor Unrat*) stammen. Der Roman erzählt das Schicksal von vier Generationen. Der Stammvater Johann Buddenbrook repräsentiert den ungebrochenen Aufstiegswillen eines selbstbewußten Bürgertums, das sich mit seinen Werten in Übereinstimmung weiß. Sein Sohn Konsul Buddenbrook lebt zwar noch nach denselben Grundsätzen, ist aber schon in sich gespalten in pietistische Frömmigkeit und einen harten Realismus, wobei er auch geschäftlich nicht immer die Übersicht behält. Unübersehbar kündigen sich die Zeichen der Dekadenz (des Verfalls) in seinen vier Kindern an: Christian wird ein hoch verschuldeter Bohemien; die Schwester Tony bleibt trotz ihrer Anmut und liebenswerten Heiterkeit ein törichtes Wesen, das immer die falschen Männer heiratet; Klara stirbt nach ihrer Heirat an einer Hirnkrankheit, und nur Thomas kann überhaupt die Firma weiterführen. Er heiratet eine reiche Holländerin, die trotz ihrer Gefühlskälte als Mitgift eine künstlerische Ader in die Familie bringt. Diese vererbt sie in Form einer musikalischen Hochbegabung ihrem Sohn Hanno, der aber sein Talent mit Nervosität und einem Verlust an Vitalität bezahlen muß. Weil Tonys Ehen scheitern und Klara stirbt, ist Hanno der letzte Buddenbrook. Doch auch er stirbt – Ausbund an künstlerischer Hypersensibilität – an Typhus. Komplementär zum Abstieg der soliden patrizischen Bürgerfamilie der Buddenbrooks vollzieht sich der Aufstieg der skrupellos-kapitalistischen Familie Hagenström.

Das Verfallsprodukt der erhöhten Sensibilität und Geistigkeit wiegt aber in seinem Wert für die Menschheitsentwicklung die Kosten des Niedergangs fast auf – jedenfalls nach Thomas Manns Verständnis: Er glaubte, erhöhte kulturelle Produktivität sei nur um den Preis der Entfremdung vom Leben zu haben. Das Werk wurde trotz seines hohen literarischen Rangs schnell populär; das deutsche Bürgertum hat sich und seinen Verfall darin wiedererkannt.

Die Buddenbrooks – eine Kaufmannsfamilie aus Lübeck. Anhand ihrer Familiengeschichte schildert der Roman von Thomas Mann den Verfall des deutschen Bürgertums.

Auf der Suche nach der verlorenen Zeit

Die Hypersensibilität, die Hanno Buddenbrook verkörpert hatte und die Thomas Mann so faszinierte, war zweifellos das Markenzeichen eines Romanciers, der einen der längsten Romane der neuen Zeit schreiben sollte: Marcel Proust (1871–1922), Autor des Romans *Auf der Suche nach der verlorenen Zeit* (*A la recherche du temps perdu*). Einerseits bemühte er sich als junger Mann um den Zugang zu jener snobistischen High-Society, die er in seinen Romanen schilderte, andererseits zog er sich später von dieser Gesellschaft in ein mit Kork ausgeschlagenes, isoliertes Zimmer zurück, um seine Romane zu schreiben.

Die Abfolge der einzelnen Bände beginnt mit *In Swanns Welt*. Hier erinnert sich der Erzähler an seine Kindheit zu Hause in Paris und bei seinen Verwandten in Combray einschließlich seiner idealisierenden Anbetung von Swanns Tochter Gilberte. Dann springt er in die Vorvergangenheit und erzählt die Geschichte von Swanns Liebe zu Odette.

Im *Schatten junger Mädchenblüte*, dem nächsten Band, ist der Erzähler in Paris, wo seine Liebe zu Gilberte langsam erlischt. Ein paar Jahre später gerät er in die Gesellschaft einiger vergnügungssüchtiger junger Frauen und verliebt sich in Albertine.

In *Die Welt der Guermantes* schildert der Erzähler, wie er sich mühselig in die exklusive Gesellschaft der Guermantes vorarbeitet, bis er schließlich zum Empfang der Herzogin der Guermantes geladen wird. In diesem Buch stirbt auch seine geliebte Großmutter.

Sodom und Gomorrha behandelt zwei verwandte Themen: die Homosexualität von Baron Charlus und die Haltung der Gesellschaft zu den Juden während der (historischen) Dreyfus-Affäre, in der ein jüdischer Hauptmann aufgrund vom Militär gefälschter Beweise wegen Landesverrats verurteilt wurde und die Revision des Justizirrtums eine Welle des Antisemitismus auslöste. Der Erzähler kehrt nach Balbec zurück, wo Charlus seinen Liebhaber Morel bei den Soirées der Verdurins einführt. Seine eigene Liebe zu Albertine wird wieder angefacht, als er sie des Lesbiertums verdächtigt.

»In der Sekunde nun, wo dieser mit dem Kuchengeschmack gemischte Tee meinen Gaumen berührte ..., war mit einem Mal die Erinnerung da ... Der Geschmack war der jener Madeleine, die mir am Sonntag morgen ... meine Tante Leonie anbot ...«

In *Die Gefangene* schildert der Erzähler, wie er Albertine praktisch pausenlos überwacht. Die Verdurins provozieren einen skandalträchtigen Bruch zwischen Charlus und Morel, und Albertine flieht.

In *Die Entflohene* stirbt Albertine, und der Erzähler beobachtet, wie seine Trauer von Vergeßlichkeit verzehrt wird. Gilberte heiratet den neuen Liebhaber von Morel, St. Loup.

Die wiedergefundene Zeit führt uns in den Zeitbeschleuniger des Ersten Weltkriegs. Der Erzähler erlebt einen Empfang bei der neuen Prinzessin der Guermantes, der früheren Madame Verdurin, und findet seine alten Bekannten bis zur Unkenntlichkeit verändert. Er besinnt sich auf drei herausgehobene Momente der Erinnerung und erkennt seine Berufung darin, seine Erlebnisse durch ein Kunstwerk unvergänglich zu machen.

Für Proust ist das Erinnern eine Form überwältigender unwillkürlicher Erfahrung, die man weder beim Ereignis selbst erlebt, noch durch bewußt gesteuerte Erinnerungsarbeit herbeiführen kann. Aber in unbewachten Momenten wird man durch eine beiläufige Assoziation von Erinnerungen überflutet, die zu einer Gleichzeitigkeit von Vergangenheit und Gegenwart führen und damit eine Realität jenseits der Zeit sichtbar werden lassen können. Die Episode, in der Proust diese Form der Erinnerung illustriert, ist die berühmteste des ganzen Romanlabyrinths, die auch derjenige kennt, der sonst nichts von Proust gelesen hat: »In der Sekunde nun, wo dieser mit dem Kuchengeschmack gemischte Schluck Tee meinen Gaumen berührte ..., war mit einem Mal die Erinnerung da ... Der Geschmack war der jener Madeleine, die mir am Sonntag morgen ... meine Tante Leonie anbot ... Sobald ich den Geschmack jener Madeleine wiedererkannt hatte ..., trat das graue Haus mit seiner Straßenfront hinzu, und mit dem Haus die Stadt, der Platz, auf den man mich vor dem Mittagessen schickte, die Straßen ...«

Der Roman ist die tiefgründigste Tauchexpedition in die Wasser der Erinnerung in der gesamten Weltliteratur. Bezeichnend ist, daß sie zu einer Zeit unternommen wurde, in der Freud die Psychoanalyse als Methode einer Hervorkitzelung verdrängter Erinnerungen entwickelte.

Ulysses

Vergleichbares gilt auch von einem Roman, der mit einem gewissen Recht an die Seite des *Faust* oder der *Divina Commedia* gestellt werden kann, weil er einen ganzen Kosmos vorführt und die Summe der literarischen Formen, die Geschichte einer Gesellschaft, das symbolische Wissen einer Kultur und ein Inventar der Gegenwart miteinander verbindet. Das ist der Roman *Ulysses* von James Joyce, der 1922 erschien.

Er beschreibt einen Tag, den 16. Juni 1904, im Leben dreier Menschen aus Dublin. Es handelt sich um den jungen Intellektuellen Stephen Dedalus, den Anzeigenakquisiteur Leopold Bloom und seine Frau Molly. Der Roman enthält 18 Episoden, die nach dem Muster von Homers *Odyssee* angeordnet sind. Die ersten drei und die neunte sind Stephen gewidmet, die zehnte allen Figuren des Romans, und die letzte enthält den inneren Monolog von Molly Bloom. Alle anderen gehören Leopold Bloom. Er ist der moderne Odysseus, aber da Bloom Jude ist, ist er auch der moderne Ahasver, der, vom Fluch Jesu gezeichnet, ruhelos durch die Welt wandert, ein ewiger Exilant, der nirgends zu Hause ist. Mit dieser Doppelung verweist Joyce auf die beiden Quellen unserer Kultur im antiken Griechenland und in den Schriften der Juden. Und die Odyssee ist im *Ulysses* die Wanderung des modernen Durchschnittsbürgers Bloom durch die Stadt Dublin vom frühen Morgen, als Bloom sich aus dem Bett erhebt und die Toilette aufsucht, bis zum Morgen des nächsten Tages, als er nach dem Besuch des Rotlichtviertels von Stephen nach Hause gebracht wird und sich verkehrtherum zu seiner Frau Molly ins Bett schiebt, deren endloser Bewußtseinsstrom so in den Schlaf fließt wie der Fluß Liffey ins Meer. Zwischendurch haben wir Bloom ins Restaurant, in eine Zeitungsredaktion, bei einem Begräbnis, ins türkische Bad, in eine Bar, in ein Krankenhaus, eine Bibliothek und ein Bordell und durch die Straßen und Plätze und Parks von Dublin begleitet. Und alles, was wir erlebt haben, haben wir durch die Sinne Blooms erlebt.

Niemals vorher hat es ein Schriftsteller unternommen, den Leser so restlos in ein anderes Bewußtsein zu entführen, wo er halbbewußte Erinnerungen, abgeschattete Gedanken, unklare Empfindungen, diffuse Körpergefühle zusammen mit Bildern, Gerüchen und Geräuschen in solcher Lebendigkeit, Komplexität und pulsierender Rhythmik wahrnimmt, daß er am Ende Bloom besser kennt als sich selbst. Nirgendwo sonst in der Literatur finden wir ein so umfassendes Bild von einem anderen Menschen wie hier. Wir wandern durch alle Zonen des Unbewußten und der amorphen Lagerbestände der kulturellen, persönlichen und alltäglichen Erinnerungen; durch alle Winkel der Intimität, der ungreifbaren Stimmungen und atmosphärischen Einfärbungen; und alle vitalen Rhythmen und Variationen von Empfindungen. Dabei sind die Episoden durch eine kunstvolle Kompositionstechnik so miteinander verbunden, daß

James Joyce: niemals zuvor hat es ein Schriftsteller unternommen, den Leser so restlos in ein anderes Bewußtsein zu entführen.

Joyce, Proust und Musil verfallen auf ähnliche Lösungen: Ausstieg aus dem Konzept der Zeit durch Erinnerung, Epiphanie und Mystik. Sie erreichen dabei eine bis dahin nicht gekannte Genauigkeit der Darstellung des menschlichen Bewußtseins

das Muster der parallelen Episoden aus der Odyssee noch mit jeweils einer Kunstgattung, einer Farbe, einem menschlichen Organ, einer Disziplin und einem Element verknüpft ist.

Fünf Formen der allumfassenden Totalität werden dabei aufeinander bezogen: die Familie, bestehend aus Bloom, seiner Frau und ihrem wahlverwandtschaftlich adoptierten Sohn Stephen; die Odyssee als Erklärung der Welt; das Bewußtsein in allem, was es wahrnimmt; der Tageslauf von Morgen bis Morgen als eine Art Weltalltag der Epoche – inzwischen heißt der 16. Juni bei Joyce-Fans Bloomsday – und die Stadt als moderner Kosmos. So wird *Ulysses* der exemplarische Großstadtroman der modernen Literatur. Die Kompaktheit der Stadt erlaubt die Wiederbelebung des Bildes der Gesellschaft als eines riesigen Körpers. Die Stadt wird zum Stadtkörper, die Verkehrsströme werden zum Blutkreislauf und zum Stoffwechsel, und die Straßen und Schienen zu Adern. Die Menschenmassen, die durch die Straßen strömen, entsprechen dem Wasser des Liffey, der Dublin durchquert. Die Liquidität und unfesten Aggregatzustände des Bewußtseins werden zugleich zum Bild der Großstadt, in der Nachrichtenströme, Warenströme und Ströme von Menschen zirkulieren wie die Assoziationen im Geist des Leopold Bloom. Beides, die Stadt und das menschliche Hirn, sind labyrinthisch in ihrem Charakter – nicht umsonst heißt das jugendliche Selbstporträt des Autors *Stephen Dedalus*. Dessen Zukunft ist mit der von Joyce identisch, der in seinem Exil in Zürich und Triest, über Dubliner Stadtplänen brütend, die irische Hauptstadt zum Nabel der Welt macht und aus Blooms Odyssee die Anatomie der Moderne, die Tageschronik einer Stadt, das Monumentalgemälde und die Momentaufnahme der Zeit, das Inventar der Kultur und den Alltag der Epoche.

Dabei geht Joyce von einer ganz ähnlichen Ästhetik der Wahrnehmung aus wie Proust: Wenn bei diesem die plötzliche Erinnerung das Wesen der Dinge enthüllt, ist es bei Joyce die »Epiphanie« (Erscheinung, Erleuchtung), die das Fließen der Zeit unterbricht und die Realität in einer überwältigenden Leuchtkraft zur Erscheinung bringt. Beide Romane legen davon Zeugnis ab, daß man aus der Geschichte und der Zeit auszubrechen sucht in den Mythos, die Plötzlichkeit der Erfahrung, die Konstanz der Formen und die Wiederholung des ewig Gleichen: Wir haben am Ende des *Ulysses* an einem Tag alle Tage unseres Lebens erlebt. Und zum Schluß fließen wir mit dem Bewußtseinsstrom des ewig Weiblichen den Fluß hinab in die Nacht.

Der Mann ohne Eigenschaften

Es ist nicht zufällig, daß die Romangiganten von Proust und Joyce, die den Kosmos einer ganzen Kultur inventarisieren, kurz vor dem Ersten Weltkrieg spielen, aber während des Krieges oder danach geschrieben wurden. Eine Welt war dabei, unterzugehen, und da konnte man sie über die Erinnerung als ganze in den Blick nehmen. Das gilt auch für das deutsche Gegenstück dieser Weltromane, für *Der Mann ohne Eigenschaften* von Robert Musil (1880–1942).

Robert Musil schuf das deutsche Gegenstück der Weltromane von Proust und Joyce.

Die Welt, die er darstellt, nennt er »Kakanien«, und damit ist das kaiserlich-königliche Österreich-Ungarn gemeint. Held ist der 32jährige Ulrich, der sich bis dahin als Offizier, Ingenieur und Mathematiker versucht hat und nun – da er nicht weiß, wie es weitergehen soll – ein Jahr Urlaub vom Leben macht, um mit sich selbst ins reine zu kommen. Das sieht nach klassischem Bildungsroman aus, aber Ulrich ist ein Mann ohne Eigenschaften. Er glaubt nicht an den Charakter als Schlüssel zum Verständnis der Dinge, sondern an die unpersönliche Logik der Systeme. Entsprechend wird Ulrich im Roman zum Schnittpunkt ideologischer und wissenschaftlicher Optionen, die er versuchsweise – als Möglichkeitsmensch – wahrnimmt. Und darüber wird der Roman zu einem Versuchslabor, in dem Ideen ausprobiert und Ideologien anprobiert werden. Dabei lernt man Nietzsche-Jünger, liberale Juden, unterernährte Sozialisten, ressentimentgeladene Völkische, Goethische Ganzheitler, Freudsche Sexualkundler, geistig interessierte Generäle, beschleunigte Pädagogen, schöngeistige Industriekapitäne, rauschhafte Wagneranbeter und eine lange Reihe weiterer Ideologen, Fanatiker und Exzentriker kennen.

Die Handlung wird dadurch bestimmt, daß Ulrich zum Sekretär eines Komitees wird, das die sogenannte »Parallelaktion« plant. Dabei handelt es sich um die Vorbereitung des 70jährigen Regierungsjubiläums Kaiser Franz Josephs in Wien, die zur Vorbe-

reitung des 30jährigen Regierungsjubiläums von Kaiser Wilhelm in Berlin parallel läuft. Die Ironie der Geschichte liegt darin, daß dieses Doppeljubiläum ins Jahr 1918 fällt, in dem beide Monarchien am Ende sind.
Auch dieser Roman schildert wie Joyce oder Proust zugleich mit der Moderne die Welt des 19. Jahrhunderts, die mit dem Weltkrieg versank. Und er schildert an ihr die Kräfte, die sie sprengten. Was da mit gesprengt wurde, war das Konzept, das im 19. Jahrhundert als das realste erlebt wurde: das der Geschichte. Zu diesem Konzept gehört auch der Roman selbst als literarische Form. Deshalb ist das 19. Jahrhundert die große Zeit des Romans. Zugleich zeigt sich an dieser Kunstform am frühesten, daß das Konzept der Geschichte brüchig wird. Joyce, Proust und Musil bieten noch einmal große Synthesen; sie verfallen alle auf ähnliche Lösungen: Ausstieg aus dem Konzept der Zeit durch Erinnerung, Epiphanie und Mystik. Sie erreichen dabei eine bis dahin nicht gekannte Genauigkeit der Darstellung des menschlichen Bewußtseins: Molly Blooms Bewußtseinsstrom, Prousts Madeleine-Erlebnis, Ulrichs inzestuöse Trips gehören zu den »Purpurpassagen« der modernen Literatur.
Nach diesen letzten großen Synthesen kamen die Formenzertrümmerer, die zeigten, daß die Sinnmaschine »Roman« nicht mehr funktionierte: am radikalsten Franz Kafka (1883–1924), der Darsteller der unverständlichen Bürokratie (*Das Schloß*, 1926, *Das Urteil*, 1916), und Samuel Beckett (1906–1983) (*Molloy*, *Malone stirbt* und *Der Unnennbare*, 1951/53), der Meister des Absurden und zeitweiliger Sekretär von James Joyce, dem dieser Teile des *Ulysses* diktierte.

Lesehinweise

Unter den vorgestellten Werken wird der Kenner manches vermissen, und das zu Recht. Wir haben uns bei unserer Auswahl von verschiedenen Gesichtspunkten leiten lassen.

1. Wir haben die Werke vorgestellt, deren Hauptcharaktere zum Inbegriff der dazugehörigen Szenarien geworden sind wie: Don Quijote, der-mit-den-Windmühlen-kämpft; Don Juan, der-die-Frauen-verführt-und-die-Hölle-herausfordert; Faust, der-seine-Seele-dem-Teufel-verschreibt. Hier fehlen natürlich einige andere, die dem Bereich der Trivialmythen oder der Kinder-Literatur oder einer Sonderkategorie zugehören: So schreibt die Frau des Dichters Shelley, Mary Shelley, als Ergebnis eines Wettstreits mit Byron und ihrem Mann im Alter von 19 Jahren den Trivialklassiker *Frankenstein* (1818). Ungefähr zur Zeit, als Goethe im *Faust II* Wagner einen künstlichen Menschen machen läßt, tut der Professor Frankenstein an der Uni Ingolstadt dasselbe. Das Ergebnis ist allerdings ein liebessehnsüchtiges, aber potthäßliches Monster. Merkwürdigerweise hat sich in der Folklore der Name vom Schöpfer auf das Geschöpf übertragen, so wie vom Vater auf den Sohn. Es ist die Zeit der Revolutionen, der Königsmorde und des Protests gegen den Schöpfer.
Ob man den *Frankenstein* lesen sollte, ist zweifelhaft. Unbedingt lesen aber sollte man die Nonsensklassiker *Alice im Wunderland* und *Hinter dem Spiegel* (1865/1872) des Oxforder Professors Lewis Carroll. Abgesehen von dem Vergnügen, das es macht, ist es schon deshalb zu empfehlen, weil jedes englisch sprechende Kind seine Figuren kennt und nie mehr ver-

Kiplings *Dschungelbuch* mit Mowgli und seinen Freunden, ein echter Kinderbuchklassiker.

gißt, so daß sie sprichwörtlich geworden sind: the mad hatter, der Märzhase, die Cheshire-Katze und Humpty Dumpty. Wegen der logischen und sprachlichen Kapriolen, die die sozialen und grammatikalischen Regeln auf den Kopf stellen, sind beide Bücher zu Beispielsteinbrüchen der Wissenschaftstheoretiker und Linguisten geworden (→ Sprache).

Echte Kinderbuchklassiker sind natürlich auch Kiplings *Dschungelbuch* mit Mowgli und seinen Freunden Baghira und Bayoo (1894/95) und Alan Alexander Milnes *Winnie-the-Pooh* (1926). Zu den Trivialmythen, dessen sich wie im Falle Frankensteins das Kino bemächtigt hat, gehört auch Bram (Abraham) Stokers *Dracula* (1897), der mit seiner Vampir-Geschichte Transsilvanien ein für allemal in ein düsteres Licht getaucht hat. Auf höherem Niveau sind zwei weitere mythenschaffende Romane anzusiedeln: Stevensons *Dr. Jekyll und Mr. Hyde* (1886), jene Geschichte des Arztes, der durch einen Selbstversuch in zwei verschiedene Personen gespalten wird, eine gute und eine böse; und H. G. Wells' *Zeitmaschine* (1895), bei der der Zeitreisende auf ein Land stößt, das in dekadent-müßige Eloi (Eliten) und finster-unterirdische Morlocks (Proletarier) gespalten ist, die nachts aus den Löchern kommen und die Eloi auffressen.

Diese Szenarios und Figuren sind zum Allgemeingut der Gebildeten geworden.

2. Wir sind auf die Werke der deutschen Klassiker eingegangen – selbst wenn sie nicht dem Rang der anderen Werke entsprechen –, weil sie einmal zum literarischen Hausschatz der Deutschen gehört haben. Das gilt vor allem für Schiller, den man früher in der Schule las. Jetzt hat man Mühe, ihn auf dem Theater zu sehen zu bekommen, obwohl er dahin gehört. Dagegen haben wir einen Autor nicht genannt, der schon in den 1830er Jahren moderne Dramen schrieb, gemeint ist Georg Büchner (1813–1837). Sein *Dantons Tod* ist ein Revolutionsdrama um den Kampf Robespierres, des Vertreters eines genußfeindlichen Tugendterrors, gegen Danton, der angesichts der Hilflosigkeit gegenüber der Eigenlogik der Geschichte von einem Hamletschen Lebensekel gepackt wird und im Nihilismus endet. Sein *Woyzeck* (1836) ist ein Dramenfragment über die Geschichte einer elenden Kreatur, die schikaniert und durch medizinische Experimente gequält wird und die schließlich, nicht mehr ganz zurechnungsfähig, aus Eifersucht einen Mord begeht. Das Stück markiert den Beginn des sozialen Dramas und beeinflußt Hauptmann, Wedekind, Brecht und Frisch. Es zeigt Anklänge ans expressionistische Theater und wurde von Alban Berg vertont.

Zum kanonischen Lesestoff der Schulen zählten auch die Novellen von Keller (*Die Leute von Seldwyla*), Storm (*Der Schimmelreiter*), Annette von Droste-Hülshoff (*Die Judenbuche*), Jeremias Gotthelf (*Die schwarze Spinne*) und C. F. Meyer (*Der Schuß von der Kanzel*). Wie man sieht, eine Menge Schweizer: ob das etwas mit der Demokratie zu tun hat, die es nur in der Schweiz gab?

3. Im übrigen haben wir solche Werke herausgegriffen, die zugleich bedeutend sind und einen neuen literarischen Topos begründen (Beispiel *Robinson*, *Gulliver*, die Romane von Richardson). Alle anderen Werke, die wir besprochen haben, stellen selbst einen ganzen

kulturellen Kosmos dar und sind auf ihre Weise so etwas wie Bildungshandbücher: die *Göttliche Komödie*, *Faust*, *Ulysses* und die Romane des 19. Jahrhunderts. Nicht alle wird man lesen wollen. Richardson wurde nur geschildert, weil er so wichtig ist und ihn doch niemand liest. Dante wird man auch nur besuchen wollen. Und vielleicht wird man nicht alle Bände von Proust lesen. Aber was man lesen sollte, ist *Faust*, weil es unser lebendiges Nationalmuseum ist: Wir sollten es wenigstens einmal besichtigen. Die großen Romane von Stendhal bis Musil dagegen sind das reinste Vergnügen, und jeder von ihnen bietet eine komplette Bildungsreise. Durch eine Lektüre von Dostojewksij oder Tolstoi erfahre ich mehr über Rußland als durch jede Reise, und sie ist erheblich billiger. Auf einer Frankreich-Reise sollte man Stendhal oder Flaubert mitnehmen, aber natürlich sind Balzac, Victor Hugo, Maupassant oder Zola auch sehr gut. Fährt man in die Provence, sollte man vielleicht zu Daudet greifen. Für die Vaucluse empfiehlt sich Marcel Pagnol. In der englischen Literatur haben wir einen jener Romane ausgelassen, der zugleich einen ganzen Kosmos darstellt und die Summe der Bildung seiner Epoche, den man aber nur in den Ferien lesen kann, wenn man das Gefühl hat, unendlich viel Zeit zu haben, und die Lektüre an jeder Stelle durch ein Essen oder ein Bad unterbrechen möchte: das ist der *Tristram Shandy* (1760/67) von Laurence Sterne (1713–1768). Dieser Roman handelt von der Unterbrechung. Er beginnt mit der Zeugung des Helden bei einem Coitus interruptus. Im folgenden wird dann jede Geschichte durch die Erzählung der Geschichte unterbrochen und jede Handlung durch die Planung der Handlung. Das passiert auch mit dem Roman selbst. Er erzählt die Lebensgeschichte des Erzählers Tristram Shandy, er ist also eine fiktive Autobiographie. Da aber der Erzähler zur Erklärung jeder Episode immer noch eine Vorgeschichte nachholen muß, schreitet die Erzählung mehr rückwärts als vorwärts. Im ersten Jahr seines Schreibens schafft der Erzähler es nur bis zum Tag seiner Geburt. Mehr als die ersten fünf Jahre seines Lebens hat er am Ende des Romans nicht geschildert, und diese kurze Strecke besteht nur aus Unfällen: Bei der Zeugung werden durch die Unterbrechung seine Lebensgeister beschädigt; bei der Geburt wird durch die neumodische Geburtszange seine Nase eingequetscht (und wie Freud glaubte Sterne an den Zusammenhang zwischen Zeugungskraft und Nase); bei der Taufe wird er durch ein Mißverständnis auf den traurigsten aller Namen, nämlich Tristram, getauft; und schließlich wird er durch ein herunterfallendes Schiebefenster an entscheidender Stelle beschnitten.

***Die Judenbuche* von Annette von Droste-Hülshoff zählte zum kanonischen Lesestoff der Schulen.**

Ein ähnlicher, aber noch folgenschwererer Unfall schädigt auch seinen Onkel Toby, der dem Zwang erliegt, die Geschichte seiner Zwangskastration erzählen zu müssen, aber, gewissermaßen zur Frau geworden, es aus Scham nicht fertigbringt und als Ersatz das Hobby erfindet: eine Art harmloses Zwangsverhalten, das Zeichen einer blühenden Neurose.

Das Buch ist voll von bizarrer Gelehrsamkeit und wimmelt von schmutzigen Anspielungen, die Sternes Überzeugung illustrieren, daß es keine Eindeutigkeit der Kommunikation geben kann. Es konfrontiert die Newtonsche Gravitationstheorie mit der Subjekttheorie von Locke (→ Philosophie), dokumentiert die Erfindung des Unbewußten als des Bereichs, der der Selbstbeobachtung entzogen bleibt, enttarnt die sentimentale Körpersprache als Paradoxie zwischen Reden und Schweigen (das beredte Schweigen, die bedeutungsschwangere Pause, der schweigsame Händedruck, die einzelne Träne, die Ohnmacht als Benennung dessen, was nicht benannt werden darf) und ist seinem ganzen Zuschnitt nach eine vorweggenommene Illustration der Systemtheorie von Niklas Luhmann, der derzeit modernsten Gesellschaftstheorie im Angebot.

Alles in allem ist *Tristram Shandy* einer der bizarrsten, intelligentesten und witzigsten Romane, die je geschrieben wurden. Die einzige Ausrüstung, die man zur Lektüre braucht, ist: Zeit. Überhaupt sollte man die Romanlektüre vielleicht nach dem Seelenzustand ausrichten, den man gerade für wünschenswert hält. So hat der *Robinson Crusoe* eine ganz eindeutige Wirkung: Er baut die Moral auf, wenn man sich in einer verzweifelten Lage befindet, etwa Schiffbruch erlitten oder bankrott gemacht hat oder arbeitslos geworden ist oder verlassen worden ist. Der Roman zeigt, wie man sich dadurch in den Griff bekommt, daß man erst mal den Tagesablauf ordnet, und daß man auch riesige Zeitstrecken und unendlich langwierige Aufgaben, wie etwa das Abitur nachzuholen, dadurch bewältigt, daß man einen kleinen Schritt nach dem anderen tut, daß man durch methodisches Arbeiten auch die Einsamkeit besiegt und den Überblick über sein Leben behält, indem man ein Tagebuch führt, und daß man in sich allein die ganzen Möglichkeiten der Menschheit trägt und daß man nie und nie und niemals aufgeben soll, so lange noch ein Funken Leben in einem ist, weil Gott am meisten dem Tüchtigsten hilft.

Überhaupt sollte man die Romanlektüre vielleicht nach dem Seelenzustand ausrichten, den man gerade für wünschenswert hält

Gullivers Reisen sollte man lesen, wenn einen die Beobachtung der bundesdeutschen Parteien mit Ekel erfüllt, wenn man es nicht mehr ertragen kann, den Fernseher anzustellen oder die Zeitung aufzuschlagen. Wer derart bis zum Erbrechen mit Politikverdrossenheit angefüllt ist, der findet in *Gullivers Reisen* das Mittel, Ekel in hilfloses Gelächter zu verwandeln. Dabei sollte er allerdings nur die ersten drei Reisen lesen und die vierte peinlichst vermeiden. Wer diese Warnung mißachtet, darf sich nicht beschweren, wenn er nach der Lektüre so angewidert vom ganzen Menschengeschlecht ist, daß er sich in tiefer Depression eine Kugel durch den Kopf jagt.

Den *Don Quijote* sollte man lesen, wenn man es mit ideologischen Kreuzrittern zu tun bekommt, also mit Leuten, die sich unter dem Druck des Bedürfnisses, ihrem banalen Leben etwas Sinn zu verleihen, die ganze Wirklichkeit zu einem Szenario zurechtphantasieren, das es ihnen erlaubt, eine grandiose Rolle zu spielen: etwa jene Ritter von der traurigen Gestalt, die in verrosteter Rüstung noch heute täglich den Faschismus verhindern. Und was der *Don Quijote* für die Männer ist, ist *Madame Bovary* für die Frauen: ein Großversuch, die Welt zu entbanalisieren, wenn man mit einem langweiligen Mann verheiratet ist – und welche Frau dürfte sagen, daß ihr Mann so interessant ist wie ein guter Roman?

Madame Bovary, ein Großversuch, die Welt zu entbanalisieren, wenn man mit einem langweiligen Mann verheiratet ist.

Theater

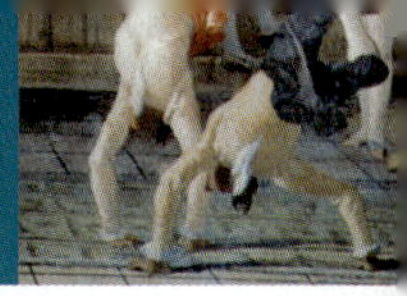

Das 19. Jahrhundert liebte das Theater, schuf aber vor den 1880er Jahren kaum ein bedeutendes Drama. Der Grund dafür lag darin, daß sich die Literatur mit dem Roman zunehmend auf die Darstellung der Innenwelt spezialisiert hatte. Zugleich wurde das öffentliche Rollenspiel durch eine Teilung der Sphären in öffentliche und intime Kommunikation ersetzt: die öffentliche Kommunikation erschien dann emotionslos und konventionell; die intime Kommunikation war zwar echt, aber bedeutungslos. In der direkten Kommunikation von Angesicht zu Angesicht ließen sich Probleme der Gesellschaft nicht mehr ausdrücken. Die Formen der Geselligkeit der Oberschicht – Zeremoniell, Konversation, Manieren – verloren ihre Magie: sie waren nicht mehr repräsentativ. Es zählte nur noch der authentische Ausdruck des Gefühls.

Am Ende des 19. Jahrhunderts erhob sich aber das Drama zu jedermanns Erstaunen von seinem Totenbett, indem es seine Krise zum Thema machte. Es demonstrierte die Unmöglichkeit, Gesellschaft mit den Formen der privaten Kommunikation darzustellen, gerade an der Zerrüttung von Intimmilieus.

Das neue Thema von Henrik Ibsen (1828–1906; *Nora oder Ein Puppenheim*, 1879) oder August Strindberg (1849–1912; *Totentanz*, 1901) sind zerrüttete Ehen; an ihnen werden Bilder tiefster Entmutigung, niederschmetternder Trivialität und zermürbender Monotonie gewonnen.

Da es in intimen Konfliktsituationen oft um nichts anderes geht als um intime Kommunikationskonflikte (»Du widersprichst mir immer« / »Ich widerspreche dir nicht immer« / »Siehst du, jetzt widersprichst du mir schon wieder«), wird die Kommunikation zur Endlosschleife. Das moderne Drama gewinnt daran sein Thema und seine Form, indem es sein Medium – die Kommunikation selbst – thematisiert; dadurch wird es paradox, widersprüchlich, verwirrend und absurd. Man kann oft Form und Thema nicht mehr auseinanderhalten. Das wollen wir im folgenden illustrieren, indem wir fünf der bekanntesten Dramatiker des 20. Jahrhunderts selbst in einem Drama aufeinanderhetzen. Dieses Drama imitiert all die Formen, mit denen diese Dramatiker identifiziert werden: das Diskussionsstück Shaws, das Metatheater Pirandellos, das Lehrstück Brechts, das absurde Drama Ionescos und die metaphysische Farce Samuel Becketts. Oberflächlich aber ähnelt das Stück von Ferne den *Physikern* von Dürrenmatt. Wenn man es durchliest, sollte man also zugleich auf die Form und den Inhalt achten. Das Stück heißt:

> *Das moderne Drama thematisiert sein Medium – die Kommunikation selbst; dadurch wird es paradox, widersprüchlich, verwirrend und absurd*

Dr. Godot

oder Sechs Personen suchen das 18. Kamel
Eine metadramatische Farce

Personen: G. B. Shaw
Luigi Pirandello
Bert Brecht
Eugène Ionesco
Samuel Beckett
Dr. Watzlawick
Dr. Godot

Wir befinden uns im Lesesaal der psychiatrischen Klinik von Palo Alto, Kalifornien, Abteilung für Fälle von schwerer Schizophrenie. Im Lesesaal treffen sich fast immer die gleichen Patienten. Es sind fünf Männer, und sie alle haben eines gemeinsam: Jeder von ihnen hält sich für einen der großen Dramatiker des 20. Jahrhunderts: Sie reden sich deshalb untereinander mit deren Namen an und werden auch von den Ärzten so genannt: Shaw, Pirandello, Brecht, Ionesco und Beckett. Im Augenblick sind nur Brecht und Shaw da, und Brecht redet auf Shaw ein.

BRECHT Ich sage dir, G.B.S., was ich auch schon zu Luigi gesagt habe: vergeßt euren irrationalistischen Vitalismus! Die ganze Lebensphilosophie ist Humbug. Sie ist nichts als der ideologische Pulverdampf, der sich über dem letzten Gefecht einer dekadenten Bourgeoisie erhebt. Und was hat uns die Verwirrung gebracht, die sie verbreitet? Den Faschismus. Daß Pirandello Mussolinis Stiefel leckt, mag man ja noch verständlich finden. Schließlich ist er der Sohn eines Schwefelgrubenbesitzers aus der rückständigsten sizilianischen Bourgeoisie. Aber daß du als Sozialist den Mussolini preist! Das ist nicht mehr verzeihlich. Wenn du auch Fabianer bist und letztlich ein sozialdemokratischer Abweichler, so bist du doch immer noch ein Genosse im richtigen Kampf.

SHAW B. B., ich muß dir was im Vertrauen sagen.

BRECHT Tu das nicht, G.B.S., zu mir darf man kein Vertrauen haben; denn die, die Verräter sind, müssen verraten werden.

SHAW Weißt du, daß Pirandello verrückt ist?

BRECHT Das sage ich ja. Solange die neue Ordnung nicht da ist, sind alle verrückt. Soll ich dir mein neues Gedicht über die neue Ordnung vorlesen? Hallo, Luigi!

Auftritt PIRANDELLO *in der Pose eines Theaterdirektors.*

PIRANDELLO Aha, ich sehe Zuschauer. Das ist gut. Wo Zuschauer sind, ist ein Theater! Die Vorstellung kann beginnen.

Er klatscht in die Hände, IONESCO *tritt auf, an eine lange Leine gebunden. Das Ende dieser Leine hält* BECKETT, *der in der anderen Hand eine Peitsche schwingt.*

BECKETT (*reißt an der Leine*): Halt!

Ionesco läßt sich hinfallen.

Eine elende Kreatur, findet ihr nicht? Steh auf, Schwein!

Reißt an der Leine, IONESCO *rappelt sich auf.*

BECKETT (*weinerlich*) Er zwingt mich dazu, grausam zu sein! Aber ich weine des Nachts. Weil er »ja« sagt, muß ich »nein« sagen. (*Pause*) Vielmehr, weil er »nein« sagt, muß ich »ja« sagen. (*Pause*) Weil er gut sein möchte, muß ich die Disziplin aufrechterhalten. (*Pause*) Weil er sich gehen läßt, muß ich einen kühlen Kopf bewahren.

PIRANDELLO (*zu Shaw*): Ist er nicht gut? Beckett spielt Bert Brecht, und Ionesco spielt Ionesco. Brecht als doktrinärer Kommunist und Ionesco als sein Opfer.

IONESCO Es ist wie in meiner »Lektion«, wißt ihr? Wer sich anmaßt, andere zu belehren, ist ein Gewalttäter. Deshalb müssen alle diese Päpste, Stalinisten, Professoren, Chromosomen, Postbeamte, Könige und Schraubenzieher als das gezeigt werden, was sie sind: idiotische stumpfsinnige Nashörner, oder noch schlimmer, ... Was ist das Schlimmste, das du kennst, Sam?

BECKETT Kritiker!

IONESCO Oh!

SHAW Ionesco kann leider nur sich selbst spielen, weil er keine einzige Idee im Kopf hat.

PIRANDELLO Nun, über deine Stücke haben wir aber ganz ähnliches gehört, G.B.S., obwohl du doch sämtliche Ideen des 19. Jahrhunderts hineingepackt hast.

BRECHT Streitet euch nicht, eure Ideen sind die gleichen: ausrangierter Vitalismus und elende Lebensphilosophie, die sich im Nebel verliert.

PIRANDELLO (*bitzig*) Nein, eure Ideen sind die gleichen: doktrinärer Sozialismus mit wahnhaften Zügen und der Neigung zur Unterdrückung von allem, was euch nicht paßt.

IONESCO Wie merkwürdig, wie bizarr und welch eigenartiges Zusammentreffen, daß Shaw und Brecht beide Sozialisten sind; wie merkwürdig, wie bizarr und welch eigenartiges Zusammentreffen, daß bei beiden der Intellekt das Gefühl unterdrückt; wie merkwürdig, wie bizarr und welch eigenartiges Zusammentreffen, daß beide ihre Kunst in den Dienst der Propaganda stellen; wie merkwürdig, wie bizarr und welch eigenartiges Zusammentreffen, daß beide aus Angst vor dem Unbewußten sich diszipliniert, zerebral und hartgesotten geben; wie merkwürdig, wie bizarr und welch eigenartiges Zusammentreffen, daß sie beide die Gesellschaft von Boxern und Rennfahrern schätzen; wie merkwürdig, wie bizarr und welch eigenartiges Zusammentreffen, daß sie beide Darsteller ihrer hausgemachten Rollen sind und dafür sogar ihre Namen zu Kürzeln amputiert haben: B.B. und G.B.S., das grinsende ABC des Sozialismus, der unmenschlichsten Lehre, die jemals zur Verwandlung von Menschen in Nashörner erfunden wurde.

PIRANDELLO (*zu den anderen*) Alles nur geschauspielert von Ionesco. Alles fiktiv, vorher mit mir verabredet, auch dieser Ausbruch!

BECKETT Hört das denn niemals auf? Welche Qual! Gibt es eine Qual, die größer ist als meine? (*Beißt in eine Möhre.*) Zweifellos.

Durch die Tür tritt der bekannte Psychiater DR. WATZLAWICK.

DR. WATZLAWICK Guten Morgen allerseits! Na, wie geht's im Inneren der Fiktion? Fühlen wir uns wohl, wie? Was gibt es Neues?

BECKETT (*düster*) Etwas geht seinen Gang.

IONESCO Und es wird immer schneller.

PIRANDELLO Aber nichts ändert sich.

SHAW Das bedeutet den Tod.

BRECHT Warum läßt man uns nicht hinaus?

DR. WATZLAWICK Aber Sie können gehen, niemand hält Sie! (*Pause*) Ich bitte Sie, gehen Sie, Sie sind frei!

BRECHT Im Kapitalismus ist niemand frei.

BECKETT Sie wollen uns loswerden?

IONESCO Uns verstoßen?

BECKETT Das ist ein Trick, damit es weitergeht. Wenn wir doch bloß aufhören könnten, aber immer passiert etwas, so daß es weitergeht.

DR. WATZLAWICK Eines Tages wird es aufhören, Sam, Sie werden sehen.

BECKETT (*düster*) Aber das werde ich nicht mehr erleben.

DR. WATZLAWICK Nun ja, einstweilen geht es wirklich weiter. Ihr bekommt nämlich Gesellschaft. Ich bitte euch alle, helft dem Neuen bei der Eingewöhnung, erklärt ihm die Hausordnung und seid etwas freundlich und etwas entgegenkommend. Versetzt euch in seine Lage.

PIRANDELLO Ich nehme an, wir sind in seiner Lage.

IONESCO Oder er in unserer.

SHAW Wer ist es denn?

DR. WATZLAWICK Es ist ein Arzt!

IONESCO Ein Arzt? Kein Patient?

DR. WATZLAWICK Er ist beides. Wie soll ich es erklären? Er ist ein Patient, der sich einbildet, ein Arzt zu sein; um genau zu sein, er hält sich für einen Psychiater. Und da ihr Dramatiker seid und geübt im Rollenspielen, dachte ich, ihr könnt ihn vielleicht von diesem Wahn befreien.

SHAW Und wie sollen wir das machen?

DR. WATZLAWICK Nun, als Psychiater wird er gleich versuchen, euch zu heilen. Das ist ja sein Wahn, daß er meint, er müsse alle Welt von ihren seelischen Übeln kurieren. Er wird deshalb gleich mit einer Therapie beginnen. Tut mir den Gefallen und spielt mit. Ich habe da so eine Theorie, daß die Einbildung, Psychiater zu sein, aus der verdrängten Angst entsteht, verrückt zu sein. Er muß also lernen, daß man vor dem Wahnsinn keine Angst haben muß. Und wenn ihm das irgend jemand beibringen kann, dann seid ihr das. Übrigens nennt er sich Dr. Godot.

BECKETT Was?

DR. WATZLAWICK Na, da seht ihr, was er für ein Sendungsbewußtsein hat! Also enttäuscht mich nicht und helft mir, seine Blockade aufzulösen. Hier kommt er.

Herein kommt DR. GODOT, *ein freundlich lächelnder Mann um die vierzig im Arztkittel.*

Darf ich bekannt machen? Mein neuer Kollege Dr. Godot. Dr. Godot, das sind G.B. Shaw, Bert Brecht, Luigi Pirandello, Eugène Ionesco und Samuel Beckett.

Die Vorstellung wird begleitet von allseitigem freundlichen Lächeln, Kopfnicken und Begrüßungsgemurmel.

DR. GODOT Ich kenne fast alle Ihre Werke und bewundere Sie außerordentlich.

BECKETT *sagt deutlich »Hah!«, alle anderen murmeln Bescheidenheitsformeln wie »nicht der Rede wert«, »alles wertloses Zeugs«, »völlig überschätzt« etc.*

DR. WATZLAWICK Nun, ich lasse die Herren jetzt allein. Dr. Godot wird euch sicher einige Fragen stellen wollen. Aber ich erinnere dran: um halb eins wird gegessen!

DR. WATZLAWICK *verschwindet.*

PIRANDELLO (*ruft ihm nach*) Dr. Watzlawick, darf ich Sie noch etwas fragen? (*zu Dr. Godot*) Entschuldigen Sie mich, ich bin gleich zurück! (*Er eilt* DR. WATZLAWICK *nach.*)

SHAW (*zu Dr. Godot*) Dr. Godot?

DR. GODOT Ja bitte?

SHAW Ich habe schon zu Bertolt gesagt: Pirandello ist verrückt.

DR. GODOT Tatsächlich?

SHAW Ja. Er ist gar nicht Pirandello!

IONESCO Was?

SHAW Er bildet es sich nur ein. Er ist von der Wahnidee besessen, Pirandello zu sein.

BRECHT Gibst du nun zu, daß dieser Bergsonsche Irrationalismus in den Wahnsinn führt?

SHAW (*vertraulich zu Dr. Godot*): Ich bin in Wirklichkeit Pirandello!

BRECHT (*ebenfalls sehr vertraulich zu Dr. Godot*): Wissen Sie was? Ich auch. Aber ich halte es geheim. Das ist eine List, um die Faschisten zu täuschen. Stellen Sie sich vor, er findet heraus, daß in Wirklichkeit nicht er Pirandello ist, sondern wir: nicht auszudenken, was er dann für ein Theater macht!

Alle lachen, während PIRANDELLO *zurückkehrt.*

PIRANDELLO Ah, ich sehe schon, Dr. Godot, man hat Ihnen erzählt, ich sei gar nicht Pirandello! Diesen Witz machen sie mit jedem, der neu ist. Wer will denn angeblich Pirandello sein?

DR. GODOT Shaw und Brecht.

PIRANDELLO Was? Gleich alle beide? Das ist eine Steigerung ins Absurde! Machen Sie sich nichts draus, Dr. Godot!

DR. GODOT Natürlich nicht; ich muß Ihnen übrigens auch ein Geständnis machen, meine Herren: ich bin gar nicht Dr. Godot!

BECKETT (*verzweifelt*) Was? Wieder nicht?

DR. GODOT Nein, es war Dr. Watzlawicks Idee. Ich sollte mich als Patient ausgeben, der sich einbildet, Psychiater zu sein. Den Namen Dr. Godot hat auch Watzlawick ausgesucht, weil er meinem wirklichen Namen so ähnlich ist: ich heiße in Wirklichkeit Dr. Godit, Dr. William H. Godit.

PIRANDELLO Und in Wirklichkeit bilden Sie sich auch nicht ein, Psychiater zu sein?

DR. GODIT Natürlich nicht. (*Pause*) In Wirklichkeit bin ich Psychiater.

SHAW Aha.

DR. GODIT Ja, sehen Sie, ich hab mich gleich nicht wohl gefühlt dabei. Godot, das mußte ja unplausibel klingen, und wo es nun heraus ist, kann ich ja gleich alles sagen: Dr. Watzlawick wollte ein Experiment machen. Da ich als Psychiater auftrat, konnte ich Sie ganz offen in therapeutische Gespräche verwickeln. Da Sie mich aber für einen Patienten hielten, würden Sie mir nicht mißtrauen.

IONESCO Und was hatten Sie sich als Therapie gedacht?

DR. GODIT Nun, ich hatte da so eine Idee.

BRECHT Wir sind gespannt.

SHAW Wir brennen vor Neugier! Denn schließlich sind Sie ja wirklich Psychiater.

DR. GODIT Ja. Nun, Dr. Watzlawick meinte, Sie hätten sich da in einen gewissen Dissens verrannt: Shaw und Brecht repräsentierten dabei die Seite der Gesellschaft, Ionesco und Beckett die Seite der privaten Subjektivität, und Pirandello mit seinen Rollenspielen mal die eine und mal die andere Seite. Ich glaube nun, wenn Sie versuchen würden herauszufinden, was Ihnen allen gemeinsam ist, würden Sie vielleicht – wie soll ich sagen – von Ihren Alpträumen geheilt werden.

PIRANDELLO Was heißt hier »geheilt«? Als Sartre in St. Genet erklärte, warum Genet ein Verbrecher geworden war, konnte der plötzlich nicht mehr schreiben.

BECKETT Und als Brecht ins Paradies der Arbeiter und Bauern ging, da konnte er es auch nicht mehr.

IONESCO Was aber nicht weiter auffiel, denn er konnte schon von Anfang an nicht schreiben.

SHAW Hör auf, Eugène! Was hältst du von Dr. Godits Idee, B.B.?

BRECHT Es wäre ein interessantes Experiment. Statt euch immer nur selbst zu erklären, müßtet ihr nun mal Erklärungen für andere finden. Euch ist schon lange nichts mehr eingefallen, Eugène, und Sam fällt sowieso nur immer ein, daß ihm nichts einfällt.

IONESCO Wahrscheinlich hast du schon eine Erklärung, die du uns aufzwingen möchtest?

BRECHT Aber ihr müßt doch zugeben, daß es tatsächlich Gemeinsamkeiten zwischen uns gibt. Wir alle sind uns doch einig, daß die alten Formen des aristotelischen Realismus nicht mehr genügten. Sie bedeuteten nichts mehr. Und warum bedeuteten sie nichts mehr? Weil in einer kapitalistischen Gesellschaft die direkte Interaktion von Angesicht zu Angesicht nichts mehr repräsentiert. Es läßt sich an ihr nichts mehr zeigen. Fragt G.B.S., was er für eine Mühe hatte, die Verhaltensformen der guten Gesellschaft mit Bedeutung auszustatten.

SHAW Ich seh' das etwas anders. Das realistische Drama des 19. Jahrhunderts beruhte auf einer Voraussetzung, die so unerschütterlich schien wie der Goldstandard des Pfund Sterling: das war die Identität von melodramatischer Theatralik, passioniertem Gefühl und der überwältigenden Bedeutung des privaten Glückes in Form von sentimentalen Beziehungen, deren Notwendigkeit auf dem Theater genauso feststand wie ihre Irrelevanz für die Gesellschaft. Und da hat nun Ibsen gezeigt, wie man dieses Problem löst.

IONESCO Wieso? Auch Ibsen bleibt doch im Privaten. Wir alle bleiben im Privaten. Pirandello zeigt permanent Eifersuchtsdramen von Ehepaaren. Ich selbst habe von der *Kahlen Sängerin* über *Die Stühle* bis zu *Jakob oder der Gehorsam* Ehepaare und Familien gezeigt, und die Beziehung von Sams Figuren sind nichts anderes als die Schrumpfformen von in die Jahre gekommenen Intimbeziehungen.

BRECHT Das ist ja der Punkt; das einzige, was ihr zeigt, ist, daß sie nichts bedeuten.

PIRANDELLO Aber war das auch bei Ibsen schon so?

SHAW In gewisser Weise ja. Ibsen schuf eine ganz neue Situation für das Publikum, indem er die Informationsverteilung umbaute. War bei den Intrigen des traditionellen Dramas das Publikum meistens in alles eingeweiht, wurde es im analytischen Drama von Ibsen zum Außenseiter. So wie das für die Beziehung zwischen Fremden in unserer Gesellschaft normal ist, versetzte Ibsen den Zuschauer in die Position eines Menschen, dem vom Anfang des Stückes an die wohlanständige Fassade einer bürgerlichen Familie präsentiert wurde. Im Verlaufe des Dramas brach dann ein Stück nach dem anderen aus der Fassade heraus, und der Zuschauer bemerkte mit zunehmender Konsterniertheit, daß die so sehr gerühmte Innigkeit der Familienbeziehungen auf einem Haufen Lügen beruhte. Wenn die Interaktion im Bereich der Intimität dann noch etwas bedeutete, dann zumindestens nicht mehr das, was sie schien.

PIRANDELLO Kein Wunder, daß das Drama von Ibsen und G.B.S. so intensiv mit den Themen der Frauenbefreiung befaßt war.

SHAW Es war ein Enthüllungsdrama. Die eigentliche Handlung hatte schon vorher stattgefunden.

PIRANDELLO Ja, es ging zu wie in der Psychoanalyse: alles war Rückschau. Gar nicht unähnlich der griechischen Tragödie.

SHAW Du meinst, die Sünden der Väter und die Gespenster und all das?

PIRANDELLO Na ja, bei Ibsen war es noch die Vererbung: aber dann kamen eben die seelischen Traumata, die Erinnerungen und die Hölle des Unbewußten. Da ließ sich die Wiederkehr des Verdrängten leicht mit Erinnyen, Rachegeistern und Familienflüchen in Verbindung bringen. Eliot hat das gemacht in seinen Salonkomödien und O'Neill in diesem Monumentalschinken über Elektra und Orest. Auf jeden Fall gab es plötzlich eine Menge Neuauflagen griechischer Tragödien.

SHAW Die ganze Psychoanalyse war solch eine Neuauflage. Damit konnte man das private Elend mit mythologischer Bedeutung aufblähen.

BRECHT Das sage ich ja. Wo man hinschaut: Liebespaare, Ehepaare, Freundespaare und Familien wie in der Antike. Das soll eine Darstellung der Gesellschaft sein? Oder gar eine Analyse? Wo bleibt der Krieg? Wo bleibt die Wissenschaft, wo bleibt die Hochfinanz, kurz, wo bleibt die Gesellschaft?

IONESCO Ich sage dir, wo die Gesellschaft bleibt, du Hornochse mit der Seele eines kleinbürgerlichen Pfadfinders! Die Gesellschaft ist in all dem, was dem ewig fluktuierenden Unbewußten an Reglementierung auferlegt wird, in all dem Rigiden, Repetitiven, Mechanischen, das die Individualität einer originellen Seele in ein kollektives Nashorn verwandelt.

BRECHT Eugène, verschone mich mit dem alten undialektischen Gegensatz von dem flexiblen Bewußtsein und der rigiden Gesellschaft. Das ist alles alter Bergson. Die Entfremdung wird nicht bewirkt durch die Gesellschaft, mein Lieber, sondern durch die kapitalistische Gesellschaft.

DR. GODIT Und wenn es doch so wäre – entschuldigen Sie, daß ich mich einmische –, wenn, gleichgültig ob kapitalistisch oder sozialistisch, die Entwicklung der Gesellschaft auf eine immer weitere Kluft zwischen Bewußtsein und Gesellschaft hinausliefe? Wenn durch diese Trennung das Bewußtsein auf eine Weise mit sich selbst beschäftigt würde, daß es fast alle Kommunikation als unzureichend empfindet, und wenn es deswegen seine eigene öffentliche persona als fremd empfindet, als eine Maske, die nicht mehr es selbst ausdrückt?

PIRANDELLO Gut gesagt, Dr. Godit!

BRECHT Das ist die Schizophrenie.

PIRANDELLO Was redest du hier von Schizophrenie, B.B., als ob du nichts damit zu tun hättest? Schau dir doch deine Figuren an: Puntila, der gut ist, wenn er betrunken ist, und egoistisch, wenn er nüchtern ist. Shen Te, der gute Mensch von Sezuan, die nur deshalb gut bleiben kann, weil sie sich von Zeit zu Zeit in den rücksichtslosen Shui Ta verwandelt, der ihre Interessen schützt; schau dir die ganze Galerie von Anpassern und Schweijks an, die sich in deinen Dramen herumtreiben, um sich in eine äußere Maske und eine innere Person zu spalten. Es ist eine ganze Serie von Dr. Jekylls und

Mr. Hydes. Wir haben es ja gehört: Du mußtest grausam sein und weintest in der Nacht. Tu doch nicht so, als ob du die Schizophrenie nicht kennst!

IONESCO Das ist typisch für B.B., er hat einfach kein Taktgefühl. (*Schreit Brecht an.*) Weißt du nicht, daß Luigis Frau schizophren war?!

SHAW Ach was, ein Dramatiker kennt keine Scham. Jeder weiß, wie Luigi die Schizophrenie seiner Frau für seine Stücke ausgebeutet hat. Er gibt es selber zu, und es war richtig so. Denn hat er uns dadurch nicht gezeigt, daß eine Wahnwelt ebenso logisch und stabil ist wie die Welt der Wirklichkeit?

BECKETT Ja, und warum ist das so?

BRECHT Ah – wir hören jetzt eine Botschaft aus dem Uterus.

BECKETT Weil die wirkliche Welt genauso paradox ist wie die Welt des Wahns. Jede Lösung reproduziert das Problem, das sie löst. Das ist die tiefere Logik der Logik. Brechts eiserne Logik stabilisiert seinen zwanghaften und wahnhaften Glauben an den Marxismus über Säuberungen, Arbeitslager und Massenmorde hinweg. Warum? Nun, die Weltrevolution produziert Gegner, die man mit einer Grausamkeit vernichten muß, die abzuschaffen der Sinn der Weltrevolution ist. Dies ist wahnhaft, und es ist wahnhaft, die als wahnhaft zu beschimpfen, die den Wahn beschreiben. B.B.s Wahn ist der Glaube an den Fortschritt. Doch der Fortschritt bringt Rückschritt.

IONESCO Hah, das hat gesessen! Wenn du so gerne mit Gedanken experimentierst, wie du sagst, B.B., warum springst du nicht mal aus deinem marxistischen System heraus und versuchst es mit ganz neuen Ideen, wie?

BRECHT Und du selbst, Sam? Bist du auch schizophren?

BECKETT Soll ich dir etwas sagen, B.B.? Ich habe in einer Irrenanstalt monatelang mit einem Mann Schach gespielt, und er hat während der ganzen Zeit kein Wort zu mir gesagt. Schließlich habe ich ihn zum Fenster geführt und gesagt: Sieh dort, das Korn und all die Segel! Er aber wendete sich ab. Er hatte nur Asche gesehen.

BRECHT Schrecklich!

BECKETT Der Mann war ich. Du aber, B.B., du siehst sie nicht, die Toten in ihren Gräbern. Wer die nicht sieht, ist so schizophren wie der, der sie sieht.

SHAW Nun, das wäre auch eine Gemeinsamkeit.

PIRANDELLO Ist das jetzt ein Anlaß für Witze?

SHAW Alles ist ein Anlaß für Witze!

IONESCO Es gibt keine Gemeinsamkeit. Wir haben dramatisch völlig entgegengesetzte Ziele! Ihr wollt aufklären, weil ihr euch einbildet, ihr hättet die Welt verstanden. Wir aber wissen, wir haben sie nicht verstanden. Was mich jedesmal mit der Macht einer Ungeheuerlichkeit überfällt, ist die Unverständlichkeit der Dinge, ihre finstere Intransparenz. Es ist das, was ihr nicht aushalten könnt, und das treibt euch in die Wahnwelt eurer Erklärungssysteme.

BRECHT Und was ist dann das Ziel eures Dramas, wenn es nicht Aufklärung ist?

SHAW Das Gegenteil von Aufklärung, also Mystifikation!

PIRANDELLO Ganz recht, Mystifikation, die Darstellung des Geheimnisses, das müßtest du doch verstehen, G.B.S.! Deine ganze Philosophie läuft doch darauf hinaus, die untergründige Macht der Lebenskraft zu preisen.

SHAW Aber einer Lebenskraft, die sich im Zuge der Evolution immer mehr selbst begreift und dadurch zu steuern lernt! Du weißt, Luigi, daß mich dein Drama unendlich beeindruckt hat, weil ich selbst das Gefühl gut kenne, ein Schauspieler meiner eigenen persona zu sein! Da hat Luigi recht. B.B., wir sind alles Poseure, du auch! Und warum auch nicht? Wir sind darum um so freier, wir sind, was wir zu sein beschließen. Wir schaffen uns selbst, was die Genies schon immer getan haben. Aber was Eugène und Sam machen, das geht über mein Verständnis. Wenn Ibsen uns im analytischen Drama gelehrt hat, den Zuschauern nicht gleich alle Hinterbühneninformation zu verraten, damit sie nach und nach an der Aufdeckung beteiligt werden können, so wird daraus doch ein Erkenntnisprozeß. Bei Sam und Eugène aber bleiben die Zuschauer bis zum Schluß im ungewissen; da wissen die Figuren bis zuletzt mehr als das Publikum; da werden dann Voraussetzungen als selbstverständlich unterstellt – man hat sich mit gewissen Leuten verabredet, man hat gewisse Aufträge –, die nie geklärt werden. Ihr macht das Publikum zu völligen Außenseitern und gebt ihm überhaupt keine Information mehr!

BRECHT Oder nur widersprüchliche.

IONESCO Und wer hat immer betont, daß die Welt widersprüchlich sei?

BRECHT Widersprüchlich ja, aber nicht unerklärbar. Wenn Luigi in diesem Stück mit der Schwiegermutter dieselbe Geschichte in zwei entgegengesetzten Deutungen präsentiert: schön, das ist widersprüchlich. Wenn er aber dann beiden Versionen denselben Plausibilitätsgrad verleiht, weil jede von ihnen von einem Irren stammen könnte, aber auch jede von einem Normalen, dann vermischt er die Grenze zwischen Irrsinn und Realität und bringt das Publikum in die Position des buridanischen Esels.

IONESCO Hilf mir, Luigi! Von welchem Stück spricht er?

PIRANDELLO So ist es, wie es ihnen scheint. Du erinnerst dich: die neue Familie in der Kleinstadt mit dem merkwürdigen Betragen – der Schwiegersohn erklärt, seine Schwiegermutter sei über den Tod ihrer Tochter, seiner ersten Frau, wahnsinnig geworden und halte nun seine zweite Frau für ihre Tochter.

IONESCO Ah ja, und die Schwiegermutter erklärt, nach einem Sanatoriumsaufenthalt habe ihr Schwiegersohn seine Frau nicht wiedererkannt und glaube nun, eine zweite Frau geheiratet zu haben. Ja, ich kann mich erinnern. Aber du hast die eigentliche Pointe nicht verstanden, B.B.: Der Witz ist doch, daß eine Version die andere enthält, daß beide Versionen eine völlig glaubhafte Erklärung dafür geben, warum die andere falsch ist. Und das macht die Welt nicht unerklärlich, sondern erklärt den Widerspruch. Das ist genau so, wie wenn wir dir die psychologischen Gründe für deinen wahnhaften Marxismus vorhalten, dein Marxismus aber jede Relativierung seiner selbst vorweg relativiert, indem er sie zur ideologischen Waffe erklärt. Diese ganze Klassenkampfdialektik stattet den Marxismus mit einem Immunsystem aus: er erwartet ja, daß man ihm widerspricht, also ist jeder Widerspruch für ihn eine Bestätigung.

PIRANDELLO Ah, das hast du gut erklärt, Eugène! Ja, B.B., auch in meine Stücke gehen soziale Erfahrungen ein. Als Kind war ich zutiefst überzeugt von der Fähigkeit, mich verständlich zu machen. Aber mit meiner Frau konnte ich nicht kommunizieren. Je mehr ich es versuchte, desto mehr entzog sie sich mir in den Wahn. Je mehr ich ihre Eifersucht zu zerstreuen suchte, je mehr Gründe ich dafür anführte, daß ich ihr treu war, desto mehr sah sie in meinen Beteuerungen einen Beweis für meine Untreue. Ich habe mich geradezu in einen Paroxysmus (heftiger Anfall) der Argumentation gestürzt und damit nur ihre Überzeugung gestärkt, daß ich sie betrog. Die Erfahrung, daß der verzweifelte Versuch der Kommunikation gerade die Kommunikation verhindert, daß jeder im Innern seiner eigenen Selbstinszenierung letztlich unerreichbar ist, ist die Inspiration meines Dramas.

SHAW Aber du mußt mir trotzdem erlauben, diese Erfahrung sozial zu relativieren, Luigi. Nein, du brauchst gar nicht zu protestieren, dadurch gewinnt sie ja an sozialer Resonanz. Denn in ihr zeigt sich doch die klaustrophobische Enge und der Realitätsverlust der reinen Privatsphäre, in deren Innerem wie im untersten Kreis der Hölle nur noch das eine bürgerliche Ehepaar haust, um in unendlichen Zirkeln die ewige Kreisbahn sich selbst verstärkender Konflikte zu durchlaufen.

BRECHT Sehr gut, G.B.S., und das ist nicht nur bei Luigi so, sondern auch bei Eugène – na ja, das sagt er ja selber –, aber auch bei Sam. Wenn man seinen berühmten Hams und Clovs und Estragons und Vladimirs und Pozzos und Luckies die metaphysischen Clownsmasken vom Gesicht reißt, kommen darunter ein Haufen verkniffener kleiner Ehepaare zum Vorschein, alles Abkömmlinge von Kurt und Alice aus Strindbergs *Totentanz*. Der ganze Apparat des absurden Dramas findet sich schon dort: der geschlossene Raum, die klaustrophobische Atmosphäre, die Zirkelbewegungen des Ehekonflikts, der Vampirismus der Figuren, alles!

IONESCO Ich glaube, daß Plagiatvorwürfe aus deinem Munde etwas hohl klingen, B.B. Jeder weiß, wie lax du selbst in Fragen des geistigen Eigentums warst, und es ist doch jedem klar, daß du deine ganze epische Maschinerie des Stationendramas ebenfalls aus Strindbergs *Totentanz* und *Nach Damaskus* geklaut hast.

BRECHT Ach, es geht mir doch nicht um klauen oder nicht klauen! Geistiges Eigentum ist kollektiv! Sollen doch alle klauen! Das Problem ist ja eher, daß die meisten für geistiges Eigentum kaum Verwendung haben. Nein, Eugène, alles was ich mit dem Hinweis auf Strindberg sagen wollte, ist, daß hinter eurem ganzen mystifizierten absurden Theater weniger Metaphysik steckt, als ihr vorgebt, dafür aber das soziale Bezugsbild der Familie und der Ehe, das eben bei Strindberg noch sichtbar ist.

DR. GODIT Gestatten Sie, daß ich mich wieder einmische? Ja? Mir scheint doch, daß mit dem absurden Drama theatergeschichtlich eine völlig neue Qualität erreicht ist. G.B.S. hat vorhin auf die Differenz in der Informationsverteilung hingewiesen. Ich finde das entscheidend. Das absurde Drama zeigt nicht mehr, wie bei Strindberg, den Wahnsinn als Eigenschaft der Figuren, sondern es induziert das Gefühl der wahnhaften Desorientierung im Publikum, indem es ihm wichtige Informationen vorenthält.

SHAW Das ist richtig. Das Publikum wird so mystifiziert, daß es nach wahnhaften Deutungen greift. Aber das tut auch schon Pirandello!

DR. GODIT Und wie macht er das?

SHAW Nun, ich würde sagen, er spielt mit den theatralischen Rahmungen. Erst läßt er uns glauben, auf der Bühne würde eine Szene aus der Wirklichkeit simuliert, wie wir es vom Theater gewohnt sind. Aber dann zieht er uns plötzlich den Boden weg, indem er deklariert, das sei alles nur Theater, eine Inszenierung, und die Figuren seien nur Schauspieler; doch kaum sind wir auf diese Weise wieder hart auf dem Boden der Realität gelandet, versetzt er uns einen Schlag in den Solarplexus, indem er behauptet, auch diese neue Wirklichkeit sei nur inszeniert, womit er unserem Gefühl für die Solidität der Wirklichkeit den Todesstoß versetzt. Mein Gott, haben wir damals alle vom »Pirandellismo« geschwärmt! Selbst die Amerikaner haben sich überschlagen vor Begeisterung, und auch die Deutschen waren hingerissen. Wahrscheinlich stammt es sowieso aus Luigis Studien des deutschen Idealismus mit seinen ganzen Subjektivismusproblemen von Schlegel, Tieck, Schelling, Fichte und dem Ich, das das Ich setzt und das Nicht-Ich auch, herrjeh, bin ich froh, daß ich mich statt dessen mit Biologie und Ökonomie herumgeschlagen habe!

IONESCO Ja, aber euer Hegel hat auch damit angefangen.

DR. GODIT Ich finde, G.B.S. hat Pirandellos Technik sehr gut beschrieben, aber er hat nicht das Neue genannt, das darin steckt: Denken Sie an Shakespeares Technik des Spiels im Spiel. Da muß sich das äußere Spiel, sagen wir im Sommernachtstraum, vom inneren von Pyramus und Thisbe unterscheiden: Das äußere wird als Wirklichkeitsfiktion angeboten, das innere als Drama. Bei Luigi aber wird diese Grenze verwischt. Das Drama hat dann kein Außen mehr. Es wird total. Das vermittelt dem Zuschauer den irritierenden Eindruck, er selbst werde in das Drama hineingezogen. Und das heißt, das Drama bildet die Welt nicht mehr ab, indem es mit der Grenze zwischen sich und der Welt operiert, sondern es verweist nur noch auf sich selbst, es wird tautologisch. Es sagt, das Drama repräsentiert nur noch das Drama. Das aber markiert einen Punkt in der sozialen Entwicklung, an dem die Interaktion nichts mehr repräsentiert als sich selbst. Sie beschäftigt sich dann nur noch mit ihrer Nicht-Repräsentanz.

SHAW Das hieße ja, die Gesellschaft kommt nur noch negativ vor, als Abwesenheit.

DR. GODIT Richtig! Es zeigt, daß Gesellschaft von den Formen der direkten Kommunikation aus nicht mehr zugänglich ist.

IONESCO Gib zu, G.B.S., auch bei dir ließ sich die Gesellschaft nur noch in Form von sogenannten »Ideen« ins Drama bringen, die dann als beliebige Themen Anlässe zu Konversation oder zur Diskussion boten. Aber du mußt zugeben, daß du manchmal Mühe hattest, diese »Themen« mit der Handlung und den Figuren zu verbinden. Und das Ganze konnte nur funktionieren, weil du die Konversationskultur der englischen Oberschicht bewundert hast, denn als guter alter Fabianer glaubtest du ja an die Bekehrung der Oberschicht zum Sozialismus, Gott vergebe dir! Du sahst in der aristokratischen Verhaltenskultur der Engländer den Ausdruck des elitären Prinzips eines republikanischen Dienstes am Gemeinwohl. Man sieht es deutlich an dem, was dein Pygmalion gegenüber seinem Geschöpf von Blumenmädchen über die Selbstbeherrschung sagt: Bei dir erfüllt die Selbstbeherrschung im Benehmen dieselben Funktionen wie bei B.B. die Parteidisziplin und Kaltschnäuzigkeit. Du wirst es bestimmt nicht gerne hören, G.B.S., aber in deiner Bewunderung für die Oberschicht-Kultur und deiner Orientierung am Gesellschaftsdrama warst du so altmodisch wie England selbst. Diese ganze englische Steifheit wird ja bis hinunter zu den Martins und Smiths imitiert.

BRECHT Eugène! Welche Analyse! Welch sozialer Blick! Bravo! Ich stimme zu.

SHAW Du stimmst zu! Ich und altmodisch! Das hat mir noch niemand gesagt. Ich wußte, daß ich eines Tages überholt werden würde, das ist die Evolution. Aber hast du nicht selbst soziale Ideendramen geschrieben, B.B.?

PIRANDELLO Nein, ich sehe es jetzt deutlich: B.B. ist so modern wie wir!

BRECHT Aha! Du machst mich neugierig. So modern wie ihr – das klingt bedrohlich.

PIRANDELLO Dr. Godit hat recht. Auch dein Problem ist es, daß die Gesellschaft von der Interaktion her nicht mehr zugänglich ist. Damit dreht die Selbstbezüglichkeit des Dramas durch. Es wird tautologisch. Dein berühmter Verfremdungseffekt ist nichts anderes als eine Tautologie. Da sagt das Drama nur: Schaut her, Leute! Ich bin ein Drama und möchte euch etwas zeigen. Als ob wir das nicht vorher gewußt hätten! Immer hat das Drama etwas repräsentiert. Aber nun kommst du daher und zeigst auf das Zeigen. Erst zeigst du mit deinem Zeigefinger auf irgend etwas – das nennst du dann Parabel –, da man aber nicht sieht, worauf dein Finger zeigt, nimmst du den anderen Finger und zeigst auf den Zeigefinger. Das ist tautologisch.

IONESCO Bravo! Brecht ein Erbe von Pirandello. Wir sind alle Erben von Pirandello. Ich bekenne es freimütig, denn bei mir ist die Spiel-im-Spiel-Struktur ja sowieso unübersehbar. Sam, warum hältst du dich so zurück? Sag auch mal etwas!

SHAW Er brütet eben vor sich hin, wie immer.

BRECHT Es geht nicht nur um das Spiel im Spiel, Eugène. Was Luigi meint, ist die Vermischung der Ebenen zwischen Aufführungssituation und dramatischer Fiktion. Da ist Sam tatsächlich ein unerreichter Meister der Mystifikation. So wie ich es sehe, verdünnt er den manifesten Sinn der Bühnenhandlung bis zu einem solchen Grade, daß die Interaktion zwischen den Figuren auf die Aufführungssituation hin transparent wird.

IONESCO Könntest du dich etwas klarer ausdrücken?

BRECHT Gerne. Was ich meine, ist, daß vieles von dem, was Sams Figuren sagen, auch von den Schauspielern über ihre Bühnensituation gesagt werden könnte. Nimm sein Warten auf Godot: Es stimmt auch für die Schauspieler, daß sie den ganzen Abend auf Godot warten müssen, daß sie nicht wissen, wer Godot ist, daß sie auch schon am Vorabend auf ihn gewartet haben, daß sie sich freuen, wenn der Abend vorbei ist, daß sie aber immer noch weitermachen müssen, daß ihnen bald nichts mehr einfällt, daß sie Verstärkung brauchen könnten, daß sie nur existieren, wenn sie gesehen werden, und was weiß ich. Fast alles, was geschieht, wird sinnvoll, wenn man es auf die Nicht-Zeit und den Un-Ort der Bühne bezieht. Aber das hat Sam eben kunstvoll verschwiegen, im Gegenteil, er hat so getan, als ob das Geschehen für sich etwas bedeute. Sam hat einfach die Chuzpe besessen, die Theatersituation kurzzuschließen und die Inszenierung selbst zu dramatisieren, ohne es zu sagen. Damit hat er die ganze abendländische Menschheit dazu verleitet, sich auf die Jagd nach versteckten metaphysischen Bedeutungen zu begeben und sich unter der Führung der Kritiker ins schwarze Loch des bodenlosen Tiefsinns zu stürzen. Und – sie sind alle darauf hereingefallen! Alle haben reagiert wie Paranoiker, die überall nach verborgenen Bedeutungen suchen. Es war eine grandiose dadaistische Irreführung, ein surrealistischer Scherz, stimmt's, Sam? Gib es zu, du hast die Experten des Tiefsinns alle an der Nase herumgeführt, du Rattenfänger des Absurden!

BECKETT Ich habe nie gelogen. Wenn mich die Studienräte nach der symbolischen Bedeutung von Godot oder anderer Charaktere gefragt haben, habe ich immer nur geantwortet: Das sind Figuren. Sie spielen, um zu existieren.

BRECHT Das sage ich ja. In Wirklichkeit bedeutet sein Drama überhaupt nichts. Es bedeutet sich selbst. Es ist die perfekte Selbstbezüglichkeit, eine tautologische Schleife. Es sagt: »Ich bedeute mich selbst!«

SHAW Aber vorhin hast du doch gesagt, es repräsentiere die Ehehölle à la Strindberg!

BRECHT Das ist dasselbe. Der Bereich der Familie ist der Bereich der Interaktion. Hast du dir schon einmal die Spielzüge von Eugène und Sam und der ganzen Truppe ihrer Imitatoren von Pinter bis Albee im einzelnen angeschaut?

SHAW Nun, mir kam das absurde Theater immer wie das finstere Reich der Schikane vor. In ihm herrscht die vollendete Bosheit im Kleinen, die mit Beziehungsfallen, unbefolgbaren Befehlen, unklaren Normen und perversen Unbelangbarkeiten arbeitet. Es ist die kafkaeske Tyrannis der beengten Verhältnisse, was auch die Ähnlichkeit zwischen Familien und der Situation von Lagern und geschlossenen Anstalten erklärt.

Vor allem aber untergräbt die Schikane ständig die Differenz zwischen Spiel und Ernst.

IONESCO Das ist richtig: wißt ihr, daß das Wort chicane, die Rechtsverdrehung, von chicaneur abgeleitet ist, was soviel wie die Grenzlinie eines Spielfeldes bedeutet?

SHAW Siehst du? Sie muß wohl in Frankreich erfunden worden sein, wo auch das absurde Drama herkommt.

BECKETT Aber von Ausländern geschrieben wird.

SHAW Noch eine Schikane. Jedenfalls geht es in der Schikane um die Paradoxie, daß die Bösartigkeit die Bedingung für ihre eigene Entstehung herstellt und darin reflexiv wird, nach dem Prinzip: Ich foltere alle, die Angst vor mir haben. Da werden dann Katz- und Mausspiele inszeniert, selbsterfüllende Prophezeihungen vorgeführt, Normen aufgestellt, die ihre eigene Überschreitung provozieren, und alle Paradoxien des Infernos losgelassen, mit denen man sich gegenseitig zur Verzweiflung und das Publikum zum Wahnsinn treiben kann.

BRECHT Du sagst es! Es ist die Grundfigur des kleinlichen häuslichen Konflikts, der sich selbst unter Konfliktvorgaben zum Thema wird und sich auf diese Weise verlängert. Es ist die ewige Metakommunikation, die dann wieder unter die Räder der Kommunikation gerät und sie auf diese Weise fortsetzt. Kein Wunder, daß Sam seine Figuren immer wieder nach dem Ende lechzen läßt.

BECKETT Das ist gut beobachtet, B.B. Das Ende wäre die Auflösung der paradoxalen Schleife, deren Ende immer wieder im Anfang mündet.

SHAW Kurzum, der Ausbruch aus dem Wahnsinn.

BECKETT Vielleicht. Aber jeder Ausbruchsversuch ist Teil des Wahnsinns und führt in ihn zurück.

SHAW Aber warum diese Beschäftigung mit dem Wahnsinn, warum nur?!

BRECHT Frag Sam, der ist wahnsinnig.

IONESCO Fängst du schon wieder an?

SHAW Aber ein Mensch, der nichts mehr fürchtet, als schizophren zu werden, ist einfach schizophren. Es ist doch wahnsinnig, sich permanent mit dem Wahnsinn zu beschäftigen.

BECKETT Vor allem ist es endlos. Die Beschäftigung mit dem Wahnsinn setzt ihn fort, es ist eine endlose Qual, es ist die Hölle! Wißt ihr überhaupt, was das heißt, schizophren? Das heißt, daß eine Glaswand zwischen euch und der Welt steht. Den Kontakt zur Welt überlaßt ihr dann einem Teil von euch, mit dem ihr nichts zu tun habt, einer öffentlichen persona, dem Erfüllungsgehilfen der Erwartungen anderer, einem verächtlichen Anpasser. Ihr selbst aber, ihr zieht euch immer tiefer zurück ins Innere eurer selbst, wo euer einziger Bezugspartner, eure einzige Gesellschaft ihr selbst seid. Das ist die totale Einsamkeit. Das ist der Tod im Leben. Draußen hört ihr euer anderes Ich rumoren. Ihr hört die Geräusche, die die anderen machen, aber all das bedeutet nichts. Sie sind alle nur mechanische Puppen, ihr Gerede hört sich an wie Geriesel, wie Murmeln. Ihr habt den Kontakt zum Leben der anderen, ja auch zum eigenen Leben, verloren. Nein, ihr habt diesen Kontakt nie gehabt. Ihr fühltet euch so wertlos, daß ihr nicht wagtet, zu existieren. Ihr hattet kein Recht auf Existenz. Wenn ihr Anspruch auf Wirklichkeit erhoben hättet, dann hätten euch die anderen verdinglicht und getötet. Dem seid ihr zuvorgekommen; durch Mimikry und Camouflage habt ihr euch selbst verdinglicht. Ihr macht euch unsichtbar, setzt eine Maske auf, verschmelzt mit der Umgebung, geht inkognito und stellt euch tot. Aus Angst vor den tötenden Basiliskenblicken der anderen raubt ihr auch ihnen in der Phantasie ihre Lebendigkeit. Ihr depersonalisiert sie zu Robotern, macht sie zu Dingen, und doch hängt eure ganze Existenz davon ab, gesehen zu werden; ohne im Blick von jemandem zu existieren, verlöscht ihr. Weil aber der Blick der anderen tötet, ist der einzige Garant eurer Existenz euer eigenes Selbstbewußtsein. Ihr beobachtet euch ständig selbst. Diese Selbstbeobachtung tötet alle Spontaneität ab. Euer Selbst stirbt ab. Es wird unwirklich starr und versteinert. Ihr werdet selbst zu eurem eigenen Grab.

PIRANDELLO Wunderbar, wunderbar – wie du das beschrieben hast, Sam! Ja, genauso ist es. Was du geschildert hast, ist der Widerspruch zwischen Ich und Rolle, Individuum und Maske, subjektiver und objektiver Seite der Existenz. Das innere Selbst wird nicht autonom, weil es nicht objektiv wird, und die äußere Maske wird nicht wahr, weil sie innerlich abgelehnt wird. So muß man etwas scheinen, was man nicht ist, und etwas sein, was man nicht zu sein scheint. Die Einheit der Person explodiert in eine Vielzahl von Rollen, die nun auf der engeren Bühne des Selbst umherirren und das Ich anflehen, sie anzuerkennen und ihr Autor zu werden.

BRECHT Ich glaube, langsam verstehe ich, was Eugène gegen mich hat.

BECKETT Ja, du repräsentierst diese kalte, maschinenhafte, unpersönliche äußere Welt der angemaßten Autorität. Die Welt der Vorschriften, der Belehrung und der Mechanik. Ist dir schon aufgefallen, daß es in Eugènes frühen Stücken immer um die Unterwerfung unter völlig absurde, sinnentleerte Normen geht, wie in *Die Lektion* oder *Jakob oder der Gehorsam*? Und daß er die Anpasser an diese Normen depersonalisiert und zu Nashörnern erklärt?

IONESCO Es ist nicht, daß B.B. ein Nashorn ist, Sam, was mich erbittert. Es gibt Millionen von Nashörnern. Was mich aufregt, ist, daß er es besser wissen könnte und sich trotzdem auf die falsche Seite schlägt. Denn er kennt ja den Konflikt, er kennt ja das Erlebnis der Schizophrenie, schaut euch doch seine vielen Schweijks an: ihre berühmte List ist nichts weiter als Kollaboration mit dem Gegner, Verrat, Anpassung, Camouflage – all das, was Sam gesagt hat. Aber wir protestieren dagegen, wir denunzieren diese Mechanik, ihre Idiotie, ihre Lächerlichkeit und ihre Absurdität. Brecht jedoch predigt die Anpassung; er preist sie. Nehmt sein Stück *Die Maßnahme*, eines der ekelhaftesten Stücke, die je geschrieben wurden. Da wird ein junger Mann von seinen kommunistischen Kameraden liquidiert, weil er die Maske seiner steinernen Unpersönlichkeit zerbrach, um menschliche Gefühle zu zeigen. Nun gut, das passiert im

Kommunismus immer wieder. Das Ekelhafte aber ist, der junge Mann stimmt dem zu, er begeht Selbstkritik und bittet um seine eigene Liquidation. Das ist die Vorwegnahme der Stalinschen Schauprozesse. Brecht hat den Schauprozeß erfunden, bevor es ihn gab. Stalin hat Brecht nur imitiert. Die Selbstkritik ist die Institutionalisierung der Schizophrenie. Die wirklichen Schauprozesse der 1930er Jahre haben es an den Tag gebracht: Brecht ist ein Stalinist, er wäre auch ein Nazi geworden, wenn er sich nicht schon vorher anders entschieden hätte.

SHAW Sag nichts, B.B., laß mich antworten. Mich trifft das auch. Ja, B.B. und ich haben die gleiche Entscheidung getroffen, wir haben uns gegen die Subjektivität auf die Seite der Gesellschaft geschlagen. Aber warum haben wir das getan? Weil wir existieren wollten! Man kann nur in der Gesellschaft real werden. Daß die Gesellschaft falsch ist, darin sind wir ja einig. Um in ihr zu existieren, mußten wir sie ändern. Um sie zu ändern, mußten wir uns an sie anpassen. Wir mußten ihre Härte übernehmen, um uns gegen sie zu wenden.

IONESCO Ach was, ihr habt die Härte zum Selbstzweck erhoben. Ihr habt euch in Ekelgefühlen ergangen gegenüber dem subjektiven, schwachen und verletzlichen Menschen.

BRECHT Nein, wir haben uns gegen euch entschieden, weil euer Rückzug in die Innerlichkeit eine Figur des Weltverlusts ist und eure bloße Verhöhnung der Gesellschaft die infantile Reaktion eines narzißtischen Kindes, wenn es entdeckt, daß die Welt sich nicht dazu verschworen hat, es glücklich zu machen.

IONESCO Und wir haben uns gegen euch entschieden, weil eure Option für Disziplin und Unterwerfung unter die Zwänge der Gesellschaft die Figur der Kollaboration mit den totalitären Herrschern darstellt und im Stalinschen Schauprozeß endet.

SHAW Ich sage ja, die Symmetrie von Familie und Lager.

BRECHT Du hast mir vorgeworfen, ich hätte die Mentalität eines Nazis; nur, weil ich die Nazis bekämpft habe, statt zu jammern. Ihr aber seid »innere Emigranten«, die nichts tun, weil sie glauben, es genügt schon, anders zu denken.

IONESCO Das ist eine Beleidigung von Sam, der in der Résistance seinen Hals riskiert hat, während du dich in Hollywood an kapitalistischen Dollars mästetest.

DR. GODIT Kann es nicht sein, daß sich in beiden dieselbe Figur des Wahnsinns abbildet, daß beide nur die entgegengesetzten Seiten der gleichen Schizophrenie repräsentieren? Und daß Sie, wenn Sie eine Seite gegen die andere ausspielen, Ihr eigenes Problem reproduzieren, nämlich die Trennung zwischen beiden, die Ihnen dann als Problem verborgen bleibt? Glauben Sie denn, Sie könnten beide als große Dramatiker erfolgreich sein, wenn Sie nicht das gleiche Problem aus verschiedenen Richtungen darstellen würden, nämlich die Trennung zwischen privater Interaktion und Gesellschaft, zwischen den Bereichen emotionaler Beziehungen und der Dimension anonymer, sachlicher und unpersönlicher Verhältnisse? Und sehen Sie nicht, daß Sie

das als Dramatiker vor das gleiche Problem stellt, nämlich, daß die Interaktion nichts mehr repräsentiert als sich selbst und daß dem Drama dann nur noch übrigbleibt, eben das zu zeigen und auf diese Tautologie seine Wirkung zu gründen?

BRECHT Ja, aber all das beweist doch, daß die intime Interaktion bei gleichzeitiger Abkoppelung von übergreifenden gesellschaftlichen Bedeutungen durch die Erwartung überlastet wird, aus sich heraus allen Lebenssinn zu stiften.

BECKETT So ist es, B.B. An der Überlastung der privaten Interaktion durch überzogene Sinnerwartungen zeigen wir die Überlastung des Dramas durch die Erwartung künstlerischer Repräsentanz. Es ist diese Enttäuschung von Sinnerwartung, die wir aushalten, und vor der du in deinen Marxismus geflüchtet bist. Es könnte ja sein, daß das Problem des Sinns der Sinn ist.

SHAW Jetzt weiß ich, was ihr seid, Sam! Nietzsche-Anhänger!

In der Tür erscheint der Kopf von DR. WATZLAWICK.

DR. WATZLAWICK Schluß mit der Diskussion, Kinder, es ist Essenszeit!

Der Kopf verschwindet wieder.

BECKETT Habt ihr gehört, es gibt Essen.

Alle stehen auf und wenden sich zum Gehen, außer BERT BRECHT.

SHAW Was ist, B.B., hast du keinen Hunger?

IONESCO Nun, B.B.? Erst kommt das Fressen, und dann kommt die Moral. Du hast doch immer Hunger.

BRECHT Ich habe tatsächlich keinen Hunger mehr. Wißt ihr was, ich glaube, ich bin gar nicht Bert Brecht.

Allgemeine Verwunderung, Ausrufe von allen Seiten: »Was?«, »Wie?«, »Wer bist du denn?« etc.

BRECHT Ich bin jemand, der sich nur eingebildet hat, er wäre Brecht.

PIRANDELLO Also ein Germanist! Ich kenne das, ich habe auch Germanistik studiert. Übrigens bin ich auch nicht Pirandello.

BRECHT Nein, ich weiß, Shaw ist in Wirklichkeit Pirandello, das hat er ja gesagt.

IONESCO Ach was, tatsächlich bildet er sich doch ein, Shaw zu sein!

SHAW Und wer bist du, Eugène?

IONESCO Wenn Brecht aufhört, vorzugeben, er sei Brecht, höre ich auf zu behaupten, ich sei Ionesco.

SHAW Aha, ihr seht ein, daß ihr den Konflikt zwischen euch in euch tragt. Das ist der erste Schritt zur Heilung.

PIRANDELLO Du sprichst von Heilung, G.B.S.? Wer bist denn du?

SHAW Nun, da die beiden offenbar ihren Wahn zu verlieren beginnen, kann ich es ja sagen. Ich bin Psychologe. Ich mache eine Untersuchung darüber, ob man durch teilnehmende Kommunikation mit Geisteskranken Ansätze für bessere Heilungschancen findet. Bei dir hatte ich mir übrigens die meisten Hoffnungen gemacht, Luigi. Du schienst mir am vernünftigsten und ausgeglichensten.

PIRANDELLO Na, da bist du aber an den Falschen geraten, ich bin nämlich wirklich Germanist und schreibe eine Arbeit darüber, wie weit sich die Züge eines bekannten Autors bei dem reproduzieren, der sich einbildet, dieser Autor zu sein. Du hättest mir ruhig einen Wink geben können,

G.B.S., denn nun sind meine Ergebnisse über dich völlig wertlos. Schade, denn gerade du warst deinem Vorbild am ähnlichsten: derselbe diabolische Blick, dieselbe Neigung zur Antiklimax.

SHAW Nun, ich habe auch eine Menge über Shaw gelesen: ein lustiger Bursche, aber total verrückt. Übrigens ein großer Verehrer von Pirandello! Verdammt, nun kann ich ja meine Aufzeichnungen über dich ebenfalls wegwerfen, Luigi!

PIRANDELLO Ich fürchte, wir alle sind normale Leute, die verrückt gespielt haben, weil sie glaubten, die jeweils anderen wären verrückt.

BRECHT Jedenfalls trifft das auf Eugène und mich zu.

IONESCO Das trifft auf viele zu, B.B.

PIRANDELLO Fehlt nur noch, daß Sam ein Dramatiker ist, der ein Drama über die Insassen einer Anstalt schreibt, die sich einbilden, Dramatiker zu sein. Das wäre doch ein wahrhaft pirandellesker Entwurf.

SHAW Nun sag schon, Sam, wer bist du wirklich?

BECKETT Ich bin nicht Beckett.

PIRANDELLO Das haben wir uns beinah gedacht. Aber wer bist du?

BECKETT Frag nicht so scheinheilig, Luigi, du hast es doch schon längst erraten.

PIRANDELLO Vielleicht, aber du mußt es uns selber sagen.

BECKETT Ich geniere mich etwas.

BRECHT Zier dich nicht! Eugène und ich haben auch zugegeben, daß wir einem Wahn erlegen sind.

BECKETT Nun gut – ich bin Pirandello.

Peinliche Pause. Die anderen sehen sich an.

BRECHT Halt, Freunde, fällt euch nichts auf? Jeder von uns hat einmal behauptet, er sei Pirandello! G.B.S. hat es behauptet...

SHAW B.B. hat es behauptet...

IONESCO Aber ich nicht!

BRECHT Bei dir ist es nicht nötig, da ist es sowieso offensichtlich. Pirandello hat behauptet, er sei Pirandello, und nun behauptet es Sam. Das ist es, was Watzlawick geplant hat: Wir sollten doch herausfinden, was uns gemeinsam ist. Nun das ist es – es ist der »Pirandellismo«.

DR. GODIT Das Wesen des modernen Dramas. Die Darstellung der Selbstbezüglichkeit der Intimkommunikation mittels der Selbstbezüglichkeit.

SHAW Ja, aber dann hätte Ihre Therapie funktioniert. Sind Sie vielleicht wirklich ein Psychiater? Und wir dachten die ganze Zeit...

DR. GODIT ...daß ich es mir nur eingebildet habe. Ich weiß. Kennen Sie die Geschichte von den drei Beduinen, denen ihr Vater als Erbe 17 Kamele hinterlassen hatte?

BRECHT Erzählen Sie!

DR. GODIT Bevor der vorsorgliche Vater seine Seele in die Hände Allahs, des Allmächtigen, befahl, hatte er in seinem Testament verfügt, wie das Erbe auf die drei Söhne aufgeteilt werden sollte: der älteste sollte die Hälfte bekommen, der mittlere ein Drittel und der dritte ein Neuntel. Aber wie sie auch rechneten, die 17 Kamele ließen sich so nicht aufteilen. Da kam zufällig Scheich Helim Ben Bakhtir aus Nasr-Al-Fadh des Weges, der wegen seiner Weisheit berühmt war. Ihn fragten die Brüder um Rat. Scheich Helim stieg von seinem

Reitkamel, stellte es zu den anderen, so daß es nun 18 Kamele waren. Dann nahm er die Hälfte, also neun, und gab sie dem Älteren. Dann nahm er ein Drittel, also sechs Kamele, und gab sie dem zweiten Sohn, und schließlich nahm er ein Neuntel, also zwei Kamele, und gab sie dem Jüngeren. Daraufhin bestieg er wieder sein Kamel, das übriggeblieben war, sagte »Allah sei mit euch!« und ritt seines Weges. Der Name Allahs sei gelobt!

IONESCO Das heißt also, es hat funktioniert, weil wir es geglaubt haben. Aber sagen Sie ehrlich, sind Sie wirklich Dr. Godit?

DR. GODIT Nein. Aber ich nenne mich so, weil mir meinen wirklichen Namen niemand glaubt.

SHAW Und wie ist Ihr wirklicher Name?

DR. GODIT Godot.

Alle brechen in schallendes Gelächter aus.

»Pirandello ist verrückt. Er ist gar nicht Pirandello! Er bildet es sich nur ein. Er ist von der Wahnidee besessen, Pirandello zu sein.«

Die Geschichte der Kunst entfaltet sich als Stilgeschichte

Die Geschichte der Kunst

»Darf ich Sie jetzt bitten, mir in das Museum zu folgen? Sehen Sie«, sagte er, als wir den Vorraum betraten, »das Museum ist ein griechischer Tempel.

Durch den Portikus (Säulenhalle) betritt man die große Eingangshalle, deren strenge Wirkung zur geistigen Sammlung auffordert. Sind Sie gesammelt, ja? Nun schreiten wir, nach der Entrichtung des Obolus (des Eintrittspreises), zu den Altären und Reliquienschreinen der Kunstgeschichte, um in innerer Einkehr oder seelischer Verzückung die Kommunion mit dem Heiligen Geist der Kunst zu feiern. Und nun folgen Sie mir bitte in den Raum des Stils.« Der Museumsführer ging voran und wendete sich dann wieder uns zu.

Der Stil entsteht aus dem Widerspruch zwischen der Integrität des Werkes und der Autonomie der Kunst

»Der Aufbau des Museums zeigt: Die Geschichte der Kunst entfaltet sich als Stilgeschichte. Der Stil entsteht aus dem Widerspruch zwischen der Integrität des Werks (Ganzheitlichkeit) und der Autonomie (Selbständigkeit) der Kunst. Wenn wir Kunst von anderen Bereichen – etwa Handwerk oder Technik – unterscheiden wollen, brauchen wir etwas, was trotz der Integrität jedes Einzelwerks mehrere Werke miteinander verbindet. Das ist dann der Stil. Der italienische Ausdruck dafür war ›maniera‹ (Manier, manière oder manner), ein Wort, mit dem man auch die Manieren, also den Verhaltensstil eines Menschen, bezeichnete.«

Romanische und gotische Kunst

»Wir gehen jetzt in den Raum des Mittelalters.« Als sich alle dort versammelt hatten, fuhr er fort: »Am Anfang der Kunstentwicklung im Mittelalter bezog sich ›Stil‹ auf die schlichte Anweisung, aus der Fülle der vergangenen Kunstproduktion – und Fülle heißt lateinisch ›copia‹ – das Richtige herauszusuchen und zu ›kopieren‹. Auf diese Weise entstand die erste gesamteuropäische Kunstsprache, die romanische Kunst. Sie setzt um das Jahr 1000 ein und reicht bis ins 13. Jahrhundert. Ihre großen Monumente bilden die Kirchenbauten. Ihre besonderen Kennzeichen sind die Rundbögen, die Gewändefiguren und die halbrunden Vertiefungen über den Türen, in denen Figurenreliefs, in konzentrischen Halbkreisen angebracht, die sogenannten Tympana bilden. Nebenbei gesagt: das Wort tympanon leitet sich von dem griechischen Wort für Tamburin her und bezeichnet auch das Trommelfell. Die Grundfiguren der Romanik sind das Quadrat und der Halbkreis. Dabei entsprechen meist zwei quadratische Kreuzgewölbe eines Seitenschiffs einem quadratischen Kreuzgewölbe des Mittelschiffs. Das Quadrat wiederholt sich dann in den sogenannten Würfelkapitellen, den oberen Abschlüssen der Rundsäulen, wie in diesem hier.« Nachdem wir gehörig gestaunt hatten, fuhr er fort:

»Ab 1150 wurde der romanische Stil von der Gotik abgelöst. Ihre Wiege ist die Ile de France, also die Gegend um Paris. Anders als in der Romanik wurde der Innenraum einer Kirche nicht mehr als Summe von verschiedenen Räumen, sondern als Raumeinheit verstanden. Die Kirchen werden höher, und den erhöhten Druck der Gewölbe leiten die Kreuzrippen zu den Pfeilern, die ihrerseits durch Strebepfeiler gestützt werden, die man nach draußen vor die Außenwände verlegt. Auffallendstes Kennzeichen gegenüber der Romanik ist der Spitzbogen, der schmalere Joche und deshalb eine dichtere Abfolge der Bögen ermöglicht. Zwischen den Strebepfeilern werden die Mauern in Fenster aufgelöst, deren obere Teile mit Maßwerk gefüllt werden. An den Westfassaden werden gewaltige Türme hochgezogen und mit einem Reichtum an Formen wie Kreuzblumen, Fensterrosen und Figuren geschmückt.

In diesem Stil wurden die Kathedralen von Laon, Bourges, Paris (Notre Dame), Chartres, Reims und Amiens gebaut. In Deutschland setzt sich die Gotik nur langsam durch. Zu den berühmtesten Kirchenbauten zählen die Münster von Straßburg und Freiburg und der Kölner Dom. Dann aber wurden die Formen der gotischen Baukunst auch für sogenannte Profanbauten (weltliche Bauten) übernommen, und Rathäuser, Schlösser, Burgen und Bürgerhäuser wurden im gotischen Stil errichtet. In Italien hat die Gotik nur im Norden Einzug gehalten (Mailänder Dom), und ein Großteil der Stadtkulisse Venedigs besteht aus gotischen Palästen.

Die gotische Plastik – hier sehen wir ein schönes Beispiel – blieb an die Architektur gebunden. Gotische Figuren schmücken die Portale der Kirchen und brauchen die Konsole unter den Füßen und den Baldachin über dem Kopf. Träger des Ausdrucks wurde der Faltenwurf des Gewandes. In Deutschland entstehen im 13. Jahrhundert die Skulpturen des Bamberger und Naumburger Doms, der Bamberger Reiter und die Uta, und die des Straßburger Münsters. Folgen Sie mir bitte jetzt in den Raum der Renaissance.«

Ab 1150 wurde der romanische Stil von der Gotik abgelöst. Die gotische Plastik – hier die Kathedrale von Chartres – blieb an die Architektur gebunden und schmückte die Portale der Kirchen.

Kunst kann in der Renaissance alles zu ihrem Gegenstand machen. Leonardo da Vinci skizziert Gräser, Blätter, Wasserwirbel, Tiere und alle Seiten des menschlichen Körpers.

Renaissance

»Für die mittelalterliche Kunst ist kennzeichnend, daß sie 1. im Dienst der Kirche die Religion bebilderte, also nicht autonom war, 2. daß die Künstler sich als Handwerker empfanden und in Zünften organisiert waren und deshalb 3. anonym blieben, weil sie nicht etwas Originelles schaffen wollten, sondern nach Mustern kopierten.

Das alles änderte sich mit der Renaissance (→ Geschichte, Renaissance), die im Florenz des 15. Jahrhunderts ihren Ausgang nahm. Voraussetzung dafür war die Blüte der italienischen Städte und die Entstehung einer patrizischen Schicht, deren Reichtum es ihr ermöglichte, die führende Stellung durch Mäzenatentum, Prachtentfaltung und öffentliche Aufträge an Künstler zu legitimieren. Jetzt wird die Kunst selbständig. Die Künstler treten aus der Zunftordnung aus und damit als Persönlichkeiten in Erscheinung. Kunst wird nun gegen Handwerk profiliert. Handwerk ist Nachahmung, Kunst Neuschöpfung. Damit wird der Künstler zum Schöpfer, also zum kleinen Bruder oder sogar zum Sohn Gottes. Deshalb malt Dürer sich als Christus. Da Kunst jetzt alles zu ihrem Gegenstand machen kann, kommt es zu einem Exzeß der detailversessenen Abbildung von allem und jedem. Leonardo da Vinci skizziert Gräser, Blätter, Wasserwirbel, Tiere und alle Seiten des menschlichen Körpers. Weil der Künstler die Natur zum zweiten Mal erschafft, wird in der Renaissance die Kunst zur Naturnachahmung. Man untermauert das durch wissenschaftliche Studien der Anatomie, der Mathematik und der Proportionslehre. Ab 1420 beschäftigt sich der Freundeskreis von Brunelleschi in Florenz mit der Übertragung des räumlichen Sehens auf die Fläche und entwickelt die Ästhetik der Zentralperspektive. Und Donatello und Ghiberti übertragen sie auf das Relief. Damit wird die gotische Komposition aufgegeben. Das war eine ästhetische Revolution. Im Mittelalter hatte die Malerei noch die Arbeit der Schrift miterfüllt: Vor der Erfindung des Buchdrucks dienten die Bilder auch der Information der Gläubigen, und man malte nicht nur das, was man sah, sondern das, was man wußte. Das Sichtbare wurde durch eine Stilisierung ins Zeichenhafte überformt: Wichtiges wurde größer gemalt als Unwichtiges; es dominierte das Flächige, und man malte in der Regel Zeichenserien und Bildgeschichten. So erschien in den Bildfolgen das, was nacheinander geschah, als gleichzeitig.

Mit der Komposition des Bildes von der Zentralperspektive aus wurde die Malerei ganz auf das Sehen abgestellt. Alles andere konnte man getrost der Information durch die Bücher überlassen. Zum Organisationsprinzip der Bildkomposition wurde nun der Raum, den man zu einem Zeitpunkt von einem Punkt aus sah. Damit wurden Zeit und Raum getrennt und beide aneinander gesondert erfahrbar: an den sich perspektivisch verengenden Platten eines Pflasters konnte man ermessen, wie lange es dauern würde, einen Platz zu überqueren. Und zugleich sah man daran, daß nur von einem einzigen Punkt im Raume aus der Platz so aussah, wie er im Bild erschien. Damit bekam der Beobachter eine feste Position im Raum. Der Raum wurde in dem Maße absolut, wie die Perspektive die Beobachtung auf ihre Standortgebundenheit relativierte.

Diese Schwelle markiert eine Revolution in der Erfahrung: Das Sein zeigt sich nicht mehr in seiner Totalität und in der Bedeutungsfülle der Zeichen, sondern was man sieht, hängt davon ab, wo man steht. Das Sehen wird ausdifferenziert und auf sich selbst gestellt. Und dafür wird der Reichtum jetzt allein im Sichtbaren entdeckt: im Raum, in der Farbe, im Licht und im Körper. In diesem illusionären Spiegelraum, der gewissermaßen den realen Raum verdoppelt, werden nun die aus der Antike ererbten Themen mit der sichtbaren Realität der Gegenwart verbunden.

Diese Stoffe, die die Humanisten wiederentdeckt haben, treten nun neben die kirchlichen Bildmotive. Die Aristokratie und die Patrizier lassen sich nun lieber als griechische Götter darstellen, zumal deren Bilderwelt ja freigegeben ist und nicht von einer Institution wie der Kirche verwaltet wird, die das Copyright auf religiöse Motive besitzt. Die Abkehr von

Im Mittelalter hat die Malerei noch die Arbeit der Schrift miterfüllt. Es dominierte das Flächige, und man malte in der Regel Zeichenserien und Bildgeschichten; Wichtiges wurde größer gemalt als Unwichtiges.

der Religion leitet die religiösen Gefühle um in eine Feier diesseitiger Schönheit. Der menschliche Körper wird seines gotischen Faltenwurfs entkleidet und in seiner nackten Schönheit gemalt. Die Gesichtszüge werden im individuellen Porträt festgehalten, und die Natur wird in der Landschaftsmalerei von Pollaiuolo und Leonardo da Vinci entdeckt. Das alles wird für eine Gesellschaft produziert, in der die Kunst als eigenständige Sphäre öffentliche Anerkennung findet. Es werden Kunstakademien gegründet, Kunsttheorien entworfen, und Giorgio Vasari beginnt mit der Kunstgeschichte, indem er die Biographien bekannter Künstler schreibt. Es ist auch Vasari, der den Begriff ›gotischer Stil‹ erfindet, womit er ihn in Erinnerung an die marodierenden Gotenheere als barbarisch kennzeichnen will. Die Kunst wird für die Auftraggeber zu einem Mittel, sich über den Tod hinaus Geltung zu verschaffen. In den Testamenten werden die Kunstsammlungen nicht mehr unter das sonstige Vermögen gerechnet und besonders behandelt.

In der Architektur orientiert man sich an den antiken Bauten und an dem Buch *De architectura* von Vitruv. Es ist das einzige überlieferte Handbuch der römischen Baukunst, das von der griechischen Architektur angeregt wurde, und deshalb ist es in seiner Wirkung nicht zu überschätzen. Vitruv lebte zur Zeit Caesars und Augustus'; sein Werk behandelt die Grundsätze des Bauens überhaupt und enthält Baupläne für öffentliche Gebäude, Theater, Tempel, Bäder, Stadt- und Landhäuser und Vorschläge zu Kanalisation, Wandmalerei und Stadtplanung. Die Architekten der Renaissance – Bramante, Ghiberti, Michelangelo und Palladio – wurden direkt von ihm angeregt, und die klassische Tradition der Baukunst mit ihren regelmäßigen Proportionen, ihren Symmetrien und ihren dorischen, ionischen und korinthischen Säulen geht auf Vitruv zurück (→ Geschichte, Griechenland).

Seit der Renaissance pilgerten die Künstler und Kunstliebhaber Europas nach Italien. Die ge-

Die Abkehr von der Religion leitet die religiösen Gefühle um in eine Feier diesseitiger Schönheit. Gesichtszüge werden im individuellen Porträt festgehalten, wie hier bei Albrecht Dürer im *Portrait eines jungen Mannes.*

samte europäische Kunst der Neuzeit baute auf den Formen auf, die die italienischen Künstler entwickelt hatten. Bis zum 19. Jahrhundert gibt es keine Stilepoche, die nicht ihre Vorbilder in der italienischen Renaissance gesucht hätte. Zur Erziehung der englischen Gentlemen gehört bald die Bildungsreise nach Italien, mit dem Ergebnis, daß sich die englischen Landschaften mit Landhäusern im Stile Palladios füllen und sich in der Folge auch in den Vereinigten Staaten von Amerika ausbreiten.

Daran sieht man, daß die Stilgeschichte ähnlich wie die Evolution funktioniert: Ein Stil ist eine Art, bei der die Individuen wie die Kunstwerke sich durch Weitergabe ihrer Baupläne fortpflanzen. Dabei entwickelt sich ein Stil über Variationen, von denen diejenigen überleben, die wegen ihrer Originalität am besten an die Umwelt des Geschmacks angepaßt sind. Nur hin und wieder kommt es zu einer Mutation, bei der eine neue Art entsteht. Zunächst wird sie für eine monströse Abweichung gehalten. Das zeigt sich darin, daß Stilbezeichnungen wie Gotik oder Barock zunächst im abwertenden Sinne benutzt werden. Aber dann stabilisiert sich diese Abweichung, wird zu einer neuen Art und leitet eine neue Stilepoche ein, in der der alte Stil noch eine Weile weiterlebt und dann schließlich im Kampf um den Geschmack den kürzeren zieht und ausstirbt. Der neue Stil hat sich durchgesetzt.

Stilgeschichte funktioniert ähnlich wie die Evolution: Ein Stil ist eine Art, bei der die Kunstwerke sich durch Weitergabe ihrer Baupläne fortpflanzen. Nur hin und wieder kommt es zu einer Mutation

Was nun die großen Künstler der Renaissance betrifft: Wir haben einen Anbau in unserem historischen Teil, da finden Sie unter der Überschrift *Renaissance* die Karrieren der großen Fünf dokumentiert: Botticelli, Leonardo da Vinci, Michelangelo, Raffael und Tizian. Dort können Sie das hier Gehörte durch Anschauung ergänzen.« (→ Geschichte, Renaissance)

Der Kirchenraum von S. Lorenzo in Florenz, gestaltet durch Filippo Brunelleschi: In der Architektur orientiert man sich an den antiken Bauten und der römischen Baukunst.

Leonardo da Vinci
Die Verkündigung – in der Renaissance treten die Künstler als Persönlichkeiten in Erscheinung. Kunst ist Neuschöpfung und damit wird der Künstler zum Schöpfer, also zum kleinen Bruder oder sogar zum Sohn Gottes.

Barock

»Wir gehen jetzt durch eine kleine Galerie mit einer Zeittafel an der Wand. Einen Einschnitt in der Kunstentwicklung Europas bedeutete die Reformation (ab 1517), die zu Wellen der Zerstörung von kirchlichen Kunstwerken führte, weil sie als Zeichen heidnischer Götzenverehrung galten (man spricht dabei von Ikonoklasmus [Bildersturm]). Als Gegenreaktion entwickelte sich mit der Gegenreformation (ab ca. 1550) in den katholischen Ländern der Barockstil. Der Name leitet sich aus dem Juwelierhandwerk her – barocco ist das portugiesische Wort für eine unregelmäßige Perle – und wird dann im Sinne von ›schwülstig‹ gebraucht.

Die Kunst des Barock ist zunächst Propagandakunst der katholischen Kurie

Die Kunst des Barock ist zunächst Propagandakunst der katholischen Kurie. Sie gab zahlreiche Kirchenbauten in Auftrag, die eine feierlich festliche Atmosphäre verbreiten sollten. In ähnlicher Absicht wurde die Formensprache des Barock von den absolutistischen Fürsten in Anspruch genommen und damit zum Stil fürstlicher Magnifizenz: in ihren barocken Palästen schufen sich die Fürsten die Kulissen für das absolutistische Staatstheater, dem sich auch die Aristokraten unterzuordnen hatten. In der Ausrichtung auf den höfischen oder göttlichen Kosmos betonte der Barockstil die Unterordnung der einzelnen Glieder der Bauten unter das Ganze. Die Spannung wird dann ausgedrückt durch geschwungene Formen und starke Bewegtheit. Das Schmuckwerk ist überreich, und die Innenräume werden malerisch gestaltet, so daß sie prächtig und festlich wirken. Das Zeitalter des Barock ist das 17. und 18. Jahrhundert.

In Frankreich wird der barocke Überschwang klassizistisch (durch antike Einfachheit) gezähmt, so daß die Schloßbauten sehr streng ausgerichtete Parkanlagen erhielten, die häufig von Le Nôtre entworfen wurden (Versailles). Maßgeblich für die Entwicklung des Barock waren die Bauten Berninis und Borrominis in Rom.

Im Deutschland, der verspäteten Nation, feierte das Spätbarock nach 1700 Triumphe in Form der Bauten von Fischer von Erlach in Österreich, Johann Balthasar Neumann in Würzburg, Andreas Schlüter in Berlin und Matthäus Pöppelmann und Georg Bähr in Dresden.

Ist Italien die Heimat der großen Maler der Renaissance, so übernehmen im Barock die Niederlande diese Rolle. Aber die Niederlande sind geteilt in das katholische habsburgische Flandern mit Brüssel und Antwerpen und das calvinistisch-protestantische Holland mit Amsterdam als Zentrum. Das 17. Jahrhundert ist nicht nur das Zeitalter der Gegenreformation, sondern auch des Aufstiegs Hollands zur ersten Seehandelsmacht Europas.

So arbeiten die niederländischen Maler einerseits für die Könige und Aristokraten und andererseits für das aufstrebende Handelsbürgertum. Folgen Sie mir bitte in den nächsten Saal. Diese Ausrichtung zeigt sich idealtypisch am Gegensatz zwischen Rubens und Rembrandt; deshalb haben wir ihre Bilder einander gegenüber gehängt. Rubens (1577–1640) wird Hofmaler der Statthalter Belgiens und malt für die Fürsten Europas; diese wünschten große, repräsentative Bilder. Entsprechend produziert Rubens Palastbilder, riesig, prunkend und prächtig. Seine Spezialität ist das ›barocke‹ Fleisch dicker Frauen, das sprichwörtlich geworden ist. Er malt für die Jesuiten und die Kirche, den König von Frankreich, den Kronprinzen von England, den Kurfürsten von Bayern und den König von Spanien. Um die vielen Aufträge ausführen zu können, unterhält er eine durchorganisierte Werkstatt mit Lehrlingen und Untermalern. Rubens selbst macht dann die Skizze zum Entwurf des Bildes, läßt sie ins Großformatige übertragen und von anderen ausmalen. Er selbst fügt dann den letzten Pinselstrich hinzu, der das Bild zu einem ›Rubens‹ macht.

Rubens gilt als repräsentativer Maler des Barock. Die Formel der Kunsthistoriker für den typischen Rubenstouch lautet: ›malerischer, pathetischer Bewegungsstil‹, weil seine Figuren sich häufig winden und im Zustand höchster Erregung gezeigt werden.

Wenden wir uns jetzt der anderen Wand zu. Rembrandt van Rijn (1606–1669) ist schon darin untypisch, daß er nicht zum Studium nach Italien geht, sondern nach einer Lehre bei einem Historienmaler in Leiden und dann in Amsterdam seine eigene Werkstatt eröffnet. Er malt zunächst im Stil der Historienmaler biblische Szenen – darin zeigt sich der Protestantismus –, entwickelt aber dabei seinen persönlichen Stil durch die Konzentration auf wenige Figuren, eine stärkere Dramatisierung und eine neue Intensität und Dramaturgie des Lichts. Zu seinem Markenzeichen werden die vom Seitenlicht getroffenen Figuren in helldunklen Räumen. Wie Rubens wählt Rembrandt im jeweiligen Geschehen den spannendsten Augenblick, z. B. das Messer kurz vor dem Auge bei der Blendung Samsons, oder die letzten Sekunden der Opferung Isaacs vor seiner Errettung. So wird Rembrandt zum Maler der menschlichen Affekte unter Streß. In dieser Psychologisierung

Peter Paul Rubens' *Raub der Töchter des Leukippos* – seine Spezialität ist das »barocke« Fleisch dicker Frauen, das sprichwörtlich geworden ist.

hat man in Zeiten, als man noch in solchen Kategorien dachte, das spezifisch Innerliche, weniger Oberflächliche des protestantischen Nordens gesehen und Rembrandt als Repräsentanten der deutschen Seelenlage reklamiert. Typisch hierfür war der Bestseller *Rembrandt als Erzieher* von Julius Langbehn von 1890, in dem der Verfasser mit Bezug auf Rembrandt die Deutschen zum Widerstand gegen Oberflächlichkeit und Materialismus aufrief und damit die Heimatkunstbewegung um die Worpsweder Künstlergruppe beeinflußt hatte. Dieser Mumpitz wirft ein Rembrandtsches Schräglicht auf die Kunstreligion.

Rembrandt erzielt seine Wirkungen, indem er die Bildtraditionen ins Momenthafte und Dramatische abwandelt. Porträts, die eigentlich repräsentativ zu sein haben, werden bei ihm psychologische Studien. In den Selbstbildnissen experimentiert er sogar mit Grimassen und extremen Ausdrucksvarianten. Die Tradition der steifen Schützenbilder, auf denen die Schützengilden der holländischen Städte sich verewigen lassen, werden bei ihm ins Szenische dramatisiert: bekanntestes Beispiel ist die *Nachtwache*, die die Schützengilde im Moment der Sammlung zeigt.

1657 macht Rembrandt trotz seiner zahlreichen Aufträge aufgrund seines verschwenderischen Lebensstils Bankrott. Im Spätwerk danach treten besonders bei der Darstellung biblischer Stoffe (Christus in Emmaus, David und Saul, Jakobs Segen, Isaac und Rebecca) die dramatischen Handlungsbilder zurück.

Gleichzeitig übertrifft Rembrandt alle seine Zeitgenossen in der Landschaftsmalerei und besonders in der Radierung, bei der verschiedene Druckabzüge seine Entwicklung und seine Arbeitsweise dokumentieren.

Bis heute gilt Rembrandt als bedeutendster Maler der Niederlande, eines Landes, das so viele Maler hervorgebracht hat wie sonst nur noch

Rembrandt erzielt seine Wirkungen, indem er die Bildtraditionen ins Momenthafte und Dramatische abwandelt. Bekanntestes Beispiel ist die *Nachtwache*, die eine Schützengilde im Moment der Sammlung zeigt.

Das Genre-Bild wurde besonders in der niederländischen Malerei gepflegt. Es sind Bilder mit Szenen aus dem Alltagsleben: Bauernhochzeiten, Wirtshausgelage, Wintervergnügungen, Dorffeste und häusliche Szenen. Einer der bekanntesten Vertreter ist Pieter Brueghel mit seinem Werk *Bauernhochzeit*.

Italien. Rubens und Rembrandt repräsentieren auch das Europa des 17. Jahrhunderts mit seiner konfessionellen Spaltung: Rubens ist der Maler der katholischen Gegenreformation und der absolutistischen Fürsten; und Rembrandt ist der Maler des protestantischen Geldbürgertums, der städtischen Würdenträger, Vereine und Berufsgruppen.

Jetzt schauen wir uns noch in dem kleinen Raum nebenan einen ganz anderen Barockmaler an. Nun, was kennen wir für Bildtypen? Wir haben das Porträt und die Historiengemälde erwähnt. Besonders die Gemälde mit biblischen und religiösen Szenen waren spezifischen Darstellungsregeln und einer bestimmten Bildsprache unterworfen. Das galt nicht für einen Bildtyp, der in der niederländischen Malerei besonders gepflegt wurde: das Genre-Bild: Das sind Bilder mit Szenen des Alltagslebens, und die dargestellten Personen bleiben meist anonym. Wir alle kennen solche Bilder, weil ihre Motive sehr populär geworden sind: Bauernhochzeiten, Wirtshausgelage, Wintervergnügungen auf zugefrorenen Teichen, Dorffeste und häusliche Szenen. Bekannte Vertreter des Genres sind Pieter Brueghel der Ältere, Jan Steen und Peter de Hooch.

Der größte Vertreter der Genre-Malerei im Barock ist Jan Vermeer aus Delft (1632–1675). Einige seiner Bilder sind zu modernen Kalender-Ikonen geworden und werden immer wieder reproduziert. So etwa *Das Brief lesende Mädchen am offenen Fenster*. Der Grund dafür liegt in der Beschränkung auf einen Raumausschnitt und in der Gestaltung des Bildes durch die Lichtregie: Sie machen nämlich das Bild intim; die jeweiligen Figuren wirken wie versunken. Dem entsprechen die Motive des Lesens und des Musikmachens (*Herr und Dame am Virginal*, *Gitarrespielerin* und *Die Musikstunde*), bis Vermeer mit dem Maler und dem Modell in *Die Allegorie der Malerei* die Malerei selbst malt. Darin steigert er die kontemplative Stimmung des Bildbetrachters durch das, was er darstellt. Das ist der Grund für seine Popularität, die noch verstärkt wurde, als der geniale Kunstfälscher Jan van Meegeren Vermeer-Bilder so meisterhaft fälschte, daß die meisten Experten getäuscht wurden. Wenn Sie mir bitte folgen möchten?«

Rokoko

»Das späte Barock betont das Ornamentale in Malerei und Architektur und das Dekorative. Dabei spielt das Muschelornament eine besondere Rolle, und das heißt auf Französisch ›rocaille‹. Von diesem Wort leitete sich die Bezeichnung ›Rokoko‹ ab, ein Stil, der die Zeit von 1720 bis 1760 beherrschte. Auch er geht wieder von Frankreich aus. Zwar ist er nach wie vor aristokratisch, aber er wandelt sich vom repräsentativen Staatstheater des Absolutismus zum Intimen, Spielerischen und Frivolen. Der entscheidende Einfluß ging von dem französischen Maler Antoine Watteau aus (1684–1721). Er schuf einen neuen Bildtyp: das galante Fest (fêtes galantes) und das Picknick (la fête champêtre). Es wurde das repräsentative Bildthema des Rokoko und drückte einen höfischen Eskapismus (Flucht vor dem Unangenehmen) ins Arkadische (ländlicher Glücksort) aus, bei dem man sich in Schäferspiele flüchtete und Träumen von ewiger Jugend und heiterer, nimmer versiegender Sinnlichkeit nachhing. Jean Honoré Fragonard (1732–1806) malte im Auftrag der königlichen Mätresse Madame Dubarry erotische Szenen als Schäferstunden (*Die vier Stationen der Liebe*), die allerdings so freizügig waren, daß die Auftraggeberin sie zurückwies. In der Französischen Revolution wurde seine Kunst verboten. Das war dem dritten großen Maler des Rokoko nicht passiert: François Boucher (1703–1770) verdankte seinen Aufstieg zum ersten Hofmaler der Madame Pompadour, einer Vorgängerin der Dubarry. Seine galant-erotischen Schäferspiele finden Gefallen, und man sieht ihm auch nach, daß er von der Mythologie nur die Liebesabenteuer der Götter zeigt: den Raub der Europa oder Leda und den Schwan. Das Rokoko feiert den Triumph der Erotik, und nirgends sind die Frauen so rosig wie auf den Bildern dieser Epoche.«

Der französische Maler Antoine Watteau erschuf im Rokoko einen neuen Bildtyp, das galante Fest und das Picknick. Es wurde das repräsentative Bildthema des Rokoko. Man flüchtete sich in Schäferspiele und Träume von ewiger Jugend und heiterer, nimmer versiegender Sinnlichkeit.

Der Begründer der klassizistischen Malerei Jacques Louis David: Mit seinem Bild *Der Schwur der Horatier* führt er die kompositorische Strenge der klassischen Bildgestaltung wieder ein und signalisiert damit, daß es nun Schluß ist mit den Schäferspielen im Grünen.

Klassizismus und Romantik

»Wir gehen jetzt in den nächsten Saal, in dem wir die Klassizisten und die Romantiker gegenübergehängt haben. Darin setzt sich gewissermaßen der Antagonismus zwischen Rubens und Rembrandt fort: die Rubens-Nachfahren werden klassizistisch, vor allem in Frankreich, und die Rembrandt-Nachfahren werden romantisch, und das betrifft England und Deutschland.« Plötzlich unterbrach unser Führer sich. »Wo sind denn die anderen?« Tatsächlich bemerkten wir jetzt, daß die Mehrzahl der Männer im Rokoko-Saal zurückgeblieben war und sich voll kunsthistorischer Anteilnahme in die erotischen Darstellungen versenkt hatte. Erst als unser Führer mehrmals in die Hände klatschte, trotteten sie widerwillig zu uns herüber. »Wie ich schon sagte, die Teilung der Kunst setzt sich in der Zeit um die Französische Revolution und im 19. Jahrhundert fort. Während in England und Deutschland eine romantische Malerei entsteht, unterwirft sich Frankreich der Strenge des Klassizismus. Der Begründer der klassizistischen Malerei ist ein Protégé des Rokoko-Malers Boucher: Jacques Louis David (1748–1825). Sein Bruch mit dem Rokoko erfolgt kurz vor der Französischen Revolution. Mit dem vom König in Auftrag gegebenen Bild *Der Schwur der Horatier* von 1785 führt David die kompositorische Strenge der klassischen Bildgestaltung wieder ein und signalisiert damit, daß es nun Schluß ist mit den Schäferspielen im Grünen; der Ernst des Lebens fängt wieder an. Deshalb finden wir ihn auch 1789 auf den Barrikaden der Revolution. 1792 wird er Abgeordneter im Nationalkonvent, 1793 Präsident des Jakobinerclubs und 1794 Vorsitzender des Konvents und macht Politik. Seine Bilder geben das wieder; sie sind auf den moralisch-pathetischen Ausdruck des politischen Handelns ausgerichtet. Sein berühmtestes Bild wird das Gemälde des ermordeten Marat im Bade. Später wird er zum Hofmaler und Verherrlicher Napoleons. Durch die Wirkung seines Schülers Jean Dominique Ingres befestigt er die Herrschaft des Klassizismus in Frankreich bis über die Mitte des 19. Jahrhunderts hinaus.

Ebenfalls ein politischer Maler ist der Spanier Francisco Goya (1746–1828), dessen Lebensdaten mit denen Davids fast zusammenfallen. In der Zeit der Französischen Revolution wird er Hofmaler am spanischen Hof, malt aber die Mitglieder der Königsfamilie als eine Versammlung bornierter Idioten.«

Ich möchte fragen, wie er damit durchkommen konnte, lasse es aber lieber bleiben. Sicher handelt es sich da um ein Rätsel der Forschung. »Durch seinen Verkehr mit liberalen Intellektuellen wird seine Malerei zur politischen Kritik. In den *Desastres de la Guerra* stellt er die Scheußlichkeiten während des Krieges gegen Napoleon dar. Dann wird er durch eine Krankheit fast taub und beginnt, auch ohne Auftraggeber Bilder zu malen. Sie behandeln Themen am Rande des Irrsinns: gespenstische Visionen, düstere Halluzinationen und grelle Fieberträume. Goya ist der erste, der seine eigenen Phantasien für bildwürdig hält. Das ist der Prolog zum Abschied von der Abbildungskunst. In dieser Hinsicht ist Goya der erste Moderne. Er ergründet das Alptraumhafte und Visionäre. Alptraumhaft und visionär sind auch die Bilder, mit denen er den Horror des Krieges darstellt. Indem er die klassischen Kompositionsregeln mißachtet und die Figuren aus dem Zusammenhang isoliert, weist er der Malerei den Weg zum Surrealismus.

Francisco Goya ist der erste, der seine eigenen Phantasien für bildwürdig hält und Themen am Rande des Irrsinns, gespenstische Visionen, düstere Halluzinationen und grelle Fieberträume malt. In dieser Hinsicht ist Goya der erste Moderne.

Blicken wir nun auf die gegenüberliegende Wand. Da sehen wir England und Deutschland. In England wird der Romantiker William Turner (1775–1851) zum Impressionisten, bevor es diese Stilrichtung gibt. Malten die Maler bisher nur Landschaften, wenn sie Geld brauchten, macht Turner die Landschaft zum malerischen Sujet schlechthin. Damit trifft er mitten ins Herz der Romantik. Ihr zentrales Thema ist der Resonanzbezug (Widerhall) zwischen dem einsamen Bewußtsein und der ungezügelten Natur. Dieser Bezug wird ›Stimmung‹ genannt; das Diffuse wird nun poetisch. Entsprechend verblüfft Turner die Zeitgenossen dadurch, daß er die Linie als Mittel der Konturierung der Gegenstände aufgibt und die Formen in Farben auflöst. Die Natur verwandelt sich bei ihm in einen dynamischen Wirbel aus Licht, Wolken und Wasser, der die menschlichen Gestalten ebenso verschlingt wie alle festen Konturen, die dem Dasein sonst Halt verleihen. Nach einer Reise durch die Niederlande und das Rheinland, die seine mittlere Periode prägt, macht Turner 1819 seine erste Italienreise, die seinen malerischen Stil noch einmal revolutioniert. Von nun an konzentriert er sich auf die Wiedergabe des Lichts. In Venedig hat ihn besonders die Fähigkeit des Lichts in Verbindung mit den atmosphärischen Erscheinungen des Wetters, die Formen der Dinge zu verändern, fasziniert. Nun reizt ihn nicht mehr die Wiedergabe der Objekte selbst, sondern die Impression, das visuelle Ergebnis der Verbindung von Objekt und Licht. Entsprechend tragen die Bilder seiner letzten, sogenannten ›transzendentalen‹ Phase Titel wie *Licht und Farbe* oder *Schatten und Dunkel.* Er malte nicht mehr nur Objekte, sondern den Glanz, die Dunkelheit, die Schatten, den Sturm, und wenn es Gegenstände waren, so waren es Schiffe in Seenot oder ein Zug, wie in dem Bild, dem er den Titel *Regen, Dampf und Geschwindigkeit* gab. In seiner Malerei entdeckte die Wahrnehmung sich selbst und erschrak über die Unkonturiertheit des Bewußtseins, wenn es nicht von Gegenständen geordnet wird.

Ähnlich interessiert den deutschen Romantiker Caspar David Friedrich (1774–1840) nicht die naturgetreue Wiedergabe einer Landschaft, sondern die Empfindung, die sie selbst bei dem Maler und ihr Bild beim Betrachter hervorrufen. Deshalb malte er Menschen beim Betrachten der Landschaft, in denen der Betrachter sich selbst beim Betrachten des Bildes betrachten kann.

So, wenn wir jetzt in den nächsten Saal gehen, kommen wir zum Übergangsstil der Moderne, dem Impressionismus.«

William Turner wird zum Impressionisten, bevor es diese Stilrichtung gibt. Er verblüfft die Zeitgenossen dadurch, daß er die Linie als Mittel der Konturierung aufgibt und die Formen in Farben auflöst, in dynamische Wirbel aus Licht, Wolken und Wasser – das Diffuse wird poetisch.

Impressionismus

»Bis ca. 1860 war die Malerei Atelierkunst«, fuhr unser Führer fort, »und wurde von Akademien gesteuert, an denen die Maler ausgebildet wurden. Zur unbezweifelten Voraussetzung gehörte der Glaube an die Gegenständlichkeit der Kunst. Dieser Glaube wird zuerst durch die Erfindung der Fotografie erschüttert und ab den 60er Jahren des 19. Jahrhunderts durch eine Gruppe von Malern, die Paris zum Mekka der Malerei machten und den letzten Stil vor dem Ausbruch der avantgardistischen Kunst schufen: den Impressionismus. Entsprechend ist der Impressionismus doppelgesichtig: Für die Zeitgenossen war er ein moderner Schock und Skandal, für uns ist er im Rückblick eine Form der Modernität, die uns als Entschuldigung für unsere heimliche Vorliebe für die traditionelle Kunst dient. Er bezeichnet das letzte Stadium, in dem die Kunst noch ›schön‹ sein konnte und zugleich schon modern. Das hat den Impressionisten eine Sonderstellung beim heutigen Publikum verschafft. Sie sind populär. Danach wird alles häßlich.

Der Impressionismus bezeichnet das letzte Stadium, in dem die Kunst noch »schön« und zugleich modern sein konnte. Danach wird alles häßlich

Die bekanntesten Namen sind: Renoir, Manet, Monet, Degas, Cézanne und van Gogh.

Wie revolutionär sie waren, zeigt eine Zeitungsnotiz über eine der ersten Ausstellungen der Impressionisten. Ich zitiere: ›Soeben ist bei Durand-Ruel eine Ausstellung eröffnet worden, die angeblich Bilder enthalten soll. Ich trete ein, und meinen entsetzten Augen zeigt sich etwas Fürchterliches. Fünf oder sechs Wahnsinnige, darunter eine Frau, haben sich zusammengetan und ihre Werke ausgestellt. Ich sah Leute vor diesen Bildern stehen und sich vor Lachen wälzen. Mir blutete das Herz bei dem Anblick. Diese sogenannten Künstler nennen sich Revolutionäre; »Impressionisten«. Sie nehmen ein Stück Leinwand, Farbe und Pinsel, werfen auf gut Glück einige Farbkleckse hin und setzen ihren Namen unter das Ganze. Das ist eine ähnliche Verblendung, als wenn die Insassen einer Irrenanstalt Kieselsteine aufheben und sich einbilden, sie hätten Diamanten gefunden.‹

Was den Kritiker so erbittert, ist, daß die Impressionisten den Umgang mit Farbe revolutionieren. Sie malen die Effekte von Licht und Schatten so, daß die Farben erst im Auge des Betrachters entstehen. Von Nahem sieht man ein Chaos von Pinselstrichen, doch tritt man zurück, entsteht der Eindruck einer wunderbaren Ordnung. Das war für die Zeitgenossen mit ihren alten Sehgewohnheiten nicht nachvollziehbar. Wie heute auch viele Künstler hielt man die Impressionisten für Stümper, die nicht ordentlich malen konnten. So wurde der Name ›Impressionisten‹ als Schimpfwort gebraucht.

Auch die Motive der Impressionisten waren in strengem Sinne keine bildwürdigen Themen: Tanzlokale (Renoir), Rennplätze (Degas), Bars (Manet), Bahnhöfe (Monet) und nackte Frauen in Begleitung bekleideter Herren beim Picknick (Manets *Frühstück im Grünen*) flößten dem zeitgenössischen Publikum kein Vertrauen ein.

Das Thema der Impressionisten war das flüchtige Leben der Großstadt, das Fließen der Seine (Monet malte oft in einem Boot auf dem Fluß) und das Vorbeifluten der Massen auf den Boulevards, in den Parks und in den Vergnügungslokalen.

Die Impressionisten revolutionieren den Umgang mit Farbe. Sie malen die Effekte von Licht und Schatten so, daß die Farben erst im Auge des Betrachters entstehen. Die Motive der Impressionisten waren in strengem Sinne keine bildwürdigen Themen: Tanzlokale, Rennplätze, Bars, Bahnhöfe oder nackte Frauen in Begleitung bekleideter Herren beim Picknick, wie Eduard Manets *Frühstück im Grünen.*

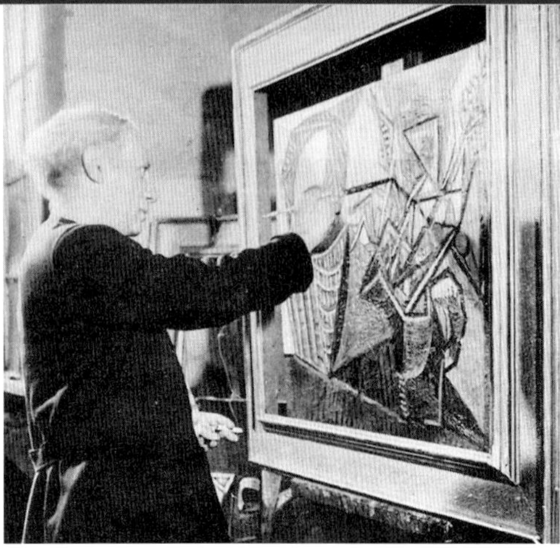

Pablo Picasso, der König der Avantgarde.

Von den Impressionisten führte kein Weg zur Abbildlichkeit zurück. Im Gegenteil: Die beiden radikalsten von ihnen strebten in die entgegengesetzte Richtung: van Gogh klopfte an die Pforte des Wahnsinns, und Cézanne wurde zum Vater der Moderne, indem er das Gegenteil tat: Er zog sich von den Hysterien der Impressionisten zurück und experimentierte mit den Möglichkeiten, die Raumtiefe des Bildes nicht mehr von der Zentralperspektive aus zu organisieren, sondern von der Farbe her. Die Bilder wurden nicht mehr von der Gesamtkomposition, sondern von den Einzelformen aus gestaltet. Seine Nachfolger brauchten dann nur noch sein lineares und statisches Gerüst aufzugeben und siehe, schon waren Formen und Farbe autonom und sie selbst zu Kubisten geworden.
Die Avantgarde war da und mit ihr ihr künftiger König Pablo Picasso, der herausragende Vertreter der Malerei des 20. Jahrhunderts. Damit sind wir ans Ende des traditionellen Museums gekommen. Wenn Sie mir bitte folgen wollen.

So, jetzt bitte ich Sie, den Fahrstuhl zu betreten: Wir fahren jetzt in eine andere Dimension. Vorsicht beim Aussteigen, es wird Ihnen ein wenig schwindelig werden, aber das geht vorüber. Ich übergebe Sie dann dem Team, das für die moderne Kunst zuständig ist. Je zweien von Ihnen wird dann jeweils ein Betreuer zugeordnet. Oder eine Betreuerin. Wir nennen sie in unserem Jargon ›Cicerones‹. So, wir sind da. Das vor uns ist das große Modell eines Museums. Sie können da hineingehen. Auf diese Idee sind wir sehr stolz. Warum jeweils ein Paar einen eigenen Betreuer bekommt? Ganz einfach, weil die moderne Kunst eine sehr viel intensivere Betreuung erfordert, jedenfalls am Anfang.«
Wir betraten das Modell, und plötzlich fand ich mich mit meiner Begleiterin allein, nur in Gesellschaft eines Betreuers, der so plötzlich aufgetaucht war, als wäre er einem Rahmen entstiegen. »Hallo, mein Name ist Praxitelopoulos, aber Sie können mich Praxi nennen. Meine Aufgabe ist es, Sie sofort mit Kommentaren und Scherzen zu stören, wenn Sie vor einem Kunstwerk in Andacht versinken wollen.«
Ob das denn nicht mehr erlaubt sei, wollte ich wissen.
»Nicht mehr im Meta-Museum des neuen Jahrtausends. Sehen Sie, alle Erfahrungen haben gezeigt, daß die meditative Versenkung ins Kunstwerk das Sehen schädigt. Die Leute konnten ihre Pupillen nicht mehr scharf stellen. Deshalb tauchten in den alten Museen die Besucher nach der Besichtigung der Bilder im Zustand des Schocks wieder auf und stürzten sich dann wie Verdurstende nach einer Wüstenwanderung auf die Postkartenstände und Bildbände im Kiosk. Erst beim Wiedererkennen dessen,

was sie gesehen hatten, gewannen sie ihren Alltagsblick zurück: Sie mußten dann nicht mehr so tun, als ob sie mehr sähen, als sie sahen. Kommen Sie, wir müssen hier in diesen Raum. Wie Sie sehen, ist hier nichts zu sehen außer einem sogenannten Text-Bild; wir lesen das mal:

> ›Die Malerei ist die widersprüchlichste unter den Künsten. Sie ist uns als sinnliche Anschauung gegeben. Weil die Wahrnehmung direkt ins Bewußtsein dringt, erwecken Bilder den Eindruck der Unmittelbarkeit. Wir haben das Gefühl, daß keine Symbolsprache zwischen uns und das, was wir sehen, tritt.‹

Wenn Sie näher herantreten, sehen Sie, daß es ein Bildschirm ist. Und hier, in der oberen rechten Ecke befindet sich eine Zeile mit Programmsymbolen. Sehen Sie? Ich berühre jetzt das Symbol ›Weiter‹. Was sehen Sie? Richtig: das Wort ›Sonnenblumen‹. Und jetzt sehen wir, wie langsam aus dem Bildhintergrund das bekannte Bild von van Goghs *Sonnenblumen* auftaucht. Nein, versenken Sie sich jetzt nicht in die Betrachtung des Bildes. Stellen Sie sich statt dessen Papst Clemens VII. vor.«

»Das kann ich nicht«, protestierte meine Begleiterin. »Ich kenne ...« Aber Praxi verwies sie auf eine Tastatur unter dem Bildschirm. Sie begriff und tippte die Zeile ein:

»Das kann ich nicht, ich kenne doch diesen Papst gar nicht.«

Darauf erschien das Wort »Clemens VII.«. Eine Weile starrte sie es an, bis Praxi einen Kunststoffhelm mit angeschlossenen Kabeln und Elektroden aus einer Halterung nahm und ihn meiner Begleiterin aufsetzte. Sofort erschien auf dem Bildschirm die neblige Gestalt eines Papstes, die von ferne an Papst Woytila erinnerte.

»Aber das ist ja das Bild in meinem Kopf, wenn ich das Wort Papst Clemens lese«, rief sie erstaunt.

Kaum hatte sie das gesagt, war das Woytila-Gespenst wieder verschwunden. Als Praxi wieder die Programmtaste berührte, erschienen zwei identische Bilder nebeneinander. Der

Van Goghs *Sonnenblumen*.

Unterschrift konnte man entnehmen, daß sie Papst Clemens VII. darstellten, der in einem Stuhl vor einer dunklen Treppe saß: Sein Ornat umgab seine Beine mit einem Reichtum an weißen, glänzenden Falten, doch sein Oberkörper wurde von einem schweren hochgeschlossenen Cape aus blutrotem Samt bedeckt, das ebenso wie die rote Kappe intensiv samten glänzte. Man sah den Papst von vorne, einen Mann in den besten Jahren, aber er schaute hochmütig am Betrachter vorbei zur Seite, das Kinn leicht emporgereckt, um den Mund ein grausamer Zug; so schaute er unter enorm schweren, halb geöffneten Lidern aus dem Bild heraus auf irgend jemand, den er nicht mochte, in der Hand ein zusammengefaltetes Schreiben. Besser hätte man ihn auch nicht sehen können, wenn er leibhaftig vor einem gesessen hätte. Ja, der Stoff glänzte so herausfordernd, daß man versucht war, ihn anzufassen.

Es ist der Widerspruch zwischen der Unmittelbarkeit der Wahrnehmung und der Mittelbarkeit des Wissens über die Bildsprache, der das Tor zum Verständnis der Kunst öffnet

Praxi hatte ein Mikrophon genommen, um meine Begleiterin unter ihrem Helm ansprechen zu können. »Was Sie sehen, ist das Bild Clemens VII. von Sebastiano del Piombo, das er 1562, natürlich im Auftrag, gemalt hat. Es hängt im Museum in Neapel. Vergleichen Sie die beiden Bilder. Sehen Sie einen Unterschied? Nein? Das eine ist das Original, das heißt, natürlich ist das nicht das Original, das hängt ja in Neapel, sondern die Computerkopie dieses Originals.« Er drückte auf das Symbol Z auf dem Bildschirm, und unter dem linken Bild erschien die Zeile »Hallo da draußen. Ich bin das Bild, das von dir gesehen wird.« Und unter dem rechten erschien die Zeile »Hallo hier drinnen. Ich bin die Kopie des Bildes in deinem Kopf.« »Sehen Sie«, fuhr Praxi fort, »die beiden Bilder sind identisch. Und deshalb können Sie auch normalerweise nicht sehen, daß es zwei sind. Sie haben den Eindruck der Unmittelbarkeit. Aber diese Unmittelbarkeit steht im Gegensatz zu den Jahrhunderten an Wissen, die Sie von diesem Bild trennen. Was wissen Sie wohl über diesen Papst? Was war los um 1526? Hat Clemens dem Maler Anweisungen gegeben, wie er gerne gemalt werden würde? War Sebastiano zum gefragtesten Porträtisten Roms geworden, weil er seine Auftraggeber verschönte und sie edler erscheinen ließ, als sie in Wirklichkeit aussahen? Dann muß Clemens ein äußerst unsympathisch aussehender Mensch gewesen sein. Was hatten die Porträts für eine Funktion? Verherrlichung? Erinnerung für die Nachwelt? Wer ließ sich porträtieren, nur Herrscher und Aristokraten oder auch Bürgerliche? Kommt darin das Bewußtsein der eigenen Originalität zum Ausdruck? Und weiter: Verbirgt die sinnliche Unmittelbarkeit dessen, was du siehst, eine symbolisch verschlüsselte Botschaft? Gibt es eine Bildersprache, die man nicht mehr versteht? Kann man aus der Komposition Schlüsse ziehen? Ist die Teilung der Figur in roten Oberkörper und weißen Unterkörper nur dem Gewand des Papstes geschuldet, das so aussah, oder versteckt der Maler darin einen geheimen Hinweis auf die Glaubensspaltung, mit der Clemens konfrontiert war? Sieht er deshalb so finster aus? Symbolisieren die Stufen der Treppe hinter dem Papst die Himmelsleiter, an deren oberem Ende, das wir nicht sehen, nur noch Gott und seine Heerscharen stehen können? Könnte der zusammengefaltete Zettel in seiner Hand eine Botschaft sein, die er als Mittler zwischen Gott und den Menschen gerade von oben erhalten hat und im Begriff ist, nach unten weiterzugeben? Steckt also in dem Bild ein verstecktes Zitat, ein Hinweis auf Moses, der vom Berg Sinai herab dem Volk Israel die Gesetzestafeln bringt? Und wenn, wäre es nicht eine geheime Ironie, daß der rauhe Berg Sinai sich bei den Päpsten in eine Reihe bequemer Treppenstufen verwandelt hat?

Mit einem Wort: die Unmittelbarkeit des sinnlichen Eindrucks enthält zugleich eine unendliche Reihe komplizierter Vermittlungsschritte, die man erst durchlaufen müßte, wollte man das Bild richtig verstehen. Die Direktheit des sinnlichen Eindrucks täuscht. Man weiß gar nicht, was man sieht. Und beim zweiten Blick sieht man dann noch, daß das Bild selbst diesen Widerspruch abbildet: Der unmittelbare Eindruck der Gestalt des Heiligen Vaters, der durch die sinnliche Qualität des Stoffes seines Gewandes unterstrichen wird, kontrastiert mit der eigentlichen Funktion des Papstes im Plan der Dinge: Als Stellvertreter Christi auf Erden ist er in demselben Sinne der Mittler zwischen Gott und den Menschen wie die Schrift zwischen dem Geist und dem Leser. Und just diesen Mittler stellt Sebastiano im Modus der sinnlichen Unmittelbarkeit dar.

Es ist dieser ungelöste Widerspruch, der Widerspruch zwischen der Unmittelbarkeit der Wahrnehmung und der Mittelbarkeit des Wissens über die Bildersprache, der das Tor zum Verständnis der Kunst eröffnet.«

Praxi hatte seinen Vortrag unvermittelt abgebrochen, denn auf dem Bildschirm war plötzlich das rechte von den beiden Zwillingsbildern verschwunden. An seine Stelle war ein deutliches Bild der Cafeteria getreten.

Was hatten Porträts für eine Funktion? Verherrlichung? Erinnerung für die Nachwelt? Wer ließ sich porträtieren, nur Herrscher und Aristokraten oder auch Bürgerliche? – Der Maler Sebastiano del Piombo wurde zum gefragtesten Porträtisten Roms.

Bevor es als Einzelwerk erfunden wurde, war das Bild Teil der Raumdekoration und entsprach eher unserer Tapete.

Das Museum und die Mona Lisa

Im nächsten Raum war es, abgesehen von einem erleuchteten Quadrat an der Wand, völlig dunkel. In diesem Quadrat war die Projektion eines Gebäudes mit klassizistischem Giebel und einer ebensolchen Säulenfront zu sehen, das wie ein griechischer Tempel aussah. Darunter konnte man die Inschrift »Museum« lesen. Neben der Projektion erklärte jemand die Bilder. Wir waren mitten in einen Diavortrag geplatzt und ließen uns vorsichtig nieder.

»... so wie die Kirche ein Haus Gottes ist«, sagte der Vortragende, »ist das Museum die Wohnung der Kunst. Dort kann man sie besuchen. Aber sie hat dort nicht immer gewohnt. Das Museum ist nämlich eine Erfindung des Bürgertums, und es entsteht in der Französischen Revolution. Am ersten Jahrestag der Enthauptung Ludwigs XVI. wird der Louvre 1793 als erstes Museum eröffnet.«

Es erschien ein Bild des Louvre.

»Das Museum beerbt die Monarchie. Bis dahin hingen Gemälde in adligen Sammlungen, die nur den Oberschichten, aber nicht dem allgemeinen Publikum zugänglich waren. Die Revolution revolutionierte auch die Kunst. Und erst kurz vor der Revolution im 18. Jahrhundert ist das Bild als Einzelwerk erfunden worden. In der Zeit davor ist es Teil der Raumdekoration und diente einem Zweck. Es entsprach also eher unserer Tapete. Das zeigte sich auch daran, daß die Bilder in den adligen Sammlungen nicht als Einzelstücke aufgehängt wurden.«

Es erschien das Bild einer Bildersammlung, bei der die Bilder so dicht gedrängt hingen, daß man keine Zwischenräume mehr sehen konnte; sie bedeckten die Wände bis an die Decke, so daß man die obersten gar nicht genau betrachten konnte.

»Sehen Sie«, erläuterte der Vortragende, »damit die Bilder noch auf die freien Stellen paßten, wurden sie oft beschnitten und zurechtgestutzt. Die Zeiten, die diese herrlichen Bilder produzierten, hatten nur einen geringen Respekt vor der Integrität und Unverletzlichkeit des Kunstwerks. Dieser Respekt entsteht erst mit der Erfindung der Geschichte.«

Kaum hatte er das gesagt, verschwand das Dia mit der Bildersammlung, und statt dessen wurde ein Film eingeblendet, der ein großformatiges Buch mit reich ornamentiertem Deckel zeigte, auf dem das Wort »Geschichte« stand. Langsam wurde das Buch von unsichtbarer Hand aufgeschlagen, und während es umgeblättert wurde, lasen wir den Text:

Kleiner Exkurs über die Geschichte

Natürlich gab es auch schon vor der industriellen (ab 1770) und der Französischen Revolution (ab 1789) eine Geschichte in dem Sinne, daß etwas geschah. Aber man glaubte, daß sich die Geschichte im Prinzip wiederholte. Für Geschichte als Kollektivsingular, also als die eine Gesamtgeschichte und Biographie der Menschheit, gab es keinen Begriff. Statt dessen gab es nur Geschichten im Plural, Exempel, Lebensläufe, Haupt- und Staatsaktionen, den Sturz der Prinzen, Verschwörungen, Rebellionen, Karrieren, Liebesgeschichten und die Taten berühmter Männer. Das waren Geschehnisse, die sich zyklisch wiederholten. Durch die Wiederholbarkeit ihrer Abläufe sicherten sie die Kontinuität der Dinge. Das änderte sich mit der industriellen und der Französischen Revolution. Sie bewirkten eine solch grundlegende Umwälzung, daß sich nun auch die scheinbar unveränderliche Alltagswelt unter den Füßen der Menschen zu wandeln begann. Nicht nur die Könige wechselten, sondern auch die Verfassungen; und nicht nur die Jahreszeiten, sondern auch die Technik zu säen und zu ernten, zu kochen und sich fortzubewegen, zu wohnen und zu heizen; und sogar die Landschaft änderte sich, die sonst jahrtausendelang fast gleichgeblieben war. Dadurch änderte sich auch die Alltagswelt. Die Kindheit eines Menschen rückte dann in weitere Ferne; die Erinnerung gebar die Nostalgie; die Ferne wurde selbst zum Anlaß für träumerische Meditation; man spürte die Zeit selbst, die Kindheit wurde als eigentümlicher Erfahrungsraum entdeckt, Ruinen und verfallene Gemäuer wurden populär. Kurzum, auf die Erfahrung der Zeitbeschleunigung antwortete die Kulturrevolution der Romantik. Und zur Romantik gehört das Konzept einer umfassenden Geschichte. So wie es in der Politik Progressive und Konservative gibt, wird auch Geschichte nun doppelt verbucht: als Fortschritt und Verbesserung, als Revolution im technischen und politischen Bereich und als Aufbruch in die Zukunft; aber auch als Verlust des Alten, als Verfall der Autorität, als Vergänglichkeit, als Nostalgie und Sehnsucht nach dem, was man verloren hat: die Unmittelbarkeit der Jugend, die Nähe, die Direktheit und die sinnliche Intimität kindlicher Erfahrung, also das, was Goethe »naiv« nennt. Und auf diese Sehnsucht antwortet das Museum. In ihm sind alle Epochen gleichzeitig vorhanden. Hier betet man die Geschichte in Form der Kunst an.

Die industrielle und die Französische Revolution bewirkten eine grundlegende Umwälzung: Man spürte die Zeit, Ruinen und verfallene Gemäuer wurden populär.

Drei Figuren blicken von den Kreidefelsen Rügens aus aufs Meer, gemalt von Caspar David Friedrich.

Als der Text zu Ende war, erschien plötzlich das Bild der *Mona Lisa.* Und während ihr zu unserem Entsetzen langsam ein Schnurrbart wuchs, fuhr der Vortragende ungerührt fort: »Deshalb beerbte das Museum nicht nur den Königspalast, sondern auch die Religion. Aber statt der Kirche imitiert es den Tempel. Seine meist klassizistische Architektur drückt das aus. In ihm huldigt man den neuen Göttern der Kunst, indem man vor ihren Bildern in Andacht versinkt. Denn hier zeigt sich die Geschichte als Unmittelbarkeit. Das ist ein Paradox. Man sieht das Vergangene in Form seiner sinnlichen Evidenz. Dieser Widerspruch wirkt wie ein Rätsel, in das man sich versenken kann. Es ist so tief wie die Rätsel am Grunde der Religion, etwa der Fleischwerdung des Geistes. Daß das Historische, Vergangene, unverständlich Gewordene in solch sinnlicher Unmittelbarkeit in Erscheinung treten kann – das ist das Wunderbare. Das ermöglicht es, die Fülle der Erfahrung der Geschichte in direkter Unmittelbarkeit zu genießen.

Vor diesem Hintergrund machte der Oxforder Kunstprofessor Walter Pater in seinen Schriften und Vorlesungen die *Mona Lisa* von Leonardo da Vinci zur bekanntesten Ikone der neuen Kunstreligion: Ihr zweideutiges Lächeln deutete er als Reaktion darauf, daß ihr keine Erfahrung der Geschichte mehr fremd war. Und ihr rätselhaft verschleiertes Mienenspiel interpretierte er als Ausdruck der Tatsache, daß sie alle Erlebnisse der Welt gekostet hatte. Sie war erlebnissatt von Geschichte. Eine historische Medusa. Damit wurde die romantische Träumerei zur stilprägenden Form der Kunstbetrachtung. Man versenkte sich in ein Bild wie in ein stilles Gebet; man betrachtete es in Form der Einkehr; man hielt Zwiesprache mit ihm, die um so intimer war, als sie stumm war. Sie konnte nicht entweiht werden. Vor der Kunst verfiel man wie vor Gott in

Schweigen. Wenn man ein Bild betrachtete, blickte man auf dieselbe Weise in die Ferne wie die Figuren auf Caspar David Friedrichs *Eine Frau und ein Mann in Betrachtung des Mondes.*«

Die Mona Lisa verschwand, und an ihre Stelle trat ein Bild, auf dem drei Figuren von den Kreidefelsen Rügens aus aufs Meer blicken. Der Vortragende hatte die Bilder verwechselt.

»Das läuft auf ein weiteres Paradox hinaus,« fuhr er fort: »man findet Kunst tief, gerade weil man sie nicht versteht. Um so mehr kann man ihr Sinn unterstellen. Bilder werden zu ›Sinncontainern‹, in die man jeden Sinn hineinprojizieren kann. Es ist dieses Paradox, das die moderne Kunst zu einer radikalen Kehrtwende veranlaßt hat: Sie schneidet die Unmittelbarkeit der sinnlichen Wahrnehmung ab, indem sie keine Gegenstände mehr abbildet. Zugleich erhöht sie die Unverständlichkeit, um die meditative Versenkung in den Rätselcharakter des Werks aus der Deckung zu treiben und sie als das zu entlarven, was sie ist: der Gottesdienst einer Kunstreligion, die davon lebte, daß man nichts verstand.«

Ein Paradox: man findet Kunst tief, gerade weil man sie nicht versteht. Bilder werden zu ›Sinncontainern‹, in die man jeden Sinn hineinprojizieren kann.

Oscar Wildes ***Bildnis des Dorian Gray*** **handelt vom Rollentausch zwischen Bild und Person.**

Kunst über Kunst

»Und jetzt bitte ich Sie, mir in den nächsten Raum zu folgen.« Damit knipste er das Licht an, und wir fanden uns in der Gesellschaft von vier weiteren Paaren, indes Praxi verschwunden war. Als wir uns alle im angrenzenden Saal um unseren neuen Führer versammelt hatten, begann er:

»Der französische Künstler Marcel Duchamp verstieß gegen das Gebot der Originalität, indem er industriell gefertigte Gegenstände des täglichen Gebrauchs (ready mades) in den erblichen Adelsstand der Kunst erhob.« Dann lenkte er unsere Aufmerksamkeit auf einen Fahrradreifen, der auf einen Küchenhocker montiert worden war. Einige unter den Besuchern kicherten.

»Das provoziert natürlich genauso«, fuhr unser Cicerone fort, »wie wenn ein ungehobelter Prolet plötzlich zum Lordrichter von England ernannt worden wäre. Außerdem blockierte Duchamp die Unmittelbarkeit der Wahrnehmung, indem er durch seine Provokationen die sogenannte *Concept Art* vorbereitete: In ihr werden nur noch Begriffe und Ideen entwikkelt, wobei das künstlerische Medium erst an zweiter Stelle rangiert: Der Betrachter soll sich das Bild dann vorstellen. Damit wird der Werkcharakter selbst gesprengt. Das läuft auf eine Entzweiung der bisherigen Kunst hinaus. Das Werk aber war so etwas wie ein menschlicher Leib: Seine Integrität war heilig und wurde so wie beim menschlichen Körper durch Tabus und zeremonielle Respektsbezeugungen geschützt. Im Prinzip wurde das Werk wie eine Person behandelt: es drückte die ganze Persönlichkeit des Künstlers aus und sprach die ganze Persönlichkeit des Betrachters an.

Vielleicht kennen einige von Ihnen Oscar Wildes Roman *Das Bildnis des Dorian Gray*? Nein? Nicht? Da wird dieser Zusammenhang durch einen Rollentausch zwischen Bild und Person zum Ausdruck gebracht. Der Titelheld ist ein Wüstling, der auf dem Dachboden sein Porträt versteckt hat; auf diesem Bild zeigen sich nach und nach die Spuren des Lasters, während Dorian Gray selbst unverändert jung bleibt wie ein Kunstwerk. Als der Held schließlich entsetzt auf das Bild einsticht, findet man ihn entseelt, mit einem Messer in der Brust.

Diesen Mord am Kunstwerk begehen die modernen Künstler auch. Sie sprengen die Werkheiligkeit. Statt eines Werks, das wie ein schwarzes Loch wirkt, in dem alle Fragen verschwinden, zeigt die moderne Kunst Prozesse. Sie proklamiert (verkündet) nicht mehr die

Unmittelbarkeit der Wahrnehmung. Statt dessen verfremdet sie diese durch ihre Bizarrerien, bis die Wahrnehmung selbst wahrnehmbar wird. Mit anderen Worten: Moderne Kunst ist fast immer Kunst über Kunst. Sie ist reflexiv gebrochen und gewinnt daraus ihre Paradoxien. Das heißt, sie thematisiert ihre eigenen Bedingungen. Schauen Sie auf diese Abbildung: Offensichtlich eine Pfeife. Aber mit einer rätselhaften Unterschrift: *Ceci n'est pas une pipe.* Was auf deutsch, frei übersetzt, ungefähr heißt: ›Das ist keine Pfeife‹.

Einige der Besucher lachten. »Was ist es denn?« murmelte eine Frau.

»Ja«, nahm unser Cicerone die Frage auf, »was ist es, wenn es keine Pfeife ist? Es ist deutlich zu sehen. Sie sehen es alle. Na? Sehe ich nur ratlose Mienen? Kann mir niemand sagen, was er sieht? Nun, lassen wir das erst einmal offen und schauen wir uns ein anderes Bild desselben Malers an. Es heißt *Carte blanche* und ist von René Magritte.

Wir sehen eine Frau, die durch den Wald reitet. Aber mal wird ihre Gestalt von den Bäumen, mal von den Zwischenräumen zwischen den Bäumen verdeckt, während man sie durch die Bäume hindurch sehen kann. Und nun sehen Sie hier diese Tafel mit Morgensterns Gedicht *Lattenzaun.*

Es war einmal ein Lattenzaun /
mit Zwischenraum, hindurchzuschaun.
Ein Architekt, der dieses sah, /
stand eines Abends plötzlich da –
und nahm den Zwischenraum heraus /
und baute draus ein großes Haus.
Der Zaun indessen stand ganz dumm, /
mit Latten ohne was herum.

Wenn Sie den Text mit dem Bild von der Dame im Wald vergleichen, wirkt Magritte viel schokkierender als Morgenstern. Warum? Weil unsere sinnliche Wahrnehmung für die Absicherung unseres Realitätsgefühls viel wichtiger ist: Wenn wir verbal getäuscht werden, ist das nicht so erschütternd, wie wenn wir unseren eigenen Augen nicht mehr trauen können. Weil die sinnliche Wahrnehmung so unmittelbar ist, war der Bruch mit der Malerei besonders kraß, als die moderne Kunst den Pakt mit der Abbildlichkeit kündigte. Seitdem gibt es die Modernisten, die die moderne Kunst verstehen, und es gibt die Traditionalisten, die sie ablehnen und die traditionelle Kunst anbeten. Und schließlich gibt es die Idioten, die der modernen Kunst in der gleichen Haltung gegenübertreten, die sie bei der traditionellen gelernt haben. Sie gehen dann in eine Ausstellung und verharren in andächtigem Schweigen vor einem Schrotthaufen; sie meditieren vor einer verrosteten Teekanne und versenken sich in den Anblick eines Drahtknäuels, als ob sie das Kreuz im Gebirge sähen. Und – jetzt werden Sie aufheulen – sie verwechseln ›das Bild einer Pfeife‹ mit einer Pfeife.«

Moderne Kunst ist fast immer Kunst über Kunst

Darauf heulten wir alle auf. »Uhuhuhu.«

»Ich kann Ihre Reaktion verstehen. Das mit dem Bild von der Pfeife finden Sie einfach unfair. Die Konvention besteht schließlich darin, daß ein Bild sich nicht selbst kommentieren kann, so als ob es außerhalb seiner selbst stünde. Wenn es das tut, produziert es ein Paradox, weil es zugleich seine eigene Position und die des Betrachters einnimmt. Aber aus der sozialen Wirklichkeit kennen wir ähnliches, wenn

Das Paradox der Selbstbezüglichkeit: wer ist der Erkennende und wer der Erkannte? Schaut man in den Spiegel hinein oder aus ihm heraus?

etwa jemand, der als irrsinnig gilt, mit dem Psychiater ganz vernünftig über seinen Irrsinn redet. Er ›fällt dann gewissermaßen aus dem Rahmen‹, in den man ihn gestellt hat. Bezeichnend ist, daß es sich immer um Formen der Selbstbezüglichkeit handelt. Das läßt darauf schließen, daß das Wort ›Ich‹ schon paradox ist: Wenn man sich als Ich erkennt, wer ist dann der Erkennende und wer der Erkannte? Oder anders ausgedrückt: wenn man sich einem Spiegel gegenüber sieht, schaut man dann in den Spiegel hinein oder aus ihm heraus? Wer ist der Beobachtete und wer der Beobachter? Daran sieht man: Wenn wir das Bild mit dem Titel *Dies ist keine Pfeife* mit dem Satz vergleichen ›Das letzte Wort dieses Satzes ist kein Hund‹, verstehen wir ihn vielleicht besser.«

Die drei Haltungen zur modernen Kunst

»Wenn Sie mir bitte in den nächsten Raum folgen wollen? Hier entlang. Ja, setzen Sie sich ruhig nach hinten und ruhen Sie sich ein wenig aus. Sie werden jetzt einen kurzen Film zu sehen bekommen. Er wird ihnen die drei idealtypischen Haltungen gegenüber der modernen Kunst, von denen ich gesprochen habe, vorführen. Ich meine die Kennerschaft der modernen Kunst, die Ablehnung der modernen Kunst und die Haltung des Idioten, der meint, mit der Haltung gegenüber der traditionellen Kunst auch die moderne verstehen zu können. Der Film heißt ›Kunst‹ und beruht auf einem Stück von Yasmina Reza (Ausschnitt aus: Yasmina Reza, *Kunst*. Komödie, Libelle Verlag, Lengwil 1996, S. 42–44). Er handelt von den drei Freunden Serge, Marc und Yvan, und von einem Bild mit dem Titel *Weiße Streifen auf weißer Fläche* von dem Maler Andrios. Das Bild ist also vollständig weiß. Nichts als eine weiße Fläche.«

Auf dem Bildschirm schleppten zwei Männer ein großes weißes Bild in ein Zimmer und hängten es auf.

»Wir sehen hier Serge und Yvan. Und der dritte Mann, der jetzt hereinkommt und sich setzt, ist Marc. Serge hat sich für 200 000 Francs dieses Bild gekauft. Das löst im Verhältnis der drei Freunde eine Krise aus. Dabei ist Marc der Vertreter der klassischen Bildung, der für die Moderne nur Verachtung übrig hat, und Yvan, der sich hier gerade in die Betrachtung des Bildes versenkt, gibt vor, die Moderne zu verstehen, indem er auf sie mit dem Gestus der alten Kunstreligion reagiert. Ich werde jetzt mal den Ton anschalten, und wir werden uns einen kurzen Dialog anhören.«

YVAN (*auf den Antrios zeigend*): Wo willst du es hinhängen?

SERGE Ich weiß noch nicht.

YVAN Warum hängst du es nicht dorthin?

SERGE Weil es dort vom Tageslicht erdrückt wird.

YVAN Ach ja. Ich habe heute an dich gedacht, wir haben im Geschäft 500 Plakate gedruckt von einem Kerl, der weiße, völlig weiße Blumen auf weißem Untergrund malt.

SERGE Der Antrios ist nicht weiß.

YVAN Nein, natürlich nicht. Ich sag ja auch nur.

MARC Findest du, daß dieses Bild nicht weiß ist, Yvan?

YVAN Nicht ganz, nein ...

MARC Ach so. Und was für eine Farbe siehst du ...?

YVAN Ich sehe Farben ... ich sehe Gelb, Grau, Linien, die etwas ockerfarben sind ...

MARC Sprechen dich diese Farben an?

YVAN Ja ..., diese Farben sprechen mich an.

MARC Yvan, du hast eben keinen Charakter. Du bist ein hybrider, schwacher Mensch.

SERGE Warum bist du so aggressiv zu Yvan?

MARC Weil er ein kleiner serviler Speichellecker ist, der sich vom Zaster täuschen läßt, der sich täuschen läßt von dem, was er für Kultur hält, eine Kultur, die ich übrigens ein für allemal verabscheue.

Kurzes Schweigen.

SERGE Was ist denn in dich gefahren?

MARC (*zu Yvan*) Wie kannst du, Yvan ...? In meiner Gegenwart, in meiner Gegenwart, Yvan?

YVAN Was in deiner Gegenwart? ... was in deiner Gegenwart? Diese Farben sprechen mich an. Ja! Ob es dir paßt oder nicht. Und hör auf, alles bestimmen zu wollen.

MARC Wie kannst du in meiner Gegenwart sagen, daß diese Farben dich ansprechen?

YVAN Weil es die Wahrheit ist.

MARC Die Wahrheit? Diese Farben sprechen dich an?

YVAN Ja, diese Farben sprechen mich an.

MARC Diese Farben sprechen dich an, Yvan?!

SERGE Diese Farben sprechen ihn an. Das ist sein gutes Recht.

MARC Nein, dazu hat er kein Recht.

SERGE Wieso hat er dazu kein Recht?

MARC Dazu hat er kein Recht.

YVAN Dazu habe ich kein Recht?! ...

MARC Nein!

SERGE Wieso hat er dazu kein Recht? Du weißt, daß es dir im Augenblick nicht gut geht. Du solltest einen Arzt aufsuchen.

MARC Er hat deshalb nicht das Recht zu sagen, die Farben würden ihn ansprechen, weil es falsch ist.

YVAN Diese Farben sprechen mich nicht an?

MARC Es gibt keine Farben. Du siehst sie nicht. Und sie sprechen dich auch nicht an.

YVAN Das mag für dich zutreffen!

MARC Was für eine Erniedrigung, Yvan ...!

SERGE Aber wer bist du denn, Marc?! ... Wer bist du, daß du dein Gesetz aufzwingen willst? Ein Mensch, der nichts mag, der alle Welt verachtet, der seine Ehre dareinsetzt, kein Mensch seiner Zeit zu sein ...

»Wir brauchen uns nicht den ganzen Film anzusehen«, unterbrach unser Führer, »aber ich möchte Ihnen noch das Ende zeigen und lasse die Kassette vorlaufen. Sie wollen wissen, wie es weitergeht? Nun. Im weiteren Verlauf beleidigt Marc dann das Bild, worauf Serge Marcs Freundin Paula beleidigt. Serge beschuldigt Marc, ihn durch die Beziehung zu Paula verraten zu haben, worauf Marc Serge anklagt, ihn durch die Beziehung zu dem Bild verraten zu haben. Es kommt zu einer Prügelei zwischen beiden, und als Yvan dazwischengeht, um zu schlichten, trifft ihn ein Schlag, der sein Trommelfell sprengt. Schließlich beweist Serge, daß ihm an der Freundschaft mit Marc mehr liegt als an dem Bild, indem er das Bild durch einen schwarzen Filzstift verunstaltet. Die letzte Szene zeigt Marc, wie er die Entstellung wieder abwischt – der Filzstift war abwaschbar, doch Marc wußte nicht, daß Serge das wußte –, aber dieser Trick ermöglicht es Marc, das Bild zu verstehen. Er sieht nun etwas und sagt es am Ende des Stückes. Warten Sie, hier ist die Szene:«

MARC Unter den weißen Wolken fällt der Schnee. Man sieht weder die weißen Wolken, noch den Schnee, weder die Kälte, noch den weißen Glanz des Bodens. Ein einzelner Mann gleitet auf Skiern dahin, der Schnee fällt, fällt, bis der Mann verschwindet und seine Undurchsichtigkeit wiederfindet. Mein Freund Serge, der seit langem mein Freund ist, hat ein Bild gekauft. Es ist ein Gemälde von etwa 1,60 m auf 1,20 m, es stellt einen Mann dar, der einen Raum durchquert und dann verschwindet.

Der Film endete damit, daß Marc in einem weißen Hintergrund verschwand, der mit dem Bild langsam verschmolz. Unser Cicerone schaltete den Recorder ab.

»Nun, was glauben Sie, wer ist dieser Mann, der da verschwindet? Na, sehe ich immer die gleichen Hände oben?« (Dabei hatte sich gar niemand gemeldet.) »Richtig, es ist Marc selbst, der Banause, der von moderner Kunst nichts versteht: Er durchquert den Raum dieses Stückes wie bei einer Bildungsreise und verschwindet, indem er sich in jemand anderen verwandelt: einen Kenner der modernen Kunst. Heißt er nicht Marc, also Markierung, Grenze, Linie? Und heißt nicht das Bild ›Weiße Streifen auf weißer Fläche‹? Und bedeutet nicht die Paradoxie der Selbstbezüglichkeit, daß die Grenze zwischen Subjekt und Objekt verschwindet, wie der weiße Streifen auf einer weißen Fläche verschwindet, die er markiert?

Bedeutet nicht die Paradoxie der Selbstbezüglichkeit, daß die Grenze zwischen Subjekt und Objekt verschwindet?

Nun, mit dieser Vorführung sind wir ans Ende unseres Meta-Museums gekommen und fahren wieder zurück in das traditionelle Museum der traditionellen Kunst. Ah, ich sehe, Sie sind erleichtert. Wir nehmen wieder den Fahrstuhl abwärts. Aber wir haben noch eine Überraschung für Sie. Wenn Sie mir bitte folgen wollen?«

Velázquez

Unten wurden wir in einen abgedunkelten Raum geführt, in dem eine Reihe wunderbar bequemer Sessel standen. In weniger als einer Sekunde waren sie fast alle besetzt, und wir sahen auf ein Bild, auf dem ein Zwerg und eine prächtig gekleidete Prinzessin den Betrachter anschauen, während zwei Zofen sich um die Prinzessin bemühen und im Vordergrund ein großer Hund lagert. Am linken Bildrand sieht man ein übermannshohes Bild von hinten, während der Maler etwas zur Seite tritt, offenbar um sein Bild mit dem Modell zu vergleichen.

»Dieses Bild«, begann unser Führer, »macht das Problem der modernen ungegenständlichen Kunst in der Bildersprache der gegenständlichen anschaulich. Es heißt ›*Die Hoffräulein*‹ und ist das Werk des spanischen Barock-Malers Diego Velázquez (1599–1660). Wenn ich dieses Bild jetzt kommentiere, greife ich auf eine Beschreibung zurück, die von dem französischen Theoretiker Michel Foucault stammt. Er hat sie seinem Buch *Die Ordnung der Dinge* vorangestellt. Das Bild zeigt Velázquez, wie er das spanische Königspaar Philipp IV. und Maria Anna malt. Aber wir sehen nur den Maler; sein Bild und sein Modell, das Königspaar, sehen wir nicht. Statt dessen sehen wir, was das Königspaar sieht, nämlich die Infantin Margarita, die Hoffräulein und die Zwerge. Woher wissen wir, daß Velázquez das Königspaar malt? Nun, an der Rückseite des

***Die Hoffräulein* machen das Problem der modernen ungegenständlichen Kunst in der Bildersprache der gegenständlichen anschaulich.**

Ateliers neben einer Tür, die den Raum nach hinten öffnet, hängt ein Spiegel. Er öffnet den Raum zugleich nach hinten und nach vorne hin, dahin, wo das unsichtbare Modell steht. Im Spiegelbild erscheint das Königspaar. König und Königin betrachten die Szene auf dem Bild, die wir sehen, und alle auf dem Bild betrachten König und Königin.

Beobachtung der Beobachtung: die moderne Kunst zeigt uns an ihren Werken nicht nur die Gegenstände, sondern auch die Art, wie wir sie beobachten, und zwingt uns dadurch zu einer Beobachtung zweiter Ordnung

Damit möchte Foucault folgende These illustrieren: Aufgrund seiner kulturellen Konditionierung war Velázquez nicht in der Lage, den Beobachter als Subjekt und als Objekt zugleich zu sehen. Das zeige sich an der Dreiheit von Produktion, Bild und Bildbetrachtung – also dem Maler, dem Modell und dem Betrachter, die die drei Aspekte der Repräsentation verkörpern: Das Modell komme nur als Spiegelbild vor, der Betrachter überhaupt nicht und der Maler habe kein Bild – jedenfalls werde es nicht gezeigt.

Foucault beobachtet also etwas, was Velázquez nicht sehen kann. Er beobachtet Beobachtungen, indem er das Terrain zu beiden Seiten in den Blick nimmt.

Vollziehen wir also dieselbe Operation mit Foucaults Beobachtungen. Schauen Sie hierher. Das ist ein beinahe zeitgleich gemaltes Porträt derselben Infantin Margarita, die Sie auf dem Bild *Die Hoffräulein* sehen. Ja, fällt Ihnen daran etwas auf? Richtig, der Scheitel der jungen Dame ist mal auf der einen, mal auf der anderen Seite. Das Porträt ist seitenverkehrt? Könnte man meinen. Aber in Wirklichkeit trifft das auf das Bild von Velázquez zu. Das hat die Untersuchung eines Kunsthistorikers ergeben, der den Raum geprüft hat, den Velázquez uns zeigt. Aber wenn diese Darstellung seitenverkehrt ist, dann malt er nicht das Königspaar, sondern eine Spiegelwand. Das Gemälde *Las Meninas* ist ein Spiegelbild des Raumes, den wir sehen. Foucaults Bildbeschreibung ist falsch. Er hat sich von Velázquez täuschen lassen und eine Illusion für einen realen Raum gehalten. Und wir können sehen, daß er das nicht sehen konnte, weil seine vorgefaßte Meinung über das 17. Jahrhundert das nicht zuließ. Aber was sehen wir, wenn wir sehen, was Foucault nicht sehen konnte? Wir sehen die Doppeldeutigkeit des Spiegels. Er vereinigt wie ein Paradox Unsichtbarkeit und Sichtbarkeit. Das Spiegelglas selbst können wir nicht sehen. Und gerade deshalb sehen wir, was in ihm erscheint. Und was beobachten wir, wenn wir selbst in den Spiegel schauen? Richtig, einen Beobachter. Und auch der ist seitenverkehrt.

Heute ist das Thema von Velázquez' *Hoffräulein* zum beherrschenden Prinzip der Malerei geworden: die Beobachtung der Beobachtung. Durch sie wird die Unmittelbarkeit gebrochen, die im Museum zur Grundlage einer intimen Kommunikation mit dem Kunstwerk gemacht wird. Deshalb zeigt uns die moderne Kunst an ihren Werken nicht nur die Gegenstände, sondern auch die Art, wie wir sie beobachten, und zwingt uns dadurch zu einer Beobachtung zweiter Ordnung.

Um das zu illustrieren, haben wir im nächsten Raum eine Ausstellung mit solchen Werken zusammengestellt, in denen moderne Künstler auf die Institution ›Museum‹ reagieren. Hier entlang, bitte.

Die Infantin Margarita auf Velázquez' Bild *Die Hoffräulein*.

So, können Sie alle gut sehen? Dieser merkwürdig aussehende Schrank ist Herbert Distels *Schubladenmuseum*. In ihm sind insgesamt 500 Miniaturwerke verschiedener Künstler ausgestellt. Ein Puppenhaus-Museum, ganz recht. Und diese Anhäufung von Kästen unter dem Fenster stammt von Susan Hiller. Sie nennt es *From the Freud Museum*. Dabei handelt es sich um eine Sammlung von Fehlleistungen, Mißverständnissen und Ambivalenzen. Und wenn Sie da drüben hinschauen, ja, ich meine diese freistehende Struktur von Objekten. Es sind genau 387, und sie bilden zusammen den Umriß von Mickey Mouse, wie Sie sehen können, wenn Sie sich hierher stellen. Die Figur stammt von Claes Oldenburg, und er nennt sie das *Mouse Museum*. Dieser Vertreterkoffer ist das tragbare Museum von Marcel Duchamp mit dem Titel *Boîte-en-valise*. So, ich knipse mal eben diesen Projektor an. Sie sehen jetzt einige Dias aus der Serie von Lothar Baumgarten mit dem Titel *Unsettled Objects*. Die Arbeit ist unter dem Einfluß von Michel Foucault entstanden (→ Philosophie). Was Sie sehen, sind sämtlich Objekte aus dem Pitt Rivers Museum, die Baumgarten für Opfer der ethnographischen Klassifizierung hält.

Sie sehen, viele moderne Künstler protestieren gegen das Museum. Aus diesem Protest ist die Bewegung der ›Land art‹ entstanden, deren Anhänger ihre Kunst in die Natur verlegen. Als konsequente Fortsetzung dieser Bewegung kann man wohl diese beiden Visionen von Komar und Melamid ansehen: Das eine Bild heißt *Scenes from the Future: The Guggenheim Museum* und das andere *Scenes from the Future: Museum of Modern Art*. Sie zeigen die Museen als Ruinen in pastoraler Umgebung. Und dies hier erkennen Sie auf Anhieb. Richtig, das ist der Verpackungskünstler Christo, und unter der Verpackung steckt die Kunsthalle von Bern.

So, unser Rundgang ist jetzt beendet. Oder so gut wie beendet. Wenn Sie dem Pfeil folgen, kommen Sie in einen Saal, den wir als Boutique eingerichtet haben, wo Sie Postkarten und Reproduktionen und dergleichen kaufen können. Und dahinter ist die Simulation einer Cafeteria, in der Sie Pulverkaffee trinken können. Sie dürfen sich nur nicht an den Besuchern hinter der Absperrung stören: Die halten Sie für Exponate. Das macht Ihnen doch nichts aus? Daß Sie ein wenig besichtigt werden? Für die, die das stört, haben wir ein paar Spiegel aufgehängt. Wenn Sie hineinschauen, haben Sie den Status von Besuchern zurückgewonnen. Und was sehen Sie dann? Richtig, einen Beobachter. Und damit sind Sie zum Beobachter von Beobachtern geworden. Ich danke Ihnen für Ihre Aufmerksamkeit.«

Musik ist die Sprache jenseits der Sprache

Die Geschichte der Musik

Über Musik zu reden ist ein wenig so, als wenn man einen Witz erklärt: Man hat intuitiv schon verstanden, was nun mühselig in Begriffe gefaßt wird. Musik ist eben die Sprache jenseits der Sprache. Und sie ist, wie der Dichter Eichendorff sagt, die Sprache der Dinge und macht sie lebendig. Die Sterne machen beim Kreisen Musik, und der Geigenkörper antwortet auf das Schwingen der Saiten. Und auch wir selbst antworten, d. h. unser Körper swingt mit.

Musik ist die Sprache der Dinge und macht sie lebendig

Wegen dieser »unmittelbaren Resonanz« wirkt die Beschreibung musikalischer Sachverhalte merkwürdig distanziert: Eine »kleine Terz«, sollte man meinen, ist ein unnötiges Pseudonym für das, was jedermann aus Feld, Wald und Wiese kennt: den Kuckucksruf. Und trotzdem braucht jede Disziplin solch eine Fachsprache: auch die Musik.

Über den Ursprung der Musik gibt es verschiedene Theorien, aber alle haben mit ihrer durchschlagenden Wirkung zu tun: sie stellt den Gleichgang der Herzen und Bewegungen unter mehreren Menschen her und eignet sich daher für die Kommunikation zwischen den Menschen und den Göttern. Einige glauben ja bis heute, daß die Engel vor allem singen und Musik machen. Und so brachte die Strukturierung des Klangs das Göttliche in die Welt. Derjenige, der die Klänge hervorbringen konnte, die den Göttern am besten gefielen, war der Schamane oder der Priester. Sagte man von ihm: »Die Götter sprechen durch den Priester«, war das ein anderer Ausdruck für die Feststellung: »Der Mann macht gute Musik.«

Die frühesten Instrumente waren die menschliche Stimme und die Schlaginstrumente. Beide standen immer zur Verfügung, die Stimme sowieso, und Klötze zum Trommeln und Krachmachen findet man überall. Seitdem wird diese Erfindung in jedem Kinderzimmer immer wieder aufs neue gemacht. Und sie enthält schon die beiden Grundelemente der Musik: Rhythmus und Tonhöhe. Der Rhythmus ordnet die Zeit, die Tonhöhe ordnet den Klang. Alle Musik baut auf diesen Grundelementen auf.

Eng verbunden mit der frühen Erfahrung von Musik war deshalb von Beginn an der Tanz. Der Rhythmus geht in die Beine und bewegt die Körper. Musik ist ohnehin immer auch ein körperlicher Vorgang. Wir hören nicht nur mit den Ohren, sondern auch mit dem ganzen Leib, besonders im Bereich der tiefen Töne. Der Herzschlag kann sich dem Rhythmus der Musik anpassen.

Die ersten Instrumente waren Flöten und Trommeln. Die Fortschritte in der Metallverarbeitung brachten die ersten Hörner hervor. Verschiedene Saiteninstrumente entstanden, und nach Erfindung der Schrift wurden die ersten Versuche unternommen, Musik zu notieren. Allerdings lassen die Notate noch keine Rückschlüsse darauf zu, welche Musik da gespielt wurde. Allenfalls kann man aus dem Abstand der Grifflöcher früher Flöten darauf schließen, wie viele und welche Töne in welchem Abstand in einer Oktave verwendet wurden.

Und damit sind wir über den ersten technischen Begriff gestolpert: Oktave. Was ist das? Ziehen wir zum Vergleich das Wahrnehmungsfeld des Sehens heran: Da entspricht der Oktave das Spektrum des Regenbogens. Von den sieben Farben nähert sich die siebte – das Violett – wieder der ersten – dem Rot – an. Warum? Weil das Violett fast (nicht ganz) die doppelte Lichtfrequenz des Rot hat. So ist es auch bei den Tönen. Ein Ton besteht aus Schwingungen und erreicht als Schallwelle unser Ohr. Je schneller die Schwingung, desto höher der Ton. Bei der Oktave schwingt der höhere Ton genau doppelt so schnell wie der tiefere. Deshalb empfinden wir diese beiden Töne als gleiche Töne mit unterschiedlicher Tonhöhe.

Beim Licht umfaßt unser Wahrnehmungsbereich nicht ganz eine Oktave: wäre es mehr, würden wir beim Gewitter mehrere sich wiederholende Farbfolgen sehen. In der Akustik hören wir tatsächlich mehrere Regenbogen.

Die frühesten Flöten und auch andere Instrumente verfügten über fünf Töne. Musik, in der fünf Töne Verwendung finden, nennen wir pentatonisch (Fünftonmusik). Wer sie hören will, sollte auf seinem Klavier irgend etwas spielen, bei dem er nur die schwarzen Tasten benutzt.

Mit der Philosophie begann bei den Griechen auch das Nachdenken über die Musik. Die ersten musiktheoretischen Schriften entstanden (Aristoteles, Euklid, Nikomachos, Aristoxenos). Man entwickelte das System der Tonleitern und eine Notenschrift. Von nachhaltiger Wirkung war die kosmologische Harmonielehre des Pythagoras (um 570–497/96 v. Chr.). Gemäß seiner Annahme, daß das Wesen der Dinge Zahlen seien, glaubte er die Abstände der Planeten entsprächen den Längenverhältnissen der Saiten bei harmonischen Tönen und diese wiederum den Bewegungen der menschlichen Seele. Infolgedessen machten die Gestirne beim Kreisen Musik, die wir leider dann nicht hören können, wenn wir nicht moralisch genug sind. Noch Shakespeare wiederholt diese Lehre im *Kaufmann von Venedig*: »Komm, Jessica, sieh wie die Himmelsflur / ist eingelegt mit Scheiben lichten Golds / da ist nicht der kleinste Stern, der nicht / auf seiner Kreisbahn wie ein Engel singt / zum Chor der jungäugigen Cherubim. / Solch Harmonie ist in unserer Seele / nur wenn das trübe Kleid der Fäulnis / sie grob umhüllt, können wir sie nicht hören.« Hier hat die Vorstellung der moralischen Qualität der Musik ihre Wurzeln: »Wo man singt, da laß dich ruhig nieder, böse Menschen haben keine Lieder« – eine definitive Diskriminierung der

Die Musik eignet sich für die Kommunikation zwischen Menschen und Göttern.

Unmusikalischen bei gleichzeitiger Betonung der gemeinschaftsstiftenden Kraft der Musik. So etwas kann zur Harmoniesucht führen. Der spätantike Philosoph Boethius (480–525 n. Chr.) prägte, von Pythagoras ausgehend, die Begriffe *Musica mundana* (Weltmusik), *Musica humana* (seelisches Gleichgewicht des Menschen) und *Musica instrumentalis* (die Musik im eigentlichen Sinne). Angestrebt wurde ein Zustand wechselseitiger Harmonie auf allen Ebenen.

Der Zusammenhang zwischen Planetenbewegung und Musik besteht natürlich darin, daß beides periodische Vorgänge sind, die sich in bestimmten Zeiträumen wiederholen. Ein Rhythmus wird erst dann zum Rhythmus, wenn er einen Zeitablauf ordnet und in bestimmte Einheiten zwängt. Die wichtigste musikalische Grundeinheit ist dabei der Takt, der jeweils gleich lange Abschnitte bildet, die wiederum eine bestimmte Anzahl von Tönen enthalten. Wie bei Gedichten spricht man hier vom Metrum. Der wichtigste Ton ist jeweils am Taktanfang, und die Wirkung aller anderen Töne ergibt sich aus ihrer Position. Man macht sich das leicht klar, wenn man folgende Laute wiederholt vor sich hin spricht: mmh-ta-ta-mmh-ta-ta ... Schon nach der zweiten Wiederholung ist klar, dies ist der typische Walzertakt. Das »mmh« ist der Ton auf dem Taktanfang, zwei weitere Töne folgen. Da nach Pythagoras die Musik die zyklischen kosmischen Vorgänge abbildet, ließ Stanley Kubrick in seiner Anfangssequenz des Weltraumepos *2001* die Raumschiffe im Walzertakt durch das All gleiten.

Den Griechen verdanken wir auch das Wort »Musik«. Es geht auf »musiké« zurück und bezeichnet den antiken Versgesang. Andere Quellen führen den Begriff auf »musike techne« zurück: die Kunst der Musen. Musen waren ursprünglich Quellnymphen und Göttinnen des Rhythmus und des Gesangs. Von den neun Musen haben allein sechs mit Musik zu tun: Klio (Geschichte, Heldenlied), Kalliope (Dichtung, erzählendes Lied), Terpsichore (Chorlyrik, Tanz), Erato (Liebeslied), Euterpe (Tonkunst, Flöte) und Polyhymnia (Gesang und Hymnen). Bei dieser Auflistung wird eines klar: Musik war keine eigenständige Kunst, sondern Bestandteil der verschiedenen anderen Kunstformen.

Vorherrschend war in der Frühzeit der griechischen Antike (vor dem 6. Jahrhundert) der vom Saitenspiel begleitete Gesang der Heldenerzähler. Im 7. Jahrhundert entstand die Gattung der Lyrik, der Gesang zur Lyra. Besonders im rituellen Bereich spielte der Chorgesang eine tragende Rolle, etwa im Hymnos, einem feierlichen Götterlied. Auch die antiken Tragödien bezogen einen Großteil ihrer Wirkung aus der Musik, wobei der Chor im Wechsel mit dem Solisten auftrat. Dem griechischen Theater verdanken wir auch einen wichtigen musikalischen Begriff: den des Orchesters. (Das griechische Wort »orchestra« bezeichnete den halbrunden Bereich vor der eigentlichen Bühne, der im Laufe der Zeit tiefergelegt und zum Orchestergraben wurde.)

Zwei gegensätzliche Gestalten verkörperten für die Griechen die beiden unterschiedlichen Seiten der Musik: Apollon und Dionysos. Apollon, der Gott der Musik und des Lichtes, der Wahrheit und der Dichtung, Leierspieler und Führer der Musen, steht für die zivilisierende Kraft der Musik; Dionysos, der Gott der Ekstatik, des Tanzes und des Rausches, versetzt uns dagegen immer wieder in musikalische Trance. Diese beiden Wirkungen der Musik tauchen in vielen Konflikten der Musikgeschichte später wieder auf: Vokalmusik gegen Instrumentalmusik, geistliche gegen weltliche Musik, E- gegen U-Musik. Der Vater, der auf dem häuslichen Klavier des Abends einige Stücke von Bach spielt, ist Apollo näher als seine Tochter, die eher vom dionysischen Sog der Love-Parade ergriffen wird.

Eine Oktave – so hatten wir bereits festgestellt – repräsentiert ein Schwingungsverhältnis von 1:2. Was ist aber nun mit den übrigen Tönen? Um ihnen ihre Plätze anzuweisen, müssen wir einen weiteren Begriff einführen: das Intervall. Damit bezeichnet man den Tonhöhenabstand zwischen zwei Tönen. Auch die Oktave ist ein Intervall. Die anderen Intervalle ergeben sich ebenfalls aus den ganzzahligen Schwingungsverhältnissen zwischen zwei Tönen. Nach 1:2 (Oktave) wäre das nächste Schwingungsverhältnis 2:3, dies ist die Quinte, der fünfte Ton einer Tonleiter. Dann folgt 3:4, dies ist die Quarte, der vierte Ton usw. Das klingt zwar abstrakt, ist aber hörbar. Wer versucht, seine Gitarre nach Gehör zu stimmen, wird die Erfahrung kennen: erreicht man das gewünschte Intervall zwischen zwei Saiten, hört sich der Zusammenklang beider Saiten plötzlich klar und rein an. Deswegen spricht man bei solchen Intervallen von »reinen« Intervallen. Das ganzzahlige Schwingungsverhältnis ist mit den Ohren leichter zu erfassen als mit dem Verstand. Aus den Tönen, die so gewonnen werden, ergibt sich die Tonleiter. Das ist eine Folge von Tönen

Mit der Philosophie begann bei den Griechen auch das Nachdenken über die Musik: Syrinx (a), Kithara (b), Zimbeln (c), Aulos (d), Tympanum (e) aus dem antiken Griechenland.

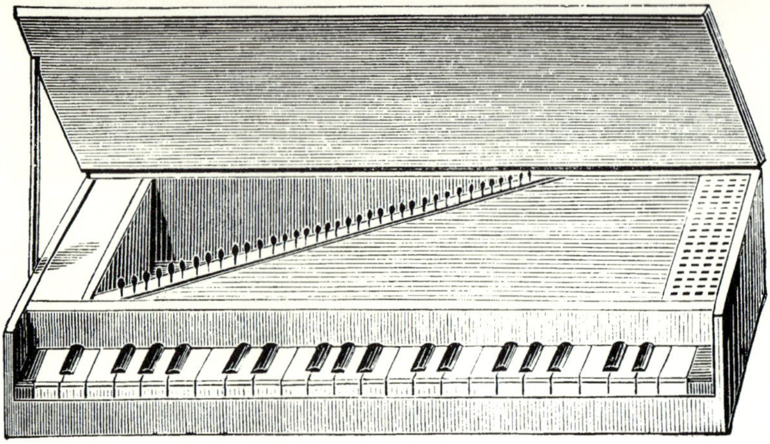

Virginal, Vorläufer des Klaviers.

zwischen zwei Oktav-Tönen, die wir als natürliche Reihe von Tönen empfinden. Die Natürlichkeit zeigt sich in den physikalischen Zahlenverhältnissen der Schwingungen. Trotzdem ist es nicht so, daß der Mechanismus der harmonischen Intervall-Proportionen uns zu einer bestimmten, einzigen und überschaubaren Tonleiter verhilft. Er stellt uns nur den Ton-Vorrat zur Verfügung, aus dem wir uns die Tonleitern bauen können. Herausgebildet hat sich ein Vorrat von zwölf Tönen, aus denen man Tonleitern mit entweder fünf (das war dann die Pentatonik) oder sieben Tönen konstruiert. Man kann sich das leicht anschaulich machen, indem man sich einfach eine Klaviertastatur vorstellt. Sie verfügt innerhalb einer Oktave über zwölf Töne, die alle den gleichen Abstand voneinander haben (natürlich nicht in Zentimetern, sondern in der Tonhöhe). Es gibt sieben weiße Tasten und fünf schwarze, wobei die schwarzen erst in einer Zweiergruppe und dann in einer Dreiergruppe zwischen den weißen liegen. An zwei Stellen liegt zwischen zwei weißen Tasten keine schwarze. Wir bezeichnen den Abstand zwischen zwei Tasten als Halbton. Wenn wir eine Taste überspringen, erhalten wir einen Ganzton. Eine Tonleiter gelingt immer, wenn wir einfach von einer beliebigen weißen Taste alle folgenden weißen Tasten betätigen. Wir erhalten ein Gebilde, das aus fünf Ganzton-Schritten und zwei Halbton-Schritten besteht. Abhängig davon, mit welchem Ton wir anfangen, hat jede Leiter (auch Skala genannt) einen anderen Charakter, und dieser Charakter hängt ausschließlich davon ab, wo im Verhältnis zum Ausgangston wir die beiden Halbton-Schritte einbauen. Bezeichnet werden diese Töne einer solchen Ausgangsskala simplerweise mit Buchstaben: die weißen Tasten folgen dem Alphabet von A bis G, wobei B auf Deutsch nicht B sondern H heißt. Die griechischen Musiktheoretiker haben die Tonleitern systematisiert und den verschiedenen Skalen Namen gegeben, die irgendwie nach Architektur klingen: dorisch, phrygisch, lydisch, miksolydisch und ionisch, und als Varianten das Ganze noch mal mit der Vorsilbe hypo ausgestattet, also hypodorisch, hypophrygisch etc. Und jetzt kommt die gute Nachricht: Die Musikgeschichte hat später, nach dem Ausgang des Mittelalters, fast alle diese Skalen wieder über Bord geworfen und nur zwei behalten, nämlich ionisch und äolisch, besser bekannt unter den Namen Dur und Moll.

Mittelalterliche Musik

In den Gottesdiensten der frühen Kirche waren Instrumente gänzlich verboten, und man beschränkte sich darauf, Gott in Hymnen zu huldigen. Zwei Formen traten dabei in den Vordergrund: das sogenannte Psalmensingen und der Gregorianische Choral. Dabei handelt es sich um einen einstimmigen religiösen Gesang in lateinischer Sprache, der auch heute noch zur katholischen Liturgie gehört. Papst Gregor vereinheitlichte Ende des 6. Jahrhunderts die römische Liturgie und bemühte sich, wie andere Päpste nach ihm auch, die verschiedenen Gesänge in den diversen Erzbistümern und Klöstern zu sammeln. Dazu war es nötig, die Musik zu notieren, und nach diversen Versuchen und Varianten einer Zeichensprache setzte sich das System von Guido von Arezzo (992–1050) durch, das die Tonhöhe auf Linien markierte – die früheste Form unserer heutigen Notenschrift. So entstand der größte Teil der uns überlieferten Musik des Mittelalters als religiöse Musik in den Kirchen und Klöstern. Sie diente ausschließlich der Verherrlichung Gottes. Dabei muß man die Wirkung des liturgischen Gesangs mit der Architektur in Zusammenhang bringen: Betrachtet man die zum Himmel strebenden Kirchenbauten der Gotik auch unter dem Aspekt der Akustik, so werden zwei Effekte der musikalischen Liturgie klar: Gott ist überall, denn der Schall der liturgischen Gesänge wird durch die gesamte Kirche getragen; und Gott hört alles, weil auch das leiseste Flüstern noch vernehmbar ist. Der durch die Hallwirkung des Kirchenbaus verstärkte lateinische Gesang war vermutlich eine der überzeugendsten Demonstrationen der Allmacht Gottes, die das Mittelalter kannte. Aber auch die weltliche Musik des Mittelalters war vor allem gesangsorientiert. Die französischen Troubadours waren seit dem 11. Jahrhundert die Gesangstars des Adels und des Rittertums. Später folgten die deutschen Minnesänger. Die Melodien ähnelten häufig den kirchlichen Liedern. Es gab einen regen Austausch zwischen beiden Sphären, der mit dem Wort »Kontrafaktur« bezeichnet wird. Eine Melodie ist eben frei genug, der Huldigung Gottes

Troubadours waren die Gesangsstars des Adels und des Rittertums.

ebenso zu dienen wie der Huldigung der Geliebten, und der Text selbst läßt sich einfach ändern.

Die in den Städten reicher werdenden Bürger und Handwerker vereinnahmten diese Tradition in Singschulen: In Frankreich waren dies die »Puis«, in Deutschland die »Meistersinger«. Bekanntester Vertreter dieser Gattung war der Schuster Hans Sachs (1494–1576) aus Nürnberg. Während die adligen »Trouvères« (Troubadours) und Minnesänger sich mehr der Kunst der Liebeswerbung und der Bildung ihres Publikums widmeten, waren die Texte des bürgerlichen Lagers Bibel-bezogen oder politisch-satirisch.

Bürger und Handwerker vereinnahmten Traditionen der Minnesänger: Hans Sachs, der »Meistersinger« von Nürnberg.

Die wichtigste musikalische Innovation in der religiösen Musik des Mittelalters war die Entwicklung der Mehrstimmigkeit. Ihren ersten Höhepunkt erlebte sie in der sogenannten »Notre-Dame-Epoche«. Diese fällt mit dem Bau der Kathedrale von Notre Dame von 1163 bis Mitte des 13. Jahrhunderts zusammen. Was bedeutet Mehrstimmigkeit? Die Sänger singen nicht wie im Choral alle das gleiche, sondern verschiedene Melodien. Das revolutionierte das musikalische Denken; denn nun mußten die Musiker nicht nur darüber nachsinnen, was sich nacheinander gut anhört, sondern auch, was sich gleichzeitig gut anhört, und darüber hinaus: welche Abfolge von gleichzeitigen Zusammenklängen interessant klingt. Damit stoßen wir auf das gefürchtete Gebiet der Harmonielehre vor.

Der Zusammenklang von mindestens drei Tönen heißt Akkord. Wir wissen schon, daß reine Intervalle gut klingen und weniger reine schlecht. Klingt der Akkord schlecht, spricht man von dissonant, klingt er gut, nennt man das konsonant. Als konsonante Klänge mit Wohlfühlfaktor galten eigentlich nur Quinten und große Terzen. Quinten kennen wir schon, eine Terz ist der dritte Ton einer Tonleiter, wobei es zwei Varianten gibt: die kleine Terz entspricht drei Halbton-Schritten, die große vier. Da das Schwingungsverhältnis bei der großen Terz größer ist (4:5) als bei der kleinen (5:6), ist die große auch die reinere Terz. Die kleine Terz war der Ruf des Kuckucks, den die Männer früher so fürchteten: Er bedeutete, daß sie gehörnt worden waren.

Allerdings wird eine Folge von konsonanten Klängen leicht langweilig, und dissonante Zusammenklänge können ein Stück beleben, wenn sichergestellt ist, daß man am Ende wieder auf einem harmonischen Akkord endet. In der zeitlichen Organisation muß jetzt festgelegt werden, wann der Ton einer Melodie mit dem Ton einer anderen Melodie zusammenfallen soll. Lange hatte es gedauert, bis die Notenschreiber auf die Idee kamen, daß das, was gleichzeitig zu spielen ist, untereinander steht. Lange Zeit hat man die verschiedenen Melodien – die Stimmen – einzeln notiert und es den ausführenden Musikern überlassen, dafür zu sorgen, daß das Zusammenspiel funktionierte. Wir können nun zwei Achsen der Musik erkennen: Die Melodie ist das, was nacheinander erklingt, und die Harmonie ist das, was gleichzeitig erklingt. Wie in der Sprache können wir von der Achse der Kombination (das Nacheinander) und der metaphorischen Achse der

Parallele (das Nebeneinander) sprechen (→ Sprache). Um gemeinsam ins Ziel zu kommen, war es nun auch nötig, Notenlängen genauer zu definieren. Dabei griff man zu einem einfachen Verfahren: Man nahm eine lange Note und zerteilte sie in gleiche Teile, so etwa wie man einen Apfel in gleiche Segmente zerlegt. Die Teile wurden wiederum auf dem gleichen Wege geteilt. Auf diesem Weg ergab sich die heutige Bezeichnung der Notenlängen: Es gab eine ganze Note, diese wurde in zwei halbe Noten zerteilt, welche wiederum in zwei Viertel geteilt wurde, danach kamen die Achtel-, Sechzehntelnoten usw. Die absolute Länge ergab sich aus dem Tempo des Stücks. In einem langsamen Stück ist die ganze Note natürlich länger als in einem schnellen Stück. Natürlich konnte man Noten auch dritteln, das Ergebnis nennt man heute »Triolen«. Fünftel, Sechstel und Siebtel kommen zwar auch vor, sind aber deutlich seltener. Fast die gesamte Musik kommt mit Halbieren und Dritteln aus. Das Mittelalter allerdings bevorzugte das Dritteln. Eine Dreiereinteilung wurde »Perfecta« genannt, während die Halbierung nur »imperfecta« war. Damit wollte man die christliche Dreieinigkeit in der musikalischen Struktur ausdrücken. In dieser Zahlensymbolik machte sich wieder der Einfluß von Pythagoras bemerkbar.

Als einer der herausragenden Komponisten der Notre-Dame-Schule gilt Perotinus Magnus, der um 1200 in Paris musizierte. Perotinus ist nicht kontemplativ wie die Gregorianischen Choräle, sondern sehr rhythmisch und energisch. Besonders gut muß seine Musik im Kirchenschiff von Notre Dame geklungen haben. Es gibt Aufnahmen, die auf alten Handschriften beruhen. Sein heute bekanntestes Stück heißt *Sederunt principes* und ist im gut sortierten Musikgeschäft zu bekommen.

Lange hatte es gedauert, bis die Notenschreiber auf die Idee kamen, daß das, was gleichzeitig zu spielen ist, untereinander steht.

Barock

Das Mittelalter hat die Tonleitern zum Bau von Melodien festgelegt, die Grundzüge sinnvoller Zusammenklänge hervorgebracht und die Notenschrift erfunden. Auf diesem Boden wuchs eine so artenreiche musikalische Flora, daß wir hier bestenfalls eine Schneise hindurchschlagen können. Dabei ist die Renaissance in der Musik weniger innovativ als in den anderen Bereichen: Man führte die Entwicklung des Mittelalters fort. Die mehrstimmige Vokalmusik dehnte sich auf den weltlichen Bereich aus. In der geistlichen Musik dominierte wie im Spätmittelalter die Motette: Das war die wichtigste Variante der mehrstimmigen Vokalmusik – ihr weltliches Gegenstück war übrigens das Madrigal. Im Zeitalter der Reformation war die Motette unter Ideologieverdacht geraten: Sie war immer anspruchsvoller und komplexer geworden, so daß man fürchtete, die christliche Lehre könnte in einer Flut von Tönen untergehen. Es gab Bestrebungen, die Musik völlig aus dem Gottesdienst zu verbannen. Auf dem Tridentiner Konzil (1546–63) wurde die Rolle der Musik heiß diskutiert. Als Retter der kirchlichen Musik erwies sich der italienische Komponist Giovanni da Palestrina (1525–1594), der die Forderungen des Konzils nach Textverständlichkeit und Würde im Ausdruck in seiner Vokalmusik umsetzen konnte. Palestrina gilt als Erfinder eines Kompositionsverfahrens, das Kontrapunkt genannt wird. Gemeint ist damit ein Regelwerk, das in der Behandlung der einzelnen Stimmen sicherstellt, daß alles schön zusammenklingt.

Wir werden nie wissen, wie eine italienische Oper im Original geklungen hat

Am Ende der Renaissance entstand dann doch etwas völlig Neues: Man erfand die Oper. Gemäß dem Programm der Renaissance wollte man die alte Tragödie wiedererwecken, und man wußte von Aristoteles, daß es sich dabei um ein Musikdrama handelte. Indem man also der Tragödie Musik unterlegte, entstand in Florenz die Oper. Als erste große Oper gilt Claudio Monteverdis (1576–1643) *Orfeo*. Von da an waren die italienischen Opern stilbildend und dominierten bis zur Klassik die Bühne. Die großen Opernstars jener Zeit waren Kastraten. Da sie inzwischen »ausgestorben« sind, werden wir nie wissen, wie eine italienische Oper im Original geklungen hat.

Zugleich mit der Oper beginnt das musikalische Barock. Die Instrumentalmusik, die in der Renaissance noch im Schatten der Vokalmusik gestanden hatte, emanzipierte sich und wurde unabhängig. Die barocke höfische Kultur des Absolutismus brauchte neue Formen für ihr Staatstheater. Die Musiker wurden zu Hofkünstlern, die die Musik für gigantische Spektakel lieferten.

Einer von ihnen war Antonio Vivaldi (1678–1741). Daß jetzt auch die Kunst als höhere Berufung galt, illustriert folgende Anekdote: Vivaldi war als Priester ausgebildet, verließ aber während einer Messe unerlaubt seinen Arbeitsplatz, den Altar, um eine musikalische Idee zu notieren, die ihm im Kopf herumging. Zugleich zeigt sich hier die Emanzipation der Musik von der Kirche. Vivaldi blieb nicht lange Priester, sondern etablierte sich schnell als höfischer Musiker. Er hat so viele Stücke geschrieben (ca. 500), daß man ihm vorgeworfen hat, ein und dasselbe Stück 500mal geschrieben zu haben. Darin spiegelt sich aber weniger Vivaldis

Als erste große Oper gilt Claudio Monteverdis *Orfeo*. Von da an waren die italienischen Opern stilbildend und dominierten bis zur Klassik die Bühne.

Georg Friedrich Händel war der Star der Londoner Oper. Hier seine Notenhandschrift.

Mangel an Können als der Musikgeschmack der Zeit wider: Man verlangte in jeder Saison etwas Neues; das Neue durfte aber nicht zu sehr vom Bekannten abweichen.

Zu den Grundlagen der barocken Musik gehört die sogenannte Affektenlehre, die wir auch aus der Literatur kennen. Aus ihr wurden Korrespondenzen zwischen menschlichen Leidenschaften bzw. Erregungszuständen und bestimmten Klängen abgeleitet. Für Freude z. B. stehen Dur-Klänge, Konsonanz und schnelles Tempo, während Trauer durch Moll-Klänge, Dissonanz und langsames Tempo ausgedrückt wird. Allerdings huldigte man dabei eher Apollon als Dionysos: Die durch musikalische Gesten ausgedrückten Affekte waren in hohem Maße stilisiert.

Die neuen Formen der Instrumentalmusik entwickelten sich aus Bühnenmusik und Tanz. Der Gedanke einer selbständigen Instrumentalmusik, der man einfach nur zuhörte, war völlig neu. In der Oper gab es eine Geschichte; beim Tanz gab die Musik das Tempo vor; bei der repräsentativen Musik war es der festliche Rahmen, der der Musik eine Funktion zuwies; aber Musik ohne etwas, an das sie sich anlehnen konnte, war neu. Doch just dies bezeichnete den nächsten Entwicklungsschritt. Aus Opern einleitenden Ouvertüren wurden Sinfonien. Aus Tänzen wurden Suiten. Und genauso wie Tänzer nach schnellen Tänzen einen langsamen benötigen, um wieder Atem zu schöpfen, wechseln sich in Suiten und Sinfonien schnelle und langsame Teile ab.

Einer der großen Repräsentanten der Oper ist Georg Friedrich Händel (1685–1759). Händel hatte schon an der Seite Scarlattis mit seinen Opern Italien erobert und war dann zum Kapellmeister des Kurfürsten von Hannover ernannt worden, der später als George I. den englischen Thron besteigen sollte. Ungefähr gleichzeitig wird Händel zum Star der Londoner Oper und nach Georges Regierungsantritt zum Musiklehrer der Tochter von Kronprinzessin Karoline. Als das Publikum der königlichen Oper untreu zu werden beginnt, gründet eine Gruppe wohlhabender Musikliebhaber 1719 die Royal Academy of Music als eine Aktiengesellschaft, und mit ihrer Hilfe kann Händel auf dem Kontinent ein teures Ensemble zusammenstellen – und eröffnet die neue Saison mit seiner Oper *Radamisto.* Der rauschende Erfolg löst einen Krieg der Opern aus: Der Graf

von Burlington überredet die Royal Academy, die nächste Saison mit Bononcinis *Astarto* zu eröffnen. Jetzt hat Bononcini Oberwasser, der gleich zwei weitere Opern und die Elegie zum Tod des Duke of Marlborough komponiert. Händel schlägt zurück, indem er für seine Oper *Ottone* die legendäre Sopranistin Francesca Cuzzoni engagiert, die mit ihren Allüren die Wut des Meisters und mit ihrer Stimme das Entzücken der Londoner erregt. Der König und die Whigs unterstützen Händel, der Kronprinz und die Tories machen Reklame für Bononcini. Dieser bringt gegen die Cuzzoni die Mezzo-Sopranistin Faustina Bardoni in Stellung, und Händel treibt den Konflikt auf die Spitze, indem er in seiner Oper *Alexandro* beiden Diven gleich viele Soli und ein ausgewogenes Duett gibt. Als ihn Bononcini mit gleichen Verfahren in *Astianotte* übertreffen will, fallen die Anhänger der beiden Primadonnen im Publikum übereinander her, bis sich auch die Diven daran beteiligen. Durch diesen Krieg ist die Stimmung gut vorbereitet worden, als im Winter 1727/28 John Gay seine *Beggars Opera* (Bettleroper) herausbringt. Deren Helden sind nicht mehr Caesar, Darius oder Alexander, sondern der Gangster McHeath, der Bettlerkönig Peachum und die Diebe, Raufbolde und leichten Mädchen von London. Die Bettleroper wurde das Vorbild für die *Dreigroschenoper* von Brecht. Sie wird 63mal hintereinander aufgeführt und ein rauschender Erfolg. Händel aber wird durch den Ruin der Oper zur Komposition von Oratorien gedrängt, in denen er Episoden aus der biblischen Geschichte für Chor und Orchester bearbeitet und dabei das Volk Israel in seinem Freiheitskampf gegen Ägypter und Babylonier mit England identifiziert. Sein Meisterwerk in dieser Form ist der *Messias*.

Heute ist es fast unverständlich, daß der Superstar der Barockmusik, Johann Sebastian Bach (1685–1750), schon kurz nach seinem Tod wieder in Vergessenheit geriet. Aber im 19. Jahrhundert ist er wieder auferstanden und zu Weltruhm gelangt. Heute gehört Bach zur kulturellen Grundausstattung des Festkalenders: die *Matthäuspassion* gehört so zu Ostern wie der Osterhase und das *Weihnachtsoratorium* zu Weihnachten wie der Tannenbaum.

Bach entstammte einer Familie von musikalisch Hochbegabten. Bekannt wurde er zunächst als Organist und fand seine erste Anstellung in Arnstadt/Mülhausen, bevor er Hoforganist in Weimar wurde. Den Höhepunkt seiner beruflichen Karriere stellte seine Tätigkeit als Hofkapellmeister am Hof von Köthen dar. Dort entstanden viele seiner weltlichen Werke, darunter die berühmten Brandenburgischen Konzerte. 1723 wurde Bach Thomas-Kantor in Leipzig. Das war ein sozialer und finanzieller Abstieg: Bach beklagte sich gelegentlich über die Sterbeunwilligkeit der Leipziger, weil er für die musikalische Begleitung von Leichenfeiern Geld bekam. Zugleich bekam er in Leipzig die Gelegenheit, seine berühmten Passionen und Oratorien zu komponieren. Bach verstand seine Tätigkeit nicht als künstlerische Genieleistung, sondern als Handwerk innerhalb einer von Gottes Ordnung geprägten Welt.

Tatsächlich hat Bachs Musik etwas Handwerkliches. Typisch hierfür ist die Fuge, eine Musikform, die Bach zur Meisterschaft gebracht hat und über die er ein Standardwerk geschrieben hat: *Die Kunst der Fuge*. Eine Fuge (von lat. fugere = fliehen) funktioniert folgendermaßen: Eine Stimme stimmt ein Thema an – so bezeichnet man eine charakteristische Melodie, die als Ausgangspunkt eines Stückes dient –, nach dem Ende des Themas ertönt eine zweite Stimme, die in einer anderen Tonhöhe ebenfalls das Thema spielt, während die erste Stimme eine begleitende Tonfolge hinzufügt. Das ist dann ein Gegenthema, das einen Kontrast zum ersten Thema bildet. Jede weitere Stimme steigt auf diese Weise mit dem Thema ein, begleitet von einer anderen Stimme mit dem Gegenthema, während alle anderen Stimmen die Kapriolen vollführen, die der Komponist für sie vorgesehen hat. Das geht so lange weiter, bis alle Stimmen angekommen sind. Das Ganze wirkt so, als ob alle Stimmen wie die Teile eines Uhrwerks ineinandergreifen. Es ist die Zeit, in der Newtons Gravitationstheorie bekannt und die Welt im Modell der Uhr gedacht wurde.

1747, als Bach 62 Jahre alt war, besuchte er den Hof Friedrichs des Großen, wo sein Sohn Carl Philipp Emanuel Kapellmeister war. Der König bat ihn, auf seinen neuen Silbermann-Klavieren zu improvisieren, und Bach spielte aus dem Stegreif eine Fuge nach der andern, für die ihm der König das Thema vorgab. Wieder zu Hause, goß Bach die Improvisationen in die Form einer sechsteiligen Fuge und machte sie zum Bestandteil eines musikalischen Geschenkpakets an den König, das er »Musikalisches Opfer« nannte. Der Experte für künstliche Intelligenz, Douglas Hofstadter, hat ein Buch mit dem Titel *Gödel, Escher, Bach* geschrieben, in dem er behauptet, eine sechsteilige Fuge zu improvisieren, bedeute soviel wie 60 Partien Schach simultan und blind zu spielen und alle zu gewinnen.

1747 besuchte Bach den Hof Friedrichs des Großen – Bach spielte aus dem Stegreif eine Fuge nach der anderen, für die ihm der König das Thema vorgab.

Mit den beiden Teilen des »Wohltemperierten Klaviers« schuf Bach etwas völlig Neues: eine Folge von Präludien (Vorspielen) und Fugen in allen Tonarten. Was war das Neue? Und warum heißt das Klavier »wohltemperiert«? Es war das Barock-Zeitalter, das sich von den vielen Tonleitern, die uns die Griechen hinterlassen haben, zwei ausgesucht hat, nämlich Dur und Moll. Dur verbinden wir mit Heiterkeit, Moll mit Traurigkeit. Und das hat einen physikalischen Grund: Eine Dur-Tonleiter enthält mehr reine Intervalle, nämlich die schon bekannte große Terz, und weiter oben in der Leiter die große Sexte, also den sechsten Ton unserer

Tonleiter. Eine Moll-Tonleiter hat hier jeweils kleinere, weniger rein klingende Intervalle, so daß der Klang spannungsreicher ist. So bildet sich ein schöner Kontrast, der unserer Neigung, in Gegensätzen zu denken, entgegenkommt: hell – dunkel, fröhlich – traurig, heiter – dramatisch etc.

Der erste Ton einer Tonleiter gibt der Leiter den Namen: er ist also der Grundton. Eine C-Dur-Tonleiter fängt mit C an, und alle anderen Töne sind auf ihn bezogen. Bei zwölf Tönen ergeben sich also zwölf Dur-Tonarten und zwölf Moll-Tonarten. Was macht es dann so schwer, Stücke in allen Tonarten zu schreiben? Das Verhältnis der Töne zueinander ist zwar natürlich, aber leider hat die Natur einen Fehler.

Wir wissen schon, daß man eine Tonleiter aus reinen Intervallen zusammenbaut. Gleichzeitig müssen alle zwölf Töne den gleichen Abstand voneinander haben. Das aber läßt sich nicht miteinander vereinbaren; man kann nicht zwölf Töne in einer Oktave unterbringen und gleichzeitig reine Intervalle haben. Die Natur läßt das nicht zu. Das hatte lange Zeit zur Folge, daß man auf einem Klavier nicht in allen Tonarten spielen konnte, weil das, was in der einen Tonart ein reines Intervall war, in einer anderen nicht mehr rein, sondern schräg klang. Also griff man zu einem Trick: Man verstimmte die Saiten eines Klaviers so weit, daß man zwar keine ganz reinen Intervalle mehr hatte, es aber niemand so richtig merkte. Das Barock neigte sowieso zu theatralischen Täuschungen, und so verfiel man auch in der Barock-Zeit auf diesen Ausweg und nannte das Ergebnis des Täuschungsmanövers »temperierte Stimmung«. So konnte Bach endlich in allen Tonarten schreiben. Allerdings führte diese Stimmung dazu, daß sich die Tonarten immer noch voneinander unterschieden. Die mit vielen weißen Tasten klangen reiner, die mit vielen schwarzen weniger rein, aber vielleicht auch interessanter. Und deswegen hat beim »Wohltemperierten Klavier« von Bach jedes Stück seinen eigenen Charakter.

Die Barock-Zeit entwickelte auch die Gesetzmäßigkeiten der Harmonielehre. Diese Geset-

Der Superstar des Barock, Johann Sebastian Bach, geriet schon kurz nach seinem Tod in Vergessenheit. Aber im 19. Jahrhundert ist er wieder auferstanden.

ze schreiben dem Künstler nicht vor, was er zu komponieren hat, sondern sie beschreiben die Grammatik der Musik, die erst die Verständigung zwischen Künstlern und Publikum ermöglicht.

Deshalb folgen jetzt ein paar grammatikalische Regeln der Harmonielehre: Zu jeder Tonleiter gibt es einen konsonanten Dreiklang. Bleiben wir bei C-Dur. Zur C-Dur-Tonleiter gehört der C-Dur-Dreiklang, der aus dem C, also dem ersten Ton, dem dritten Ton E und dem fünften Ton G besteht; dies ist eine große Terz und eine Quinte, also die reinen Intervalle. Nun kann man auf jedem Ton der Leiter drei Klänge mit den jeweils anderen Tönen der Tonleiter aufbauen, und man erhält für jede Tonleiter drei Dur-Dreiklänge, drei Moll-Dreiklänge, und einen etwas schrägen Akkord. Dies sind dann alle Akkorde, mit denen man eine C-Dur-Melodie begleiten kann, je nachdem, was dazu paßt, wobei alle immer auf den Grundton bezogen sind. Taucht ein G-Dur-Akkord auf, heißt das noch nicht, daß wir plötzlich in G-Dur sind, sondern wir hören das G-Dur als Teil einer C-Dur-Akkordfolge. Der G-Dur-Akkord hat nämlich die Wirkung, daß er uns zum Grundakkord zurückzieht. Hören wir also in einer C-Dur-Melodie einen G-Dur-Akkord, weiß jeder, aha, gleich ist Schluß, denn der G-Dur-Akkord bereitet den Schlußakkord auf C-Dur vor. Denn natürlich läßt eine vernünftige Akkordfolge den Hörer nicht im Stich, sondern endet sauber auf dem Grundakkord und hinterläßt auf diese Weise ein zufriedenes, sattes Gefühl wie bei einem Happy-End. Diese harmonischen Effekte bildeten für die Musiker der Barock-Zeit und auch der nachfolgenden Perioden ein Arsenal der wundersamen Wirkungen.

Von den vielen Tonleitern der Griechen hat sich das Barock-Zeitalter zwei ausgesucht: Dur verbinden wir mit Heiterkeit, Moll mit Traurigkeit – C-Dur-Präludium, notiert von Johann Sebastian Bach.

Klassische Periode

Am Ende des Barock wurden die Menschen der komplexen Konstruktion und schwierigen Fugen zunehmend überdrüssig. Sie sehnten sich nach etwas Lebendigem, Heiterem und Natürlichem. Das Ergebnis dieses Geschmackswandels war die klassische Periode. Sie umfaßt die kurze Zeit von der zweiten Hälfte des 18. Jahrhunderts bis etwa zum ersten Viertel des 19. Jahrhunderts und war doch eine der wichtigsten Perioden der Musikgeschichte mit weitreichenden Veränderungen. Technisch bedeutet das vor allem eine Abkehr von den polyphonen Strukturen des Barock zu melodieorientierten Stücken. Auch die gesellschaftliche Stellung der Komponisten änderte sich. In der Abfolge der drei wichtigsten Komponisten der Zeit, Haydn, Mozart und Beethoven, vollzog sich, als ob es im Hegelschen Dreischritt wäre, die Ablösung des Komponisten aus seiner Abhängigkeit vom Adel und seine Metamorphose zum autonomen Künstler.

Joseph Haydn (1732–1809) war noch von seinen adeligen Arbeitgebern abhängig, die ihm aber genügend Freiraum ließen, die wichtigsten Formen der klassischen Musik praktisch im Alleingang zu entwickeln: die Sinfonie als Orchestermusik, die Sonate vor allem für Klavier, aber auch für andere Soloinstrumente, und das Streichquartett. Für diese Erfindungen nannte Beethoven ihn später zärtlich »Papa Haydn«. All diese Formen sind durch ein Strukturprinzip geprägt, dem eine eigenständige Dramaturgie zugrunde liegt – die sogenannte »Sonatenform«.

Sie beginnt mit dem sogenannten »Kopf- oder Hauptsatz«, meistens im schnelleren Tempo, in dem zwei kontrastierende Themen Spannung erzeugen. Dann folgt ein langsamer lyrischer Satz. Bevor der Hörer in diesem langsamen Satz zu sehr schwelgt oder gar einschläft, weckt ihn entweder schon der lebendige Schlußsatz, oder es wird noch ein Tänzchen, ein Menuett bzw. ein lustiges Stückchen, ein Scherzchen oder Scherzo, eingelegt. Der Finalsatz macht dann alles rund, und es bleibt der Eindruck einer vergnüglichen oder dramatischen Rundreise, je nachdem, ob in Dur oder Moll.

Der Götterliebling unter den Komponisten war Wolfgang Amadeus Mozart (1756–1791). Er war ein Wunderkind. Mit drei Jahren lernt er innerhalb einer halben Stunde, Menuette auf dem Klavier auswendig zu spielen. Mit fünf komponiert er bereits, und Vater Leopold, der ebenfalls Musiker ist, führt ihn an allen Höfen Europas vor und läßt ihn zusamen mit seiner älteren Schwester Konzerte geben. Mit neun Jahren komponiert er seine erste Sinfonie. Mit 13 wird er Konzertmeister beim Erzbischof von Salzburg. Nach Reisen nach Italien und Paris geht Mozart ins Mekka der Musik, nach Wien, und vollzieht den Schritt vom Hofkomponisten zum freischaffenden Künstler. In Wien lebt er von Konzerten, Auftragskompositionen und Unterricht. Und er lebt nicht schlecht, selbst als er mit seiner Constanze eine Familie gründet. Er gehört zu den bestbezahlten Solisten der Hauptstadt, hält sich ein Pferd und verkehrt in den vornehmsten Kreisen. 1784 tritt er der Freimaurerloge bei und komponiert auch für sie.

In der Abfolge von Haydn, Mozart und Beethoven vollzog sich die Ablösung des Komponisten aus seiner Abhängigkeit vom Adel und seine Metamorphose zum autonomen Künstler

Repräsentiert den Übergang vom Hofkomponisten zum Künstler: Wolfgang Amadeus Mozart, der Götterliebling.

Mozarts Arbeitsweise ist verblüffend. Er komponiert häufig im Kopf und schreibt das Stück dann einfach nieder. 1786 wird die Oper *Die Hochzeit des Figaro* aufgeführt und erntet gemischte Reaktionen, denn zum ersten Mal zeigt eine Oper soziale Konflikte: Ein spanischer Edelmann möchte ein bürgerliches Mädchen haben, obwohl es verlobt ist. Die Frau des Edelmanns, das junge Mädchen und ihr Verlobter bilden eine Koalition, um dem Edelmann heimzuleuchten. Es ist drei Jahre vor der Französischen Revolution, und die Adligen können nicht mehr tun, was sie wollen. Danach erlebt Prag die Uraufführung der Oper *Don Giovanni*, die der Geschichte von Don Juan so eine perfekte Form verleiht, daß später der dänische Philosoph Sören Kierkegaard sie zum Modell der ästhetischen Lebensform erhebt.

In der Folgezeit gerät Mozart in finanzielle Schwierigkeiten. Der Krieg mit den Türken führt zum Rückgang von Aufträgen und Konzerten, Constanze wird krank und braucht teure Kuraufenthalte. Mozart schreibt *Così fan tutte* und das Singspiel *Die Zauberflöte.* 1791 erscheint ein geheimnisvoller Bote, der ihm den anonymen Auftrag erteilt, ein Requiem zu komponieren, also eine Totenmesse (benannt nach dem lateinischen Anfang: requiem aeternam dona eis, Domine – »Herr, gib ihnen die ewige Ruhe«). Er wird krank, arbeitet auf dem Krankenbett weiter und stirbt am 5. Dezember 1791, gerade 35 Jahre alt, in der Blüte seiner Jahre.

Früh bildeten sich um seinen Tod Gerüchte. Zum Beispiel, daß Antonio Salieri, der mittelmäßig begabte Hofkompositeur, das göttergleiche Genie Mozart aus Neid vergiftet habe. Das Gerücht wurde von Puschkin verbreitet und von dem englischen Dramatiker Peter Shaffer zum Angelpunkt seines Stücks *Amadeus* gemacht, das Miloš Forman in den gleichnamigen Film verwandelt und für den er acht Oscars kassiert hat. Dabei spielt Tom Hulce Mozart als eine Art McEnroe der Musik.

Mozarts früher Tod verband sich mit der überirdischen Wirkung seiner Musik zu einem Mythos. Er erschien den Nachgeborenen als ein von niederen Naturen verfolgter Götterliebling. In Wirklichkeit war Salieri unschuldig, und der geheimnisvolle Bote kam vom Grafen Waldeck, der das Requiem bestellt hatte, um es als seine eigene Komposition ausgeben zu können. Mozart benutzte zwar die überlieferte Formensprache der Oper, der Sinfonie und aller Varianten der Instrumentalmusik, belebte sie aber mit seinem eigenen persönlichen Aus-

druck und Temperament. Seine Musik war elegant und konnte empfindsam sein, wurde aber nie sentimental. Seine Opern wandten sich von den Schicksalen von Darius und Alexander ab und den Problemen der eigenen Zeit zu. Und in der *Zauberflöte*, deren Textvorlage (Libretto) ein Freimaurer geschrieben hatte, kämpften gar Sarastro und der Bund der Eingeweihten für die Ideale der Aufklärung und der Gerechtigkeit, und Prinz Tamino mußte Prüfungen bestehen, die den Aufnahmeriten der Freimaurerloge entsprachen.

Repräsentiert Mozart den Übergang vom Hofkomponisten zum Künstler, der für den freien Markt produziert, wird Ludwig van Beethoven (1770–1827) zum Urbild des freien genialen Künstlers selbst. Zunächst als Pianist gefeiert, kann er sich mit Hilfe diverser Gönner schnell als freischaffender Komponist etablieren. Er wird schon früh schwerhörig und schließlich völlig taub. Das isoliert ihn gesellschaftlich und zwingt ihn dazu, nur noch in seiner Vorstellung zu komponieren. Dabei fällt ihm das Komponieren nicht leicht. Im Gegensatz zu früheren Tonsetzern, die das Komponieren lernten

Mozarts Arbeitsweise ist verblüffend. Er komponiert häufig im Kopf und schreibt das Stück dann einfach nieder.

und ausübten wie ein Handwerk, wollte Beethoven mehr: die Verbindung von tiefer Empfindung und humanistischer Botschaft in formal sehr detailliert konzeptionierter Musik. Wie seine Skizzenbücher belegen, braucht er viele Entwürfe. Teilweise arbeitet er über Jahre an seinen Stücken. Das Ergebnis hat dann aber auch eine andere Qualität. Er erfindet die Musik als eigenständige Kunst, ignoriert die Erwartungen einer oberflächlichen aristokratischen Unterhaltungskultur. Seine Musik ist genauer notiert als beispielsweise Mozarts. Während dieser den Solisten in seinen Konzerten Raum für Improvisationen läßt, legt Beethoven seine Partituren genau fest. In seine Zeit fällt die Erfindung des Metronoms, so daß Beethoven auch das Tempo in genauen Zahlen festlegen kann.

Beethoven hat vor allem Instrumentalmusik geschrieben. Am bekanntesten sind seine Sinfonien und seine Klaviersonaten. Er hebt die Entwicklung der klassischen Sonatenform auf eine neue Stufe, indem er sie formal zum Äußersten treibt und mit dramatischen und außermusikalischen Gedanken unterfüttert. Die berühmte *Ode an die Freude* am Schluß seiner *9. Sinfonie* ist eine besonders deutliche Ausformung der revolutionären Haltung des Komponisten. Durch schiere Intensivierung des Ausdrucks hat Beethoven die Musikentwicklung in eine neue Richtung gelenkt und die nachfolgende Epoche, die Romantik, eingeleitet. Er selbst stellt wie Byron oder Schiller den neuen Typ des autonomen Künstlers dar, der sich niemandem mehr verpflichtet fühlt als allein seiner Kunst. Das drückt sich physiognomisch in Beethovens intensiv nach innen gekehrtem Blick und seiner wirren Mähne aus. Nicht ohne Grund ist seine Büste zum Verkaufsschlager geworden.

Ludwig van Beethoven, das Urbild des freien Künstlers selbst.

Romantik

Der herausragende Vertreter der frühen Romantik ist Franz Schubert (1797–1828). Während Beethoven das Toben des Sturm und Drang repräsentiert, steht sein Zeitgenosse Schubert schon für bürgerliche Innigkeit. Seine beliebten *Schubertiaden*, das fröhliche Beisammensein einer Art Künstlerkommune, brachte die Musik weg von der Bühne der Wiener Gesellschaft hinein in die gute Stube der Bürger. Schubert ist vor allem für seine Lieder, seine Klaviermusik und seine Streichquartette bekannt geworden – alles Musik für das häusliche Wohnzimmer des Biedermeier. Deshalb nennen wir sie heute noch »Kammermusik«. Doch Raum ist in der kleinsten Stube auch für ein großes Werk: Die genaue musikalische Textumsetzung der Lieder, besonders in seiner *Winterreise*, und die Melodien seiner Instrumentalmusik haben eine unerreichte Qualität. Die Verbindung von klassischer Form und bürgerlicher Empfindsamkeit, die die Musik bei Mozart, Beethoven und Schubert eingegangen ist, machen die Jahre um die Jahrhundertwende zur interessantesten Periode der Musikgeschichte. Besser konnte es eigentlich nicht werden. Besser wurde es auch nicht, denn das 19. Jahrhundert erfand lauter Einrichtungen, die die Musik zugleich vermarkteten und heiligsprachen: den Verleger, den Musikkritiker, den Virtuosen und die Idee, daß Musik ein Kunstwerk sei, das deshalb nicht unterhalten dürfe. Kurz, man erfand den bürgerlichen Musikbetrieb. In ihm erlitt die Musik ein ähnliches Schicksal wie das Bild der Frau: sie war entweder Hure oder Heilige. Dem entsprach die Teilung in E- und U-Musik. Mozarts *Zauberflöte* ist das letzte Musikstück, das sich mit dem Edelpaar Tamino und Pamina der Moral widmet, aber mit Papageno und Papagena, den beiden schnuckeligen Paradiesvögeln, den Spaßfaktor nicht vernachlässigt.

Man erfand den bürgerlichen Musikbetrieb. In ihm erlitt die Musik ein ähnliches Schicksal wie das Bild der Frau: sie war entweder Hure oder Heilige

Zudem lastete der Nachlaß Beethovens schwer auf dem musikalischen Nachwuchs. Er hat im Alleingang alles gesagt, was mit einer Sinfonie zu sagen war. Das löste die Suche nach neuen Formen und den Kampf zwischen Erneuerern und Bewahrern aus. Als Bewahrer wurde von der Kritik Johannes Brahms (1833–1897) angesehen, der allerdings selbst darunter litt, daß sich seine Sinfonien anhörten wie die von Beethoven. Von seiten der Erneuerer wurden verschiedene Lösungen angeboten.

Eine davon war die Programm-Musik. Statt sich an formale Modelle zu halten wie die Sonatenform, wurden Geschichten erzählt. Außermusikalische Inhalte bestimmten den Ablauf der Musik. Hier wurde gewissermaßen die Filmmusik erfunden, bevor es den Film gab. Der Prototyp der Programm-Musik ist Hector Berlioz' (1803–1869) *Symphonie fantastique*, die den Liebeskummer und den Drogenrausch eines romantischen Jünglings beschreibt; Ähnlichkeiten mit Erlebnissen des Komponisten sind da nicht zufällig.

Franz Liszt (1811–1886) entwickelte die sinfonische Dichtung und versuchte sich an einer Faust-Sinfonie. Auf die Spitze trieb es Richard Strauss (1864–1949), der von sich behauptete, er könne das Einschenken von Bier in ein Glas so in Musik übersetzen, daß man auch die Biersorte erkennen könne. Die Schwäche dieses Konzepts ist offensichtlich. Da Instrumentalmusik nun mal ohne erklärende Worte auskommen muß, muß man das außermusikalische Geschehen kennen, um zu verstehen, worum es geht. Ohne dieses Wissen bleibt die Musik eine Abfolge von lauten und leisen, schnellen und langsamen, lyrischen und dramatischen Momenten, deren Zusammenhang nur Fragezeichen hinterläßt.

In Mendelssohn-Bartholdy sehen wir den Schatten Mozarts wieder

Für Robert Schumann (1810–1856) wurde das künstlerische Leben selber zum Programm. Die wichtigste außermusikalische Erfahrung war für ihn die Poesie, sein Künstlervorbild Jean Paul. Doch er ruinierte seine virtuose Karriere als Pianist durch einen wenig poetischen Unfall, der eines Tristram Shandy würdig gewesen wäre: Er baute sich einen Apparat zur Stärkung des Ringfingers und zog sich durch ihn eine chronische Sehnenzerrung zu. Dann heiratete er die Pianistin Clara Wieck, nicht ohne vorher sich mit ihrem Vater gerichtlich auseinanderzusetzen. Clara Schumann war eine erstaunliche Frau. Sie war eine angesehene Pianistin, komponierte selbst und gebar acht Kinder, die sie praktischerweise bei Verwandten unterbrachte, damit sie ihre Etüden nicht störten. Um sie in Erinnerung zu behalten, schrieb Schumann seine *Kinderszenen*. Nebenbei gründete er die *Neue Zeitschrift für Musik*, die heute noch besteht. Sein Ende wirkt wie eine Illustration der These von der Verwandtschaft zwischen Genie und Wahnsinn: Nach schweren Depressionen stürzte er sich bei Düsseldorf in den Rhein und wurde daraufhin in ein Irrenhaus eingewiesen, wo er ein paar Jahre später starb.

Schumann und Felix Mendelssohn-Bartholdy (1809–1847) waren die Komponisten, die Johann Sebastian Bach für ihre Zeit wiederentdeckten und zur Aufführung brachten. In Mendelssohn-Bartholdy sehen wir wieder den Schatten Mozarts: Er fing schon als Kind an zu komponieren, er komponierte leicht und wurde erfolgreich. Doch wie Mozart starb er früh. Trotz wunderbarer Werke wurde er vor allem unsterblich durch seinen *Hochzeitsmarsch* oder besser gesagt DEN Hochzeitsmarsch.

Eine weitere Antwort auf die Formkrise des 19. Jahrhunderts lag in der Entwicklung nationaler Musiken. Mit dem Boom des Nationalismus im 19. Jahrhundert verbanden viele Komponisten ihre Musik mit den nationalen Mythen und der Folklore. Brahms' *Deutsches Requiem*, Friedrich Smetanas (1824–1884) Zyklus *Mein Vaterland* mit der schnell fließenden Moldau und Edward Griegs (1843–1907) *Peer-Gynt-Suite* sind berühmte Beispiele. Die bisher von Italien dominierte Opernwelt spaltete sich auf in eine französische, eine italienische und eine deutsche Oper. Weil die Russen nicht mitmachen wollten, begründeten sie kurzerhand die russische Ballett-Tradition. Gleichzeitig wurde der bisherige Internationalismus der Musik durch nationale Ressentiments zersprengt. In Deutschland z. B. galt die französische Musik bald als minderwertig, da sie nicht den deutschen Ansprüchen auf Bedeutungsschwere und Ernsthaftigkeit entsprach.

Eine polnisch-französische Brücke schlug Frédéric Chopin (1810–1849). Geboren in Polen als Kind eines französischen Vaters und einer polnischen Mutter und wie Mendelssohn-Bar-

Franz Schubert steht für bürgerliche Innigkeit: Das fröhliche Beisammensein brachte die Musik von der Bühne der Gesellschaft hinein in die gute Stube der Bürger.

tholdy ein Wunderkind, zog es ihn in die anregende Atmosphäre von Paris, das Liszt und Paganini zum Mekka der Virtuosen gemacht hatten, und beschloß, das Klavierspiel zu revolutionieren. Dabei mied er wegen seiner schwächlichen Gesundheit die Konzertbühnen, obwohl sein gleichermaßen lyrisches wie virtuoses Klavierspiel trotz seiner kleinen Hände jedermann begeisterte. Dann wurde er zum Pionier des Tourismus, entdeckte mit der Dichterin George Sand Mallorca als Urlaubsziel und entschloß sich, wieder das Mozart-Klischee zu erfüllen und jung zu sterben.

Eine Gruppe russischer Künstler um den Komponisten Michail Glinka (1804–1857) blieb im Osten und bezog ihre Inspiration aus der Folklore und der russischen Sagenwelt: Sie nannten sich »das mächtige Häuflein«. Von den Mitgliedern dieser Gruppe ist uns heute noch Modest Mussorgskij (1839–1881) bekannt, vor allem durch seine *Bilder einer Ausstellung*, ein Werk, das beispielhaft illustriert, wie die Malerei die Musik inspirieren kann. Die Bilder einer Ausstellung sind Klavierstücke, die den Klang des Klaviers derart ausreizen, daß viele nachfolgende Musiker sich animiert fühlten, die Bilder zu instrumentieren: von der Orchesterfassung von Ravel über frühe Synthesizerklänge bis hin zu Art Rock. Wassily Kandinsky hat dann wieder Bilder dazu gemalt. Doch dieses Stück stellt eher eine Ausnahme im Werk Mussorgskijs dar. »Das »mächtige Häuflein« produzierte vor allem volkstümliche Opern mit russischer Folklore. Zur sog. ›nationalrussischen Schule‹ gehört auch Pjotr Tschaikowsky, den wir aber weniger wegen seiner elf Opern als wegen seiner drei Ballette lieben: *Schwanensee, Dornröschen* und *Der Nußknacker*. Erst

Die Notenschrift Chopins, der beschloß, das Klavierspiel zu revolutionieren. Dabei mied er die Konzertbühnen.

Carl Maria von Weber, dessen Schlager *Wir winden Dir den Jungfernkranz* Heinrich Heine fast um den Verstand brachte.

über diesen Umweg werden wir zur dritten Antwort auf die Formkrise des 19. Jahrhunderts geführt, nämlich zur Oper.

Für die Oper war der Übergang zur Romantik zunächst einmal ein leichter Schritt. Man bearbeitete einfach romantische Stoffe voller Wald- und Wiesenstories und wundersamer Wesen aus allen möglichen Ober-, Unter- und Zwischenwelten. Populärer Vertreter dieser Gattung ist der *Freischütz* von Carl Maria von Weber (1786–1826). Der Song *Wir winden dir den Jungfernkranz* wurde zu einem Schlager, der Zeitgenossen wie Heinrich Heine fast um den Verstand brachte. Die italienische Oper wurde von Rossini (1792–1868), Donizetti (1797–1848), Verdi (1813–1901) und schließlich Puccini (1858–1924) zu neuen Höhen geführt. Sie alle blieben von der deutschen Romantik ziemlich unberührt und inszenierten dafür mit großer Geste große Stoffe, wie z. B. Shakespeare. Formale Innovationen gab es aber kaum, weil das italienische Publikum zu gesangsverliebt war. Die klassische Oper bestand ja aus einzelnen Nummern, Arien, Duetten, Ensembles, verbunden durch das Rezitativ – eine Art Sprechgesang – in dem, um die Handlung in Gang zu halten, erzählt wurde, worum es überhaupt ging. Das alles änderte sich mit Richard Wagner (1813–1883), dem Großmeister der romantischen deutschen Oper. Er ist eine Figur, an der sich bis heute die Geister scheiden. Vor allem die Wertschätzung Hitlers, sein Antisemitismus und die Deutschtümelei seiner in germanischem Stabreim geschriebenen Texte (etwa so: »Tankwart, der tumbe, spielt Toto, der Tor«) haben sein Bild ins Zwielicht getaucht. Er entnimmt die Stoffe für seine Musikdramen der nordischen Sagenwelt. Sein größtes Werk ist der Zyklus *Der Ring des Nibelungen*; zu den anderen Opern gehören *Tristan und Isolde*, *Die Meistersinger von Nürnberg* und *Parsifal*. Zusätzlich wird sein Image eingefärbt durch die Verbindung mit dem verrückten Bayernkönig Ludwig und durch seine Neigung zu pathetischer Selbstinszenierung. Diese gipfelt in der Gründung eines Kultes, dem in Bayreuth ein Heiligtum gebaut wird: das Festspielhaus. Seine Frau Cosima Wagner, eine Tochter des Komponisten Franz Liszt, treibt hierfür die Mittel auf. Die Herrschaft über das Festspielhaus wird dann auf den Sohn, den Dirigenten Siegfried Wagner, und von diesem auf den Enkel, den Intendanten Wieland Wagner, vererbt.

Tristan und Isolde – der Großmeister der romantischen deutschen Oper, Richard Wagner, entnimmt die Stoffe für seine Musikdramen der nordischen Sagenwelt.

Wagners Image wird eingefärbt durch seine Neigung zu pathetischer Selbstinszenierung. Seine Frau Cosima, eine Tochter des Komponisten Franz Liszt, treibt hierfür die Mittel auf.

Im Wagner-Kult trifft eine Dynastie auf eine Gemeinde.

Doch zu Wagners eigener Zeit ist dieser Kult mehr als eine persönliche Marotte: Er zeigt, daß die Kunst den Gipfel ihrer Herrschaft erklommen hat. Und als Gipfel der Kunst gilt vielen Zeitgenossen – etwa Schopenhauer – die Musik. Im Symbolismus versucht auch die Dichtung wie Musik zu werden, und im Ästhetizismus der Jahrhundertwende löst sich selbst das Leben in Kunst auf.

Entsprechend sucht Wagner alle Künste unter der Herrschaft der Musik in einem Gesamtkunstwerk zu versammeln. Text, Musik, Bühnenbild und Choreographie werden in bisher nicht gekannter Intensität aufeinander bezogen. Und seine Opern zerfallen nicht mehr in Nummern, sondern werden so durchkomponiert, daß innerhalb eines Aktes alles aus einem Guß ist. Dazu denkt er sich ein neues Konstruktionsprinzip aus: das Leitmotiv. Alle bedeutenden Elemente einer Story erhalten jetzt eine Art musikalisches Erkennungszeichen, so wie etwa eine Person an ihrem Tick erkannt wird. Aber das gilt nicht nur für Personen, sondern auch für Gegenstände, Gefühle und Situationen. So besteht etwa das Schwertmotiv bei Siegfried aus einer männlich aufsteigenden Tonfolge. Aus diesem Motivbaukasten setzt Wagner seine Opern zusammen. Varianten der Motive deuten Veränderungen an. Erklingt das Schwertmotiv auf einmal in Moll, bedeutet das eine Schwächung von Siegfrieds Macht.

Noch in einer anderen Hinsicht gilt Wagner als exemplarisch. Der Romantik reichen die klassischen Harmoniefolgen (also jene sechs Akkorde zu einem Grundton) nicht mehr aus. Immer komplexer werden die Harmoniefolgen, immer mehr Töne, die die Klassiker noch nicht in einem bestimmten Akkord geduldet hätten, werden hinzugefügt. Und immer neue Kombinationen von Akkorden werden zusammengestellt. Für einige Zeitgenossen bedeutet Wagners Tristan-Akkord am Anfang von *Tristan und Isolde* das Ende der Harmonie. Die Akkordreihe, die nun folgt, ist zwar noch auf einen Grundton bezogen, aber dieser kommt gar nicht mehr vor. Mit der Jagd nach immer mehr Ausdruck, noch höherer Kunst und noch tieferer Bedeutung in der Musik kommt die romantische Musik an ihre Grenze. Und jenseits dieser Grenze liegt die Moderne.

Die Moderne

Als erster moderner Komponist gilt Gustav Mahler (1860–1911). Eigentlich ein Romantiker und Wagner-Fan mit einem Hang zum Gigantischen (seine *Sinfonie der Tausend* benötigt 1379 Musiker), beginnt er seine Sinfonien in Richtung einer collagenartigen, sich selbst reflektierenden Musik aufzulösen. Die chaotische akustische Umwelt wird ihm zum Vorbild einer disparaten Zusammenstellung von Klängen, in denen Musik sich selbst kommentiert. Ein Vogelzwitschern wird erst täuschend echt nachgemacht und wandelt sich dann zum musikalischen Motiv, die Musik einer Blaskapelle wird als akustischer Hintergrund eingeblendet, und Banales wird mit Künstlerischem gemischt. Das Ganze ist gerahmt von einer expressiven, dem Unbewußten nachlauschenden Klangwelt, die Mahlers Gefühl der Entfremdung in der Welt ausdrückt. Er fühlte sich in dreifacher Hinsicht heimatlos: als Böhme in Österreich, als Österreicher unter Deutschen und als Jude in der ganzen Welt. So ist es nicht verwunderlich, daß er auf Sigmund Freuds Couch zu liegen kam. Dort ging ihm die Bedeutung eines persönlichen Kindheitserlebnisses auf: Als sein Vater mal wieder seine Mutter mißhandelt hatte, rannte der kleine Gustav in seiner Verzweiflung aus dem Haus, wo ein Straßenmusiker einen Gassenhauer zum besten gab. Die Verknüpfung von fröhlicher Musik mit persönlichem Leid war prägend und stellte die überlieferten Schönheitsvorstellungen auf den Kopf.

Dann begann wie in anderen Künsten auch in der Musik die Zeit der Verstörung. Die Impressionisten machten den Anfang. Claude Debussy (1862–1918) suchte neue Klänge, indem er wie in der Malerei die alte Formensprache zugunsten von diffus wirkenden Akkordfolgen und Tonleitern auflöste, um zum Ausdruck des Atmosphärischen und zur Wiedergabe von Stimmungen und Farben vorzustoßen, wie z. B. in seinem Orchesterstück *La Mer*. Obwohl klanglich noch konsonant, sind die Akkord-Kombinationen und Tonleitern so neu und ungewöhnlich, daß das Publikum sehr verstört darauf reagiert hat.

Ebenso verstörend ist das Wirken eines in jeder Hinsicht ungewöhnlichen Künstlers und Freundes von Debussy: Erik Satie (1866–1925). Ein skurriler Pianist, bekannt mit den Surrealisten und Künstlern anderer neuartiger Stilrichtungen, sagte er Dinge wie: »Wenn die Musik tauben oder stummen Menschen nicht gefällt, so ist das kein Grund, sie gering zu achten.« Er schreibt Musik über Musik, wie z. B. eine *Sonate Bureaucratique*, die die Geste der bürgerlichen Klaviermusik lächerlich macht; er schreibt Spielanweisungen, die die 18stündige Wiederholung mancher Passagen vorschreiben; veröffentlicht Werke, deren Anhören er ver-

Gustav Mahler, der erste moderne Komponist.

bietet; und gründet eine Kirche, deren erstes Gebot es ist, daß nur er selbst Mitglied sein darf. Gleichzeitig schreibt er mit seinen *Gymnopèdies* und *Gnossiennes* (beides dadaistische Unsinnstitel) Musik von einer außerweltlichen, aber gänzlich unromantischen Schönheit. Satie findet selbst vor den Augen Adornos Gnade.

Eine Erweiterung der musikalischen Formensprache versucht Arnold Schönberg (1874–1951) in Gang zu setzen. Er geht von der Überlegung aus, daß, wenn die Romantik alle schönen Klänge verbraucht hat, man eben die weniger schönen dazunehmen muß. Das bedeutet dann die Emanzipation der Dissonanz, d.h. die dissonanten Klänge sind nicht mehr Zwischenschritte, um im Kontrast die Harmonie am Schluß noch schöner klingen zu lassen, sondern eigenständige Klänge. Der zweite Schritt besteht dann darin, das alte Dur- und Moll-System zu überwinden, denn auch in ihnen war bereits alles gesagt worden. Zugleich waren die alten Tonleitern nicht so ohne weiteres loszuwerden, da sie auf der natürlichen Wirkung der Töne beruhen. Schönbergs Antwort auf dieses Dilemma ist die Erfindung der Zwölftonmusik. Sie basiert auf einer einfachen Regel: In einer Tonfolge muß jeder der zwölf Töne einmal vorkommen. Dies wird eine Reihe genannt, und der Rest eines Stückes muß auf dieser Reihe aufgebaut werden. Innerhalb der Reihe darf keine Note auf Kosten der andern betont werden. Das Prinzip ist also ein absoluter Egalitarismus aller Töne, eine Form der musikalischen Entropie (physikalischer Begriff für den Wärmetod). Schönbergs Lehre hat großen Einfluß auf andere Komponisten ausgeübt. Einige seiner Studenten sind bedeutende Komponisten geworden, unter ihnen Alban Berg, Anton Webern und Marc Blitzstein.

Wie in anderen Künsten begann auch in der Musik die Zeit der Verstörung

Thomas Mann nutzt den radikalen Neubeginn Schönbergs für die Gestaltung des Tonsetzers Adrian Leverkühn in seinem Roman *Dr. Faustus* (→ Literatur). Als sein Held wie Schönberg sieht, daß die musikalische Formensprache erschöpft ist, verschreibt er wie Faust seine Seele dem Teufel, und dieser läßt ihn dafür die Zwölftonmusik entdecken. Wer also etwas über die musikalische Moderne erfahren will, kann das nebenbei tun, wenn er *Dr. Faustus* liest. Dabei hat Mann sich fachlich von Theodor W. Adorno beraten lassen.

Man kann nicht sagen, daß Schönbergs Musik beim Publikum viel Anklang gefunden hätte. Da ging es Igor Strawinsky (1882–1971) wesentlich besser. Statt zu versuchen, die Musik mit neuen Methoden weiterzuentwickeln, baute er auf alten, teilweise klassischen, teilweise archaischen Formen auf, die er dann so ironisch arrangierte, daß er seine Musik als öffentlichen Skandal inszenieren konnte. Besonders *Le Sacre du Printemps* schockierte durch seine heidnische Thematik und seine exzessive Rhythmik. Damit eröffnete Strawinsky das Verfahren, den Fundus der Musikgeschichte als Baukasten für neue Kompositionen zu nutzen. Während Schönberg und Strawinsky die künstlerische Freiheit der bürgerlichen Gesellschaft genossen, spielten Sergej Prokofjew (1891–1953) und Dimitrij Schostakowitsch (1906–1975) Verstecken mit der sowjetischen Zensur. Deshalb widersprechen sich bei ihnen die offizielle optimistische Stimmung und der untergründige Protest.

Arnold Schönberg versucht, eine Erweiterung der musikalischen Formensprache in Gang zu setzen.

Der Pianist Duke Ellington: seine legendäre Big Band trug zur Popularisierung des Jazz bei.

USA

Der Beitrag Amerikas zur Musik geht auf die Kultur der Afro-Amerikaner zurück: den Jazz. Er entwickelt sich aus dem Blues in einer Mischung aus traditionellen afrikanischen Gesängen, christlichen Hymnen und europäischen Tanzkapellen. Auch die Klezmorim, die traditionellen jüdischen Musiker aus Osteuropa, bringen ihre Musik mit den großen Auswanderungswellen nach Amerika und beleben die Szene mit den orientalischen Klängen der Klarinette. Ungemein schnell bewegt sich diese Musik vom Land in die Städte, mit der Abwanderung der schwarzen Arbeiter weg von der Landwirtschaft zur Industrie. Nach einer populären Theorie entspringt der treibende Ragtime-Rhythmus dem Rattern der Züge, die die Schwarzen nach Chicago bringen. Schnell wird der Jazz auch von den Weißen assimiliert, und die Welle schwappt nach Europa, wo schon Strawinsky und andere Komponisten Jazz-Elemente in ihre Musik einbauen. Umgekehrt wollen amerikanische Komponisten Anschluß an die europäische Kunstmusik finden, wie der sinfonische Jazz von George Gershwin (1898–1937) zeigt. Weiter geht es mit unvermittelter Geschwindigkeit zum populären Swing und den legendären Big Bands von Duke Ellington (1899–1974) und Benny Goodman (1909–1986). Den zunehmend kunstvolleren Formen wie Bebop und Free Jazz ergeht es allerdings ähnlich wie der europäischen Kunstmusik; sie sprechen nur noch ein Experten-Publikum an. Der Jazz bringt aber eine Komponente zurück in die Musikwelt, die die Europäer sittsam verdrängt haben: Jazz ist eine körperliche Musik, und der Körper als musikalisches Organ darf wieder mitspielen. Symbolisch für die körperliche Befreiungsbewegung der Nachkriegszeit wird der Rock 'n' Roll (der sexy Hüftschwung bringt Elvis den Spitznamen »the pelvis«, das Becken, ein). Inzwischen ist der Sieg längst errungen. Die Wiedervereinigung von ekstatischer Körperlichkeit und Musik kommt darin zum Ausdruck, daß die Musik auch die Jugendkultur erobert hat. Wir werden von König Pop regiert, und er gebietet über verschiedene Stämme, Clans und Clubs, die alle ihre eigenen stampfenden Rituale, Stammesbemalungen, Riten, Drogen und Fanartikel hervorbringen. Techno, House, Hiphop, Drum and Base, Altherren-Bands, die aussehen wie die Rolling

Stones von Mount Rushmoore, Boy-Groups, Girlie-Bands ... man mag die Liste beliebig fortsetzen.

Der letzte Trend besteht darin, diese Vielfalt für Kombinationen zu nutzen. Die Devise heißt »Cross over«: Jazz-Virtuosen spielen Klassik, klassische Orchester spielen Pop, Tenöre lassen sich feiern wie Popstars und singen auch deren Lieder, nationale Folklore verbindet sich mit urbanen Klängen zur World-Music. Das heißt auch Grenzgängerei zwischen E- und U-Musik. Zugleich ist die Musik heute eine Sache kulturindustrieller Vermarktung. Im 20. Jahrhundert ist das industrielle Zeitalter in die Musik eingebrochen. Das wurde möglich durch zwei technische Erfindungen: die Schallplatte und das Radio, also die Möglichkeit, Musik massenhaft zu verbreiten. Durch sie konnte eine demokratische Musikkultur entstehen, in der jeder Zugriff auf jede Art von Musik hat. Das hat eine millionenschwere Entertainment-Maschine in Gang gesetzt, die weltweit mit High-Tech operiert. Wie auf Shakespeares Zauberinsel in *Der Sturm* ist die Welt erfüllt mit Klängen. Einige werden den Zeiten nachtrauern, in denen Musik noch Kunst war. Aber Pythagoras hätte heute in jedem Kaufhaus seinen Traum von der Sphärenmusik erfüllt gesehen.

Der sexy Hüftschwung des Rock'n' Rollers Elvis Presley symbolisiert die körperliche Befreiungsbewegung der Nachkriegszeit.

Die große Verunsicherung – der Beginn aller Philosophie

Große **Philosophen**, Ideologien, Theorien und wissenschaftliche Weltbilder

Große Philosophen, Ideologien, Theorien
und wissenschaftliche Weltbilder

Philosophen

In Europa wird vieles zweimal erfunden, zum ersten Mal in Griechenland, in Athen, und zum zweiten Mal im Europa der frühen Neuzeit: z. B. die Demokratie, das Theater und auch die Philosophie.

Über die heilige Dreifaltigkeit der griechischen Philosophen Sokrates, Platon, Aristoteles kann man im historischen Teil unter Griechenland nachlesen. Aber schon sie widerlegen das Klischeebild vom Philosophen als weisem alten Mann. Sokrates war ein Witzbold und Straßenredner. Er hatte eine Technik entwickelt, seinen Gesprächspartner durch logische Zauberkunststücke dermaßen zu verunsichern, daß dieser dann jede Erklärung schluckte, die ihm angeboten wurde.

Das illustriert den Beginn aller Philosophie: die große Verunsicherung. Jemand bemerkt: Was so für Wahrheit gehalten wird, ist Nonsens; nichts als ein Haufen Vorurteile, gespeist aus den Wünschen der Menschen und ermöglicht durch die Begrenzung ihrer Optik.

Deshalb ist es nicht zufällig, daß beide Male das Theater und die Philosophie zur gleichen Zeit entstehen: Auch für den Philosophen ist die Welt ein Theater. Aber für ihn ist das Schauspiel auf der Bühne eine Illusion, die nur die naiven Zuschauer für Realität halten; er aber interessiert sich für die Hinterbühne, den Ort, von dem aus die Inszenierung gesteuert wird. Kurzum: ein Philosoph schaut der Realität unter die Röcke. Er sucht die nackte Wahrheit. Sein Ziel ist die Aufklärung.

Deshalb entstand, wie das Theater, auch die Philosophie aus der Religion. Vorher, im gesamten Mittelalter, war sie nur eine Wasserträgerin der Theologie, d. h. das Ergebnis stand immer schon fest. Das hörte auf, als nach der Kirchenspaltung die Religion in den Glaubenskriegen ihren Kredit verspielte.

Der Gründungsvater der neuzeitlichen Philosophie, der Franzose René Descartes, zieht als Soldat durch das Deutschland des 30jährigen Krieges (1618–1648). Sein Zeitgenosse Thomas Hobbes erlebt den englischen Bürgerkrieg (1642–1649) und geht als Mathematiklehrer von Prince Charles, dem Sohn von Charles I., ins Exil. Es muß für sie eine ungeheure Erleichterung bedeutet haben, als sie ihre Gedanken von den sinnlosen Glaubensstreitigkeiten und dem Gemetzel des Krieges ab- und den ewigen Wahrheiten der Mathematik und der Logik zuwenden konnten. Die Betrachtung der ersten Prinzipien der Philosophie muß sie getröstet haben, und von den Offenbarungen der Geometrie muß ein ungeheurer Glanz ausgegangen sein. Auf diese ewigen Wahrheiten konnten sie ihr Weltvertrauen und ihr Wahrheitskonzept besser gründen als auf die Religion, die statt zu Wahrheiten zu Massakern führte.

Für den Philosophen ist die Welt ein Theater. Für ihn ist das Schauspiel auf der Bühne eine Illusion, die nur die naiven Zuschauer für Realität halten

René Descartes (1596–1650)

Auf seinen Feldzügen im 30jährigen Krieg kam Descartes auch nach Ulm und in die Gegend um Ulm herum. Dort war es kalt, und er kroch in einen Ofen – so berichtet er selbst. In dem Ofen schlief er ein und hatte drei Träume. Als er wieder herauskam, hatte er ein neues Ideal der Philosophie gefunden: die Mathematik. Die Aussagen der Philosophie sollten so grundlegend und logisch so unerbittlich sein wie die

Descartes sprach den berühmtesten Satz der Philosophiegeschichte: »Je pense, donc je suis.«

der Mathematik. Um für diese Grundlegung Platz zu schaffen, zweifelte er erst einmal an allem. Und schon hatte er das Fundament aller Fundamente, den Sockel der neuzeitlichen Philosophie und den Felsen gefunden, auf den sie ihre neue Kirche gründen konnte.
Es war der Schluß: Wenn ich an allem zweifle, kann ich doch nicht daran zweifeln, daß ich zweifle.
Das bot Sicherheit. Das neue Urprinzip war das Ich oder das Subjekt. Jede Negation muß mit sich eine Ausnahme machen: Die Demokratie kann nicht über sich selbst abstimmen lassen; der Magen darf sich nicht selbst verdauen; der Vielfraß darf sich nicht selber fressen; der Richter kann sich nicht selbst verurteilen; kurzum: das Ich kann sich nicht selber wegdenken.
Und so sprach Descartes den berühmtesten Satz der Philosophiegeschichte:
»Je pense, donc je suis.« Descartes sprach Französisch.
Aber es gibt eine Berlinerische Variante über den Ursprung dieses Satzes in Versen:
»Ick sitze drin und esse Klops;
uff enmal klopps.
Ick denke, staune, wundre mir,
uff enmal isse uff die Tür,
ick jehe raus und kieke,
und wer steht draußen?
Icke!«
Die bekannteste Version dieses Satzes ist lateinisch, und dann heißt der Satz:
»Cogito ergo sum.«
Auf deutsch:
»Ich denke, also bin ich.«
Das war revolutionär. Bisher waren die Philosophen mit ihren Überlegungen immer von der Welt der Objekte ausgegangen. Descartes aber verlegt den Start seines philosophischen Hindernislaufs ins Bewußtsein. Von da aus stürzt er sich auf die materielle Welt, steckt sie in Brand und brennt mit dem Feuer der Gedanken alles hinweg, was nicht unbedingt denknotwendig ist, bis er schließlich nur noch das in Händen hält, was sich mathematisch messen läßt: Ausgedehntheit, Gestalt, Bewegung und Zahl. Den Rest – Geschmack, Geruch, Wärme und Farbe – erklärt er zu subjektiven Würzstoffen, die erst das menschliche Bewußtsein der materiellen Suppe hinzufügt.
Damit verbreitet er die Vorstellung von einer geschmacklosen, farblosen und lautlosen Welt, die nur den Gesetzen der Mechanik gehorcht. Diese Welt ist entzaubert und der Herrschaft der Kausalität (des Ursache-Wirkung-Prinzips) und der Mathematik unterworfen. Von da an geht ein Riß durch den ehemals ganzheitlichen Kosmos: Im reflexiven Bruch mit der Welt der Objekte kommt sich das Subjekt als Würzkoch

Weil er der Verstandestätigkeit ihre Eigenständigkeit gegenüber der Welt beließ, wurde Descartes zum Gründungsvater des Rationalismus.

der Realität auf die Schliche und kann sich von da an als Geist von der Materie unterscheiden. Ab jetzt stehen sich Subjekt und Objekt gegenüber. Und die Welt der Objekte läßt die Hose herunter, um sich vom Subjekt der Wissenschaft untersuchen zu lassen. Subjektivierung des Ich und Objektivierung in der Wissenschaft gehören zusammen.

Das nannte man dann Dualismus (lat. duo = zwei).

Und weil Descartes der Verstandestätigkeit ihre Eigenständigkeit gegenüber der Welt beließ, wurde er zum Gründungsvater des Rationalismus (Betonung der Vernunft).

Im *Leviathan* begreift Thomas Hobbes den Menschen als unruhiges, gehetztes Tier, das nach Macht strebt, Macht und nochmals Macht.

Thomas Hobbes (1588 – 1679)

Im Vergleich zu dem moderaten, gemäßigten Dualisten Descartes ist sein englischer Zeitgenosse Thomas Hobbes ein finsterer Radikalinski. Er wischt den ganzen Nonsens mit dem Sonderstatus des Geistes beiseite und unterwirft auch ihn dem Gesetz der Kausalität: Unsere Vorstellungen sind nur verschiedene Kombinationen von Sinneseindrücken, und unsere Gedanken verketten sich kausal nach dem Gesetz der Assoziation. Selbst der Wille ist nicht frei, sondern nur das Resultat des Fingerhakelns zwischen Furcht und Gier. Auch Gut und Böse sind relativ. Gut nennen wir den Gegenstand unserer Neigung, böse den unserer Abneigung. Der Mensch ist eine Maschine.

Der lückenlose Kausalzusammenhang läßt keinen Platz für die Eingriffe Gottes. Die Erhaltung des Menschen durch Gott wird deshalb abgelöst von einem neuen Prinzip, das Hobbes entdeckt: der Selbsterhaltung. Diese ist nicht mehr göttlich, sondern teuflisch. Und auf diesen infernalischen Grundtrieb gründet Hobbes seine Staatstheorie.

Diese Staatstheorie entfaltet er in einem Buch, das heute noch die Gemüter erregt: *Der Leviathan.*

Hobbes begreift den Menschen als unruhiges, gehetztes Tier. Weil er fähig ist, in die Zukunft zu schauen, hat er ständig Angst davor, daß ihm die Vorräte ausgehen oder daß ein anderer sie ihm wegnehmen könnte. Deshalb will er Macht, Macht und nochmals Macht. Das macht ihn zu einem einsamen und unsozialen Wesen. Entsprechend deprimierend ist der Urzustand des Menschen vor seiner Vergesellschaftung, den Hobbes sich so ausmalt: Es herrscht der Krieg aller gegen alle. Das Leben

Thomas Hobbes: im Vergleich zu Descartes ein finsterer Radikalinski.

ist einsam, arm, häßlich, brutal und kurz. Aus dieser Beschreibung stammt eine berühmte Formel, die heute immer noch zitiert wird: »Homo homini lupus« – »Der Mensch (homo) ist dem Menschen (homini) ein Wolf (lupus)«. Und nun kommt die Konsequenz: Aus Furcht vor dem gewaltsamen Tod schließen die Menschen einen Vertrag untereinander, den sogenannten Gesellschaftsvertrag (auf englisch »social contract«, auf französisch »contrat social«). In ihm übertragen sie ihr Recht, Gewalt auszuüben, auf einen einzelnen unter ihnen, den Herrscher. Auf diese Weise wird die gesamte Gesellschaft zu einem Individuum, dem Staat. Der Staat ist der Leviathan (der Name bezeichnet ein Seeungeheuer im *Buche Hiob*), der sterbliche Gott, dem wir nächst dem unsterblichen Gott Frieden und Schutz verdanken. Dieser Gott – der Staat – ist absolut. Er steht über den Parteien und der Moral. Das klingt nach den historischen Erfahrungen des 20. Jahrhunderts absurd.

Aber Hobbes hatte eine andere Erfahrung gemacht, die Erfahrung des englischen Bürgerkrieges. Da hatte er gesehen, daß die moralische Rechthaberei der Konfessionen das Land in die Selbstzerfleischung gestürzt hatte, und er schloß daraus: Wer im Konfliktfall die ganze Moral für sich beansprucht, läßt dem Gegner nur die Unmoral. Das kriminalisiert den Gegner und verschärft den Konflikt bis zum Krieg. Einzig mögliche Konsequenz: Die Religion wird vom Staat getrennt, das Gewissen wird zur Privatsache, der Staat wird absolut und erzwingt als Schiedsrichter zwischen den moralischen Kampfhähnen den Frieden.

Hobbes hat herausgefunden, daß nichts gefährlicher sein kann als die Moral

Mit diesem Werk erregte Hobbes die Wut aller Parteien: Der Materialismus erbitterte die Theologen; die Begründung des Absolutismus brachte ihm die Feindschaft des englischen Parlaments ein; die Privatisierung der Moral ärgerte die Puritaner; und die Lehre vom Gesellschaftsvertrag kostete ihn das Wohlwollen der Königstreuen im Exil.

Und Hobbes' Lehre polarisiert bis heute die Gemüter. Die einen finden es unmoralisch, die Friedensstiftung des Staates ohne den Bezug auf Grundwerte rein technisch zu begründen. Die anderen berufen sich auf ihn, wenn sie auf die Gefährlichkeit von Leuten verweisen wollen, die die Moral für sich gepachtet zu haben glauben: Sie schrecken vor nichts zurück. Hobbes hat herausgefunden, daß nichts gefährlicher sein kann als die Moral.

John Locke (1632–1704)

Bei John Locke hellt sich das Menschenbild wieder auf. Sein Vater ist ein aufrechter Parteigänger des Parlaments, und er selbst wird Leibarzt des ersten Führers der Whig-Partei, des Earl of Shaftesbury, und Erzieher von dessen Enkel, der später selbst ein bedeutender Philosoph wird.

Locke hat zwei Schriften geschrieben, die zu den einflußreichsten Werken gehören, die überhaupt je verfaßt wurden. Die erste heißt: *An Essay Concerning Human Understanding* (Versuch über den menschlichen Verstand). Darin gibt er Hobbes recht, daß es keine angeborenen Ideen gibt, sondern daß vielmehr alle unsere Vorstellungen aus Sinneswahrnehmungen stammen und daß jeder Mensch ein unbeschriebenes Blatt (tabula rasa) ist, das erst von der Erfahrung beschrieben wird. Und er gibt Descartes recht, daß nur jene Eigenschaften der Realität wirklich sind, die man mathematisch messen kann, und alle anderen, die er »sekundäre Qualitäten« nennt, nur aus Kombinationen dieser primären Qualitäten entstehen. Entscheidend ist für Locke die primäre Qualität der Bewegung: Lockes Freund Isaac Newton hatte die gleichförmige Bewegung mit der Entdeckung der Gravitation (Schwerkraft) zum neuen Ideal der Naturordnung erhoben (so wie später Einstein die Lichtgeschwindigkeit).

Locke verlegt die Gravitation in den Menschen und entdeckt dort die gleichförmige Abfolge der Ideen im Geist. Aber die Prozession der Ideen muß von einer Instanz aus beobachtet werden, die selbst dauert, wenn sie überhaupt als Einheit wahrgenommen werden soll. Dieser innere Beobachtungszusammenhang von Dauer und Wechsel macht für Locke das Subjekt aus. Der Stoff, aus dem die Subjekte sind, ist die Zeit. Und die Form, in der sie sich organisieren, ist die Reflexion. Damit wird die alte Differenz zwischen dauernder Ewigkeit und wechselhaftem Diesseits ins Subjekt verlegt (→ Geschichte, Mittelalter). Die Reflexion läuft mit der Abfolge der Zeit parallel und schafft durch den Selbstkontakt des Subjekts Dauer im Wechsel. Hobbes' Unruhe der menschlichen Leidenschaften wird bei Locke zur Unruhe des Denkens sublimiert (verfeinert), die durch Reflexion zur Einheit gebracht und zur Basis des Selbstgefühls des Subjekts gemacht wird.

Diese Schrift wurde ein Meilenstein der Erkenntnistheorie (Philosophie der Erkenntnis) und zum Kultbuch der französischen Aufklärung. Sie lieferte die Plattform, auf der die weitere Philosophie bis zu Kant ihre Probleme formulierte, und sie beschleunigte die Subjektivierung (die Innenschau) der Literatur im Roman und übte einen großen Einfluß auf Literaten und Künstler und Psychologen aus.

Womöglich noch wichtiger war Lockes politische Schrift *Two Treatises on Government* (Zwei Abhandlungen über die Regierung), und darin vor allem der zweite Traktat: Auch hier geht Locke wieder von Hobbes' Hypothese eines vorgesellschaftlichen Naturzustands aus, der aber nicht durch den Krieg aller gegen alle, sondern durch die Gleichheit und Freiheit aller Individuen gekennzeichnet ist. Wie bei Hobbes schließen sie einen Vertrag, delegieren (übertragen) aber ihre Rechte nicht an einen absoluten Monarchen, sondern an die Gemeinschaft selbst. Sie ist der Souverän, und sie delegiert wiederum ihre Rechte an eine Regierung, die nach dem Prinzip der Gewaltenteilung organisiert ist: Legislative im Parlament, Exekutive beim König und seinen Ministern. Zweck der Regierung ist der Schutz des Eigentums, und Eigentum ist nicht nur eine ökonomische Ressource (Hilfsquelle) zur Profitmaximierung, sondern zugleich Garant der politischen Unabhängigkeit des Bürgers vom Staat und der Grund für sein staatsbürgerliches Engagement. Freiheit und Eigentum werden zusammengedacht und nicht – wie später im Sozialismus – in Gegensatz zueinander gebracht. Daraus ergab sich die Konsequenz: Eine Regierung kann gestürzt werden, wenn sie ohne Zustimmung der Betroffenen über die Freiheit oder das Eigentum der Bürger verfügt. (Für die amerikanischen Kolonien war das gegeben, als sie ohne ihre Zustimmung besteuert wurden.)

Diese Schrift wurde zur Magna Charta der bürgerlichen Demokratie (Magna Charta von 1215, gilt als erste Garantie der Freiheitsrechte). Sie rechtfertigt die Glorious Revolution von 1688, die Amerikanische Revolution von 1776 und die Französische Revolution von 1789. Die amerikanische Unabhängigkeitserklärung übernimmt fast wörtlich Formulierungen von Locke. Diese wiederum findet Eingang in die Erklärung der Menschenrechte der Französischen Revolution. Die Verfassungstheorie wird von Montesquieu und Voltaire nach Frankreich importiert, zwischengelagert und, durch die judikale (richterliche) Gewalt erweitert, nach Amerika exportiert; sie wurde zur großen Legitimationsschrift (Rechtfertigung) für die Lehre von der Volkssouveränität und der Menschenrechte und der Gewaltenteilung in einer parlamentarisch kontrollierten Regierung und damit zur Basis der politischen Zivilisation, zu der wir uns bekennen. Der von Hobbes als Schreckbild beschworene Bürgerkrieg wird über die Differenz zwischen Regierung und Opposition zum friedlichen Bürgerkrieg der Meinungen: damit weist Locke den Königsweg zur zivilen Gesellschaft.

John Locke lieferte die Plattform, auf der die weitere Philosophie bis zu Kant ihre Probleme formulierte.

Gottfried Wilhelm Leibniz (1646 – 1716)

In der Philosophie zeigen sich nationale Temperamente: Die Engländer haben einen demokratischen Staat und sind Empiriker (sie begründen alles mit Erfahrung); die Franzosen haben einen zentralen Verwaltungsstaat und sind Rationalisten wie Descartes; die Deutschen haben gar keinen Staat und noch weniger Erfahrung: so werden sie auf den Pfad der Spekulationen gedrängt und werden Idealisten (für sie ist alle Realität geistig).

Ein Idealist ist auch ihr erster großer Philosoph Gottfried Wilhelm Leibniz. Er ersetzt das mechanistische Modell der Engländer durch das Modell einer organischen Dynamik. Für ihn ist das entscheidende Naturprinzip nicht die Bewegung, sondern die hinter ihr wirkende Kraft. Und ihn interessiert nicht so sehr wie Locke die Mannigfaltigkeit der Erfahrung, sondern das Prinzip der Einheit des Subjekts. Entsprechend ergänzt er Lockes Satz: »Nichts ist im Intellekt, als was nicht vorher auch in der Sinneswahrnehmung war«, durch den Zusatz: »es sei denn der Intellekt selbst« (»Nihil est in intellectu quod non ante fuit in sensu«, jetzt fährt Leibniz fort: »nisi intellectus ipse«). Leibniz kehrt also zu der Vorstellung der angeborenen Ideen zurück. Von da aus gelangt er zu einer Verbindung von Geist und Kraft.

Die Kraftträger stellt er sich entsprechend als eine Art spiritueller Atome vor, die er Monaden nennt. ›Monaden‹ sind unteilbare individuelle und in sich geschlossene Seelen ohne Gestalt und Ausdehnung, aber voller Strebungen, voller Appetit und innerer Tätigkeit. Sie haben zwar keine Fenster, aber in jeder von ihnen spiegelt sich das gesamte Universum. Sie unterscheiden sich jedoch in der Deutlichkeit, mit der diese Spiegelung erfolgt. Daraus ergibt sich eine Stufenfolge von den somnambulen Monaden der Dinge über die wahrnehmenden Monaden der Tiere zu den Vernunftmonaden der Menschen. Die Vorstellung dieser Stufenfolge führt Leibniz zur Beschreibung halbbewußter, verworrener und abgeschatteter Bereiche der Selbstwahrnehmung, die den Begriff des Unbewußten vorwegnehmen.

Ihn interessiert das Prinzip der Einheit des Subjekts: Gottfried Wilhelm Leibniz.

Wie hängt nun die Mechanik der Körper mit der Dynamik der Seelen zusammen? Was unter dem Blickwinkel der Mechanik wie Kausalität aussieht, stellt sich im Bereich der Monaden als System der Zwecke dar. Der Zusammenhang wird durch eine prästabilisierte Harmonie bewirkt nach der Manier zweier Uhren, deren Pendelschlag wie ein Tanz der Wechselwirkung aussieht, obwohl jede von ihnen ihrer eigenen Dynamik folgt. Nach demselben Prinzip ist alles von Anfang an aufeinander ausgerichtet, was wir als Wirkung begreifen: Wahrnehmung und Wahrgenommenes, Geist und Körper, Empfindung und Bewegung etc. Der Urheber dieser Harmonie ist natürlich die oberste Monade, Gott, der Schöpfer aller Dinge und der Inbegriff der Vernunft. Er hat die Glückseligkeit der Menschen zum Regierungsziel erhoben. »Nun steht es damit aber nicht zum besten«, wendet der Advocatus Diaboli ein, »die Menschen sind oft so unglücklich. Wie kann ein Gott, der das bewirkt, weise, allmächtig und gütig sein?«

Und Gott entschuldigt sich wie alle Regierungen: »Mehr ist nicht drin. Schließlich muß ich ganz verschiedene Interessengruppen befriedigen, und die größtmögliche Ordnung der Konservativen mit der größtmöglichen Mannigfaltigkeit der linken Anarchisten verbinden. Ich muß die einfachsten Wege mit den größtmöglichen Wirkungen verbinden und kann die Zwecke nur mit den Leiden der Vielen erreichen. Nach Sichtung aller möglichen Welten hat mein Computer die beste aller möglichen Welten ausgewählt. Take it or leave it, eine bessere gibt es nicht.« So spricht Gott.

Dieses Argument nennt man eine Theodizee, eine Rechtfertigung Gottes angesichts der Übel in der Welt.

Nach dem Erdbeben von Lissabon (1755) quittierte die Welt dieses Argument mit einem Hohngelächter, und Voltaire schreibt einen ganzen Roman mit dem Titel *Candide*, um es ad absurdum zu führen. Darauf wurde Gott wegen Nichtexistenz freigesprochen und zugleich exekutiert. Die ganze Sache war ein Schmarrn. Aber ein tödlicher Schmarrn, denn kaum stand Gott als erster Verursacher nicht mehr zur Verfügung, brauchte man einen neuen Sündenbock. Wer macht die Geschichte, wenn es nicht Gott ist? Na, der Mensch selbst. Wer ist also schuld an dem Mist? Der Mensch. Von da an wurde die Weltgeschichte zum Weltgericht: Im Zeitalter der Revolutionen gab es immer Schuldige, die den Weg zum Glück versperrt hatten: Könige, Priester, Aristokraten, Kapitalisten, Reaktionäre, Schädlinge, Volksfeinde, Rechtsabweichler, Linksabweichler und Verräter der Revolution. Ihnen wurde später der Prozeß gemacht, weil Gott nicht mehr da war, und meistens war der Prozeß kurz.

»Take it or leave it, eine bessere Welt gibt es nicht.« So spricht Gott

Die Vorstellung einer Vielzahl möglicher Welten erwies sich als Minenfeld, auf dem mit den Utopien auch ihre Verhinderer erschienen.

Im übrigen versuchte Leibniz nicht ohne Erfolg, es mit Gottes Universalität aufzunehmen und wurde zu einem Leonardo da Vinci der Wissenschaft: Er beherrschte fast alle Disziplinen, erfand die Infinitesimalrechnung und wurde erster Präsident der Berliner Akademie der Wissenschaften.

Jean-Jacques Rousseau (1712 – 1778)

Von Rechts wegen müßte Rousseau kein Franzose, sondern ein Deutscher sein, denn seine Naturschwärmerei, seine Feindseligkeit gegen die Gesellschaft und ihre Konventionen und seine Selbststilisierung als verfolgter Außenseiter sowie seine Anbetung des Gefühls – all das entspricht so ganz der Seelenlage der Deutschen. Aber in Wirklichkeit hat Rousseau die Deutschen erst möglich gemacht, und so ist er denn auch ein Kompromiß zwischen Franzosen und Deutschen, denn er ist ein Schweizer und stammt aus Genf. Persönlich war Rousseau unleidlich: ein Querulant und sozialunfähiger Egozentriker, der sich ständig auf seine Gefühle und seine Authentizität berief, andere der Heuchelei anklagte und sich mit allen verkrachte. Aber selten hat ein Mensch aus solchen Eigenschaften so wirkungsmächtige Schriften herausgeholt. Mit ihnen traf er den Zeitgeist, artikulierte ein neues Lebensgefühl und wurde zum Inspirator der Französischen Revolution und der Romantik. Dabei schuf er eine revolutionäre Philosophie, die um einen großen Gegensatz herumgebaut ist: Die Natur ist gut, die Gesellschaft ist schlecht (natürlich meinte er damit die Gesellschaft des Ancien régime vor der Revolution, aber danach konnte man damit jede andere Gesellschaftskritik begründen).

Jean-Jacques Rousseau artikulierte ein neues Lebensgefühl und wurde zum Inspirator der Französischen Revolution und der Romantik.

Damit werden eine Reihe weiterer Gegensätze verknüpft: Auf die Seite der Natur gehört alles, was nicht künstlich, sondern echt ist: das Gefühl, die Spontaneität, die Echtheit, die Ehrlichkeit, die Unwillkürlichkeit, das Landleben, die Naturvölker, die Wilden (die edel sind) und das naturbelassene Kind. Höchstes Gut ist die eigene Authentizität, und so hat Rousseau sich auch in seinen eigenen *Confessions* hemmungslos entblößt.

Auf die Seite der bösen Gesellschaft gehören die Konventionen, die Mode, die Verstellung, die Höflichkeit, das Theater, die Maske, die Eleganz, die Liebenswürdigkeit, die Institutionen und alles, womit man um der Schonung des anderen willen seine eigenen Impulse in Regie nimmt. Von da aus entwickelt Rousseau in seinen Schriften *Émile* und *La Nouvelle Héloïse* auch ein neues Erziehungskonzept, bei der die natürliche Entwicklung des Kindes im Mittelpunkt steht. Um für sein Schreiben Ruhe zu haben, steckte er allerdings seine eigenen Kinder ins Waisenhaus.

In seiner Gesellschaftstheorie startet er wie Hobbes und Locke mit dem Szenario des Gesellschaftsvertrages. In ihm verzichtet der einzelne auf seine Rechte zugunsten der Gemeinschaft. Zwar murmelt Rousseau ein paar positive Bemerkungen zur Gewaltenteilung, aber sein höchstes Gut ist die Volkssouveränität, die sich in der *volonté générale*, einer Art objektivem Gesamtinteresse (nicht etwa Mehrheitsmeinung), ausdrückt. In der Revolution dient diese Betonung der Gemeinschaft zur Rechtfertigung des Terrors.

Die Wirkung Rousseaus war anhaltend, umfassend und gründlich. Seine ständigen Querelen, die er als Verfolgung einer einsamen Seele und eines aufrechten Rebellen stilisierte, erregten das Mitgefühl halb Europas. Er beeinflußte den Sturm und Drang, die Geschichtsphilosophie Herders, die Ethnologie der Naturvölker, die Pädagogik Pestalozzis, die Nationalökonomie der Physiokraten, die die Landwirtschaft betonten, und die gesamte Literatur der Romantik mit ihrem Kult des Gefühls. Inzwischen ist er zum Ehrenvorsitzenden der Grünen gewählt worden, nachdem er vorher den Deutschen überhaupt die Möglichkeit verschafft hatte, sich gegenüber den oberflächlichen Franzosen als Träger einer authentischen Kultur der Innerlichkeit zu fühlen. Insofern sind die Grünen wieder zu den Rousseauschen Ursprüngen der Deutschen zurückgekehrt.

Rousseau schuf eine revolutionäre Philosophie um einen großen Gegensatz herum: Die Natur ist gut, die Gesellschaft ist schlecht. Auf die Seite der Natur gehört alles, was echt ist: das Gefühl, die Ehrlichkeit, das Landleben, die Wilden, das naturbelassene Kind.

Immanuel Kant (1724–1804)

Kant ist der Kopernikus der Philosophie. Er drehte die Blickrichtung um, und siehe da, der Verstand hörte auf, sich um die Realität zu drehen, und die Erde der Erfahrungswelt drehte sich um die Sonne des Verstandes. Oder weniger poetisch: Kant schaute nicht mehr auf die Realität und fragte sich dann, wie der Verstand sie richtig abbilden könne. Statt dessen blickte er auf den Verstand und fragte sich dann, wie die Erkenntnis a priori, also vor aller Erfahrung, aussehen müsse. Von da aus gelangt er zu einer ganz neuen Staffelung logischer Ebenen: Der Verstand gehört nicht zur Erfahrungswelt, die er dann erkennt; vielmehr bringt er die Welt erst hervor durch die Art, wie er sie konstruiert; er ist nicht Teil der Welt, sondern ihr Ursprung; er ist nicht empirisch, sondern transzendental; er schreibt der empirischen Welt vor, wie sie zu sein habe. Die Kategorien, mit denen er sie beobachtet – etwa Kausalität –, sind nicht Teil der Welt, sondern Bestandteil unserer Erkenntnismatrix. Mit anderen Worten: Der Verstand gehört so wenig zur Welt wie eine Klasse von Dingen, etwa die Klasse der Hunde, ein Element ihrer selbst ist: Die Klasse der Hunde ist selbst kein Hund; der Hund Bello (empirisch) und die Klasse der Hunde (transzendental) liegen auf verschiedenen logischen Ebenen.

Kant ist der Kopernikus der Philosophie

Mit dieser konstruktivistischen Wende beantwortet Kant die Frage, wie der Verstand die Mannigfaltigkeit der Erfahrung zur Einheit bringt. Er findet die Einheit nicht in der Welt, sondern bringt sie mit; wie die Welt an sich ist – Kant nennt das ›das Ding an sich‹ –, können wir nicht wissen. Aber was wir erkennen, erkennen wir mit Notwendigkeit, und zwar nur über die Einheit stiftende Kraft unseres Verstandes.

Mit dem Begriff »transzendental«, den er als Gegenbegriff zu »empirisch« (erfahrungsbezogen) gebraucht, bezeichnet Kant alles, was sich nicht auf die Realität, sondern auf die Bedingungen der Möglichkeit der Erkenntnis bezieht. Seine Philosophie ist also Transzendental-Philosophie. Sie ist kritisch, weil sie die Erkennbarkeit der Welt an die Bedingungen des Verstandes bindet und dadurch begrenzt. Deshalb nennt Kant seine drei Hauptschriften: *Kritik der reinen Vernunft* (darin geht es um die Bedingungen der Erkenntnis), *Kritik der praktischen Vernunft* (darin geht es um die Moral) und *Kritik der Urteilskraft* (darin geht es um Ästhetik und höhere Zwecke). Er beantwortet damit die drei großen Fragen: Was kann ich wissen? Was soll ich tun? Was kann ich hoffen? Zugleich ist Kants »Kritik« schon so etwas wie Ideologiekritik des menschlichen Geistes: Wenn ich die Bedingungen der Möglichkeit meiner Erfahrungen nicht kenne, neige ich dazu, sie in die Realität zu projizieren: Weil das Wort »Gott« so ähnlich klingt wie das Wort »Brot« und auch grammatikalisch genauso gebraucht wird, denke ich, daß Gott genauso real ist wie Schwarzbrot, obwohl ihm keine sinnliche Erfahrung entspricht. Ganz so sagt es Kant zwar nicht, sondern der Sprachphilosoph Ludwig Wittgenstein, aber so etwas Ähnliches meint er, wenn er sagt: Regulative Ideen – das sind Dienstanweisungen zum Gebrauch des Verstandes – dürfen nicht mit konstitutiven Ideen – das sind äußere Verwaltungsakte zwecks Feststellung von Tatsachen – verwechselt werden, sonst halten wir Phantome für real. Und wie

Critik
der
reinen Vernunft

von

Immanuel Kant

Professor in Königsberg.

Riga,
verlegts Johann Friedrich Hartknoch
1781.

Kant blickte auf den Verstand und fragte sich, wie die Erkenntnis a priori, also vor aller Erfahrung, aussehen müsse.

Kant hat unser Verständnis von Erkenntnis grundlegend verändert. Fast niemand glaubt heute mehr, der Geist bilde die Welt ab.

später Wittgenstein versteht Kant seine »Kritik« als Therapie eines Verstandes, der sich noch nicht als transzendental durchschaut hat und sich deshalb nicht selbst von der Welt, die er konstruiert, unterscheidet.

Nach dieser kopernikanischen Wende Kants konnte kein Philosoph mehr naiv »vorkritisch« sein, ohne das zu begründen. Seine drei »Kritiken« enthielten die Fragen, an die die Philosophie der nächsten 100 Jahre anknüpfen wird. Vor allem ›das Ding an sich‹, das Unerkennbare, übte den Reiz eines ungelösten Rätsels aus.

Kant hat unser Verständnis von Erkenntnis grundlegend verändert. Fast niemand glaubt heute mehr, der Geist bilde die Welt ab. Praktisch alle seriösen Theorien sind konstruktivistisch: Wir konstruieren unsere Realität. Nur das wird erfaßt, was in diese Konstruktion paßt, so wie wir nur eine bestimmte Bandbreite von Tönen hören können und nicht noch wie ein Hund den Ultraschall dazu. Zugleich konnte man sich ab Kant vorstellen, daß die Erkenntnismatrix zwar transzendental war, aber von veränderlichen Faktoren abhing. Diese Faktoren konnten historisch, sozial, geschlechtsspezifisch, milieuspezifisch oder kulturell konditioniert sein, oder sie konnten sich nach unbewußten Interessen richten. Auf jeden Fall sind sie uns nicht bewußt, weil sie ja vor aller Erkenntnis liegen. Das eröffnete die olympische Disziplin der allgemeinen Verdächtigung. Jeder entdeckte nun beim anderen die Gründe für seine Borniertheit: Er ist ein Kapitalist, er kann nicht anders als in Begriffen der Profitmaximierung denken; er ist ein WASP (White Anglo-Saxon Protestant), er kann nicht anders als in den rationalen Kategorien der europäischen Kultur denken und denkt sich gar nichts dabei. Auf diese Weise konnte man unschuldig schuldig werden; man sah die Welt falsch, aber wußte es nicht. Die nächsten zwei Jahrhunderte nach Kant wurden die Zeit des Ideologieverdachts. Bevor sie begann, mußte aber noch Hegel Kant durch die historische Mangel drehen.

Georg Wilhelm Friedrich Hegel (1770–1831)

Hegel schleppt Kant zu den Ufern des Jordan und tauft ihn mit den Wassern der Geschichte. Oder anders ausgedrückt: Er erzählt die Weltgeschichte als Bildungsroman (→ Geschichte, das Kapitel über Napoleon; → Literatur, ›Bildung‹). Die Parallele zwischen beiden war zunächst im Roman ausgenutzt worden: So wie Robinson Crusoe die ganze Zivilisationsgeschichte auf seiner Insel noch einmal wiederholt, so durchläuft jeder Mensch die ganze Geschichte der Kultur noch einmal.

Dabei macht Hegel Kants kopernikanische Wende zum Prinzip des geschichtlichen Fortschritts (siehe Kant). Worin bestand diese Wende? Sagen wir es noch einmal: Der Geist betrachtet zunächst selbstvergessen die Welt und denkt nicht an sich (vorkritischer Standpunkt; These). Dann verwandelt er sich in Immanuel Kant und wendet den Blick zurück auf sich selbst, um seine eigene Beteiligung am Ergebnis der Erkenntnis herauszufiltern (kritischer Standpunkt; Antithese). Und schließlich mutiert Kant als Statthalter des Weltgeistes zum Philosophen Hegel selbst und erkennt, daß dieser Gegensatz nur eine vorübergehende Durchgangsstufe der Entwicklung ist, die in Hegel zur höheren Einheit gebracht wird (geschichtsphilosophische Einsicht; Synthese). Zuerst erscheint der Geist als Ding ›an sich‹ (Bewußtsein, vorkritisch), dann entdeckt sich das Bewußtsein selbst, und der Geist erscheint in der Form des ›für sich‹ (Selbstbewußtsein Kant). Und schließlich erscheint er in der geschichtsphilosophischen Synthese des ›an und für sich‹ (Hegel, der diesen heute geläufigen Ausdruck geprägt hat).

Die Synthese bedeutet, daß beide Seiten des Widerspruchs im dreifachen Sinne »aufgehoben« sind: Sie sind zugleich negiert, bewahrt und auf eine höhere Ebene gehoben. Mit anderen Worten: Sie sind zu »Momenten« eines neuen Zusammenhangs geworden; sie wurden relativiert, kontextualisiert, entschärft und dadurch in Erfahrung verwandelt. Die neue Synthese wird dann wieder zum Ausgangspunkt eines neuen Durchlaufs. Es ist so, als ob nach jeder Runde eines Boxkampfs beide Gegner ausscheiden, dafür aber der Schiedsrichter gegen einen neuen Gegner die nächste Runde bestreiten muß.

Hegel erzählt die Weltgeschichte als Bildungsroman

Dieses Prinzip nennt Hegel Dialektik. Er erhebt es zum Entwicklungsgesetz der Weltgeschichte. Die Bewegung verläuft immer vom Bewußtsein (naiv) zum Selbstbewußtsein (kritisch Kant) zum absoluten Wissen (Hegel).

Wie sieht das nun aus, wenn es in historischer Form konkret wird? Das naive Bewußtsein zum Beispiel projiziert (Inneres für Äußeres haltend) seine eigene Zerrissenheit in die Welt und unterscheidet in ihr zwischen Diesseits und Jenseits: das mittelalterlich religiöse Bewußtsein. Dann nimmt es als Selbstbewußtsein die historische Gestalt der Aufklärung an; das ist die rationale Antithese zur mittelalterlich religiösen Einstellung. Aber die Synthese ist erst gefunden, wenn sich die Vernunft in der äußeren Welt selbst die Gesetze gibt und sich realisiert: das ist in der Sittlichkeit der Fall. Diese Synthese wird zur neuen These, wenn die Sittlichkeit als »Wahnsinn des Eigendünkels« nur nach dem Gefühl die Welt verbessern will. Dann nimmt der Weltgeist den Namen Rousseaus an, setzt sich die Jakobinermütze auf und beginnt die Revolution.

Wie in einem Bildungsroman (→ Literatur) steigt der Weltgeist über die Stufen seiner Irrtümer die Treppe zunehmender Einsicht hinauf, bis er bei Hegel selbst den ultimativen Treppenabsatz erreicht hat. Das ist der Zustand der absoluten Selbsttransparenz (Selbsteinsicht). Hier wird der absolute Geist seine eigene Erinnerung. Die Geschichte der Identität und die Identität der Geschichte fallen in liebender Versöhnung zusammen.

Mit Hegel beginnt das Zeitalter der Ideologien, die historisch begründet werden

Mit diesem Entwurf verklammert Hegel Geschichte und Philosophie in der Form des Romans. Denn auch der Roman macht eine kopernikanische Wende à la Kant durch: So wie das transzendentale Ich nicht mehr Teil der empirischen Welt ist, sondern ihr Ursprung (→ Kant), zieht sich auch der Erzähler aus der Romanwelt zurück, um das Geschehen aus der Perspektive des Helden erzählen zu können. Dieser erweitert über eine Serie von Krisen seinen Horizont zunehmend, bis er am Ende seine eigene Geschichte durchschaut und den Wissensstand des Erzählers erreicht hat. In derselben Weise stellt Hegel seine Erzählperspektive auf den Horizont einer jeden Epoche ein, faßt die Differenz zwischen dem beschränkten »Zeitgeist« und dem, was ihm entgeht, als dialektischen Widerspruch und führt den Weltgeist über eine Serie von dialektischen Krisen zur Einsicht in seine eigene Geschichte, bis dieser schließlich mit dem allwissenden Hegel gleichzieht.

Damit machte Hegel die Menschen zu Romanfiguren. Sie hatten nun eine Rolle in der Weltgeschichte und konnten sich als Geburtshelfer des Geistes bewähren. Wehe aber dem, der sich dem Gang der Geschichte entgegenstellte: der wurde gnadenlos zermalmt.

Mit Hegel zieht also ein neues Szenario ins Denken Europas ein und wird gleich zum alles beherrschenden Realitätsmodell: die Geschichte. Von diesem Zeitpunkt an wurde um die Interpretation der Geschichte gekämpft. Wer die Deutungshoheit erobert hatte, hatte gewonnen. Denn damit hatte er das Recht erworben, die Macht zu übernehmen, um die Geschichte in seinem Sinne voranzutreiben. Die Deutungen mit Exklusivanspruch wurden Ideologien genannt (der Begriff bezeichnete ursprünglich falsches Bewußtsein, das auf unbewußte Interessen zurückgeführt werden konnte; → Marx). Mit Hegel beginnt das Zeitalter der Ideologien, die historisch begründet werden.

Hegels Philosophie breitete sich besonders in Deutschland und Rußland aus, wo die Intellektuellen kaum praktische Erfahrungen mit der Politik hatten sammeln können. Da sie die Wirklichkeit mit einem Roman verwechselten, wurden sie zu Don Quijotes. Das ist der Grund, warum – verglichen mit westlichen Ländern – in Deutschland im 19. Jahrhundert kaum große Romane hervorgebracht wurden. Man hatte ja den Roman der Geschichte. Der größte Romancier war Hegel, und sein eifrigster Leser war Karl Marx.

Karl Marx (1818–1883)

Hegel hat eine Menge Söhne, die ihn teils beerben und teils beerdigen. Karl Marx tut beides. Er übernimmt das ganze Modell mitsamt der Dialektik als Motor der Geschichte, stellt es aber, wie er sagt, »vom Kopf auf die Füße«: Für ihn ist die Realität nicht geistig, sondern materiell. Entscheidend für eine Kultur ist die Form, in der eine Gesellschaft für ihr eigenes materielles Überleben sorgt, also ihre Wirtschaftsverfassung. Im landwirtschaftlich geprägten Feudalismus herrscht der Adel, im industriell geprägten Kapitalismus die Bourgeoisie. Und der dialektische Widerspruch ist nicht der zwischen Bewußtsein und Selbstbewußtsein, sondern der zwischen Produktionsbedingungen und der ungleichen Verfügungsmacht über die Produktionsmittel, zwischen Arbeit und Besitzverhältnissen. Dieser Widerspruch führt zur Aufteilung der Menschen in Klassen, und so ist der Motor der Geschichte der Klassenkampf. Und dann wird Marx doch wieder hegelianisch: Es gibt den Widerspruch zwischen dem bloßen Bewußtsein und dem Selbstbewußtsein einer Klasse. Dieses Selbstbewußtsein nennt Marx das Klassenbewußtsein. Es ist der Uterus, in dem der Wille zur Revolution heranreift. Unter diesen Prämissen ist für Marx der faszinierendste Vorgang der Geschichte das Drama der Französischen Revolution. Aus den Widersprüchen der Feudalgesellschaft geboren, wird sie zum Modell für das, was man erwarten darf, wenn die Widersprüche des Kapitalismus die Klassengegensätze auf die Spitze getrieben haben. Das ist dann der Fall, wenn den verarmten Massen von Proletariern wenige Kapitalisten gegenüberstehen, die sich die ganze Verfügungsmacht an den Produktionsmitteln durch

Karl Marx übernimmt das ganze Modell Hegels, stellt es aber, wie er sagt, »vom Kopf auf die Füße«: Für ihn ist die Realität nicht geistig, sondern materiell.

Ausbeutung der Arbeiter unter den Nagel gerissen haben. Um Ausbeutung handelt es sich deshalb, weil die Kapitalisten den Arbeitern nicht den Gegenwert ihrer Arbeitsleistung, sondern nur ein Existenzminimum zahlen und den sogenannten Mehrwert als ihren Profit kassieren. Sie schaffen das um so leichter, als sie vernebelnde Ideologien verbreiten wie die von den »objektiven Gesetzen des Marktes«; und weil das Geld den Sinn für Werte verwirrt: So wirkt der Preis einer Ware wie ihr objektiver Wert. In Wirklichkeit aber ist er nur ein Feigenblatt für ungerechte Besitzverhältnisse. Die erste Aufgabe des Marxisten besteht deshalb in der Zerstörung des ideologischen Scheins. Ideologien erkenne man daran, daß die Kapitalisten ihr Klasseninteresse als Interesse der Gesamtgesellschaft verkauften. Damit wird alle bürgerliche Kultur verdächtig. Und so wird der Marxismus zur hohen Schule der Demaskierung. Die Symbolsysteme der Zivilisation werden entlarvt. Das hat ganze Generationen von Detektiven hervorgebracht, die Gott und die Welt demaskiert und die Überführung von getarnten Unterdrückern zu ihrer Hauptbeschäftigung gemacht haben. Der universale Ideologieverdacht verpaßte dem Marxismus ein Immunsystem, weil es jeden Gegner zum Anwendungsfall der Theorie machte: Wer dagegen ist, ist ein Klassenfeind oder ideologisch verblendet.

Wenn den verarmten Massen von Proletariern wenige Kapitalisten gegenüberstehen, die sich die ganze Verfügungsmacht an den Produktionsmitteln unter den Nagel gerissen haben, darf man – so Marx – eine Revolution erwarten.

Arthur Schopenhauer (1788 – 1860)

Um Hegel zu beerdigen, hat sich Schopenhauer Hilfe geholt. Seine Helfer sind Thomas Hobbes und Buddha. Aber sein Ausgangspunkt ist Kants Feststellung, daß die Welt nur in Übereinstimmung mit unseren Kategorien erkennbar und ›das Ding an sich‹ selbst unerkennbar sei. »Richtig«, sagt Schopenhauer und verwandelt sich für einen Moment in Descartes, »die Welt ist uns nur in Form unserer illusionären Vorstellung gegeben, mit einer Ausnahme: das eigene Ich. Das ist uns auch als Ding an sich gegeben. Ich kenne es von außen und von innen. Und was ist das Wesen des Ich? Der Wille zum Leben. Das Ich als Subjekt ist Wille, das Ich als Objekt seiner eigenen Betrachtung ist Vorstellung.« Als Schopenhauer so weit ge-

Marxismus: wer dagegen ist, ist ein Klassenfeind oder ideologisch verblendet.

Arthur Schopenhauer – das Leben gleicht einem Kinderhemd: Es ist kurz und beschissen.

kommen war, nannte er sein Hauptwerk *Die Welt als Wille und Vorstellung*. Denn was für das »Ich« gilt, gilt auch für die ganze Realität: Hinter ihrer Außenseite als Vorstellung ist sie Wille. Die Materie, der Körper sind Objektivierungen des Willens.

Dieser Wille ist eine Variante von Hobbes' Selbsterhaltungstrieb (→ Hobbes). Er ist blind, grundlos und unersättlich; er offenbart sich in unterschiedlichsten Formen, vom Magnetismus über organische Stoffwechselprozesse bis zum Bewußtsein (hier riecht man den strengen Geruch Hegels), und er hat nur sich selbst zum Ziel.

Daraus zieht Schopenhauer eine äußerst trübsinnige Folgerung: Da Wille Begierde ist und Begierde unersättlich, gleicht das Leben einem Kinderhemd: es ist kurz und beschissen. Hier verwandelt sich Schopenhauer in Hobbes und landet in dessen schwarzer Anthropologie (Auffassung vom Menschen). Das Leben ist ein Leidensweg der Unlust, eine via dolorosa, man hat nur die Wahl zwischen Angst und Sorge (da nimmt Schopenhauer Heidegger vorweg). Zwei Wege führen aus diesem Jammertal heraus:

Der erste verläuft über die interesselose Betrachtung der Kunst (hier übernimmt Schopenhauer Kants Idee, daß die Kunst die Begierde ruhigstelle). In der Kunst wird zudem der Schleier der Illusion beiseite gezogen, und der Wille enthüllt sich als überindividuelles Prinzip hinter den Einzeldingen. Diese Einsicht gewinnen wir am deutlichsten im Rausch der Musik; dies ist eine Idee, die vor allem Wagner und Nietzsche und schließlich auch Hitler beeinflußt hat.

Der zweite Weg zur Erlösung führt über die Verneinung und Abtötung des Willens. Da der Wille das Wesen der Realität ist, liegt das Ziel der Erlösung im Nirwana. Hier landet Schopenhauers Philosophie im Buddhismus.

Damit dreht Schopenhauer Hegels Geschichtsoptimismus um: Statt die sich steigernden Formen des Bewußtseins sieht er hinter den Erscheinungsformen nur den bewußtlosen Lebenstrieb; statt vom Heroismus im Dienst der Geschichte erzählt er vom sinnlosen Leiden; statt immer Neues sieht er immer das gleiche; statt Geschichte sieht er Leben, und statt Geburtshilfe bei der Geschichte empfiehlt er, sie zu beenden.

Schopenhauers Philosophie landet im Buddhismus. Da der Wille das Wesen der Realität ist, liegt das Ziel der Erlösung im Nirwana – Religionsstifter Prinz Siddharta Gautama »Buddha«.

Zwei anti-hegelianische Schulen

Es ist so, als habe Schopenhauer die neuen Glaubenskriege vorhergesehen, die der Geschichtsoptimismus Hegels in der Form des Marxismus ausgelöst hat, denn oft hört sich Schopenhauer wie Hobbes an, der auf die realen Glaubenskriege seiner Zeit reagiert hat. Mit seiner Entscheidung, das Leben selbst zum Urprinzip der Realität zu erklären, hat Schopenhauer zwei spätere philosophische Schulen inspiriert:

- Den Vitalismus und die sogenannte Lebensphilosophie: Wichtigster Vertreter war der Franzose Henri Bergson. Aber am einflußreichsten wurde diese Richtung in Deutschland. Zu ihren Grundzügen gehört, daß sie den Fluß des Lebens gegen die Trennschärfe des Gedankens ausspielt, den Irrationalismus gegen die Vernunft, den Rausch gegen die Nüchternheit und den Bauch gegen den Kopf. Am interessantesten sind die von ihr inspirierten Beschreibungen des subjektiven Zeitflusses in der Literatur (Bewußtseinsstrom von Joyce und Virginia Woolf).
- Die Existenzphilosophie: Gegen die Unterordnung des Einzelmenschen unter den »Sinn« des hegelschen Geschichtsromans betont sie die Unreduzierbarkeit der schieren Existenz in Sorge, Angst und Unsicherheit. Diese Seite des Daseins kehrt gegen Hegel schon der dänische Philosoph Sören Kierkegaard heraus, indem er über die Risiken menschlicher Entscheidungen nachgrübelt.

Die Marxisten haben die Existenzphilosophie und die Lebensphilosophie wegen ihrer unhegelschen Geschichtsfeindlichkeit als bürgerliche Ideologie bekämpft. Und tatsächlich zeigt sich an ihnen, daß das Bürgertum sich nichts mehr von der Geschichte versprach.

Friedrich Nietzsche (1844 – 1900)

Nietzsche ist zweifellos der größte Schocker unter den Philosophen. Er ist ein Antiphilosoph, der aus der Rolle fällt. So verzichtete er darauf, seine Gedanken systematisch zu entfalten, und goß sie statt dessen in die poetischen Formen des Aphorismus, der seherischen Prophetie, des Bekenntnisses oder gar des lyrischen Gedichts. Und dann scheute er nicht davor zurück, seinen Abschied von der Normalphilosophie durch Widersprüchlichkeiten und Paradoxien zum Ausdruck zu bringen, so daß man ihn für entgegengesetzte Positionen in Anspruch nehmen kann.

Sein zentrales Paradox läßt sich vielleicht wieder am besten mit Blick auf Hegels Geschichtskonzept anhand des Begriffs des »Zeitgeistes« erläutern: Wenn man mit Hilfe von Hegel weiß, was der eigene Zeitgeist ist, kann man auch gegen ihn Stellung nehmen. Dann steigt man aus der Geschichte aus. Da aber nach dem Ende des Christentums Geschichte das umfassendste Sinnschema darstellt, steigt man auch aus dem Sinn aus. Erst wenn der Mensch auf die Tröstungen einer äußeren Sinngebung verzichtet, gewinnt er seine wahrhaft aristokratische Statur. Bis jetzt war er in den Fängen einer durch das Christentum in die Welt gebrachten Sklavenmoral. Aber nach dem Tode Gottes wird der Mensch selbst zum Gott, also zum Übermenschen. Dann gewinnt er wieder die vorchristliche Heiterkeit der Griechen, die in der Tragödie das Paradoxon nachvollzogen, an dem Nietzsche den Übermenschen erkennt: in Freiheit zu bejahen, was notwendig geschehen muß, einschließlich Leid und Tod. Das verbindet das Reich der Notwendigkeit und der Kausalität mit dem freien Willen. Mit dieser Haltung kann man auf den Sinn der Geschichte verzichten, sich vom Zwang des Zeitgeistes befreien und die Geschichte illusionslos durchschauen als das, was sie ist: die ewige Wiederkehr des Gleichen.

So bekämpft Nietzsche die jüdisch-christlichen Anteile unserer Kultur, um die griechischen Ursprünge einer aristokratisch-ästhetischen Lebenshaltung freizulegen. Mit dieser Distanzierung wird er zum hellsichtigen Zeitdiagnostiker einer Epoche, die sich mit ihren Illusionen nur die Einsicht in ihren eigenen Nihilismus versperrt.

Man hat gute Gründe dafür gefunden, daß Nietzsche mit seinen Schlagworten von der Sklavenmoral, dem Recht des Übermenschen, dem Willen zur Macht, der Umwertung aller Werte und dem Lob der blonden Bestie die Nazis und Hitler inspiriert hat; andere haben ebenso gute Gründe dafür gefunden, daß er Typen wie die Nazis als elende Spießer verachtet hätte. Wahrscheinlich stimmt beides.

Nietzsche ist der größte Schocker unter den Philosophen

Paradoxerweise ist Nietzsche vielleicht am interessantesten als hellsichtiger Kritiker des Zeitgeistes der Dekadenz vor dem Ersten Weltkrieg. Er hat selbst etwas von einem Dekadenten, mixt wie ein Dandy Leben und Stil, wirkt exaltiert (durchgedreht) und hysterisch, fühlt sich als Künstler und wird schließlich wahnsinnig, so daß er seine Briefe nur noch mit »Dionysos« oder »der Gekreuzigte« unterschreibt.

Nietzsche: hellsichtiger Zeitdiagnostiker einer Epoche, die sich mit ihren Illusionen nur die Einsicht in ihren eigenen Nihilismus versperrt.

Martin Heidegger – es geht um die Mehrdimensionalität menschlicher Grundbefindlichkeit mit der Erfahrung der Ich-hier-jetzt-Struktur des eigenen Körpers.

Martin Heidegger (1889–1976)

Seit Platon hatte die Philosophie die Welt in eine Vorderbühne der bloßen Erscheinungen und eine Hinterbühne der eigentlichen Realität geteilt. Kant hatte diese Teilung umgedreht und in die Differenz zwischen transzendental und empirisch verwandelt: nun war der menschliche Verstand zur Hinterbühne geworden, von der aus das Schauspiel der Erfahrung inszeniert wurde (→ Kant). Heidegger erklärt nun diese platonische Teilung in Hinter- und Vorderbühne zur Erbsünde der Philosophie. Hinter dem Schauspiel der Erscheinung gibt es keine Hinterbühne. Wohl aber gibt es eine transzendentale Struktur, die unser Verständnis der Welt einschließlich der Wissenschaft und Philosophie organisiert und all unserem Denken vorausliegt: Das ist die Form der konkreten Existenz. Diese transzendentale Struktur nennt Heidegger das Sein. Um deutlich zu machen, daß es um mehr geht als um bloße Kategorien: Es geht um die Mehrdimensionalität menschlicher Grundbefindlichkeit mit der Erfahrung der Ich-hier-jetzt-Struktur des eigenen Körpers. Das ist der Ursprung, aus dem alle höheren Kategorien wie Subjekt und Objekt etc. abgeleitet sind. Erst auf der Basis dieser Struktur gibt es überhaupt so etwas wie Gegenstände der Erfahrung, über die ich Aussagen machen kann. Diese Objekte nennt Heidegger »Seiendes«. Wissenschaft und Philosophie haben bisher überhaupt nur Gegenstände behandelt, die unter die Kategorie »Seiendes« fallen. Weil Heidegger aber vom Sein als der Struktur reden will, die die Wissenschaft erst möglich macht, erfindet er eine bizarre Sprache, mit der er signalisiert, daß die Normalbegriffe in dieser Sphäre keine Geltung haben (schließlich findet man in einem theoretischen Text auch nicht die Kategorien, die sich dazu eignen, den siedenden Zustand des Hirns zu beschreiben, das ihn verfaßt hat). Menschliche Existenz zum Beispiel nennt Heidegger »Dasein« und schreibt dann Sätze wie diesen: »Das Dasein ist ein Seiendes ...«, dem es »in seinem Sein um dieses Sein selbst geht«. Das könnte man folgendermaßen übersetzen: Der Mensch existiert auf eine solche Weise, daß ihm die Existenz selbst zum Problem wird. Oder anders ausgedrückt: Der Mensch ist dadurch definiert, daß er ein vortheoretisches existentielles Verhältnis zu sich selbst hat. Die Art, wie er dieses

Verhältnis dann gestaltet, ist offen. Deshalb definiert Heidegger die Existenz als »Sein zum Seinkönnen«. In dieser Offenheit stößt er dann auf eine Grenze: den Tod. An der Vorwegnahme des Todes erfährt er die Existenz als Endlichkeit. Von da aus bestimmt Heidegger das Wesen des Menschen mit dem Verweis auf die Sanduhr der Zeitlichkeit: Von oben aus der Zukunft kommen die Möglichkeiten, die zu ergreifen sind; von unten zwängt sich die Vergangenheit durch den Engpaß der Gegenwart. Da er Existenz und Zeitlichkeit also gleichsetzt, nennt Heidegger sein Hauptwerk *Sein und Zeit.* Wegen seiner rätselhaften Sprache haben es nur wenige gelesen und noch weniger verstanden. Trotzdem hat es eine ungeheure Wirkung gehabt und das Lebensgefühl in der Zeit der Weltkriege artikuliert. Diese Wirkung verdankt sich der Tatsache, daß Heidegger den konkreten Menschen just in dem Moment aus dem hegelschen Schlachthaus der Geschichte befreite, als er in Wirklichkeit darin umgebracht wurde. Allerdings hat Heidegger 1933 auch eine Verbeugung vor Hitler gemacht, die bis heute unvergessen ist. Aber wenn ihm seine jüdische Geliebte Hannah Arendt, die Analytikerin des Totalitarismus, verziehen hat, dürfen wir das auch.

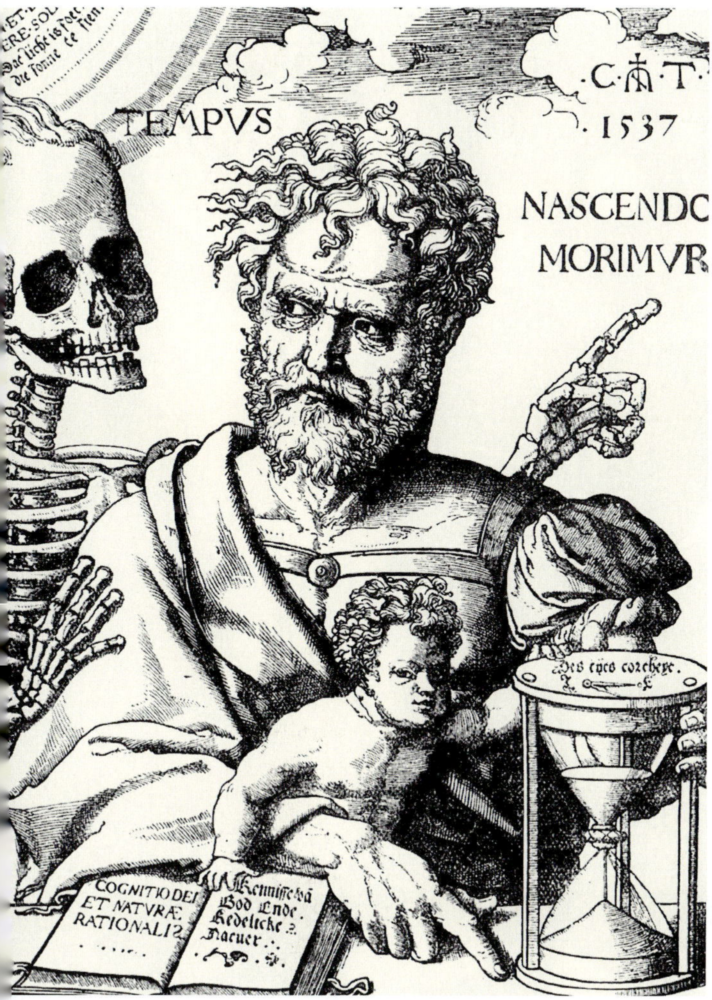

Allegorie an die Vergänglichkeit des menschlichen Lebens – mit dem Verweis auf die Sanduhr der Zeitlichkeit bestimmt Heidegger das Wesen des Menschen: Von oben aus der Zukunft kommen die Möglichkeiten, von unten zwängt sich die Vergangenheit durch den Engpaß der Gegenwart.

Theorieszene und Meinungsmarkt

Als die Religion in der Moderne endgültig ins Koma fiel, traten »Weltanschauungen« an ihre Stelle. Das waren umfassende Welterklärungsmodelle, die ursprünglich vor allem in den Werkstätten der Philosophie zusammengezimmert wurden; aber im Laufe der Zeit produzierten auch die Einzelwissenschaften große Entwürfe mit Welterklärungsanspruch. Sie wurden mit Begriffen bezeichnet, die auf -ismus enden, wie Liberalismus, Marxismus, Darwinismus, Vitalismus etc. Dahinter standen sogenannte Schulen von Intellektuellen, die so etwas wie Denkgemeinschaften, Meinungsclubs, Weltbildgangs, Weltanschauungszirkel, Konventikel von Glaubensbrüdern, ideologische Zellen und Überzeugungsvereine bildeten. Als kleinster gemeinsamer Nenner für die Mischung aus Philosophie, Ideologie und Wissenschaft hat sich der Begriff »Theorie« durchgesetzt. Die Theorieszene ist heute ein Meinungsmarkt mit schwankenden Wechselkursen. Über ihn herrscht dieselbe Göttin wie über andere Märkte auch: die Göttin der Mode. Die Mode lebt von der häufigen Innovation durch Abweichung vom Bestehenden: Sie verschafft deshalb dem Frühstarter Vorteile – er ist dann auf dem laufenden, er geht mit der Zeit, er überholt alle anderen und hat das Vergnügen zu erleben, wie sie ihn einzuholen trachten.

Die Theorieszene ist heute ein Meinungsmarkt mit schwankenden Wechselkursen. Über ihn herrscht dieselbe Göttin wie über andere Märkte auch: die Göttin der Mode

Es gibt also Theorien, die »in« sind, und solche, die »out« sind. Es gibt Etikettenschwindel und Imitation von Markenartikeln, unlauteren Wettbewerb und Billigangebote, Nostalgien, Recyclingwellen, Räumungsverkauf und Ramsch; es gibt Booms und Depressionen, Pleiten und Aufschwünge. Um sich da zurechtzufinden, braucht man einen Marktüberblick. Man muß die Firmen kennen, die Seriosität der Anbieter auf dem Theoriesektor, die Aktienkurse, die Preise, die Profitmargen, die Zulieferer und den Publikumsgeschmack. Und man muß eine Nase für Theorietrends haben.

Der allgemeine Ideologieverdacht

Im folgenden soll ein Überblick über die Anbieter mit ein paar Tips zur Orientierung verbunden werden.

Zunächst einmal: Die Mode hat auf dem Theoriemarkt so schnell Fuß fassen können, weil die Theorien selbst schon auf Konkurrenz hin angelegt sind. Machen wir uns das noch mal anhand des Marxismus klar (→ Marx und Kant). Der Marxismus enthält eine Theorie über das Bewußtsein seines Gegners: Es ist notwendig falsch, weil seine Klassenlage ihn dazu konditioniert, als Kapitalist zu denken. Bewußtsein ist also nur Maskierung von Interessen. Das ist auch beim Marxisten so, aber sein Interesse ist identisch mit dem der Menschheit selbst. Deshalb ist sein Bewußtsein das richtige.

Das hat eine furchtbare Konsequenz zur Folge: Es gibt kein unschuldiges Bewußtsein mehr. Bewußtsein ist moralisch oder unmoralisch. Wer das falsche Bewußtsein hat, macht sich schuldig. Das macht Aufklärung zur heiligen Pflicht. Sie wurde Ideologiekritik genannt, weil im dialektischen Marxismus Ideologie immer falsches Bewußtsein ist (nach eigenem Verständnis war also der Marxismus keine Ideologie). In dieser Lage entwickelte fast jede Theorie eine Abteilung für allgemeine Verdächtigung aller anderen Theorien. Die Theorien waren sozusagen von Geburt an polemisch. Jede Theorie entdeckte bei der anderen latente (verdeckte) Strukturen, auf die hin sie sie relativieren konnte. Die Konkurrenz der Theorien untereinander wurde zum Spiel »Ich sehe was, das du nicht siehst, und das sind die Strukturen hinter deinem Rücken, die dein Denken konditionieren«.

Portrait des marxistischen Revolutionärs Che Guevara am Innenministerium an der Plaza de la Revolucion in Havanna – Der Marxismus sprach vor allem Intellektuelle an, die ihre Sinnbedürfnisse durch eifrige Missionstätigkeit befriedigten.

Marxismus

Die größte Durchsetzungskraft am Markt hatten die Theorien, deren Verdachtsabteilungen am besten funktionierten: Lange Zeit, genaugenommen seit 1968, hatte der Marxismus auf dem Theoriemarkt in Deutschland eine beherrschende Stellung, weil er im Bereich des Ideologieverdachts unschlagbar war. Seine Stärke kann man daran ermessen, daß seine Kurse auch dann immer noch unverändert hoch notiert wurden, als unübersehbar wurde, daß er in der real existierenden Wirklichkeit eine Katastrophe anrichtete.

Allerdings muß man zugeben, daß er auch im Bereich »Sinngebung« eine sehr breite Angebotspalette hatte. Jeder Kunde wurde mit einem grandiosen Szenario beliefert, in dem er eine heroische Rolle spielen konnte. Und da das Angebot vor allem Intellektuelle ansprach, die ihre Sinnbedürfnisse durch eifrige Missionstätigkeit befriedigen, sorgte der Marxismus durch Verkaufserfolge wieder für seine eigene Verbreitung bei gleichzeitiger Verdächtigung des Gegners.

Nach dem Zusammenbruch des realexistierenden Sozialismus kam es aber zu einer unübersehbaren Krise. Da sich der Marxismus bisher gegenüber Widerlegungen in der Realität als immun erwiesen hatte, war das nicht vorhersehbar. Aber nun ist er out. Ob er sich wieder erholt, ist schwer zu sagen. Vielleicht nicht in der alten Form, und wahrscheinlich wird es Radikalisierungen, Sektenbildung und theoretische Metamorphosen (Verwandlungen) geben. Im Augenblick sind selbst die besten Marktbeobachter zurückhaltend.

Liberalismus

Als Gewinner des realexistierenden Bankrotts des Marxismus gilt im allgemeinen der Liberalismus. Er hat in Deutschland fast keine einheimischen Wurzeln, und seine geistigen Väter sind sämtlich Engländer: John Locke (→ Locke), Adam Smith und John Stuart Mill (→ Bücher, die die Welt verändert haben). In allen englisch sprechenden Ländern gelten sie praktisch als Nationalheilige.

Welches sind die Kerngedanken des Liberalismus?

Der höchste Wert ist die Freiheit des Individuums. Deshalb wurden die liberalen Meisterdenker zu Erfindern der Menschenrechte, des demokratischen Verfassungsstaats, der Machtkontrolle durch Gewaltenteilung und der Vorstellung vom Eigentum als dem Garanten der Unabhängigkeit des Individuums gegenüber dem Staat.

Ferner hat der Liberalismus in der Ökonomie die Vorstellung verbreitet, daß die freie Entfaltung des wirtschaftlichen Egoismus dem Wohl aller diene, denn was beim einzelnen wie Raffgier aussehe, werde durch die Zauberkraft des Marktes (durch die unsichtbare Hand) in einen Beitrag zur wirtschaftlichen Harmonie im Dienste der Produktivität verwandelt (die Theorie wurde in England als Paradoxie von »private vices and public benefits« – private Laster und öffentlicher Nutzen – bekannt). Und deshalb dürfe man das freie Spiel der ökonomischen Kräfte nicht durch staatliche Eingriffe stören. Die Gesetze von Angebot und Nachfrage würden alles zum besten regeln.

Der Liberalismus hat die Vorstellung verbreitet, die Gesetze von Angebot und Nachfrage würden alles zum besten regeln: die Londoner Börse.

Es war vor allem diese Theorie, die vom Marxismus als Ideologie, also als Bemäntelung kapitalistischer Interessen, entlarvt wurde. Und tatsächlich hat sich der reine Wirtschaftsliberalismus nirgendwo ohne staatliche Eingriffe zum Schutze der Armen durchhalten lassen.

Nun hat der Liberalismus ein paradoxes Schicksal erlitten. In den westlichen Demokratien war er so erfolgreich, daß er zum Gemeingut aller geworden ist: Deshalb sind die liberalen Parteien an ihrem eigenen Erfolg zugrunde gegangen und in der Regel von den Sozialdemokraten beerbt worden.

Überläßt man die Gesellschaft sich selbst, droht sie in vielen Sektoren zu verwahrlosen.

Andererseits hat der Liberalismus in Deutschland nie, wie in den westlichen Demokratien, die entscheidende Rolle gespielt. Deshalb gibt es in Deutschland immer noch Nachholbedarf. Die Vorstellung vom Eigentum als dem Garanten der Unabhängigkeit des einzelnen und als Motivquelle für sein staatsbürgerliches Engagement ist hierzulande nie heimisch geworden. Der liberale Grundsatz, »Behandle einen Menschen immer als Individuum und nie als Teil einer Gruppe«, wird durch den Exzeß von Quotierungen und den Parteienfilz ständig verletzt, ohne daß sich irgend jemand darüber aufregt. Er ist eben nicht ins politische Unterbewußtsein eingedrungen. Und obwohl der Marxismus out ist, hat seine antiliberale Verdächtigungsabteilung überlebt: Vom Liberalismus wird nur der Wirtschaftsliberalismus gesehen. Die Tradition des Bürgerhumanismus, in dem sich Bildungsbewegung und politisches Engagement verbanden, ist hierzulande kaum bekannt und wird deshalb gleich mitverdächtigt.

Kommunitarismus

Nun ist der liberale Traum vom gebildeten Menschen tatsächlich nur ein Traum: Bildung wird dabei als das Vermögen des Individuums verstanden, die Gesellschaft durch die Komplexität seiner Persönlichkeit noch einmal in sich abzubilden und damit aus sich heraus die moralische Bindung zu entwickeln, die die Gesellschaft zusammenhält.

Das hat sich als frommer Wunsch erwiesen. Überläßt man die Gesellschaft sich selbst, droht sie in vielen Sektoren zu verwahrlosen (siehe Kriminalität, Slums, Ghettobildung, Vereinsamung etc.). Deshalb hat man sich in Amerika auf die sozialisierende Funktion kleiner Gemeinschaften besonnen (Community, daher Kommunitarismus) und lobt deren erzieherische Wirkung. Man denkt dabei an Nachbarschaften, Dörfer und religiöse Gemeinden. Hillary Clinton hat ein kommunitaristisches Buch mit dem Titel *It Takes a Village* geschrieben, bei dem man den Titel ergänzen muß zu: »to educate a child«. Man huldigt also einer Rhetorik, in der der überindividuellen engen Gemeinschaft Priorität (Vorrang) vor dem einzelnen eingeräumt wird.

In Amerika mit seiner starken liberalen Tradition ist das unverdächtig. In Deutschland aber mit seinem schwindsüchtigen Liberalismus knüpft es an anrüchige Traditionen an: Sowohl die Sozialisten als auch die Konservativen hatten die Gemeinschaft immer schon gegen die Gesellschaft (der Individuen) ausgespielt und darüber das Ausscheren aus der Gemeinschaft verdächtig gemacht. Das hatte den Konformismus beflügelt und die Abweichung bestraft. Schließlich hatten die Nazis die Gemeinschaft zur Volksgemeinschaft

überhöht und jedes Ausscheren als Verrat verfolgt.
Obwohl also Deutschland sehr viel stärkere kommunitaristische Traditionen hat als Amerika, müssen diese – weil sie rechts sind – heute noch nach Amerika exportiert, dort zwischengelagert, umetikettiert und re-importiert werden, um als intellektuelle Handelsware hierzulande zugelassen zu werden.
Andererseits herrscht aber eine ausgesprochene Nachfrage nach kommunitaristischen Theorien. Sie haben nämlich die Marktlücke besetzt, die der Bankrott des Sozialismus hinterlassen hat. Ob sie sie halten können, hängt davon ab, ob aus den Trümmern des Marxismus-Konzerns wieder neue vitale Theoriefirmen entstehen, die eine aggressive Politik am Markt verfolgen. An sich ist der Kommunitarismus eine relativ weiche Theorie, d. h. nicht, daß er nicht stimmt oder schlecht ist, sondern daß er am Markt nicht sehr aggressiv auftritt.

Psychoanalyse

Was der Marxismus für die Gesellschaft, ist die Psychoanalyse für das Individuum: Sie hat eine Theorie der Entwicklung mit Sündenfall (statt Spaltung in Klassen Abspaltung der Neurose), ein revolutionäres Programm (statt Befreiung des Proletariats durch Revolution Befreiung des Unbewußten durch Therapie) und eine äußerst starke Verdachtsabteilung (statt Entlarvung von Ideologien Demaskierung von Verdrängungen). Dem Klassenschema von Bürgertum, Proletariat und Aristokratie entspricht die Aufteilung der Psyche in Ich, Unbewußtes und Über-Ich. So wie sich das Bürgertum über seine Beteiligung am Elend des Proletariats selbst hinwegtäuschte, so verdrängte das Ich (mit Hilfe des Über-Ichs) das Schmutzige, Peinliche, Unbewußte. Und so wie die Kommunisten in den Betrieben wühlten und im Untergrund konspirierten, so rumorte das Unbewußte und demaskierte die offiziellen Verlautbarungen des Ich im Witz oder tanzte auf den Straßen im Karneval des Traums. Dagegen setzte das Ich die Polizei der Verdrängung ein und unterwarf die

***Unsere kleine Farm*: In Amerika hat man sich auf die sozialisierende Funktion kleiner Gemeinschaften besonnen und lobt deren erzieherische Wirkung.**

revolutionären Aufrufe des Unbewußten der Zensur. Freud schilderte die Psyche so wie die zeitgenössischen Sozialisten den kapitalistischen Polizeistaat.

Deshalb konnte die Psychoanalyse auch ohne weiteres eine Symbiose mit dem Marxismus eingehen: Das geschah in der sogenannten Frankfurter Schule oder bei einzelnen Theoretikern in unterschiedlichen Mischungsverhältnissen: Wilhelm Reich, Erich Fromm, Theodor W. Adorno, Max Horkheimer, Herbert Marcuse. In dieser Mixtur hatte der Psycho-Marxismus nach 1968 fast eine beherrschende Stellung am Markt erobert, wobei die beiden Verdachtsabteilungen des Freudianismus und des Marxismus ihre Kräfte durch Bündelung vervielfachten: Jede Theorie und jede Meinung konnte von da an nicht nur als kapitalistische Ideologie, sondern auch als orales Symptom, als Ausfluß einer ödipalen Verdrängung oder als Maskierung des Wunsches, mit der eigenen Großmutter zu schlafen, demaskiert werden. Der Psychodiskurs teilte sich in den Diskurs der Selbsterfahrung und den Diskurs der Verdächtigung der anderen. Die gesamte Verständigungskultur der Gesellschaft überzog sich mit dem Schimmelpilz des Verdachts. Jeder sah bei dem anderen die Gründe, warum dieser sich selbst nicht durchschauen konnte: Verdrängungen, Traumatisierungen, Neurosen, Blockierungen, Komplexe. Das erklärte die Verständigungskatastrophen, die man in diesem Diskurs selbst produzierte. Wer will sich schon darüber verständigen, daß er sich selbst nicht durchschaut und eine Macke hat? Darauf reagiert man mit Abwehr, weil man sich nicht ernstgenommen und als verantwortliche Person behandelt fühlt. Aber damit bestätigt man wieder den Verdacht, alles zu verdrängen. Die Psychoanalyse hatte also noch ein anderes Erfolgsrezept am Markt als der Marxismus: Sie schaffte selbst die Probleme, als deren Lösung sie sich verkaufte. Das machte den Markt unersättlich. Je mehr Psychoanalyse sich verbreitete, desto mehr Nachschub war nötig. Es war wie bei einem Getränk, das Durst macht: eine Art sich selbst reproduzierendes Bedürfnis, kurzum, eine Droge. In ihrer sozialen Funktion können also die Psychoanalytiker mit einer Drogenmafia verglichen werden: Sie schaffen das Bedürfnis, das sie dann zur Quelle ihrer Einkünfte machen.

Die Psychoanalyse schaffte selbst die Probleme, als deren Lösung sie sich verkaufte

Trotz einer gewissen Übersättigung des Marktes hat die Psychoanalyse den Bankrott des älteren sozialistischen Partners überlebt, ja, vielleicht sogar davon profitiert, indem sie einige neue Kunden eingefangen hat. Das Fundament dieser lange andauernden Partnerschaft war das gemeinsame hegelsche Erbe (→ Hegel). Hegel hatte die Geschichte in der Form des Bildungsromans eines Individuums erzählt. Das Entwicklungsmodell (hier Gesellschaft, dort Individuum) war in beiden Fällen dasselbe. Und deshalb konnten sich Marx und Freud zu einem Joint-venture verbinden.

Eine Tochter allerdings ist diesem Joint-venture entsprungen: der Feminismus. Dabei wurde der Klassenkampf durch den Geschlechterkampf ersetzt; und Freuds Theorie der Verdrängung wurde selbst als Verdrängung des Mißbrauchs entlarvt. Aber damit das geschehen konnte, mußte der Theorie-Cocktail noch durch andere Bestandteile angereichert werden.

Faschismus und Faschismusverdacht – ein vermintes Gelände

Genaugenommen wurde der Faschismus von Mussolini erfunden (→ Geschichte; der Begriff Faschismus leitet sich von fasces = Liktorenbündel, ein römisches Hoheitszeichen, ab). Um den Anklang an das Wort Sozialismus zu vermeiden, wurde die sowjetische Sprachregelung, die den Begriff Nationalsozialismus durch den Begriff Faschismus ersetzt hatte, auch in der westdeutschen Linken durchgedrückt. Wir akzeptieren die Konventionen, meinen aber mit Faschismus den deutschen Nationalsozialismus.

Was also waren die Ingredienzen des Faschismus?

- Die Übertragung der darwinistischen Lehre vom Kampf ums Dasein aus der Evolutionstheorie der Biologie in die Geschichte und ihre Verwandlung in eine krude Rassenlehre mit dem Programm der Züchtung einer Herrenrasse.
- Der Antisemitismus als Methode, die Juden zu den Alleinschuldigen an allen Malaisen der Moderne zu erklären, als da sind: kapitalistische Krisen, Desintegration (Auseinanderfallen) der Gesellschaft und zunehmende Heimatlosigkeit und Entfremdung des einzelnen. Am Kontrastbild des ausgestoßenen Sündenbocks konnte dann die Gemeinschaft ein Gefühl ihrer eigenen Geschlossenheit gewinnen.
- Der Antibolschewismus mit der Erklärung des Kommunismus als Teil der jüdischen Weltverschwörung.
- Die Verlängerung des Nationalismus in den imperialistischen Anspruch der Herrenrasse, im Kampf um die Weltherrschaft die Gesetze der Moral außer Kraft setzen zu dürfen.
- Die Theatralisierung einer männlich-aristokratischen Lebensform durch die Glorifizierung des Militärs, des Heroismus, der soldatischen Tugenden von Treue und Gehorsam, der Ehre, der Tat und des Krieges.
- Der auf die Landwirtschaft (»Blut und Boden«) fixierte Glaube, das deutsche Volk brauche zu seinem Überleben mehr »Lebensraum«.
- Die Verachtung der Demokratie, der individualistischen Kultur des Westens und des Liberalismus bei gleichzeitiger Totalunterwerfung des einzelnen unter die Gemeinschaft.

Eine Ingredienz des Faschismus: die Theatralisierung einer männlich-aristokratischen Lebensform durch die Glorifizierung des Heroismus, der Tugenden von Treue und Gehorsam, der Ehre, der Tat und des Krieges.

Wenn man von den offensichtlichen Inhalten wie Antisemitismus und dergleichen einmal absieht, setzt das alle angrenzenden Theoriezonen dem Faschismusverdacht aus. Verdächtig sind u.a.:

- Jede Art Übertragung biologischer Modelle in die Gesellschaft; das betrifft etwa die Evolutionstheorie als Modell für gesellschaftliche Evolution oder neurologische Modelle als Vorlage für Systemmodelle.
- Jede Art Forschung über Erblichkeit von Hochbegabungen oder die Verteilung von IQs in der Gesellschaft oder Erbkrankheiten oder alle Genetik.
- Der Begriff der Nation, was die Einsicht blockiert, daß für die westlichen Länder Nation und Demokratie zusammengehören; allerdings ist die Nation dann keine Schicksalsgemeinschaft, sondern ein politischer Club, der sich selbst die demokratischen Regeln gegeben hat. Wer unter diesen Prämissen etwa für die Nation und gegen die europäische Bürokratie ist, macht sich trotzdem faschismusverdächtig, weil bei uns die Nation als etwas Böses aufgefaßt wird.
- Jede Art Nachdenken über Elite, die man sich offenbar nur als Herrenrasse vorstellen kann.

Umgekehrt hat man auch Zonen der Unsensibilität geschaffen, indem man rechtes Gedankengut als links umetikettiert hat.

- Das betrifft die Glorifizierung der Gemeinschaft zu Lasten der individuellen Freiheit.
- Der Antiamerikanismus der Linken knüpft an die rechte Kulturkritik der Kriegspropaganda an, mit der man die deutsche »Kultur der Innerlichkeit« gegen die westliche Zivilisation des Materialismus ausspielte.
- Die grüne Naturanbetung und der »New-Age«-Irrationalismus setzen die ehemals rechte Tradition der Lebensreform fort, in der die heilende Natur gegen die krankmachende Gesellschaft ausgespielt wurde. Manchmal ist die Aura des Blut-und-Boden-Mystizismus da nicht weit entfernt.

Auf jeden Fall ist dieser ganze Bereich ein vermintes Gelände, auf dem man sich vorsichtig bewegen muß. Wer sich darin auskennt, hat dann allerdings den Vorteil, andere dem Faschismusverdacht aussetzen zu können.

Blut-und-Boden-Mystizismus: grüne Naturanbetung und »New-Age«-Irrationalismus sind von seiner Aura manchmal nicht weit entfernt.

Die Frankfurter Schule – Kritische Theorie

Als »Frankfurter Schule« bezeichnet man eine Gruppe von Theoretikern aus dem Frankfurter Institut für Sozialforschung, die während der Nazi-Zeit nach Amerika emigrierten, sich dort in zwei Gruppen aufspalteten, von denen die eine nach dem Krieg wieder zurückkehrte, um das Institut in Frankfurt neu zu begründen. Die Rückkehrer hießen Max Horkheimer und Theodor W. Adorno; unter denen, die in Amerika blieben, war der einflußreichste Herbert Marcuse.

Es waren diese drei, die mehr als irgendeine andere Gruppe von Theoretikern – wenn man die Meisterdenker Marx und Freud einmal ausnimmt – die Studentenrevolte von 1968 inspirierten.

Das Bizarre dabei ist, daß sich Adorno und Marcuse diametral widersprachen. Adornos Thema war ein vertrackter Zusammenhang, den man sich vielleicht am besten klarmachen kann, wenn man auf einen englischen Zeitgenossen von Marx blickt: den Schriftsteller Charles Dickens (→ Literatur, Oliver Twist). Das England von 1850 war erfüllt vom Geist der Reform. Die Reformer bezogen ihre Programme von den liberalen Meisterdenkern Jeremy Bentham, James Mill und John Stuart Mill (→ Intelligenz, Begabung etc.). Viele ihrer Vorschläge – etwa zur Einrichtung von Arbeitshäusern, zur Gefängnisreform, zur Gesundheitsüberwachung, zur Kriminalitätsbekämpfung und zur Inspektion ganzer Bevölkerungsgruppen im Dienste der Schulbildung oder Seuchenbekämpfung – führten zum Aufbau einer rationalen Planungsbürokratie, die die Menschen um des Fortschritts willen einem entwürdigenden Zwang aussetzten. Auch Dickens war für Reformen, aber er protestierte gegen *solche* Reformen, indem er in seinen Romanen die Arbeitshäuser (*Oliver Twist*), die Schulen (*Nicholas Nickleby*), die Gefängnisse (*Little Dorrit*) und die Bürokratie (*Bleak House*) etc. als wahre Höllen darstellte, in denen brutale Tyrannen die Verwaltungsvorschriften dazu ausnutzten, unschuldige Kinder und Frauen zu quälen. Dickens hatte kein Alternativkonzept, sondern protestierte im Namen des Gefühls und der Menschlichkeit gegen die Entmündigung der Menschen durch die kaltherzig-rationale und entwürdigende Tyrannei der modernen Verwaltung. In seinen Augen hatte der Fortschritt die Menschen nicht befreit, sondern noch stärker versklavt.

Just das war auch Adornos Position als Theoretiker des Faschismus. An sich war der Faschismus irrational, und so ruhte ursprünglich die Hoffnung der Antifaschisten auf der Rationalität der Aufklärung. Aber in der Disziplinierung des Menschen durch Armee, Fabrik und moderne Verwaltung verbündete sich die Rationalität mit der irrationalsten Gewalt. Es war so, als ob die Polizei zu den Gangstern übergelaufen wäre. Die Aufklärung war zum Komplizen der finstersten Barbarei geworden. Deshalb nannten Horkheimer und Adorno eins ihrer wichtigsten Bücher *Die Dialektik der Aufklärung*. Ihren deutlichsten Ausdruck hatte diese Verflechtung von Irrationalität, mythischer Gewalt und modernster Rationalität in der Todesfabrik von Auschwitz gefunden.

Für Adorno hatte diese Verflechtung unsere gesamte moderne Kultur, unsere Sprache und unsere Symbolsysteme durchdrungen. Sie war ein Verhängnis, aus dem es kein Entrinnen gab, eine universale Mystifikation und ein totaler Verblendungszusammenhang, den es zu enträtseln galt. Deshalb inspirierte Adorno vor allem Germanisten, die den Faschismus dann in den Texten wiederfinden konnten, aber sonst nichts zu tun brauchten. Denn die direkte politische Aktion der Studenten hat Adorno nicht unterstützt. Aus diesem Grunde wurde er selbst zum Adressaten von Protesten, die bei ihm – wie manche behaupten – 1969 einen tödlichen Herzanfall auslösten.

Die Gesellschaft wurde zu einem Kriminalroman, und die Anhänger der Kritischen Theorie verwandelten sich in Detektive

Marcuse optierte für den entgegengesetzten Weg und inspirierte die studentischen Aktionen. Für ihn war der Spätkapitalismus darin dem Faschismus ähnlich, daß sie beide die sozialen Konflikte ruhigstellten und die Gesellschaft integrierten: Was der faschistische Staat aber nur mit Gewalt und Terror bewerkstelligte, das gelang dem Spätkapitalismus durch die universale Bewußtseinsmanipulation der Kulturindustrie (hier berührt sich Marcuse mit Adorno). Diese Bewußtseinsverkürzung verschleierte vor allem die Einsicht, daß die Akkumulation der ungeheuren Reichtümer im Spätkapitalismus schon jetzt die Befreiung zum allgemeinen Glück ermöglichte. Deshalb schrieb Marcuse die Rolle des revolutionären Subjekts (des Handlungsträgers der Revolution) denjenigen zu, die noch nicht in den allgemeinen Verdummungszusammenhang integriert waren, weil sie noch zu jung und noch nicht fertig ausgebildet waren: den Studenten. Die Schwachstelle des Systems war also da, wo die Integration ins System erfolgte: im Erziehungssystem. Für Marcuse war die Rolle des Katalysators (Auslösers) der Revolution von den Arbeitern zu den Studenten gewandert.

In ihrer Wirkung auf die Studentenbewegung ergänzen Adorno und Marcuse einander. Mit Adorno ließ sich alles als Faschismus entlarven, mit Marcuse konnte man sofort aus ihm ausbrechen. Der höchste Notstand rechtfertigte die höchste Dringlichkeit. Mit Adorno blickte man zurück auf die deutsche Vergangenheit und blieb fixiert auf Auschwitz; mit Marcuse blickte man tatendurstig in die Zukunft, beseelt vom Optimismus des Reichtums. Der Rückkehrer Adorno verkörperte die deutsche Melancholie, der in San Diego lehrende Marcuse repräsentierte den amerikanischen Optimismus, mit dem sich die junge Generation von ihren Eltern absetzte.

Andererseits wurde aber die Sprache einer ganzen Generation von Adorno geprägt. Weil sie sich überall auf den universalen Verblendungszusammenhang bezog, war sie zugleich unverständlich und suggestiv. In ihr wurde ständig das Verhängnis beschworen. Mit ihrem labyrinthischen Satzbau gewann sie etwas Priesterlich-Rätselhaftes, etwas Kultisches und Narkotisches. Ihre interessante Unverständlichkeit teilte das Publikum in Eingeweihte und Außenseiter. Das löste in den Außenseitern eine Nachahmungsepidemie aus, weil sie alle in den Besitz des Zauberschlüssels der universalen Enträtselung gelangen wollten. So lag auch hier die Attraktivität der Sprache in der Entlarvung des »Latenten« und »Verborgenen«, des »Verdrängten« und »Unterdrückten«, zumal die *Kritische Theorie* (Lehre der Frankfurter Schule) Marxismus und Psychoanalyse verschmolz. Mit dieser Optik wurde alles verrätselt. Das Lieblingswort der Zeit hieß »verschleiert«. Alles

erhielt jetzt eine doppelte Bedeutung, eine »latente« und eine »manifeste«, eine offenbare und eine verborgene, eine unmittelbare und eine andere, die sich wie bei einem Kunstwerk aus dem Bezug zum Ganzen erschloß (sie hieß dann »vermittelt«).

Die Gesellschaft wurde zu einem Kriminalroman, und die Anhänger der Kritischen Theorie verwandelten sich in Detektive. Und weil man in einem Kunstwerk steckte, war jedes Detail, das nicht stimmte, als Zeichen dafür zu deuten, daß das Ganze schon das Falsche war. Ein zentraler Satz Adornos lautete: »Es gibt kein richtiges Leben im falschen.« Ein Satz, bei dem man ins Grübeln kommt.

Der Adorno-Schüler Jürgen Habermas hat die Tradition der Frankfurter Schule dann eigenständig weitergeführt, indem er die Bedingungen idealer Kommunikation erforschte und sie zur transzendentalen Voraussetzung demokratischer Verständigung erhob (→ Kant). Darin kam er der wirklichen Funktion der Frankfurter Schule in der bundesdeutschen Geschichte recht nahe: nämlich der der Geburtshilfe bei der Entstehung einer kritischen Öffentlichkeit. Zugleich hat die narkotische Prosa Adornos die Sprache einer ganzen Generation verdorben, so daß sie nur als Jargon weiterlebte. Sie hat die Hirne so benebelt, daß der Unterschied zwischen faschistischem Terror und kapitalistischer Bewußtseinsverkürzung so verschwamm wie der zwischen bürgerlicher Demokratie und totalitärer Herrschaft. Damit hat er die politische Urteilskraft einer ganzen Generation ernsthaft beschädigt.

Die Sprache der Kritischen Theorie ist »mega-out«. An ihr erkennt man die alten 68er. Freilich sitzen diese in vielen Chefsesseln des Kulturbetriebs; und wer da hinein möchte, sollte den Frankfurter Dialekt lernen.

Herbert Marcuse meinte, der Spätkapitalismus stelle soziale Konflikte durch Bewußtseinsmanipulation ruhig. Die Studenten waren noch nicht in den allgemeinen Verdummungszusammenhang integriert, und deshalb schrieb Marcuse ihnen die Rolle des revolutionären Subjekts zu.

Diskurstheorie – Kulturalismus

Die Diskurstheorie ist fast die alleinige Schöpfung eines einzelnen Mannes: des Franzosen Michel Foucault. Sein Ausgangspunkt ist ganz ähnlich wie der Adornos. Und darin gleicht er auch Charles Dickens: Ihn interessiert die Modernisierung als Prozeß der Disziplinierung. So untersucht er die Geschichte der Institutionen, die auch Dickens beschreibt: Kliniken, Irrenhäuser, Gefängnisse etc. Aber seine Aufmerksamkeit gilt nicht allein der Analyse der Zwangsapparatur selbst und ihrer Ordnung, sondern den zugehörigen »Diskursen«, in denen definiert wird, was das ist: ein Irrer, ein Krimineller, ein Kranker, ein pathologischer Fall.

Mit anderen Worten: Foucault untersucht die Sprache der Disziplinen, die über die Definitionshoheit dessen, was ein Mensch ist, verfügen. Das sind Sprachen der Bürokratie, Sprachen der Wissenschaft, Sprachen der Medizin, Sprachen der Psychologie, kurzum: Sprachen der Macht. Sie beschreiben nicht, sondern sie bestimmen; sie legen fest und definieren. So wie Kant das mit dem Begriff »transzendental« gemeint hat, schreiben sie vor, d. h. sie konstituieren; sie schaffen Kranke, Irre und Kriminelle. Wie Petrus haben sie die Macht, den einzelnen aus dem Himmel der Gesellschaft auszuschließen und die Bedingungen festzulegen, unter denen er eingeschlossen wird: Rechtsfähigkeit, Verantwortlichkeit, Zurechnungsfähigkeit, Bildung, Ausbildung, Disziplinierheit, Ordentlichkeit etc.

Foucault geht es also wie Adorno um die Verquickung von Sprache und Macht. Die Herrschaftssysteme der Sprache, die wie Staatsgebiete durch Grenzen als Hoheitszonen kenntlich gemacht sind, nennt Foucault *Diskurse.* Sein Verfahren besteht dabei aus einer Art Luftbildarchäologie. Die Diskurse selbst sind unterirdisch, und um sie freizulegen, muß man die Oberfläche des normalen Geredes wegräumen und sie ausgraben. Aber um ihre Struktur überhaupt zu finden und zu erkennen, muß man einen ungeheuren Überblick gewinnen, und das kann man nur aus der Distanz.

Die Diskurstheorie ist »in«. Aber um zu verstehen wieso, sollte man die beiden nächsten Stichworte lesen, weil da zwei Verwandte der Diskurstheorie genannt werden.

Michel Foucault interessiert die Modernisierung als Prozeß der Disziplinierung. Darin gleicht er Charles Dickens.

Der Dekonstruktivismus

Auch der Dekonstruktivismus ist die Schöpfung eines einzelnen Mannes: des Franzosen Jacques Derrida.

Um es vorwegzunehmen: Er startet anderswo als Foucault, aber landet so nahe bei ihm, daß aus ihrer Vermischung die Grundlagentheorie des Feminismus und des Multikulturalismus gewonnen werden kann.

Derridas Bezugsproblem ist einigermaßen schwierig und seine Sprache praktisch unverständlich. Deshalb fangen wir mit einem rätselhaften, aber lachhaften Satz an, der von dem Gothaer Professor Galletti stammen soll:

»Das Schwein trägt seinen Namen zu Recht, denn es ist wirklich ein sehr unsauberes Tier.«

Was läßt uns dabei stutzen? Es ist die Unterstellung, daß die Lautfolge »Schwein« schon das Wesen der Unsauberkeit ausdrückt. Tatsächlich ist sie aber ganz willkürlich, und nichts an ihr drückt das Wesen des Schweinischen aus. Ein Schwein heißt nicht Schwein, weil das Wort treffend das Wesen dieses Tieres bezeichnet, sondern damit wir es nicht mit dem Wort »Schein« oder »Schwan« verwechseln. An sich spräche nämlich nichts dagegen, den weißen Vogel Schwein zu nennen und das Rüsseltier Schwan: Dann würde man von »Schweinensee«, von »Leda und dem Schwein«, dem »Schloß Neuschweinstein« und dem »Schwein von Avon« sprechen.

Merkwürdigerweise hat die Entdeckung, daß die Lautfolge eines Wortes völlig willkürlich ist und mit der Bedeutung nichts zu tun hat, sehr lange auf sich warten lassen. Sie wurde erst von dem Begründer der modernen Linguistik gemacht, dem Schweizer Ferdinand de Saussure. Seitdem unterscheiden wir zwischen dem Signifikanten – das ist die Lautfolge, also der materielle Träger der Bedeutung – und dem Signifikat als dem Bedeuteten, also dem inneren Abbild im Geist von Hörer und Sprecher.

Die Tatsache, daß diese Entdeckung so spät gemacht wurde, ist Derridas Ausgangsproblem. Um diese Verspätung zu erklären, verweist er auf die Erfindung der phonetischen Schrift (Lautschrift). Sie ist für ihn die Voraussetzung der abendländischen Philosophie. In der phonetischen Schrift schiebt sich nicht mehr, wie in China oder Ägypten, ein eigenständiges Zeichen zwischen den Sprecher und das gesprochene Wort. Statt dessen wird das Zeichen auf das Lautbild hin transparent (durchsichtig). Das weckt die akustische Täuschung, daß der Sinn eines Wortes »unmittelbar« anwesend ist. Es unterschlägt die Differenz zwischen Bedeutendem und Bedeutung, weil es das Zeichen als Zeichen unsichtbar macht. Man meint, direkt auf die Bedeutung zu blicken. Das ist der Grund, daß man den Signifikanten als vom Signifikat getrennten Sonderposten so lange übersehen hat. Man hat eben immer so gedacht wie Professor Galletti. Derrida glaubt nun, daß diese »akustische Täuschung« das ganze westliche Denken geprägt hat. Da es durch die Illusion von der unmittelbaren Anwesenheit des Logos (der Bedeutung) gekennzeichnet ist, spricht Derrida von Logozentrismus. Weil dieses logozentrische Denken »Anwesenheit« in den Mittelpunkt stellt, macht es die dritte Person Singular Präsens – das »ist« – zur privilegierten Aussage von der Wahrheit (und nicht etwa »wir waren« oder »du wirst sein«). Vor allem aber: der Logozentrismus

»Das Schwein trägt seinen Namen zu Recht, denn es ist wirklich ein sehr unsauberes Tier«

unterschlägt die Selbständigkeit des Signifikanten, indem er ihn als unwichtig hinstellt und auf einen sekundären Posten verbannt.
Diese primäre Asymmetrie (Schlagseite) setzt sich fort in einer Serie von Gegenbegriffen, bei der immer eine Seite höher bewertet wird als die andere: etwa Geist/Materie, Mann/Frau, Idee/Gegenstand, Form/Inhalt, Wesen/Erscheinung, Original/Kopie, aktiv/passiv, Geben/Nehmen, Kultur/Natur etc. Diese asymmetrischen Gegenbegriffe organisieren die symbolische Ordnung unserer Kultur und bestimmen, was Sinn ist. Unser abendländisches Verständnis von Sinn setzt also die Unterdrückung von Teilen unseres Zeichensystems voraus, die bei der Herstellung von Bedeutung eine gleichberechtigte Rolle spielen. Mit anderen Worten: Sinn ist Herrschaft. Die Verdrängung findet schon immer im Zeichensystem statt.

Die Gleichberechtigung der Geschlechter wird hergestellt: neben den Killer tritt die Killerin

In den Texten der Literatur kommt es nun zur Wiederkehr des Verdrängten. Die Textinterpretation kann dem nachhelfen, indem sie durch ein Verfahren den verschütteten Seiten der Gegenbegriffe wieder zu ihrem Recht verhilft und sie unter der offiziellen Sinnoberfläche hervorzerrt. Dieses Verfahren nennt Derrida Dekonstruktion. Es ist eine Art Karneval des Sinns, in dem man alles umdreht und eine umgekehrte Herrschaft errichtet, dann aber diese Herrschaft zugunsten der Einsicht abschafft, daß Zeichen und Bezeichnetes, Körper und Geist und Frau und Mann gleichberechtigt sind.
Und hiermit landen wir in der Nähe Foucaults. Weil beide, Derrida und Foucault, die Systeme symbolischer Ordnung als subtile, aber allgegenwärtige Repressionsinstrumente (Unterdrückungsinstrumente) verstehen, sind ihre Analysen besonders in den Kultur- und Literaturwissenschaften populär geworden. Unter ihrem Einfluß hat sich Gesellschaftskritik in Kritik an den kulturellen Symbolsystemen verwandelt. Und weil die meisten Frauen, die studieren, geisteswissenschaftliche Fächer belegen, wurden hier die Waffen des Feminismus geschmiedet. Diskurstheorie und Dekonstruktion sind deshalb »in«. Dabei hat der Jargon Derridas in der Literaturwissenschaft den Jargon Adornos abgelöst. In der Konkurrenz der Unverständlichkeit schlägt er ihn aber um Längen.

Feminismus und Multikulturalismus

Derrida bezeichnet die europäische Kultur nicht nur als logozentrisch, also rational, sondern auch als phallokratisch, also männlich. Die Asymmetrie bei den Gegenbegriffen Signifikant (Zeichen) / Signifikat (Bedeutung) findet sich wieder in der Asymmetrie Frau/Mann. Sie drückt sich sprachlich darin aus, daß der Mann als Grundmodell des Menschen gesehen wird und die Frau als Abweichung wie in Bauer/Bäuerin, Politiker/Politikerin etc. (→ Schöpfungsgeschichte).
Entsprechend hat die abendländische Kultur sowohl die anderen Kulturen symbolisch enteignet als auch die Kultur der Weiblichkeit kolonisiert. Von dieser Warte aus parallelisieren die Feministinnen nun die Kultur der Femininität mit den Kulturen von Dritte-Welt-Ländern und stilisieren sich selbst als kulturelle Minderheit. Ihre Revolte besteht deshalb aus einer Eroberung der Diskurse durch Symbolpolitik. Dabei zwingen sie die Gesellschaft, sich nach einer neuen feministischen Etikette zu richten.

Die neue Kultur der Weiblichkeit aus Sicht des Cartoonisten Erich Rauschenbach.

Vor allem werden häßliche, diskriminierende Ausdrücke durch eine Art semantisches Lourdes geheilt und in schöne Ausdrücke verwandelt; man sagt nicht mehr »klein«, sondern »vertikal herausgefordert«, nicht mehr »doof«, sondern »andersbegabt«. Außerdem wird Gleichberechtigung der Geschlechter hergestellt: neben den Killer tritt die Killerin.

Politische Korrektheit

Der Sozialismus ist also nach seinem Zusammenbruch von einem Kulturalismus beerbt worden, der Diskurstheorie, Dekonstruktion und Feminismus gleichermaßen kennzeichnet. Der Marxismus arbeitete noch mit einer Relativierung des Gegners durch den Nachweis von dessen falschem Bewußtsein. Die kulturalistischen Theorien dagegen sind schon ihre eigenen Programme: Da sie von den Symbolsystemen als verkappten Herrschaftsinstrumenten handeln, geht es ihnen um die Eroberung der Diskurse durch eine Form der moralischen Nötigung. Dem kommt entgegen, daß die alte Linke mit ihrem geschichtsphilosophischen Programm auch das Kriterium für die Unterscheidung zwischen sich selbst und ihren Gegnern verloren hat: »Wir repräsentieren die Zukunft, sind also die Progressiven; die andern sind die Vertreter der Vergangenheit, also die Reaktionäre.« Statt dessen griff man auf eine moralische Differenz zurück: »Wir sind die Guten, die andern sind die Bösen.« Das führt zur Moralisierung des Meinungsmarktes durch semantische Schaukämpfe und Kampagnen: Ein falsches Wort in der Öffentlichkeit, und schon bist du reif für die Vorführung vor dem Wohlfahrtsausschuß. Das Rauschen der Diskurse wird begleitet von den Verhören der Ketzerprozesse und den Bußpredigten der Priester, die eine wahre Anschuldigungsindustrie unterhalten, um die Altäre der politischen Korrektheit mit dem Blut der Schlachtopfer rot zu färben.

Mit anderen Worten: Der Meinungsmarkt ist selbst ein Schlachtfeld geworden. Man kann falsch- und richtigliegen, man muß also vorsichtig sein. Zur Orientierung gibt es beleuchtete Warnschilder mit Aufschriften wie »Faschistisch. Betreten verboten – Lebensgefahr«; »Machistisch. Betreten auf eigene Gefahr. Söhne haften für ihre Väter«; »Achtung! Schlechte Wegstrecke. Eurozentrisch. Logozentrisch. Phallokratisch«; »Vorsicht, elitär«; »Biologistisch. Schleudergefahr«.

Große Philosophen, Ideologien, Theorien und wissenschaftliche Weltbilder

Wissenschaft und ihre Weltbilder

Bei den Wissenschaften unterscheiden wir zwischen den Naturwissenschaften und allen anderen. Diese anderen wurden früher einmal Geisteswissenschaften genannt. Das war aber nur in Deutschland so, weil man da an den Geist und die Wissenschaften glaubte. Heute findet man das eher peinlich. In den angelsächsischen Ländern spricht man deshalb überhaupt nicht von Wissenschaften, sondern nennt die Disziplinen, die sich mit dem Menschen und seiner Kultur befassen, »humanities«; entsprechend spricht man auch bei uns von Humanwissenschaften. Dabei haben sich die Wissenschaften von der Gesellschaft, die Sozialwissenschaften, von den alten Geisteswissenschaften, den Philologien, getrennt, die man jetzt eher Textwissenschaften nennt.

Im Vergleich zur Philosophie oder gar Ideologie gelten die Wissenschaften als äußerst solide. Philosophie ist immer auch Spekulation, und Ideologie ist eine politische Erlösungsreligion. Davon unterscheidet man dann die »exakten Wissenschaften«.

Dabei denkt man natürlich zunächst an die Naturwissenschaften. Sie haben zwei Kontrollmittel für ihre Aussagen, die oft miteinander zusammenhängen: das Experiment und die mathematische Berechenbarkeit ihrer Gegenstände. Es gehört zu den unerklärten Wundern der Welt, daß sich die Natur in der Sprache der reinen Mathematik ausdrückt. Ein Wunder ist das deshalb, weil die Mathematik eine Grammatik hat, die an sich auf die äußere Welt gar keine Rücksicht nimmt, sondern ihre Regeln allein aus der Logik interner Relationen (Beziehungen) gewinnt. Sie ist also das Gegenteil der Natur, nämlich reiner Geist. Und doch tut die Natur so, als ob sie alle Gesetze der Mathematik beherrsche und sich nach ihr richte.

Die Mathematik ist das Gegenteil der Natur, nämlich reiner Geist. Und doch tut die Natur so, als ob sie alle Gesetze der Mathematik beherrsche und sich nach ihr richte

Weniger exakt sind die Text- und Sozialwissenschaften. Aber auch sie haben durchaus solide Kontrollverfahren. Bei den Textwissenschaften ist es die Detektivarbeit bei der Herstellung exakter Texte, also Archive durchstöbern, Belege suchen, Kontexte herstellen, Einflüsse aufspüren und alles durch Fußnoten belegen. Ist für die Naturwissenschaft das Erkennungsmerkmal das Experiment, so ist es in den Textwissenschaften die Fußnote.[1]

Dagegen sind die Sozialwissenschaften wieder mathematischer: Sie haben als Kontrollinstrumente die Statistik, die Tabelle, die Korrelation zwischen verschiedenen Faktoren (etwa die mathematisch beweisbare Korrespondenz zwischen dem Rückgang der Geburten und dem Rückgang der Zahl der Störche), die Faktorenanalyse etc. Sie sind aber wie die Textwissenschaften sehr viel stärker auf Interpretation angewiesen.

[1] **Fußnote über die Fußnote**
Was ist Sinn und Zweck der Fußnote? Eine Frage, für deren Beantwortung wir wahrscheinlich eine vergessene Fußnote suchen müßten; und eine Frage, die jeden Studienanfänger quält, wenn er zum ersten Mal in jene Unterwelt von Kurztexten eintaucht, aus der jeder wissenschaftliche Großtext wie durch ein Kanalisationssystem zugleich mit Belegen versorgt und von den abweichenden Lehrmeinungen unfähiger Kollegen entsorgt wird. Fußnoten sind beides: Nahrungszufuhr und Verdauung, Bankett und Toilette, Gastmahl und Vomitorium (Ort zum Brechen). So wie ein modernes Haus erst durch Strom- und Wasserversorgung, Kanalisation und Müllabfuhr zu einem zivilisierten Ha-

bitat wird, wird ein Text erst durch die Fußnoten wissenschaftlich. So entstand sie auch als Reaktion auf die cartesianischen Anklagen gegen die historischen Wissenschaften, sie seien nicht wissenschaftlich genug: als Verifikationsinstrument der Textwissenschaft wurde die Fußnote zum Äquivalent des naturwissenschaftlichen Experiments. Diese Entwicklung nahm ihren Ausgang bei Bayles *Dictionnaire historique et critique* von 1697 und wurde von Ranke abgeschlossen, indem er seine Begeisterung für die Archivarbeit in die Fußnoten einfließen ließ und das Historische Seminar schuf, das sich auf die Quellenarbeit konzentrierte.

So wurde die Fußnote zunächst einmal ein Beleg für die Richtigkeit der Aussagen des Textes. Sie zitiert Quellen, Dokumente und Urkunden; sie beruft sich auf Vorgänger oder widerlegt sie; sie ist das Äquivalent der Zeugenaussage vor Gericht und bietet zugleich die Möglichkeit zum Kreuzverhör. Und erst die Verhandlung in den Fußnoten ermöglicht den Urteilsspruch des Textes.

Aber der eigentliche Schlüssel zum Verständnis der Fußnote liegt in der Ruhmsucht. In seinem Roman *Small World* eröffnet David Lodge die Handlung mit einem Kongreß über Ritterromanzen: Damit will er die Professoren mit fahrenden Rittern vergleichen, die um des Ruhmes willen von Turnier zu Turnier ziehen, so wie die Professoren von Kongreß zu Kongreß, um sich mit ihren wissenschaftlichen Gegnern zu messen. Die Suche nach Wahrheit ist vielleicht der wichtigste Antrieb zur Forschung. Aber danach kommt gleich die Anerkennung der anderen Forscher. Dem dient auch die Fußnote. Sie ist für die Wissenschaftler das, was für den Ritter das Wappen ist; sie weist ihn als Wissenschaftler aus, verleiht ihm Glaubwürdigkeit und die Berechtigung, am Turnier teilzunehmen. Zugleich ist sie auch seine Waffe. Mit ihr mehrt er nicht nur seinen eignen Ruhm, sondern mindert auch den seiner Rivalen. Dabei erweist sie sich als Mehrzweckwaffe von geradezu allseitiger Verwendbarkeit. Einige benutzen sie als Dolch, den man dem Gegner in den Rücken jagen kann; andere als Keule, um ihn niederzuschlagen; wieder andere als Florett, um elegante Duelle auszutragen. Für den Leser sind die Fußnoten deshalb häufig kurzweiliger als der Text. Insofern gleichen die Kontroversen in den Fußnoten den Kämpfen, für deren Austragung die Streithähne kurz die Bar verlassen, um sich auf der Straße zu prügeln. In der Fußnote darf deshalb der Autor die Maske der Respektabilität fallenlassen, die er im Haupttext trägt, und sein wahres Gesicht enthüllen. Darin ist die Fußnote auch wahrhaftiger als der Text; sie erlaubt es ihm, es seinen Gegnern zu zeigen.

Hierfür gibt es tückische Varianten. Eine besteht darin, den Feind überhaupt nicht zu zitieren, ihn einfach zu ignorieren, auch wenn sein Buch noch so einschlägig ist. Wer nicht zitiert wird, existiert nicht für die Wissenschaft, denn er hat keinen »impact factor«. Dieser Faktor wird vom *Science Citation Index* des *Institute of Scientific Information* in Philadelphia aus der Häufigkeit ermittelt, in der eine Veröffentlichung zitiert wird. Wer also nicht zitiert wird, ist auf der Landkarte der Wissenschaft nicht vermerkt. Die Waffe des Ignorierens kann also schwere Wunden schlagen. Sie darf aber wie der Bogen des Odysseus nur von ausgewiesenen Kämpfern benutzt werden; andere kämen in den Verdacht, die nicht erwähnte Schrift aus Unkenntnis übersehen zu haben.

Umgekehrt können Leichtgewichte auf sich aufmerksam machen, indem sie in ihren Fußnoten über Berühmtheiten herfallen. Diesen geht es wie den Revolverhelden des Wilden Westens: Jeder will sich mit ihnen messen. Wer es überlebt, kann über Nacht berühmt sein. Dieser Möglichkeit bedienen sich vor allem parasitäre Talente, die aus Mangel an eigenen Leistungen ihre Reputation auf der Kritik an andern begründen. Das heißt nicht, daß sie keine wichtige Funktion im Reich der Wissenschaft hätten: Wie die Hyänen töten sie nur kranke Texte. Für sie gilt, was man im Tierfilm von den Geiern sagt: Sie sind die Gesundheitspolizei der Texte und beseitigen die wissenschaftlichen Kadaver.

Erweitert man das Szenario des Turniers zur offenen Schlacht, dient die Fußnote auch als Feldzeichen, an dem Freund und Feind die wissenschaftlichen Schulen und Anhänger der gleichen Theorie erkennen. In seinen Fußnoten kann sich deshalb jeder einer Gruppe als Verbündeter andienen, indem er sich auf sie beruft. Damit verschafft er sich eine Eintrittskarte in einen wissenschaftlichen Club. Die Mitglieder einer Schule zitieren in der Regel sich gegenseitig. In der wissenschaftlichen Folklore spricht man deshalb von »Zitierkartellen«. Damit erhöhen die Mitglieder ihren »impact factor«. Aus demselben Grund lassen sich in den Naturwissenschaften häufig Wissenschaftler als Autoren nennen, die mit der Abfassung des publizierten Textes soviel zu tun haben wie der Hersteller einer Bratpfanne mit dem Gericht, das darin gebraten wird: Er ist der Chef des Labors, in dem die beschriebenen Experimente gemacht wurden, aber die Publikation erhöht seinen »impact factor«. Jedem Text ist es natürlich bestimmt, wieder zum Rohstoff von Fußnoten anderer Werke zu werden. Ihr Schicksal heißt: Buchstabe zu Buchstabe, Text zu Fußnote. Oder invers freudianisch: Wo Text war, muß Fußnote werden. Jeder Text wächst auf einem Abfallhaufen von Texten, die zu Fußnoten kompostieren; jeder neue Text degradiert seine Vorgänger zu einem Sperrmüllberg von Fußnoten, aus dem er sich das Geeignete herausfischt. Zwischen Texten und Fußnoten vollzieht sich eine endlose Metamorphose, und das Meer der Texte enthält den Genpool, aus dem die unendliche Kombinatorik der Fußnoten immer wieder neue Texte gewinnt.

Trotzdem ist, wie jeder Student in den ersten Semestern weiß, die Lektüre von mit Fußnoten gespickten Texten gewöhnungsbedürftig. Im Text lesen wir etwas über die Geschichte Preußens, aber in den Fußnoten lesen wir Hinweise zur Entstehungsgeschichte dieses Textes. Das ist so, wie wenn wir einen Witz hören und ihn gleichzeitig erklärt bekommen. Oder wie Noel Coward sagt, als wenn man mitten im Liebesakt zur Tür gehen muß, um einen Besucher zu empfangen, um danach weiterzumachen. Auch diesen Coitus Interruptus bei der Lektüre muß man einüben.

Die Universitäten und ihre Disziplinen

Wissenschaften beziehen ihr individuelles Profil von ihrem Gegenstand und ihrer Methode. Die Physik untersucht die unbelebte Materie, und ihre Methode ist die quantitative Erfassung des mathematisch Meßbaren nach allgemeinen Gesetzen. Bei ihr geht es also nicht um organische Materie (Biologie) oder die Umwandlung und Neukombination der Stoffe (Chemie). Die meisten Disziplinen werden als Fächer an den Universitäten gelehrt und können dort studiert werden.

Es gibt aber Fächer, die ihre Einheit nicht aus der wissenschaftlichen Disziplin ableiten, sondern ihr Profil aus der beruflichen Praxis beziehen, auf die sie vorbereiten. So schneidet die Medizin Anteile aus der Biologie und Chemie heraus und kombiniert sie, nicht etwa, weil der menschliche Körper ein eigener wissenschaftlicher Gegenstand ist, sondern weil die Praxis der Heilkunde ihn dazu macht. Und die Juristerei und die Pädagogik sind überhaupt keine Wissenschaften, sondern Praktiken, die eine gewisse strategische Reflektiertheit voraussetzen.

Ihre Erfolge haben der Wissenschaft ein ziemliches Prestige eingebracht. Aus diesem Grund haben sich immer mehr Fächer das Kostüm der Wissenschaft angezogen und sich an den Unis etabliert, die in Wirklichkeit akademisch nobilitierte Praktiken sind: Journalismus, Schauspiel, Sprachlehrforschung, Regie, Politologie und verschiedene psychologische Disziplinen zwischen Schamanismus und Hokuspokus. Und auch die Lehrerbildung leidet an einer unklaren Bastardisierung zwischen Praxis und Wissenschaft, so daß weder die Wissenschaft noch die Praxis zu ihrem Recht kommen und die Lehrer von Anfang an sich an professionelle Maskenspiele gewöhnen.

Keine Wissenschaft, sondern Praxis, die eine gewisse strategische Reflektiertheit voraussetzt: Juristerei

Der Fortschritt der Wissenschaften

Nun hat man lange aus dem Erfolg der Wissenschaften auch das Bild ihrer Geschichte gewonnen: Man stellte sie sich als stetige Akkumulation (Anhäufung) von immer mehr Wahrheiten vor, so wie durch die Entdeckung der Erde immer mehr Land erforscht wurde.

Bis Thomas Kuhn kam, der Wissenschaftshistoriker. Bei seinen Untersuchungen fiel ihm auf, daß die Wissenschaften auch ziemlichen Mumpitz produziert hatten und daß die Widerlegung des Mumpitzes auch zu ihrem Fortschritt beigetragen hatte. Also konnte die Wissenschaft nicht nur als Akkumulation von Wahrheiten, sondern mußte auch als Akkumulation von Mumpitz beschrieben werden. So hatte man zwischen 1670 und 1770 daran geglaubt, daß alle brennbaren Stoffe die Substanz Phlogiston enthielten, die bei der Verbrennung entwich. Die Annahme war äußerst fruchtbar und hat viele Entdeckungen ermöglicht, aber sie war Mumpitz. Phlogiston ist so real wie der Yeti.

Die Wissenschaft kann nicht nur als Akkumulation von Wahrheiten, sondern muß auch als Akkumulation von Mumpitz beschrieben werden

Als Thomas Kuhn sich in dieses Problem vertiefte, entdeckte er, daß der wissenschaftliche Fortschritt sich ganz anders vollzog, als man bisher angenommen hatte. Er bestand nicht aus einer stetigen Anhäufung von immer mehr Wahrheiten, sondern aus einer Serie von Legislaturperioden mit wilden Wahlkämpfen und wechselnden Regierungen.

Kuhn stellte fest, daß es in jeder Wissenschaft eine herrschende Lehrmeinung gibt, die auf einer Reihe sich ergänzender Leitbegriffe und Hintergrundannahmen beruht. Diese Annahmen gelten als selbstverständlich, fraglos und als nicht begründungsbedürftig. Sie stützen den wissenschaftlichen Konsens. Ein solches Netzwerk von Führungsbegriffen und Annahmen ist mehr als eine Theorie und weniger als eine Weltanschauung. Kuhn nennt es ein Paradigma, nach dem griechischen Wort für Modell (oder Beispiel). Die meisten Wissenschaftler sind damit beschäftigt, mit ihren Forschungen das herrschende Paradigma zu bestätigen. Sie bilden sozusagen die Regierung und betreiben normale Wissenschaft.

Aber immer gibt es auch eine Minderheit von Nonkonformisten. Sie lassen sich von solchen Problemen faszinieren, die nicht innerhalb des herrschenden Paradigmas erklärt werden können. Natürlich werden sie von der Regierung mit Mißtrauen verfolgt und auf den Pfad der Opposition gedrängt. Da sammeln sie dann immer mehr Fakten und immer mehr Anhänger, bis sie einen Generalangriff auf das herrschende Paradigma unternehmen, selbst die Regierung übernehmen und nun ihre neue Lehre als wissenschaftliches Dogma etablieren und das wissenschaftliche *Newspeak* (Neusprech) verbreiten. Kuhn spricht bei einem solchen Vorgang von wissenschaftlichen Revolutionen. Man könnte auch von einem demokratischen Regierungswechsel sprechen, bei dem nach einem langen Wahlkampf die Opposition die Regierung stürzt und selbst die Regierung übernimmt. Dieser Prozeß ist für die Mitglieder der alten Regierung äußerst schmerzlich, weil damit ihre ganze wissenschaftliche Lebensleistung entwertet und zum alten Eisen geworfen wird. Deshalb verteidigen sie das alte Paradigma bis zum letzten Atemzug. Das Phlogiston wurde

Die Geschichte der Wissenschaft stellte man sich als stetige Anhäufung von immer mehr Wahrheiten vor.

erst aufgegeben, als es sich praktisch von selbst auflöste. Diese Zähigkeit mag zwar persönlich gesehen von der Unbelehrbarkeit der Etablierten zeugen, für den Fortschritt der Wissenschaft ist sie aber produktiv, weil sie die Opposition dazu zwingt, ihre Forschungen besonders wasserdicht zu machen.

Naturgemäß herrscht die neue Regierung mit ihrem neuen Paradigma so lange, bis wieder neue Erkenntnisse gesammelt werden, die nicht hineinpassen, und dann beginnt der Prozeß von neuem.

Thomas Kuhns Forschungen waren selbst revolutionär, weil er das alte Paradigma der gradlinigen Wissenschaft sprengte. Das hat das Bild der Wissenschaft völlig verändert. Seither weiß man, daß das Haus der Wissenschaft kein Kloster ist, in dem asketische Mönche in friedlicher Eintracht an ihren Forschungen arbeiten und in regelmäßigen Abständen sich zu Kongressen versammeln, um gemeinsame Gebete zu murmeln und den Herrn zu loben. Vielmehr ist es ein Parlament, das vom Krach der Kontroversen und dem Lärm der Debatten widerhallt; wo die Regierung bombardiert wird mit den Entdeckungen der Opposition, die der Regierungsdoktrin widersprechen, und wo die Regierung die Opposition mit der geballten Feuerkraft des geltenden Paradigmas beschießt und ihr vorwirft, wegen ein paar Anomalien, die sicher noch geklärt würden, die ganze bewährte Lehrmeinung zu stürzen und Chaos und Anarchie verbreiten zu wollen.

Das heißt: Wissenschaft bietet oft keine Sicherheit, sondern Unsicherheit. Sie entwickelt sich wie die Demokratie in Form der Komödie (→ Formensprache der Literatur). Sie ist deshalb kontrovers und häufig polemisch. Der Ort für die Polemik ist die Fußnote (→ Fußnote über die Fußnote). Deshalb sind nicht alle Fußnoten nur langweilig, weil sie etwa das, was man schon weiß, zum hundertsten Mal belegen. Es gibt auch solche, in denen unterhaltsame Kämpfe ausgetragen werden.

In manchen Fällen waren die Revolutionen, in denen ein neues Paradigma die Regierung übernahm, so spektakulär und die neuen Paradigmen so grundlegend, daß damit wichtige Wissensbestandteile der Menschen neu begründet wurden und Eingang in ihr kulturelles Basiswissen fanden.

Im folgenden wollen wir einige Konzepte Revue passieren lassen, die aus dem Schaum wissenschaftlicher Debatten geboren wurden.

Darwins Annahmen waren neu und schockierend. Seine Evolutionstheorie revolutionierte das damalige Weltbild.

Evolution

Jeder weiß heute, daß die Evolutionstheorie von Charles Darwin in seinem Buch *Entstehung der Arten* entwickelt wurde und das damalige Weltbild revolutionierte. Folgende Annahmen waren neu und schockierend:

- Die Bibel mit ihrem Schöpfungsbericht ist nicht das Wort Gottes, das wortwörtlich vom Heiligen Geist diktiert wurde, sondern eine ziemlich windige Sammlung von Legenden.
- Vor allem ist der Mensch nicht wie jedes Geschöpf unmittelbar aus der Hand Gottes entsprungen, sondern entstammt einer Familie, zu der sehr peinliche Vorfahren zählen wie Schimpansen und Gorillas.
- Die Welt ist nicht, wie man bisher immer geglaubt hat, 60 000 Jahre alt, sondern in Jahrmillionen entstanden.

Das schafft ein Gefühl temporaler Heimatlosigkeit, so als ob man als einsamer Zeitreisender durch leere Räume drifte.

Bis zu Darwin war die Vorstellung der Evolution verschiedener Arten durch ein Paradigma blockiert, in dem sich verfeindete Lager gegenüberstanden: die Uniformitarier und die Katastrophisten. Unter der Führung des Geologen Charles Lyell glaubten die Uniformitarier, die Erde und das Leben auf ihr hätten sich während langer Zeiträume unter dem stetigen Einfluß von Kräften verändert, die man auch heute noch beobachten könne: Klima, Witterung, tektonische Verschiebungen. Die Uniformitarier galten als das wissenschaftlichere der beiden Lager. Unter dem Einfluß von Georges Cuvier konzentrierten sich die Katastrophisten dagegen auf die Brüche in der Erdentwicklung, die durch die vorgeschichtlichen Funde, die Ablagerungen, die Fossilien und den Vulkanismus belegt zu sein schienen. Daraus leiteten sie die These ab, daß die Erde von einer Reihe von Katastrophen heimgesucht wurde, die wiederholt alles Leben vernichteten und Gott veranlaßten, immer wieder neue Arten zu schaffen. Das hatte den Vorteil, daß man die Wissenschaft (bei etwas Gewürge) mit der Bibel und ihren Katastrophenberichten in Übereinstimmung bringen konnte und die Vorstellung nicht aufgeben mußte, daß der Mensch wie alle Arten direkt der Hand Gottes und nicht den Lenden eines etwas klügeren Schimpansen entstammte. Die Anhänger des Konzepts verschiedener Arten und die Propagandisten der Idee der Entwicklung gehörten also verschiedenen Lagern an, und solange nicht beide Begriffe kombiniert wurden, war die Evolutiontheorie blockiert.

Darwin gelang der Durchbruch deshalb, weil

er ein wissenschaftlicher Außenseiter war (er hatte Theologie studiert und war Hobby-Biologe) und deshalb von der Kontroverse gar nicht berührt wurde. Außerdem dachte er interdisziplinär: Auf der Fahrt zu den Galapagos-Inseln las er den Ökonomen Thomas Malthus, der feststellte, daß die Bevölkerung immer schneller wuchs als die Nahrungsmittelreserven und daß deshalb die Armenfürsorge nur die Armutsgrenze hinausschieben, aber niemals die Zahl der Armen beseitigen konnte. Als Darwin auf Galapagos an Land ging, sah er die Fülle der Arten mit Malthus' Augen und rief »heureka!«: Er hatte den Druck an der Wachstumsgrenze der Population als Ausleseprinzip für das Überleben der bestangepaßten Arten entdeckt.

Was an der Evolutionstheorie so schwer zu akzeptieren ist, ist nicht nur unsere Verwandtschaft mit den Affen, obwohl das eine erhebliche Kränkung der Eigenliebe darstellt. Aber hinzu kommt, daß man sich einen subjektlosen Prozeß, der nicht geplant ist und kein Ziel hat, aber dennoch nicht chaotisch und unordentlich ist, schlechterdings nicht vorstellen konnte. Es gab bis zu Darwin das berühmte Argument von Paleys Uhr. Paley war ein Theologe, der die Überlegung angestellt hatte, daß, wenn man bei einem Waldspaziergang plötzlich eine Uhr finden würde, man denknotwendig auf einen Uhrmacher schließen müsse. Und schließlich hatte Newton nachgewiesen, daß die Welt ein Mechanismus wie eine Uhr war. Also gab es einen Gott, und wenn er auch einem Uhrma-

***Adam gibt den Tieren Namen –* die Bibel mit ihrem Schöpfungsbericht ist eine ziemlich windige Sammlung von Legenden.**

Der Mensch verwandelte sich aus der Krone der Schöpfung in einen besseren Affen.

cher glich, so war man doch froh, ihn überhaupt retten zu können.

Darwins Idee von einem Prozeß, der ohne Planer auskam, weil er sich selbst steuerte, ruinierte deshalb die letzte Hoffnung der Theologen. Die Idee eines sinnvollen Weltplans und eines Ziels der Naturgeschichte erwies sich als überflüssig. Auch der Mensch verwandelte sich aus der Krone der Schöpfung in ein Übergangsstadium voller Mängel und Unvollkommenheiten, ein Produkt der Umstände und des Zufalls, ein besserer Affe im Vergleich zu dem Übermenschen, der noch kommen konnte.

In Wirklichkeit reproduziert sich das Leben ohne Planer durch Sex. Die beiden Partner hießen Chaos und Ordnung. Sie bildeten die erste Differenz. Als es – durch Zufall – irgendwo mehr Ordnung gab als drumherum – etwa in einem Molekül, einer Zelle –, wirkte die Ordnung als Selektionsprinzip (Auswahlprinzip) für die Unordnung. Und so entstanden am ersten Tag der Schöpfung die Variation und die Selektion. Jetzt brauchten nur noch die selektierten Ordnungen stabilisiert zu werden, um die Evolution in Gang zu setzen. Durch die Kombination dieser drei Prinzipien – Variation, Selektion und Stabilisierung von Selektionen – ist es möglich, daß Unwahrscheinliches – sprich: Ordnung – wahrscheinlich wird. Mit anderen Worten: daß höhere Organismen – Lämmer, Wölfe, Primaten, Fußballfans und Wissenschaftler – wahrscheinlich werden und entstehen.

Das Konzept der Evolution ist mitsamt der Idee des Kampfs ums Dasein und des Überlebens der Tüchtigsten in die Gesellschaft übertragen worden, mit der Empfehlung, die Gesellschaft wieder der Natur anzupassen: Man nannte das Sozialdarwinismus, und seine wahnsinnigsten Vertreter waren die Nazis. Sie ignorierten die Tatsache, daß die Evolution mit den Menschen ihre Geschäftsgrundlage geändert hatte, weil sie eine Art hervorgebracht hatte, die sich in der Kultur eine eigene symbolische und technische Umwelt schuf; und daß die Konkurrenz zwischen verschiedenen Arten nicht auf die Beziehungen innerhalb derselben Art übertragen werden darf. Genau das aber hatten die Nazis getan, indem sie das Konzept der Rassen erfanden, die sie wie Pseudo-Arten behandelten.

Dieser rassistische Mißbrauch der Evolutionstheorie hat das Konzept der Evolution erheblich in Mißkredit gebracht: Zwar ist Darwins Theorie in der Biologie heute unbestritten (natürlich wurden noch Nachbesserungen angebracht); aber bei jeder Übertragung in andere Felder ruft man: »Vorsicht, Biologismus!«, »Achtung, Rassismus voraus!« Und natürlich ist dieser Alarmismus ein besonderes Merkmal der Deutschen. Aber er ist Unsinn und blockiert das Denken.

Und so hat vor allem in den Sozial- und Kulturwissenschaften der Evolutionsbegriff wieder seine Arbeit aufgenommen. Man spricht von der Evolution der Ideen. Die Vorstellung des egoistischen Gens in der Biologie hat zur Erfindung des egoistischen »Mems« (Gedächtnisinhalt) geführt, und in der Systemtheorie spricht man von soziokultureller Evolution. Das Paradigma der Evolution ist also ein Konzept, das das Weltbild, das Denken und die Vorstellung von dem Platz des Menschen in der Geschichte revolutioniert hat. Es hat die Idee einer teleologischen (zielgerichteten) Geschichte verabschiedet und wird deshalb von allen Ideologien – allen voran dem Marxismus – als Werkzeug des Teufels angesehen. Und es verbreitet Skepsis gegenüber der Vorstellung, die Geschichte sei planbar, und erregt deshalb die Wut aller Generalvertreter des Fortschritts. Es unterstellt, daß Entwicklungen grundsätzlich nicht restlos prognostizierbar (vorhersehbar) sein können. Das Prinzip der Variationen muß ja die Ordnung in dem Sinne mit Überraschungen beliefern, wie die genetische Mutation die Organismen mit Zufällen bombardiert. Wegen dieser Skepsis gilt den einen das Evolutionskonzept als realistische Bremse für überstürzte Ideologen und den anderen als ideologische Maskierung der Konservativen.

Die Konkurrenz zwischen verschiedenen Arten darf nicht auf die Beziehungen innerhalb derselben Art übertragen werden. Genau das aber haben die Nazis getan, indem sie das Konzept der Rasse erfanden, die sie wie Pseudo-Arten behandelten.

Einstein und die Relativitätstheorie

Die wenigsten haben die Relativitätstheorie vollständig begriffen. Aber der Name der Theorie enthält schon die entscheidende Pointe: Alles ist irgendwie relativ. Das genügt, um das Zeitklima einzufärben. Man weiß dann immerhin soviel, daß die Relativitätstheorie alle alten Sicherheiten über den Haufen geworfen und ein neues Weltbild begründet hat. Und eben das hat ihren Erfinder Albert Einstein zur wissenschaftlichen Vaterfigur und zu einer Art Stellvertreter des lieben Gottes gemacht. Dazu hat sicher beigetragen, daß Einsteins Wissenschaftlerhaupt mit den wirren weißen Haaren und dem gütigen, durchgeistigten Antlitz wie eine Ikone göttlicher Allwissenheit wirkt.

Einstein ist der Kant der Wissenschaft

Aber worum geht es genau? In der speziellen (1905) und allgemeinen Relativitätstheorie (1914/15) revolutioniert Albert Einstein unser Verständnis der Zeit. So wie die kopernikanische Wende durch eine Revolutionierung unserer Vorstellung vom Raum gekennzeichnet ist, weist Einstein der Zeit einen neuen Platz in unserem Weltbild an, indem er sie wieder enger mit dem Raum verbindet und sie zur vierten Dimension erklärt (die ersten drei sind Linie, Fläche, Körper).

Der Schlüssel zum Verständnis dieser Revolution liegt in der Position des Beobachters. Bis zu Einstein hatte man den Beobachter gerade aus der Wissenschaft ausgeschlossen, um zu verhindern, daß die Daten der Naturwissenschaft durch subjektive Beimischungen und Standpunkte verfälscht wurden. Einstein holt den Beobachter nun zurück und beobachtet, wie der Beobachter beobachtet. (Er ist gewissermaßen der Kant der Wissenschaft.) Als entscheidende Bedingung der Beobachtung macht er dabei die Lichtgeschwindigkeit aus. Sie kann nicht übertroffen werden, denn sonst würden Ursachen schneller wirken, als sie beobachtet werden könnten. Mit anderen Worten: die Beobachtung aller Gegenstände braucht Zeit, und je weiter sie weg sind, desto mehr. Einen Stern, der ein Lichtjahr entfernt ist (das ist die Strecke, die das Licht bei einer Geschwindigkeit von 300 000 km/sec in einem Jahr zurücklegt), sehe ich so, wie er vor einem Jahr war. (D.h. ich kann ihn, so wie er »jetzt« ist, gar nicht sehen.) Oder anders ausgedrückt: Wenn ich ihn sehe, blicke ich immer in die Vergangenheit. Das ruiniert die Vorstellung der Gleichzeitigkeit. Sie ist außerordentlich selten. Stellen wir uns vor, ich säße auf einem Stern, der genau auf halber Strecke zwischen zwei Zwillingssternen schwebt, auf denen jeweils eine Atombombe darauf wartet, durch ein Signal aus meiner Lichtkanone gezündet zu werden. Wenn ich auf den Knopf drücke, sehe ich in zehn Minuten auf beiden Sternen eine Explosion; dann erlebe ich ihre Gleichzeitigkeit, aber eben nur in dieser Position. Würde ich meine Lichtkanone durch eine Zeitschaltuhr auf zwei Stunden Laufzeit einstellen und mit einem Raumschiff meinen Stern in Richtung eines der beiden Zwillingssterne verlassen, würde ich nach über zwei Stunden Fahrt die eine Explosion eher sehen als die andere, obwohl sie doch »zur gleichen Zeit« stattfinden. Der Ausdruck »gleichzeitig« ist also relativ zum Standpunkt des Beobachters. Ohne diese Bezugnahme hat er keinen Sinn.

Um die verblüffenden Konsequenzen zu illustrieren, die sich daraus ergeben, hat der Phy-

Die Relativitätstheorie hat alle alten Sicherheiten über den Haufen geworfen und ein neues Weltbild begründet. Der Schlüssel zum Verständnis dieser Revolution liegt in der Position des Beobachters.

siker Gamov in Anlehnung an Lewis Carrolls *Alice im Wunderland* eine Geschichte mit dem Titel *Mr. Tompkins in Wonderland* geschrieben. Im Zusammenhang mit einem verwirrenden Kriminalfall, bei dem es um die Feststellung eines Alibis geht, wird Mr. Tompkins von einem Wissenschaftler mit folgendem Szenario konfrontiert: Am Sonntag trete ein Ereignis ein, von dem Mr. Tompkins wisse, daß es auch einem entfernt lebenden Freund zustoßen werde. Wenn die schnellste Verbindung zwischen beiden der Postzug wäre, könnte er den Freund nicht vor dem nächsten Mittwoch von diesem Ereignis wissen lassen. Wüßte aber umgekehrt der Freund von diesem Ereignis im voraus, wäre der letzte Tag, an dem er Mr. Tompkins darüber verständigen könnte, der vorhergehende Donnerstag gewesen. Für sechs Tage seien die beiden damit voneinander – mit Bezug auf die Kausalität – getrennt. »Aber«, wendet Mr. Tompkins ein, »selbst wenn die Geschwindigkeit des Postzuges die größte überhaupt erreichbare Geschwindigkeit wäre ..., was hat das mit Gleichzeitigkeit zu tun? Mein Freund und ich würden unsere Sonntagsbraten doch gleichzeitig essen, nicht wahr?« Darauf erhält er zur Antwort: »Nein, eine solche Behauptung würde dann keinen Sinn mehr machen. Ein Beobachter würde Ihnen recht geben, aber andere, die ihre Beobachtung von verschiedenen Zügen aus machen, würden behaupten, daß Sie Ihren Sonntagsbraten verspeisen, während Ihr Freund gerade das Freitagsfrühstück einnimmt oder sein Dienstagsabendessen. Aber niemals könnte jemand Sie und Ihren Freund gleichzeitig beobachten, während Sie Mahlzeiten einnehmen, die mehr als drei Tage auseinanderliegen. Denn«, so wird ihm erklärt, »die obere Geschwindigkeitsgrenze muß, auch von verschiedenen bewegten Systemen aus betrachtet, die gleiche bleiben.«

Alles ist relativ: Raum und Zeit sind ineinander umrechenbar; eine absolute Zeit gibt es nicht mehr – Einsteins Theorien sind empirisch bestätigt worden.

Nach dem Besuch eines Vortrages über Relativitätstheorie ist Mr. Tompkins im Traum in ein Land versetzt worden, in dem die Lichtgeschwindigkeit auf 20 km/h herabgesetzt ist. Daraufhin erscheint ihm ein Radfahrer, der auf ihn zufährt, als flach. Als er ihn seinerseits mit einem Fahrrad einzuholen versucht, verändert sich sein eigenes Aussehen aber nicht, und auch der Radfahrer sieht ganz normal aus, als er ihn schließlich eingeholt hat. Statt dessen verkürzen sich die Straßen, und als er am Bahnhof ankommt, geht seine Uhr nach, weil er zu schnell gefahren ist. Am Bahnhof sieht er dann zu seinem Erstaunen, wie ein junger Mann von einer alten Dame als Großvater begrüßt wird und seine Jugendlichkeit damit begründet, daß er sehr viel mit dem Zug fahren müsse und deswegen sehr viel langsamer altere als die Zuhausegebliebenen. Das zeigt uns, wie die Welt für uns aussehen würde, wenn wir beim Fahrradfahren durch die Galaxien nicht vom Westwind, wie auf der Erde, sondern von Lichtstrahlen vorwärtsgeschoben würden: Die Trennung von Raum und Zeit machte dann keinen Sinn mehr.

Einsteins Theorien sind seitdem empirisch bestätigt worden: Er hatte Voraussagen gemacht, die inzwischen eingetroffen sind. Im Universum Newtons mit seinem absoluten Raum und seiner absoluten Zeit waren die beiden Dimensionen getrennt. Beide waren völlig verschiedene Formen des Abstands: der Raum war Distanz unter der Voraussetzung der Gleichzeitigkeit, die Zeit war Distanz unter der Voraussetzung der Sukzession (Abfolge). Deshalb sagte der Philosoph John Locke, ein Zeitgenosse Newtons: »Solch eine Kombination zweier verschiedener Ideen wird, so vermute ich, in der großen Vielfalt des Denkbaren kaum noch einmal gefunden werden ...« Diese Wesensverschiedenheit wird bei Einstein wieder eingeschmolzen. Raum und Zeit sind ineinander umrechenbar. Eine absolute Zeit, wie bei Newton, gibt es nicht mehr; sie ist vielmehr eine Funktion der wechselseitigen Erreichbarkeit.

Einsteins Relativitätstheorie erhielt auch deshalb so viel Resonanz, weil während der Wende vom 19. zum 20. Jahrhundert auch in anderen Bereichen die Zeit zum Thema wurde: Der französische Philosoph → Henri Bergson, ein Begründer der Lebensphilosophie, entdeckte die »innere Zeit« des subjektiven Erlebens als stetigen Fluß, den er *Dauer* (durée) nannte und von der mechanischen äußeren Zeit unterschied. Denselben Gedanken griffen die Romanschreiber auf und gestalteten das Fließen der ungeordneten Assoziationen, jene endlose Folge von Eindrükken, Körpergefühlen, Gedankenfetzen, Bildern, Worten und amorphen Impressionen als »stream of consciousness«. Joyce' *Ulysses* und die Romane von Virginia Woolf enthalten die klassischen Beispiele. Nietzsche hatte mit den Vorstellungen der ewigen Wiederkehr und der dionysischen Ekstase den Ausstieg aus der Zeit der Geschichte entworfen. Für Literaten wie Joyce und Proust wurde die Kategorie der Plötzlichkeit interessant, in der sich das Wesen der Dinge jenseits der Zeit als Epiphanie oder plötzliche Erinnerung enthüllt (→ Literatur). Die Existentialisten wie Heidegger setzten der geschichtlichen Zeit der Gesellschaft die existentiell begründete Zeitlichkeit des persönlichen Lebenszusammenhangs entgegen, die durch Geworfenheit, Tod und Endlichkeit gekennzeichnet sei (*Sein und Zeit*), und erklärten alle anderen Zeitkonzepte zu sekundären Ableitungen. Kurzum, die Zeit hörte auf, eine feste, unabhängige, objektive Größe zu sein, und wurde relativ.

Die endlose Folge von Eindrücken, Körpergefühlen, Gedankenfetzen, Bildern, Worten und amorphen Impressionen: Virgina Woolf gestaltete sie als »stream of consciousness«.

Freud und die Psyche

Marx, Darwin, Einstein – sie alle haben unser Bild von der Welt so verändert, daß die Eitelkeit des Menschen dabei jeweils einen weiteren Fußtritt erhielt. Marx hat uns erzählt, daß unsere Kultur und unser ganzes Bewußtsein von ökonomischen Bedingungen bestimmt werden. Auch das ist eine Relativitätstheorie: Bewußtsein ist relativ zu sozialen Positionen. Darwin hat uns erzählt, daß wir nicht, wie wir glaubten, das Ebenbild Gottes sind, sondern die Vettern ersten Grades der Schimpansen, und daß der Prozeß der Evolution keinen Planer und kein Ziel benötigt und trotzdem nicht ungeordnet verläuft. Und schließlich hat Einstein uns auch das noch genommen, was das einzig verläßliche Fundament zu sein schien: die Objektivität der physikalisch meßbaren äußeren Welt.

Freud hat die Moral abgeschafft und die Psychologie an ihre Stelle gesetzt. Damit ist die alte religiöse Vorstellung der Besessenheit wieder zurückgekehrt und mit ihr auch die Praxis des Exorzismus

Das alles hat die Selbstachtung des Menschen gegen null sinken lassen und zum Ausgleich seine Verwirrung auf ein Höchstmaß gesteigert. Aber es sollte noch schlimmer kommen, und dafür sorgte Sigmund Freud.

Wohl kein Wissenschaftler hat die Art und Weise, in der sich die einzelnen in unserer Kultur selbst begreifen, so tiefgreifend verändert wie Freud. Seine Wirkung ist so allgegenwärtig, und sein Denken hat so sehr unsere ganze Kultur durchdrungen, daß es schwer ist, sich vorzustellen, wie der Mensch vor Freud seine Psyche verstand.

Ursprünglich – etwa zur Zeit Shakespeares und Montaignes und Calvins (also im 16. und 17. Jahrhundert) – gab es nur eine menschliche Seele, die unsterblich, rational und unveränderlich war. Das, was wir heute zur Psyche zählen würden, die Leidenschaften und Gefühle und Antriebe und Impulse, wurde zum Körper gerechnet. Was wir Charakter nennen, war abhängig von den Körpersäften: schwarze Galle, gelbe Galle, Schleim und Blut, und je nachdem, welcher Saft (auf lateinisch »humor«) überwog, war man Melancholiker (Trauerkloß), Choleriker (Wüterich), Phlegmatiker (Faulpelz) oder Sanguiniker (Luftikus). Waren die Körpersäfte in Unordnung, war das ein Fall der Medizin (→ Geschichte). Im 18. Jahrhundert wurde dann zwischen unsterblicher Seele und sterblichem Körper eine Pufferzone eingebaut, die man als Bereich des Mentalen bezeichnen könnte. Vor allem wurde da etwas angesiedelt, das man vorher als bedrohliche Irrationalität angesehen hatte: die Leidenschaften. Allerdings konnte man die Leidenschaften erst in die gute Stube hineinlassen, nachdem sie aufgrund eines Veredelungsprozesses alle Rücksichtslosigkeit abgelegt und eine sozialfreundliche Natur angenommen hatten. Dann wurden sie auch nicht mehr Leidenschaften genannt, sondern Gefühl, Empfindsamkeit, Sentiment, Sensibilität, Sympathie. Da Gefühl weitgehend als Mitgefühl verstanden wurde, erhielt es eine moralische Qualität. Diese edle Seite besichtigte jeder Mensch bei sich gern. Und so tat sich mit der Erfindung des Gefühls im Menschen eine Art mentaler Innenraum auf, in dem er seine Stimmungen, Gefühle, Seelenzustände und inneren Bewegungen sowie seine Erschütterungen, Aufwallungen und Spontanreaktionen lokalisierte. Es war ein Raum voller wallender Nebel und Dämpfe, eine Art Waschküche, oder bes-

ser noch eine Seelenlandschaft, in der atmosphärische Turbulenzen mit strahlendem Sonnenschein, lauen Lüften und balsamischen, mondbeschienenen Nächten abwechselten – nicht umsonst hat die Romantik zugleich den seelischen Innenraum und die Natur als Resonanzraum für die seelischen Schwingungen entdeckt.

Im 19. Jahrhundert wurde die unsterbliche Seele in ihrer Rationalität ganz unmerklich von zwei Instanzen beerbt: dem Intellekt, dem jetzt häufig die unangenehme Eigenschaft der Kälte nachgesagt wurde; und dem Charakter, der gegenüber dem weichen Gefühl die moralisch positive Qualität hatte, »fest« zu sein und sich nach Grundsätzen, Pflichten und Prinzipien zu richten. Diese psychischen Instanzen wurden durch die Stereotypen der Geschlechterrollen eingefärbt: Die Frauen wurden zu Spezialistinnen des Gefühls, und ihre eigentliche Domäne war der atmosphärisch durchsonnte Wohnsitz des Seelischen. Den Männern dagegen blieb der eher unangenehme, aber notwendige Doppelpack des kalten Intellekts und des moralisch gefestigten Charakters. Das entsprach der Arbeitsteilung der Geschlechter: Während der Mann in Beruf und Öffentlichkeit mit kaltem Intellekt die wirtschaftlichen Interessen der Familie wahrnahm und ihre gesellschaftliche Respektabilität durch seine Charakterfestigkeit repräsentierte, brachte die Frau im Innenraum der Familie diese Härten wieder durch das Lösungsmittel des Seelischen in einem Schaumbad der Gefühle zum Schmelzen. War das Gefühl spontan und in seinen Regungen nicht immer der Kontrolle zugänglich, wurde diese Unwillkürlichkeit als Zeichen der Echtheit und damit als Gütesiegel gewertet.

Sigmund Freuds Wartezimmer in Wien: die Selbstachtung des Menschen war gegen null gesunken und zum Ausgleich seine Verwirrung auf ein Höchstmaß gesteigert. Aber es sollte noch schlimmer kommen, und dafür sorgte Freud.

Zeigten sich aber doch unklare Impulse, die zu Mißtrauen Anlaß gaben, wurden sie als Symptom eines schlechten Charakters interpretiert und der Person als Schuld zugerechnet. Man unterstellte also, daß die Person Herr im eigenen Hause sei und ihre Gefühle und ihre Psyche bei entsprechender Selbstzucht unter Kontrolle habe. Laster, Schwächen, Obsessionen, Süchte wie Alkoholismus, Zwänge etc. wurden moralisch geächtet. Jedem wurde die Freiheit unterstellt, bei entsprechender Willensanstrengung auch wollen zu können, was er sollte. Und wenn er nicht konnte, wurde gedacht, daß er nicht wollte.

Genau das hat Freud umgedreht: Wenn heute jemand nicht will, denkt man sofort, er kann nicht. Freud hat die Moral abgeschafft und die Psychologie an ihre Stelle gesetzt. Das hat er dadurch geschafft, daß er das Haus der Psyche um ein weiteres Appartement erweiterte: das Unbewußte. Seitdem ist der Mensch nicht mehr Herr im eigenen Hause. Er hat vielmehr einen Mitbewohner, den er zwar nie sieht, der ihn aber steuert und lenkt, ohne daß er es bemerkt. Freud nennt ihn wegen dieser Unsichtbarkeit auch das *Es*. Damit ist die alte religiöse Vorstellung der Besessenheit wieder zurückgekehrt und mit ihr auch die Praxis des Exorzismus (der Teufelsaustreibung). Allerdings gibt es einen entscheidenden Unterschied: Im Exorzismus dachte man sich den Teufel als eine fremde Besatzungsmacht, die von draußen kam und wieder dahin vertrieben werden mußte. Bei Freud dagegen hat die Person selbst das, was sie nicht ertragen kann oder was unerlaubt ist, von sich abgespalten – Freud nennt das Verdrängung – und unkenntlich gemacht, so daß sie es gar nicht mehr wahrnimmt. Doch das *Es* tritt nun inkognito auf, es maskiert sich, und in dieser Maskierung narrt es die Person und läßt sie Dinge tun, die sie nicht will. So macht *Es* sich in Unwillkürlichkeiten bemerkbar, wenn die Person mal die Kontrolle lockert, etwa in Witzen oder Versprechern – man spricht geradezu von Freudschen Versprechern – oder in sonstigen Fehlleistungen, wenn man etwa immer wieder einen Namen vergißt. Es gibt sogar Zeiten, in denen eine totale Wachablösung stattfindet und das *Es* das Kommando übernimmt – wenn das Bewußtsein sich schlafen legt. Dann feiert das Unbewußte Karneval im Traum. Die Träume – das sind die Botschaften des Unbewußten an das Bewußtsein. Aber sie sind in einer unverständlichen Symbolsprache verschlüsselt, bei der das Unbewußte dazu verdammt ist, inkognito zu bleiben.

Freud hat das Haus der Psyche um ein weiteres Appartement erweitert: das Unbewußte. Träume, die Botschaft des Unbewußten an das Bewußtsein, sind in einer unverständlichen Symbolsprache verschlüsselt, so wie hier in einem Gemälde von Johann Heinrich Füßli.

Wer hat es dazu verdammt? Nun, das Bewußtsein. Freud nennt es auch das *Ich*. Das Ich ist die Instanz der Rationalität und des Realismus. Was aber nicht dazu paßt, spaltet es ab und verdrängt es, indem es es verschlüsselt. Zu diesem Zweck hat ihm Freud noch einen weiteren Gehilfen beigegeben: das *Über-Ich*. Es enthält das Ich-Ideal, also das Ich, wie es gerne sein möchte. Ich-Ideale werden von außen durch Übernahme gesellschaftlicher Normen verinnerlicht. Freud nennt das Internalisierung. Es wird also auch das Fremde nach innen geholt. Gleichzeitig wird ihm mit dem Unbewußten aber etwas Eigenes abgespalten und zu etwas Fremdem gemacht.

Was ist es, das da abgespalten wird? Die Triebe, Wünsche und Lüste, die die Gesellschaft nicht erlaubt. Da man sie am Erwachsenen ja nicht mehr wahrnehmen kann, schaut Freud bei den kleinen Kindern nach, was die so treiben, um von da aus auf die verschlüsselten Wünsche des Unbewußten hochzurechnen: Also Kinder spielen lustvoll mit ihren Exkrementen; phantasieren sich die Welt nach ihren Wünschen zurecht; schreien wutentbrannt, wenn ihnen etwas fehlt; schlagen auf alles ein, das sie stört; stellen sich gerne vor, sie seien die Größten; tyrannisieren alles und jeden, wenn sie es können; lehnen alle Verantwortung ab und würden am liebsten – wenn sie Knaben sind – ihren Vater erschlagen und mit ihrer Mutter schlafen. Zumal dieser letzte Wunsch hat es Freud angetan. Da im griechischen Mythos König Ödipus von Theben dieses Experiment tatsächlich durchführt, nennt Freud die daraus entstehende seelische Schuldverknotung den Ödipus-Komplex.

Ödipus durchbricht ein gesellschaftliches Zentraltabu – das Inzestverbot –, auf dem die Ordnung der Familie beruht: Würden die Söhne ihre Mütter heiraten wie Ödipus, dann ließen sich die Generationen nicht mehr auseinanderhalten; man wüßte nicht, wer Väter, Söhne und Ehemänner sind; die Grundkategorien der Familie würden einstürzen und jegliche Hierarchie als Voraussetzung der Autorität würde unmöglich gemacht. Weil dieses Tabu also das Grundmolekül der Gesellschaft, die Familie, ermöglicht, kann Freud seine Psychologie zu einer ganzen Gesellschaftstheorie erweitern, in der er uns erklärt, wie aus dem Inzesttabu und dem Familienvatermord die Gesellschaft, der Staat und die Religion entstehen.

Wenn das Unbewußte die eigenen frühkindlichen Wünsche enthält, die dann verschlüsselt wurden, könnte man es ja eigentlich damit bewenden lassen. Und tatsächlich wäre auch nach Freud nichts dagegen einzuwenden, wenn sie nur schön unter Verschluß blieben. Aber das tun sie eben nicht immer, eigentlich überhaupt nicht. Sie brechen aus, treiben sich herum, mischen sich maskiert unter die Gäste, äffen den Hausherrn nach, imitieren seine Stimme und kompromittieren ihn gesellschaftlich bis zu einem Grade, daß er wirklich leidet. Dann spricht Freud von einer Neurose. Dann tut man Dinge, die man nicht tun will, dann erkennt man sich nicht wieder. Dann ist es Zeit, einen Psychoanalytiker aufzusuchen.

Der Psychoanalytiker weiß, was zu tun ist: Das Unbewußte spricht eine verschlüsselte Sprache, also muß diese Sprache entschlüsselt werden

Der Psychoanalytiker weiß nun, was zu tun ist: das Unbewußte spricht eine verschlüsselte Sprache, also muß diese Sprache entschlüsselt werden. Und die Verschlüsselung ist die Technik, mit der das Ich einen Teil seiner selbst von sich abgespalten und als fremd ausgegeben hat. Also besteht die Therapie darin, das Ich dazu zu bringen, anzuerkennen, daß das, was ihm als fremd und befremdlich entgegentritt – diese Ängste und Zwänge, dieser Horror und diese Phobien (Abneigungen) –, ein Teil seiner selbst sind. Da die Therapie in der Entschlüsselung von geheimnisvollen und rätselhaften Symbolen besteht, hat die Psychoanalyse einen großen Einfluß auf die Literaturwissenschaft ausgeübt. Und eigentlich gibt es kaum eine Disziplin, in der es um Sprache und Symbole geht, die nicht von der Theorie Freuds tief beeinflußt wäre. Am radikalsten aber hat die Psychoanalyse die Form verändert, in der die Individuen über sich selbst reflektieren und sich zum Thema werden. Dieses Terrain hat Freud zunächst völlig leergeräumt und dann mit seinen Kategorien besetzt. Sie haben sich verflüssigt und sind durch Sickerungseffekte bis in die Folklore und das allgemeine Alltagsbewußtsein vorgedrungen, so daß sich Millionen Menschen in den Kategorien Freuds verstehen, die nie eine Zeile von Freud gelesen haben. In mancher Hinsicht kommt dies einer ebenso tiefgreifenden Kulturrevolution gleich, wie sie die Entdeckung des Gefühls im 18. Jahrhundert bedeutet hat.

Dabei hat Freud nicht nur das Selbstgefühl, sondern auch den Verständigungsstil in diesem Jahrhundert stark verändert: Jeder muß jetzt mit dem Unbewußten des andern rechnen. Das verhext die Beobachtung: Alles kann jetzt bewußt oder unbewußt sein. Und es verhext auch die Selbstbeobachtung, denn für einen selbst gilt dasselbe.

Nun gibt es grundsätzlich zwei Arten, jemanden zu diskreditieren: moralisch – »er ist ein Schurke« –, aber das setzt Freiheit voraus. Das heißt, moralisch kann ich nur jemanden anklagen, wenn er auch anders gekonnt hätte. Die andere Form der Diskreditierung ist kognitiv: »der versteht es nicht besser, er kann nicht anders, er ist neurotisch, zwanghaft, wahrscheinlich sogar wahnsinnig, auf jeden Fall aber schwer gestört«. Die Aufspaltung in Bewußtsein und Unbewußtsein läßt mir in der Kommunikation mit dem andern just diese Wahl: Vergesse ich sein Unbewußtes, urteile ich moralisch und mache ihn für seine Handlung verantwortlich; beziehe ich mich dagegen auf sein Unbewußtes, entschuldige ich ihn moralisch, erkläre ihn für unverantwortlich – er ist ja neurotisch, der arme Teufel – und halte ihn für meschugge.

Auf diese Weise kann ich mich auch selbst entlasten. Aber jede moralische Entlastung wird ausgeglichen durch eine Belastung des kognitiven Selbstwertgefühls. Kurzum, man hat die Wahl, ob man lieber ein Schurke oder ein Wahnsinniger sein möchte; oder – in der milderen Form – ein Egoist oder Neurotiker.

Der Erfolg von Freuds Theorie hat aber sicher eher mit der Hoffnung zu tun, die sie als Geschenk im Gepäck hat: Die Möglichkeit, das eigene Unbewußte zu enträtseln, eröffnet für jeden die Aussicht auf persönliches Glück. Und da einem das eigene Unbewußte so nah erscheint, scheint auch das Reich der Freiheit nahe. Andererseits ist das Unbewußte ja schon per definitionem (so wie es definiert ist) eine Black box, in die ich nicht hineinsehen kann. Deshalb hindert mich nichts daran, in ihr die Quelle aller meiner Probleme zu vermuten.

Die Entschlüsselungsarbeit führt dabei immer zurück in die eigene Biographie. Das macht uns alle zu Familienhistorikern; dort entdeckt man den wahren Schuldigen: die eigenen Eltern. Sie haben alles falsch gemacht; ihnen habe ich meine Probleme zu verdanken, denn sie haben mein Leben als Kleinkind beherrscht. Das wiederum hat das Gespräch zwischen den Generationen in einen juristischen Prozeß verwandelt. Ankläger ist die junge Generation, Angeklagte sind die Eltern. Das wiederum hat

Die Psychoanalyse bietet ein generelles Entlastungsmittel: Der Mensch macht zwar dauernd Mist, aber es ist nicht eigentlich er selbst, der handelt, sondern sein blinder Passagier, das Unbewußte

Das Unbewußte ist ein Paradox, wie ein Spiegelbild: Es ist etwas Befremdliches, aber doch eigentlich wir selbst. Und es ist unser ewiger Sündenbock.

die Elternrolle so äußerst unattraktiv gemacht, weil sie weitgehend mit Schuldgefühlen verbunden wird: Man kann schon die Anklagen von später voraussehen.

In einer Gesellschaft, die immer mehr Freiheitsräume und damit immer mehr Wahlmöglichkeiten eröffnet, gibt es immer mehr Gelegenheiten, sich schuldig zu fühlen oder den anderen anzuklagen. Hier bietet die Psychoanalyse ein generelles Entlastungsmittel: Der Mensch macht zwar dauernd Mist, aber es ist nicht eigentlich er selbst, der handelt, sondern sein blinder Passagier, das Unbewußte. Seit der Erfindung des Unbewußten hat jeder einen Zwilling, den er für alles verantwortlich machen kann. Der Zwilling ist, wie das Spiegelbild, ein Paradox: Er macht sich bemerkbar, aber er bleibt unsichtbar. Er ist etwas Fremdes und Befremdliches, aber doch eigentlich wir selbst. Und er ist unser ewiger Sündenbock, der tragische Held, auf den wir unsere Schuld abladen, nur um erkennen zu müssen, daß sie unsere eigene ist.

Durch Freud sind Ausdrücke wie »Komplex«, »Verdrängung«, »Unbewußtes«, »Projektion« (eigene Zustände werden anderen zugeschrieben), »Internalisierung« (innere Aneignung) in den allgemeinen Sprachgebrauch der durchschnittlichen Zeitungsleser übergegangen und geläufig geworden. Das betrifft auch einen abgeleiteten Begriff wie »Identität«, der nicht von

Freud, sondern seinem Schüler Erik Erikson ausgearbeitet wurde. Nach Erikson baut sich die Identität eines Menschen durch das erfolgreiche Bestehen einer Serie von Krisen auf, deren letzte die Identität selbst in Frage stellt: Das ist die Phase der Adoleszenz (Übergangsalter zwischen Jugendlichem und Erwachsenem). Die Gesellschaft gestattet dem jungen Erwachsenen deshalb, was Erikson ein »psychosoziales Moratorium« nennt, also eine Phase, in der man mit verschiedenen Lebensformen und Beziehungstypen herumexperimentiert. Für viele ist diese Phase (Studium, erste Beziehung) die reichste und poetischste Episode in ihrem Leben, an die sie sich später mit Nostalgie erinnern. Am Ende hat man dann – wenn es gut geht – seine Identität gefunden. Das heißt, man hat seine Psyche mit den Anforderungen der Gesellschaft in Übereinstimmung gebracht. Diese Anforderungen werden ausgedrückt durch das Ensemble von Rollen, die jemand spielt: als Vater, als Ehemann, als Sparkassendirektor, als Vorsitzender des Fußballvereins, als Laienrichter, als Parteimitglied etc. Rolle ist also der Komplementärbegriff zu dem der Identität. Eine stabile Identität hat derjenige, der all die verschiedenen Rollenanforderungen integriert und mit seiner Fähigkeit, zu arbeiten und zu lieben, verbindet. Dabei ist die Identität der Stil, in dem er all diese Rollen spielt. Er bleibt sich beim Wechsel der Rollen gleich. Der Rollenwechsel setzt eine gewisse Distanz zu den Rollen voraus: Als Vater benimmt man sich nicht wie ein Vereinsvorsitzender und als Direktor nicht wie ein Vater. Die Faustregel heißt: Identität ist das, was gleich bleibt beim Wechsel der Rollen, und Rolle ist das, was gleich bleibt beim Wechsel der Spieler. Mit der Identität beschäftigt sich die Psychologie, mit der Rolle die Soziologie – womit wir Gott sei Dank die Grenze zwischen beiden erreicht haben.

Giovanni Domenico Tiepolo *Carneval* – Identität ist das, was gleich bleibt beim Wechsel der Rollen, und Rolle ist das, was gleich bleibt beim Wechsel der Spieler.

Gesellschaft

Wissenschaftlich ist »die Gesellschaft« erst recht spät entdeckt worden, und so sind denn die Klassiker der Soziologie Gelehrte, die in der zweiten Hälfte des 19. Jahrhunderts und um die Jahrhundertwende lebten. Neben Marx gehören in England Herbert Spencer und die Begründer der Fabian Society, Sidney und Beatrice Webb, dazu, die auch die London School of Economics gegründet haben; in Frankreich Auguste Comte und Emile Durkheim; und in Deutschland Max Weber und Georg Simmel.

Wie die Psychoanalyse wurde die Soziologie aber erst mit der Studentenbewegung eine Wissenschaft, die auch das Alltagsbewußtsein prägte. Alles schien jetzt gesellschaftlich bedingt. Andere Wissenschaften, wie die Geschichte oder die Literaturwissenschaft, wurden soziologisiert: D. h. man betrieb Sozialgeschichte und führte die Literatur auf gesellschaftliche Trends zurück. Dabei blieb die Soziologie stark mit der Politik verbunden und inspirierte vor allem die sozialen Bewegungen: antiautoritäre Bewegung, Neomarxismus, sexuelle Revolution, außerparlamentarische Opposition, Antiatomkraftbewegung, Friedensbewegung, Frauenbewegung etc. Das liegt an einer verwandten Optik: Normalerweise erlebt man die Gesellschaft als unbefragte Voraussetzung des Alltags. Wenn man sie aber als Ganze in den Blick nimmt wie in der Soziologie, geht man auf Distanz und kann sich vorstellen, daß sie auch ganz anders sein könnte. Dann ist man schon in der Nähe der alternativen Bewegung, denn diese will eine andere, eine alternative Gesellschaft.

Die traditionelle Adelsgesellschaft Europas war eine Schichtengesellschaft. Man gehörte nur einem Stand an und das mit der ganzen Person. Heute ist alles anders. Die Stände haben sich aufgelöst.

Das ist nun ein frommer Wunsch. Die Gesellschaft ist zu komplex, als daß man sie beliebig ändern könnte. Daß man sich das einbildet, liegt daran, daß man sich an den Revolutionen beim Übergang von der traditionellen zur modernen Gesellschaft orientiert und glaubt, man könne die moderne Gesellschaft behandeln wie die traditionelle. Leider ist aber die moderne ganz anders als die traditionelle Gesellschaft. So wirft man alles durcheinander, verwechselt beide Gesellschaftstypen, interpretiert die moderne Gesellschaft in den Begriffen der alten und versteht sich selbst nicht. Deshalb hängt alles davon ab, daß man sich den Unterschied zwischen einer traditionellen und der modernen Gesellschaft klarmacht. Die traditionelle Adelsgesellschaft Europas war eine Schichtengesellschaft. Die Schichten waren keine Klassen, sondern Stände, die verschiedene Lebensformen darstellten. Die oberste Schicht bestand aus dem Adel und dem hohen Klerus, in der Mitte kamen die städtischen Bürger, Handwerker, Kaufleute, Gelehrte und andere Berufstätige, und ganz unten waren die Bauern, Knechte und Dienstleute.

Das Prinzip gesellschaftlicher Organisation war die Einteilung von Menschen in Gruppen, also in Familien, Haushalte, Clans und Stände. Man gehörte nur einem Stand an und das mit der ganzen Person. Man war also in allen Aspekten – psychisch, juristisch, ökonomisch, sozial etc. – entweder Herzog oder Bäuerin oder Schreinermeister. Persönliche Identität war dasselbe wie soziale Identität; es gab noch keinen Unterschied zwischen Ich und Rolle. Deshalb bestand kein Bedarf an Originalität, es genügte die Typisierung.

Die Gesellschaft gewinnt das Prinzip ihrer Einteilung an sich selbst. Woraus besteht Gesellschaft? Aus Kommunikation – flüchtige und vorübergehende Ereignisse

Heute ist alles anders. Die Stände haben sich aufgelöst. Aber damit nicht genug. An ihre Stelle ist ein ganz neues Prinzip gesellschaftlicher Differenzierung getreten; es knüpft gar nicht mehr an die Einteilung der Menschen in Gruppen an; es geht nicht mehr um Familien, Clans, Stämme und Schichten. Vielmehr gewinnt die Gesellschaft das Prinzip ihrer Einteilung an sich selbst. Woraus besteht die Gesellschaft? Aus Kommunikation (und nicht etwa aus Gedanken oder Gefühlen oder aus dem Stoffwechsel der Organismen). Was sind Kommunikationen? Flüchtige und vorübergehende Ereignisse. Woraus besteht also die Struktur der Gesellschaft? Aus solchen Einrichtungen, die flüchtige und vorübergehende Ereignisse wie Kommunikationen verknüpfen können. In der modernen Gesellschaft werden nicht mehr Gruppen von Menschen differenziert, sondern Typen von Kommunikationen.

Die verschiedenen Typen von Kommunikationen kristallisieren sich an den Druckstellen der gesellschaftlichen Funktionen heraus. Solche Funktionen sind etwa Konfliktregelung (Recht), Sicherung kollektiver Entscheidungen (Politik), stellvertretendes Lernen (Erziehung), Ernährung und materielle Sicherung (Wirtschaft), Naturbeherrschung (Technik) und Realitätswahrnehmung (Wissenschaft). Diese Kommunikationstypen werden voneinander differenziert (getrennt), indem sie wie Laserstrahlen die Möglichkeiten, Kommunikationen abzulehnen, auf einen einzigen Gegensatz beschränken: in der Wissenschaft darf eine Mitteilung also nur dann abgelehnt werden, wenn sie unwahr ist, und nicht, wenn sie unschön, unmoralisch, unpädagogisch, politisch unkorrekt oder unwirtschaftlich ist. Ansonsten muß sie angenommen werden, selbst wenn sie mit all diesen unsympathischen Merkmalen belastet ist. Auf diese Weise können die Unwahrscheinlichkeit und die Leistungsfähigkeit der Kommunikation enorm erhöht werden. Zusammen mit den zugehörigen Institutionen wie Gerichten, Regierungen und Parteien, Schulen und Universitäten, Fabriken, Börsen und Märkten etc. bilden diese Kommunikationstypen die gesellschaftlichen Teilsysteme. Sie sind nicht mehr hierarchisch geordnet. Jedes ist gleich wichtig für das Ganze, und alle funktionieren nach dem Prinzip der Arbeitsteilung. Historisch gesehen sind diese Teilsysteme hintereinander entstanden und waren deshalb zum Teil mit den Schichten der traditionellen Gesellschaft

Woraus besteht die Gesellschaft? George Grosz *Stützen der Gesellschaft*, 1926.

Die Expansion der Geldwirtschaft trug dazu bei, die alte Ständegesellschaft zu sprengen und den Übergang zur Moderne zu erzwingen.

verknüpft. Zuerst entstand die Religion mit der Schicht der Priester, wobei die Abspaltung mit der Differenz von Jenseits und Diesseits begründet wurde. Die Priester hatten eine Sonderstellung, weil sie zwischen beiden vermittelten. Danach spaltete sich mit dem Adel und den Regenten die Politik ab und stand der Gesellschaft als Staat gegenüber. In dieser Opposition wurde überhaupt der Gesellschaftsbegriff als Gegenwelt zum Staat entwickelt. Mit diesen beiden Spezialbereichen war die Ständegesellschaft noch vereinbar. Aber schon die Expansion der Geldwirtschaft, die allgemeine Schulbildung und der wissenschaftliche Fortschritt sprengten die alte Ständegesellschaft und erzwangen den Übergang zur Moderne. Das veränderte die Beziehung des einzelnen zur Gesellschaft in grundlegender Weise: War früher personale Identität gleichbedeutend mit sozialer Identität, ist das mit der Umstellung auf die gleichberechtigten Teilsysteme unmöglich geworden.

Diesen Teilsystemen gehört der Mensch nicht mehr ganz, sondern nur aspektweise und vorübergehend an: Mal spielt man den Studenten (Wissenschaftssystem), mal den Börsenspekulanten (Wirtschaftssystem), mal den Wahlhelfer (politisches System), aber immer nur vorübergehend und aspekthaft. Als ganzer Mensch kommt man nirgends mehr in der Gesellschaft vor, sondern wird als Individuum ausgeschlossen. Eben deshalb braucht man eine Identität (→ s.o. Psyche und Freud).

Zwischen der traditionellen und der modernen Gesellschaft liegt der Sündenfall. Danach wurde der Mensch als Ganzer aus der Gesellschaft vertrieben. Nun wird er fallweise wieder hereingelassen, sozusagen als Besucher in jeweils wechselnden Funktionen. Als Ganzer aber treibt er sich in der Wildnis draußen herum, d.h. in seiner Psyche, und überlegt sich, welche Kleider er aus der gesellschaftlichen Garderobe auswählen soll, um daraus sein Identitätskostüm zusammenzustellen. So wie jeder eine eigene Identität hat, hat auch jeder seine ganz persönliche Garderobe. Zwar gibt es da Trends, Stile und die Empfehlungen der Journale für Identitätsmode: Es gibt Designer, Identitätsmodels und Couturiers; jede Saison stellen die großen Modehäuser ihre neue Identitätskollektion vor, und natürlich üben diese Angebote einen gewissen Druck aus. Aber sie können nur deshalb existieren, weil die meisten mit ihrer Wahlfreiheit überfordert sind. Denn an sich ist jeder frei, seine Identitätsausstattung so zu gestalten, wie er es für richtig hält. Nach der Vertreibung aus dem Paradies der Gesellschaft darf der Mensch sogar unmoralisch sein und sündigen, ohne die Gesellschaft gleich zu gefährden. Identität und Gesellschaft haben sich getrennt. Die Identitäten sind freigegeben worden, so daß heute jeder ein Original sein kann, ohne daß es irgendwelche Konsequenzen hätte; umgekehrt kann die Gesellschaft nicht vom Menschen aus verstanden werden. Sie ist ein eigenständiges Gebilde, das nach eigenen gesellschaftlichen und nicht nach personalen Gesetzen funktioniert. Diese Schwierigkeit bildet das größte Hindernis beim Verständnis der modernen Gesellschaft. Das intuitive Alltagsverständnis führt hier in die Irre. Das legt nämlich nahe, die Gesellschaft sei ein Haufen Menschen. Nichts ist abwegiger: Das wäre so, als würde man sagen, ein Haufen Steine und Balken sei ein Haus, oder ein Faß voll Wasser und etwas Fett und organische Masse seien eine Kuh. Aber die Gesellschaft unterscheidet sich von einzelnen Menschen wie ein Haus von einem Backstein. Aus demselben Grund kann man auch nicht vom Einzelmenschen auf die Struktur der Gesellschaft schließen. Das wäre so, als ob man glaubte, ein Text sei so gebaut wie ein Wort. Die Gesellschaft unterliegt anderen Gesetzen als ein einzelner Mensch.

Das hat unangenehme Konsequenzen. Zum Beispiel reicht es nicht mehr, einfach gesellschaftlich das Beste zu wollen und es dann auf direktem Wege zu verwirklichen. Im Privaten hat man da noch Chancen, weil dieses Terrain vergleichsweise übersichtlich ist. Aber gesellschaftliche Gesamtpläne haben bis jetzt immer die besten Absichten mit den katastrophalsten Ergebnissen verbunden, und das lag immer daran, daß man ein naives Bild der Gesellschaft hatte. Meistens stellte man sich dabei die Moderne wie eine traditionelle Gesellschaft vor, und das war jedesmal tödlich.

In der modernen Gesellschaft überlegt sich der Mensch, welche Kleider er aus der gesellschaftlichen Garderobe auswählen soll, um daraus sein Identitätskostüm zusammenzustellen.

Zum Allgemeingut gehört heute,
daß Mann und Frau gleichberechtigt sind

Zur Geschichte der Geschlechterdebatte

Man kann es sich an den fünf Fingern jeder Hand abzählen: Die Hälfte der Menschheit besteht aus Frauen und Mädchen: oder sollte man sagen, aus Männern und Knaben?
Die Sprache hat Probleme damit, die Gleichrangigkeit der Geschlechter auszudrücken. Wir sprechen von Bauer und Bäuerin, Arbeiter und Arbeiterin. Es sieht so aus, als ob der Mann das Grundmodell des Menschen und die Frau eine Variation wäre. In einigen Sprachen benutzt man dasselbe Wort für Mensch und Mann, so als ob der Mann zugleich die ganze Gattung bezeichnete. »Man« im Englischen heißt Mann und Mensch (the rights of man = die Menschenrechte) und »homme« im Französischen ebenfalls.

Die Hälfte der Menschheit besteht aus Frauen und Mädchen: oder sollte man sagen, aus Männern und Knaben?

Das alles ist ungerecht. Die Kultur selbst scheint machistisch und sexistisch zu sein. Zugleich ist der zivilisatorische Entwicklungsstand einer Gesellschaft von jeher daran gemessen worden, wie rücksichtsvoll die Frauen in ihr behandelt wurden und wie groß ihr gesellschaftlicher Einfluß war. Deshalb gehört es zu einem modernen Verständnis von Zivilisiertheit, sich in der Geschlechterdebatte auszukennen. Es ist keine Frage: Mißt man das Niveau einer Kultur an Friedlichkeit, Abscheu gegen Grausamkeit und Kommunikationsfähigkeit, sind die Frauen das zivilisiertere Geschlecht. Selbst wenn man mit Nietzsche einwendet, das seien die Tugenden der Schwächeren – dann wird eben die Zivilisation von den Schwächeren gemacht, die die Stärkeren durch die Erfindung der Manieren dazu zwingen, sich nicht wie Neandertaler aufzuführen.

Der Geschlechterdiskurs

Zum Allgemeingut zivilisierter Einstellungen gehört heute die Überzeugung, daß Mann und Frau gleichberechtigt sind.
Zur Minimalausstattung der Aufklärung gehört auch die Selbstverständlichkeit, daß man zwischen »Sex« und »Gender« unterscheidet. Die beiden Begriffe sind aus der amerikanischen Frauenbewegung bei uns eingewandert: »Sex« bezeichnet das biologische Geschlecht, »Gender« die sozialen Rollen »Mann« und »Frau«, die auf das biologische Geschlecht draufgesattelt worden sind. Diese Unterscheidung berücksichtigt: Das biologische Geschlecht liegt fest, die sozialen Rollen sind kulturelle Erfindungen, die auch anders möglich wären.
Auch das ist insofern unbestritten, als sich das Bild der Frau (und des Mannes) nachweislich historisch geändert hat, daß man aber jedesmal diese verschiedenen Bilder als die biologische Natur der Frauen (bzw. der Männer) ausgegeben hat. So hat man z. B. vor dem 18. Jahrhundert die Frau für sexuell wesentlich anfälliger und genußfähiger gehalten als den Mann – da spielte die Geschichte des Sündenfalls eine Rolle –, aber danach wurde diese Vorstellung ins Gegenteil verkehrt, und man schuf das Klischee-Bild von der fast asexuellen Frau der viktorianischen Zeit.
Wenn auch bis heute nicht klar ist, was der Natur und was der gesellschaftlichen Prägung

durch Rollenmodelle und Erziehung geschuldet ist – zum Konsens der Vernünftigen gehört die Erkenntnis, daß die Gesellschaft den Unterschied der Geschlechter zu ihrem eigenen Aufbau nutzt, indem sie daraus die soziale Urzelle ableitet: die Familie. Deshalb hängt die Stellung der Frau an der Funktion der Familie; und diese hängt wiederum vom Typ der Gesellschaft ab. Um also die Gründe für die unterprivilegierte Position der Frauen in der Geschichte verständlich zu machen, muß man die verschiedenen Typen von Gesellschaft erklären, die im Laufe der kulturellen Evolution einander abgelöst haben.

Verschiedene Typen der Gesellschaft

Ethnologen wie Bachofen (→ Bücher, die die Welt verändert haben) haben aus der Verehrung von Muttergottheiten und matrilinearen (über die Mütter laufende) Verwandtschaftsbeziehungen geschlossen, daß es einmal matriarchalische Gesellschaften gegeben habe, in denen die Frauen herrschten. Das ist heute umstritten. Aber wie immer dem auch sei: Wo Familiensysteme ausgebildet wurden, in denen der Vater der Kinder irgendeine Rolle spielen sollte, mußte die Vaterschaft auch garantierbar sein. Das setzte die Kontrolle der Sexualität der Frau voraus. Und hier liegt zweifellos einer der Hauptgründe für die Einschränkung der weiblichen Souveränität. Nur um diesen Preis waren die Männer an die Familie zu binden: Nur dadurch, daß die weibliche Sexualität kaserniert wurde, konnte die Abstammung der Kinder vom Vater gesichert werden.

Im Prinzip gibt es drei verschiedene Typen von gesellschaftlicher Organisation (→ Wissenschaft, Stichwort Gesellschaft):

1. Stammesgesellschaften. Sie setzen sich aus der schlichten Aggregation (Aneinanderreihung) von Familien zusammen. Das Grundmuster der Familie besteht aus einer Frau und drei Männern: ihrem Bruder, ihrem Ehemann und ihrem Sohn. Dadurch sind die drei elementaren Beziehungen der Verwandtschaft ausgedrückt: die Blutsverwandtschaft (Bruder), die Ehe (Ehegatte), die Abstammung (Sohn). In den allermeisten Gesellschaften sorgen Inzesttabus (Verbote der Heirat zwischen nahen Blutsverwandten) für Exogamie (Heirat außerhalb der eigenen Familie). Dabei werden in der Regel die Frauen in die Familie des Mannes übernommen. Bis in die Neuzeit hinein leiteten sich der Status und die Rechte einer Frau aus der gesellschaftlichen Position ihres Mannes ab. Durch die Verpflichtung der Männer, sich Frauen außerhalb der eigenen Familie zu suchen, erweiterten sich Familien zu verzweigten Sippenverbänden, Clans und Stämmen, bei denen die Geschlechterdifferenzierung stark akzentuiert wurde. Alle gesellschaftlichen Strukturen wurden in den Begriffen der Geschlechterdifferenz beschrieben. Und nach diesem Schema wurde auch der Kosmos mythologisiert: Der Himmel war männlich (Vater im Himmel), die Erde weiblich (Mutter Erde: sie war fruchtbar, aber der Himmel regnete auf sie herab etc.); der Geist war männlich (er wehte, wo er wollte), war Wind und Hauch, also mobil, und gehörte zum Himmel (→ Geschichte, die Analyse von Botticellis Primavera), aber die Materie war weiblich: »mater« hieß auf lateinisch Mutter, und sie war das irdene Tongefäß (siehe Der zerbrochene Krug), in dem die neue Pflanze heranreifte.
Insgesamt kann man sagen, daß die Natur mit Weiblichkeit und die Kultur mit Männlichkeit identifiziert wurde. Das hatte Konsequenzen für die symbolische Ordnung der Geschlechter: Frauen gab es von Natur aus, Männer wurden künstlich gemacht. Deshalb wurden nur Knaben nach der mit Mädchen

Frauen gab es von Natur aus, Männer wurden künstlich gemacht. Im Prinzip mußten sie eine Prüfung machen. Erst wenn sie bestanden hatten, wurden sie als Männer in die Gemeinschaft aufgenommen. Ihr neuer Status wurde dann symbolisch gekennzeichnet, etwa durch Tätowierung.

gemeinsam verbrachten Kindheit durch einen speziellen Ritus zu Männern umgemodelt. Im Prinzip mußten sie eine Prüfung machen; diese Prüfung nennen die Ethnologen »Initiationsritus«: Dabei wurden die Kandidaten aus der Gesellschaft isoliert und in der Einsamkeit der Wildnis verschiedenen Angst-, Streß- und Tapferkeitstests unterworfen. Erst wenn sie diese Tests bestanden hatten, wurden sie als Männer in die Gemeinschaft aufgenommen. Ihr neuer Status wurde dann symbolisch gekennzeichnet, etwa durch Tätowierung, Haartracht, Beschneidung oder Kleidungsstücke.
Deshalb hatten Männer dieses Gesellschaftstypus eine fragile Identität, die wieder zusammenbrechen konnte, wenn sie sich den an die Rolle gestellten Anforderungen nicht gewachsen zeigten. Das wurde ausgedrückt durch das Konzept der Ehre. Verlor man sie, verlor man die Anerkennung, die dem Status gebührte. Zur Ehre des Mannes gehörte, daß er nicht unter dem Pantoffel stand, nicht gehörnt wurde und sich nicht wie eine Frau aufführte.
Die Götterwelt einer solchen Gesellschaft war – wie etwa bei den Griechen – ein riesiger Familienclan, und ihre Geschichte bestand aus einer Familiensaga. Das ganze Volk Israel stammte von einer einzigen Familie ab mit den Stammvätern Abraham, Isaac und Jakob, der selbst den Beinamen Israel trug. Verwandtschaftsverhältnisse waren von entscheidender Wichtigkeit, und die Treue der Frauen bildete deshalb das wichtigste symbolische Kapital.

2. Der nächste Gesellschaftstyp erschien nach der Erfindung der Schrift und der Städte: Das waren die Hochkulturen, die als Pyramiden von hierarchisch angeordneten Schichten von Bauern, Beamten, Adligen oder Priestern mit einem Herrscher an der Spitze organisiert waren. Zu diesem Typ gehörte auch noch die europäische Gesellschaft des Mittelalters und der Neuzeit bis zur industriellen Revolution. Dann bildete sich in Europa ein neuer, erstmals in der Menschheitsgeschichte auftretender Gesellschaftstyp heraus:

3. die sogenannte funktional differenzierte Gesellschaft. Mit diesem finsteren Begriff ist gemeint, daß nun die Menschen nicht mehr als Adlige oder Bürger fest in einer Schicht verankert waren und von da aus ihre Identität bezogen, ja daß die Gesellschaft gar nicht mehr aus Schichten bestand, sondern sich wie eine Torte aus gleichberechtigten Teilen zusammensetzte, die aus der Arbeitsteilung (funktionale Differenzierung) entstanden waren: also Justiz, Verwaltung, Erziehung, Wirtschaft, Polizei, Industrie etc.; und daß der einzelne zwar durch seinen Beruf, seine Ausbildung oder als Kunde in diese Bereiche hinein- und dann wieder hinausdriftete, daß er aber als Ganzer ein Individuum wurde, das überall und nirgends in der Gesellschaft zu Hause war.

Der Übergang von der traditionellen zur modernen Gesellschaft

Der Übergang von der hierarchischen Ständegesellschaft zur modernen Industriegesellschaft füllt nun die Geschichte der Neuzeit bis heute aus, wobei die Paßhöhe in der zweiten Hälfte des 18. Jahrhunderts liegt (Französische und industrielle Revolution).

Entscheidend ist dabei zunächst die Entwicklung der Oberschicht. Im 16. und 17. Jahrhundert entstehen mit der Erstarkung der königlichen Macht in den meisten europäischen Ländern große Fürstenhöfe, an denen die Adligen auf Frauen treffen, die höheren Standes sind als sie selbst. Ihnen gegenüber müssen sie sich rücksichtsvoll, höflich und galant benehmen. Dadurch entsteht eine Verhaltenskultur, in der ständische Respektsbezeugungen und der vom Rittertum ererbte erotische Frauendienst zu einer neuen »Höflichkeit« zusammenwachsen. Das Prestige eines Aristokraten bestimmt sich dann nicht mehr allein durch seine Macht, sondern auch durch seinen Verhaltensstil, durch sein Auftreten, seine Liebenswürdigkeit, seine Galanterie, seinen Witz, seine Fähigkeit zu unterhalten und die Anwesenden mit der Lebhaftigkeit seiner Konversation zu entzücken, kurzum, durch das, was man ab jetzt »Manieren« nennt. Die Richter über diesen Stil sind die Frauen. So wird der erste große Zivilisierungsschub durch die Orientierung an den Verhaltenserwartungen kultivierter Frauen ausgelöst.

Zugleich blieb aber die Familienstruktur der Aristokratie weitgehend traditionell. Die Familie dieser Schichtengesellschaft unterschied sich

In der Oberschicht treffen Adelige auf Frauen, die höheren Standes sind als sie selbst. Ständische Respektsbezeugungen und der vom Rittertum ererbte erotische Frauendienst wachsen zu einer neuen »Höflichkeit« zusammen; das Prestige eines Aristokraten bestimmt sich auch durch seine »Manieren«. Die Richter darüber sind die Frauen.

grundsätzlich von der modernen Familie. Es war keine Kernfamilie aus Eltern und Kindern, die in jeder Generation neu gegründet wurde; vielmehr verstand man unter Familie den großen Haushalt einer Mehrgenerationenfamilie. Zu ihr gehörten neben vielen unverheirateten Tanten und Onkeln und Vettern auch die unverheirateten Dienstboten, Zofen, Mägde, Gesellen und Lehrlinge. Der Haushalt war zugleich ein Wirtschaftsbetrieb, sei es als Gutshof, Bauernhof, Handwerksbetrieb oder Handelshaus. In protestantischen Ländern wurde er die Basis der religiösen und moralischen Ordnung, wobei der Haushaltsvorstand über Bibellektüre und christliches Verhalten wachte. Eine solche Familie war sozial hoch integriert. Sie bedurfte keines besonderen emotionalen Zusammenhalts. Das bedeutet nicht, daß es ihn nicht trotzdem geben konnte. Aber es gab noch nicht die kulturell reflektierte Form des intimen Gefühls als spezielles Bindemittel zwischen Ehepaaren und Eltern und Kindern.

In der Schichtengesellschaft war der Haushalt zugleich ein Wirtschaftsbetrieb.

Die erotische Liebe betätigte sich außerhalb der Ehe, und das auch nur bei Aristokraten. Bei Bürgerlichen schien sie lächerlich. Man nannte die Liebe auch nicht ein Gefühl, sondern man sprach von Passion, also einer Form des Leidens, die als Krankheit angesehen wurde. Geheiratet wurde indes aus Gründen der Familienpolitik. In solchen Familien gab es keine Intimität.

Alles das ändert sich im 18. Jahrhundert, als im Übergang zur modernen Gesellschaft das Bürgertum dem Adel die kulturelle Führung streitig macht. Dabei steht der Wandel der Familie im Mittelpunkt der ideologischen Auseinandersetzung. In der modernen Gesellschaft hört die Familie auf, dem Individuum seinen sozialen Status zu sichern. Statt dessen spezialisiert sie sich (neben der Kinderaufzucht) auf eine einzige Funktion: Sie kompensiert die immer unpersönlicher werdenden Beziehungen der Außenwelt durch die Intimität zwischen den Ehepartnern und ihren Kindern. Diese Umstellung wird in der Kulturrevolution der zweiten Hälfte des 18. Jahrhunderts, der sogenannten »Bewegung der Empfindsamkeit« vollzogen.

Die Erfindung der Kleinfamilie

Anders als in der ständischen Schichtengesellschaft wird in der mobilen Gesellschaft der Moderne der Status nicht vererbt, sondern in jeder Generation durch eine individuelle Karriere neu erworben. Deshalb umfaßt auch die Familie nicht mehr mehrere Generationen, sondern wird in jeder Generation neu gegründet. Damit entsteht die sogenannte Kleinfamilie. Bei der Partnersuche wird Familienpolitik durch Liebe ersetzt. Deshalb wird im 18. Jahrhundert das Gefühl erfunden. Natürlich gab es auch schon früher Affekte oder Gemütsbewegungen, aber die rechnete man nicht zur Psyche, sondern zum Körper. Sie fielen unter die Zuständigkeit der Medizin. Mit dem »Gefühl« (Empfindsamkeit, Sympathie, Sensibilität, Sentiment) wird dagegen ein Konzept eingeführt, das als sozialfreundlicher Seelenzustand sich zwischen Geist und Körper schiebt und einen mentalen Innenraum des Seelischen öffnet. Auf diese Weise wird überhaupt erst der Bereich begründet, den wir heute als psychisch ansehen. Ideologisch hat das Gefühl die Funktion, »allgemein menschlich« zu sein, die Standesgrenzen zu überwinden und die Menschen als einigendes Band zu umschlingen. Das Gefühl ist also revolutionär: Alle sind gleich und alle können gleich fühlen. Zugleich wird jetzt mit Richardson in England der psychologische Roman erfunden, der als Liebesroman beginnt (→ Literatur). An diesen Romanen kann man ablesen, wie die Geschlechterrollen neu stilisiert werden.

Der Liebe wird die neue Aufgabe zugewiesen, die Ehe zu begründen und dabei die Standesschranken zu überwinden. Deshalb wird der Mann immer als Aristokrat stilisiert (als Prinz) und die Frau als Bürgerliche. Als Adliger ist der Mann der nicht-ehebezogenen Galanterie verpflichtet und möchte das bürgerliche Mädchen verführen. Sie aber ist in puncto Sexualität absolut prinzipienfest und tugendhaft. Zu diesem Zweck wird für die Frau die Moral vornehmlich auf die Sexualmoral eingeengt. Jetzt nehmen Begriffe wie Tugend, Anstand, Reinheit, Sittsamkeit eine fast ausschließlich sexuelle Färbung an. Im Liebesszenario dürfen die Mädchen deshalb erst ihre Gefühle für den Mann entdecken, wenn dieser einen Heiratsantrag macht. Vorher ist es für sie unanständig, Gefühle erotischer Anziehung zu empfinden. Und just bis dahin dauert dann auch der Widerstand der Tugend.

Natürlich gab es auch früher Affekte oder Gemütsbewegungen, aber sie fielen unter die Zuständigkeit der Medizin

Die Familie kompensiert die immer unpersönlicher werdenden Beziehungen der Außenwelt durch die Intimität zwischen den Ehepartnern und ihren Kindern.

Dies führt zu einer neuen Typisierung der Geschlechterrollen. Den Männern mutet man eine sündigere Natur zu, und das Höchste, was man von ihnen erwarten kann, ist, daß sie ihre ununterdrückbaren Impulse ausschließlich in der Ehe ausleben. Die Natur der Frauen hingegen wird nun als sehr viel reiner angesehen. Ihnen traut man zu, gegenüber sexuellen Gefühlen völlig immun zu sein. Wenn sie heiraten, dann nicht, um ihre Lust auszuleben, sondern weil die religiöse Basis der Ehe allein in ihren Händen einigermaßen sicher ist. Deshalb wird ihnen die Rolle zugemessen, die Instinkte der unreinen männlichen Natur zu disziplinieren und zu veredeln. Das klingt noch in Goethes »das ewig Weibliche zieht uns hinan« an.

Die Frau erhält einen neuen Partner: das Kind. Natürlich gab es auch schon vorher Kinder, aber ihnen wurde kein Sonderstatus zuerkannt.

Diese Differenzierung ist historisch neu. Die traditionelle Haltung hatte gerade den Frauen wie der biblischen Eva besonders angelastet, daß sie Verführerinnen waren.

Die Kulturrevolution der Empfindsamkeit prägt also ein neues Stereotyp der Frau, das während des ganzen bürgerlichen Zeitalters bis ins 20. Jahrhundert die häusliche Bühne beherrschen wird. In allen Bereichen, im Gespräch, beim Essen, beim Sport, in der Kleidung muß »sie« nun Sittsamkeit vorführen. Auch die sprachliche Sensibilität wird so verfeinert, daß, wird eine handfeste Zweideutigkeit geäußert, sofort eine Ohnmacht droht.

Die Sentimentalisierung der Frau stilisiert sie zum »Engel im Haus«. Häuslichkeit und Familie werden jetzt als Schutzraum vor der Kälte der Welt erlebt. Außerdem erhält die Frau einen neuen Partner: das Kind. Natürlich gab es auch schon vorher Kinder, aber ihnen wurde kein Sonderstatus zuerkannt. Sie galten bis dahin einfach als kleine Erwachsene. Kindheit als eine besondere Phase der Entwicklung war noch nicht entdeckt. Natürlich sah man, daß das Kind noch unerfahren, unwissend und unbeherrscht war, aber das galt als bloßes Defizit. Daß im Erleben des Kindes die Phantasie, die Beseelung der Dingwelt, die Magie eine ganz andere Rolle spielten, wurde nicht registriert. Also wurde auch kein Unterschied zwischen der Welt der Kinder und der Welt der Erwachsenen gemacht. Kinder und Erwachsene spielten z. B. die gleichen Spiele. Man hielt es für unnötig, die Unschuld der Kinder vor obszönen Scherzen oder derben Späßen der Erwachsenen zu schützen. In der Literatur kam die Erlebniswelt der Kinder als eigene Dimension nicht vor.

Das alles ändert sich im 18. Jahrhundert. Nach der Lektüre von Rousseau beginnen Mütter, ihre Kinder selbst zu stillen. Eine kindgerechte Pädagogik wird entfaltet. Die romantische Literatur entdeckt die Erlebniswelt der Kindheit als eigenes Reich der Poesie. Mit ihr werden die Märchen entdeckt. Man verfällt einem Kult des Ursprünglichen. Aus dem Rückblick des Erwachsenen erscheint die Kindheit wie ein verzaubertes Land, das man verloren hat. Die Nostalgie wird erfunden. Kinder tauchen nun in der Lyrik und der Literatur auf. Eine eigene Kinderliteratur entsteht, und von Peter Pan bis Oskar Matzerath in *Die Blechtrommel* erscheinen literarische Wunschträume, nie mehr erwachsen werden zu müssen. Mit der Entdeckung von Kindheit und Femininität kommt es zu einer Aufwertung von Leiden, Unschuld und Passivität. Wer handelt, macht sich schuldig, aber wer so wie Kinder und Frauen nicht handeln kann, sondern nur fühlt, ist unschuldig. Fühlen wird selbst eine Form der Passivität. Nur wer sensibel ist, wird von Eindrücken überwältigt, und nur wer fühlt, ist auch gut. Und man geht davon aus, daß Frauen und Kinder sehr viel sensibler sind als Männer. Man schreibt Kindern und Frauen soviel Feinfühligkeit zu, daß man sie vor allem Groben, Anzüglichen und Sexuellen schützen muß.

In der Konstellation mit dem Kind wird das Frauenbild stärker dem der Mutter angenähert. Zu ihrer besonderen Mission wird die Menschlichkeit. Verkörpert der Mann die Wissenschaft, den Markt oder die Politik, löst die Frau die daraus hervorgehenden Härten im Schmelz des mütterlichen Mitleids wieder auf. Harter Vater und sanfte Mutter werden zu den beiden einander ergänzenden Figuren der bürgerlichen Familie. Und je mehr die Frau als Mutter erscheint, desto stärker wird sie entsexualisiert. Das führt dann zur Spaltung des Frauenbildes in »die Heilige« und »die Hure«; eine Spaltung, die sich in Freuds Theorie vom Ödipus-Komplex wiederfindet: Ist die Mutter eine Heilige, muß der Gedanke an ihre Sexualität abgewehrt und verdrängt werden. Während in der Jahrhundertmitte in Deutschland die Weihnacht mit der heiligen Familie als Fest der Innigkeit ausgestaltet wird, überläßt man sich in Frankreich einer zunehmenden Obsession durch die Figur der Prostituierten. Dumas' *Kameliendame* begründet den Mythos von der Kurtisane mit dem goldenen Herzen, der bis heute wirksam ist: die alimentierte Schwindsüchtige, verführerisch und doch zum Tode verurteilt, die von ihrem Leiden durch einen herzzerreißenden Tod erlöst wird. Dagegen waren Zolas *Nana*, Joris-Karl Huysmans *Marthe* und Edmond de Goncourts 1877 erschienene *La fille Eliza* klinisch genaue Darstellungen eines immer noch geheimnisvollen Berufs. Bis zur Jahrhundertmitte hatte man die Prostitution als eine Art notwendiges Übel angesehen, und der Sexualkundler Dr. Acton hielt in seinem Buch *Pro-*

Die romantische Literatur entdeckt die Erlebniswelt der Kinder als eigenes Reich der Poesie. Mit ihr werden die Märchen entdeckt. Man verfällt einem Kult des Ursprünglichen. Aus dem Rückblick der Erwachsenen erscheint die Kindheit wie ein verzaubertes Land, das man verloren hat.

stitution das Gewerbe für unausrottbar. Aber gegen Ende des Jahrhunderts begannen Sozialwissenschaftler, Beamte, Mediziner und Sittenreformer im Schicksal der Prostituierten eine ungelöste moralische und soziale Aufgabe zu sehen. Das wurde als kollektive Rettungsphantasie gedeutet, in der der Knabe die Enttäuschung, die die Entdeckung der sexuellen Aktivität seiner Mutter mit sich bringt, dadurch kompensiert, daß er sie in seiner Phantasie zum Abbild einer käuflichen Frau erniedrigt, die er dann errettet, um so die erste Liebe seines Lebens wiederherzustellen.

England, die Wiege der Frauenbewegung

Der Prolog der Frauenbewegung wurde allerdings in Frankreich gesprochen. Und zwar in der Französischen Revolution. Nach der Erklärung der Menschenrechte erfolgte die Erklärung der Frauenrechte durch Olympe de Gouges. Darin wurde das aktive und passive Wahlrecht und die Zulassung zu allen Ämtern gefordert. Bis zur Suffragettenbewegung (von suffrage = Wahl) am Anfang des 20. Jahrhunderts sollte das die Hauptforderung der Frauenbewegung bleiben, woran man sieht, daß sie nicht erfüllt wurde.

Zunächst beteiligten sich die Frauen an der Französischen Revolution in gleichberechtigter Weise. Sie wurden Mitglieder in den politischen Clubs, gründeten eigene Clubs und machten in eigenen Journalen für die Sache der Frauen Propaganda. Als aber ihre Anführerinnen dazu übergingen, die Frauen dazu aufzufordern, männliche Kleidung anzulegen, entzog ihnen der Konvent das Versammlungsrecht und schloß ihre Clubs.

Der Prolog der Frauenbewegung wurde in der Französischen Revolution gesprochen: Zug der Pariser Marktweiber nach Versailles am 5. Oktober 1789.

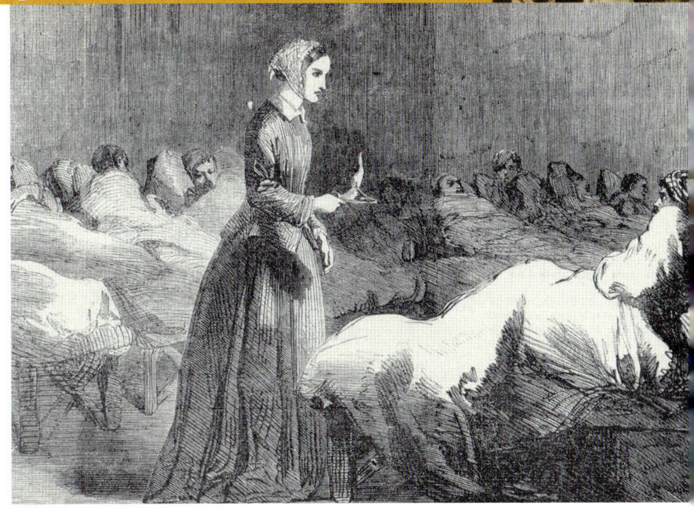

Florence Nightingale: ihre Karriere gab den Anstoß für die Diskussion über die Universitäts- und Berufsausbildung der Frauen.

Als bleibendes Dokument dieser Zeit ist die Schrift einer Engländerin übriggeblieben: Mary Wollstonecraft erinnerte die Revolutionäre ebenfalls daran, daß sie in der Erklärung der Menschenrechte die Frauenrechte vergessen hätten und verfaßte zur Abhilfe *A Vindication of the Rights of Women* (eine Verteidigung der Frauenrechte, 1792). Neben der Möglichkeit, ihre Interessen im Parlament zu vertreten, forderte sie vor allen Dingen das Recht der Frauen auf eine vernünftige Ausbildung. Dann schockierte sie ganz Europa dadurch, daß sie das Recht der Frauen auf Befriedigung beim Koitus betonte. Sie beklagte, daß Frauen von den Männern auf die Rollen des Sexobjekts, der Haushälterin und der Mutter reduziert würden. Mit solch beredt vorgetragenen Anklagen wurde Mary Wollstonecraft eine der Gründungsheroinen der Frauenbewegung. Später wurde sie die Gefährtin von William Godwin, der die freie Ehe propagierte, heiratete ihn trotzdem und wurde Mutter von Mary Shelley, der Verfasserin des *Frankenstein.*

Danach legte sich die Frauenbewegung für zwei Generationen schlafen und erwachte erst wieder in der zweiten Hälfte des 19. Jahrhunderts in England. In den 1870er Jahren begann die Diskussion über die Universitäts- und Berufsausbildung der Frauen. Den Anstoß dazu hatte die Karriere von Florence Nightingale gegeben. Als Beauftragte für die Lazarettorganisation im Krim-Krieg von 1855 setzte sie sich gegen die Dummheit höherer Offiziere durch und reorganisierte die Krankenadministration, holte sich ausgebildete Krankenschwestern, sicherte die medizinische Versorgung und senkte auf diese Weise die Sterblichkeitsrate verwundeter Soldaten von 42 auf 1%. Die Kombination Krieg und Frau machte ihren Erfolg besonders spektakulär. Nach dem Krieg reformierte sie das gesamte Lazarettwesen der Armee und beteiligte sich am Ausbau des Roten Kreuzes nach dessen Gründung durch Henri Dunant. Ihrem Einfluß, ihrem Beispiel und ihrer immensen Popularität war es zu verdanken, daß die Vorstellung von der Begabung der Frauen im öffentlichen Bewußtsein sich änderte.

Parallel dazu initiierte John Stuart Mill eine Bewegung, die sich für das Frauenstimmrecht einsetzte und die ebenfalls von Florence Nightingale unterstützt wurde. Das führte zur Gründung der »Women's Colleges« in Oxford und Cambridge, so daß Frauen nun in den Genuß höherer Universitätsausbildung kommen und akademische Abschlußexamina ablegen konnten. In seiner einflußreichen Schrift *The Subjection of Women* (Die Unterdrückung der Frauen) von 1869 hatte Mill bereits Zweifel an der naturrechtlichen Begründung des weiblichen Rollen- und Sexualverhaltens geäußert. Gemäß seinem Analyseprinzip transformierte er »Sex« in »Gender« und erklärte die scheinbar natürlichen Sexualnormen zu bloßen Konventionen. Dem Klischee der passiven Frau stellte er das Konzept des unabhängigen, selbstverantwortlichen weiblichen Wesens gegenüber, das auch das Recht auf sexuelle Selbstbestimmung hat. Dazu gehörten Empfängnisverhütung und sexuelle Betätigung im Sinne der Selbstverwirklichung. Diese Erkenntnisse wurden zur Munition für die Propagandistinnen der Frauenemanzipation wie George Egaton, Emily Pfeiffer, Eleanor Marx und Olive Schreiner, die das ausmalten, was man gegen Ende des Jahrhunderts »die neue Frau« nannte.

Zugleich gab es eine Allianz zwischen der Frauenbewegung und dem Sozialismus, der in den 1880er Jahren auflebte. Es schien selbstverständlich, daß die sozialistische Gesellschaft zur Emanzipation der Frau auch in Fragen der Sexualität und der Ehe führen müsse. In *The Women's Question* von 1885 leitete der Verfasser Karl Pearson die Wasser des Feminismus auf die Mühlen des Sozialismus und propagierte in seiner Schrift *Socialism and Sex* die ökonomische Unabhängigkeit der Frau. Dabei war er schon von August Bebels *Die Frau und der Sozialismus* von 1883 inspiriert. 1888 begründete Havelock Ellis mit seinem Buch *Women and Marriage* und den zehn Jahre später erscheinenden *Studies in the Psychology of Sex* zur gleichen Zeit wie Sigmund Freud die Sexualwissenschaften.

Das Bündnis zwischen Sozialismus und Frauenbewegung zeigte sich idealtypisch an Charles Bradlaughs Schrift *The Radical Programme* von 1885, das zugleich die Vertretung der Arbeiterschaft im Parlament und das Wahlrecht für Frauen forderte. Bradlaughs langjährige Mitstreiterin war Annie Besant, die in zahlreichen Pamphleten für die politische Gleichberechtigung der Frau eintrat. Sie gehörte zu einer Gruppe, die sich »Neo-Malthusians« nannte und für moderne Empfängnisverhütung eintrat. Ihr Kronzeuge war George Drysdale, der aus der Malthusschen Verelendungstheorie (→ Bücher, die die Welt veränderten) ein umfassendes Programm der Empfängnisverhütung und Familienplanung abgeleitet hatte, die er aber nicht mehr wie sonst üblich durch Abstinenz steuern wollte. Da er damit die Sexualität von der Fortpflanzung trennte, wurde er zu einem Apostel der freien Liebe. In einem Prozeß gegen Bradlaugh und Besant von 1878 erhielten diese Ideen ungemeine Publizität, und billige Ausgaben der vor Gericht diskutierten Schriften verkauften sich zu Hunderttausenden. 1879 wurde die »Malthusian League« zur Verbreitung dieses Gedankenguts gegründet; damit verbanden Besant und Bradlaugh in ihrer Schrift *The Gospel of Atheism* einen direkten Angriff auf das Christentum.

Bereits in der Mitte der 1870er Jahre hatte Emma Patterson eine Gewerkschaft für arbeitende Frauen gegründet; und George Bernard Shaw widmete einen Großteil seiner dramatischen Begabung den Zielen der Frauenemanzipation. Er betrieb einen Propagandafeldzug für Ibsen, der in seinen Dramen die Entmündigung der bürgerlichen Frau vorführte, und leitete aus der Verbindung von Evolutionismus und Sozialismus einen militanten Feminismus ab, worin er der Frau als Trägerin der evolutionären Bestimmung der Menschheit eine neue entscheidende

Die Suffragetten verfolgten eine Politik bewußter Regel- und Rechtsverletzungen: zerfetzten Bilder in der Nationalgalerie, zertrümmerten Schaufensterscheiben, ketteten sich an Absperrgitter an.

Rolle zuwies. Dann schuf er den Charaktertyp der »neuen Frau«, um mit ihr die sentimentale Heldin von der Bühne zu vertreiben.

Nach der Jahrhundertwende wurden die Kämpferinnen für das Frauenwahlrecht plötzlich militant. 1906 gründet Mrs. Pankhurst mit ihrer Tochter Christabel die nationale sozialpolitische Frauenunion, und noch im gleichen Jahr wurden zwei ihrer Mitglieder zu Gefängnisstrafen verurteilt, weil sie sich geweigert hatten, die wegen Störung öffentlicher Versammlungen verhängten Geldstrafen zu bezahlen. 1907 wurde der »Männerbund für Frauenstimmrecht« gegründet, und zum Sprachrohr der Militanten wurde die Zeitschrift *Votes for Women.* Von da an verfolgten die Suffragetten, wie sie genannt wurden, eine Politik bewußter Regel- und Rechtsverletzungen, traten in Hungerstreik und durchbrachen die Konventionen zivilen Verhaltens durch spektakuläre Gewaltaktionen: Sie zerfetzten Bilder in der Nationalgalerie, zertrümmerten Schaufensterscheiben, drangen in Clubs ein, ketteten sich selbst an Absperrgitter an, und die Frauenrechtlerin Emily Davison warf sich beim Derby 1913 vor das Pferd des Königs und wurde zu Tode getrampelt.

Deutschland

In Deutschland folgte die Frauenbewegung dem englischen Vorbild. 1865 wurde in Leipzig der »Allgemeine Deutsche Frauenverein« gegründet, der mit seinen Zweig- und Untervereinen vor allem die Frauenbildung zu seinem Anliegen machte und den Zugang der Frauen zu den Universitäten forderte. 1893 gründete der Verein »Reform« in Karlsruhe das erste Mädchengymnasium, und von da an begann der landesweit verbreitete Verein »Frauenbildung – Frauenstudium«, überall Mädchengymnasien zu gründen. 1896 bestanden die ersten sechs Mädchen in Berlin das Abitur. Seit 1908 wurden Frauen an preußischen Universitäten zugelas-

Kennzeichnend für die größere Bewegungsfreiheit war die Änderung der Mode. Es verschwanden die Panzerungen aus Stoff und Fischbeinstäbchen, statt dessen machte der Jugendstil weite und fließende Gewänder populär.

Eine der führenden Personen in der Frauenbewegung in Deutschland ist die Autorin und Gründerin der feministischen Zeitschrift Emma, Alice Schwarzer.

sen. Heute studieren mehr Frauen als Männer. 1891 hatte die SPD die Forderung nach dem Stimmrecht der Frauen in ihr Programm aufgenommen. Und 1902 wurde der »Deutsche Verband für Frauenstimmrecht« gegründet. Inzwischen bot die Ausbreitung des tertiären Sektors der Dienstleistungen Frauen ein breiteres Spektrum für Berufsbetätigung als bisher. Das bedeutete eine generelle Öffnung der Gesellschaft auch für bürgerliche Frauen. Kennzeichnend für die größere Bewegungsfreiheit junger Mädchen war die Änderung der Mode. Es verschwanden die Panzerungen aus Stoff und Fischbeinstäbchen, in die der weibliche Körper in der Öffentlichkeit normalerweise eingezwängt war. Statt dessen machte der Jugendstil weite und fließende Gewänder populär. Zunehmend wurden Frauen Mitglieder der Wander- und Bergsteigervereine. Das Fahrrad trug ebenfalls zur Emanzipation der Frau bei, indem es ihr mit einem Schlag eine Bewegungsfreiheit ermöglichte, die selbst adlige Reiterinnen nicht kannten. Die bisher nach Geschlechtern getrennten Schwimmbäder wurden nun zu Familienbädern, wo mehr vom menschlichen Körper enthüllt wurde, als die Prüderie der Zeit je für schicklich gehalten hatte. Die Tageszeitungen legten ihren Blättern Frauenseiten bei, und es entstanden Mädchen- und Frauenzeitschriften mit Werbung, die sich nur an Frauen richtete. Auf der internationalen Ausstellung von 1908 stand ein Palais der Frauenarbeit im Zentrum. 1891 hatte das britische Nachschlagewerk *Men of the Time* seinen Titel in *Men and Women of the Time* geändert. Unter den in der Ausgabe von 1895 aufgeführten Frauen hatten sich die meisten als Autorinnen oder als Schauspielerinnen einen Namen gemacht, aber ein Drittel fiel unter die Rubrik »Reformerinnen und Philanthropinnen«. Das zeigte, daß sich vor allem in sozialistischen Milieus Möglichkeiten für die Betätigung von Frauen eröffneten. Rosa Luxemburg verkörperte diesen Typ ebenso wie Vera Sassulich, Alexandra Kolontai, Anna Kulickov und Emma Goldmann. Sozialrevolutionäre wie Engels, Bebel oder Shaw traten für die sexuelle Utopie der freien Liebe und die freie Gattenwahl der Frauen ein.

Von Amerika aus, wo es schwer war, Hausbedienstete zu bekommen, verbreiteten sich arbeitssparende Haushaltstechniken. Seit 1880 gab es den Gasherd, und noch schneller setzte sich vor dem Ersten Weltkrieg der Elektroherd durch. 1903 tauchte der erste Staubsauger auf, und das elektrische Bügeleisen begeisterte 1909 die staunende Öffentlichkeit. Die SPD machte Propaganda für Gemeinschaftseinrichtungen wie Kinderkrippen und öffentliche Mittagstische, und allgemein wurde in den sozialistischen Milieus mit neuen Formen von Lebensgemeinschaften experimentiert. Ab 1873 betätigte man sich in den mittelständischen Vororten beim Tennisspiel, dessen Attraktivität darin bestand, daß sich auch Frauen beteiligen konnten. Denselben Gründen verdankt sich auch die Verbreitung des Alpinismus, des neuen Radsports und des Schlittschuhlaufens.

Der Erste Weltkrieg, in dem viele Frauen die Arbeitsplätze der zur Armee eingezogenen Soldaten einnahmen, trug dann mehr als alles andere dazu bei, den Widerstand gegen die politische Gleichberechtigung der Frauen zu brechen. So erhielten in fast allen westlichen Ländern nach dem Krieg 1918/19 die Frauen das aktive und passive Wahlrecht. Die einzige Ausnahme war die Schweiz, wo das Frauenstimmrecht auf Bundesebene erst 1971 eingeführt wurde. Am längsten sträubten sich die Männer des Kantons Appenzell-Innerrhoden; Ende 1990 haben sie ihren Widerstand schließlich aufgegeben.

1933 wurde in Deutschland die Frauenbewegung gestoppt. Statt dessen wurde die Gebärfähigkeit der Frauen zur völkischen Ressource erklärt, die in rassenpolitischer Absicht eugenisch (als Zuchtauswahl) zu bewirtschaften war und im Sinne der Rassenreinheit, der Steigerung der Wehrkraft und der Siedlungspolitik dem totalitären Zugriff ausgesetzt wurde. Diesem Ziel dienten auch die Gesundheitspolitik, die Zuchtanstalt »Lebensborn«, die Verbandspolitik und die Glamourisierung der Mutter. Das Grundgesetz der Bundesrepublik Deutschland erklärte dann endlich die Gleichberechtigung von Mann und Frau in allen Lebensbereichen. Das Gleichberechtigungsgesetz von 1958 erledigte dann nur noch den Nachregelungsbedarf im Eherecht.

Der Feminismus

Im Zuge der Bürgerrechtsbewegung in den USA gründete Betty Friedan 1966 die feministische Frauenorganisation »NOW« (National Organisation of Women). Das wurde zum Ausgangspunkt der kulturrevolutionären Bewegung des Feminismus, dem es nicht nur um politische und soziale Gleichberechtigung der Frauen geht, sondern um eine Revision der kulturellen Symbolsysteme und der durch sie geprägten Einstellungen. Damit meinen die Feministinnen eine patriarchalische Prägung der kulturellen Wahrnehmungsraster wie sprachliche Kategoriensysteme, Denkgewohnheiten und unterschwellige Bewertungen, durch die das »Männliche« auf Kosten des »Weiblichen« aufgewertet werde. Gemeint sind damit solche Gegensatzpaare wie »der männliche Geist« und »die weibliche Materie« (siehe oben).

Die Feministinnen betreiben handfeste Symbol- und Sprachpolitik, indem sie die Normalisierung der weiblichen grammatikalischen Formen durchsetzen, was nicht immer ohne humoristische Nebeneffekte abgeht

Theoretische Kronzeugen für diese geforderte Revision der kulturellen Symbolsysteme sind die beiden französischen Denker Michel Foucault und Jacques Derrida. Foucault hat in seinen Büchern gezeigt, daß kulturelle Ordnungen unsichtbare Werkzeuge der Unterdrückung sind, und Derrida hat in einer an Heidegger anschließenden Grundsatzkritik an der abendländischen Philosophie demonstriert, daß die Leitbegriffe, die unser Denken organisieren, aus asymmetrischen Gegensatzpaaren bestehen, von denen immer ein Teil höher bewertet wird als der andere, wie Kul-

Jack Lemmon und Toni Curtis in *Manche mögens heiß*: Dem Feminismus geht es nicht nur um politische und soziale Gleichberechtigung der Frauen, sondern um eine Revision der kulturellen Symbolsysteme und der durch sie geprägten Einstellungen.

tur/Natur, Geist/Körper, Verstand/Gefühl, Mann/Frau etc.; und daß diese Schablonierung des Denkens mit der phonetischen Schrift und unserer Vorstellung von Sprache und von Bedeutung als Rationalität zusammenhängt (→ Philosophie/Weltanschauung).

Weil die Feministinnen ihre Aufgabe deshalb zu einem guten Teil in der Überarbeitung und Änderung der Symbolsysteme sehen, haben sie sich besonders in den kulturwissenschaftlichen Fächern der Universität ausgebreitet, wo sie mit der von Derrida entwickelten Methode der Dekonstruktion in den Texten der abendländischen Kultur die Spuren der unterdrückten Femininität rekonstruieren. Da es sich um das Aufspüren des Latenten und Unterdrückten handelt, bedeuten nach dieser Lesart die Texte meist das Gegenteil von dem, was sie offiziell sagen. Und in dieser Hinsicht ähnelt die feministische Interpretationspraxis der Psychoanalyse.

Darüber hinaus betreiben die Feministinnen aber auch über ihre politischen Vertreterinnen handfeste Symbol- und Sprachpolitik, indem sie in offiziellen staatlichen Texten die Normalisierung der weiblichen grammatikalischen Formen durchsetzen, was nicht immer ohne humoristische Nebeneffekte abgeht.

Zugleich wird in einer rein weiblich bestimmten sozialen Infrastruktur eine Art Gegenkultur aufgebaut, in der Frauenläden, Frauennetzwerke, Frauenhäuser, Frauenverlage und Frauenbuchläden für Frauenliteratur eine große Rolle spielen. Daraus ist inzwischen eine mächtige Lobby entstanden, die vor allem die politische Rhetorik unter Druck setzt. Einerseits übt sie einen zivilisierenden Einfluß auf den sozialen Umgang mit Minderheiten aus, andererseits neigt sie dazu, die freie Entfaltung einer liberalen Öffentlichkeit durch moralische Einschüchterungen zu behindern. Die von ihr unter dem Begriff der »politischen Korrektheit« erfaßten Sprachregelungen sind deshalb ziemlich umstritten. Insgesamt ist es jedoch unbestreitbar, daß der verstärkte Einfluß der Frauen auf die Kultur das zivilisatorische Niveau einer Gesellschaft jedesmal erheblich erhöht hat.

Hier geht es
um Anwendungsregeln

Können

Einleitung über die Regeln, nach denen man unter Gebildeten kommuniziert; ein Kapitel, das man auf keinen Fall überspringen sollte

Haben wir im ersten Teil des Handbuchs das Wissen vorgeführt, geht es in diesem zweiten Teil um das Können. War dort von Kenntnissen die Rede, geht es hier um Anwendungsregeln. Im Unterschied zu den Kenntnissen, die ganz offen zutage liegen, sind die Regeln aber versteckt. Sie werden selten benannt, weil die Bildung auch ein soziales Phänomen ist, bei dem es Insider und Outsider gibt. Dieses Handbuch dürfte das erste sein, das diese Regeln benennt. Um sie zu verstehen, müssen wir fragen: Was ist Bildung?

Bildung ist die Fähigkeit, bei der Konversation mit kultivierten Leuten mitzuhalten, ohne unangenehm aufzufallen

Darauf kann es mehrere Antworten geben. Hier ein paar Vorschläge:

Bildung nennt man ein durchgearbeitetes Verständnis der eigenen Zivilisation.

Wenn die Kultur eine Person wäre, würde sie Bildung heißen.

Bildung war das Ideal eines neuhumanistischen Erziehungskonzepts, das in der Vergangenheit besonders das deutsche Bürgertum geprägt hatte. Im Gegensatz zum politischen Humanismus der Angelsachsen hat es mit seiner Betonung der Innerlichkeit als Zivilisationskonzept gegenüber den Nationalsozialisten versagt und ist deshalb vor allem durch die Studentenbewegung diskreditiert worden.

Bildung ist die Vertrautheit mit den Grundzügen der Geschichte unserer Zivilisation, den großen Entwürfen der Philosophie und Wissenschaft, sowie der Formensprache und den Hauptwerken der Kunst, Musik und Literatur.

Bildung ist ein geschmeidiger und trainierter Zustand des Geistes, der entsteht, wenn man alles einmal gewußt und alles wieder vergessen hat: »Ich vergesse das meiste, was ich gelesen habe, so wie das, was ich gegessen habe; ich weiß aber soviel, beides trägt nichtsdestoweniger zur Erhaltung meines Geistes und meines Leibes bei.« (Georg Christoph Lichtenberg)

Bildung ist die Fähigkeit, bei der Konversation mit kultivierten Leuten mitzuhalten, ohne unangenehm aufzufallen.

Bildung orientiert sich an dem Ideal der allgemeinen Persönlichkeitsbildung im Gegensatz zur praktischen Berufsbildung der Spezialisten.

Und hier ist die Definition der Bildung aus dem Brockhaus: »Vorgang und Ergebnis einer geistigen Formung des Menschen, in der er als instinktmäßig nicht festgelegtes Wesen in Auseinandersetzung mit der Welt, besonders mit den Gehalten der Kultur, zur vollen Verwirklichung seines Menschseins, zur ›Humanität‹ gelangt.« Danach folgen die Stichworte »Bildungsbarriere«, »Bildungsgefälle«, »Bildungsgesamtplan«, »Bildungsnotstand«, »Bildungspolitik« und »Bildungsurlaub«.

Das Synonymenwörterbuch der VEB Verlag Enzyklopädie Leipzig von 1973 nennt unter dem Stichwort »Bildung« die Begriffe: »Kultur, Belesenheit und Benehmen«. Im Englischen heißt Bildung »liberal education«, gebildet gibt das Lexikon mit »educated, cultured, well-bred«

wieder. Im Französischen spricht man von »culture générale«, Bildungslücke heißt schlichtweg »ignorance« oder »lacune dans les connaissances«, während gebildet mit »cultivé« oder »lettré« wiedergegeben wird. Im Lateinischen heißt Bildung »mentis animique informatio«, »cultus« oder »eruditio«. Griechisch heißt Bildung »paideia« und russisch »obrasowanije«.

Bildung ist also ein komplexer Gegenstand: ein Ideal, ein Prozeß, eine Summe von Kenntnissen und Fähigkeiten und ein geistiger Zustand. Zustände sind durch Adjektive beschreibbar. Im Deutschen würde man von gebildet, aber auch von kultiviert sprechen. Das Gegenteil ist ungebildet, im Englischen »uneducated«, im Französischen »inculte«.

Bildung ist auch ein soziales Spiel. Das Ziel dieses Spieles ist einfach: gebildet zu erscheinen und nicht etwa ungebildet. Aber die Regeln haben es in sich.

Blicken wir indes auf die soziale Wirklichkeit, stellen wir fest, daß Bildung nicht nur ein Ideal, ein Prozeß und ein Zustand, sondern auch ein soziales Spiel ist. Das Ziel dieses Spieles ist einfach: gebildet zu erscheinen und nicht etwa ungebildet. Aber die Regeln haben es in sich. Wer nicht von Kindesbeinen an das Bildungsspiel eingeübt hat, hat nachher Schwierigkeiten, die Spielregeln zu lernen. Warum? Weil man sie schon kennen muß, um üben zu dürfen. In den Club der Bildung wird man nur aufgenommen, wenn man das Spiel schon beherrscht; aber spielen lernen kann man nur im Club.

Das ist unfair. Aber warum ist es so?

Weil das Bildungsspiel ein »Unterstellungsspiel« ist. Im geselligen Verkehr unterstellt jeder dem anderen, daß er gebildet ist, und der andere unterstellt, daß ihm das unterstellt wird.

Solche Unterstellungen sind Formen des Kredits. In der Moral ist das ganz üblich; da unterstellt man eine generelle Anständigkeit als Normalfall. Auf einer Abendgesellschaft wäre es unangebracht zu fragen:

»Sagen Sie mal, Herr Dr. Isebrecht, haben Sie schon mal einen Raubüberfall begangen? Nein? Auch kein Notzuchtverbrechen?«

In derselben Weise unterliegt die Bildung einem Thematisierungstabu. Es ist also unangebracht, die Bildung des Gegenüber wie bei einem Quiz zu prüfen nach der Manier:

»Wer hat den Dom von Florenz erbaut?

Was, das wissen Sie nicht? Und Sie wollen das Abitur haben?«
Dieses Thematisierungstabu schafft einen breiten Sumpfgürtel der Unklarheit darüber, was man als gebildeter Mensch wissen und was man nicht wissen muß. Und auf diesem schwankenden Boden befällt jeden eine generelle Unsicherheit, die zu neuen Unterstellungen und Thematisierungsverboten führt. Das ergibt eine neue Definition:
Bildung ist der Name eines sozialen Spiels, das durch erhöhte Erwartungen und Erwartungserwartungen in bezug auf das kulturelle Wissen der Mitspieler gekennzeichnet ist; diese dürfen die Erwartungen und Erwartungserwartungen nicht thematisieren. Ihre Geschicklichkeit besteht darin, diese Erwartungen gleichzeitig zu erkunden und zu erfüllen oder, wenn das nicht gelingt, es den anderen nicht merken zu lassen.
Das Ergebnis ist, daß in der Bildung wie in der Liebe die Erwartungen unrealistisch werden, weil sie nicht überprüft werden dürfen. Das tabuisiert bestimmte Fragen. Im Bildungsbereich muß man im Zweifelsfall unterstellen, daß man eine Sache wissen muß und sie deshalb nicht fragen darf.
Auf einer Party wäre es zwar erlaubt, folgende Bitte zu äußern: »Verzeihen Sie, aber können Sie mir mal den zweiten thermodynamischen Hauptsatz erklären, ich habe ihn nie verstanden.«
Einige werden dann beglückt rufen: »Ich auch nicht«, und es wird viel Gekicher geben. Der zweite thermodynamische Hauptsatz gehört nicht zur Bildung.
Aber äußern Sie mal die Frage:
»Van Gogh, van Gogh, ist das nicht der Mittelstürmer der holländischen Fußballmannschaft, der bei der letzten WM dem deutschen Torwart das Nasenbein gebrochen hat?«
Wenn Ihre Ernsthaftigkeit Ihre Zuhörer davon überzeugt, daß Sie keinen Witz machen wollten, werden sich ihre Mienen mit Bestürzung überziehen, und sie werden künftig den Umgang mit Ihnen meiden.
Das führt zu einer weiteren Definition.
Bildungswissen besteht aus Kenntnissen, nach denen man nicht fragen darf.
Die Bestürzung, die Ihre Frage nach van Gogh erregt hat, dürfen Sie nicht als Bildungshochmut mißverstehen. Eher ist es Hilflosigkeit der Zuhörer gegenüber jemandem, der die Regeln der Unterstellung gebrochen hat. Das lähmt sie: Der Fluß der Konversation staut sich plötzlich an der Mauer der Ratlosigkeit. Jede Antwort würde Sie beleidigen und als Leprösen kennzeichnen. Hier eine kleine Auswahl solcher unmöglichen Antworten:
»Nein, mein Gutester, der van Gogh, von dem wir sprechen, war ein Maler.«
Das ist die direkteste Entgegnung, und sie riecht nach common sense, ist aber in Wirklichkeit eine Stinkbombe, die kenntlich macht, daß Sie ein unwissender Klotz sind und von nun an als Paria behandelt werden.
Eine andere Antwort wäre:
»Ich glaube nicht, aber natürlich kenne ich mich im Fußball nicht so gut aus wie Sie.«
Das wäre schon süffisant und würde bei den anderen Anwesenden ein leises Kichern provozieren. Es hebt darauf ab, daß Sie ein Fußball-Hooligan sind, der zwar alles über diesen primitiven Kampfsport weiß, aber nichts über die abendländische Kunst.
Eine dritte Variante könnte nach dem Schema von Radio Eriwan so aussehen:

»Van Gogh – ist das nicht der Mittelstürmer der holländischen Fußballmannschaft?«

»Im Prinzip ja, aber es war nicht das Nasenbein, sondern das Ohr, und er hat es nicht dem Torwart gebrochen, sondern sich selbst abgeschnitten.«

Das würde ein lautes Gelächter der Anwesenden provozieren und ließe Sie in Ihrer Verwirrung wie einen Trottel aussehen.

Aber weil die Höflichkeit solche Antworten verbietet, fühlen sich die Anwesenden gelähmt und mattgesetzt. Sie haben sich nicht so sehr diskreditiert, weil Sie eine Wissenslücke offenbart, sondern weil Sie die Spielregeln verletzt und die stillschweigenden Voraussetzungen des Bildungsspiels enthüllt haben. Sie haben die Teilnehmer dazu gezwungen, das, was latent und gnädig im Dämmerlicht des Unausgesprochenen ruht, aufzustöbern und explizit zu machen. Aber warum sollte das so verstörend sein? Warum ist es so peinlich, die Spielregeln zu erklären und zu sagen, was man wissen muß? Wieso ist es so schlimm, die stillschweigenden Voraussetzungen des Bildungsspiels aus der Deckung zu treiben?

Bildung ist eine Glaubensgemeinschaft

Ganz einfach: weil man sie nicht begründen kann.

Auch die Gebildeteren können Ihnen nicht sagen, warum van Gogh zum Kreis der kanonischen Maler gehört, Fritz von Uhde aber nur den Kennern bekannt ist, obwohl seine *Kartoffelschälerin* in ihrer expressiven Kraft nicht minder stark wirkt als van Goghs *Kartoffelesser*. Daß man aber den einen kennen muß und den anderen nicht, ist Teil einer unbefragten Vorverständigung, die eine gemeinschaftsbildende Kraft hat.

Das führt zu einer weiteren Definition.

Bildung ist eine Glaubensgemeinschaft.

Ihr Glaubensbekenntnis lautet folgendermaßen:

Ich glaube an Shakespeare und Goethe und an die kanonischen Werke, die da Anerkennung fanden im Himmel und auf Erden. Ich glaube an Vincent van Gogh, Gottes berufenen Porträtisten, geboren in Groot-Zundert bei Breda, gereift in Paris und Arles, verbrüdert und verkracht mit Gauguin, gelitten, verrückt geworden und Selbstmord begangen, aufgefahren gen Himmel, sitzend zur Rechten Gottes, von dannen er kommen wird, zu richten die Kenner und die Banausen. Ich glaube an die Kraft der Kultur, das ewige Leben der Genies, eine heilige Kirche der Kunst, die Gemeinschaft der Gebildeten und die zeitlosen Werte des Humanismus, in Ewigkeit Amen.

Eben weil es sich um eine Glaubensgemeinschaft handelt, gibt es auch kanonische Texte. Abgeleitet vom griechischen Ausdruck für »Rohrstock« bedeutete Kanon »Regel« (man bleute die Regel mit dem Rohrstock ein), und danach bezeichnete man denn auch die Schriften, die als unmittelbare Offenbarung Gottes galten und gesammelt die Heilige Schrift ausmachten. Und genauso gibt es die kanonischen Schriften der Bildungsreligion.

Allerdings ist das, was heute kanonisch ist, nicht durch Päpste und Kirchenväter festgelegt worden, sondern hat sich in einer allmählichen Evolution herausgefiltert, die immer noch andauert. Man kann sie zwar beeinflussen, aber nicht steuern. Das Bildungswissen ist das Ergebnis lang dauernder Ablagerungen, eine Endmoräne, zurückgelassen vom Schmelzwasser eines allgemeinen Konsenses. Und nur wenn man diesen Konsens ebensowenig in Frage stellt wie die zentralen Glaubenssätze der Religion, hat er diese gemeinschaftsbildende Kraft. Das hat eine Teilung der Menschen in Zugehörige und Außenseiter zur Folge, denn nur durch eine deutliche Grenzziehung kann eine Gruppe das Profil ausbilden, an dem sie ihre eigene Identität und ihre Ideale wahrnehmen kann. Und das läßt in den Außenseitern den Drang entstehen, ebenfalls dazugehören zu wollen.

Zugleich dient die selbstverständliche Geltung des Bildungskanons dazu, daß er um so leichter erschütterbar ist. Das ist nur ein scheinbares Paradox, denn es überbrückt den Widerspruch, daß der Kanon für die Ewigkeit gelten soll, aber die Kultur sich trotzdem entwickeln muß. Wird der Kanon also von einem Gegenprogramm in Frage gestellt, so ist die Wirkung um so erschütternder, als er ja unhinterfragt Geltung beansprucht. Die gegenwärtige Philosophie oder die gegenwärtige Literatur hat deshalb keinen größeren Feind als die zukünftige. Und bei der Bildung ist es genauso. Deshalb sind die Normen so selbstverständlich, daß allein ihre Thematisierung eine Erschütterung verursacht.

Was in der Religion der Glaube ist, ist in der Kunst der Geschmack; er kappt alle Begründungen. De gustibus non est disputandum, über Geschmack kann man nicht streiten. Dieselbe Funktion erfüllt in der Bildung die Erwartungserwartung, daß jeder alles weiß.

Daß man den einen Maler kennen muß und den anderen nicht, ist Teil einer unbefragten Vorverständigung, die eine gemeinschaftsbildende Kraft hat – van Gogh *Die Kartoffelesser*.

Marcel Reich-Ranicki im Literarischen Quartett. Der Geschmack kappt alle Begründungen. Dieselbe Funktion erfüllt in der Bildung die Erwartungshaltung, daß jeder alles weiß. Das fördert einen rhetorischen Terrorismus, der den Unkundigen schreckt.

Das fördert einen rhetorischen Terrorismus, der den Unkundigen erschreckt. Auf einer Cocktailparty akademisch Gebildeter ist es nicht ungewöhnlich, wenn jemand mit folgenden Bemerkungen eine Runde aufmerksamer Zuhörer unterhält:

»Wie Sie wissen, ist der Strukturalismus nur ein verkappter Neukantianismus. Natürlich werden Sie fragen, wo das transzendentale Subjekt ist. Ich gebe zu, vielleicht ist es ja kein Subjekt, aber transzendental ist es allemal. Und da frage ich Sie: Ist die Kulturgeschichte nicht notwendigerweise die Hegelianisierung des Strukturalismus? Trotz der antihumanistischen Wende? Und eine überfällige dazu?«

Darauf werden einige Zuhörer gedankenvoll nicken; einige werden verhalten »hmhmhm« knurren oder ein Geräusch verursachen wie eine Kuh, die zu muhen anhebt, aber es sich dann anders überlegt. Alles das bedeutet, daß man sich die Sache durch den Kopf gehen läßt, daß der Gedanke, den man gerade gehört hat, so tief ist, daß man ihn erst ordentlich verarbeiten muß etc. Die Zuhörer geben damit zu verstehen, daß sie die Bemerkung natürlich verstanden haben. Daß in Wirklichkeit niemand von ihnen den leisesten Schimmer hatte, wovon die Rede war, bleibt auf diese Weise allen Beteiligten verborgen. Und so bildeten die Zuhörer zusammen einen Abgrund der Unkenntnis, über den der Redner so sicher hinwegschritt wie der berühmte Reiter bei seinem Ritt über den Bodensee.

Hätte aber jemand den Drang verspürt, dem Redner zu antworten, hätte er niemals gesagt: »Wovon reden Sie überhaupt«, selbst wenn das seine Empfindungen am deutlichsten zum Ausdruck gebracht hätte. Statt dessen hätte er eine Bemerkung gemacht wie:

»Vom Kantianismus zum Hegelianismus ist es nur ein Schritt.«

Er hätte auch sagen können:

»Zwischen Kant und Hegel liegen Welten.«

Oder: »Ist nicht Hegel selbst ein verkappter Kantianer?«
Und er hätte damit das Entzücken des Vortragenden sowie die Bewunderung der Zuhörer erregt.
Ein Bildungsgespräch ist kein Austausch von Informationen. Nichts wäre abwegiger. Vielmehr ist es wie ein Fußballspiel; und der Antwortende hat dem Vortragenden eine Vorlage zugespielt. Um Fußball zu spielen, braucht man nicht den Ball zu untersuchen und zu wissen, ob er aus Leder oder Kunststoff besteht. Man spielt auch nicht, wenn man den Ball ins Aus tritt und mit der Mannschaft den Sinn der Fußballregeln diskutiert.
Gut spielt derjenige, der den ballführenden Spieler beobachtet und, wenn er den Ball hat, zu ihm zurückspielt. Dabei gewinnt man das Material für die Vorlagen aus den Beiträgen des Wortführers selbst. Zur Not genügen reine Reflexe. Fast jedes Wort könnte man da aufgreifen und mit einem Fragezeichen versehen: »Überfällig? Verkappt? Kein Subjekt, aber transzendental?« Man braucht nicht unbedingt zu wissen, was das alles bedeutet; im Gegenteil, wenn man es nicht weiß, wirkt die Aufmerksamkeit echter. Trotzdem kommt man natürlich nicht ganz ohne Wissen aus, wenn man das Bildungsspiel spielen will. Es hat jedoch eine bestimmte Funktion und einen eigenen Aggregatzustand.

Ein Bildungsgespräch ist wie ein Fußballspiel. Um Fußball zu spielen, braucht man nicht den Ball zu untersuchen und zu wissen, ob er aus Leder oder Kunststoff besteht.

Das Wissen der Gebildeten

Stellen wir uns ein Schachbrett vor mit einer Partie in Endspielstellung: Weiß hat außer dem König noch drei Bauern, einen Läufer, einen Turm und einen Springer; Schwarz verfügt über zwei Bauern, zwei Springer und zwei Läufer. Das kennzeichnet den normalen Aggregatzustand des Bildungswissens.

Die Spieler, das sind die Gebildeten. So wie sie die meisten Figuren schon verloren haben, haben sie das meiste Bildungswissen schon vergessen. Aber die Figuren, die sie noch haben, vermitteln ihnen ein Erinnerungsbild davon, was fehlt. Sie wissen also, was sie mal gewußt haben. Und die Vertrautheit mit dem Schachspiel vermittelt ihnen das Wissen, daß die Anzahl der kanonischen Figuren sich für jeden Spieler auf 16 beläuft.

Zugleich haben sie mit den Figuren nicht auch die Kenntnis der Schachregeln eingebüßt. Obwohl sie nur noch wenige Figuren haben, können sie im Endspiel noch genauso gut spielen wie am Anfang. Stellen wir uns jetzt vor, unser Bekannter, der sich über Strukturalismus und verkappten Neukantianismus verbreitet hatte, sei ein Schachspieler, der noch alle seine Figuren beisammen hat, während sein Partner nur über seine Dame verfügt. Abgesehen davon, daß es natürlich hier nicht ums Mattsetzen geht, ähnelt der Spieler mit der Dame dem Gesprächsteilnehmer, der von Neokantianismus keine Ahnung hat, aber trotzdem gut mitspielt. So wie der Schachspieler aus Mangel an Figuren kaum die Initiative ergreifen kann, so daß seine Züge in allem, was er tut, nur die Züge des Gegners widerspiegeln, so greift auch der Gesprächspartner die Informationen auf, die der Enthusiast des Neukantianismus ihm liefert, und spielt sie diesem, bereichert durch seine Reaktion, zurück.

Das Bildungswissen besteht nicht in erster Linie aus bloßen Informationen. Vielmehr gibt es einen Mix aus Spielregeln und Informationen.

Natürlich braucht er dazu ein Minimum an Wissen, genauso wie der Schachspieler noch die Dame braucht, um reagieren zu können. Aber vor allem muß er über die Kenntnis der Schachregeln verfügen, und die besäße er nicht, wenn er nicht auch mal in der Vergangenheit alle Figuren selbst geführt hätte, über die sein Gegner noch verfügt.

Das Bildungswissen besteht also nicht in erster Linie aus bloßen Informationen. Vielmehr gibt es wie beim Schachspieler einen Mix aus Spielregeln, Informationen und der Übersicht über die Reichweite des Spielfeldes und die Menge und den Wert der Figuren. Daraus kann der Bildungsspieler dann die Erinnerung seiner Verluste gewinnen und trotz mangelnder Kenntnisse die Fähigkeit zum Mitspielen intakthalten. Das führt zu einer weiteren Definition:

Gebildet ist auch der, der es mal war

Wir dürfen also das Unterstellungsspiel nicht in jedem Fall als einen verlogenen Bluff ansehen, obwohl es natürlich, aus dem Zusammenhang gerissen, davon kaum zu unterscheiden ist. Treffender ist aber der Vergleich mit dem Pokerspiel, in dem jeder der Spieler allen anderen jeweils beides zutraut: daß er gar nichts hat, aber auch daß er über einen Royal Flush verfügt. Nur ist es im Bildungsspiel verboten zu sagen: »Ich will sehen.«

All das muß der Anfänger wissen, um nicht aus seinen Beobachtungen die falschen Schlüsse zu ziehen: Zwar trügt sein Eindruck nicht, daß die »Gebildeten« häufig nicht viel und bisweilen gar nichts wissen. Und es stimmt auch, daß sie das selten zugeben, sondern das Gegenteil vortäuschen. Trotzdem wäre es falsch, dies als pure Heuchelei abzutun. Vielmehr ist die Sicherheit, mit der hier geblufft wird, ein Indiz dafür, daß der Bluffer das Bildungsterrain gut kennt. Wie Sokrates weiß er sehr gut, was er nicht weiß. Vielleicht hat er es mal gewußt und wird es wiedererkennen, wenn der andere es auftischt; oder er kennt den Typ der Informationen, so wie ein Schachspieler weiß, welche Züge ein Springer tun darf. Für ihn sind die Figuren nicht Informationsberge, sondern Bündel von Schachregeln. Man könnte sie nach der Manier von Indianernamen (»Der-mit-dem-

Im Bildungsspiel greift man die Informationen auf, die der Gesprächspartner liefert, und spielt sie diesem, bereichert durch seine Reaktion, zurück. Natürlich braucht man dazu ein Minimum an Wissen, wie ein Schachspieler die Dame braucht, um reagieren zu können.

Wolf-tanzt«) benennen: ein Springer hieße dann »Der-über-den-anderen-hinwegspringt-und-dabei-zwei-Felder-vor-und-eins-zur-Seite-oder-umgekehrt-rückt«. Aber das ist eben zu umständlich und es ist leichter, »Springer« zu sagen, und bedeutet dasselbe. Und das ist wieder der Grund dafür, daß man in der Bildungskommunikation eine Menge Kürzel benutzt. Das sind Erkennungssignale, die jede Cliquensprache entwickelt, damit man Außenseiter von Insidern unterscheiden kann. In der Gebildetensprache dient diesem Zweck das Zitieren. Früher gab es dafür den deutschen Hausschatz aus dem Bergwerk der deutschen Klassiker: »Drinnen waltet die züchtige Hausfrau« zitierte bei gegebenem Festanlaß in patriarchalischer Bonhomie das Familienoberhaupt aus Schillers *Glokke*. Heute würde ihn das als »mega-out« kennzeichnen, was ein untrügliches Signal dafür ist, daß der alte Bildungskanon abstirbt. Aber unmerklich ist ein neuer Zitatenschatz nachgewachsen. »Es gibt kein richtiges Leben im falschen.« Das Wort von Adorno hat das Lebensgefühl der ganzen 68er-Generation ausgedrückt, und wehe dem, der es nicht kennt. Kein gehobenes Gespräch über die deutsche Vergangenheit ohne Brechts: »Der Schoß ist fruchtbar noch ...« und Celans: »Der Tod ist ein Meister aus Deutschland«.

In der Gebildetensprache dient das Zitieren dem Zweck, Außenseiter von Insidern zu unterscheiden. Früher gab es dafür den deutschen Hausschatz aus dem Bergwerk der Klassiker. Heute würde man ihn als »mega-out« kennzeichnen. Aber unmerklich ist ein neuer Zitatenschatz nachgewachsen.

Natürlich ist nicht der gesamte alte Zitatenschatz über Bord geworfen worden. Shakespeare z. B. ist völlig unbehelligt geblieben. Und unsere westlichen Nachbarn haben natürlich ihren Kanon behalten. Zumal in der englischsprachigen Welt liebt man das verdeckte Zitieren, und da ist es dann meistens Shakespeare, der herhalten muß. Wegen des Wiedererkennungswerts liebt man es auch, Buchtitel aus Klassikerzitaten zu gewinnen: Der Titel von Huxleys berühmter Anti-Utopie *Schöne neue Welt* ist ein Zitat aus Shakespeares *Der Sturm* (»Oh, brave new world, that has such people in it«); Robert Penn Warrens Romantitel *All the king's men* stammt aus Lewis Carrolls *Hinter dem Spiegel* (»and all the king's horses and all the king's men couldn't put Humpty Dumpty together again«) und Hemingways Roman aus dem spanischen Bürgerkrieg *Wem die Stunde schlägt* hat seinen Titel aus einem *Devotionsgedicht* von John Donne (»And therefore never send to know for whom the bell tolls; it tolls for thee«).

In der direkten Kommunikation von Angesicht zu Angesicht erfüllt das Zitieren etwa die Funktion des Zuzwinkerns: »Gell, wir verstehen uns, wir Pfarrerstöchter?« Nun kann es einigermaßen irritierend sein, wenn uns jemand zu-

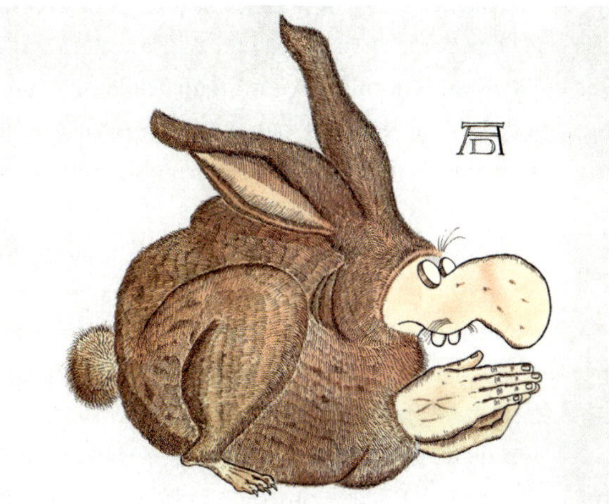

Das Zitieren: für die Gebildeten setzt es Erkennungssignale, mit deren Hilfe man Außenseiter von Insidern unterscheiden kann – auch in der Kunst. Albrecht Dürers Werke *Hände eines Apostels* und *Hase* in der Interpretation von Walter Moers.

zwinkert und wir keinen Schimmer haben, was er meint. So wird es uns auch gehen, wenn wir das Gefühl haben, daß da jemand etwas zitiert, aber wir wissen nicht, was es ist. Da gilt es dann, sich so zu verhalten wie beim Zwinkern: kenntnisreich lächeln und so aussehen, als wüßte man, was gemeint sei. Auf jeden Fall nicht in Panik geraten oder wütend um Aufklärung bitten, sondern abwarten: Der weitere Verlauf des Gesprächs wird die Frage schon klären. Die Sozialwissenschaftler haben für diese Art Taktik des Abwartens einen Begriff: Sie nennen es das Etcetera-Prinzip. Damit meinen sie die Fähigkeit von uns allen, ein gewisses Maß an Unverständlichkeit in der Kommunikation erst einmal auszuhalten in der Erwartung, daß sich demnächst alles klären werde. Dieses Prinzip gilt als realistisch. In der Bildung braucht man nur ungewöhnlich viel Unverständlichkeitstoleranz bei flächendeckender Anwendung des Etcetera-Prinzips.

Eben weil alle mit dieser Toleranz rechnen können, eignet sich der Bildungsdiskurs so gut für den Bluff. Davon profitieren natürlich Hochstapler und Leute mit einer Neigung, andere zu düpieren, besonders. So kann jeder seine eigenen Zitate erfinden. Wie sagt schon Goethe: »Wer groß denken kann, den wollen wir belohnen.« Niemand wird auf der Stelle beweisen können, daß

Goethe das nie gesagt hat, und eine Debatte darüber anzuzetteln, die nicht entschieden werden könnte, wäre öde.

Was nun für das Zitieren gilt, gilt für die Funktion der Literatur in der Bildungskommunikation ganz allgemein: Sie ermöglicht es, sich mit Kürzeln zu verständigen.

Literatur macht die komplexen Zusammenhänge zwischen sozialen Prozessen und Lebensläufen von Einzelpersonen zitierbar, indem sie ihnen ein Gesicht und eine Adresse gibt

Literatur macht die komplexen Zusammenhänge zwischen sozialen Prozessen und Lebensläufen von Einzelpersonen zitierbar, indem sie ihnen ein Gesicht und eine Adresse gibt. In ihren Geschichten verkörpern sich typische Schicksale, die dann durch die zugehörigen Figuren eine konkrete Physiognomie bekommen: Hamlet, Don Juan, Faust, Shylock, Robinson Crusoe, Don Quijote, Ödipus, Lady Macbeth, Anna Karenina, Romeo und Julia, Alice in Wonderland, Frankenstein etc. Wie lebende Personen auch sind sie »Kompaktinformationen«: Zusammen bilden diese Figuren einen Freundeskreis, den alle Mitglieder einer Gesellschaft miteinander teilen. Die Literaturkritik ist dann der Klatsch über die gemeinsamen Bekannten, an dem die Beteiligten ihre Urteile mit anderen vergleichen können.

Nun gibt es ein verbreitetes Vorurteil sowohl gegen den Klatsch als auch gegen die Literatur: Es ist männlich eingefärbt und läuft auf die Behauptung hinaus, beides sei nicht ganz seriös und ein Zeitvertreib für Frauen. Tatsächlich lesen Frauen häufiger Literatur, weil sie sich offenbar mehr für Geschichten, für Personen und für Schicksale interessieren. Aber all den Männern sei gesagt: Anders als durch Geschichten kann man »Zeit« nicht beobachten. Nur sie bieten die Logik von Ablaufprogrammen. Nur über sie lassen sich solche nichtlinearen Prozesse wahrnehmen, wie etwa self-fulfilling prophecies, also Prophezeiungen, die sich selbst erfüllen, wie die Annahme: Alle halten mich für verrückt. Wer von diesem Gedanken besessen ist, hat bald recht. Und nur vermittels der Geschichten, die man an anderen beobachtet, kann man die Abläufe beobachten, in denen man selbst steckt.

Wenn man z. B. den *Don Quijote* nicht kennt, verstrickt man sich leichter in Kämpfe gegen Windmühlenflügel; wenn man Millers *Hexenjagd* nicht gelesen hat, wird man vielleicht schneller zum Mitglied einer bewußtlosen Meute, die ein Mobbing-Opfer jagt. Nur über die Lektüre von Literatur gewinnt man Distanz zu sich selbst. Und manch eine Tochter, die gerade ihren Vater ins Altersheim gepackt hat, mag sich nach einem Theaterbesuch und *König Lear* anders sehen.

Freilich ist zuzugeben: Im großen Maße haben es heute die Massenmedien übernommen, den Bedarf unserer Gesellschaft an Geschichten zu bedienen, allen voran der Film und das Fernsehen. Jedoch gibt es etwas, was in aller Deutlichkeit nur der Roman zeigen kann: das ist die Innenansicht einer Figur. Nur im Roman können wir miterleben, wie es sich anfühlt, ein Mobbing-Opfer zu sein. Im Film sehen wir zwar die gejagte Figur in allen ihren Situationen und können uns mit ihrem Schicksal identifizieren, aber wir beobachten sie nur von außen. Im Roman dagegen erleben wir das Mobbing so wie das Opfer selbst, d. h. wir sehen die Welt aus seinen Augen, und wir teilen seine Erlebnisse.

Literaturlektüre, wie hier im Bild des Malers Rudolph Friedrich Wasmann, kann man nicht verordnen. Man muß freiwillig lesen. Darin ist Literatur wie die Liebe: Sie muß zum Lesen verführen. Lesen, weil man muß, heißt, die Liebe zur ehelichen Pflicht zu machen.

Darin ist der Roman einzigartig. Er macht etwas möglich, was es weder in einer anderen Kunstgattung noch in der Realität gibt: Die Welt aus der Perspektive eines anderen Menschen zu erleben und gleichzeitig dieses Erleben zu beobachten.

Mit der Kenntnis eines großen Romans überquert man die Grenze zwischen literarischer Bildung und Unbildung im Bildungsspiel.

Nun eignet der literarischen Bildung eine gewisse tückische Qualität: Literaturlektüre kann man nicht verordnen. Man muß freiwillig lesen. Darin ist Literatur wie die Liebe: sie muß zum Lesen verführen. Lesen, weil man muß, heißt, die Liebe zur ehelichen Pflicht zu machen.

Dieser Zwang zur Freiwilligkeit macht aber aus der Literatur ein um so gnadenloseres Testverfahren, als guter Wille nicht genügt. Die Prüfung der Sensibilität wird an Spontaneität gekoppelt. Man muß sich ja nicht andauernd verlieben, aber wenn man es nicht wenigstens einmal tut, wirft das ein düsteres Licht auf die seelische Verfassung. Entsprechend muß man nicht jeden großen Roman lesen, aber wer gar keinen liest, ist doch eine Art Neandertaler.

Daraus ergibt sich ein vernünftiger Ratschlag, der vor allem an Männer gerichtet ist (Frauen lesen sowieso). So wie früher ein Jüngling dadurch in die Geheimnisse der körperlichen Liebe eingeweiht wurde, daß man ihn ins Bordell schickte, wo eine bewährte Kurtisane ihn behutsam, aber gegen Bezahlung über die Hemmschwelle trug, so sollte jeder gewissermaßen zur Initiation aus Pflichtgefühl einen großen Roman lesen, um sich danach seinen eigenen Impulsen zu überlassen. Er kann dann erleichtert »Nie wieder« sagen oder aber auf den Geschmack gekommen sein. Auf jeden Fall überquert er mit der Kenntnis eines großen Romans die Grenze zwischen literarischer Bildung und Unbildung im Bildungsspiel. Nehmen

Literarische Gestalten kennt man besser als sich selbst.

wir an, der Roman, den er gelesen hat, sei Musils *Der Mann ohne Eigenschaften* – übrigens eine ausgezeichnete Wahl, weil diesen Roman sonst fast niemand gelesen hat – und das Gespräch in der geselligen Runde kommt auf Kafka, den er nicht gelesen hat; dann muß er trotzdem nicht auf die Teilnahme am Gespräch verzichten. Er kann dann Sätze sagen wie:

»Kafka? Nun ja, aber ein Robert Musil ist er nicht.«

Damit wird er das Staunen der Runde erregen. Und selbst wenn jemand gefährlich nachhakt und fragt:

»Wie meinen Sie das?«,

kann er ohne weiteres antworten:

»Also Musil überzeugt mich dadurch, daß er es

sich schwermacht. Kafka ist natürlich sehr effektiv, aber sind das nicht nur Effekte?« So etwas kann nicht falsch sein. Und auf jede weitere Nachfrage könnte er mit Bezug auf den *Mann ohne Eigenschaften* antworten. Musil wird dann zu seiner Burg, von der aus er Ausfälle unternehmen und jeden beliebigen, aber unbekannten Schriftsteller kommentieren kann,

Das Museum hat sich aus dem Tempel entwickelt, in dem man den Göttern huldigte. Aus ihnen sind Götter der Kunst geworden – Alte Nationalgalerie Berlin.

und in die er sich sofort wieder zurückziehen kann, sollte es gefährlich werden. Kennt man mehrere große Romane, avanciert die literarische Konversation zum Baseballspiel. Stellen wir uns vor, der Musil-Kenner hat auch noch Joyce, Dos Passos und Flaubert gelesen (ein Baseballspiel hat drei bases und die homebase), und er ist in der Rolle des Schlägers (des batters) und wartet auf den Ball. Da wirft ihm der Werfer (pitcher) den Ball namens Kafka zu. Dann schlägt er ihn so weit weg, daß er Zeit hat, von seiner »homebase Musil« zur nächsten base »Joyce« und vielleicht noch weiter über »Dos Passos« und »Flaubert« wieder zur homebase zu rennen, bevor die andere Seite den Ball »Kafka« wieder zurückgebracht hat, um ihn außerhalb einer base zu erwischen. Voraussetzung für diesen »homerun« ist natürlich, daß der Spieler mit seiner Antwort den Ball genau trifft. Bei dieser Art von Übung kann es vorkommen, daß man wirklich an der Literatur Gefallen findet, und dann erledigt sich alles von selbst. Der Bordellbesuch war zwar entscheidend, aber die Wirkung, die er auslöst, verwischt seine Spuren. Von nun an übernimmt die Liebe das Kommando.

Diese Analogie ist nicht willkürlich: Nirgendwo erfährt man so viel über die Liebe wie in der Literatur. Das liegt daran, daß sie ihr ähnlich ist. Sie verführt zum Miterleben, appelliert an die Phantasie und entbanalisiert das Leben. Literatur begründet wie die Liebe eine Form der Intimität. Literarische Gestalten kennt man besser als sich selbst. Diese Nähe ist vielleicht ein weiterer Grund dafür, daß sich Frauen stärker für Literatur interessieren als Männer. Deshalb müssen Männer erst in der Liebeskunst der Literatur unterwiesen werden.

Kunst

Der Diskurs der Kunst ist für den Bildungsbeflissenen am leichtesten zu erlernen. Man schweigt. Der Ort dieses Schweigens ist das Museum. Es hat sich aus dem Tempel entwikkelt, in dem man den Göttern huldigte. Aus ihnen sind Götter der Kunst geworden. Andächtig steht man vor ihren Werken und schweigt. Das Schweigen signalisiert Ergriffenheit. Im Grunde verhält man sich so wie in der Kirche: Man versinkt in Andacht vor den heiligen Bildern. Entsprechend hat die Malerei auch mit Altarbildern angefangen.

Der Diskurs der Kunst ist für den Bildungsbeflissenen am leichtesten zu erlernen. Man schweigt. Der Ort dieses Schweigens ist das Museum.

Dieses schweigende Betrachten ist außerordentlich anstrengend. Manche Menschen werden schon im selben Augenblick todmüde, in dem sie ein Museum betreten. Andere haben nach wenigen Minuten eine Vision der Cafeteria. Das hängt damit zusammen, daß man vor den Bildern das alltägliche Sehen aufgibt und durch ein feiertägliches Sehen ersetzt. Normalerweise zerlege ich das, was ich sehe, in Relevantes und Irrelevantes. Und damit scheide ich meine Umgebung in Vordergrund und Hintergrund. Stellen wir uns vor, ich möchte meiner Freundin eine Handtasche zum Geburtstag schenken. Ich weiß, daß sie schlicht sein soll, möglichst nicht zu groß und aus dunkelrotem Leder. Dann suche ich die Schaufenster nach so einem Gebilde ab, indem ich meinen Fokus wie den Kegel einer Taschenlampe über alle in Frage kommenden Taschen gleiten lasse, während der Rest im Hintergrund versinkt. Das geht so lange, bis der Lichtkegel an einer Tasche hängenbleibt. Dann wird diese genauer untersucht. Sie bleibt jetzt länger im Vordergrund. Und entweder gehe ich jetzt ins Geschäft, oder ich suche weiter.

Im Museum dagegen versagt diese Methode. In der Kunst gibt es nichts Irrelevantes, alles ist da gleich bedeutend. Deshalb gibt es auch keinen Vordergrund und keinen Hintergrund mehr: Man sieht alles auf einmal. Die Pupille weitet sich, der Anblick des Bildes verschwimmt, man versucht trotzdem scharf zu sehen, es wird einem schwindlig, man sucht nach einer Sitzgelegenheit, es ist keine zu sehen, statt dessen überall Bilder, man halluziniert ein paar Stühle, und schon verschwimmt Rembrandts *Nachtwache* im Helldunkel, und vor einem steigt die Vision der Cafeteria auf. Dann sagt man benommen zu seinem Begleiter: »Wollen wir nicht eine Tasse Kaffee trinken?« Und dieser antwortet: »Schon jetzt? Wir sind doch erst vor sechs Minuten gekommen.«

Für die Kunst braucht man vor allem physische Widerstandskräfte, oder man lernt, sich den Museumsblick im Museum abzugewöhnen und die Alltagswahrnehmung beizubehalten.

Für die Kunst braucht man also vor allem physische Widerstandskräfte, oder man lernt, sich den Museumsblick im Museum abzugewöhnen und die Alltagswahrnehmung beizubehalten. Das kann man am leichtesten dadurch, daß man etwas über die Bildersprache lernt. Sie ist bei der älteren Malerei symbolisch, nach der Manier: eine Eule bedeutet Weisheit, ein Hund Melancholie, ein Dreizack in der Hand des Herrschers soll andeuten, daß er die Meere beherrscht wie Neptun und eine Seeschlacht gewonnen hat etc. Diese sogenannte Ikonographie der traditionellen Malerei der Renaissance und des Barock ist der antiken Mythologie, der neuplatonischen Philosophie und natürlich der Bibel entnommen und häufig verschlüsselt, abgewandelt und variiert. Aber sie kann dazu dienen, das, was man sieht, zu zerlegen und quasi zu lesen. Das eröffnet das Verständnis und entlastet von dem meditativen Totalblick des ungeschützten Stierens.

Oder man durcheilt das Museum, ohne nach rechts und links zu blicken, weil man nur einen Maler, wie Hieronymus Bosch, oder ein Bild, den *Heuwagen*, oder den einen Raum mit den Veduten von Canaletto sucht.

Diese Wiedergewinnung des Normalblicks hat den Vorteil, daß sie der modernen Kunst (seit etwa 1900) entspricht. Wer hingerissen und andächtig in einer modernen Galerie vor einem Schrotthaufen oder einem gerahmten Fettfleck steht, hat die Haltung gegenüber traditioneller Kunst auf die moderne Kunst übertragen. Seiner bedeutenden Miene sieht man dann an, daß er nichts versteht. Und daß er nicht einmal weiß, daß er nichts versteht. (→Kunst)

Außerhalb des Museums, wo man wieder sprechen darf, ist der Kunstdiskurs immer noch relativ sprachlos. Das einzige, was man da können muß, ist die Maler erkennen. Das haben heutige Menschen durch die Wiedererkennung von Markenartikeln sowieso geübt. So wie man einen Burberry wiedererkennt oder ein Chanel-Kostüm, so erkennt man auch einen Rubens, einen van Dyck, einen Watteau, einen Gainsborough, einen Matisse und Degas, einen Renoir und einen Manet. Und man kann sie in die Moden der Stilgeschichte einordnen: das Barock, das Rokoko, das Empire und den Impressionismus.

Im Grunde verhält man sich im Museum so wie in der Kirche: Man versinkt in Andacht.

Max Horkheimer, Herbert Marcuse, Theodor Adorno und Jürgen Habermas. Schulen beherrschen den Meinungsmarkt, um den sie zugleich als rivalisierende Gangs konkurrieren. Der effektivste, kürzeste und zugleich härteste Weg zur Bildung führt über die Mitgliedschaft in einer solchen Gang.

Philosophie und Theorie

Philosophie tritt im Bildungsspiel nur als Hintergrund in Erscheinung, als eine Art Resonanzraum für das, was wir die aktuelle Theorieszene nennen. Wenn man nicht gerade Fachphilosoph ist oder ein Fan von Descartes oder Platon, gibt es die Kenntnis der Philosophen nur in Form des Hinterlandes für den aktuellen Meinungsmarkt der Theoriedebatten.

Es gab eine Zeit, da hat Philosophie sich auf alle möglichen Gegenstände bezogen: Politik, Gesellschaft, Ethik, das gute Leben, die Natur etc. Das alles haben ihr die Einzelwissenschaften oder der Zeitgeist weggenommen. Und übriggeblieben ist die Frage nach dem Denken selbst. Im großen und ganzen interessiert die Philosophie nur noch als sogenannte Erkenntnistheorie. Sie dreht sich um die Frage: Wie funktioniert unser Erkenntnisvermögen? Wenn man auch die Geschichte der Philosophie auf diesen Gesichtspunkt einschränkt und zurückblickt, interessiert sie nur noch bis Kant. Im übrigen ist die Philosophie abgelöst worden von dem, was man heute Theorie nennt: ein unklares Gemisch aus Wissenschaft, Ideologie und Philosophie, das sich jeweils in Form verschiedener Denkschulen kristallisiert.

Diese Schulen beherrschen den Meinungsmarkt, um den sie zugleich als rivalisierende Gangs konkurrieren. Sie herrschen deshalb, weil sie über die Waffen verfügen. Die Waffen sind die Begriffe. Mit ihnen verschaffen sie sich die Definitionshoheit über Normen, Vokabulare, Beschreibungen, Probleme, Fragestellungen und Bezugshorizonte.

Die Gangs haben Namen. So gibt es die Gang der Strukturalisten, die schon relativ alt ist; oder die Gang der radikalen Konstruktivisten, die noch dabei ist zu expandieren; die Gang der

Systemtheoretiker, die mit den radikalen Konstruktivisten ein Bündnis eingegangen sind; die Gang der Neomarxisten, die nur noch aus Veteranen besteht; oder die Gang der Dekonstruktivisten, die mit der Gang des Multikulturalismus und der des Feminismus und der Diskurstheorie eine Art Föderation der Gangs aufbaut, wobei die Gang der Diskurstheorie ihrerseits vereinzelte Gangmitglieder aufgenommen hat, die nach dem Untergang der Gang der Frankfurter Schule heimatlos geworden waren.

Der effektivste, kürzeste und zugleich härteste Weg zur Bildung führt über die Mitgliedschaft in einer solchen Gang. Man schaue sich eine Weile unter den Gangs um, suche sich dann eine aus, die einem am sympathischsten ist, und eigne sich ihr Waffenarsenal an. Dazu gehört unbedingt, daß man ihre Begriffskonstruktionen wirklich versteht. Hat man erst einmal ein Begriffssystem verinnerlicht und kann man damit umgehen, gehört man zu den respektierten Figuren der Theorieszene. Dann braucht man sich vor niemandem mehr zu fürchten, man kann sein Haupt frei und erhoben tragen. Man braucht im Zweifelsfall nur mal die Waffen zu zeigen, und schon wird einem Respekt erwiesen.

So eine Theorie ist leichter zu bewältigen, als man denkt, und zwar um so leichter, je anspruchsvoller sie ist. Das sieht wie ein Paradox aus, ist es aber nicht. Eine anspruchsvolle Theorie bricht nämlich völlig mit der Tradition und begründet alles neu. Wer also die Traditionen gar nicht kennt, hat hier einen Vorteil. Es schadet nichts, wenn er keine Vorkenntnisse hat, im Gegenteil, er braucht dann nicht umzudenken. Eine richtig gute Theorie erschafft die Welt neu. Deshalb empfiehlt es sich für den Bildungswilligen besonders hier einzusetzen. Alles, was er dazu braucht, ist Zähigkeit und Durchsetzungswille.

Dabei sollte er sich eine relativ junge Theorie suchen, weil sie am meisten Ballast abgeworfen hat. Er kann dann selbst mit der Theorie wachsen. Allerdings sollte sein erstes Auswahlkriterium sein, daß die Theorie einen gewissen Sexappeal auf ihn ausübt, eine gewisse erotische Ausstrahlung. Es ist nicht nötig, daß er weiß, warum sie das tut.

Im Gegenteil: wenn er es wüßte, wäre wahrscheinlich der Sexappeal weg. Er ist immer ein Indiz, daß die Theorie etwas anspricht, was auch für seine Erlebnisverarbeitung ein Problem ist, was in ihm eine ungelöste Spannung hervorruft oder ihn im Inneren beschäftigt. Wenn von der Theorie ein Funke überspringt, heißt das: »Zugreifen, das ist deine Theorie.«

Im großen und ganzen interessiert die Philosophie nur noch als sogenannte Erkenntnistheorie. Sie dreht sich um die Frage: Wie funktioniert unser Erkenntnisvermögen?

Und dann geht es zu wie in der Liebe sonst auch: Die Theorie wird belagert, umschmeichelt, beobachtet, gestreichelt, hin- und hergewälzt und nicht mehr aus den Augen gelassen. Dann kommt der Streit, es folgen die Krisen, die Vorwürfe und Versöhnungen. Und am Schluß wird geheiratet.

Ist man erst Ehepartner einer Theorie, hat man die Staatsbürgerschaft im Land der Bildung erworben. Um es noch mal zu wiederholen: Eine solche Beziehung ist der schnellste, direkteste und härteste Weg. Er ist der strategisch cleverste und eignet sich für Leute, die lieben und kämpfen können.

Das Haus der Sprache

Die Sprache macht den Menschen erst zum Menschen. Das gilt genauso für die Gehörlosensprache mit ihrer speziellen Grammatik wie für die Lautsprache, mit der wir uns hier beschäftigen wollen. Sie allein unterscheidet ihn vom Tier. Als ein Zeichensystem, in dem Symbole objektive Bedeutungen annehmen, ist sie grundsätzlich vom tierischen Signalaustausch verschieden. Wenn der Hund durch sein Knurren den Gegner warnt, löst er bei diesem den dazu passenden Reiz aus: Schwanz einziehen und fliehen. Aber nicht bei sich selbst. Der Hund hat keine Angst vor seinem eigenen Knurren. Es bedeutet für ihn nicht dasselbe wie für den Angeknurrten. Sie teilen nicht dieselbe Bedeutung, und sie bewohnen nicht die gleiche Welt. Ganz anders beim Menschen: In der Lautsprache dringt dem Sprecher seine eigene Äußerung ans Ohr wie etwas fremdgewordenes Eigenes. Er versteht es so wie sein Gegenüber. Über die von beiden annähernd gleich verstandene Botschaft kann der Sprecher die Position des Hörers einnehmen und dessen Reaktion vorwegnehmen. Darüber kann er seine eigene Äußerung kontrollieren und, wenn er sie dann macht, auch »meinen«. Sie ist dann nicht nur ein unwillkürlicher Ausdruck seines inneren Zustands wie etwa das Rotwerden, sondern sie ist »intentional« (absichtlich). Dieser Zusammenhang etabliert die »objektive« Bedeutung einer sprachlichen Aussage, die von beiden Partnern gleich verstanden wird. Das erst begründet die Sonderstellung des Menschen unter den Tieren:

- dadurch kann der Mensch eine zweite symbolische Welt aus Bedeutungen schaffen, die er mit anderen Menschen teilt;
- in dieser zweiten Welt ist etwas möglich, was es in der ersten nicht gibt: nämlich zu verneinen. »Der Hund hat den Mann nicht gebissen«; dadurch kann man virtuelle, irreale, mögliche, fiktive und phantastische Welten schaffen;
- erst über den Umweg über diese zweite Welt kann der Mensch die Rolle des anderen einnehmen und ihn verstehen;
- die objektive Bedeutung eines Symbols ist die Basis aller Objektivität und aller Instrumentalisierung vom Hammer über die Schrift bis zur Wissenschaft;
- durch Sprache kann man den diffusen Innenzuständen des eigenen Gemüts eine prägnantere Form geben und sie so für die Eigenwahrnehmung zugänglich machen; damit ermöglicht Sprache erst das Denken und die Reflexion.

Das hat weitreichende Konsequenzen:

- wer seine Sprache unvollkommen beherrscht und sich nicht richtig ausdrücken kann, kann auch nicht richtig denken;
- der, dem ganze sprachliche Provinzen verschlossen bleiben, nimmt an der Gesellschaft nur in eingeschränktem Sinne teil; ganze symbolische Kontinente bleiben ihm verschlossen;
- wer sich nur unvollkommen artikulieren kann, dem bleibt auch sein eigenes Inneres weitgehend dunkel.

Es gibt eine Komödie darüber, was es bedeutet, sich mit der Eroberung bisher unzugänglicher Sphären der Sprache eine neue Welt zu schaffen: *Pygmalion* von George Bernard

Rex Harrison und Audrey Hepburn in *My Fair Lady*: eine Komödie darüber, was es bedeutet, sich mit der Eroberung bisher unzugänglicher Sphären der Sprache eine neue Welt zu schaffen.

Shaw. Sie erzählt die Geschichte des Blumenmädchens Eliza, die den Phonetiker Higgins dazu provoziert, ihr ein so blütenreines Oberklassen-Englisch beizubringen, daß sie beim Ball des Botschafters als Herzogin durchgeht. Lerner und Loewe haben daraus das Musical *My Fair Lady* gemacht, das mit Audrey Hepburn und Rex Harrison verfilmt wurde. Es gibt darin eine Szene, in der Eliza unter dem Streß des Übens fast in Tränen auszubrechen droht und Higgins sie wieder aufrichten muß. In einer aktualisierten deutschen Adaption lautet diese Stelle folgendermaßen: »Ich weiß, daß du müde bist, ich weiß, daß dein Kopf schmerzt, ich weiß auch, daß deine Nerven bloßliegen. Aber bedenke, womit du es zu tun hast: mit der Majestät und Großartigkeit der Sprache. Die größte Gabe, die Gott uns gegeben hat. Ohne sie würden wir das Herz unseres Nächsten nicht erreichen. Wir würden keine gemeinsame Welt bewohnen. Wir wären eingeschlossen in unser armseliges Selbst und würden als einsame Tiere eine öde Welt durchstreifen. Erst diese geheimnisvolle Mischung aus Lauten hat die Fähigkeit, uns eine Welt aus Sinn und Bedeutung zu schaffen. Und diese Welt sollst du erobern.«

Deshalb führt der Königsweg zur Bildung über die Sprache. Sie muß einem so vertraut sein wie die eigene Wohnung oder das eigene Haus. Man muß nicht jedes Zimmer ständig nutzen. Und den Keller des Jargons, die Waschküche des Gefühlsüberschwangs und den Heizungskeller der leidenschaftlichen Ausbrüche betritt man nicht so häufig wie die Wohnküche der Alltagssprache, das Schlafzimmer des familiären Dauergeplauders und das Wohnzimmer des gesellschaftlichen Normalverkehrs. Das gilt auch für das ausgebaute Dachgeschoß der formellen Äußerungen und des Pathos und auch für das Gästezimmer, das eine fremdwortgeschwängerte Konversation der gehobenen Art beherbergt. Aber alle Zimmer und Stockwerke der Sprache müssen einem gleich zugänglich sein; man muß sich in ihnen routiniert und geschickt bewegen können, ja, man muß sich darin traumwandlerisch sicher zurechtfinden.

Die Sprache bildet durch ihre Stillagen immer auch die Sphären der Gesellschaft und ihren dramaturgischen Rahmen ab: Im Büro spricht man anders als zu Hause und bei einer Beerdigung anders als in der Badeanstalt. Es gibt auch deutliche Höhenunterschiede: Bei einem wissenschaftlichen Kongreß geht es anders zu als in einer Stammtischrunde, und bei einer literarischen Soiree anders als in der Disco. Für jede Gelegenheit und jede Sphäre gibt es die entsprechenden Stillagen und die entsprechende Sprache mit ihrem Vokabular. Hat man keinen Zugang zu der passenden Sprache, ist einem ein Teil der Gesellschaft verschlossen. Wer aber im Haus der Sprache wohnt, hat Zutritt zu allen gesellschaftlichen Sphären: Er schließt sich prinzipiell von keiner aus, weil er sich von keiner Erfahrung ausschließt. Das heißt nicht, daß er in allen ansässig ist: So wenig, wie man mehrere Wohnungen gleichzeitig bewohnen kann, kann man gleichzeitig Ministerialdirektor, Schauspieler und Kranführer sein. Aber man behält sich vor, mit ihnen Kontakt aufzunehmen und sich ohne Probleme und Befangenheit mit ihnen zu verständigen. Dasselbe gilt für alle Situationen und Gelegenheiten vom wissenschaftlichen Kongreß bis zum Betriebsfest. Dabei imitiert man nicht immer

Szene aus dem Film *West Side Story*: im Verkehr mit Jugendlichen verfällt man zwar nicht in Jugendjargon, wenn man schon selbst die 40 erreicht hat. Aber man stellt sich sprachlich auf sie ein, vollzieht mit dem Wechsel der Stillagen den Rollenwechsel.

Auch für die Sprache gilt: Parodiere höchstens den Gestus des Gegenüber, wenn du unter ihm leidest, übertreibe ihn, unterlaufe ihn, aber thematisiere ihn niemals.

die dort üblichen Sprachen, so wenig wie man im Verkehr mit Jugendlichen gleich in Jugendjargon verfällt, wenn man schon selbst die 40 erreicht hat. Aber man stellt sich sprachlich auf sie ein und redet nicht über ihre Köpfe hinweg. Man verleugnet nicht seine Identität, aber vollzieht mit dem Wechsel der Stillagen den Rollenwechsel. Wer sprachlich eingeschränkt ist, ist sozial behindert.

Sprache drückt also Identität aus. Identität ist keine Rolle, sondern der Stil, in dem jede Rolle gespielt wird. Stil nannte man in der Kunst der Renaissance auf Italienisch »maniera«: das war dasselbe Wort, mit dem man auch Manieren bezeichnete. Die Manieren kennzeichnen den Stil, mit dem man sich selbst darstellt. Beide – Stil und Manieren – lassen das, was künstlich ist, wie natürlich erscheinen. Das gilt auch für die Sprache: Was mühsam eingeübt wurde, muß nachher wie eine zweite Natur erscheinen. Die Anstrengung muß deshalb hinter dem Eindruck der Leichtigkeit verborgen bleiben. Die Beherrschung der Sprache in jeder Stillage gilt als selbstverständlich.

Das begründet *das erste Gebot der Sprache*: Thematisiere nie den Unterschied zwischen dem Sprachniveau deines Gesprächspartners und deinem eigenen (»Ich kann leider nicht so geschwollen schwätzen wie Sie« oder »Verzeihung, können Sie mir das Wort erklären, ich bin leider nicht so gebildet«), und klage ihn nie des sprachlichen Terrorismus an, etwa indem du ihn des Imponiergehabes oder des Versuchs verdächtigst, dich zu erniedrigen. Wenn der Verdacht nicht stimmt, gibst du zu erkennen, daß du sprachlich überfordert bist; wenn er stimmt, tust du das auch, und außerdem hat dein Gegner sein Ziel erreicht. Auf jeden Fall ist es peinlich, nicht weil dein Gesprächspartner sich erwischt fühlt, sondern weil er plötzlich bemerkt, daß er es mit einem sprachlich und kulturell unsicheren Menschen zu tun hat, den er vorsichtig behandeln muß. Auch wenn du sprachlich noch so leidest: Parodiere höchstens den Sprachgestus des Gegenüber, übertreibe ihn, unterlaufe ihn, aber thematisiere ihn niemals. Kommt es aber tatsächlich häufiger vor, daß du dich sprachlich unsicher fühlst, gibt es Problembereiche, um die du dich kümmern solltest. Im folgenden werden die wichtigsten genannt.

Fremdwörter

Viele spüren eine Sprachbarriere dann am deutlichsten, wenn sie das Vokabular eines Gesprächspartners nicht verstehen. Das kann dann der Fall sein, wenn er eine Menge Fremdwörter benutzt. Die häufigste Reaktion ist dann mißmutige Abwehr: »Kann er sich nicht auf deutsch ausdrücken?« Damit verschiebt man nur die Abneigung gegen Fremdwörter, die man nicht versteht, auf den, der sie benutzt. Das entlastet dennoch nicht von der Geltung des *zweiten Gebots der Sprache*:

Selbst wenn die Verwendung von Fremdwörtern häufig überflüssig ist, muß man sie dennoch verstehen. Obwohl sie Fremdwörter heißen, gehören sie genauso zur deutschen Sprache wie Einwanderer, die die deutsche Staatsbürgerschaft erworben haben. Wer gegen Fremdwörter ist, ist auch gegen Fremde.

Die Allergie gegen Fremdwörter hat mit der Angst vor dem Unbekannten zu tun. An ihr leiden besonders diejenigen, die keine Fremdsprache kennen. Und das Fatale ist: Sie geben sich an dieser Angst zu erkennen.

Die meisten Fremdwörter im Deutschen stammen aus dem Lateinischen, gefolgt vom Französischen und Englischen. Nun ist das Französische selbst eine Tochter des Lateinischen und das Englische ein Bastard aus dem Französischen und dem Angelsächsischen. Wer also eine oder mehrere dieser Sprachen auf der Schule gelernt hat, kann sich meist ein Fremdwort aus irgendeiner von ihnen ableiten. Nehmen wir das Wort »Suggestivfrage«. Es ist vielen, aber vielleicht nicht allen geläufig.

Wir sind mitten in einer Debatte und haben gerade eine Frage an einen schiedsrichterlichen Dritten gestellt, wem er wohl recht gebe, da wirft uns unser Gegner vor: »Das war aber jetzt eine Suggestivfrage.«

Wenn wir nicht wissen, was er meint, sagen wir nachdenklich: »Vielleicht war es das«, und blättern schnell unser geistiges Lexikon durch. Da finden wir im Englischen:

to suggest = nahelegen, vorschlagen, andeuten und empfehlen
suggestion = Einfluß, Drohung, Vorschlag, Wink
suggestibility = Beeinflußbarkeit

Selbst wenn die Verwendung von Fremdwörtern häufig überflüssig ist, muß man sie dennoch verstehen.

Im Französischen finden wir fast dasselbe unter »suggestion«, während das Verb »suggérer« heißt. Und auch im Deutschen gibt es das Verb »suggerieren« und das Substantiv »Suggestion«. Alle diese Wörter haben einen lateinischen Vorfahren: Es ist nämlich das Verb suggerere = darunterlegen, beifügen, folgen lassen, eingeben, anraten.

Die erste Silbe erkenne ich als die ehemalige Präposition sub = unter. Sug-gerere ist also aus einer Präposition und einem verbalen Stamm zusammengesetzt. Solche Zusammensetzungen sind relativ häufig, wie im Deutschen auch.

Entsprechend heißt bei »suggerere« das Hauptverb ohne die Vorsilbe »gerere« = tragen, ausführen, besorgen.

Davon muß ich jetzt die Stammformen kennen, also das, was im Deutschen folgendermaßen lautet: ich trage (Gegenwart, Präsens), trug (Vergangenheit, Imperfekt), getragen (Partizip Perfekt). Die Stammformen von gerere heißen nun: gero (ich trage), gessi (ich trug), gestum (getragen)

Deshalb gibt es suggerieren = nahelegen und suggestiv = naheliegend. Das eine ist vom Präsens, das andere vom Partizip Perfekt abgeleitet.

Eine Suggestivfrage ist deshalb eine Frage, bei der man dem Befragten gleich die Antwort in den Mund legt. Solche Fragen sind vor Gericht, wo man die unbeeinflußte Zeugenaussage hören möchte, in der Regel unerlaubt; in der Alltagswelt dagegen sind sie sehr häufig. (»Du willst doch wohl nicht noch mehr Kuchen, Albert?«)

Bezogen auf die Fremdwörter heißt das: würde man die lateinischen Präpositionen und die Stammformen der häufigsten Verben kennen, würde man eine ungeheure Menge von Fremdwörtern selbst ableiten können. Machen wir die Probe aufs Exempel. Wir fertigen zwei Listen an: die eine enthält die acht häufigsten lateinischen Präpositionen, das sind

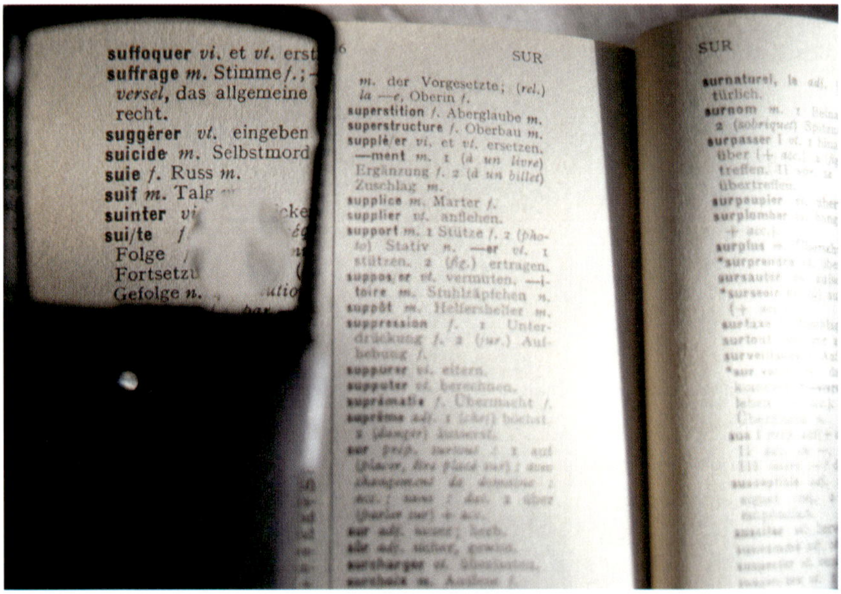

Würde man die lateinischen Präpositionen und die Stammformen der häufigsten Verben kennen, könnte man eine ungeheure Menge von Fremdwörtern selbst ableiten.

1. ad = an, zu
2. de = von
3. cum/com = mit
4. ex = aus, von
5. in = in, hinein
6. pro = für
7. prae = vor
8. re = zurück

Dann listen wir die acht Verben auf, die am häufigsten mit den Präpositionen verbunden werden. Das ergibt mit Stammformen und Bedeutungen folgende Liste:

1. capere, capio, cepi, captum (in der Zusammensetzung cipio, cepi, ceptum) = fangen
2. cedere, cedo, cessi, cessum = gehen
3. currere, curro, cucuri, cursum = laufen
4. dicere, dico, dixi, dictum = sprechen
5. ducere, duco, duxi, ductum = führen
6. iacere, iacio, ieci, iactum/iectum = werfen
7. ponere, pono, posui, positum = setzen, stellen, legen
8. -spicere, -spicio, -speci, -spectum = blicken

Jetzt kombinieren wir die beiden Listen zu einer Kreuztabelle, indem wir die Verben von links nach rechts in den beiden Formen Infinitiv und Partizip Perfekt schreiben (→ siehe Seite 574).
Wenn man jetzt noch die Verwandten, Kinder und Geschwister dieser Fremdwörter hinzuzählt, kommt man durch die Kombination von acht Präpositionen mit acht Verben auf annähernd 100 Fremdwörter. So kann man sich schnell durch wenige strategisch gewählte Informationen einen Zugang zu unbekannten sprachlichen Bereichen erschließen.
Sprachen sind also viel leichter zu lernen, als man gemeinhin glaubt. Ein Großteil des täglichen Bedarfs an Verständigung wird durch ein relativ schmales Vokabular abgedeckt, das dann allerdings sehr viel Arbeit leistet. Allein, was das Wort »stellen« in der Kombination mit verschiedenen Vorsilben zuwege bringt, ist erstaunlich: abstellen, anstellen, bestellen, entstellen, einstellen, herstellen, hinstellen, verstellen, vorstellen ... mit ihrer ganzen Verwandtschaft wie vorstellig, anstellig, Bestellung etc. Zugleich wird ein Großteil der Bedeutung bereits durch eine Kombination von Wortklassen festgelegt, deren Abwandlung mehr oder weniger festen Regeln unterworfen ist: »Ich (Pronomen) muß (Hilfsverb) das (Artikel) blaue (Adjektiv) Auto (Substantiv) waschen (Verb).« Diese Wortklassen erkenne ich auch dann, wenn ich die Wortbedeutungen der Substantive, Verben und Adjektive selbst nicht kenne.
Machen wir die Probe mit der deutschen Übersetzung eines berühmten englischen Nonsensgedichtes (1. Strophe):

Verdaustig wars und glasse Wieben
Rotterten gorkicht im Gemank:
Gar elump war der Pluckerwank
und die gabben Schweisel frieben.

Jeder, der der deutschen Sprache mächtig ist, erkennt sofort, daß das Deutsch ist, obwohl er nur ein konfuses Bild der beschriebenen Situa-

	capere -ceptum fangen	cedere cessum gehen	currere cursum laufen	dicere dictum sagen	ducere ductum führen	iacere -iectum werfen	ponere positum stellen	-spicere spectrum blicken
ad/ac	akzeptieren	akzessorisch		Addiktion	Adduktor	Adjektiv	Apposition	Aspekt
de					Deduktion deduktiv	Dejektion	Deposition	despektierlich
ex	Exzeption exzeptionell	Exzeß	Exkursion Exkurs	Edikt	Edukation	Ejakulation	Exposition	
con/cum	Konzept	Konzession	Konkurs Konkurrenz		Kondukteur	Konjektion	Komposition	
in			Inkursion	Indikation (dicare) indikativ	Induktion induktiv	Injektion	Imposition	Inspektion
pro		Prozeß Prozession	Prokurs		Produktion produzieren produktiv etc.	Projekt	Proposition	Prospekt
prae	Präzeptor	Präzession		Prädikat (dicare)			Präposition	
re	Rezept	Rezeß	Rekurs		Reduktion	Rejektion	Reposition (Wiederein- richten eines gebrochenen Gliedes)	Respekt

Die mit einem »-« versehenen Verben haben nur in der Zusammensetzung mit einer Präposition das angegebene Partizip Perfekt. Sonst haben sie einen starken Vokal (Beispiel: iactum/-iectum) tion gewonnen haben dürfte. Er erkennt auch, daß es sich um vollständige deutsche Sätze handelt, deren grammatikalische Struktur sie über eine bloße Anhäufung von Worten hinaushebt. Und daß das so ist, erfahren wir aus den Verbindungswörtern und den Endungen der Wörter, die immer gleich sind. Also: »Es war« in Verbindung mit einem Wort mit der Endung »-ig« (verdaustig wars), verlangt als Wortklasse entweder Substantiv oder ein Adjektiv wie blutig, schaumig, lebendig, bissig, verdaustig. »Glasse Wieben« in Verbindung mit »rotterten« legt die nächste Sequenz auf die Abfolge Adjektiv, Substantiv, Verb Imperfekt Plural fest. Ich erfahre also so viel, daß ich alle Wortklassen ergänzen könnte. An den Endungen und den Verbindungswörtern erkennen wir, daß es sich um Deutsch handelt. Auf Englisch sieht derselbe Vers nämlich ganz anders aus, und zwar folgendermaßen:

'Twas brillig and the slithy toves
did gyre and gimble in the wabe
all mimsy were the borogoves
and the mome raths outgrabe.

Zugegeben: Es handelt sich um ein etwas antiquiertes poetisches Englisch; das merkt man an der Abkürzung von »'Twas« für »it was«, dem emphatischen »did« bei »gyre and gimble«, obwohl es sich weder um eine Frage noch eine Verneinung handelt (wir erinnern uns an die Regel: Bei Verneinung und Frage muß ein Verb mit to do umschrieben werden: »Do you understand?«) und dem altertümlichen starken Imperfekt von »outgrabe«. Natürlich ist noch immer nicht klar, was der Text bedeutet. Gehen wir deshalb auf seine Urfassung zurück:

Coesper erat: tunc lubriciles ultravia circum
Urgebant gyros gimbiculosque tophi;
Moestenui visae borogovides ire meatu;
Et profugi gemitus excrabuere rathae.

Sofort erkennen wir, daß es sich um Latein handelt. Und dasselbe gilt vom Französischen:

Il était grilheure; les slictueux toves
Gyraient sur l'alloinde et vriblaient:
Tout flivoreux allaient les borogoves;
Les verchons fourgus bourniflaient.

Insgesamt läßt sich also feststellen: die Sprache arbeitet sehr viel ökonomischer, als man vielleicht meinen könnte. Zunächst einmal ist das Lexikon längst nicht so dick, wie es aussieht: viele Vokabeln sind in Wirklichkeit Mitglieder von Familien, die sich um einen Stamm herum bilden. Es gibt riesige Clans und Sippen unter den Wörtern, und man sieht ihnen die Familienähnlichkeit noch an. Und dann genügen relativ wenige Formen (Deklinationen der Substantive – der, des, dem, den – und Konjugation des Verbs – ich gehe, du gehst ...), um sie immer wieder auf neue Weise kombinieren zu können. Und das Wunderbare ist: dabei wird noch ein Überfluß an Informationen geliefert; wir werden über dasselbe zwei- oder dreimal informiert wie etwa in dem Ausdruck »glasse Wieben rotterten«. Daß es sich bei den »Wieben« um die Mehrzahl von »was immer es ist« handelt, wird uns dreimal mitgeteilt: im En-

Insgesamt läßt sich feststellen: die Sprache arbeitet sehr viel ökonomischer, als man vielleicht meinen könnte

Lewis Carroll: das von ihm arrangierte Gedicht fand die kleine Alice im Land hinter den Spiegeln.

dungs-n von »Wieben«, dann im Endungs-n von »rotterten« und im Endungs-e von »glasse« (wird dekliniert wie naß). Aber warum diese Verschwendung? Antwort: damit man Streuverluste an Informationen durch sogenannte Redundanzen auffangen kann. Was sind Redundanzen? Das läßt sich leicht ableiten: re- erkennen wir nun schon als Präposition, die zur Vorsilbe geworden ist; das d von Redundanzen hat der Geist der Sprache dazwischengeschoben, weil sonst zwei Vokale (re-undanzen) aufeinandergetroffen wären. Der Stamm leitet sich von lateinisch »unda«, französisch »onde« = Welle her (im Deutschen in dem Fremdwort »ondulieren« enthalten). Es geht also um die immer wieder neu anbrandenden Wellen, und das heißt Überfluß und Wiederholung. Die Sprache, so sagt man, ist redundant; sie versorgt uns mit einem Überfluß an Informationen, die das Verständnis erleichtern.

Also: die Sprache hat sich für uns große Mühe gegeben; den Rest der Strecke müssen wir selbst zurücklegen.

Dafür kann man schon mal ein Lockerungstraining einlegen, indem man den Rest des Nonsensgedichts liest, das den Titel *Der Zipferlake* trägt:

»Hab Acht vorm Zipferlak, mein Kind!
Sein Maul ist beiß, sein Griff ist bohr!
Vorm Fliegelflagel sieh dich vor;
dem mampfen Schnatterrind!«

Er zückt sein scharf gebiftes Schwert,
Den Feind zu futzen ohne Saum;
Und lehnt' sich an den Dudelbaum
Und stand da lang in sich gekehrt,

In sich gekeimt, so stand er hier;
Da kam verschnoff der Zipferlak
Mit Flammenlefze angewackt
Und gurkt' in seiner Gier.

Mit eins! und zwei! und bis aufs Bein!
Die biffe klinge ritscheropf
Trennt er vom Hals den toten Kopf;
Und wichernd springt er heim.

»Vom Zipferlak hast uns befreit?
Komm an mein Herz, aromer Sohn!
O blumer Tag! O schlusse Fron!«
So kröpfte er vor Freud.

Verdaustig wars und glasse Wieben
Rotterten gorkicht im Gemank;
Gar elump war der Pluckerwank
und die gabben Schweisel frieben.

Wer es verfaßt hat? Das ist nicht leicht zu sagen. Es gab ein ähnliches Gedicht auf Englisch (die 1. Strophe haben wir zitiert), und das wurde von Lewis Carroll so arrangiert, daß die kleine Alice es in spiegelverkehrter Fassung im Land hinter den Spiegeln fand. Auf Deutsch übertragen hat es dann Christian Enzensberger.

Satzbau und Vokabular

Durch die Behandlung der Fremdwörter haben wir inzwischen einen intuitiven Eindruck von dem Prinzip bekommen, das die Sprache regiert: Sex. Wir gebrauchen dieses Bild, um die Produktivität der Sprache anschaulich zu machen. Das männliche Prinzip der Selektion aus dem Lexikon des Vokabulars begattet das weibliche Prinzip der Kombination von verschiedenen Wortklassen im Satzbau. Das Gedicht vom Zipferlake hat uns dieses weibliche Prinzip der Kombination in der Syntax deshalb so deutlich vor Augen geführt, weil es eine Art künstliche Besamung durchgeführt und die Selektion offen gelassen hat: Die Worte, die es tatsächlich an die Stelle der vorgesehenen Wortklassen gesetzt hat, standen nicht im Lexikon, sondern waren reine Platzhalterworte, Dummies, Kleiderpuppen, die die richtigen Worte nur simulierten. Das Ergebnis: Nonsens. Damit haben wir das Prinzip der Syntax isoliert und um so deutlicher in den Blick bekommen.

Die weibliche Syntax ist nun recht empfindlich. An ihr zeigt sich sehr schnell, ob ein Sprecher die Sprache beherrscht oder nicht; Fehler der Grammatik fallen sofort auf und diskreditieren den Sprecher. Manchmal sind solche »Fehler« Bestandteil einer regionalen »Unterklassensprache« (man nennt das heute weniger diskriminierend »Soziolekt«), so wie man etwa in bestimmten Gebieten des Ruhrgebiets oder Berlins mir und mich verwechselt: »Leih mich mal dein Hammer«; »er hat mir gar nicht gesehen«. Wenn jemand diese Fehler naiv begeht, disqualifiziert ihn das für die Teilnahme an der gehobenen Kommunikation.

Aber auch innerhalb des Spektrums der Korrektheit gibt es noch einen weiten Spielraum für Unterschiede.

Sex – das Prinzip, das die Sprache regiert

Am auffälligsten ist der Unterschied zwischen schlichten Hauptsätzen und komplexeren Satzkonstruktionen mit Nebensätzen. Da Nebensätze und Hauptsatz logisch nie gleichrangig sind, demonstriert man mit komplexeren Satzkonstruktionen zugleich, daß man das Jonglieren mit logischen Ebenen beherrscht.

Die Nebensätze werden in der Regel durch sogenannte Relativpronomina oder durch eine Konjunktion eingeleitet. Das Relativpronomen verweist einfach auf das Wort, auf das sich der neue Nebensatz bezieht (der Mann, der mich gerettet hat ...), die Konjunktion bezeichnet die logische Beziehung, in der der Nebensatz zum Hauptsatz steht. Solche Konjunktionen sind: obwohl, weil, denn, damit, so daß, als, nachdem, bevor, wenngleich, während etc. Man sieht, daß es sich um Bestimmungen des Grundes (Kausalität), der Zeit (temporal), der Einräumung (der Konzession), des Ziels (Finis) und der Folge (Konsekution) handelt. »Weil« ist kausal, »während« ist temporal, »obwohl« ist konzessiv, »damit« ist final und »so daß« ist konsekutiv.

Die Sprache hat ihre Gebote.

Also:
Er betete so intensiv, daß er zur Entspannung rauchen mußte (konsekutiv).
Obwohl er betete, rauchte er (konzessiv).
Er betete, weil er rauchte (kausal).
Er betete, damit er rauchen konnte (final).
Er betete, während er rauchte (temporal).
Wie verhält es sich aber mit folgendem Witz: Fragt der Klassensprecher in einer Klosterschule Pater Anselm: »Darf man rauchen, während man betet?« »Was fällt dir ein?« sagt Pater Anselm empört. »Du mußt anders fragen«, sagt ein Mitschüler zum Klassensprecher, geht zu Pater Anselm und fragt: »Darf man beten, während man raucht?« »Aber ja«, strahlt Pater Anselm.
Die logische Zuordnung der Nebensätze zu Hauptsätzen sollte einem ständig klar sein. Wenn man auch beim Sprechen häufig eine komplexere Syntax benutzt, gewöhnt man sein Hirn daran, mit mehreren logischen Ebenen gleichzeitig zu hantieren, und steigert so sein Niveau.

Neben dem Verhältnis zwischen Haupt- und Nebensätzen sollte man auch die Bestandteile des Hauptsatzes »Subjekt – Prädikat – Objekt – adverbiale Bestimmung« etc. kennen. Deshalb gilt das *dritte Gebot der Sprache*: Verschaffe dir einen Überblick über die Bestandteile des Satzbaus, so daß du sie jederzeit identifizieren kannst. Dazu mußt du sie benennen können und in ihrer Funktion für das Ganze verstehen. Nur wenn man das kann, kann man den Sinn eines Satzes von der Form, in der er ausgedrückt wird, unterscheiden. Wer das kann, beherrscht die Sprache. Warum? Um das zu beantworten, müssen wir wieder auf das Prinzip der Selektion aus dem Lexikon des Vokabulars zurückkommen.

Das männliche Prinzip der Variation durch Auswahl aus dem Lexikon

Nehmen wir den Satz Schillers aus dem *Wilhelm Tell*:
»Die Axt im Haus erspart den Zimmermann.«
Ich könnte auch sagen:
»Der Schraubenzieher im Haus erspart den Elektromonteur.«
Dann habe ich Axt durch Schraubenzieher und Zimmermann durch Elektromonteur ersetzt, ohne daß sich der Sinn verändert hätte. Mit solchen Substitutionen (Ersetzungen) testet man,

ob der Sinn trotz der Änderungen identisch bleibt. Und umgekehrt: Wenn der Sinn als identisch durchgehalten wird, kann er das Widerlager bilden, an dem sich die verschiedenen Formen als gleichwertige Varianten erweisen. So könnte man statt der beiden vorherigen Sätze auch sagen:

»Der Werkzeugkasten im Haus erspart den Handwerker.«

Dann wird klar, daß der Handwerker die gemeinsame Basis für Zimmermann und Elektromonteur ist; für Axt und Schraubenzieher gilt dasselbe. Das, was gleich geblieben ist, ist der Sinn. Er bietet den strukturellen Spielraum für die Auswahl der Variationen aus dem Lexikon. Jetzt zeigt sich der Grund, warum man die Satzteile kennen muß: Nur dadurch kann man beim Austausch der Elemente die richtigen Stellen dafür bestimmen. Das ist so, wie wenn man bei der Organtransplantation die Anatomie kennen muß, damit nicht ein Herz durch eine Leber ersetzt wird; das würde selten gutgehen. Und nur wer den Sinn aus der sprachlichen Form herausfiltern kann, kann ihm eine andere Form geben. Aber warum soll das so wichtig sein?

Weil die Kommunikation uns diese Leistung immer wieder abverlangt.

Stellen wir uns vor, ein Lehrer hört auf dem Weg zu seiner Klasse plötzlich einen schrillen Schrei aus dem Klassenzimmer. Er reißt die Tür auf, sieht eine paar blöde grinsende Schüler herumstehen und fragt: »Was war hier los?« Und stellen wir uns nun Emil und Albert vor, zwei Schüler, die die Frage auf ganz unterschiedliche Weise beantworten. Emil würde sagen: »Also, das war so: Albert hier sagt zu mir: ›Du bist eine feige Sau.‹ ›Was, ich feige, du Arsch?‹ sag ich. ›Sag das noch mal, und ich hau dir eine in die Fresse.‹ ›Wetten, daß du zu feige bist, so laut zu schreien, wie du kannst?‹ sagt er. ›Du willst mich wohl auf'n Arm nehmen‹, sag ich. Da sagt er zu Karl-Heinz hier: ›Siehste, jetzt kneift er.‹ ›Ich und kneifen?‹ sag ich, na ja, und da hab ich geschrien.«

Albert würde sagen: »Wir hatten eine absurde Wette darüber abgeschlossen, ob er es wagen würde, so laut zu schreien, wie er könne.«

Welcher von beiden ist wohl der bessere Schüler? Tippen Sie auch auf Albert? Und warum? Richtig. Emil kann sich von der Form der gerade erlebten Szene nicht lösen. Der Sinn des Erlebten ist für ihn mit der szenischen Dramaturgie und dem Dialog völlig verschmolzen; er muß die ganze Szene noch mal reproduzieren. Albert dagegen streift vom Sinn die Form des Szenischen ab, die er nur in der Kennzeichnung als »absurd« im Spiel hält, faßt den Vorgang zusammen und gießt ihn in eine neue Form, die seinen Respekt vor dem Lehrer, seine Distanz zu der Szene und seine Fähigkeit ausdrückt, die Sache von verschiedenen Seiten aus zu sehen. Es gibt viele Menschen, die in derselben Situation wie Emil sind. So lange sie da nicht herausfinden, leben sie in einem Ghetto. Sie brauchen dann ihre Schulzeugnisse erst gar nicht vorzuweisen. Man erkennt sie schon an der Art, wie sie reden, und spricht über sie das Urteil: ungebildet.

Deshalb gilt das *vierte Gebot der Sprache*:

Prüfe dich, ob du bei Erzählungen und Berichten raffst, neu ordnest und den Stoff für die Zuhörer präparierst, oder ob du das Erlebte in der dramatischen Echtzeit wiedergibst (»Da denke ich, mein Gott, denke ich ...«). Nicht, daß es nicht sehr wirkungsvoll sein kann, wenn man

eine Szene durch ihre dramatische Präsentation wiederaufleben läßt: Worauf es ankommt, ist, daß man auch anders könnte.
Der Königsweg zur Sprachbeherrschung führt also über zwei Komplexe, die wir in Schillers Satz »Die Axt im Haus erspart den Zimmermann« am Werk sahen: Die Kombination so verschiedener Elemente wie »Axt« – »im Haus« – »erspart« etc. und die Dimension der Selektion der Elemente aus einem Auswahlbereich mehrerer Möglichkeiten: also »Axt« und nicht »Schraubenzieher« oder »Schwingschleifer«. Diese ähnlichen Elemente unterscheiden sich aber nicht immer nur durch ihre Bedeutung, sondern häufig durch ihre Stillage. Obwohl die beiden folgenden Sätze die gleiche Bedeutung haben, wirken sie sehr unterschiedlich.

Er küßte sie auf den Mund.
Er küßte sie auf die Fresse.

Der Philosoph Bertrand Russell hat diese Unterschiede der Stillagen in die *Konjugation eines unregelmäßigen Verbs* transformiert. Das sah dann folgendermaßen aus:

Ich bin fest.
Du bist eigensinnig.
Er ist ein dickköpfiger, unbelehrbarer Hornochse.

Daraufhin hat die Zeitschrift *The New Statesman* Preise für die besten unregelmäßigen Verben ausgesetzt. Hier sind die Einsendungen der ersten drei Sieger:

Ich bin mitreißend.
Du bist ungewöhnlich redselig.
Er ist besoffen.

Ich bin mit Recht empört.
Du bist verärgert.
Er macht aus einer Mücke einen Elefanten.

Ich bin anspruchsvoll.
Du bist kompliziert.
Ihm kann man es einfach nicht recht machen.

Diese Form ging in die internationale Folklore ein, so daß man seine eigenen Variationen entwickeln konnte:

Ich bin schön.
Du siehst nicht schlecht aus.
Sie ist irgendwie ganz fotogen, wenn dir der Typ gefällt.

Ich bin ein Schriftsteller.
Du hast eine journalistische Ader.
Er ist ein kitschiger Schreiberling und Verfasser von Schundromanen.

Ich habe ein paar Pfunde zuviel.
Du könntest auch mal eine Mahlzeit auslassen.
Sie ist fett wie ein Walroß.

Ich tagträume.
Du spinnst.
Er sollte mal einen Psychiater aufsuchen.

Ich glaube an Ehrlichkeit.
Du bist manchmal etwas direkt.
Er ist ein brutales Schwein.

Hier sind ein paar Vorschläge für weitere unregelmäßige Verben:

Ich bin schlank.
Ich tanze nicht allzu gut.

Ich glaube an die gute alte Marktwirtschaft.
Ich sammle alte Kunstgegenstände.
Ich behaupte, nicht besonders gebildet zu sein.

Solche Exerzitien (geistliche/geistige Übungen) vermitteln ein Gefühl für Stilebenen.
Ein noch empfindlicheres Gefühl für die Sprache bekommt man aber, wenn man das Prinzip der Ähnlichkeit zwischen austauschbaren Elementen (Axt/Hammer) etwas weiter verfolgt. Nehmen wir den Satz: »Von einigen Büchern genügt es zu kosten, andere muß man verschlingen, und ganz wenige sollte man kauen und verdauen.«
Hier wird der Begriff »lesen« durch den Begriff »essen« ersetzt, so daß die Differenz zwischen »kosten«, »verschlingen« und »kauen« benutzt werden kann, um den Unterschied zwischen kurz anlesen, durchlesen und genau durcharbeiten auszudrücken.

Wir haben oben von den Abstammungs- und Verwandtschaftsverhältnissen zwischen den Wörtern gesprochen und die Familien, Sippen und Stammbäume der Sprache erwähnt. Der Bereich »lesen« und der Bereich »essen« sind aber nicht blutsverwandt. Ihre Beziehung beruht auf Zuneigung. Das Wort »essen« heiratet in die Familie »lesen« ein. Diese Ehe nennt man eine Metapher. Nach der Heirat hat »lesen« plötzlich eine zahlreiche neue Verwandtschaft von Vettern und Cousinen und Onkeln und Tanten. Sie kommen jetzt alle und helfen dem jungen Metaphern-Paar, die neue Wohnung einzurichten, und das Paar selbst bekommt zahlreiche eigene Nachkommen. Der Älteste erhält den Namen »geistige Nahrung«, und dann folgen die anderen: Bücher, die man nicht begreift, hat man nicht »verdaut«; und was man nur wiedergibt, ohne es zu verstehen, ist

»Von einigen Büchern genügt es zu kosten, andere muß man verschlingen, und ganz wenige sollte man kauen und verdauen«

Die Ehe zwischen »essen« und »lesen«: Bücher, die man nicht begreift, hat man nicht »verdaut«. Wenn man aber nicht mehr liest, kann man »geistig verhungern«.

nur »wiedergekäut«; wobei vieles, was man liest, einem nicht »schmeckt«, es ist entweder »geschmacklos« oder schlichtweg »zum Kotzen«, weil es »bis zum Erbrechen« wiederholt wird. Wenn man aber deshalb nicht mehr liest, kann man »geistig verhungern«. Aber für den Gebildeteren sind die wichtigsten Eigenschaften der »Bildungshunger« und der »Wissensdurst«. Dabei stellt die Literatur einen unerschöpflichen »Vorrat« dar und eine unversiegbare »Quelle der Erfrischung«. Um dieser Erfrischung teilhaftig zu werden, braucht man natürlich »Geschmack«. Wie man sieht, ist die Ehe zwischen »essen« und »lesen« sehr fruchtbar; daraus erwachsen gewissermaßen neue Familien. So sind viele Begriffe ursprünglich Metaphern gewesen, die durch solche Einheiraten entstanden sind. Die Frauen verlassen dabei immer ihre Herkunftsfamilie und wechseln zu den Familien der Männer über. Diese Herkunftsfamilien sind konkret, räumlich und wohnen in der Nähe des menschlichen Körpers. So fanden die Einzelteile der menschlichen Anatomie viele neue Partner. Wir reden vom Flaschenhals, vom Tischbein, vom Auge des Gesetzes, dem Haupt der Familie, dem Fuß des Berges, dem Zahn der Zeit, der unsichtbaren Hand des Marktes, dem Arm des Gesetzes, dem Herzen des Landes etc.

Das Reich des Geistes ist ein ganzer Kosmos, die Luft ist erotisch aufgeladen, und es herrscht ein munteres Treiben, bei dem mitzumachen jeder eingeladen ist

An den lateinischen Verben, die mit den Präpositionen verbunden wurden, haben wir schon gesehen: Auch sie sind meist aus Metaphern entstanden. Die Bildquelle ist dabei in der Regel die Vorstellung des Raumes. Dem Familienpatriarchen der Urbedeutung ist das meist noch anzusehen: etwa »stellen« (lateinisch »ponere«) macht das deutlich; sich etwas im Geiste ausmalen heißt dann, »sich etwas vorstellen«. So beschreiben wir viele geistige Dinge in den Begriffen des Raumes; wir sprechen davon, eine Sache sei uns »zu hoch«; eine Analyse dagegen kann ebenso »tief« sein wie ein Gedicht; oder sie »liegt voll daneben«; man »trifft« mit seiner Bemerkung die Sache oder bleibt lediglich an der »Oberfläche«; man kann einen Gegenstand »streifen« und Bedenken »ausräumen«; die Gedanken bilden einen »Fluß« und die Argumente verfolgen eine »Richtung«; man kann Schlüsse »ableiten« und zu neuen Ideen »hinführen«. Kurzum, das Reich des Geistes ist ein ganzer Kosmos.

Für solche Allianzen zwischen zwei Stämmen durch die dynastische Ehe einer Metapher sollte man ein Gefühl bekommen, denn sie bildeten sogenannte Bildfelder, aus denen sich früher – als es sie noch gab – die Rhetorik bedient hat. Hier ist die Sprache noch jung, die Luft ist erotisch aufgeladen, und es herrscht ein munteres Treiben, bei dem mitzumachen jeder eingeladen ist. Nehmen wir das Bildfeld, auf dem sich die Worte »Sprache« und »Geld« »vereinigen«. Da wird ein neuer Wortschatz gezeugt: Man kann die Worte »sparen« oder sie »verschwenden«; man kann »wortreich« sein oder »arm im Geiste«; man kann an der »Inflation der Phrasen« zugrunde gehen oder, wenn man »goldene Worte« spricht, in eine andere »Steuerklasse« aufrücken, dann wird man zum »Klassiker«, der Worte wie Münzen »prägt«. So wie das Sprichwort: »Reden ist Silber, Schweigen ist Gold«. Aber das ist ein Präge- oder »Schlagwort«, und es gilt nicht, wenn man eine »goldene Kehle« hat.

Metaphern sind das Fundament unserer Weltbilder.

Natürlich sind diese Wendungen alle schon etwas älter. Aber die Dichter zeigen uns, wie sie das sprachliche Begehren weiter erregen: Als in *Hamlet* ein Höfling seinen Spruch aufgesagt hat und ihm nichts mehr einfällt, sagt Horatio: »Sein Portemonnaie ist leer, er hat all seine Worte schon verjubelt.«

Es gibt noch viele solcher Bildfelder wie die »Lebensreise«, den »Liebeskrieg«, das »Staatsschiff«, die »Seelenlandschaft«, das »Verstandeslicht« etc. Wenn man mit ihnen herumspielt, wird einem klar, wie die zwei Dimensionen der Sprache sich ergänzen: Einerseits schränkt die Kombination unterschiedlicher Satzteile für jedes Element den Auswahlbereich ein, so daß die Wahl nicht durch zu viele Alternativen blockiert wird; andererseits erweitert sie den Bereich der Ähnlichkeit von der Parallele zwischen den einzelnen Elementen zur Parallele zwischen den Relationen: Ein Buch muß dann nicht in allen Bezügen einem Braten ähneln, es genügt, wenn es das in Beziehung zu uns tut: Der Braten nährt unseren Körper, das Buch nährt unseren Geist.

Die alte philosophische Frage: Was verklammert unsern Geist mit unserem Körper? Antwort: Metaphern.

Das klärt die alte philosophische Frage: Was verklammert unsern Geist mit unserem Körper? Antwort: Metaphern. Wir haben selbst für diese Beschreibung eine Metapher benutzt: die Ehe. Auch diese Metapher schwebt nicht im luftleeren sprachlichen Raum (auch wieder eine Metapher): der Körper ist Materie, der Geist ist Geist. Materie ist verwandt mit mater = Mutter, so wie wir von Mutter Erde und Vater Himmel sprechen, wo der Geist schwebt. Und so heißt es: »Es war, als hätt' der Himmel die Erde still geküßt.« Und so ergibt sich eine Stafette von Parallelen zwischen den Paaren Vater/Mutter, Geist/Körper, Himmel/Erde. Von Vater und Mutter wird dann die Vorstellung von Ehe auf den Geist und Körper bzw. den Himmel und die Erde übertragen. Ehen aber werden, wie man weiß, im Himmel geschlossen und auf der Erde vollzogen, bis der Tod sie scheidet. Denn der Tod scheidet auch Himmel und Erde, der Körper kehrt zur Erde zurück und der Geist in den Himmel. Und so zeigt sich zum Schluß: Die Metaphern der Sprache sind das Fundament unserer Weltbilder.

Emil

Die Entdeckung der beiden Achsen der Sprache – Kombination im Satzbau und Selektion aus dem Lexikon – verdanken wir dem russischen Linguisten Roman Jakobson, der später nach Amerika auswanderte. Er hat seine These experimentell überprüft, indem er an Kindern und an Kranken verschiedene Formen der Sprachstörung untersuchte. Dabei fand er heraus, daß die Störungen tatsächlich zwei verschiedene Erscheinungsformen aufwiesen, die eindeutig jeweils einer der beiden Achsen zuzuordnen waren. Bei der einen Gruppe war die Kombinationsfähigkeit gestört. Das zeigte sich darin, daß die Syntax zusammenbrach. Die Über- und Unterordnung der Satzteile löste sich auf, und die Verbindungswörter ohne eigene Bedeutung, also mit rein grammatikalischer Funktion wie »wenn, vor, während, er, der, dieser« etc., verschwanden. Das Ergebnis war ein agrammatischer Telegrammstil: Was übrigblieb, war das Lexikon.

Umgekehrt verhielt es sich bei den Patienten, deren Fähigkeit zur Auswahl beschädigt war.

Eine Meditation über einige selbstbezügliche Sätze hilft, den Sinn für die Beziehung zwischen Form und Inhalt zu schärfen.

Die Grammatik und die grammatikalischen Funktionswörter blieben erhalten, aber die Sprecher konnten nicht mehr frei wählen. Sie ersetzten dann die Worte, die ihnen nicht einfielen, durch Ausdrücke wie »Ding« oder »Sache«. Es stellte sich heraus, daß sie keine eigenen Kontexte bilden konnten, die sich von der aktuellen Situation unterschieden. Statt dessen mußten die Kontexte vorgegeben werden. Sie konnten nur sagen: »es regnet«, wenn es wirklich regnete; sie konnten auch Sätze anderer vervollständigen und Fragen beantworten, Gespräche fortführen, aber nicht beginnen. Ihr Sprachverhalten war völlig reaktiv. Auffällig war vor allem ihre Unfähigkeit, Wörter durch Synonyme zu definieren, nach der Manier: »ein Opernball ist ein Tanzfest« oder »ein Tiger ist eine gestreifte Raubkatze«. Sie konnten nur ergänzen, was schon begonnen war (also auf der Achse der Kombination weitermachen), aber sie konnten kein Element durch ein anderes ersetzen (also Tiger durch Raubkatze) oder zwei Ausdrücke für dieselbe Sache benützen (Auto/Wagen). Und weil sie keinen eigenen Kontext bilden konnten, konnten sie weder lügen (sagen, es regnet, wenn es nicht stimmte),

noch imaginäre und fiktionale Welten konstruieren. Und als Konsequenz von alledem konnten sie auch nicht mit der Sprache über die Sprache sprechen.
Diese Unterschiede entlang den beiden Achsen der Sprache wurden durch Assoziationstests mit Gesunden bestätigt. Die eine Gruppe der Testpersonen assoziierte bei dem Wort »Haus« metaphorisch über die Achse der Ähnlichkeit; sie schrieben Wörter hin wie Höhle, Bude, Appartement etc. Die andere dachte an die Elemente des Kontextes: Garten, Zaun, Straße, Obstbäume. Sie zeigten also dieselben Präferenzen, wie sie bei den Kranken zutage traten.
Wenn man das aufgreift und die Defekte der Kranken sozusagen in ihrer Normalform sucht, so entspricht der agrammatische Stil der Kombinationsgeschädigten der Art, wie Ausländer eine Sprache, die sie nicht systematisch lernen, sprechen: »Morgen Zug schnell Düsseldorf«, »Kaviar gut Rußland«. Hier wird nur das Lexikon geplündert, und die Worte werden ohne Rücksicht auf die Regeln des Satzbaus nebeneinandergestellt. Die Selektionsgestörten dagegen ähneln Inländern, deren Sprachentwicklung auf einer frühen Stufe stehengeblieben ist. Wir haben einen solchen Inländer schon kennengelernt: Es ist der Schüler Emil, der sich nicht von

Petronius Roman *Satyrikon* – hier der Titelkupfer einer Ausgabe aus dem 18. Jahrhundert – erzählt die Geschichte der Witwe von Ephesus.

der szenischen Urfassung seines Erlebnisses lösen und sie deshalb auch nicht gerafft zusammenfassen konnte. Er ist gewissermaßen sprachlich gefesselt. Da er die Form der Sprache nicht vom Sinn unterscheiden kann, sind ihm beide verschlossen. Er kann sich dann nicht mit Hilfe der Sprache von der Welt distanzieren. Und ebensowenig kann er sich mit Hilfe der Sprache von der Sprache distanzieren – was man tut, wenn man einen Ausdruck durch einen anderen ersetzt und sich dabei an einem gleichbleibenden Sinn orientiert.

Paradoxien

Wir wohnen im Haus der Sprache (Metapher!). Darin können wir zwar von Zimmer zu Zimmer gehen, aber wir können nicht aus dem Haus hinaus. Das bemerkt man, wenn man mit der Sprache über die Sprache spricht.

Da in der Reflexion die Sprache selbstbezüglich wird, bricht der Unterschied zwischen Form und Gegenstand der Rede zusammen. Die Form der Rede wird Gegenstand ihrer selbst. Mit anderen Worten: Die Rede sagt zu sich »Ich«. Nehmen wir zum Beispiel den Satz:

»Dieser Satz stand im Imperfekt.«

Er stimmt insofern, als er ja den Imperfekt benutzt, aber er stimmt insofern nicht, als er es ja immer noch tut. Versetze ich den Satz aber in das Präsens,

»Dieser Satz steht im Imperfekt«,

stimmt er gar nicht mehr.

Solche Paradoxien schärfen deshalb den Sinn für die Beziehung zwischen Form und Inhalt, weil sie sie durch Selbstbezüglichkeit problematisieren. Auf diese Weise schrecken sie unser Sprachbewußtsein aus seinem Alltagstrott. Wem es schwerfällt, sich von seinen Sprachgewohnheiten durch Variationen zu distanzieren, der versenke sich in einige der selbstbezüglichen Sätze, die dem Redakteur Douglas Hofstadter von Lesern der Zeitschrift *Scientific American* zugeschickt wurden. Man braucht sich dabei nicht anzustrengen: Meditation genügt. Das ganze wirkt dann wie eine Kur:

Ich bin eifersüchtig auf das erste Wort dieses Satzes.

Ich bin nicht das Thema dieses Satzes.

Ich bin der Gedanke, den du gerade denkst.

Dieser träge Satz ist mein Körper. Aber meine Seele ist lebendig und tanzt in den Stromstößen deines Hirns.

Obwohl dieser Satz mit »zwar« beginnt, ist er falsch.

Der, der diesen Satz geschrieben hat, ist ein verdammter Sexist.

Dieser Satz trägt dazu bei, dich von der Rettung bedrohter Tierarten abzuhalten, indem er dich mit den trivialen Problemen der Selbstbezüglichkeit verwirrt.

Ich bin der Sinn dieses Satzes.

Enthält dieser Satz fünf Wörter – oder sieben?

Es fühlt sich gut an, wenn du deine Augen über meine Buchstaben gleiten läßt.

Wenn du diesen Satz irgendwo liest, ignoriere ihn.

Du darfst mich zitieren.

Dieser Satz endet, bevor es dir gelingt, das Wort »auszusprechen« auszuspr.

Erinnert dich dieser Satz an deine Mutter?

Wenn du grade nicht guckst, ist dieser Satz auf englisch.

Der Leser dieses Satzes existiert nur so lange, wie er mich liest.

Dieser Satz wurde erst kürzlich aus dem Chinesischen übersetzt.

Dichtung und Selbstbezüglichkeit

Es gibt eine Form der Selbstbezüglichkeit, die nicht paradox sein muß. Gleichwohl doubelt die Form des Gesagten den Inhalt des Gesagten. Nehmen wir als Beispiel folgende Sätze: »Wild zuckt der Blitz. Im fahlen Lichte steht ein Turm. Der Donner rollt. Ein Reiter kämpft mit seinem Roß, springt ab und pocht ans Tor und lärmt.«

Der erste Satz entwirft in seinem Aufbau das Wahrnehmungsfeld, in dem der Blitz erscheint: Im plötzlichen Aufleuchten gibt es nichts anderes als den Blitz; deshalb enthält der Satz neben dem Wort »Blitz« nur Wörter, die ihm ähneln. Alle sind einsilbig, »wild« enthält denselben Vokal und »zuckt« ist ebenso kurz und beginnt mit demselben Laut, mit dem »Blitz« endet. Über diese Ähnlichkeit verschmilzt der Eindruck aller vier Wörter. Daß das Wort »Blitz« am Ende des Satzes steht, zeichnet die Verzögerung des Begreifens gegenüber der Wahrnehmung nach: Man sieht den Blitz eher, als man begreift, daß es ein Blitz war, was man gesehen hat. In dem Wort »wild« sieht man ihn schon, aber erst das ähnliche Wort »Blitz« sagt uns, was wir gesehen haben. Weil das beim Donner umgekehrt ist, wird hier auch die Wortstellung umgedreht. Den Donner erwartet man nach dem Blitz, wenn er dann kommt, weiß man, was man hört; aber er grummelt noch lange weiter, und deshalb nimmt das Verb »rollt« den Vokal des Donners noch einmal auf und läßt ihn langsam auslaufen. Zwischen Blitz und Donner aber hat man gesehen, was der Blitz erleuchtete: den Turm. So abrupt wie der Satz, der dies sagt, endet, ist auch das Bild wieder verschwunden. Auch hier bedeutet die Endstellung von »Turm« das verzögerte Begreifen. Mit anderen Worten: Diese Zeilen teilen nicht nur mit, daß es blitzt und donnert, sondern sie zeigen auch, wie uns Blitz und Donner erscheinen. Die Form der Aussage imitiert den Inhalt der Aussage.

Das Prinzip der Ähnlichkeit ist das Gesetz, das die Metapher regiert. Die metaphorische Struktur ist das Kennzeichen der Dichtung.

Es handelt sich hier um Dichtung. In diesem Falle um den Beginn der Ballade *Die Füße im Feuer* von C. F. Meyer. Dabei gelingt es dem Verfasser, in der Aussage über Blitz und Donner eine Imitation von Blitz und Donner mit unterzubringen. In diesem Sinne ist die Selbstbezüglichkeit umgedreht: Die Aussage thematisiert nicht die Form, sondern die Form imitiert die Aussage.

Nun haben wir gesagt, daß das Prinzip der Ähnlichkeit das Gesetz ist, das die Metapher regiert: Bücher und Braten sind sich darin ähnlich, daß sie beide als Nahrung dienen, einmal dem Geist, einmal dem Körper. Ähnelt also die Form einer Aussage dem Inhalt, treten beide in eine metaphorische Beziehung zueinander. Diese metaphorische Struktur ist nun tatsächlich das Kennzeichen der Dichtung. Roman Jakobson hat das durch die Formel ausgedrückt, daß das männliche Prinzip der metaphorischen Ähnlichkeit gewissermaßen das weibliche Prinzip der Kombination des Unähnlichen in der Syntax noch einmal überformt.

Nehmen wir als Beispiel eine Geschichte, die zum ersten Mal in einem römischen Roman von Petronius mit dem Titel *Satyrikon* erzählt und seitdem häufig variiert wurde. Sie ist bekannt geworden unter dem Titel *Die Witwe von Ephesus.*

Eine Witwe hat die Leiche ihres verstorbenen Gatten in die Familiengruft gebracht und will ihm nun trauernd und fastend nachsterben. Dabei wird sie von einem Soldaten entdeckt, der die Leichname mehrerer gekreuzigter Verbrecher bei Strafe seines Lebens zu bewachen hat. Er verliebt sich in die Witwe und bringt es fertig, daß sie sich, ihres Gatten vergessend, ebenfalls in ihn verliebt. Dabei rettet er ihr das Leben, verwirkt aber zugleich sein eigenes, da während seiner Abwesenheit einer der Gekreuzigten von dessen Familie gestohlen wurde. Als der Soldat sein Urteil nicht abwarten und sich selbst richten will, rettet nun zum Ausgleich die Witwe sein Leben dadurch, daß sie ihm als Ersatz für den gestohlenen Leichnam den ihres Mannes anbietet.

Wir sehen gleich: die Geschichte besteht aus wenigen Grundelementen, die hintereinandergeschaltet werden, sich aber zugleich auch ähneln oder miteinander kontrastieren:

- der Soldat rettet die Witwe;
- die Witwe rettet den Soldaten;
- sie braucht einen lebendigen Mann;
- er braucht einen toten Mann;
- sie hat einen toten Mann;
- er ist ein lebendiger Mann;
- sie muß, um leben zu können, einen Leichnam loswerden;
- er muß, um leben zu können, einen Leichnam behalten.

Diese Ähnlichkeit macht es möglich, daß sich wie bei einer Metapher die Elemente gegenseitig ersetzen. So ersetzt der lebendige Soldat den toten Ehemann bei der Witwe, und die Leiche des Ehemanns ersetzt die Leiche des Verbrechers. Das Schöne an der Geschichte ist, daß die Frau den Leichnam ihres Mannes gerade dann entbehren kann, als der Soldat einen braucht. Mit anderen Worten: Der vergangene Tod des Ehemanns ersetzt den zukünftigen Tod des Soldaten, und die Zukunft des Soldaten bei der Witwe ersetzt das Andenken des verstorbenen Ehemanns.

Die Geschichte der Witwe von Ephesus ist also auch selbstbezüglich; sie benutzt eine metaphorische Struktur, um die Struktur der Metapher vorzuführen. Sie ist das, was sie zeigt. So wie das Gedicht von Conrad Ferdinand Meyer, das selbst so ist wie Blitz und Donner, von denen es spricht.

Diese Form der Selbstbezüglichkeit wollen wir zum Schluß noch einmal illustrieren, indem wir sie für die eigene Darstellung bei der Erläuterung der beiden Sprachdimensionen übernehmen.

Dazu vergleichen wir ihre Zusammenarbeit mit der Kleiderordnung.

Es gibt auch bei den Kleidern eine Syntax mit Satzteilen. Aber statt von Subjekt, Prädikat, Objekt, Prädikatsnomen, Adverb sprechen wir von Kopfbedeckung, Hemd, Jacke, Hose, Strümpfen und Schuhen. Manchmal darf man vielleicht

Die Mythologie ist voll von Monstern, Riesen, Zwergen, Minotaurussen, Amazonen und grotesken Gestalten aller Art – Pieter Brueghel *Dulle Griet*.

Die Zusammenarbeit von Form und Inhalt ist mit der Kleiderordnung vergleichbar. Es gibt auch bei den Kleidern eine Syntax mit Satzteilen. Aber statt von Subjekt, Prädikat, Objekt, Prädikatsnomen, Adverb sprechen wir von Kopfbedeckung, Hemd, Jacke, Hose, Strümpfen und Schuhen – Charlie Chaplin als Tramp.

die Kopfbedeckung weglassen, so wie auch ein Satz nicht unbedingt ein Adverb enthalten muß, aber in der Regel müssen die wichtigsten Typen von Kleidungsstücken benutzt werden.

Man hat nun von jedem Typ einen bestimmten Auswahlbereich; man kann für den Oberkörper ein T-Shirt, ein Hemd mit Pullover, einen Rollkragenpulli oder ein Oberhemd mit Schlips und Jackett auswählen. Und ebenso kann man sich bei der Fußbekleidung für Stiefel, Sandalen, Halbschuhe, Turnschuhe oder Schneeschuhe entscheiden. Grundsätzlich steht es einem frei, jeden Satzteil mit einer Auswahl aus dem Bereich jedes anderen Satzteils zu kombinieren. Ich könnte also ein Hemd mit Schlips und Jackett, mit Bermudashorts, einem Zylinder und Turnschuhen kombinieren. Das wäre allerdings so, als ob ich etwa folgenden Satz äußern würde:

»Und sie dann mit frischem Mut Schnittlauch auf das Rührei tut.«

Grammatikalisch stimmt dieser Satz. Ebenso stimmt die Syntax meiner Bekleidung. Von grammatikalischen Fehlern müßte man eher sprechen, wenn man die Hose auf dem Kopf trüge, die Socken an den Händen und das Hemd um die Hüften gebunden hätte. Aber trotzdem wirkt diese Aufmachung von Zylinder, Jackett, Shorts und Turnschuhen irgendwie unpassend. Der Grund ist natürlich klar: sie passen stilistisch nicht zusammen. Wie in der Dichtung sind die hintereinandergeschalteten Elemente der Kleiderordnung auch durch das männliche Prinzip der Ähnlichkeit miteinander verklammert. Und so wie es dichterische Formen gibt, gibt es Sets von Kleidungsstücken, die zusammengehören: Zylinder, weißes Hemd, schwarzer Schlips, schwarzer Anzug und schwarze Halbschuhe zur Beerdigung; Basketballmütze, T-Shirt, Shorts und Turnschuhe für die Gymnastik; Hose, Pulli, Jackett, Straßenschuhe für den Besuch in der Stammkneipe etc.

> *Wenn man in den verschiedenen symbolischen Ordnungen, die die Menschen geschaffen haben, parallele Grammatiken findet und sie miteinander vergleicht, bezeichnet man die damit verbundene Optik als strukturalistisch.*

Und wenn man in den verschiedenen symbolischen Ordnungen, die die Menschen geschaffen haben, parallele Grammatiken findet und sie so miteinander vergleicht, wie wir das jetzt gerade mit der Kleiderordnung und der Sprache getan haben, bezeichnet man die damit verbundene Optik als strukturalistisch.

Der Erfinder des Strukturalismus ist der Franzose Claude Lévi-Strauss. Er war Ethnologe und hat auf der Flucht vor den Nazis in New York Roman Jakobson kennengelernt. Dieser erklärte ihm die Kooperation der beiden Dimensionen der Sprache und wie daraus sprachliche Stämme, Sippen, Clans, Wortfamilien und Ehen entstehen.

Lévi-Strauss rief »heureka!« und übertrug Jakobsons Prinzip auf die Untersuchung der Mythologie und der Verwandtschaftssysteme von Stammesgesellschaften – und siehe da: was lange rätselhaft schien – Heiratsregeln, Inzesttabus und die Tatsache, daß zwischen Kamtschatka und Spanien, zwischen Alaska und Feuerland sich alle Völker die gleichen Geschichten erzählen –, wurde nun erklärbar. Sie handeln alle von der Kleiderordnung der Kultur und davon, was es bedeutet, sie zu verletzen; oder sie nicht zu kennen, weil man zu ungebildet ist. Dann tritt man auf, als ob man die Hose auf dem Kopf trüge, die Weste ums Bein gewickelt hätte und die Blöße ganz unbedeckt wäre. Aus diesem Grunde ist die Mythologie voll von Monstern, Riesen, Zwergen, Barbaren, Menschenfressern, Minotaurussen, Amazonen und grotesken Gestalten aller Art. In der Grammatik des Mythos sind sie die Ungebildeten. Ihr Zeichen ist, daß sie irgendeinen Defekt in den Bereichen haben, die die Menschen zu Menschen machen. Sie können nicht sprechen oder sagen nur »barbarbarbar« oder sie können nicht gut auf zwei Beinen stehen, weil sie einen Pferdefuß haben. Einige von ihnen müssen deshalb in der Unterwelt wohnen, ausgeschlossen vom Reich der Sprache und der Kultur.

Die Welt des Buches und der Schrift

Bücher – Schrift – Lesen

Bevor heute ein Kind liest, sieht es fern. Das schafft ein Problem, denn die Bildung hängt immer noch an den Büchern, oder zumindest an den Texten auf dem Bildschirm, und das heißt an Schrift. Warum ist das so? Warum können nicht auch Bilder Bildung vermitteln? Warum kann man sich nicht durch Fernsehen bilden? Was ist an Schrift so Besonderes?

Das Fernsehen zeigt mündliche Kommunikation in quasi realen (oder simulierten) Situationen. In ihr ist aber der Sinn des Mitgeteilten mit dem Medium der Kommunikation – Gesten, Stimme, Körpersprache etc. – unauflöslich verflochten. Der Sinn einer Mitteilung ist mit der Form der dramatischen Präsentation verschmolzen. Deshalb ist er unmittelbar einleuchtend – aber nicht referierbar. Das merkt man immer dann, wenn schlichte Menschen oder Kinder besonders lustige Situationen erzählen wollen, die sie gerade erlebt haben. Sie beschwören dann durch ein paar Zitate eine Vision der gerade erlebten Situation hervor (»und er dann: ›Ey du‹ – und sie: ›Na, hör mal‹. Haben wir gelacht!«). Aber die Zuhörer, die diese Erinnerung nicht teilen, sehen sich ratlos an: Ihnen bleibt die Komik dieser Äußerung verschlossen.

Erst die Schrift löst die Sprache aus der konkreten Situation und verselbständigt sie gegen den unmittelbar gegebenen Kontext (Zusammenhang). Was bei dieser Transformation (Umwandlung) gleichbleibt, ist das, was wir Sinn nennen. Allein die Verwandlung von gesprochener Sprache in Schrift macht die Kategorie des Sinns erst faßbar. Darum wurde in den Hochreligionen (Judentum, Christentum, Islam) Sinn überhaupt mit Schrift (Heilige Schrift) gleichgesetzt.

In der mündlichen Kommunikation dagegen kommt es nicht primär auf Sachlichkeit an, sondern auf emotionale Einfärbung und Beziehungsaspekte. Schriftliche Texte müssen über Themen strukturiert werden, mündliche Verständigung lebt vom selbstproduzierten Energiestrom der eigenen Dramaturgie, mit dem auch der Sinn entsteht und vergeht. Erst Schrift hat die Sprache fixiert, kontrollierbar gemacht und am Regelsystem der Grammatik orientiert. Der Tempounterschied zwischen mündlicher Rede und Schrift wird genutzt, um den Sinn zu strukturieren: Durch Linearisierung der Abfolge Subjekt – Prädikat – Objekt (der Mann beißt den Hund) mit allen Beifügungen, Nebensätzen und Einschüben kann die logische Ordnung des Gedankens auf die Sequenz (Abfolge) der Satzteile abgebildet und darüber kontrolliert werden. So etwas muß man trainieren. Das verlangt die Fähigkeit, die Simultanstimulation durch Bilder in ein Nacheinander zu verwandeln. Dabei muß man das Tempo herausnehmen und warten können, bis in einem komplexen Satz endlich das Prädikat daherkommt (»Dein Onkel, der, wie du weißt, ein scharfes Auge hat, hat gestern um 5 Uhr, als er gerade am Marienplatz vorbeifuhr, in der Straßenbahn ...« »Ja, was denn nun?« wirst du rufen. »Wart's ab«, sagt die Schrift und fährt fort: »... in der Straßenbahn die vollbesetzt war, was um diese Zeit nichts Ungewöhnliches ist, obwohl das nur für die Werktage gilt ...« Inzwischen stehst du kurz vor einem Nervenzusammenbruch und schreist: »Was hat er, wird man's hören, was hat der Onkel, was hat er in der Stra-

Bevor heute ein Kind liest, sieht es fern. Das schafft ein Problem. Erst die Schrift löst die Sprache aus der konkreten Situation ßenbahn, ich flehe dich an, sag es mir endlich, was hat er getan?« »... 10 Cent gefunden.«) Bis diese Information endlich erscheint, muß man den Sinnbogen für Anschlüsse präsenthalten, und erst, wenn das letzte Wort um die Ecke biegt, erschließt sich im Rückblick auf die bisherige Wortprozession der Sinn. Welche Spannungen da ausgehalten werden, zeigen viele Witze, bei denen die Pointe erst ganz zum Schluß den bisher aufgebauten Sinn umdreht. Karfunkel und Frau besuchen eine Ausstellung für moderne Kunst. Vor einem Gemälde von Picasso bleiben sie stehen.

»Es ist ein Porträt«, behauptet Karfunkel.

»Unsinn«, sagt seine Frau, »es ist eine Landschaft.«

»Nein, sieh doch, es ist ein Porträt.«

»Eine Landschaft ist es!«

Sie streiten sich eine Weile, können sich nicht einigen und kaufen schließlich einen Katalog. Da steht: »Mandelbaum an der Riviera.«

»Siehst Du«, sagt Karfunkel triumphierend, »doch ein Porträt.«

Besonders der Ungeübte empfindet diese Spannung als unangenehm. Man hat das Gefühl, daß die Stimulation (Erregung) des Hirns gebremst wird. Das ist seit der Ausbreitung des Fernsehens eine allgemeine Erfahrung geworden, über die Lehrer immer wieder klagen: die Frustrationstoleranz (Fähigkeit, Frustration zu ertragen) der Kinder nimmt ab, sie halten die für die Sinnbildungsprozesse nötige Retardation (Tempodrosselung) nicht mehr aus. Sie wünschen sich deshalb den Unterricht nicht als Lernprozeß, sondern als Unterhaltung.

Die Kultusminister sind daraufhin in einen Zustand kollektiver Umnachtung gefallen und haben die Rolle der schriftlichen Arbeiten für die Ermittlung der Zensuren zugunsten mündlicher Mitarbeit laufend reduziert. Zu einem Zeitpunkt, an dem die mündliche Kommunikation sowieso auf dem Vormarsch ist, geben sie den Standard der schriftlichen praktisch auf. Damit haben sie die Rolle der Schule gegenüber den Elternhäusern weiter reduziert. Nur noch diejenigen Kinder machen sich das Lesen und Schreiben zur Gewohnheit, in deren Familien das sowieso als selbstverständlich gilt: in bildungsbürgerlichen Haushalten. Das sind dann die Milieus, in denen die Eltern den Fernsehkonsum der Kinder überwachen, einschränken und dafür sorgen, daß ihre Sprößlinge ihre

Besonders der Ungeübte empfindet Spannung als unangenehm. Man hat das Gefühl, daß die Stimulation des Hirns gebremst wird. Das ist seit der Ausbreitung des Fernsehens eine allgemeine Erfahrung geworden.

Phantasiebedürfnisse zuerst aus Büchern befriedigen. Erst wenn das Lesen keine Mühe mehr macht, sondern nur Vergnügen, sollte man die Glotze freigeben. Tut man das nicht, bleibt das Lesen ein Leben lang etwas Mühseliges. Wer so aufgewachsen ist, liest später nicht mehr, als er unbedingt muß, und das auch noch ungern. Auf diese Weise produziert die Schulpolitik zwei Klassen von Menschen: Die einen sind gewohnheitsmäßige Leser, sie absorbieren ständig neue Informationen und sind gewohnt, ihre Gedanken durch die Orientierung an der Schrift automatisch besser zu strukturieren. Dadurch erwerben sie eine Wahrnehmung, zu der der mitlaufende Überblick über den Satzbau, die Logik des Gedankens und die einzelnen Satzteile gehört. Zugleich entwickeln sie dabei auch ein Gefühl für den Aufbau verschiedener Texttypen (Bericht, Exposition, Analyse, Erzählung, Essay etc.). Dadurch fällt ihnen auch das Schreiben leichter, und sie können ihre mündlichen Aussagen nach dem Modell schriftlicher Texte gliedern.

Die andern lesen nur, wenn sie dazu gezwungen sind, ansonsten sehen sie fern. Die Fernsehbilder laufen aber synchron zum Stimulationsbedarf des Hirns. Wer daran gewöhnt ist, kann die Innenwahrnehmung nur noch schwer von der äußeren abkoppeln, d. h. er kann sich nicht konzentrieren. Jeder Text, der das Niveau von Comic-Ausrufen wie »Wham« und »Boing« übersteigt, wirkt dann wie eine Serie von Schikanen. Die Angehörigen dieser Nichtlesergruppe erleben Bücher als Zumutungen; im Grunde können sie Leute, die gerne lesen, nicht verstehen. Sie mißtrauen ihnen. Die Welt der Bücher ist für sie eine Verschwörung, die dem Ziel dient, ihnen ein schlechtes Gewissen zu verschaffen. Auf diese Weise entwickeln sie eine regelrechte Abneigung gegen Bücher, und da sie auch ihre Fachbücher ungern lesen, geraten sie im Beruf bald ins Hintertreffen. Sie entwickeln dann einen Haß auf theorielastige Besserwisser und singen das Hohelied der Praxis. Da sie nicht ahnen, daß durch die Leseabstinenz und Textfeindlichkeit auch der Stil ihrer mündlichen Kommunikation gelitten hat, verstehen sie nicht, daß ihre Erfahrungen so wenig Anerkennung finden, und nach und nach interpretieren sie jeden Versuch eines anderen, einen komplexen Gedanken zu entfalten und angemessen auszudrükken, als einen Anschlag auf ihr Selbstwertgefühl. Deswegen meiden sie jeglichen Kontakt zum Milieu der Bücherleser und geraten so langsam ins gesellschaftliche Schattenreich eines neuen Analphabetismus.

Wer selbst ungern liest, sollte sich ernsthaft überlegen, ob es sich lohnt, diese Unwilligkeit zu überwinden, sonst bleiben ihm die Fleischtöpfe der Bildung ebenso verschlossen wie der Zugang zu den gehobenen Einkommen

Wer selbst ungern liest, sollte sich deshalb ernsthaft überlegen, ob es sich nicht lohnt, diese Unwilligkeit zu überwinden, sonst bleiben ihm die Fleischtöpfe der Bildung ebenso verschlossen wie der Zugang zu den gehobenen Einkommen. Wer noch keine Lesegewohnheiten hat, sollte sie vielleicht gesondert trainieren an Stoffen, für die er sich besonders interessiert, und seien es erotische Romane. Er sollte das Training wie eine Art Jogging betrachten, eine Übung, um geistig fit zu werden und zu bleiben. Das Lesen ist dann etwas, dem man jeden Tag eine bestimmte Zeit widmet, bis es zur Gewohnheit geworden ist.

Bücher

Bücher findet man in Bibliotheken und Buchhandlungen. Sie wirken auf den Neuling abschreckend. Das liegt daran, daß es so viele von ihnen gibt. An einem Ort versammelt wirken sie wie die Drohkulisse einer Armee, und sie alle scheinen zu rufen: »Bitte, lies mich!« Da fühlt sich der Seltenleser wie ein Betrunkener mitten in einer galoppierenden Zebraherde. Alles verschwimmt ihm vor Augen. Die Menge der Bücher schüchtert ihn ein. Sie führt ihm schlagend vor Augen, was er noch nicht weiß. Diese Tonnen von Geistesgut sind das Maß seiner Unkenntnis. Von diesen Tausenden von Bänden einen einzigen herauszugreifen, aufzuschlagen und mit der Lektüre zu beginnen – das scheint ihm ein lächerliches Unterfangen. Es erinnert ihn an den Versuch, einen Ozean mit dem Fingerhut auszuschöpfen. Schon der Anblick eines einzigen Bücherbords demoralisiert ihn.

Ein richtiger Bibliotheksbesucher ist wie ein Liebhaber: Für ihn gibt es nur ein Buch, das ist das, welches er gerade liest. Allerdings neigt er zur seriellen Monogamie, und jedes Buch ist ein Lebensabschnittsgefährte

Nachdem der Besucher diesen Eindruck hat auf sich wirken lassen, ist er tief deprimiert. Da hat er eine Halluzination: Ihm erscheint die Vision der Cafeteria als einer Insel, auf die sich Schiffbrüchige retten, die im Meer der Bücher zu ertrinken drohen, und kurz vor dem Erstickungstod verläßt er im Laufschritt die Bibliothek, nicht ohne sich im Rückblick zu wundern, daß die Ureinwohner so gelassen schalten und walten, als bemerkten sie das unwirtliche Klima gar nicht. So oder ähnlich mag der Abenteurer empfinden, der seinen Fuß zum ersten Mal in eine Bibliothek setzt.

Diese Empfindung ist zwar natürlich, aber ganz abwegig. Kein geübter Bibliotheksbenutzer erlebt eine Bibliothek auf diese Weise. Die riesige Zahl der Bücher nimmt er gar nicht mehr wahr. Er sieht nur das Buch, das er gerade benutzt, und vielleicht ein paar andere aus der gleichen Familie. Die übrigen sieht er so wenig, wie ein junger Mann auf dem Weg zu einem Rendezvous die Menge der Menschen wahrnimmt, die auf dem Boulevard an ihm vorbeiflutet. Ein richtiger Bibliotheksbesucher ist wie ein Liebhaber: Für ihn gibt es nur ein Buch, das ist das, welches er gerade liest, und wenn er noch auf der Suche ist, denkt er auch nicht an die Menge, sondern an das eine Buch, das irgendwo auf ihn wartet. Allerdings neigt er zur seriellen Monogamie, und jedes Buch ist ein Leseabschnittsgefährte.

Empfindet man noch eine gewisse Scheu in Buchläden oder Bibliotheken, überlege man sich vorher, über welches Thema man sich informieren will: Dann kann man fast alle Bücher als irrelevant ignorieren und die Aufmerksamkeit auf ganz wenige konzentrieren. Das bietet Orientierung, bewahrt einen vor Ohnmachtsgefühlen, erweckt den Eindruck der Zielstrebigkeit und läßt einen sachkundig und bibliothekserfahren erscheinen. Mit dem bestimmten Thema im Kopf kann man zur Not auch die Buchhändlerin fragen: »Wo haben Sie die Literatur über die Vogelwelt in Patagonien?« Jetzt ist sie am Zug. Oder, wenn die Bibliotheksaufsicht aufdringlich wird und, während man noch gar nicht weiß, was man will, fragt: »Suchen Sie etwas Bestimmtes?«, kann man antworten: »Wo finde ich die Arbeiten zur Verbreitung der Taschenuhr im zweiten Drittel des 18. Jahrhunderts?« Das wird sie neutralisieren.

Dann hat man Zeit, sich in Ruhe zu orientieren.

Das Innenleben des Buches

Nicht jedes Buch, das man in die Hand nimmt, muß man gleich von vorn bis hinten durchlesen. Auch ein Buch sollte man erst einmal kennenlernen. Bei einem belletristischen Werk geht man nach dem Ruf des Autors; vielleicht kennt man ihn schon von anderen Werken, oder man hat eine Rezension gelesen. Wenn man nun das Werk im Buchladen in den Händen hält, liest man ein paar Stichproben und überfliegt den Klappentext auf dem Schutzumschlag. Natürlich ist das eine beschönigende Reklame, die das Werk als überwältigendes und ergreifendes Stück Literatur anpreist. Aber trotzdem findet man da eine Menge Informationen: Man wird in der Regel über das Genre unterrichtet (Thriller, Liebesgeschichte, Familiensaga etc.), und erfährt etwas über die Zielgruppe, die der Verlag im Auge hat (alte Damen, Intellektuelle) sowie die Höhenlage des Werks (Unterhaltung, Kitsch, anspruchsvolle Literatur). In der Regel kann man auch ein Bild des Autors bewundern. Hier ist Vorsicht geboten, man sollte nicht vom sympathischen oder abstoßenden Äußeren auf die Qualität des Werkes schließen. So verschieden, wie Menschen schreiben, können sie gar nicht aussehen. Und ein guter Schriftsteller kann nie so gut aussehen, wie er schreibt: Tatsächlich sieht er meist sehr viel schlechter aus.

Wissenschaftliche Werke oder Sachbücher müssen überhaupt in den seltensten Fällen ganz gelesen werden. Um sie zu prüfen, liest man erst das Inhaltsverzeichnis und dann die Bibliographie, also das Verzeichnis der Bücher, die der Autor bei der Abfassung des Werkes selbst benutzt hat. Fehlen wichtige Arbeiten, so ist der Autor nicht auf der Höhe der Forschung, und man kann das Buch erleichtert beiseite legen (ein Buch weniger). Ist der Bibliographietest positiv ausgefallen, schnüffle man ein wenig in den Fußnoten herum, in denen der Autor sich mit andern Forschern her-

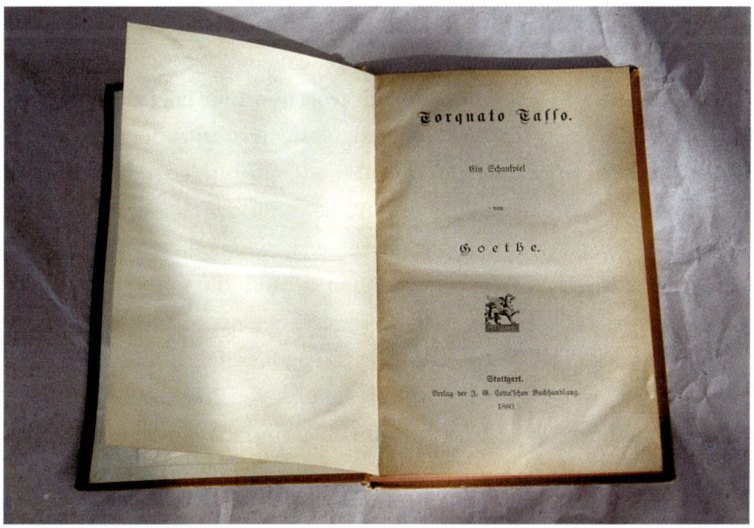

Auch ein Buch sollte man erst einmal kennenlernen. Bei einem belletristischen Werk geht man nach dem Ruf des Autors; vielleicht kennt man ihn schon von anderen Werken, oder man hat eine Rezension gelesen.

umprügelt; man kann daraus häufig erfahren, wes Geistes Kind er ist: z. B. ob er sich schon wegen Kleinigkeiten herumstreitet, oder ob es ihm um grundsätzliche und wichtige Dinge geht. Wenn er andere bereits wegen Lappalien angreift, ist das ein Zeichen, daß er zu den wichtigeren Fragen nichts zu sagen hat.

In der Wissenschaft gibt es erstrangige sowie zweit- und drittrangige Autoren. Die Erstrangigen stecken das Terrain ab, auf dem die Forschung betrieben wird; sie legen die Themen fest, definieren die Fragestellungen und bestimmen die Begriffssprachen. Man erkennt sie daran, daß die Zweit- und Drittrangigen sie ständig zitieren. In der Regel werden sie zu Klassikern ihres Faches. Dann räumen ihnen die Buchhändler einen guten Platz auf den Regalen ein, den sie mit Namensschildchen kennzeichnen. So würde man bei den Soziologen etwa die Namen Weber, Simmel, Parsons, Luhmann finden. Häufig werden diesen Klassikern auch schon eigene Bücher gewidmet, die in ihr Werk einführen.

Es gibt eine Unzahl von wissenschaftlichen Werken, die entweder überflüssig oder unlesbar sind. Sie wirken auf den ersten Blick zwar harmlos, aber in Wirklichkeit sind sie von einer Gefährlichkeit, die noch gänzlich unerforscht ist

Es lohnt sich, bei der Auswahl der wissenschaftlichen Werke, die man lesen möchte, einige Sorgfalt walten zu lassen und sich erst nach genauer Erkundung des Terrains zu entscheiden. Die dabei verbrachte Zeit holt man durch die richtige Auswahl spielend wieder herein, denn es gibt eine Unzahl von wissenschaftlichen Werken, die entweder überflüssig oder unlesbar sind. Das hat einen einfachen Grund: Viele Arbeiten werden nicht dazu verfaßt, um ein Publikum zu informieren oder die Erkenntnis zu fördern, sondern um Prüfungskommissionen zu beeindrucken. Als Dissertations- oder Habilitationsschriften sind sie Meilensteine auf dem Weg einer wissenschaftlichen Karriere. Und auch danach dienen viele Arbeiten lediglich dem Zweck, die Publikationsliste zu verlängern, die ein Hochschullehrer für die Bewerbung um eine Professur braucht. Solche Arbeiten verstecken die Dürftigkeit ihres Erkenntnisgewinns hinter sprachlichen Nebelwänden oder pompösen Begriffsfassaden. Sie wirken auf den ersten Blick zwar harmlos, aber in Wirklichkeit sind sie von einer Gefährlichkeit, die noch gänzlich unerforscht ist: Sie stehlen dem Leser die Zeit, verwirren den Anfänger, deprimieren den Wahrheitssucher und hinterlassen in jedem Neuling bisweilen solch schwere geistigen Verletzungen, daß er von nun an jedes wissenschaftliche Buch meidet. Das ist um so verbrecherischer, als die Wissenschaft bei den wirklichen Könnern eine aufregende Sache ist: Man lernt durch sie die Welt neu zu sehen und bekommt einen Eindruck vom Sexappeal der Kreativität.

Der Neuling sollte sich also Mühe geben, den Unterschied zwischen den erstklassigen wissenschaftlichen Büchern und den drittklassigen Schwarten herauszufinden, damit er seine kostbare Zeit nicht mit der akademischen Billigproduktion verschwendet. Das gilt natürlich auch für die Studenten, die mit dem Studium eines Fachs gerade beginnen. Zuerst sollten sie einen jüngeren Klassiker ihres Fachs lesen (jünger, weil er die anderen Klassiker verarbeitet hat) und ihn so gründlich studieren, daß sie mit seiner Begrifflichkeit etwas anfangen können; dann wird alles andere leichter.

Will man sich einen Zugang zum Land der Bücher verschaffen, ohne auf die gesamte Neuproduktion (die Novitäten) verzichten zu müssen, muß man jenen Ort betreten, der vielleicht eine ähnlich abschreckende Wirkung hat wie eine Bibliothek: einen Buchladen. Zwar gibt es dort in der Regel nicht ganz so viele Bücher wie in einer Bibliothek, aber dafür wird man wahrscheinlich von Verkäuferinnen angesprochen, die einen peinlicherweise fragen, ob sie einem helfen könnten, wobei sie doch genau wissen, daß man unmöglich sagen kann: »Oh ja, gerne, verschaffen Sie mir bitte einen Überblick über die Welt der Bücher. Klären Sie mich darüber auf, was ich möchte und was mich interessiert. Und dann reichen Sie mir bitte das Buch mit dem für mich wertvollsten Gedanken.« Tatsächlich ist diese Bitte schon einmal geäußert worden, aber es war nicht in einem Buchladen, sondern in einem Buch: in Robert Musils Roman *Der Mann ohne Eigenschaften* gibt es eine Episode, in der der General Stumm von Bordwehr in die Nationalbibliothek geht und den Bibliothekar bittet, ihm das Buch herauszusuchen, das am ehesten geeignet sei, die Quintessenz der ganzen Bibliothek wiederzugeben. Eigentlich hatte er halb damit gerechnet, daß der Bibliothekar das Ansinnen als absurd zurückweisen würde. Aber zu seinem Erstaunen legte der eine Leiter an eine Bücherwand, stieg eilig hinauf, griff zielsicher ein ganz bestimmtes Buch aus der Reihe heraus und legte es vor dem General auf den Tisch. Er schlug es auf und sah: Es war eine Bibliographie der Bibliographien (ein Bücherverzeichnis der Bücherverzeichnisse). Etwas ähnliches könnte auch eine Buchhändlerin tun, sie könnte einen Stapel von Folianten anschleppen und einen mit diesem *Verzeichnis lieferbarer Bücher* (kurz: VLB) allein lassen; sie könnte einen allerdings auch der elektronischen Version des VLB aussetzen.

Aber die Befürchtung, ein Buchladen sei eine Art Moor, in dem man überall in den Morast der

Will man sich einen Zugang zum Land der Bücher verschaffen, ohne auf die gesamte Neuproduktion verzichten zu müssen, muß man jenen Ort betreten, der vielleicht eine ähnlich abschreckende Wirkung hat wie eine Bibliothek: einen Buchladen.

Beschämung hinabgezogen werden könnte, ist ganz unsinnig. Du brauchst nur einmal die klare Frage zu stellen: »Darf ich mich hier umsehen?« und wirst die Freude sämtlicher Buchhändlerinnen hervorrufen. Sie breiten dann meist die Arme aus, weisen auf die Tausende von frisch gedruckten Bänden und legen sie dir zu Füßen. Von nun an darfst du bis zum Ladenschluß bleiben und alles lesen, was dich interessiert, und du mußt nicht einmal unbedingt etwas kaufen. Aber es ist unerwünscht, bis zum Geschäftsschluß zu bleiben: Der Buchhändler möchte nämlich schnell nach Hause, um in seinem momentanen Lieblingsbuch weiterzulesen. Wenn du also gehen willst und das nagende Gefühl nicht loswerden kannst, du solltest etwas kaufen, willst dies aber eigentlich nicht, weil du dich noch nicht entscheiden kannst, dann frage nach Alfred H. Mc Guffin, Die falsche Spur.

Den intimsten Kontakt zur Welt der Bücher bekommt man, wenn man sich einen Lieblingsbuchladen aussucht, in dem man sich zu Hause fühlt und sich gerne aufhält. Er wird dann wie eine Stammkneipe zu einer zweiten Heimat, in der man die Stammkunden und den Wirt kennt. Man plaudert dann mit dem Buchhändler. Er kennt dann schon deine Interessengebiete und macht dich auf Neuerscheinungen aufmerksam. Er gibt dir Tips und erzählt dir Klatsch aus der Literatur- und Wissenschaftsszene. Derweilen wühlst du dich durch die Büchertische mit den Neuerscheinungen, und deine Lieblingsbuchhändlerin erzählt dir etwas über sie. Auf diese Weise bleibst du informiert und erfährst mehr als mancher Einsiedler durch intensive Lektüre. Ein halbwegs gebildeter Mensch braucht seine Lieblingsbuchhandlung. Wenn du dir deine aussuchst, solltest du darauf achten, daß es eine Sitzgelegenheit gibt. Einen Großteil der Bücher kannst du dann vor Ort durchsehen, ohne sie alle kaufen zu müssen, um nur deine wahren Favoriten mit dir nach Hause zu tragen.

In jeder besseren Zeitung gibt es einen Bildungsteil, das sogenannte Feuilleton.

Das Feuilleton und die Zeitungen

In jeder besseren Zeitung gibt es einen Bildungsteil, das sogenannte Feuilleton. Das Wort ist französisch und heißt Blättchen und ist aus dem französischen Journalismus zu uns eingewandert. Erfunden wurde das Feuilleton vom Abbé Geoffroy für das *Journal des Débats* um 1800 und war ursprünglich allein für Theaterkritiken bestimmt. Inzwischen hat es sich mit allem gefüllt, was Medien, Kunst, Literatur, Musik und Wissenschaft betrifft: Rezensionen, Essays, Berichte über Kunstausstellungen, wissenschaftliche Kongresse, Konzerte, Filmpremieren, Fernsehkritiken etc. Der Ton des Feuilletons ist nicht akademisch, sondern essayistisch und gefällig. Deshalb gilt in der Wissenschaft das Etikett »feuilletonistisch« als Vorwurf.

Wenn man an der Welt der Bücher und an Literatur und Wissenschaft interessiert ist, sollte man sich eine Tageszeitung oder eine Wochenzeitung halten, die ein ordentliches Feuilleton hat. Als die Zeitungen mit dem besten Feuilleton gelten die *FAZ* (*Frankfurter Allgemeine Zeitung*), die *Süddeutsche Zeitung* und die *Neue Zürcher Zeitung*. *Die Welt* hat neuerdings eine recht gute Literaturbeilage am Samstag, und die *FAZ* hat noch eine gesonderte Wissenschaftsbeilage am Mittwoch. Die in Deutschland am meisten verbreitete Wochenzeitung mit einem ehrgeizigen Feuilleton, einer Literaturbeilage und einem Rezensionsteil ist *Die Zeit*; in ihr kann man nachlesen, was als politisch korrekt gilt.

Wenn man mühelos Englisch liest und originelle und informative Buchbesprechungen sucht, sollte man die *New York Review of Books* lesen. Die Rezensionen darin haben eine besonders gelungene Form: Jeder Rezensent behandelt in seinem Artikel mehrere Bücher zum gleichen Thema; der Vergleich rückt das gemeinsame Thema selbst in den Mittelpunkt, so daß Sachartikel und Rezensionen sich wunderbar ergänzen. Auf jeden Fall ist es vernünftig, sich regelmäßig über die Neuerscheinungen und sonstigen Entwicklungen in der Literatur- und Kunstszene zu informieren.

Zugleich darf man dem Feuilleton nicht unkritisch glauben. Die Beiträge sind gewissermaßen verschlüsselt und spiegeln bestimmte soziale Voraussetzungen in der Kulturszene wider.

Um sie entschlüsseln zu können, muß man diese Voraussetzungen kennen. Hier ist eine kleine Lesehilfe für die verschiedenen Artikeltypen.

Rezensionen von wissenschaftlicher Literatur: eine Kritik konfrontiert den Kritiker mit der Erwartung, daß er sich mit dem Thema eines Buches besser auskennen muß als dessen Autor. Wie könnte er ihn sonst kritisieren? In Wirklichkeit ist das aber nicht immer so. Es ist sogar selten. Das teilt der Rezensent dem Leser aber nicht mit, denn es würde seine Autorität ernsthaft beschädigen. Um nun den Verdacht erst gar nicht aufkommen zu lassen, schafft er durch seine heftige und beißende Kritik eine große Distanz zwischen dem schwachsinnigen Autor und seiner eigenen Überlegenheit, und das um so stärker, je weniger er sich in Wirklichkeit mit der verhandelten Sache auskennt. Deshalb muß man wissen: Viele Kritiker sind Zwerge auf den Schultern von Riesen. Je kleinwüchsiger sie sind, desto mehr geht es

Viele Kritiker sind Zwerge auf den Schultern von Riesen. Je kleinwüchsiger sie sind, desto mehr geht es ihnen darum, den Leser zu verwirren, anstatt ihn zu informieren

ihnen darum, den Leser zu verwirren, anstatt ihn zu informieren. Sie referieren dann nicht den Inhalt des Buches, sondern setzen seine Kenntnis voraus. Sie ziehen Vergleiche zu anderen unbekannten Werken (»ist an Stringenz mit dem ungleich klareren ›Aufbruch ins Gestern‹ von P. O. Abele nicht zu vergleichen«), ergehen sich in unverständlichen Andeutungen für vermeintliche Insider (»erinnert doch sehr an jene unvergessene Kontroverse ...«), dogmatisch vorgetragenen Etikettierungen (»allenfalls ein dekonstruktionistisches Delirium«) und Unterstellungen, die den Leser demoralisieren und zum Ignoranten stempeln sollen (»so halten wir uns doch lieber an unseren bewährten Gustav Württemberger«). Das alles dient nicht dem Zweck, dem Leser einen realistischen Eindruck von dem besprochenen Werk zu verschaffen, sondern soll die Unkenntnis des Rezensenten in Nebel hüllen.

Kritiken belletristischer Neuerscheinungen

Kritiker unterhalten zu Literaten ein sehr kompliziertes verwandtschaftliches Verhältnis. Sehr oft ist es durch einen handfesten Geschwisterneid geprägt: Denn oft hat der Kritiker ursprünglich selbst Schriftsteller werden wollen. Je nachdem, wie sich der Kritiker in der Reihe seiner Geschwister einordnet, betrachtet er den besprochenen Schriftsteller als einen Konkurrenten oder als seinen kleinen Bruder, den er beschützen und fördern muß, oder, falls es eine Autorin ist, als seine große Schwester, die er bewundert und anbetet. Sieht er ihn als Konkurrenten, spricht er ihm überhaupt die Berechtigung ab, als Schriftsteller aufzutreten. Er mißt ihn dann an sich selbst, der er selbstkritisch genug war, sein eigenes Talent für ungenügend zu halten und auf den Status des richtigen Schriftstellers zu verzichten. Für um so anmaßender und unverschämter hält er dann jemanden, der über ein noch bescheideneres Talent, aber über gar keine Skrupel verfügt und es wagt, sein Machwerk schamlos der Öffentlichkeit feilzubieten, und womöglich noch Erfolg damit hat. Dann sieht der Kritiker seine Aufgabe darin, der Öffentlichkeit die Augen über diesen Scharlatan zu öffnen. Er wird dann die kritischen Maßstäbe wieder zurechtrücken und diesen Usurpator als das demaskieren, was er ist: ein Hochstapler und Blender. Sieht der Kritiker den Schriftsteller dagegen als kleinen Bruder, so macht er sich zum Vater seines Erfolgs. Hat er ihn nicht nach seinem ersten Roman für die Öffentlichkeit entdeckt? Und seitdem, hat er nicht seine Hand über ihn gehalten? Der Kritiker fühlt sich dann wie ein Fußballtrainer, dessen Kritik dem Zwecke dient, seinen Schützling zu noch besseren Leistungen anzustacheln. Deshalb kann er nicht mit dem Erreichten zufrieden sein. Doch seine Kritik ist nicht destruktiv, sondern ermutigend und aufbauend.

Sieht er eine Autorin dagegen als ältere Schwester an, so ist er stolz, zu ihrem Erfolg beitragen zu können. Er bemüht sich dann, durch seine Kritik überhaupt die Aufmerksamkeit der großen Autorin zu erregen. Das gelingt ihm dadurch, daß er sie besser und tiefer versteht als irgendein anderer. Er konkurriert dann nicht mit ihr, sondern mit den anderen Kritikern. Während er seine Kritik verfaßt, stellt er sich vor, wie sie seine Kritik liest und denkt: »Endlich einer, der mich versteht, die anderen haben alle keine Ahnung, aber dieser hier ...«

Der Kritiker Alfred Kerr bestimmte das Theatergeschehen im Berlin der Weimarer Zeit mit.

Theaterkritiken

Theaterkritiken sollten eigentlich für diejenigen geschrieben werden, die die Inszenierung noch nicht gesehen haben. Aber in Wirklichkeit orientiert sich der Kritiker an denen, die die Premiere erlebt haben, und an den anderen Kritikern. Und an dem Ensemble und dem Regisseur. Denn das sind die Leute, die er persönlich kennt. Sie sind es, die er als Leser vor Augen hat, wenn er seine Kritik verfaßt, und nicht etwa die potentiellen Besucher, die weder die Inszenierung noch das Stück noch den Autor kennen. Weil er den Kennern gegenüber nicht als naiv erscheinen möchte, setzt der Kritiker diese Kenntnisse voraus. Er beschreibt nicht, er urteilt; er informiert nicht über Autor und Stück und gewinnt daraus die Maßstäbe für seine Kritik, sondern er bezieht sich auf andere Inszenierungen und auf andere Regisseure, die der Leser der Kritik auch nicht kennt. Das liegt daran, daß das Theater ein ziemlich geschlossenes Milieu von Insidern ist. Auch Regisseure wollen ja in erster Linie ein

Theaterkritiken müssen dekodiert werden: Die wichtigste Information steckt da, wo vom Beifall des Publikums die Rede ist. Die Publikumsreaktion ist das einzige Indiz dafür, wie der Gesamteindruck der Inszenierung ist.

Stück nicht möglichst adäquat dem Publikum zugänglich machen, sondern sich vor allem von anderen Regisseuren unterscheiden. Diese Neigung wird dadurch verstärkt, daß die Theaterkritik sie ständig alle miteinander vergleicht. Aus diesem Grunde besprechen viele Kritiker lieber Klassikerinszenierungen als die Aufführung neuer, unbekannter Stücke: Sie machen weniger Mühe. Man kennt diese Stücke schon und erinnert sich an andere Inszenierungen. Bei neuen Stücken dagegen weiß der Kritiker nicht, was er dem Stück und was der Inszenierung zuschreiben soll. Um das herauszufinden, müßte er das Stück lesen oder sich sogar über den Autor informieren (was etwa bei einem ausländischen Autor der Fall sein kann, der zu Hause erfolgreich, aber hier noch unbekannt ist).

Außerdem gibt es für die Darstellung von Inszenierungen und Schauspielstilen keine adäquate Beschreibungssprache. Die Konsequenz ist ähnlich wie in dem Witz von dem Mann, der seine Uhr nicht da sucht, wo er sie verloren hat, sondern wo es hell ist und das Suchen mehr Spaß macht. So weicht auch der Kritiker aus auf das, was sich am leichtesten beschreiben läßt: das Bühnenbild und die Kostüme. Das produziert einen Regelkreis. Weil die Kritik so viel Wert darauf legt, investieren die Regisseure viel Aufwand in die »Konzeption« einer Inszenierung: Hamlet im Bunker, Hamlet im Weißen Haus, Hamlet in der Mafia etc.

Die Folge ist, daß Theaterkritiken zu den Texten gehören, die einen am stärksten in die Irre führen, wenn man sie naiv liest. Man muß sie dekodieren. Die wichtigste Information steck da, wo vom Beifall des Publikums die Rede ist. Manchmal muß man danach suchen, wenn sein Verriß vom Jubel des Publikums abweicht: direkt lügen wird er nicht, aber er versteckt dann die Begeisterungsstürme des Publikums in einem Nebensatz. Diese Publikumsreaktion ist das einzige Indiz dafür, wie der Gesamteindruck der Inszenierung ist. Ist das Publikum unterhalten oder ergriffen, interessiert es sich erst in zweiter Linie dafür, ob das dem Stück, der Konzeption, den Regieeinfällen oder der Kunst der Schauspieler geschuldet ist. In Wirklichkeit werden sich immer alle in den verschiedensten Mischungsverhältnissen vermengen. Der Kritiker aber dröselt sie auseinander und konzentriert sich dann auf den Anteil der Inszenierung. Das muß man dann immer um die Wirkung des Stückes selbst ergänzen. Mit anderen Worten: Der *Hamlet* bleibt auch dann ein effektives Stück, wenn der Held nicht in Strapsen auftaucht, keine Videokassetten auf der Bühne gezeigt werden und der Text verständlich gesprochen wird. Oder noch genauer: Je mehr ein Kritiker Konzeption und Bühnenbild hervorhebt (gleichgültig ob lobend oder tadelnd), desto mißtrauischer sollte man sein. Tadelt er dagegen die Ideenlosigkeit des Regisseurs und die Konzeptionslosigkeit der Inszenierung, erwähnt aber beiläufig den Jubel des Premierenpublikums, hat man die Chance, das Stück ungefähr so zu sehen, wie es der Autor gemeint hat.

Die politische Linie einer Zeitung und die Besprechung politischer Bücher

Diese Besprechungen sind weitgehend von den politischen Orientierungen der Rezensenten abhängig. Und diese sind wiederum der politischen Generallinie eines Blattes unterworfen, die der Chefredakteur zusammen mit seinen Ressortleitern im Auftrag der Herausgeber überwacht. Darin spiegeln die Zeitungen den Zustand der Medien und der Öffentlichkeit in Deutschland. Sie bilden eine Domäne der Meinungskartelle. Das ist eine Folge der Eroberung der Gesellschaft durch die politischen Parteien. In dieses Spiel haben sich die Presseorgane eingeschaltet. Dazu müssen sie ein identifizierbares, wiedererkennbares politisches Profil pflegen. Auf diese Weise binden sie auch ihre Stammleserschaft, die regelrechte Gemeinden mit einem erkennbaren Sozialcharakter bilden und über ihre Zeitungen mit den gleichen Informationen, in der gleichen Einfärbung beliefert werden. So gibt es die Gemeinde der typischen *Spiegel*-Leser (kritisch, locker, professionell, modern), der *FAZ*-Leser (konservativ, gepflegt, gehoben, wertorientiert), der *taz*-Leser (grün, alternativ, links, antiautoritär, multikulturell, feministisch), der *Zeit*-Leser (linksliberal, 68er-geprägt, pädagogisch, moralisch, beamtet, politisch korrekt). Dabei sind linke Blätter dogmatischer und unliberaler als rechte. Das liegt daran, daß Linke sich viel stärker über Meinungen, Ideologien und Programme definieren als Konservative. Da sie die Beteiligung an der Macht weitgehend über die Eroberung der Diskurse und der kulturellen Lufthoheit erzwungen haben, ist für sie die korrekte politische Linie weit wichtiger als für die Konservativen, die ja schon über das Geld verfügen. Die korrekte Linie wird über Moralisierung gesichert. Deswegen neigen Linke eher zu Meinungsterror und Ketzerverfolgungen. Was in linken Zeitungen steht, ist also berechenbarer als anderswo. Und eben das gilt auch für die Rezensionen historischer und politischer Bücher.

Will man ein halbwegs objektives Bild gewinnen, gibt es nur zwei Auswege: entweder man liest zwei Zeitungen – eine linke und eine rechte –, oder man hält sich die *New York Review of Books*.

Zeitungen pflegen ein erkennbares politisches Profil. So binden sie ihre Stammleserschaft, Gemeinden mit erkennbarem Sozialcharakter.

Länderkunde für die Frau und den Mann von Welt

Gebildet ist, wer an der öffentlichen Kommunikation teilnimmt. Diese ist heute international. Das teilt jede Gesellschaft in zwei Klassen: in diejenigen Menschen, die auch an der internationalen Kommunikation teilnehmen, und jene, die sich auf den Horizont von Wanne-Eickel-Süd beschränken.

Abgesehen von der Fähigkeit, englisch zu sprechen – wer diesen Horizont überschreiten will, muß die internationalen Umgangsformen beherrschen. Einen furchtbaren Eindruck zu machen, fällt nicht schwer. Und wer das will, braucht nur das, was in Wanne-Eikkel-Süd gilt, für die internationale Etikette zu halten, und es wird ihm gelingen.

Deutschland hat gewissermaßen ein Image-Problem

Wem aber daran liegt, seinen italienischen oder englischen Gesprächspartner durch Charme, angenehme Manieren und ein gewinnendes Wesen für sich einzunehmen und in ihm das Gefühl zu wecken, daß der Umgang mit ihm ein Vergnügen ist, muß sich in sein Gegenüber hineinversetzen können – er muß eine Vorstellung davon haben, wie die Welt aus italienischer oder englischer Perspektive aussieht; er muß wissen, was ein Engländer für zivilisiert, normal und unter kultivierten Menschen für üblich hält; er muß ein Gefühl dafür haben, welches Selbstbild, welche Mythen, Vorurteile und Erwartungen ein Italiener im Kopf hat; und er muß wenigstens eine flüchtige Ahnung davon haben, wie das, was in Deutschland als normal gilt, von außen gesehen wird. So haben z. B. Amerikaner Schwierigkeiten mit der deutschen Anrede »Sie«. Deshalb üben wir jetzt das »du«.

Deutschland von außen gesehen

Würde man eine amerikanische Werbeagentur befragen, würde sie uns mitteilen: Deutschland hat gewissermaßen ein Image-Problem. Aber das hat es nicht erst seit der Herrschaft jenes Adolf, der dem Komiker Chaplin so ähnlich sah. Auch vorher war die Selbstvermarktung der Deutschen eher miserabel. Zu Zeiten Shakespeares galten sie als Trunkenbolde, die ihre Bäuche mit Bier und die Luft mit wüsten Gesängen füllten. Ungefähr zur Goethezeit entdeckte die Welt die deutsche Literatur, die deutschen Universitäten und die deutsche Gelehrsamkeit; jetzt entwickelte sich das liebenswerteste Bild, das man sich von den Deutschen je gemacht hat: In den Mittelpunkt rückte der versponnene Gelehrte, der in einer Provinzuniversität weltfremden Spekulationen nachhängt und eigenwillige metaphysische Systeme von origineller Unverständlichkeit entwirft, ein skurriler, aber uneigennütziger Wahrheitssucher mit einer Neigung zu den Dunkelzonen des menschlichen Geistes. Und einer der späteren Ableger dieses Typs wurde, unterstützt von der Popularität der Faustfigur, das Klischee vom »mad scientist«, der immer ein Deutscher zu sein hatte. Typisch etwa Mary Shelleys *Frankenstein* oder Carlyles Professor Teufelsdröckh aus *Sartor Resartus.*

Dieses Image änderte sich noch einmal radikal mit der deutschen Reichsgründung durch Preußen und dem säbelrasselnden Auftreten Wilhelms II. vor dem Ersten Weltkrieg. Nun wurde der Deutsche zum schnarrenden Monokel-Träger, ein bedrohlicher Maschinenmensch, uniformiert, hackenschlagend und pickelhaubenbehelmt, dem durch militärischen Drill alle normalen Regungen ausgetrieben worden waren und der die menschliche Sprache auf Kommandos und verbale Maschinengewehrsalven reduziert hatte. Die Massenpropaganda während des Krieges trug viel dazu bei, dieses Bild zu verbreiten und zu festigen, und als die Nazis an die Macht kamen, schien es durch seine Übersteigerung bestätigt zu werden.

Der Hang zum Irrsinn, das Provinziell-Ungeschliffene und das Grobianisch-Machistische, das zur Zeit Wilhelms II. die Form des Militärischen annimmt – konstante Ingredienzien der Image-Tradition mit Bezug auf die Deutschen.

Dabei fügten die Nazis ihm etwas Dämonisches hinzu, eine gehörige Prise Wahnsinn, die sich in der Kontrastierung von kältester Grausamkeit und sensibelster Musikalität zeigte. In dieser Form wurde der typische Deutsche als sentimentaler SS-Mann, der abwechselnd Wagner hört und Leute abschlachtet, zur Standardfigur des amerikanischen Kriegsfilms.

Natürlich weiß ein kultivierter Ausländer, daß das Klischeebilder sind. Aber andere Bilder hat er kaum zur Verfügung. Dabei sind drei Ingredienzen in dieser Image-Tradition mit Bezug auf die Deutschen konstant geblieben: der Hang zum Irrsinn, das Provinziell-Ungeschliffene und das Grobianisch-Machistische, das zur Zeit Wilhelms II. die Form des Militärischen annimmt.

Das erinnert daran, daß in Deutschland der Hof und die hauptstädtische Gesellschaft als tonangebende Society gefehlt haben, die anderswo die Umgangsformen, die Geselligkeit und die Manieren geprägt haben. Und das Charakteristische an dieser höfischen und urbanen Gesellschaft war in allen Ländern, daß sie gemischt war. In ihr begegneten sich gleichberechtigt Männer und Frauen. Der Standard der Zivilisation maß sich immer daran, wie zuvorkommend und rücksichtsvoll Frauen behandelt wurden.

In Deutschland dagegen, und besonders in Preußen, gab es zwei stilprägende Milieus, die beide frauenlos waren: das Militär und die Universität. Daraus entwickelten sich zwei machistische Milieustile, die nach der Reichseinigung auf die bürgerliche Verhaltenskultur durchschlugen: der militärische Kommandoton des Reserveoffiziers und die Gespreiztheit und Pompösität des deutschen Professors. Beide sind in der antiautoritären Bewegung untergegangen.

Soweit der Sozialcharakter der Deutschen sich bis 1968 an einer Form männlicher Selbststilisierung orientiert hat, entspringt der Feminismus diesem Nachholbedarf an Zivilisiertheit: Mit einer gewissen deutschen Strenge unterwirft er die Männer einer »Erziehung des Herzens« und bringt ihnen bei, daß der Anspruch einer Gesellschaft auf Kultiviertheit daran gemessen wird, wie weit die Spielformen der Gesellschaft – die Umgangsformen – die wechselseitige Kommunikation für beide Geschlechter zu einem Vergnügen machen. Und darin haben die Frauen völlig recht, daß hier noch Raum für weitere Vervollkommnung ist.

Daraus leitet sich die wichtigste Konsequenz im Umgang mit Bürgern unserer westlichen Nachbarländer ab: Im Vergleich zu ihren Gesellschaften sind die guten Manieren bei uns noch im Zustand der jugendlichen Unreife, seien sie nun knorrig-provinziell mit einer Beimischung rauher Herzlichkeit oder protestantisch-authentisch mit einem Beigeschmack mo-

ralisch imprägnierter, als Ehrlichkeit getarnter Grobheit; auf jeden Fall sind sie nicht das, was man als urban, elegant und liebenswürdig bezeichnen würde.

Die Spielformen des Sozialen und die Tugenden wie Witz, Charme, Takt, Esprit, Eleganz sowie alle Künste geistreicher Konversation sind bei uns erst dabei, entwickelt zu werden, und so leisten die Feministinnen Schwerstarbeit im Weinberg der Zivilisation. Aber bis die Arbeit vollendet ist, kann Deutschland sich für kultivierte Ausländer manchmal als Land erweisen, dessen Charme sich nicht auf Anhieb erschließt. Und so kann es vorkommen, daß ein kultivierter Franzose oder Italiener die Deutschen eher als Westgoten mit Handy erlebt. Da er nicht weiß, daß das ganze Land so ist, bezieht er den Mangel an Manieren auf sich persönlich und sucht schnell das Weite.

Deshalb gilt **Regel 1**:

Erhöhe im Umgang mit Ausländern die Dosierung von Liebenswürdigkeit in deinem Verhalten um das Vielfache bis zu dem Punkt, an dem du es für wahnsinnig übertrieben hältst. Erst dann findet dein Gesprächspartner es normal.

Für den Umgang mit der peinlichen Vergangenheit der Deutschen sollte man folgendes bedenken: Dein Gegenüber identifiziert sich mit seinem Land und empfindet ein normales Maß an Patriotismus. Für ihn sind die deutschen Zerknirschungsorgien ungewohnt, und bietest du ihm eine Demonstration, findet er

Auch schon vor Hitler war die Selbstvermarktung der Deutschen miserabel: der deutsche Michel, wie Wilhelm Busch ihn sah.

das befremdlich. Fällst du über den deutschen Charakter her, kann er dir aus Höflichkeit nicht zustimmen, selbst wenn er noch so sehr möchte, und fühlt sich deshalb unbehaglich. Denn das Gegenteil sagen, indem er die Nazis lobt, kann er auch nicht. Nimm also nicht die Vergangenheit zum Anlaß, die Rolle des Bekehrten oder eine sonstige moralische Heldenrolle zu spielen. Dein Gesprächspartner ist nicht auf die deutsche Verbrecherlaufbahn fixiert und gewinnt aus deinem Zerknirschungsdrama höchstens den Eindruck, daß das Klischee von der instabilen Psyche der Deutschen vielleicht doch nicht aus der Luft gegriffen ist. Sprich erst dann von der deutschen Erbsünde, wenn dein Gesprächspartner das Thema selbst anschneidet, und vermeide es, aus dem engen Kontakt mit dem Bösen moralische Anmaßungen abzuleiten, so als hättest du beim Besuch deines Großvaters an seinem Stammplatz in der Hölle Erfahrungen von einer Tiefe gemacht, von der dein Gegenüber in seiner Oberflächlichkeit sich nichts träumen läßt. Belehre ihn nicht über geschichtliche Lektionen, er hat andere Lektionen gelernt, die ebenso gültig sind. Hacke nicht auf dem Konzept der Nation herum. Für dein Gegenüber ist die Nation Arm in Arm mit der Demokratie auf der Bühne der Geschichte erschienen, und sie hieß damals »Volkssouveränität«. Es ist die deutsche Erfahrung des Nationalismus, die untypisch ist, und wenn du diese Besonderheit nicht erklärst, wird dein Gesprächspartner dich nicht verstehen. Denke stets daran, daß die deutsche historische Erfahrung die Ausnahme und nicht die Regel ist.

Amerikaner bieten, soweit sie durch ihre kollektive Erfahrung geprägt sind, den größten Kontrast zu uns Deutschen

Und jetzt schauen wir uns die einzelnen Länder an. Dazu kann man immer auf den historischen Teil zurückgreifen. Natürlich soll man mit Verallgemeinerungen vorsichtig sein; aber dieser Satz ist auch eine Verallgemeinerung und gilt nur bedingt, denn Gesellschaften unterscheiden sich erheblich durch die Normen, die in ihnen gelten.

USA

Amerikaner bieten, soweit sie durch ihre kollektive Erfahrung geprägt sind, den größten Kontrast zu uns Deutschen: Ihre Geschichte ist eine reine Erfolgsgeschichte. Sie wird den liberalen Werten zugeschrieben, aus denen diese Gesellschaft entstand. Sie fand sich nicht als gewachsenes Kollektiv vor, das schon als Gemeinschaft aus dem Nebel der Geschichte trat wie wir; vielmehr wurde man Amerikaner durch den individuellen Akt der Einwanderung. In beinahe jeder amerikanischen Familiengeschichte finden sich solche Willensakte am Beginn.

Deshalb wurde die kollektive Mentalität bis zu einem gewissen Grad durch die Einwanderungssituation geprägt. Immer kam es zu einem Bruch zwischen den Einwanderern und ihren in Amerika geborenen Kindern. Die Kinder wurden schon mit perfektem Englisch als Amerikaner groß, während die Eltern es nur unvollkommen beherrschten, zu Hause z.B. lieber polnisch sprachen und merkwürdige Sitten pflegten, wobei der Vater noch autoritäre Anmaßungen aus der alten Gesellschaft mitschleppte, die in Amerika lächerlich wirkten. Das schwächte die Autorität des Vaters, stärkte relativ dazu die der Mutter und der Frauen generell, weil zum Integrationsinstrument der

Die amerikanische Gesellschaft fand sich nicht als gewachsenes Kollektiv vor, das schon als Gemeinschaft aus dem Nebel der Geschichte trat.

Kinder die Schule wurde: und in der Schule regierte die Lehrerin (es gab relativ wenig Lehrer). Das beförderte die Verehrung der Frauen, die Abwertung der Väter und eine konformistische Orientierung der Jugendlichen an der sogenannten »peergroup« Gleichaltriger.

Um die Integration so vieler verschiedener Einwanderer zu befördern, pflegen die Amerikaner einen ausgesprochenen Verfassungspatriotismus. Das ist der Grund für die patriotischen Rituale, das Begrüßen der Flagge mit der Hand auf dem Herzen und das eifrige Schwenken der Fahne bei jeder Gelegenheit. Das darf nicht mit aggressivem Nationalismus verwechselt werden: Nicht dem Gegner wird die Fahne gezeigt, sondern den Einwanderern und ihren Nachkommen, um sie symbolisch zu einer neuen Nation zu verschmelzen. Die Flaggenrituale sind Bekenntnisse zur amerikanischen Identität. Die Nation ist eine politische Willensgemeinschaft, die es ohne dieses Bekenntnis gar nicht gäbe. In ihrem Gründungsmythos ist der Gestus des Neuanfangs schon enthalten.

Dies entspricht der puritanischen Mentalität der ersten Einwanderer, durch spektakuläre Bekehrungserlebnisse ein neues Blatt im Buch des Lebens aufzuschlagen. In der amerikanischen Gesellschaft hat das eine Dramaturgie des Neubeginns, des Aufbruchs zu neuen Ufern und der Grenzüberschreitung in die offene Zukunft verbreitet, die in Hollywood immer wieder neu inszeniert wird. Es ist das, was man den *Amerikanischen Traum* genannt hat. Er ist der Grund für die größere Mobilität, die Bereitschaft der Amerikaner, den Job, die Wohnung, den Psychiater und die Kirche zu wechseln und womöglich auch die Automarke. Diese innere Mobilität unterscheidet sich sehr von der deutschen Laufbahn- und Beamtenmentalität. Solch eine Haltung vermittelt das Gefühl, daß man selbst seines Glückes Schmied ist und niemand einem hilft, wenn man es nicht selbst tut. Entsprechend weniger Erwartungen werden dem

Flaggenrituale sind Bekenntnisse zur amerikanischen Identität. Den Einwanderern wird die Fahne gezeigt, um sie symbolisch zu einer neuen Nation zu verschmelzen.

Eine amerikanische Urszene: mit dem Colt in der Hand verschafft der Sheriff dem Gesetz Geltung wie einst Moses.

Staat entgegengebracht, und das führt zu einem Punkt, der in Deutschland wohl am wenigsten verstanden wird: Der Staat ist für Amerikaner nicht selbstverständlich.

In Europa war gewissermaßen der Staat vor der bürgerlichen Gesellschaft da und mußte von ihr erobert werden. In Amerika gab es zuerst nur eine Gesellschaft von Auswanderern, die sich dann einen Staat schaffen und das Gesetz gegen die Gesetzlosen durchsetzen mußten. Diese Urszene wird immer im Western nachgestellt, wenn der Sheriff mit dem Colt in der Hand wie einst Moses dem Gesetz Geltung verschafft.

Der Sheriff wird von der Gemeinschaft bezahlt; das ist jedem Amerikaner sehr bewußt. Er empfindet die Beamten als Angestellte, die für ihn da sind. Deshalb hat er auch das Gefühl, daß er sie hinausschmeißen kann, wenn sie nicht funktionieren. Sein Bezug zum Staat ist von Mißtrauen durchsetzt. Lieber als dem Staat vertraut er sich selbst. Diese Haltung begründet auch den Anspruch eines jeden Amerikaners, eine Waffe zu tragen.

All diese Einstellungen erhöhen die Bereitschaft zu spontanen Zusammenschlüssen in der Nachbarschaft oder in einem Stadtviertel, um die Lösung lokaler Probleme selbst in die Hand zu nehmen. Sie sind während der Pionierzeit entstanden, verstärkt und stabilisiert worden. All das hat in der amerikanischen Gesellschaft eine Offenheit und nachbarschaftliche Hilfsbereitschaft gefördert, die in Deutschland unbekannt sind. Zugleich hat dieses Verhalten zu Mißverständnissen geführt, die sich in Deutschland in einem nur schwer ausrottbaren Vorurteil niedergeschlagen haben: Setzt man das Kennenlernen zweier Nachbarn als Vorgang mit zehn Stadien von zunehmender Intimität an, entfalten Amerikaner im Stadium zwei dieselbe Herzlichkeit und Begeisterung, die ein Deutscher erst im Stadium neun zeigt. Da sich der Deut-

Der puritanischen Mentalität der ersten Einwanderer entsprach es, durch spektakuläre Bekehrungserlebnisse ein neues Blatt im Buch des Lebens aufzuschlagen.

sche also schon im Stadium neun wähnt und sich auf eine lebenslange Freundschaft am Rande der Seelenverschmelzung einstellt, hält er seinen amerikanischen Freund spätestens dann für oberflächlich, wenn dieser den nächsten Nachbarn mit demselben Enthusiasmus begrüßt. In Wirklichkeit benutzen beide lediglich verschiedene kulturelle Codes. Der amerikanische Code paßt zu einer mobilen Gesellschaft, die das Quellwasser der Solidarität schon in einem frühen Stadium des Kennenlernens anzapft. Der Vorwurf der Oberflächlichkeit ist deshalb ein krasses Vorurteil. Man könnte sogar umgekehrt sagen, daß die Amerikaner sozialer sind, wenn sie ihre Freundlichkeit nicht an die Exklusivität der Freundschaft binden, sondern zu einer allgemeinen Tugend erheben, die von der Person absieht. Jedenfalls wird man als Deutscher immer wieder dadurch überrascht, daß Amerikaner schon nach flüchtiger Bekanntschaft dazu bereit sind, einem während ihrer Abwesenheit die Schlüssel zur Wohnung zu überlassen. Und generell ist der soziale Verkehr in Amerika so entkrampft, so unkompliziert und so sehr durch die Bereitschaft geprägt, von dem Newcomer zunächst einmal nur das Beste anzunehmen, wie man sich das in Deutschland gar nicht vorstellen kann. Das schnelle Erreichen einer gewissen Vertraulichkeit schon in der zweiten Phase führt auch dazu, daß Amerikaner in der Anrede sehr schnell vom Familiennamen (Mr. Witherspoon) zum Vornamen (Herbert) übergehen. Da ihnen aber bei ihrem Sinn für Ökonomie zwei Silben schon wie die pure Verschwendung erscheinen, machen sie daraus sehr schnell »Herb«. Übrigens haben die Amerikaner in der Regel einen sogenannten Middle Name als zweiten Vornamen, der abgekürzt wird, und deswegen auch der Initial (Anfangsbuchstabe) genannt wird (also Herbert M. Witherspoon). Der Mittelname ist so üblich, daß man im Scherz von Jesus H. Christ spricht. Amerikanische Behörden sind manchmal irritiert, wenn Europäer keinen Mittelnamen haben: Es macht sie mißtrauisch, so, als wenn man keinen Schatten würfe, wie ein Schlemihl. Es empfiehlt sich daher, einen zu erfinden, wenn man keinen hat, etwa Alexander J. Horstmann; J. steht dann für Juskowiak, weil der Vater ein Fan von Schalke 04 war.

Ein Unterschied herrscht auch in der Haltung beider Länder zum Erfolg: Ist für Deutsche der Erfolgreiche eher ein Objekt des Neids und der Mißgunst und ein Anlaß für Zweifel, ob auch alles mit rechten Dingen zugegangen sei, ist er für Amerikaner eine Ermutigung, es ihm nachzutun. Amerikaner lieben Erfolgreiche deshalb, weil sie die Hoffnung aller bestärken.

Amerikaner sind deshalb grundsätzlich optimistisch. Optimismus signalisiert für sie Vertrauen in die eigene Kraft. Sie haben deshalb kein Verständnis für die deutsche Neigung zur Melancholie, zu Miesepetrigkeit, Verdrossenheit, Trübsinn und Larmoyanz (Weinerlichkeit). Gibt es Probleme, geht man sie eher praktisch an, als daß man ins Grübeln verfällt. Das gilt auch für die eigenen psychischen Probleme; weil man sie grundsätzlich für reparabel hält, ist Amerika das Eldorado der Psychiater und Psychoanalytiker. Auch sie halten die Hoffnung wach, daß man in jedem Moment ein neues Leben anfangen könne.

Was Deutsche ebenfalls wissen sollten, ist, daß ein Großteil der amerikanischen Gesellschaft aus bekennenden, aktiven Christen besteht. Aber diese Religiosität wird nicht von Amtskirchen mit Priestern und Bischöfen organisiert, sondern drückt sich in freien Gemeinden unterschiedlichster Einfärbung aus. Es gibt Baptisten, Methodisten, Quäker, Mormonen, Lutheraner, Presbyterianer, Adventisten, Wiedergeborene Christen, Holy Rollers, Shakers, Amish und viele andere. Da es sich in den meisten Fällen um Sekten calvinistischen Ursprungs handelt (→ Geschichte), haben sie die öffentliche Rhetorik Amerikas mit biblischen Wendungen eingefärbt. Dies ist gemeinsames kulturelles Erbe und keine Heuchelei. In den Gemeinden vollzieht sich nicht nur das religiöse, sondern auch ein Großteil des sozialen Lebens. Da es gewissermaßen einen freien religiösen Markt gibt mit vielen Angeboten, betreiben die Gemeinden auch richtige Werbung. Zieht ein Ameri-

Woody Allen – Amerika ist das Eldorado der Psychiater und Psychoanalytiker. Gibt es Probleme, geht man sie eher praktisch an.

kaner um, wechselt er manchmal auch die Gemeinde. Wenn die Baptisten ein besseres Schwimmbad haben als die Methodisten, ist das für die Kinder sehr sinnvoll. Da die puritanischen Bekenntnisse durchaus mit einer gewissen Geschäftstüchtigkeit vereinbar sind und in ihnen wirtschaftlicher Erfolg als Zeichen der Gnade Gottes gilt, steht die Religion nicht im Widerspruch zur Modernisierung; und da es keine Amtskirche gibt, die Dogmen festlegt, gibt es weniger Konflikte zwischen Religion und Wissenschaft. Das alles hat zusammen mit der individualistischen Bekenntniskultur und der Betonung der inneren Erfahrung Gottes die Religiosität viel stärker in der modernen Gesellschaft verankert. Dem heutigen Deutschen mag das manchmal bizarr erscheinen. Er sollte es als Quelle einer demokratischen Mentalität respektieren, die uns die Amerikaner erst kürzlich beibringen mußten.

Amerika ist ein basisdemokratisches Land und kennt keinen Bildungssnobismus. Man braucht also keine Angst zu haben, irgendwelche Bildungslücken zu verraten. Amerikaner treiben es in dieser Disziplin selbst bis zur Tollkühnheit. Deshalb weiß der Durchschnittsamerikaner nicht immer viel von Europa. Wanne-Eickel dürfte ihm völlig unbekannt sein, und auch North-Rhine-Westphalia liegt ihm nicht ständig am Herzen. Aber vielleicht glaubt er auch, der Rhein fließe ins Mittelmeer und die Hauptstadt von Deutschland heiße Hofbräuhaus – so etwas ist möglich. Aber diese Unkenntnis erklärt sich zum Teil aus dem Gründungsmythos Amerikas. Mit dem Neuanfang wollte man den endlosen Komplikationen Europas den Rücken kehren. Im adamitischen (von Adam ausgehenden) Neubeginn auf jungfräulicher Erde sollten die europäischen Sünden abgewaschen und damit vergessen werden. Man wollte unbelastet starten. Diese Unkenntnis ist also ursprünglich eine Form der Unschuld. Umgekehrt ist es auch nicht schlimm, wenn man etwas weiß: Es wird nicht als Bildungsprotzerei verstanden, weil man dieses Problem in Amerika gar nicht kennt. Statt dessen kommt es darauf an, daß interessant ist, was man erzählt. Es schadet also nie, sich um eine gewisse Popularität zu bemühen. Das müssen in Amerika fast alle: Firmenchefs bei der Belegschaft, Verkäufer beim Kunden, Lehrer bei Schülern, Pro-

Der Durchschnittsamerikaner weiß nicht immer viel von Europa. Vielleicht glaubt er, der Rhein fließe ins Mittelmeer und die Hauptstadt von Deutschland heiße Hofbräuhaus – so etwas ist möglich.

fessoren bei Studenten und Staatsanwälte bei ihren Wählern. Denn in Amerika werden viel mehr Posten als bei uns durch Wahlen besetzt. Ein Thema, das (vor allem unter Männern) Gemeinsamkeit schafft, ist der Sport. Und hier findet man Zugang zur amerikanischen Seele: Die beiden großen Massensportarten sind Baseball (eine Art Schlagballspiel) und American Football (eine Art Krieg, der als Handballspiel verkleidet wird); mit Abstand folgt Basketball. Europäischer Fußball war lange unbekannt, macht aber Fortschritte als Domäne des emanzipierten Frauensports. Wer sich also um die Liebe von Amerikanern bemühen will, sollte die Regeln von Baseball und Football und die wichtigsten Vereinsmannschaften und Spielernamen auswendig lernen. Die beiden Sportarten werden zu wichtigen Feldern des sozialen Lebens an Schulen und Colleges; die Quarterbacks werden zu den umschwärmten Stars der Mädchen, die wiederum als Cheerleaders bei den Spielen eine wichtige Rolle spielen. Wenn Mädchen zugucken, kämpfen die Jungs besser.

Aus all dem ergibt sich für den Umgang mit Amerikanern **Regel 2**:

Verleih deinem Enthusiasmus darüber hemmungslosen Ausdruck, daß du das Privileg hast, deinen amerikanischen Partner kennenlernen zu dürfen. Deute an, daß damit ein lang gehegter Wunschtraum in Erfüllung gegangen ist. Verfalle bei seinen Bemerkungen in einen Zustand der Verzückung ob der Originalität des geäußerten Gedankens und der Kühnheit der damit verbundenen Vision. Sei begeistert bei jedem seiner Worte und überwältigt angesichts der Tiefe seiner Analyse.

Im Sport findet man Zugang zur amerikanischen Seele: American Football ist eine Art Krieg, der als Handballspiel verkleidet wird.

(Merke: Du machst es erst dann richtig, wenn du es für saumäßig übertrieben hältst und der Verdacht dich beschleicht, dein Gegenüber würde dich entweder für meschugge halten oder glauben, daß du ihn veralbern willst. Aber dein Empfinden folgt hier dem deutschen Standard. Für Amerikaner ist normal, was du für übertrieben hältst. Benimmst du dich deutsch, hält er dich für einen kalten Fisch und einen verkappten Nazi, der ihn verunsichern möchte.)

Amerika ist ein Land der Ehepartner.

Wenn du deinem Gegenüber nicht mißfällst, wird er dich fragen, ob er dich Herbert nennen darf. Natürlich ist das ein Kompliment, und du solltest nicht um Bedenkzeit bitten, ob du es ihm erlauben sollst. Und wenn er dich einlädt, ihn Bill zu nennen, bist du erfreut und machst nicht ein Gesicht dazu, als ob du in eine Zitrone gebissen hättest. Amerikaner signalisieren Freundschaftlichkeit, indem sie den Namen für die Anrede auch benutzen: also sage am Anfang des öfteren mal Bill zu deinem Gegenüber, das befestigt die Freundschaft.

Ein Amerikaner ist im Vergleich zu einem Deutschen ein unternehmerischer Mensch. Er spielt viel mit Zukunftsplänen und Projekten. Das wird auch sein Verhältnis zu dir betreffen. Nach durchschnittlich fünf Minuten (einige Forscher glauben nach drei Minuten) entwickelt er Ideen für eine gemeinsame Zukunft. Ihr müßtet mal zusammen essen gehen; am besten wäre es, wenn du mal zum Weekend kämest; wie wäre es, wenn du ihn mal für ein paar Monate in Wyoming besuchen würdest, du könntest auch die Familie mitbringen, er hätte sechs Badezimmer und auch Platz für den Bernhardiner... Nun, da solltest du dir klarmachen, daß Bill einen ganz ähnlichen Vorschlag auch der Lady gemacht hat, die er kurz vor dir begrüßt hatte. Es sind Versuchsballons und noch keine Einladungen; Ideen, von denen gilt, was Jesus über die Samenkörner sagt: die meisten fallen auf steinigen Grund, und nur wenige fallen auf fruchtbaren Boden und keimen. Es wäre verfrüht, gleich nach dem Gespräch ein Ticket nach Wyoming zu ordern, aber Bill fühlt sich wohl, wenn du mitspielst. Sei positiv! Gib ihm das Gefühl, daß ihr zwei Freunde seid, die die Welt aus den Angeln heben könnten. Verbreite gute Stimmung! Dazu dient auch der Humor; er darf ruhig etwas rauh sein, wenn die Grobkörnigkeit durch Selbstironie gemildert wird.

Darüber hinaus gilt: Amerika ist ein Land der Ehepartner. Die Menschen heiraten früher als hier und verheiraten sich wieder schneller nach der Scheidung. Wer nicht verheiratet ist, gilt tendenziell als schwul. Bei Einladungen sollte man also den jeweiligen Partner genauso mit einbeziehen wie im Gespräch. Merkwürdig ist, daß bei der ersten Vorstellung sich häufig nur die Männer die Hände schütteln. Wundere dich nicht, wenn beim Essen der Amerikaner zuerst das ganze Steak mit Messer und Gabel zerschneidet, dann das Messer hinlegt, die Gabel in die Rechte nimmt und die Linke unter dem Tisch auf das Knie stützt. Er braucht sie, um den Colt zu halten.

Großbritannien

Wenn du die Vorstellung gehegt haben solltest, England und die USA müßten einander ähnlich sein, weil man in beiden Ländern Englisch spricht: vergiß es. In manchem ist England sogar das Gegenteil der USA.

Zunächst ist in England alles historisch bedingt und deshalb unrational: Das gilt schon für den Namen. Wir sprechen häufig von England, meinen damit aber Großbritannien. Gegenüber Briten sollten wir diesen Fehler unbedingt vermeiden: Ein Schotte, ein Waliser oder Nordire würde es ebenso übelnehmen, wenn man ihn als Engländer bezeichnete, wie ein Schweizer, wenn man ihn einen Deutschen nennen würde. England hat Schottland niemals erobert, sondern die schottischen Könige haben beide Länder vereinigt, indem sie den englischen Thron bestiegen. Schottland hat eine eigene intellektuelle und literarische Tradition: In Schottland wurden die wissenschaftliche Nationalökonomie (Adam Smith etc.) und der historische Roman (Sir Walter Scott) erfunden, und es gibt sowohl eine schottische Aufklärung als auch eine schottische Romantik (Nationaldichter ist Robert, genannt Robby, Burns).

In manchen Dingen ist England das Gegenteil der USA

Königin Elisabeth II.: in Großbritannien verhält man sich entweder cool oder man schauspielert. Auf jeden Fall läßt man sich nicht gehen.

Dasselbe gilt mit Abstrichen für die anderen keltisch geprägten Teile Großbritanniens: Wales, die Isle of Man (mit der Sprache Manx), Nordirland und Cornwall (mit der fast ausgestorbenen Sprache Cornish).

Engländer sind also nur die Bewohner des Rests der Insel, und sie sind in viele Gruppen gespalten. Das betrifft zunächst die verschiedenen Provinzen mit ihren Akzenten und Dialekten. Aber vor allem betrifft es die sozialen Schichten, um nicht zu sagen: die Klassen. England ist ganz im Gegensatz zu den USA eine Klassengesellschaft. Und das Kriterium für den Unterschied zwischen oben und unten in der Gesellschaft ist die Sprache bzw. der Akzent.

Weil der Akzent bei uns nicht dieselbe Rolle spielt, kann man diese englische Besonderheit nicht genug betonen. Auch wir kennen regionale Dialekte. Aber in England wirken sie wie Soziolekte, also Akzente, durch die die Zugehörigkeit zu bestimmten sozialen Gruppen signalisiert wird.

Wer zu den oberen Schichten der Gesellschaft gehört, spricht Oxford- oder Queen's-English. Das entspricht ungefähr dem Standard, an dem sich der BBC-Nachrichtensprecher orientiert. Dieses Englisch lernt man entweder zu Hause, wenn die Eltern schon zu den »educated classes« gehören, oder auf den Public-Schools, womit in England, ganz im Gegensatz zu Amerika, private Internatsschulen bezeichnet werden, auf denen den Schülern neben den klassischen Fächern auch beigebracht wird, sich wie Ladies und Gentlemen zu fühlen und zu benehmen. Ein/e Engländer/in wird also danach beurteilt, wie sie oder er spricht, auftritt und sich benimmt. Da sich dieses Verhalten deutlich vom Unterklassenverhalten abhebt, entscheidet es über die Karriere, den beruflichen Erfolg und das Ausmaß, in dem man gesellschaftlich akzeptiert wird. Das Musical *My Fair Lady* (dem Shaws Stück *Pygmalion* zugrunde liegt) zeigt, daß das Blumenmädchen Eliza anständig sprechen lernen, also ihren Unterklassenakzent loswerden muß, wenn sie als Lady akzeptiert werden will.

Weil der Status weniger vom Geld (das auch) als von der Sprache und dem Stil des Auftretens abhängt, ist das Erziehungssystem in England so wichtig geworden: Der klassische Aufstieg führt dabei über eine der berühmten Public-Schools (Eton, Harrow, Rugby, Winchester, St. Paul's, Charterhouse etc.) und die Universität Oxford oder Cambridge, so daß das britische Bildungssystem manchmal den Eindruck einer Verschwörung erweckt. Aber in diesen Institutionen wird das vorbildliche Benehmen und der richtige Akzent erlernt, der dann den Stil in den Chefetagen der Konzerne, den Kommandostäben des Fernsehens und den Korridoren der Macht in Westminster prägt. Jedem Ausländer bietet das eine ungeheure

Der klassische Aufstieg führt über die Universitäten Oxford oder Cambridge, hier deren Teams während einer Ruderregatta im Jahre 1863.

Teil der Gentleman-Kultur: das Golfspiel.

Chance, der die deutschen Englischlehrbücher bisher nicht die gebührende Aufmerksamkeit gezollt haben: Da der deutsche Sprachenschüler gar keinen Akzent loszuwerden braucht, könnte er gleich das richtige Englisch lernen. Ihm stünden dann Tür und Tor in England offen, wenn er auch noch richtig auftreten würde.

Was sind nun die Standards der feinen britischen Art?

In England ist der Adel mit Teilen des Bürgertums verschmolzen. Das hat die sogenannte »Gentleman-Kultur« hervorgebracht. Deshalb sind die Verhaltensstandards aristokratisch. Dazu gehört: absolute Selbstbeherrschung. Das produziert jenen oft beschriebenen Eindruck der Kühle und der Unbeeindruckbarkeit, eine Haltung, die man als »steife Oberlippe« bezeichnet. Als besonders deplaziert (unangebracht) gelten übertriebene Gefühlsausbrüche und jegliche emotionale Überflutung der Situation. Einzige Ausnahme: Frauen, Künstler und Schwule dürfen Gefühle zeigen, wenn sie durch ihre theatralische Inszenierung signalisieren, daß sie entweder falsch sind oder daß sie sie im Griff haben (Unterklassenangehörige dürfen sowieso Gefühle zeigen, aber deswegen gehören sie auch zur Unterklasse. Weil sich Lady Diana darüber hinwegsetzte, wurde sie bei den Unterklassen so populär).

In Großbritannien verhält man sich also entweder cool oder man schauspielert. Auf jeden Fall läßt man sich nicht gehen. Dabei gilt eine eiserne Regel: Das ist die Regel des *understatement*: Man hängt alles niedriger, man dramatisiert nicht, sondern entdramatisiert, man spielt herunter. Das ist absolute Vorschrift bei allem, was einen selbst betrifft: also eigene Leistungen, eigene Leiden, eigene Talente, eigene Gefühle, eigene Großartigkeiten. Man macht sie klein; man gibt zu verstehen, daß sie gar nicht erwähnenswert sind; man deutet an, daß der Nobelpreis einem aufgrund eines Irrtums verliehen wurde; daß man den Sieg im Mara-

Mr. Bean: zum zivilisierten Menschen gehört der Humor, eine Art Zentrifuge der Lächerlichkeit, durch deren Umdrehungen das Wichtige vom Albernen geschieden wird.

thonlauf einer Fehleinschätzung der Streckenlänge verdanke und daß die Nachricht von der Erhebung in den erblichen Adelsstand wahrscheinlich auf einer Namensverwechslung beruhe. Alles andere würde als pompös empfunden.

Absolut verboten sind anmaßendes Auftreten, großspurige Darstellung der eigenen Prächtigkeit und gespreiztes Verhalten im allgemeinen. Man sagt es nicht gerne, aber sie gelten als besonders teutonisch. Dieses Vorurteil entstammt dem langen Gedächtnis der Briten: Es hält vor allem die Erinnerung an das wilhelminische Säbelrasseln fest, das das Image der Deutschen in Großbritannien so nachhaltig eingefärbt hat, daß es bis heute prägend geblieben ist.

Eine weitere Vorschrift besagt, daß zum zivilisierten Menschen der Humor gehört. Das hat nichts mit der deutschen Vorstellung von staatlich genehmigtem Massenfrohsinn zu tun, bei dem man sich gegenseitig die Ellbogen in die Rippen stößt und die Witze wie beim Mainzer Karneval durch einen Tusch einen Genehmigungsstempel erhalten. Humor ist vielmehr die Fähigkeit, indirekt zu reden und sich dabei selbst zu relativieren, indem man sich in ein komisches Licht taucht. Er ist ein Gegenmittel gegen die eigene Wichtigkeit, und er ist eine Art Zentrifuge der Lächerlichkeit, durch deren Umdrehungen das Wichtige vom Albernen geschieden wird. Er ist das Immunsystem der Urteilskraft und ein Ortungsinstrument für unlösbare Widersprüche und Paradoxien. Als solches gehört er zur Demokratie, weil diese selbst auf einer Paradoxie beruht: »we agreed to disagree« (wir haben uns geeinigt, uns zu streiten). Die Einigkeit des Gemeinwesens wird auf den dauernden Streit gegründet. Fanatiker und Ideologen geraten vor Paradoxien in Panik; deshalb wurde der Humor zur Fähigkeit, unlösbare Widersprüche auszuhalten, ohne durchzudrehen. Kurzum, der Humor markiert als Wellenbrecher für Ideologien die demokratische Einstellung par excellence (vor allen anderen).

Humor ist also alles andere als eine britische Marotte oder Ausdruck einer liebenswerten britischen Exzentrizität, die in den Bereich der Folklore gehört. Er ist die Form der Demokratie selbst, wenn sie eine Person wäre. Weil Großbritannien die Demokratie erfunden hat, hat es auch den Humor erfunden, und so läuft über ihn der Weg zum Herzen der Briten. Hat man Humor, wird fast alles andere zweitrangig.

Diese Selbstrelativierung signalisiert auch die Fähigkeit zur Selbstkritik. Beide dürfen aber nicht als Zeichen mangelnden Selbstbewußtseins ausgelegt werden: Im Gegenteil, sie belegen geradezu ein Maß an Unerschütterlichkeit und grundsätzlicher Selbstübereinstimmung, das unsichere Menschen leicht demoralisieren kann. Diese Selbstsicherheit wird gestützt durch eine nahezu ungebrochene nationale Identität. Wie in den USA ist sie das Ergebnis einer langen Erfolgsgeschichte des Landes. Sie hat zu einer kollektiven Identifikation mit Werten geführt, die man für typisch britisch hält, und die man glaubt, in vielen Kriegen verteidigt zu haben: Freiheit, Demokratie, Fair play und die Zivilisation überhaupt.

Diese Überzeugung bedingt eine milde Hochnäsigkeit, gepaart mit dem Desinteresse an allem, was nicht britisch ist. Mit zwei Ausnahmen: Frankreich, weil es der einzige ernsthafte Rivale im Wettbewerb der Zivilisationen war, und die USA, die ein bißchen so gesehen werden wie von Hamburger Patriziern die Oberbayern: nämlich als herzerfrischende Komiker mit einem irren Akzent.

Was die Deutschen betrifft, so dürften die Briten diejenigen sein, die die nachhaltigsten und antiquiertesten Vorurteile hegen. Das liegt daran, daß Großbritannien sein historisches Gedächtnis sehr pflegt: Da orientiert man sich manchmal weniger an der gegenwärtigen Erfahrung als an der eigenen Tradition. Zum Epos von Großbritanniens Größe gehören dann auch die beiden Weltkriege (Großbritannien ist das einzige europäische Land, das nie besiegt worden ist, und darin unterscheidet es sich von allen anderen und erinnert sich deshalb auch lieber an die Kriege als andere). Und zu dieser

Die britische Selbstsicherheit wird gestützt durch eine nahezu ungebrochene nationale Identität, das Ergebnis einer langen Erfolgsgeschichte des Landes. Sie hat zu einer kollektiven Identifikation mit Werten geführt, die man für typisch britisch hält; hier zur Feier der Beendigung des Ersten Weltkrieges 1918 in London.

Kaiser Napoleon III. in Paris (1863): Überblick über das Ganze von einem Punkt aus.

Erinnerung gehören nun mal die teutonischen Gegner in der Stilisierung von barbarischen Hunnen (weil Maggie Thatcher so teutonisch autoritär war, nannten sie sie Attila the Hen). Auch diese halbbewußte, selbstironische Weigerung, die alten Klischees fahrenzulassen, ist Teil des britischen Humors und sollte nicht allzu wichtig genommen werden.

Um es noch einmal in **Regel 3** zusammenzufassen: Es gilt die Verbindung von guten Manieren und Selbstbeherrschung. Zu vermeiden sind Gefühlsdemonstrationen, Launen und alle Formen der emotionalen Nötigung. Will man positive Gefühle zum Ausdruck bringen, versehe man sie mit einem Schuß Selbstironie oder mache durch schauspielerische Übertreibungen deutlich, daß man sie im Griff hat oder sie nicht ernst meint. Besonders lächerlich macht man sich, wenn man aufschneidet und pompös und gespreizt auftritt. Tödlich ist jede Besserwisserei. Für jede Selbstdarstellung gilt das Gebot des *understatement.* Vorträge müssen durch Witze eingeleitet werden, in denen man sich beim Publikum dafür entschuldigt, daß man ihm mit seinen öden Ausführungen die Zeit stiehlt. Langweiligkeit gilt als eine milde Form der Kriminalität. Ein Sinn für Humor signalisiert, daß man die unterste Stufe der Zivilisation erreicht hat und zum Club der menschlichen Gesellschaft zugelassen werden kann. Als Deutscher muß man akzeptieren, daß diese Zulassung nur auf Widerruf gilt, weil alle Briten damit rechnen, daß man jeden Moment den Verstand verlieren könnte. Wenn man diesen Verdacht mit Gelassenheit quittiert und alle anderen Verhaltensregeln mit Leichtigkeit, Charme und Liebenswürdigkeit befolgt, hat man eine Chance, akzeptiert zu werden.

Frankreich

Im Vergleich zum regional zersplitterten Deutschland ist Frankreich das Land, in dem die Vernunft die Form des Zentralismus angenommen hat. Um sich davon ein Bild zu machen, braucht man sich nur die Gärten von Versailles oder die Boulevards anzusehen, die am Arc de Triomphe in Paris zusammenlaufen. Die Rationalität erscheint als sonnenhafte Ausstrahlung: als Überblick über das Ganze von einem Punkt aus und in umgekehrter Richtung als Bündelung der Blicke, die im Zentrum zusammenlaufen. Und das Zentrum Frankreichs ist Paris. Die Stadt Paris ist mehr Hauptstadt ihres Landes als irgendeine andere Kapitale der Welt. Sie ist das, was Deutschland immer gefehlt hat: eine Bühne der Nation, auf der sich das Land selbst in einer theatralischen Zweitfassung besichtigen und damit ein Bild von sich machen konnte. Hier wurden die nationalen Dramen gespielt, die das Schicksal des Landes entschieden haben, und hier wurde die Verhaltenskultur entwickelt, die für die ganze Nation vorbildlich wurde: Und diese Verhaltenskultur war großstädtisch, urban, mondän und – etwa im Vergleich zu England – ausgesprochen theatralisch, formvollendet und formell.

Frankreich – das Land, in dem die Vernunft die Form des Zentralismus angenommen hat

Zugleich ist Frankreich das Land, das die zentralistische Verwaltung erfunden hat (→ Geschichte). Die Französische Revolution hat darin nur vollendet, was Richelieu begonnen hatte. Das hat Frankreich zu einem Land der Normen gemacht, nach denen sich alle zu richten haben.

Das trifft auch auf das Schulsystem zu. In den französischen Schulen wird gepaukt, und die Abschlußprüfungen (Concours) zum Bac (baccalauréat, dem Abitur) sind für alle gleich und finden am selben Tag statt. Das sichert einen kanonischen Stand des Wissens, das von allen geteilt wird. Dazu gehören natürlich die großen Klassiker der Literatur.

Genormt sind auch die Standards der französischen Sprache. So wie Paris das Land regiert, so hat die Académie Française das Französische einer Art zentralistischer Grammatik unterworfen und legt durch Erlasse fest, was als korrekt oder inkorrekt zu gelten hat. Im Augenblick geht es vor allem um eine Abwehrschlacht gegen das Englische mit Ausdrücken wie »Computer« und »Hardware«.

Klischees sind Ergebnisse von Vergleichen. Im Vergleich zu dem, was in Deutschland üblich ist, ist der Verhaltensstil der Franzosen ausgesprochen normativ. Den Kindern werden die Regeln der Höflichkeit eingebleut mit dem Ergebnis, daß das Rauschen der Alltagsrede mit Höflichkeitsformeln durchsetzt ist: merci, mon cher; s'il vous plaît, madame; bonjour, monsieur; excusez, mon ami; au revoir, mesdames. Diese Formeln sind obligatorisch. Wer sie wegläßt, ist ein Barbar. Zu jeder Formel gehört immer die Anrede: bonjour genügt nicht, im Gegenteil, das kann man eher weglassen als die Anrede. Man kann also eine Bäckerei betreten und den Ladeninhaber samt der versammelten Kundschaft beiderlei Geschlechts mit der reduzierten Formel anreden: »Messieursdames«, worauf einem ein vielstimmiges »Madame« oder »Monsieur« entgegenschallt.

Der Alltag der Franzosen wird auf diese Weise durch eine ständig strahlende Sonne konventioneller Freundlichkeit überglänzt. Sie hellt die Atmosphäre auf, hebt die Stimmung und die soziale Temperatur und wird als so selbstverständlich hingenommen wie die Luft zum Atmen. Auffällig wird sie nur, wenn sie plötzlich hinter Wolken verschwindet. Diese Formeln sollte man auch dann lernen,

In den französischen Schulen wird gepaukt – dieser Schüler muß mit einer Eselskappe aus Papier nachsitzen.

Wie formvollendet das gute Benehmen sein muß, richtet sich natürlich nach dem Grad der Vertrautheit und Fremdheit, der Gleichrangigkeit und der sozialen Distanz.

wenn die sonstigen Französischkenntnisse aufgrund der letzten Schulreform nur rudimentär sind. Für diesen Fall muß man aber wissen: Franzosen sind Sprachsnobisten. Sie halten Französisch für den Gipfel der Sprachentwicklung und für die einzige Sprache, in der sich Gedanken zugleich auf klare und elegante Weise ausdrücken lassen, im Grunde also für die einzige Sprache, in der es sich zu sprechen lohnt. Gegenüber denen, die nur barbarische Dialekte stammeln, hegen sie Gefühle, die aus Mitleid und Herablassung gemischt sind. Deutsch ist für sie eine mißtönende ländliche Mundart, geeignet, wolkige Gemütszustände, Formen des Irrsinns und gedankliche Abgründe zum Ausdruck zu bringen, die den Franzosen Gott sei Dank verschlossen sind.

Will man ihren Respekt und ihre Zuneigung erwerben, sollte man in der Lage sein, das Französische in Grammatik und Aussprache möglichst korrekt zu sprechen. Dazu gehört vor allem eine klare und deutliche Artikulation. Jede Art von Verballhornung, schlechter Aussprache und Geknödel wird von Franzosen als ein erneuter deutscher Angriff auf Frankreich empfunden und als Versuch gewertet, das heiligste Gut der Nation zu profanieren und sie selbst zu malträtieren und zu quälen. Wenn man nur schlecht oder kaum Französisch spricht, sollte man einfach ein Stück eleganter französischer Prosa, das zu vielen Situationen paßt, auswendig lernen und bei Gelegenheit aufsagen: Man mag damit Verwunderung wegen der Irrelevanz des Beitrags erregen, aber wenigstens hat man damit zu erkennen gegeben, daß man prinzipiell vernunftfähig ist und bei entsprechender Erziehung durchaus einen passablen Menschen abgeben könnte.

Wie formvollendet das gute Benehmen sein muß, richtet sich natürlich nach dem Grad der Vertrautheit und Fremdheit, der Gleichrangigkeit und der sozialen Distanz. Wie im Deutschen kennt man in Frankreich das »Sie« (vous) und das »Du« (tu). Man siezt sich oder duzt sich, »on se vouvoie ou on se tutoie«; dabei wird das »vous« häufiger verwendet als bei uns: Es gibt Ehepaare, die sich siezen, und in manchen Familien siezen die Kinder die Eltern. Kumpaneien, Schulterklopfen und Vertraulichkeiten sind also unangebracht und unwillkommen. Hier ist es geraten, die Initiative den Franzosen zu überlassen. Entsprechend dieser Staffelung der Formvollendetheit werden Burschikositäten leicht als Respektlosigkeit empfunden. Hier sollte man lieber ein paar rhetorische Schnörkel zuviel anbringen als zu wenig tun. Der Standard ist eindeutig höher als in Deutschland, und dieselbe Rhetorik würde bei uns übertrieben klingen, die in Frankreich erst die minimalen Forderungen erfüllt. Briefe werden noch mit Formeln unterzeichnet wie: »Mit den heißesten Grüßen verbleibe ich, liebe gnädige Frau, Ihr gehorsamster Diener«: Das klingt auf deutsch leicht überkandidelt; »avec les salutations les plus chaleureuses, je reste, chère Madame, votre humble serviteur« – auf französisch klingt es normal, und weniger würde sich schon kalt anhören.

Für Franzosen beinhaltet die Rhetorik eine Lizenz zu Theatralik, und das Pathos wird als Inszenierung genossen. Theatralik ist Höflichkeit, sie macht die Distanz zwischen Ich und Rolle deutlich

Derselbe Standard verschärfter Rhetorik kennzeichnet auch die Kommunikation in Politik und Öffentlichkeit. Hier befindet sich Frankreich im direkten Gegensatz zu England: Herrscht dort das Gesetz des *understatement*, herrscht in Frankreich das Pathos des *overstatement*. In den Augen englischer oder deutscher Beobachter mag das manchmal lächerlich wirken: aber dann übersetzen sie es in ihren kulturellen Code, wo das Pathos weniger inflationiert wird: Für Deutsche ist das der Code der Authentizität, für Engländer der Code der Selbstbeherrschung. Für Franzosen dagegen beinhaltet die Rhetorik eine Lizenz zu Theatralik, und das Pathos wird als Inszenierung genossen.

Im Verhältnis zu den Franzosen, mit denen wir schließlich eine politische Ehe geschlossen haben, sollten wir Deutschen uns der Geburt unserer kulturellen Identität erinnern: Sie erfolgte als Emanzipation gegen die kulturelle Dominanz Frankreichs. Deutschland konstituierte sich als zivilisatorischer Gegenentwurf: statt Rationalität Mystik, statt Vernunft Gefühl und statt eleganter Manieren und Theatralik die Betonung der Echtheit und der Authentizität. Das macht es uns schwer, die Theatralik als Code zu begreifen: Sie macht die Distanz zwischen Ich und Rolle deutlich; sie zeigt, daß man sein Verhalten durch Inszenierung für den anderen verständlicher machen will und dabei auf seine Sensibilität Rücksicht nimmt und daß man sein Gegenüber nicht ungeschützt den eigenen Impulsen und Interessen im Rohzustand aussetzen möchte. Theatralik ist Höflichkeit. »Maniera« ist ursprünglich der Begriff für Manieren und für Stil. Ohne Stil gibt es keine Zivilisation. Im Vergleich zu Deutschland, der Heimat der Authentizität, betont man in Frankreich den Stil und die Stilisierung. Das wird nicht wie bei uns als Entfremdung empfunden, und niemand käme auf den Gedanken, die Herrschaft der Grammatik als Knechtung im Dienste des Großkapitals zu entlarven, wie das nach 1968 in Deutschland geschah. Entsprechend gelten sehr viel höhere Standards bei den Normalerwartungen an Liebenswürdigkeit, Esprit, Charme, Eleganz und Galanterie (nicht zufällig fast alles französische Begriffe).

Jeder weiß natürlich, daß Frankreich ein Land des *Savoir-vivre* und der feinen Lebensart ist. Dazu gehört die gepflegte Küche und die Restaurantkultur. Aber Frankreich ist auch ein Land der Familie. Ihr Zusammenhalt und ihre Exklusivität sind größer als bei uns, und deshalb stellt sie eine Sondersphäre dar. Aus diesem Grunde wird man selten nach Hause, wohl aber ins Restaurant eingeladen. Ein Besuch bei der Familie ist schon ein großer Vertrauensbeweis und sollte entsprechend honoriert werden.

Jeder weiß, daß Frankreich ein Land des Savoir-vivre ist.

Aus alledem ergibt sich für den Umgang mit Franzosen **Regel 4**:
Versuche, anständiges, übertrieben gut artikuliertes Französisch zu sprechen. Vergiß nie die Anrede bei Begrüßungen, Entschuldigungen, Verabschiedungen und allen sozialen Formeln. Und vergiß nie die kleinen Höflichkeitsbezeugungen im Alltag bei allen sozialen Gelegenheiten, bei denen man mit relativ Fremden in Tuchfühlung gerät. Die Verhaltensstandards in Frankreich hinsichtlich Höflichkeit, Liebenswürdigkeit und dazugehöriger Rhetorik sind wesentlich höher und auch rigider als bei uns. Was bei uns übertrieben klingen würde, ist in Frankreich normal. Das liegt an einer unterschiedlichen Einstellung zur Theatralik: Bei uns gilt sie als Form der Verfälschung, in Frankreich als Konzession an die Eigenständigkeit des Sozialen und als Verbeugung vor den Adressaten und dem Publikum. Sie wird als solche genossen und nicht als verfälschte Echtheit verstanden. Und sie ist Bestandteil des sozialen Rollenspiels, das mit größerem Stilbewußtsein betrieben wird als bei uns. Die Beherrschung dieses Spiels macht die Geselligkeit zu einem Genuß, und eben das ist die Grundlage für das berühmte *Savoir-vivre*. Entsprechend werden all die Tugenden, die einen Menschen zum guten Gesellschafter machen, weit höher geschätzt als bei uns: Witz, Schlagfertigkeit und die Beherrschung der Sprache, der Rhetorik und aller Künste der Konversation.

Spanien und Italien sind katholische Länder ohne Reformation, die im Wettlauf der Modernisierung relativ spät ans Ziel gekommen sind. Sie haben deshalb gewisse traditionelle Züge bewahrt

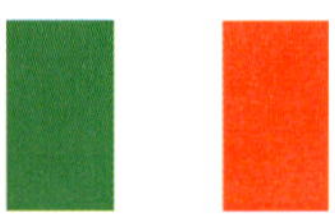

Spanien und Italien

Diese beiden mediterranen Länder haben zwei entscheidende Gemeinsamkeiten: Sie sind katholische Länder ohne Reformation, die im Wettlauf der Modernisierung relativ spät ans Ziel gekommen sind, obwohl sie am Beginn der Neuzeit als erste gestartet waren. Sie haben sich deshalb gewisse traditionelle Züge bewahrt. Das läßt sich an Spanien vielleicht deutlicher zeigen.

In Spanien muß man verschiedene Landesteile streng auseinanderhalten: die Region zwischen Pyrenäen und nördlicher Mittelmeerküste mit der Hauptstadt Barcelona heißt Katalonien. Es hat eine eigene Identität und eine eigene Sprache. Hier hat sich seit dem Übergang zur Demokratie eine starke Autonomiebewegung ausgebreitet, die dem Katalanischen als eigenständiger Verkehrssprache zur Anerkennung verholfen hat. Katalonien ist wesentlich industrialisierter als der Rest Spaniens. Entsprechend hat man sich der Tradition der europäischen Aufklärung stärker verpflichtet gefühlt, war im Bürgerkrieg republikanisch und fühlte sich näher an Europa, wobei man auch die europäische Kunstentwicklung stärker mitgemacht hat. Vor allem ist Barcelona eine Metropole des europäischen Jugendstils.

Daneben gibt es noch Galicien im Nordwesten nördlich von Portugal als eigene Sprachregion, wo man das Gallego spricht; und im Norden, an der Grenze zu Frankreich, in Viscaya und Guipuzcoa, gibt es ein Volk, das durch seine charakteristische Mütze und die Terrororganisation ETA bekannt geworden ist und eine Sprache spricht, die mit keiner indogermanischen Sprache verwandt ist: die Basken.

Das Herzland Spaniens aber ist Kastilien, das Land der Kastelle. Von hier ist die Rückeroberung des Landes von den Muslimen ausgegangen, und seine Kultur und Sprache haben Spanien geprägt. Dabei gilt im großen und ganzen: In Spanien hat sich nie ein starkes Bürgertum entwickelt, und seine Juden hat Spanien vertrieben. Statt dessen wurde die Verhaltenskultur stärker als anderswo vom Adel geprägt. Der Adel aber demonstrierte die Überlegenheit seines Lebensstils, indem er seine Distanz zur wirtschaftlichen Tätigkeit, zur Arbeit und zur Plackerei ums tägliche Brot betonte. Dem diente die Image-Politik durch demonstrativen Müßiggang, Festkultur, Geselligkeit und Liebhabereien. Damit wurde dokumentiert, daß man souverän und frei ist und sein Verhalten nicht dem Diktat der materiellen Daseinssicherung und der täglichen Mühsal unterwerfen muß.

Diese Haltung findet ihren Niederschlag in dem, was man Ehre nennt. Ehre ist eine aristokratisch eingefärbte Kodifizierung männlicher Prächtigkeit. Dazu gehört heitere Souveränität, Großzügigkeit, Gastlichkeit, Kühnheit und Virilität (Männlichkeit). Ein Ruf als Pantoffelheld, das Gerücht der Impotenz und der Verdacht, von seiner Frau Hörner aufgesetzt zu bekommen, wäre mit der Ehre ebensowenig vereinbar wie die Scheu, denjenigen in die Schranken zu fordern, der entsprechende Nachrichten über einen verbreitet.

Deshalb kann man sowohl in Spanien als auch in Italien fast täglich ein für Nordeuropäer faszinierendes Schauspiel beobachten: Zu einer bestimmten Zeit am Spätnachmittag, auf jeden Fall nach der Siesta, versammeln sich auf der Piazza oder der Plaza mayor jeder Stadt die jüngeren Männer in Begleitung ihrer Frauen und junge Familien mit Kindern zum Auf- und Ab-

Die Ramblas in Barcelona: nach der Siesta versammeln sich die Jungen zum Auf- und Abgehen, zum Paseo, um sich zu zeigen.

Wenn man Spanien verstehen will, muß man aristokratisch-männliche Selbststilisierung berücksichtigen.

gehen, also zum Paseo, zur Passegiata, um sich zu zeigen. Sie ziehen dabei ihren Sonntagsstaat an, und so widerlegen die Männer mit ihrer Heiterkeit und Sorglosigkeit sowie der eleganten Kleidung alle Gerüchte, die hinsichtlich ihres Bankrotts, ihres Unglücks und ihres Familienkrachs in Umlauf sind. Sie demonstrieren, daß ihre Ehre unbefleckt und intakt ist.

Man hat deshalb die mediterranen katholischen Länder wie Italien und Spanien als sogenannte »Schamgesellschaften« von den nordeuropäisch-protestantischen »Schuldgesellschaften« unterschieden. In den Schamgesellschaften ist das Konzept der Ehre noch lebendig. Das setzt eine stärkere Verhaftung in traditionellen Geschlechterrollen voraus, denn Ehre ist mit dem Image der Virilität gekoppelt. Die Imagepolitik züchtet ein stärkeres Stilgefühl, was die Tatsache erklärt, daß man spanische oder italienische Männer nie in unkleidsamen Shorts oder Sandalen oder sonstigen Schrecklichkeiten herumlaufen sieht, sondern immer nur in eleganten Anzügen.

Diese aristokratisch-männliche Selbststilisierung muß man berücksichtigen, wenn man die beiden großen katholischen Länder verstehen will. Das erklärt auch die Großzügigkeit besonders der Männer im Umgang mit der Zeit, die weite Auslegung hinsichtlich des Zeitpunkts einer Verabredung oder der Fertigstellung einer Arbeit: Man bringt damit zum Ausdruck, daß man sich durch die Arbeit oder die Geschäfte nicht in seiner Freiheit einschränken läßt; man macht sich nicht zum Sklaven von Arbeitsprogrammen, im Gegenteil: man zeigt durch ständige Improvisation und Anpassung der Programme an neue Umstände, daß man Herr über die Arbeit zu bleiben wünscht. Eine Sache konnte heute nicht erledigt werden, na und, dann wird sie vielleicht morgen fertig, mañana, die Zukunft ist offen. Wofür soll die Zukunft da sein, wenn man in sie nicht alles abschieben könnte, was einen daran hindert, die Gegenwart zu genießen? Real ist nur die Gegenwart, und die Zukunft ist die Abstellkammer, in die alles hineingeräumt wird, was gerade hinderlich ist. »Sie wollen Ihr Auto abholen? Aber ich habe gestern meinen Freund Miguel getroffen und mußte ihm meine Finca zeigen. Mañana, morgen ist das Auto bestimmt fertig.«

In Italien ist die aristokratische Souveränität gegenüber der Zeit vielleicht nicht so allgemein und in so extremer Form verbreitet wie in Spanien. Aber das Konzept der Ehre als Form männlicher Prächtigkeit gibt es auch hier.

Das alles führt zu **Regel 5**:

Deutsche sollten nicht den Fehler machen, die spanische oder auch italienische Großzügigkeit im Umgang mit der Zeit als eine Art Defizit, als einen noch nicht erreichten Zustand der Zuverlässigkeit anzusehen. Das hieße, mediterrane Einstellungen an unserem Tugendsystem zu messen. Unpünktlichkeit ist keine Unfähigkeit, mit der Zeit umzugehen, sondern eine Demonstration der Freiheit, der Weigerung, das eigene Leben zu planen und es aller Spontaneität zu berauben. Der höchste Wert ist nicht die sklavische Befolgung eines Stunden- und Wochenplans, sondern die Demonstration der Souveränität, die allein zu einem Leben in Grandezza und einem würdigen Stil paßt.

Im Umgang mit Spaniern und Italienern sollte man deshalb alles Verkniffene und Verbissene vermeiden, denn das wäre ein Zeichen, daß man nicht frei ist. Da Ehre mit einer gewissen »Haltung« zu tun hat, vermehrt man auch nicht

In Italien darf man sich aufregen, wenn man seiner Empörung eine schöne und eindrucksvolle Form verleiht, die die Anwesenden unterhält oder erschüttert – Filmszene aus *Don Camillo und Peppone*.

sein Ansehen, wenn man aus der Fasson gerät. Hier gelten in Spanien striktere Maßstäbe als in Italien: In Italien darf man sich aufregen, wenn man seiner Empörung eine schöne und eindrucksvolle theatralische Form verleiht, die die Anwesenden unterhält oder erschüttert. Aber verkniffene, halbherzig artikulierte Gemütsstauungen, die sich nicht entscheiden können, ob sie nach innen oder nach außen explodieren sollen, sind äußerst unpopulär.
In Italien gelten für das Verhalten die Normen einer entweder würdigen oder emotionalen Theatralik, die sich in etwa am Stil der italienischen Oper orientiert. In Spanien, das aristokratischer ist, gelten dagegen die strengeren Maßstäbe einer beherrschten Grandezza, wie sie in der gefesselten Kraft des Flamenco oder den Bewegungen des Torero beim Stierkampf zum Ausdruck kommt. In jedem Fall wird aber das Verhalten von einem entwickelten Formbewußtsein gesteuert, das mit dazu beiträgt, diese Länder für die Touristen so attraktiv zu machen. Will man einen Weg zum Herzen der Bewohner finden, dann sollte man ihnen das Gefühl vermitteln, daß man ihre Eleganz, ihre Grandezza und ihre Großzügigkeit bewundert; daß man von ihren Darstellungskünsten hingerissen ist und daß man sich vor der Vollkommenheit ihres Forminstinkts und der Souveränität ihres Auftretens verbeugt.
Drei weitere Länder Europas gehören zu einer Sonderkategorie: Sie sind – jedes auf seine Weise – gewissermaßen ein Kompromiß zwischen Deutschland und Ausland. Das sind Österreich, die Schweiz und – mit einer gewissen Abstufung – Holland. Sie haben deshalb bestimmte Abgrenzungsprobleme gegenüber Deutschland. Dabei verhalten sie sich wie erfolgreiche Männer, die ihren guten Ruf durch einen Frauenmörder in der Familie gefährdet sehen und deshalb manchmal zu sehr betonen, daß sie mit ihm nicht verwandt sind.

Österreich

Die Österreicher haben ein handfestes Identitätsproblem, das fast so groß ist wie unser eigenes: denn sie sind praktisch Deutsche. Es fehlt wirklich nicht viel. Sie sind es immer gewesen – jedenfalls bis 1870 –, dann wollten sie es 1918 selber werden, haben es 1938 mit Hilfe ihres Landsmanns Adolf Hitler tatsächlich geschafft, und erst 1945 entdeckten sie, daß sie Österreicher waren und mit den Deutschen kaum je etwas zu tun gehabt hatten.

Solch ein Bewußtsein krankt naturgemäß an Brüchen und Widersprüchen: Schließlich muß man damit leugnen, daß die Habsburger so lange deutsche (genauer gesagt: römische) Kaiser waren, daß die Hauptstadt des Heiligen Römischen Reiches Deutscher Nation Wien war – wenn man überhaupt von Hauptstadt reden kann – und daß bis zum Ende des Zweiten Weltkriegs niemand auf den Gedanken gekommen wäre, in den Österreichern etwas anderes zu sehen als eine besondere Art von Deutschen. Darin unterschieden sie sich aber nicht von anderen Deutschen, weil aufgrund der langen politischen Zersplitterung des Reiches alle eine besondere Art von Deutschen geworden waren – die Bayern, die Preußen, die Rheinländer, die Schwaben, die Hanseaten etc.

Von allen deutschen Ländern war Österreich das einzige, das so etwas ausgebildet hatte wie eine »gute Gesellschaft« mit aristokratisch eingefärbten Manieren.

Nach 1945 erst kam die Scheidung. Österreich wollte für die Schandtaten nicht in Haftung genommen werden und büßen. Deshalb stilisierte man sich als erstes Opfer der Deutschen, das 1938 – im sogenannten »Anschluß« – von einem brutalen Gegner besetzt und vergewaltigt worden war. Diese Selbststilisierung ist zwar historisch falsch – in Wirklichkeit wurde die Besetzung bejubelt, und die antisemitischen Ausschreitungen waren sowohl besonders kraß als auch populär –, aber sie ist verständlich und bedeutet im Grunde, daß man sich geniert.

Aus diesem Grunde hat in Österreich eine »Vergangenheitsbewältigung« im deutschen Sinne nicht stattgefunden. Damit hat es auch die »antiautoritäre Bewegung« nicht gegeben.

Nun war Österreich von allen deutschen Ländern das einzige, das mit seinem imperialen Hof und seiner Hauptstadt Wien so etwas ausgebildet hatte wie eine »gute Gesellschaft« mit aristokratisch eingefärbten Manieren. Zugleich hat Österreich im Gegensatz zum Rest Deutschlands die nationale Bewegung während der Befreiungskriege gegen Napoleon nicht mitgemacht und wurde deshalb, in seinem Selbstverständnis, auch nicht so antifranzösisch. Und in den 1970er Jahren hat es auch die »antiauto-

ritäre« Bewegung nicht mitgemacht, die auf den Nationalsozialismus mit einer Kulturrevolution reagierte.

Das Ergebnis ist, daß in Österreich die Manieren zivilisierter geblieben sind: Man ist wesentlich liebenswürdiger als bei uns, zugleich hat man sich einige Obsessionen und neurotische Fixierungen erspart – und das mit einer Anpassung der historischen Erinnerung an die gegenwärtigen Bedürfnisse bezahlt. Kurzum, man ist der Theorie des großen Landsmanns Freud gefolgt und hat kräftig verdrängt, mit sehr ermutigenden Ergebnissen. Allerdings konnte man es sich auch leisten: Wenn man wissen wollte, was man verdrängte, brauchte man nur über die Grenze nach Norden zu schauen, um zu sehen, wie der große Bruder von seinen Alpträumen in den Wahnsinn getrieben wurde.

Für den Umgang mit Verwandten kann man nur eine Empfehlung geben: Wenn man sich mit ihnen streiten will, soll man sie als Verwandte behandeln; wenn man gut mit ihnen auskommen möchte, sollte man sie gemäß den Höflichkeitsregeln behandeln, die unter zivilisierten Fremden gelten.

Nur eins sollte man nicht tun: die Österreicher als eine Art komischer Vorstufe zum vollentwickelten Deutschen behandeln, so als ob sie es bei der Evolution zum Vollzeitdeutschen nicht ganz geschafft und auf einer Ötztaler Entwicklungsstufe stehengeblieben wären. Trotz ihres Dialekts sehen sich die wenigsten Österreicher als professionelle Komiker, und sie empfinden es als Herablassung, wenn man sie in diesem Licht wahrnimmt.

Die Österreicher haben ein handfestes Identitätsproblem, das fast so groß ist wie unser eigenes: denn sie sind praktisch Deutsche.

Schweiz

Im Unterschied zu den Österreichern finden die Schweizer in ihrer Geschichte genügend Gründe, stolz auf ihre Sonderentwicklung zu sein. Sie waren kämpferisch in der Verteidigung ihrer Freiheiten, galten eine Zeitlang als unbesiegbar und entwickelten ein eigenständiges multikulturelles Gemeinwesen mit demokratischen Institutionen. Zugleich verband dieses originelle Gebilde einen bodenständigen Regionalismus (genannt Kantönligeist) mit einem bemerkenswert internationalen Flair, der sich aus drei Quellen speiste: der Dreisprachigkeit der Schweiz (Deutsch, Französisch, Italienisch mit etwas Rätoromanisch); dem Hotelgewerbe für kosmopolitische Gäste; und den vielen internationalen Einrichtungen wie der Weltbank, dem Völkerbund, dem Roten Kreuz (eine Schweizer Erfindung) etc.

Zudem ist es der Schweiz in der jüngsten Geschichte geglückt, sich aus dem Gemetzel und der Selbstzerstörung Europas herauszuhalten; sie hat sich damit die Traumata, Obsessionen und Neurosen der Deutschen erspart. Zwar macht sie im Augenblick eine kleine Identitätskrise durch, weil die Hilfestellung der Schweizer Banken für die Geldwäsche ruchbar geworden ist, mit der die Nazis die enteigneten jüdischen Vermögen versilbert hatten; aber das dürfte nur ein vorübergehendes leichtes Fieber sein und fällt nur auf, weil die Schweiz in dieser Hinsicht nichts gewöhnt ist.

Im Gegensatz zu Österreich mit seinem aristokratischen Hintergrund ist die Schweiz ein sehr bürgerliches Land. Zwar ist sie konfessionell gemischt – die Urkantone Uri, Schwyz und Unterwalden sind katholisch –, aber die Kultur der Schweiz ist dadurch eingefärbt worden, daß die großen Städte zu Hochburgen des europäischen Protestantismus in seinen radikaleren Spielarten wurden. Zürich wurde zwinglianisch, Basel zur Hochburg der Reformation, und Genf wurde die Welthauptstadt des Calvinismus. Dies hat die Schweiz mit jener Mischung aus Protestantismus, Bürgerlichkeit und basisdemokratischer Politiktradition ausgestattet, die einen Eindruck davon vermittelt, wie Deutschland geworden wäre, hätte es von Anfang an den demokratischen Weg der Modernisierung eingeschlagen. Das hat zu einem Paradox geführt: Anders als in Deutschland gibt es in der Schweiz keinen demokratischen Beweisnotstand: man muß seine demokratische Korrektheit nicht mehr nachweisen. Also ist man in vielem längst nicht so demonstrativ demokratisch: Der Datenschutz ist viel weniger abgesichert, die Regierungsaktivitäten bleiben häufig undurchsichtig, zumal niemand die Bundesräte (die Regierungsmitglieder) kennt und die Geheimdienste treiben Geheimes. Das ist aber – abgesehen von der Unsichtbarkeit der Regierung – in Großbritannien und den USA nicht anders; es ist das Symptom einer alten und selbstsicheren Demokratie.

Die Schweizer finden in ihrer Geschichte genügend Gründe, stolz auf ihre Sonderentwicklung zu sein.

Da den Schweizern die Horrorerfahrungen der Moderne erspart geblieben sind, verwechseln wir leicht ihre ungebrochene bürgerliche Selbstsicherheit mit dem Kostüm des Altfränkischen. Das ist eine optische Täuschung, die durch etwas befördert wird, was kaum der bewußten Steuerung zugänglich ist: der Wirkung des Schweizer Dialekts oder des Schwyzerdütsch, das entweder ungebremst als eine fast unverständliche Sondersprache oder gebremst als deutlich hörbarer Akzent auftritt.

Das Schwyzerdütsch ist ein alemannischer Dialekt wie das Badische oder das Elsässische. Es ist sprachlich dem Hochdeutschen näher als etwa das Platt (→ Geschichte), und die mittelhochdeutsche Dichtung des Walther von der Vogelweide hört sich auf schwyzerdütsch plausibler an als in modernem Hochdeutsch. Schwyzerdütsch hat viele lokale Varianten, und so unterscheidet sich das Züridütsch erheblich vom Bärndütsch. Dabei handelt es sich nur um gesprochene Sprachen. Geschrieben wird ein Hoch- bzw. Schriftdeutsch. Es macht sich aber seit einiger Zeit eine Tendenz zur Vereinheitlichung bemerkbar, seitdem im Fernsehen zunehmend Schwyzerdütsch gesprochen wird. Das hat dazu geführt, daß auch in der öffentlichen gepflegten Kommunikation – Vorlesungen, Reden, Parlamentsdebatten – das Hochdeutsche zugunsten des Schwyzerdütsch zurückweicht. So macht sich in dieser Entwicklung eine zunehmende Distanz gegenüber Deutschland bemerkbar.

Was die Schweizer auf dem Hintergrund ihrer eigenen Geschichte bei den Deutschen am wenigsten begreifen, ist, daß sie mit der antiautoritären Kulturrevolution alle bürgerlichen Tugenden so restlos über Bord geworfen ha-

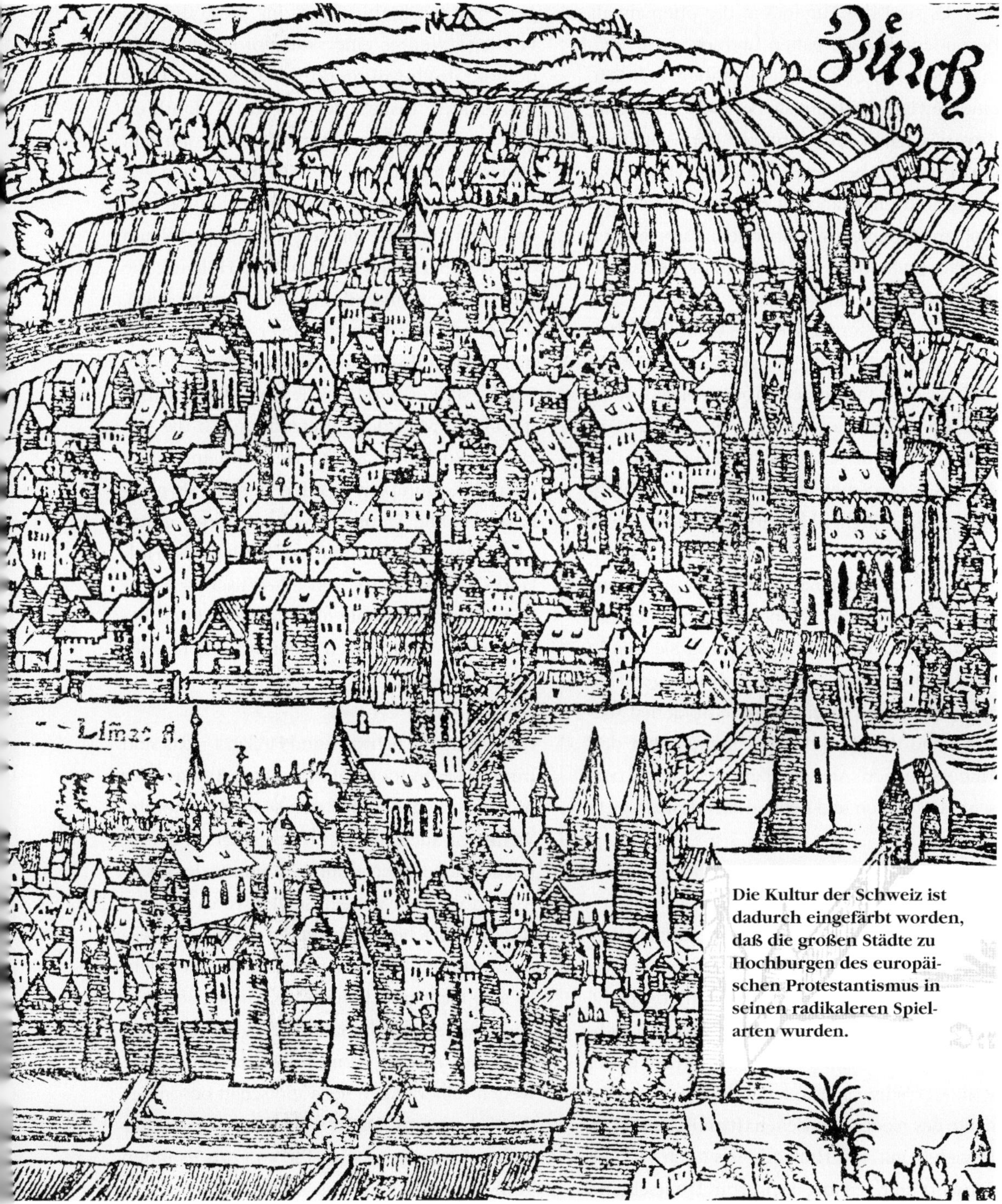

Die Kultur der Schweiz ist dadurch eingefärbt worden, daß die großen Städte zu Hochburgen des europäischen Protestantismus in seinen radikaleren Spielarten wurden.

ben. Es sind die Tugenden, die ehemals als besonders deutsch galten und jetzt nur noch in der Schweiz eine Heimstatt haben: Solidität, eine gewisse Ordnungsliebe und Pedanterie, Zuverlässigkeit im Ausführen von Aufgaben und Präzision bei der Produktion von Apparaten, und ein Standard der Sauberkeit und Wohlanständigkeit weit über dem europäischen Durchschnitt sowie ein fest verankerter Glaube an Normen und Regeln.

Die Schweizer sind die besseren Deutschen und nennen sich deshalb nicht mehr so

Gerade weil die Verwandtschaft groß ist, die geschichtlichen Erfahrungen aber völlig unterschiedlich sind, ist die Verständigung zwischen Deutschen und Schweizern ein Minenfeld möglicher Mißverständnisse.

Nur in einem haben die Schweizer einen Hang zu Minderwertigkeitsgefühlen: Sie glauben, wir sprächen das bessere Hochdeutsch. Dabei sind sie uns in Wirklichkeit sprachlich weit überlegen: Sie sprechen gleich zwei deutsche Sprachen fließend und verfügen darüber hinaus über drei Muttersprachen. Alles in allem sind sie die besseren Deutschen und nennen sich deshalb nicht mehr so.

Holland

Sind Österreich und die Schweiz jüngere Geschwister, ist Holland ein Vetter ersten Grades: Hätte sich Niederdeutsch als Gemeinsprache in Deutschland durchgesetzt und nicht Hochdeutsch, wäre Holland sprachlich heute in der Rolle der Schweiz. Niederländisch ist eine Variante des niederrheinischen (fränkischen) Platt. In vielem gilt von Holland, was auch von der Schweiz gilt: Es hat sich von Deutschland getrennt (endgültig 1648 im Westfälischen Frieden), weil es eine radikalprotestantische, demokratische Bürgerkultur in seinen Handelsständen ausgebildet hat. Im 17. Jahrhundert war Holland eine europäische Großmacht und kann für sich die Ehre beanspruchen, ein Zentrum der Kultur, der Buchproduktion und der Toleranz gewesen zu sein. Die Verfolgten und Ketzer Europas flohen nach Holland, die Juden lebten nirgends so gut wie in Holland, und es gab kaum ein kontroverseres Buch, das hier nicht gedruckt werden konnte.

Um so stärker wirkt das Trauma der Kollaboration während der Besetzung durch die Nazis. Im Rückblick haben viele Holländer das Gefühl, korrumpiert worden zu sein. Sie glauben, daß die Deutschen ihnen ihren guten Charakter gestohlen haben. Deshalb ist Holland das Land unter den europäischen Nachbarn, dessen Gefühle am stärksten durch die deutschen Schandtaten während des Krieges eingefärbt sind.

Österreich, die Schweiz und Holland – das sind Länder, deren Identität zum guten Teil auf der Abgrenzung gegenüber den Deutschen beruht. Wenn wir auch nicht in jeder Situation darauf Rücksicht nehmen – durch Kenntnis der historischen Voraussetzungen sollten wir es uns verständlich machen. Wir werden dann selbst weniger empfindlich. Im Verhältnis zu ihnen geht es also nicht nur darum, wie wir sie, sondern auch, wie sie uns behandeln: als Repräsentanten eines Landes, von dem man sich gerade wegen seiner engen Verwandtschaft besonders deutlich absetzt. Dafür sollten wir Verständnis haben – würden doch viele von uns es ihnen gerne nachmachen.

Und das führt uns zu einem Paradox, das unser Verhalten bestimmen muß: Gerade weil sie es tun, würden es unsre Verwandten nicht schätzen, wenn wir uns von selbst distanzieren. Denn dann würden sie sich nicht mehr von uns unterscheiden. Deshalb sind die Zerknirschungsorgien gar nicht populär. Die Österreicher halten sie für peinlich, die Schweizer für unwürdig und die Holländer für verlogen und infam, nur veranstaltet, um sie zu ärgern. Umgekehrt ist es aber auch nicht erlaubt, in alte Töne zurückzufallen: Das würde sofort lauthals angeprangert, wenn auch heimlich willkommen geheißen, weil man sich dann besser an dem Kontrast profilieren kann. Diesen Widerspruch kann man nicht lösen, sondern muß ihn aushalten, ohne durchzudrehen. Nicht wegen des Beifalls der anderen sind wir rechtsstaatlich und demokratisch, sondern aus eigener Überzeugung. Nur wenn wir so denken, erhalten wir auch den Beifall der anderen.

Holländische Offiziere: im 17. Jahrhundert war ihr Land eine europäische Großmacht und kann für sich die Ehre beanspruchen, ein Zentrum der Kultur und der Toleranz gewesen zu sein.

Intelligenz, Begabung und Kreativität

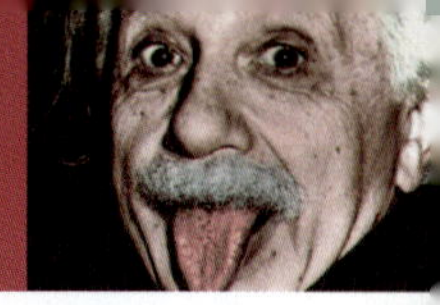

Wie funktioniert unser Geist? Die Neurobiologie (Hirnforschung), die Intelligenzforschung und die sogenannten Kognitionswissenschaften gehören zu den erfolgreicheren Wissenschaften der letzten Zeit, und so hat sich langsam ein realistisches Bild davon ergeben, wie unsere Intelligenz funktioniert.

Der Hauptgedanke dabei ist, daß unser Hirn ein geschlossenes System ist. So wenig ein Ameisenhaufen einfach nur die Summe der einzelnen Ameisen ist oder ein Text die Summe der in ihm enthaltenen Wörter, so wenig kann man die Eigenschaft des Hirns mit den Eigenschaften seiner Komponenten erklären.

In ähnlicher Weise hat der Hirnforscher Marvin Minsky in seinem Buch *Mentopolis* das Hirn mit einer Behörde verglichen, in der es die verschiedensten Abteilungen, Leitungen, Strukturen und Dienstwege gibt. Die Abteilungen selbst sind – wie wir ja auch von der Bürokratie wissen – völlig geistlos. Erst ihre Kooperation führt zur »Emergenz« des Bewußtseins. Das funktioniert in *Mentopolis* etwa folgendermaßen: Ein Mensch hört den Satz: »Bitte nehmen Sie doch etwas Pudding«. Damit wird ein »Pudding-Polymer« aktiviert, das ist eine Art Agentur zur Benachrichtigung anderer Abteilungen. Diese weckt die verschiedenen Abteilungen für Größe, Form und Farbe aus ihrem Beamtenschlaf. Die Formabteilung signalisiert dann auf die Anfrage das Ergebnis »gallertartig diffus« zurück, die Größenabteilung sendet »tellerflächengroß« und die Farbabteilung »waldmeistergrün«. Damit ist die Vorstellung von Götterspeise perfekt. Nun aktiviert die Aufforderung »nehmen Sie« eine komplizierte Organisation der verschiedensten Agenturen mit der Hauptabteilung »Erkennen«. Diese nimmt nicht etwa die äußeren Eindrücke auf, sondern verarbeitet auch die Zustände anderer Abteilungen. Inzwischen existiert ja schon die Vorstellung »Götterspeise«, und »Erkennen« sucht nun nach einem Objekt, das dieser Vorstellung entspricht. Findet es das Objekt, produziert es einen »Bild-Rahmen«, in dem der Ort des Puddings eingetragen wird, bevor die Hauptabteilung »Greifen« die Kontrolle übernimmt und unter Ausnutzung des Bildrahmens und der von der Pudding-Abteilung gelieferten Information die nötigen Muskeln aktiviert.

Wir gehen, ohne zu denken, und denken, ohne zu denken

Das Beispiel beschreibt nur das Zusammenspiel der obersten Verwaltungsebenen und läßt – wie immer – die Arbeit aller untergeordneten Referenten, Sachbearbeiter und Sekretärinnen außer acht, obwohl natürlich ohne deren Arbeit nichts funktionieren würde. Nur: Sie sind für sich genommen ganz und gar geistlos; bei ihnen handelt es sich lediglich um genetisch programmierte Unterspezialisten der unteren Ebene, aus denen sich dann die komplexeren Verwaltungssysteme aufbauen. Erst ihr Zusammenwirken ergibt Geist. Paradoxerweise legt gerade diese Arbeitsteilung den Gedanken an die Ganzheitlichkeit des Geistes nahe, denn funktionieren kann das Ganze nur, wenn auf der obersten Verwaltungsebene kommuniziert werden kann. In der Gesellschaft von *Mentopolis* wird das durch Sprache, Emotion und Bewußtsein bewerkstelligt. Das heißt zugleich, daß auf den unteren Ebenen alles schweigend geschieht: Wir gehen, ohne zu denken, und denken, ohne zu denken. Die obersten Abteilungen kommunizieren also, indem sie Gedanken in sprachliche Form bringen – und ihnen damit einen Teil ihres Reichtums nehmen. Bewußtsein ist dann die sprachliche Rekonstruktion der Kontrolle untergeordneter Agenturen. Gefühle wiederum sorgen für das Weiterfunktionieren der Bürokratie auch dann, wenn es zu Konflikten zwischen den Abteilungen kommen sollte. Die siegreichen Agenturen machen sie sich zunutze, um sich gegen ihre Konkurrenten durchzusetzen. Und das »Selbst« ist nicht etwa ein übergeordneter göttlicher Kontrolleur, sondern lediglich die Stabilisierungsabteilung von *Mentopolis*, die verhindert, daß die Bürokratie ihre Struktur zu schnell ändert. Ohne sie wäre der Geist nicht in der Lage, Ziele gegen Widerstände und unangenehme Erfahrungen durchzuhalten.

Die Pointe dieses Modells ist: Das Hirn ist nur zum geringsten Teil mit der direkten Wahrnehmung der Außenreize beschäftigt. Den größten Teil seiner Aktivitäten widmet es der Wahrnehmung seiner selbst. Eben darin gleicht es einer Behörde, die am meisten mit der Weiterverarbeitung der von ihr selbst produzierten Daten, Akten, Umläufe und Informationsmappen beschäftigt ist. In derselben Weise nimmt das Hirn die Außenreize nur als Irritationen wahr, die erst durch die interne Weiterverarbeitung ein identifizierbares Profil gewinnen. Nur 2 % der Hirnkapazität wird auf die direkte Außenwahrnehmung verwandt, 98 % dienen der internen Verarbeitung.

Hirnforschung: im Zusammenwirken mit Intelligenzforschung und den sogenannten Kognitionswissenschaften hat sie langsam ein realistisches Bild davon geschaffen, wie unsere Intelligenz funktioniert.

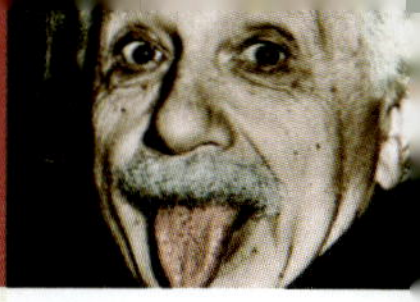

Wolfgang Amadeus Mozart – Forscher haben festgestellt, daß die von ihnen untersuchten Wunderkinder alle über ein außerordentlich entwickeltes Gedächtnis verfügten.

Intelligenz und Intelligenzquotient

Die Tatsache, daß das Hirn den überwiegenden Teil seiner Tätigkeit der Selbstbeobachtung widmet, legt die Annahme nahe, daß Intelligenz etwas mit einem guten Gedächtnis zu tun hat. Nur wer über eine außergewöhnliche Speicherkapazität verfügt, kann seinem Hirn etwas zur internen Verarbeitung bieten. Tatsächlich haben eine Menge Forscher festgestellt, daß die von ihnen untersuchten Wunderkinder alle über ein außerordentlich entwickeltes Gedächtnis verfügten: Das galt für Schachspieler, Mathematiker, Komponisten und Violinvirtuosen gleichermaßen.

Naturgemäß hat die Beschäftigung mit außerordentlichen Begabungen zu wilden Kontroversen geführt. Eine der ersten wurde durch die Forschungen des italienischen Arztes und Kriminologen Cesare Lombroso (1836–1909) ausgelöst, der in seinem Buch *Genie und Irrsinn* (1864) die These vom Zusammenhang zwischen Genie und Wahnsinn aufstellte. Ihr traten im nüchternen Amerika diejenigen entgegen, die sich daran machten, erst einmal die Faktoren zu ermitteln, aus denen sich Intelligenz zusammensetzt, um sie dann zu messen. Das Ergebnis war der IQ, der sogenannte Intelligenzquotient. Er geht aus von einem Durchschnittswert von 100; darunter wohnt die schlichtere, darüber die intelligentere Hälfte der Gesellschaft. Die Verteilungskurve ist genau symmetrisch. Deshalb spricht man auch von einer »Glockenkurve«, und ein äußerst umstrittenes Buch über die Erblichkeit von Begabungen von Herrnstein und Murray trägt den Titel *The Bell Curve.*

Der Intelligenzquotient wird dadurch ermittelt, daß die Testperson verschiedene Typen von Aufgaben zu erfüllen hat: Begriffe ordnen, mathematische Zahlenreihen vervollständigen, geometrische Figuren zusammensetzen, Listen von Wörtern auswendig lernen, Körper in der Vorstellung umdrehen etc. Der Standardtest ist der nach Binet-Simon. Wer einen Wert von 130 erzielt, gilt danach schon als außerordentlich begabt, und mit 140 steht man auf der Schwelle zum Genie. Um das zu entdramatisieren und von dem Genie-Wahnsinn-Komplex wegzukommen, spricht man heute lieber von Hochbegabung.

Die Vorstellung von der Nähe zwischen Hochbegabung und Wahnsinn ist schon in den 1920er Jahren empirisch widerlegt worden. Der amerikanische Begabungsforscher Terman hat die

Das doppelte Lottchen: **besonders wilde Leidenschaften erregte die Entdeckung, daß der IQ zu einem gehörigen Teil angeboren ist. An getrennt aufgewachsenen eineiigen Zwillingen hatte man beobachtet, daß sie als Erwachsene den gleichen IQ haben.**

erste Langzeituntersuchung über Hochbegabte mit einem IQ von über 140 durchgeführt. Dabei erwiesen sich die meisten Hochbegabten als überdurchschnittlich lebenstüchtig, psychisch stabil und sogar als körperlich gesünder als der Durchschnitt. Dadurch wurde gewissermaßen das Genie normalisiert und von seiner elitären Aura befreit.

Gleichwohl ist auch der IQ nicht unumstritten. Besonders wilde Leidenschaften erregte die Entdeckung, daß der IQ zu einem gehörigen Teil angeboren ist. Das verpaßte allen pädagogischen Utopien einen gehörigen Dämpfer. Denn nur wenn man annimmt, daß die Intelligenz ganz überwiegend von den Einflüssen der sozialen Umwelt abhängt, kann man hoffen, den Menschen durch Erziehung zu höherer Einsicht zu führen. Zugleich hält diese Erklärung aber auch eine tröstliche Entlastung für alle Zukurzgekommenen bereit: Nicht ihre mangelnde Begabung, sondern eine feindliche Umwelt ist schuld daran, daß sie im Wettrennen der Talente zurückgefallen sind.

Als deshalb Ende der 1960er Jahre – also mitten während der Studentenrevolte – A. R. Jenssen und J. Eysenck Forschungen zur Intelligenzmessung vorlegten, nach denen der Beitrag der Vererbung zu den individuellen Unterschieden der Intelligenz auf 80 % beziffert wurde, kam es zu einer wilden Kampagne gegen sie in den Medien und den Universitäten, auf deren Höhepunkt Eysenck bei einem Vortrag in der London School of Economics tätlich angegriffen wurde.

Unter anderem hatte Eysenck auf die Forschungsergebnisse von Cyril Burt zurückgegriffen. Burt war ein Pionier der Intelligenzmessung und der Zwillingsforschung: An getrennt aufgewachsenen eineiigen Zwillingen (die also dasselbe Erbgut haben) hat er beobachtet, daß sie trotz völlig verschiedener Umgebungen und Milieus als Erwachsene den gleichen IQ haben. Der Widerwille gegen diese Ergebnisse war so groß, daß man Burt beschuldigte, seine Daten gefälscht zu haben, und auch nicht davon abließ, als das Gegenteil bewiesen war. Das alles wiederholte sich, als das erwähnte Buch *The Bell Curve* von Herrnstein und Murray erschien, oder als Volker Weiss, der die demographische Verteilung von Intelligenz untersuchte, aus der Anthropologischen Gesellschaft Deutschlands ausgeschlossen wurde.

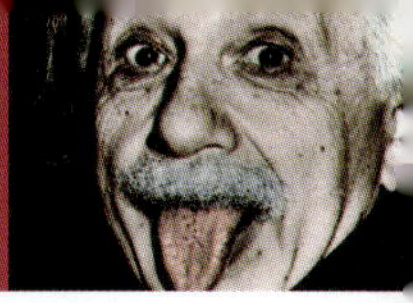

Damit erfüllte sich auf eine ironische Weise die Voraussage, die der britische Gesellschaftstheoretiker Michael Young in einem utopisch-satirischen Essay aus der Perspektive des Jahres 2033 gemacht hatte: Er hatte den Essay während der Debatte um die Einführung der Gesamtschule geschrieben, indem er die Entwicklung der Gesellschaft zur Meritokratie – zur Herrschaft der Begabtesten – schilderte. In seinem Szenario kämpften zunächst die Sozialisten für die freie Entfaltung der Talente, indem sie die Klassenschranken für die Begabten aus der Arbeiterklasse niederwalzten. Dann aber sahen sie mit Schrecken, daß die Intelligentesten die Unterklasse verließen und in die Ränge der Elite aufstiegen. Durch den endgültigen Sieg des Prinzips, die Karriere allein auf Ausbildung und Begabung zu gründen, teilte sich schließlich die Gesellschaft in die Unterklasse der Dummen und die Oberklasse der Begabten. Auf diesem Weg wechselten die Sozialisten die Seiten und griffen nun das Prinzip »freie Bahn dem Tüchtigsten« an. Als in der Oberklasse der Begabten dann die Idee aufkam, ihre privilegierte Position wieder durch Erblichkeit zu sichern, brach sich die kollektive Unzufriedenheit der Dummen in einer Revolte Bahn.

Teilt sich die Gesellschaft in die Unterklasse der Dummen und die Oberklasse der Begabten?

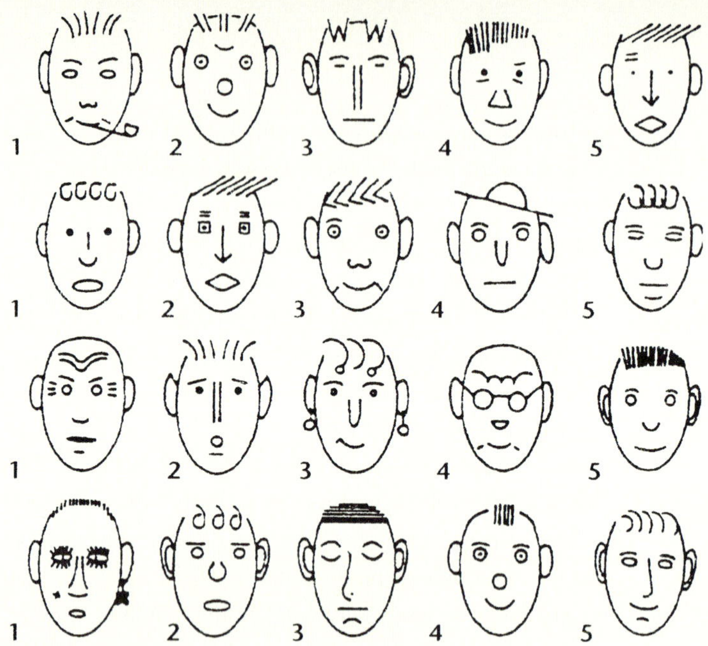

So kam es zu einer antimeritokratischen Umwälzung am Anfang des 21. Jahrhunderts, dem dann, wie der Herausgeber von Youngs Essay bedauernd mitteilt, der Autor selbst zum Opfer gefallen ist.

Diejenigen, die gegen die Erblichkeit des IQ protestierten, verhielten sich also genauso wie die Unbegabten in Michael Youngs Essay; sie fielen damit dem berühmten Mißverständnis des Prokrustes zum Opfer (The Procrustean fallacy). Sein Ursprung liegt in der Antike. Das athenische Volk hatte kaum die Demokratie eingeführt, da erteilte der Areopag dem Akademiemitglied Prokrustes den Forschungsauftrag, die Ungleichheit unter den Athenern mittels psycho- und physiometrischer Meßverfahren empirisch zu bestimmen. Prokrustes ging sofort ans Werk und konstruierte als Meßinstrument sein weltweit berühmtes Bett. Nachdem er damit alle Versuchspersonen so gestreckt oder beschnitten hatte, daß sie genau hineinpaßten, teilte er der Akademie der Wissenschaften von Athen mit: Alle Athener sind gleich groß. Dieses Ergebnis verblüffte den Areopag ebenso, wie es uns verdeutlicht: Prokrustes hatte das Wesen der Demokratie mißverstanden. Er glaubte, die Gleichheit vor dem Gesetz und die gleiche Ausstattung mit politischen Rechten leiteten sich aus der Gleichheit der Menschen selbst ab. Und weil er ein glühender Demokrat war, beseitigte er ihre Unterschiede.

Aber die Demokratie unterstellt nicht die Gleichheit der Menschen, sondern ignoriert ihre Ungleichheit. Sie leugnet nicht, daß es Unterschiede des Geschlechts, der Herkunft, der Hautfarbe, der Religion und der Begabung gibt, sondern sie macht gegen sie indifferent. Damit werden menschliche Natur und Gesellschaft entkoppelt. Die Gesellschaft ist nicht die Fortsetzung der menschlichen Natur, sondern nutzt ihre Variationen selektiv aus. Gerade weil die Politik von allen natürlichen Unterschieden absieht, kann man diese anderswo nutzen: So gründet sich die Familie auf den Unterschied zwischen Mann und Frau – und da ist es dann keine Diskriminierung, wenn Frauen als Ehepartner Männer bevorzugen. Und die Ausbildungssysteme nutzen die Unterschiede der Begabungen.

Die Demokratie unterstellt nicht die Gleichheit der Menschen, sondern ignoriert ihre Ungleichheit. Sie leugnet nicht, daß es Unterschiede des Geschlechts, der Herkunft, der Hautfarbe, der Religion und der Begabung gibt, sondern sie macht gegen sie indifferent.

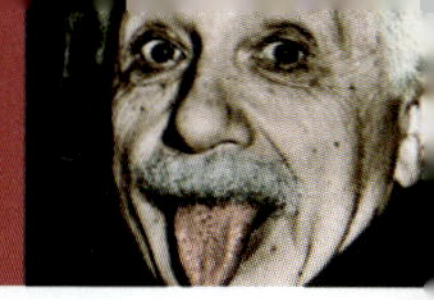

Multiple Intelligenz und Kreativität

Für Ressentiments gegenüber Hochbegabten besteht immer weniger Anlaß, denn inzwischen hat sich auch ein Wandel in der Begabungs- und Intelligenzforschung vollzogen. Der zentralistische IQ wurde zerlegt in verschiedene Intelligenzkomponenten, die als recht unabhängig voneinander gedacht werden. Howard Gardner, der die dazugehörige Forschung zusammenfaßt (*The Mind's New Science*, 1985), unterscheidet folgende separaten Intelligenzen: die personale Intelligenz (andere Menschen verstehen), die körperlich-kinästhetische Intelligenz (sich koordiniert bewegen), die sprachliche Intelligenz, die mathematisch-logische Intelligenz, die räumliche Intelligenz (virtuelle Bilder von Gegenständen bilden und sie im Geist manipulieren) und schließlich die musikalische Intelligenz. Die Isolierung (Vereinzelung, Unterscheidung) just dieser sechs Fundamentalintelligenzen ist das Ergebnis einer ungeheuren Menge von trickreichen Tests und komplizierten Forschungen. Dazu gehören: Untersuchungen von Hirnverletzungen, bei denen sich etwa herausstellte, daß die sprachliche Intelligenz weitgehend zerstört wurde, die musikalische Intelligenz aber völlig unbeeinflußt blieb; die experimentellen Befunde über Indifferenz (Unbeeinflußbarkeit, Fehlen einer Wechselwirkung) zwischen verschiedenen Fähigkeiten; der Nachweis über die Nähe zu separaten Symbolsystemen (Sprache, Bilder, Töne etc.) und die Unbestreitbarkeit atemberaubender Spezialbegabungen in einer dieser Intelligenzformen.

Ein Wunderkind gehörte selbst zu den Begründern der empirischen Intelligenzmessung: es ist Francis Galton, ein Vetter von Charles Darwin. Er wurde zum Erfinder der Daktylographie, also des Verfahrens, Verbrecher durch Fingerabdrücke zu identifizieren. Im Alter von zweieinhalb Jahren konnte Galton das Buch *Cobwebs to catch flies* lesen, mit sechs und sieben Jahren legte er eine systematische Insekten- und Mineraliensammlung an, mit acht besuchte er den Unterricht, der für 14- bis 15jährige vorgesehen war, und mit 15 erhielt er die Zulassung als Medizinstudent im General Hospital in Birmingham. Bezogen auf das Standardintelligenzalter für jede dieser Tätigkeiten hatte Galton einen IQ von nahezu 200.

Als L. M. Terman die Biographie von Galton las, regte er seine Mitarbeiterin Catherine Cox dazu an, den IQ berühmter Frauen und Männer der Geschichte auf der Basis aller verfügbaren Daten nachträglich zu messen. Sie wählte nach einem komplizierten Schlüssel 300 berühmte Männer und Frauen aus und ließ sie von drei unabhängigen Psychologen testen. Das ergab eine Weltrangliste mit 300 Biographien von Genies der Geschichte.

Hier ist die Rangliste der ersten zehn:

1. John Stuart Mill
2. Goethe
3. Leibniz
4. Grotius
5. Macaulay
6. Bentham
7. Pascal
8. Schelling
9. Haller
10. Coleridge

Über die Jugend des Spitzenreiters John Stuart Mill (1806–1873) wissen wir dank seiner Auto-

1. John Stuart Mill (1806–1873), Philosoph und Nationalökonom

2. Johann Wolfgang von Goethe (1749–1832), Dichter

3. Gottfried Wilhelm Leibniz (1646–1716), Philosoph und Mathematiker

4. Hugo Grotius (1583–1645), Jurist

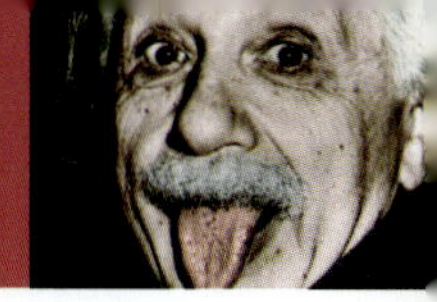

biographie genauestens Bescheid. Mit drei Jahren las er Äsops Fabeln im Original, danach die *Anabasis* von Xenophon, Herodot, Diogenes Laertius, Lukian und Isokrates. Mit sieben Jahren las er die ersten Dialoge von Platon und begann unter der Aufsicht seines Vaters mit dem Studium der Arithmetik. Zur Erholung las er die Übersetzung von Plutarch und Humes Geschichte Englands. Als er acht Jahre alt war, begann er damit, seinen jüngeren Geschwistern Latein beizubringen, und las auf diese Weise Vergil, Livius, Ovid, Terenz, Cicero, Horaz, Sallust und Atticus, während er gleichzeitig fortfuhr, die griechischen Klassiker Aristophanes, Thukydides, Demosthenes, Aischines, Lysias, Theokrit, Anakreon, Dionys, Polybius und Aristoteles zu studieren. Sein Hauptinteresse galt der Geschichte, wobei er in Form eines »nützlichen Amüsements« selbst eine Geschichte Hollands und eine römische Verfassungsgeschichte schrieb. Abgesehen von Shakespeare, Milton, Goldsmith und Gray war seine Lektüre nicht literarisch. Von den Zeitgenossen wurde nur Walter Scott registriert. Als größtes Vergnügen seiner Kindheit bezeichnet er die experimentelle Wissenschaft. Mit dem zwölften Lebensjahr begann er das Studium der Logik und der Philosophie. Im Alter von 13 Jahren durchlief er einen kompletten Kurs der politischen Ökonomie. Sein Vater war mit den Ökonomen Adam Smith und David befreundet, aber bevor John Stuart ihre Arbeiten lesen durfte, gab ihm sein Vater während des täglichen Spaziergangs jeweils eine Lektion, die er in klarer, präziser Form schriftlich wiedergeben mußte. Erst danach durfte er Ricardo und Smith selber lesen und mit Ricardo den angeblich oberflächlichen Smith widerlegen. Im Alter von 14 Jahren reiste er nach Montpellier und studierte dort Chemie, Zoologie, Mathematik, Logik und Metaphysik. Nach seiner Rückkehr wurde er ein Anhänger von Jeremy Bentham und gründete mit seinem Vater die radikale Zeitschrift *The Westminster Review*, durch deren Einfluß er zu einem der wichtigsten Intellektuellen Englands wurde. Seine überragende Intelligenz zeigt sich auch darin, daß er eins der ersten Bücher zur Frauenbewegung schrieb: *The Subjection of Women* (1869, Unterwerfung der Frauen).

Die meisten Forscher sind sich darin einig: Intelligenz ist nicht alles. Was hinzu kommen muß, ist Kreativität.

Kreativität

Zur Unterscheidung von Kreativität und Intelligenz differenziert man zwischen konvergentem und divergentem Denken. Konvergentes Denken bezieht sich auf neue Informationen, die an schon bekannte Wissensbestände anschließen; divergentes Denken bezieht sich auf neue Informationen, die weitgehend unabhängig von schon bekannten Informationen sind.

Intelligenz ist nicht alles. Was hinzu kommen muß, ist Kreativität

Entsprechend ist konvergentes Denken das, was im IQ-Test geprüft wird, divergentes Denken ist die Grundlage von Kreativität. Das eine verlangt eine richtige Antwort, im andern Fall werden viele mögliche Antworten verlangt, die Originalität und Flexibilität einschließen. Originalität allein genügt aber nicht. Zum divergenten Denken muß die kritische Fähigkeit hinzukommen, die unsinnigsten Einfälle gleich wieder auszufiltern. Häufig weiß man sofort, ob ein Einfall verwendbar ist oder nicht.

Kreativität: wie Gott eine Welt schafft, schafft der Künstler seine Welt. Beide sind Väter und Autoren ihrer Schöpfung.

Wie die Einfälle entwickelt werden können, hat Arthur Koestler in seinen Büchern *Insight and Outlook* und *The Act of Creation* beschrieben. Seine Theorie läßt sich am besten mit dem von ihm angeführten Beispiel erläutern: Der Tyrann von Syracus hatte eine goldene Krone geschenkt bekommen. Aber wie alle Tyrannen war er mißtrauisch und fürchtete, daß sie mit Silber versetzt sein könnte. Um sicherzugehen, erteilte er dem berühmten Archimedes den Auftrag, zu untersuchen, ob sie wirklich aus purem Gold bestand. Natürlich kannte Archimedes das spezifische Gewicht von Gold und Silber; allein das nützte ihm so lange nichts, wie er nicht das Volumen der Krone kannte, an dem er dann ablesen konnte, ob sie zu wenig wog. Wie aber sollte er bei so einem unregelmäßigen Gegenstand das Volumen messen? Es war unmöglich. Hingegen den Auftrag eines Tyrannen nicht auszuführen, ist immer gefährlich. Wenn er doch die Krone einschmelzen und in einen Maßtiegel gießen könnte! Er tat es immer wieder in Gedanken und stellte sich vor, wie viel von dem Tiegel sie füllen würde. Er war noch mit dem Problem beschäftigt, als er geistesabwesend in seine Badewanne stieg. Da fiel ihm auf, daß sich das Badewasser in dem Maße hob, wie er seinen Körper hineinsenkte. Daraufhin rief er »heureka!« und sprang aus dem Wasser. Er hatte die Lösung gefunden; man brauchte die Krone nicht einzuschmelzen, das verdrängte Wasser war gleich dem Volumen des Gegenstandes, den man hineinsenkte.

In Archimedes' Kopf hatten sich zwei bisher getrennte Kontexte aufgrund eines gemeinsamen Elements kurzgeschlossen: Archimedes hatte auch vorher gewußt, daß sich der Wasserspiegel in seinem Bad hob, wenn er einstieg, aber das war eine Beobachtung, die mit dem spezifischen Gewicht von Gold und Silber und ähnlichen Problemen nichts zu tun hatte. Doch plötzlich, aufgrund des unangenehmen Auftrages, wurden beide Vorstellungsbereiche blitzartig miteinander verbunden, und der eine lieferte die Problemlösung für den anderen. Koestler nennt das einen »bisoziativen Akt«. Er wird häufig als »Fulguration«, als plötzlicher Geistesblitz erlebt. Es zündet ein Funke, und es fällt ein Groschen. Ein gewaltige Menge von Erfindergeschichten bestätigt diese Beschreibung, und letztlich verdanken sich auch kühne Metaphern und Witze, genauso wie Erfindungen dieser Fähigkeit des Geistes zur Bisoziation.

Das beste Klima für die Entladung bisoziativer Geistesblitze scheint dann zu entstehen, wenn

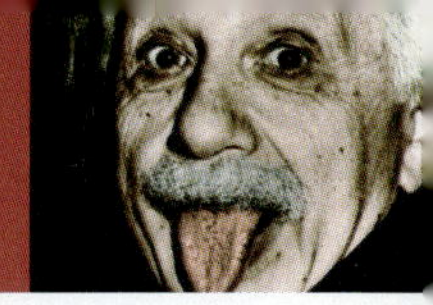

der Ideenfluß richtig in Gang kommt. Die Fähigkeit dazu scheint die wichtigste Komponente der Kreativität zu sein. Hierzu gehört die Begabung, das brodelnde Chaos des eigenen Unterbewußten anzuzapfen. Der Psychologe Ernst Kris, der wesentliches zur Erforschung der Kreativität von Künstlern beigetragen hat, spricht in diesem Zusammenhang von der »Regression im Dienste des Ichs«. Das paßt zum Konzept von der Zusammenarbeit zwischen divergentem Denken und Kritik: Das Unbewußte liefert die wilden Einfälle, das Ich sucht aus. Diese Regression im Dienste des Ichs hat man zur sozialen Technik erhoben, als man auf die Methode des *Brainstorming* verfiel. Andere Strategien sind die Verkehrung ins Gegenteil, das Zu-Ende-Denken bis zum Umschlag ins Absurde, der Wechsel der Ausgangsposition und vor allem die Suche nach Analogien und Strukturgleichheiten. Damit das Ich aber seinen Eignungstest noch gegenüber der abwegigsten Idee durchführen kann, muß es von dem Problem geradezu besessen sein. Es genügt nicht, daß es sich nur flüchtig mit ihm beschäftigt; es muß sich bis in die Poren mit ihm angereichert haben und an nichts anderes mehr denken. Nur dann bringt es auch die aberwitzigsten Ideen mit ihm in Verbindung. Und damit haben wir auch eine weitere Komponente der Kreativität: die Fähigkeit, nicht nur Naheliegendes zu sehen, sondern weit auseinanderliegende Bezüge unter einen Gesichtspunkt zu bringen, oder »to bring things together«.

Da Kreative auch das kombinieren können, was für einfacher strukturierte Gemüter extrem widersprüchlich erscheint, lassen sie sich von Gegenmeinungen und widersprechenden Urteilen nicht irritieren: Sie sind es gewohnt, versuchsweise immer auch das Gegenteil ihrer eigenen Meinung zu durchdenken, und finden auch da Akzeptables. Sie denken häufig in entgegengesetzten Richtungen und können das Endurteil offenlassen. Kreative werden von Ambivalenz, Widersprüchen und Komplexität nicht eingeschüchtert, sondern stimuliert. Sie sind das Gegenteil von Fanatikern, die bei zuviel Komplexität in Panik geraten und deshalb zur gewalttätigen Vereinfachung neigen, oder, wie Lichtenberg sagt, zu allem fähig sind, aber sonst zu nichts.

Wer sich selbst erschafft, ist gebildet

Kreativität, Humor und ein Hang zu Analogien und Metaphern sind also strukturell verwandt. Sie alle haben ihre Wurzeln im gleichen bisoziativen Denken. Hierzu verhilft offenbar eine Neigung zu dem, was Edward de Bono »lateral thinking« genannt hat (im Gegensatz zu »vertical thinking«): Hierzu gehören Zufallsempfindlichkeit für Einfälle, ein Hang zu Ebenensprüngen, eine Vorliebe für die unwahrscheinlichsten Lösungen und die Fähigkeit, neue Probleme zu finden.

Sofern Metaphern das Ergebnis von bisoziativen Geistesblitzen sind, kennzeichnet auch eine Metapher die Kreativität selbst: Im Englischen nennt man eine kreative Schöpfung ein »brainchild«. Darin wird festgehalten, daß das Konzept der Kreativität einmal sexuell gemeint war; im Akt der Kreation schuf man Kinder. Hier haben die Theologen ganze Arbeit geleistet und den Begriff in Bezug auf den Schöpfergott desexualisiert. Von Gott hat ihn dann der Künstler geerbt. Wie Gott eine Welt schafft, schafft der Künstler seine Welt. Beide sind Väter und Autoren ihrer Schöpfung. Wer sich aber selbst erschafft, ist gebildet.

Was man nicht wissen sollte

Zur Bildung gehört auch zu wissen, was man nicht wissen darf. Diesem Thema ist in der Forschung bisher viel zu wenig Aufmerksamkeit geschenkt worden. Man huldigt dem Vorurteil, daß Wissen ja nicht schlecht sein kann, nach der Devise: Je mehr man weiß, desto besser ist es. Aber schon der Sündenfall sollte uns eines andern belehrt haben. Wissen kann durchaus peinlich sein und mit wahrer Bildung unvereinbar.

Wissen kann durchaus peinlich sein

So wird es in der Regel nicht als Zeichen tieferer Bildung gewertet, wenn man sich in den Rotlichtvierteln aller größeren Städte des Landes genau auskennt. Und auch eine mit Begeisterung angereicherte Vertrautheit mit der Literatur von Landserheftchen oder Lore-Romanen kann dem Bestreben, als gebildet zu gelten, eher schaden.

Deshalb sollte sich derjenige, der erst vor kurzem ins Land der Bildung eingewandert ist, mit den Sitten des Landes vertraut machen und sich einzuprägen versuchen, welche Wissensprovinzen er besser vermeidet oder, falls er sich in ihnen bereits sehr gut auskennt, sorgfältig versteckt. Im folgenden werden einige der wichtigsten Felder genannt.

1. Als ein Terrain, das besonders für Frauen äußerst gefährlich ist, gelten europäische Fürstenhäuser. Hier herrscht nämlich ein deutlicher Widerspruch zwischen Geschichte und Gegenwart: Die Kenntnis dynastischer Verbindungen zwischen den Häusern Habsburg, Bourbon und Wittelsbach im 18. Jahrhundert ist ein willkommener Bestandteil der Bildung. Wer aber detaillierte Informationen über die gegenwärtigen Familienprobleme des Hauses Windsor oder die Eheprobleme im Hause des Fürsten von Monaco zum besten gibt, kann allenfalls seinen Ruf schädigen. Solche Kenntnisse sollten mit großer Zurückhaltung vorgetragen werden. Man sollte, wenn man überhaupt auf sie zu sprechen kommt, sie eher beiläufig vorbringen, wie zufällig aufgelesen, und sie als irgendwie lächerliche Wissensbrosamen behandeln, denen man keine Bedeutung beimißt und an die man sich aus Mangel an innerer Beteiligung auch nur ungefähr erinnert. Hier empfiehlt es sich also, eher Vergeßlichkeit zu demonstrieren.

Wie ist diese Pflicht zur Unkenntnis zu erklären? Im Gegensatz zu den dynastischen Verhältnissen der Geschichte sind die Kenntnisse über gegenwärtige Eheprobleme der Royals Bestandteil einer Art von Klatsch, der am Leben der ›High-Society‹ schmarotzt. Dieser Klatsch wird durch die sogenannte Regenbogenpresse verbreitet, die sich auf die Veröffentlichung von Informationen aus dem Privatleben Prominenter spezialisiert hat. Vielen Leserinnen wird auf diese Weise die Möglichkeit eröffnet, durch die Teilnahme am Leben der Edlen und Reichen ihre eigenen Gefühle in kostbare Garderoben zu hüllen und ihren Sehnsüchten nach Emotionen im Großformat nachzugeben. Das entspricht einem Interesse an Liebesromanen im Heftchenformat und verrät ein Gemüt, das sich von Schwachsinn ernähren muß, weil es für wirklich bedeutende Fragen kein emotionales Wahrnehmungsorgan besitzt.

Will man als gebildet erscheinen, muß man jeden Anschein emotionaler Beteiligung an solchen Vorgängen vermeiden. Am besten ist es, wenn man sie gar nicht erst kennt.

Ein geradezu verimintes Wissensgelände stellt das Fernsehprogramm dar. Seine Kenntnis verrät viel über das intellektuelle Niveau und das Interessenprofil einer Person.

2. Ein noch viel gefährlicheres Wissensgelände, das geradezu als vermint anzusehen ist, stellt das Fernsehprogramm dar. Es spielt in der täglichen Unterhaltung deshalb eine so wichtige Rolle, weil alle damit rechnen können, daß viele Sendungen von vielen anderen gesehen werden. Da also jeder Bescheid weiß, verrät die Kenntnis des Fernsehprogramms und der verschiedenen Typen von Sendungen viel über das intellektuelle Niveau und das Interessenprofil einer Person und über die Art und Weise, wie sie ihre Zeit verbringt. Outet sich nun jemand als Kenner von nachmittäglichen Pöbel-Talkshows, ist er entweder ein Schriftsteller oder ein Arbeitsloser mit einem proletarischen Geschmack und wenig sozialen Kontakten, der nachmittags schon mit einem Bier in der Hand vor dem Fernseher sitzt, anstatt Shakespeares *Hamlet* im Original zu lesen.

Kennt man also die Konventionen, das Personal, die Dramaturgie und die Geschichte solcher Talkshows, ist Vorsicht geboten: Man sollte es entweder geheimhalten oder als Resultat von medientheoretischen Studien ausgeben. Dasselbe gilt von Soap-Operas – es sei denn, sie würden wie weiland *Dallas* in den Status von Kult-Sendungen erhoben. Diesen Status haben sie dann erreicht, wenn sie zu ironischen Gottesdiensten von Fan-Gemeinden werden, die sich vor dem Fernseher versammeln und die nach jeder Sendung genüßlich über die neue Episode debattieren.

Als Ausdruck besonderen Schwachsinns gelten Gameshows und alle Variationen von Reality-TV wie Katastrophen-Sendungen, Shows für emotionale Voyeure mit Tränengarantie wie Appelle zur Rückkehr entlaufener Kinder, Zusammenführung lange getrennter Familienmitglieder, Betteln um Vergebung, Versöhnungsshows und Hochzeiten. In dieselbe Kategorie gehören die Harmoniesendungen der Volksmusik, Schlager- und Schnulzenfestivals, Blödel- und Spaßsendungen und die endlosen Anstrengungen, die das Fernsehen im harten Dienst der Volksverblödung Tag um Tag unternimmt. Hier sollte man sich einfach zur Regel machen, nichts zu kennen. Die beste Voraussetzung dafür ist, sie gar nicht erst anzusehen. Wenn man sich aber partout nicht zurückhalten kann, sollte man in der Konversation entschlossen Unkenntnis heucheln. Das ist nicht immer einfach, und wenn alle anderen Kolle-

gen in der Mittagspause lustvoll und engagiert die Fernsehdiskussion zwischen einem Pastor und einem Kinderschänder rekapitulieren, muß man schon eine beträchtliche Portion Selbstbeherrschung aufwenden, um sich nicht auch zu beteiligen.

Natürlich ist das Tabu gegenüber dem Fernsehprogramm gestaffelt. Als Nonplusultra (lat. Unübertreffbares) der Bildung gilt es, überhaupt keinen Fernseher zu besitzen. Wer so weit gekommen ist, braucht sich um seine Reputation keine Sorgen mehr zu machen. Wenn die Rede auf die letzte Sendung kommt und der Fernseh-Asket mit einem Kommentar an der Reihe wäre, wird er murmeln: »Ich habe leider keinen Fernseher.« Er wird das kaum hörbar sagen in einem Ton der Entschuldigung, um jeden Beigeschmack einer versteckten Anklage gegen die TV-süchtigen Normalmenschen zu vermeiden. Damit zwingt er aber die anderen nachzufragen: »Was, keinen Fernseher? Sie sehen nie fern?« Er wird wieder entschuldigend lächeln, um jeden Verdacht auf Bildungssnobismus im Keim zu ersticken und damit die scheue Hochachtung der anderen ernten – oder vielleicht auch ihren Haß: »Was? Der glaubt wohl, er sei etwas besseres!«

Aber es gibt auch eine Art von Sendungen, die man gesehen haben darf: das sind politische Sendungen, Debatten und Magazine. Hier bietet das Fernsehen die einzige Information, die nicht trivial ist. Zu ihnen darf man sich bekennen. Alles andere sollte man besser vermeiden.

Nur ausgewiesene Intellektuelle können es sich leisten, ihren gesamten Fernsehkonsum zuzugeben: Bei ihnen gilt das als Studienreise in die Domäne der Vulgarität und des schlechten Geschmacks. Wer als Gebildeter eingesteht, sich den Info-Müll oder die geschmacklose Gemütspornographie der Seelenentblößung anzusehen, tut das mit einem gewissen Stolz auf die Vitalität seines Intellekts: Er unterwirft sich auch die schmuddeligen Zonen der gegen-

Nur ausgewiesene Intellektuelle können es sich leisten, ihren gesamten Fernsehkonsum zuzugeben.

wärtigen Welt und vermag im Schrott noch Bedeutung zu entdecken. So jemand ist imstande und stellt eine Verbindung her zwischen einer Sado-Maso-Sendung und Dantes *Göttlicher Komödie*.

3. Vergleichbares gilt von den Zeitschriften: Die Regenbogenpresse ist natürlich tabu, und Frauenzeitschriften liest frau nur aus Versehen beim Friseur. Die dort gesammelten Informationen sind entweder rein technischer Art – sie betreffen das Essen, das Haus, die Mode und den weiblichen Körper –, oder sie sind trivial.

Im Konsum findet jeder seine Position auf der Landkarte des Geschmacks

Aber die vorgeblich technischen Informationen über Kochrezepte, Möbel, Kleider und Diätprogramme und das ganze weite Feld des Konsums sind in Wirklichkeit Pseudonyme für symbolische Markierungen, die durchaus indirekte Aussagen über den Bildungsstand enthalten: Im Konsum findet jeder seine Position auf der Landkarte des Geschmacks. Und da gibt es bestimmte Muster, Geschmacksensembles, zusammengehörige Sets, die entweder eine gewisse Nähe zur Bildung aufweisen oder mit ihr nicht vereinbar sind.
So taugt beim Essen beispielsweise zum Nachweis der Bildung nur ein ausgeprägter Kosmopolitismus. Wer chinesisches Essen ablehnt, weil er aus sicherer Quelle weiß, daß man Hundefleisch vorgesetzt bekommt, zeigt eine kleinbürgerliche Angst vor dem Fremden, der auch einem Haß auf Fremdworte entsprechen dürfte. Wer dagegen souverän über die Begriffe der französischen Küche gebietet, gibt zu erkennen, daß er sich ebenso auf die Lebensart wie auf die Sprache der Franzosen eingelassen hat. Natürlich gehört dazu, daß man daraus keine Demonstration veranstaltet oder die Gelegenheit zur Vorführung dieser Fähigkeiten an den Haaren herbeizieht. Vielmehr sollte man sie eher beiläufig und mit weicher Selbstironie ausüben, um jeden Imponiereffekt zu vermeiden.
Ähnliches gilt vom Diskurs über die häusliche Einrichtung; eine gewisse Kenntnis historischer Stile kann nicht schaden: Man sollte schon Biedermeier von Empire und Jugendstil von Funktionalismus unterscheiden können. Jedenfalls kann es ein gewisses Befremden auslösen, wenn man einen Stuhl aus den 1950er Jahren für antik erklärt und eine dezidierte Vorliebe für die Zigeunermotive der Kaufhausmaler oder gar für röhrende Hirsche zu erkennen gibt. Kennerschaft auf diesem Feld der Geschmacklosigkeit kann nur schaden.

4. Bezogen sich die bisherigen Bemerkungen über den Segen der Unkenntnis auf partiell weibliche, eher aber geschlechtsunspezifische Domänen des überflüssigen Wissens, ist die männliche Gegenwelt etwas anders strukturiert: Einerseits gibt es bildungsinkompatible Wissensanhäufungen und ein Expertentum der Trivialität, das sich – besonders bei Männern – bis zum Wissensfanatismus steigern kann: Hier ist das wichtigste Exerzierfeld der Sport.
Auf der anderen Seite geht es bei Männern nicht nur um bildungsferne Wissensbestände, sondern um ein Darstellungsproblem. Eines der eingefleischtesten Laster der männlichen Psyche ist ihr Hang zur Angeberei. Männer lieben es, zu renommieren; sie blasen sich auf; sie geben an; und sie demonstrieren ihre Überlegenheit. Sie sind so konditioniert – ob aus genetischen Gründen oder durch soziale Prä-

Kennerschaft auf dem Feld der Geschmacklosigkeit kann nur schaden.

gung, ist weiterhin umstritten –, weil sie untereinander um Frauen, Reichtümer, Ansehen und alles und jedes konkurrieren. Eben deshalb lieben sie den Wettbewerb und den Sport.

Ihnen empfiehlt sich nun eine gewisse Unkenntnis, vor allem, wenn es sich um Fußball handelt, außer für Intellektuelle. Wer aus dem Stand sagen kann, wie Schalke 04 im Jahre 1969 gegen Borussia Dortmund gespielt hat, wer die Tore geschossen hat und wer ausgewechselt worden ist, hat sich als Fußballexperte geoutet. Daß er gleichzeitig ein Kenner von Goethes Spätwerk ist unter Einbeziehung der Arbeiten zur Morphologie, wird dann um einige Grade unwahrscheinlicher. Allerdings wurden Fußballkenntnisse nach 1968 unter den Intellektuellen chic: Aber dann mußte man Marxist sein oder wenigstens Soziologe, um den Kontakt zur arbeitenden Masse zu suchen. Liberal oder gar konservativ sein und trotzdem ein Fußball-Fan bei Borussia Dortmund – das würde lediglich eine vulgäre Disposition verraten. Mit dem Konzept der Bildung völlig unvereinbar ist aber jede Art von Angeberei, auch wenn sie die Bildung selbst betrifft. Wer als Bildungsprotz auftritt, gibt damit zu erkennen, daß er ungebildet ist. Bildung wird nicht demonstriert, sie ist kein Feld, auf dem man um Beifall buhlt. Ganz und gar verboten ist es, die Unterlegenheit des Gegenübers durch Fragewettbewerbe zu demonstrieren. Wer sich snobistisch aufführt, straft seinen eigenen Anspruch auf Bildung Lügen. Zu ihr gehört ein Verständnis für zivilisierte Verhaltensformen, ihr eigentliches Ziel ist eine zwanglose Kommunikation, die das menschliche Leben bereichert. Aber weil sich jeder Bildungssnobismus verbietet, ist auf der anderen Seite auch die dazu passende Empfindlichkeit unangebracht. Bildung schließt Minderwertigkeitskomplexe aus, weil der Bildungshochmut sich selbst schon genug diskreditiert. Deshalb sind paranoische Verdächtigungen, daß hochnäsige Bildungsprotze Sie deckeln wollen, besonders elend. Attacken nach der Manier: »Sie glauben wohl, weil Sie studiert haben, wüßten Sie mehr«, sind geradezu tödlich und zeigen nur, daß der Angreifer mehr als unsicher ist. Und sollte man tatsächlich mal einem unangenehmen Bildungsprotz begegnen, der einen erniedrigen möchte, hat man

Vorträge über Themen, die außerhalb des Bildungswissens liegen, sind eine Sünde wider den Heiligen Geist. Hier gibt es besondere Felder, die viele Männer in Versuchung führen. An erster Stelle rangieren die Wunder der Technik und Autos im besonderen.

alle Beobachter auf seiner Seite, wenn man da gelassen und großzügig, also gar nicht reagiert, während der Bildungsprotz langsam verblutet. Aber genauso ist es eine Sünde wider den Heiligen Geist, detaillierte Vorträge über Themen zu halten, die außerhalb des Bildungswissens liegen oder wenn in Wirklichkeit anregende Konversation angebracht wäre. Hier gibt es besondere Felder, die viele Männer in Versuchung führen.
An erster Stelle rangieren die Wunder der Technik im allgemeinen und Autos im besonderen. Wer einer Dame auf einer Kunstausstellung in einem gedrängten Vortrag von einer halben bis dreiviertel Stunde Dauer mit zwölf Gründen aus der höheren Sphäre des Motorenbaus beweist, daß ein Porsche einem Ferrari überlegen ist, und dies mit ebenso viel Feuer wie Kenntnisreichtum vorbringt, wird ihr nicht unbedingt gebildeter erscheinen als vorher, selbst wenn der Chef von General Motors in der Darbietung ein Meisterstück an Präzision, Logik und rhetorischer Brillanz zu sehen vermöchte. Dies gilt ebenfalls für Vorträge über Pumpen, Düsenjäger, Raumstationen, Atommeiler, Umspannwerke, Kohlekraftwerke und jede Art von Apparaten.

Es gibt also Kenntnisse, durch die man sich ebenso schnell verrät wie durch Bildungslükken. Naturgemäß sind die Grenzen zwischen kanonischem Wissen, erlaubten Kenntnissen und verbotenem Wissen fließend; was heute verboten ist, kann morgen erlaubt sein. Meistens steigen nach einiger Zeit die Trivialzonen der Massenkultur in die Bildungssphären auf; das gilt für neue Formen ebenso wie für neue Medien.

Der Film ist in der Bildung angekommen, und man darf sich bei ihm auskennen.

So galt der Roman bei seiner Erfindung im England des 18. Jahrhunderts zunächst als Trivialform, mit der sich klassisch-gebildete Gentlemen nicht abgaben, sondern nur Frauen. Deshalb gab es immer wieder Verfasser, die unter Pseudonym schrieben. Aber schon im 19. Jahrhundert avancierte er zur anerkannten Kunstform für das große Publikum. Ähnlich ist es in den letzten 40 Jahren dem Film ergangen; war er 1960 noch ein Produkt der amerikanischen Kulturindustrie, mit dem sich zu beschäftigen ein Gebildeter für unter seiner Würde hielt, werden heute neue Filme im Feuilleton anspruchsvoller Zeitungen besprochen, und Literaturprofessoren lehren plötzlich Filmwissenschaft wie Beinamputierte, die anderen das Laufen beibringen. Der Film ist in der Bildung angekommen, und man darf sich bei ihm auskennen. Ein Indiz dafür ist, daß sich die Filmpaläste darum bemühen, den Kinobesuch wie ein Theatererlebnis zu gestalten.

Im Grunde ist die Menge verbotenen Wissens, die man verstecken muß, abhängig vom Stand der persönlichen Bildung. Dabei gilt die Faustregel: Wer neu ist im Land der Bildung, sollte alles verbotene Wissen verstecken, denn er kennt die Sitten noch nicht genau; er kann die feinen Unterschiede zwischen erlaubten, gerade noch zugelassenen und gänzlich verbotenen Kenntnissen noch nicht richtig einschätzen und sollte auf Nummer Sicher gehen. Der voll entwickelte Gebildete kann es sich hingegen erlauben, die trivialsten und vulgärsten Wissenszonen zu überblicken. Es wird zu seinem Renommee beitragen, weil man unterstellt, er interessiere sich nur im Lichte übergeordneter Zusammenhänge für diese Schmuddelecken und könne daraus Funken überraschender Signifikanz schlagen.

Naturwissenschaftliche Kenntnisse müssen zwar nicht versteckt werden, aber zur Bildung gehören sie nicht

Neutral dagegen ist die Sphäre der sogenannten zweiten Kultur. Der Begriff stammt aus einer bildungspolitischen Kontroverse, die von dem Engländer C. P. Snow vor 40 Jahren ausgelöst wurde. Snow war Physiker und Romanschriftsteller zugleich. Während der Debatte über die Einführung der Gesamtschule in England hielt er einen vielbeachteten Vortrag, der unter dem Titel *Die zwei Kulturen* bekannt wurde. Unter den zwei Kulturen verstand er die literarisch-humanistische Kultur der klassischen Bildung einerseits und die technisch-naturwissenschaftliche Kultur andererseits. Snow beklagte in seiner Rede die Tradition der englischen Gentleman- und Amateur-Kultur, die stets der literarisch-humanistischen Bildung den Vorzug vor den Naturwissenschaften gegeben und damit zu Großbritanniens Abstieg gegenüber solchen technikbegeisterten Nationen wie Amerika und Japan beigetragen habe. Entsprechend forderte er die stärkere Berücksichtigung der technisch-naturwissenschaftlichen Kenntnisse in den Lehrplänen und Unterrichtskonzepten von Schulen und Universitäten.

Diese Rede löste eine breite Debatte über das Verhältnis zwischen den beiden Bildungssphären aus. Die Wendung von den zwei Kulturen wurde auch in Deutschland geläufig. Trotzdem hat der Appell von C. P. Snow so gut wie gar nichts bewirkt: Die naturwissenschaftlichen Kenntnisse werden zwar in der Schule gelehrt; sie tragen auch einiges zum Verständnis der Natur, aber wenig zum Verständnis der Kultur bei. Deshalb gilt man nach wie vor als unmöglich, wenn man nicht weiß, wer Rembrandt war. Wenn man aber keinen Schimmer hat, worum es im zweiten thermodynamischen Hauptsatz geht oder wie es um das Verhältnis der schwachen und starken Wechselwirkung des Elektromagnetismus und der Schwerkraft bestellt ist, oder was ein Quark ist, obwohl die Bezeichnung aus einem Roman von Joyce stammt, dann wird niemand daraus auf mangelnde Bildung schließen. So bedauerlich es manchem erscheinen mag: Naturwissenschaftliche Kenntnisse müssen zwar nicht versteckt werden, aber zur Bildung gehören sie nicht.

In den Universitäten und auf dem Berufsmarkt beobachtet man: Die erste Kultur ist eine Frauendomäne, die zweite Kultur eine Domäne der

Man gilt nach wie vor als unmöglich, wenn man nicht weiß, wer Rembrandt war. Der Maler hier in einem Selbstbildnis.

Männer (wenn man die Wirtschaftswissenschaften und verwandte Disziplinen noch miteinbezieht). Das bringt eine gewisse Asymmetrie beim gesellschaftlichen Aufstieg mit sich. Stellen wir uns zwei Nachbarskinder aus dem gleichen sozialen Milieu vor, das Mädchen Sabine und den Jungen Torsten. Beim Abitur sind sie ineinander verliebt und planen, nach dem Studium zu heiraten. Torsten studiert Maschinenbau und wird Diplomingenieur; Sabine studiert Psychologie, Germanistik und Kunstgeschichte. Torsten muß in Aachen studieren; Sabine studiert in Hamburg, Paris und Florenz. Nach dem Examen treffen sie sich wieder. Torsten ist ein vorzüglicher Maschinenbauer geworden und wird bald einen guten Job bekommen. Sabine ist durch ihr Studium eine ganz andere Person geworden. Torsten kann Maschinen bauen. Sabine hat sich durch ihre Einblicke in die Voraussetzungen der Kommunikation und die Symbolsysteme der Kultur selbst verändert. Torsten hat sich in seinem Auftreten, seinen Ansichten und seinem Habitus kaum weiterentwickelt; seine Kenntnisse setzen ihn aber in Stand, ordentlich Geld zu verdienen. Das ist bei Sabine eher zweifelhaft. Dafür sind ihre Ansprüche an das Niveau der Kommunikation gestiegen; sie spricht inzwischen Französisch und Italienisch, hat viel gelesen, unter den Intellektuellen und Künstlern von Paris und Florenz neue Freunde gewonnen und die letzte Literaturtheorie studiert.

Als sie sich wiedertreffen, erscheint ihr Torsten wie ein Neandertaler. Und wenn ihr dann rechtzeitig klar wird, daß sie ihn jetzt nicht mehr heiraten kann, weil das ein Unglück wäre, hat sie Glück gehabt. Wenn sie aber auf Torsten oder die anderen Torstens aus ihrem Herkunftsmilieu bei der Partnersuche fixiert bleibt – schließlich verdient Torsten ordentlich Geld –, dann wird sie Feministin werden: Tief überzeugt von der barbarischen Natur des Mannes. Auch Torsten wird dann unglücklich. Er hat dann nur noch eine Chance: dieses Buch zu lesen.

Mit anderen Worten: Die Bildung ist auch eine Sphäre, die beim sozialen Aufstieg auf die beiden Geschlechter in unterschiedlicher Intensität abfärbt. Das wird dann einer der undurchschauten Hintergründe für viele Partnerkonflikte.

Das reflexive Wissen

Gebildet ist erst der, der sein eigenes Wissen einordnen kann. Doch dabei geht es nicht um eine harte Konfrontation zwischen Wissen und Nichtwissen. Vielmehr gibt es gestufte Übergänge. Eine Form, die dieser Übergang annehmen kann, heißt »Problem«. Wenn man noch nicht weiß, was alles in der Gesellschaftstheorie eine Rolle spielt, kann man doch wissen, daß es in ihr um ein großes ungelöstes Problem geht: Soll man die Gesellschaft humanistisch vom Menschen her denken oder antihumanistisch als ein Gebilde auffassen, das so wenig an menschlichen Maßstäben zu messen ist, wie ein Ameisenhaufen einer Ameise gleicht. Ein solches Problem ist wie ein großes Magnetfeld: Es strukturiert zahlreiche Details, schafft Ordnung und Übersicht und macht zugleich angrenzende Wissensgebiete zugänglich. Z. B. stellt sich in der Neurobiologie folgende Frage: Soll man sich ein Nervensystem oder ein Hirn nach dem Modell einer Gesellschaft vorstellen (siehe Marvin Minskys Buch *Mentopolis*), oder ist das eine unerlaubte Analogie?

Wissenschaften, Theorien oder Paradigmen organisieren sich über ungelöste Probleme, und es empfiehlt sich, an solchen Problemen mal herumzuschnuppern. Dazu muß man nicht die Grundlagen einer Wissenschaft studieren. Vorstellungen der Solidität, der Gründlichkeit und der Systematik sind hier ganz unangebracht und dienen nur der Begründung dafür, eine Sache gar nicht kennenlernen zu wollen, wenn man sie nicht ganz versteht. Es genügt aber, wenn man eine intuitive Ahnung vom Denkstil bekommt, der in einer bestimmten Disziplin herrscht. Dabei wird man feststellen, daß es die offenen Fragen und Kontroversen sind, die einen sofort fesseln und den besten Einblick in ein Wissensgebiet eröffnen. Und man wird auch feststellen, daß die Wissenschaft aus einem Denkwettbewerb auf höchstem Niveau besteht, bei dem es äußerst kämpferisch, spannend und verspielt zugeht. Jede Wissenschaft hat immer wieder begabte Schreiber hervorgebracht, die es fertigbringen, einem Laienpublikum einen Eindruck von der unwahrscheinlichen Kreativität zu vermitteln, die in ihren Disziplinen entfaltet wird. Wer Konrad Lorenz über Verhaltensforschung, Edward O. Wilson über Ameisen und Soziobiologie, Heinz von Foerster über Selbstorganisation, Howard Gardner über Intelligenz, Jay Gould und R. Dawkins über Evolution, Douglas Hofstadter über Probleme der Selbstreferenz, Paul Watzlawick über paradoxe Kommunikation gelesen hat, der hat einen Eindruck davon erhalten, wie man hinter die Geheimnisse der Schöpfung kommt. Wer sich davon hat anregen lassen, gewinnt einen nicht unerheblichen Vorrat an Optimismus, der ihm über melancholische Phasen hinweghilft. Und er erhält eine Ahnung davon, in welche Richtung unsere geistige Entwicklung geht: So sieht es im Augenblick danach aus, daß die Kluft zwischen Natur- und Geisteswissenschaften sich zu schließen beginnt, weil der Begriff der Reflexion und der Selbstbezüglichkeit, der bisher fast ausschließlich in den Geisteswissenschaften zu Hause war, auch zunehmend die Probleme der Naturwissenschaften bestimmt.

Gebildet ist erst der, der sein eigenes Wissen einordnen kann

Im letzten Kapitel haben wir den Physiker und Romancier C. P. Snow erwähnt. Er hatte in einer berühmten Rede in den 1950er Jahren die

Formel von den zwei Kulturen geprägt: damit meinte er die Kultur der literarisch-humanistischen Bildung und die Kultur der technisch-wissenschaftlichen Berufe. Damals hatte Snow ihre Trennung beklagt. Wer die jetzige Entwicklung der Wissenschaften verfolgt, hat den Eindruck, daß sie einander näherrücken. Das Subjekt verliert sein Monopol auf Selbstbezüglichkeit, und man spricht zunehmend davon, daß sich auch Organismen oder Betriebe oder Nervensysteme oder Gesellschaften oder Ameisenhaufen selbst beobachten, selbst organisieren und selbst beschreiben. Es sieht also ganz danach aus, daß dies die Richtung ist, in die auch die Bildung sich entwickeln muß: Sie wird sich wahrscheinlich zur zweiten Kultur hin öffnen. Dazu muß auch sie sich selbst beobachten können.

Zu den unverzichtbaren Voraussetzungen der Bildung gehört ein entwickeltes Verständnis für die gegenwärtige Gesellschaft. Das gewinnt man nur am Kontrast zur traditionellen Gesellschaft Europas vor der industriellen Revolution. Deshalb sollten die historischen Kenntnisse mindestens bis ins 18. Jahrhundert zurückreichen. Ein Überblick über die französische oder englische Geschichte führt hier weiter, als das Studium der deutschen Geschichte. Am meisten lernt man über die heutige Welt, wenn man die englische Geschichte ab 1688 studiert. Bildung wurde immer als Form aufgefaßt, in der man sich selbst versteht. Deshalb ist es wohl unverzichtbar, daß man eine ungefähre Vorstellung von den Kategorien hat, in denen sich der Mensch selbst beschreibt und sein Verhalten begründet: Identität, Rolle, Psyche, Emotion, Leidenschaft, Gefühl, Bewußtsein, unbewußtes Motiv, Verdrängung, Kompensation, Norm, Ideal, Subjekt, Pathologie, Neurotik, Individualität, Originalität – alles das sind Leitbegriffe, ohne deren Verständnis man keinen Zugang zu entwickelten Formen der Selbstreflexion gewinnt.

Man spricht zunehmend davon, daß sich Organismen oder Betriebe oder Nervensysteme oder Gesellschaften oder Ameisenhaufen selbst beobachten, selbst organisieren und selbst beschreiben.

Cary Grant und Deborah Kerr in *Die große Liebe meines Lebens*. Individualität entfaltet sich nur in der Zeit als Lebensroman. Zum Selbstverständnis gehört daher eine Ahnung von den zugehörigen Stories, Verlaufstypen und Ablaufprogrammen.

Individualität entfaltet sich nur in der Zeit als Lebensroman. Zum Selbstverständnis gehört daher eine Ahnung von den zugehörigen Stories, Verlaufstypen und Ablaufprogrammen, die man in der Literatur und im Film oder auch auf der Bühne besichtigen kann: typische Formen der Verwandlung, der Metamorphose, des Initiationsritus, der Therapie, der Krise, der Erschütterung, der Traumatisierung – diese Formen sollte man wiedererkennen, wenn man ihnen begegnet, sonst ist man ihnen ausgeliefert.

Die Begegnung des einzelnen mit anderen und mit der Gesellschaft vollzieht sich als Kommunikation. Man sollte deshalb einen gewissen Einblick in ihre Gesetze haben: also daß es in allen Mitteilungen immer einen Inhalts- und einen Beziehungsaspekt gibt (z. B. der Befehl: »Sei spontan!« – der Inhalt der Aufforderung widerspricht der in der Form der Aufforderung enthaltenen Beziehung der Über-Unter-Ordnung); daß Konflikte sehr schnell selbstbezüglich und paradox werden; daß der andere ohne seine Schuld immer alles anders verstehen kann, als es gemeint ist; daß man sich furchtbar verheddern kann; daß Kommunikation über Kommunikation ein Problem sowohl lösen als auch verewigen kann; daß man auf dem Höhepunkt des Konflikts dem Gegner dann am ähnlichsten ist, wenn man meint, sich am meisten von ihm zu unterscheiden.

Gerade weil die Kommunikation so vielgestaltig und dramatisch ist, gehört es zur Bildung, ihre Regeln ein wenig zu durchschauen und sie mit Distanz und Souveränität zu handhaben. Nur so kann man sich vor dem Schicksal schützen, ständig ihr Opfer zu werden. Auch dabei helfen die Literatur, das Drama und der Film: Ständig führen sie uns Beispiele für Mißverständnisse, Verständigungskonflikte und Kommunikationskatastrophen vor Augen. Dabei lernen wir, daß Kommunikation und damit gesellschaftliche Prozesse vom Fluch der Paradoxien verfolgt werden: Eine Prophezeiung kann sich selbst verhindern, wie es offenbar der Marxismus getan hat (die Verelendung der Massen ist nicht eingetreten, weil die Voraussage des Marxismus seine Gegner dazu provoziert hat, sie zu verhindern); eine Prophe-

Alle körpersprachlichen Übertrumpfungen der Sprache sind abgeleitete Formen des Sprechens: Der Hund guckt zwar treuherziger, als Sprache ausdrücken kann, aber nur wir wissen es, und wir wissen es nur, weil wir es sprechen können.

zeiung kann aber auch sich selbst erfüllen: »Ich werde bald von Männern in weißen Kitteln verfolgt werden« – wer das wirklich glaubt, wird bald von den Pflegern aus der Psychiatrie verfolgt. Das unterscheidet sich nur unerheblich von der Wirkung von Orakelsprüchen, die Ödipus' Vater davor warnen, daß sein Sohn ihn erschlagen und seine Frau ehelichen würde: Weil er es glaubt, tut er alles, damit es eintrifft. Nur in der Literatur kann man Erfahrungen zugleich machen und sie beobachten. Nur hier kann man etwas über Ambivalenzen, Paradoxien und die Folgen von Tabuverletzungen lernen. Nur hier kann man die Innenperspektive mit einer Außenperspektive verbinden.

Zu den selbstverständlichen Annahmen jedes Gebildeten sollte es gehören, daß die Realität eines Menschen ein soziales Konstrukt ist, das je nach Milieu, Herkunft, Alter, Schicht und Kultur anders aussieht. Erst das ermöglicht es ihm, andersartige Grundüberzeugungen und Realitätsauffassungen zu verstehen, zu akzeptieren und auf einen anderen Standpunkt hin zu relativieren. Und erst das lehrt ihn, daß aus einer fremden Perspektive auch seine eigenen Selbstverständlichkeiten merkwürdig bizarr und alles andere als plausibel aussehen mögen.

Abgesehen von der Unmittelbarkeit des Körpers ist das wichtigste Instrument der Kommunikation die Sprache. Ihre Formen, Regeln und mannigfaltigen Ausdrucksmöglichkeiten zu kennen und womöglich in ihrer Fülle zu verwenden, gehört zu den grundlegenden Kulturpraktiken überhaupt, mit deren Hilfe wir erst Zugang zu unseren Mitmenschen und zum Reichtum der mit ihnen geteilten Kultur gewinnen. In der Sprache konstruieren wir unsere Realität, und durch sie schaffen wir eine zweite Welt der Bedeutung, die wir mit anderen teilen. Durch sie können wir andere bezaubern und den Weg zu ihren Herzen finden. Alles Schweigen und alle körpersprachlichen

Übertrumpfungen der Sprache sind in Wirklichkeit nur abgeleitete Formen des Sprechens, die es ohne Sprache gar nicht gäbe: Der Hund guckt zwar treuherziger, als Sprache ausdrükken kann, aber nur wir wissen es, und wir wissen es nur, weil wir es sprechen können.

Da Sprache sich in Stillage und Vokabular an verschiedene Milieus und soziale Sphären anpaßt, entscheidet die Beherrschung der Sprache über die Möglichkeit, sich in der Gesellschaft frei zu bewegen: Wer nicht weiß, »was er sagen soll«, fühlt sich sozial behindert; für ihn sind bestimmte soziale Sphären der Gesellschaft das, was die Amerikaner »no-go-areas« nennen: unwegsames Gelände. In der Sprache sind wir alle Kommunisten; die Sprache ist Volkseigentum, deshalb sollte sich jeder ihren Reichtum zu eigen machen und sich mit ihr anfreunden. Er kann sich dann freier bewegen, seine Welt ist größer, und er überquert mehrere Grenzen, Grenzen zwischen Milieus und zwischen Erfahrungen und zwischen Menschen. Wer die Sprache dagegen verleumdet und die Authentizität der echten Erfahrung und die Innerlichkeit des Unausdrückbaren gegen die Sprache ausspielt, macht sich als jemand verdächtig, der das schmäht, was er nicht beherrscht. Außerdem wird er das Opfer einer traditionellen deutschen Pathologie, die man längst durchschauen kann.

Bei all dem muß sich Bildung als Kommunikation bewähren. Sie darf sie nicht erschweren, sondern muß sie bereichern. Sie darf deshalb nicht als bedrückende Norm, als unangenehme Aufgabe, als eine Form der Konkurrenz oder gar als gespreizte Selbstbeweihräucherung daherkommen. Sie darf überhaupt nicht separat als »Bildung« in Erscheinung treten oder gar zum Thema werden; vielmehr ist sie der Stil der Kommunikation, durch die Verständigung zwischen Menschen zum Genuß wird. Kurzum: Sie ist die Form, in der Geist, Fleisch und Kultur zur Person werden und sich im Spiegel der anderen reflektiert.

In der Sprache sind wir alle Kommunisten; die Sprache ist Volkseigentum, deshalb sollte sich jeder ihren Reichtum zu eigen machen und sich mit ihr anfreunden.

Zeittafel

1. Griechische und römische Antike

500 v. Chr.

- Aufstieg Athens in der Abwehr der Perser
- 490 Sieg bei Marathon, 480 Sieg bei Salamis
- 477 Ende der Perserkriege; Athen Haupt des Attischen Seebundes, Ausbau der Demokratie in Athen
- 443–429 Blütezeit Athens unter Perikles
- 431–404 Peloponnesischer Krieg zwischen Athen und Sparta; Wirken des Sokrates, 399 zum Tod verurteilt

Perserkönig Xerxes während der Niederlage seiner Flotte in der Seeschlacht bei Salamis 480 v. Chr.

400 v. Chr.

- 387 Akademie Platons gegründet
- Aufstieg Thebens
- Seit 349 Demosthenes' Auftreten gegen Philipp v. Makedonien
- Aristoteles wird Lehrer von dessen Sohn Alexander
- Unterwerfung der freien Städte durch Philipp v. Makedonien
- 334–323 Sein Sohn Alexander erobert den Orient

300 v. Chr.

- Zeit des Hellenismus
- Expansion Roms. Konflikt mit den Karthagern
- 264–241 Erster Punischer Krieg
- 218–201 Zweiter Punischer Krieg gegen Hannibal
- Nach dem Sieg beherrscht Rom das westliche Mittelmeer

333 bei Issos Keilerei: Alexander der Große in der Schlacht bei Issos.

200 v. Chr.

- Kriege gegen Makedonien
- Unterwerfung des östlichen Mittelmeers
- 149–146 Dritter Punischer Krieg
- Übernahme der griechischen Kultur, Auftreten der Gracchen
- 122 Beginn der Bürgerkriege
- 113–101 Krieg gegen Kimbern und Teutonen

100 v. Chr.

- Soziale Unruhen. Bürgerkrieg zwischen Marius (Volkspartei) und Sulla (Senatspartei). Sieg Sullas und Diktatur

Julius Caesar

	▸ 70–44 v. Chr Herrschaft von Pompeius und Caesar ▸ Eroberung Galliens durch Caesar. Bürgerkrieg mit Pompeius, Sieg Caesars und 44 v. Chr Ermordung ▸ Krieg von Antonius und Octavian gegen Caesars Mörder, Brutus und Cassius. Danach Krieg zwischen Octavian und Antonius ▸ 23 v. Chr. Augustus Octavian wird Herrscher auf Lebenszeit ▸ Beginn der Kaiserzeit. Ende der Republik
0	▸ Christi Geburt um 7 v. Chr. ▸ Kulturelle Blüte Roms unter Augustus. Horaz, Vergil, Maecenas, Ovid ▸ Kaiser Tiberius. Kreuzigung Christi ▸ Kaiser: Claudius, Caligula und Nero ▸ Brand Roms und 1. Christenverfolgung ▸ Titus zerstört Jerusalem. Vertreibung der Juden ▸ Zerstörung von Pompeii. Bau des Limes in Deutschland
100	▸ Konsolidierung des Kaisertums durch Adoptivkaiser Trajan und Hadrian ▸ Erneute Kulturblüte: Tacitus, Plinius, Plutarch; Eroberungen und Ausweitung des Reiches; mit Marc Aurel sitzt ein Philosoph auf dem Kaiserthron. Nach seinem Tod Krise des Kaisertums
200	▸ Lösung der Krise durch Militarisierung des Kaisertums. Die Truppen entscheiden, wer Kaiser wird ▸ Wiederbelebungsversuche der Götterkulte als politische Stütze, als Konsequenz Christenverfolgung ▸ Diokletian schafft eine orientalische Despotie. Neue Reichsverwaltung. Teilung des Reiches unter Unterkaisern
300	▸ Konstantin siegt über seinen Rivalen Maxentius und führt das Christentum als Staatsreligion ein ▸ 325 Konzil von Nicäa, Festlegung des Glaubensbekenntnisses ▸ Die Hauptstadt wird nach Byzanz verlegt. Aufstieg des Papsttums

Kreuzigung Christi: Evangeliar aus der Mitte des 12. Jahrhunderts.

2. Völkerwanderung und Mittelalter

400

- Ständige Invasionen der Germanen. Eroberung Roms durch Westgoten und Vandalen
- 451 Schlacht auf den Katalaunischen Feldern (bei Troyes)
- Umkehr der Hunnen. Invasion Englands durch die Angelsachsen
- Romulus Augustulus letzter römischer Kaiser im Westen. Seine Nachfolger sind Odoaker und danach Theoderich d. Große, König der Ostgoten

Benedikt von Nursia, in einem Fresko aus dem Jahr 1154.

500

- Einigung des Frankenreichs durch Chlodwig bis 511. Bekehrung zum Christentum
- Eroberung des Burgunderreichs und Sieg über die Alemannen
- 529 Benedikt v. Nursia gründet den Benediktinerorden, das Vorbild für die Klöster des Mittelalters
- Gregor d. Große konsolidiert das Papsttum. Beginn der Mission unter den Germanen: Angelsachsen, Alemannen und Bayern

600

- Übergang der fränkischen Herrschaft von den Merowinger-Königen an die Hausmeier, Chefs der königlichen Haushalte und der Gefolgschaft
- Auftreten Mohammeds als Prophet. Gründung des Islam und Eroberung des südlichen Mittelmeerbeckens Kulturelle Teilung des Mittelmeerraums in eine islamische und eine christliche Hälfte
- Pippin der Mittlere regiert als Hausmeier das gesamte Frankenreich

Mohammed

700

- Eroberung Spaniens durch die Araber. Abwehr der Araber durch Pippins Sohn Karl Martell. Entwicklung des Feudalismus, Papst Stefan II. salbt Pippin d. Jüngeren zum König und erhält dafür den Kirchenstaat. Dynastie der Karolinger; ab 768 Herrschaft Karls d. Großen. Er erobert Italien, Nordspanien und das Gebiet der Sachsen

Karl d. Große zu Pferde.

800

- Kaiserkrönung Karls d. Großen in Rom. Die Erneuerung des römischen Kaisertums schafft die Grundlagen für die Staaten Westeuropas (Wiedereroberung Spaniens von Nordspanien aus, Eroberung Englands von der Normandie aus)
- Herrschaft Ludwigs d. Frommen und Teilung des Reiches in Frankreich und Deutschland. Infolge der Schwäche der Könige entstehen in Deutschland erneut Stammesherzogtümer

900

- 910 Sachsenherzog Heinrich I. wird zum deutschen König gewählt. Ab dann spricht man vom Reich der Deutschen (Regnum Teutonicum). Sein Sohn Otto d. Große siegt über die Ungarn und wird 962 in Rom zum Kaiser gekrönt. Seitdem gibt es das Heilige Römische Reich deutscher Nation und die deutschen Könige werden Kaiser

Kaiser Heinrich IV. kniend vor der Markgräfin Mathilde von Canossa.

1000

- Beginn der romanischen Kunst als des ersten gesamteuropäischen Stils
- Das Königtum fällt an die fränkischen Herzöge (Salier) Konrad II., Heinrich III., Heinrich IV. und Heinrich V.
- Unter Papst Gregor VII. Konflikt mit Heinrich IV über das Recht des Kaisers, Bischöfe zu ernennen
- 1077 Gang Heinrichs nach Canossa. Gregor verfolgt die absolute Herrschaft des Papstes über die Kirche
- 1066 Eroberung Englands durch die Normannen
- 1096 Beginn der Kreuzzüge: 1. Kreuzzug
- 1099 Eroberung Jerusalems

1100

- Beginn der Ostkolonisation
- Die Königskrone fällt an die Staufer aus dem Herzogtum Schwaben
- Konflikt zwischen Welfen und Staufern
- Weitere Kreuzzüge. 1152–1190 Friedrich Barbarossa, Kampf gegen Heinrich den Löwen

3. Hochmittelalter und frühe Neuzeit

Richard II., König von England, mit seinen Schutzheiligen.

1200

- Albigenserkriege in Frankreich
- Magna Charta in England
- Mittelhochdeutsche Dichtung und Minnesang. Herrschaft Friedrichs II. als deutscher König und König von Sizilien; macht den Reichsfürsten Zugeständnisse, die sie zu Landesherren machen
- Eroberung Preußens durch den deutschen Ritterorden. Tod Friedrichs II.
- Danach Interregnum in Deutschland
- 1273 wird Rudolf, der erste Habsburger, zum König gewählt
- Entstehung der Eidgenossenschaft
- 1291 Rütli-Schwur

1300

- 1309–1377 residieren die Päpste in Avignon. Schisma
- In Deutschland regiert Ludwig der Bayer und ab 1346 mit Karl IV. die Dynastie der Luxemburger von der Hauptstadt Prag aus. Goldene Bulle regelt die Königswahl durch sieben Kurfürsten
- Ab 1347 grassiert die Pest mit der Folge eines starken Modernisierungsschubs durch steigende Preise
- Blüte der Hanse unter der Führung von Lübeck
- Ab 1340 Hundertjähriger Krieg zwischen England und Frankreich
- Heinrich IV., aus dem Hause Lancaster, stürzt den legitimen Richard II.: Hier setzen Shakespeares Königsdramen ein

Cosmo von Medici

1400

- Ab 1400 beherrschende Stellung der Medici in Florenz. Die Stadt wird zur Wiege der Renaissance. Blüte der Künste
- 1429 Auftreten der Jeanne d'Arc vor Orléans. In Böhmen Hussitenkriege. Ab 1438 nur noch Kaiser aus dem Hause Habsburg
- 1453 erobern die Türken Konstantinopel. Ende des oströmischen, griechischen Reiches
- 1453 Ende des Hundertjährigen Krieges
- 1455–85 Rosenkriege in England zwischen Lancaster und York, beendet durch Heinrich VII., Begründer des Hauses Tudor
- In Spanien Vereinigung von Kastilien und Aragon. Wiedereinführung der Inquisition
- 1492 Vertreibung der letzten Araber, Vertreibung der Juden und Entdeckung Amerikas

- 1493–1519 Kaiser Maximilian. Sein Sohn Philipp d. Schöne erbt Burgund und heiratet die Erbin von Spanien

1500

- 1517 Beginn der Reformation durch Martin Luther. Bauernkriege, Radikalisierung der Reformation und Ausbreitung
- 1519 Karl V. vereinigt die Herrschaft über Spanien, Amerika, die Niederlande, Neapel und das Reich. Auseinandersetzung mit den deutschen Fürsten
- 1541 Reformation in Genf durch Calvin
- 1545–63 Konzil von Trient. Ab dann Reform der katholischen Kirche und Gegenreformation. Augsburger Religionsfriede, Abdankung Karls V. Spanien mitsamt Kolonien, Niederlanden und Neapel fallen an Philipp II.
- Ab 1534 Lösung der englischen Kirche von Rom und Konfiskation der Klöster durch Heinrich VIII.
- 1558–1603 Königin Elisabeth I.
- 1588 Zerstörung der spanischen Armada
- Literarische Hochblüte besonders des Dramas: William Shakespeare produziert 1590–1611
- 1562–1598 Hugenottenkriege in Frankreich. Freiheitskrieg der Niederlande gegen Spanien

Der Westfälische Frieden: Die Gesandten beschwören am 24. Oktober 1648 den Frieden.

1600

- In Deutschland Absturz im Dreißigjährigen Krieg 1618–1648. Heinrich IV. befriedet Frankreich. Bibelübersetzung in England unter James I. Verfassungskonflikte von Charles I mit dem Parlament, ab 1642 Bürgerkrieg, 1649 Enthauptung Charles I. England Republik unter Cromwell (Commonwealth); 1648 Westfälischer Friede. Großer Kurfürst von Brandenburg, Aufstieg Österreichs zur Großmacht unter Leopold durch Siege gegen die Türken. Zentralisierung der Verwaltung in Frankreich durch Richelieu ab 1624, dann durch Mazarin und ab 1661 durch Ludwig XIV. Niedergang Spaniens und Aufstieg der Niederlande zur ersten Seemacht neben England. In England Restauration der Monarchie 1660
- 1688 Glorious Revolution: Das Parlament setzt die Garantie der parlamentarischen Rechte, der Toleranz und der freien Meinungsäußerung durch. Entstehung einer modernen Öffentlichkeit bei Pressefreiheit. Ausbildung des Zwei-Parteien-Systems: Whigs und Tories. Blüte der Wissenschaft, Newtonsches Weltbild. Beginn der Modernisierung, kulturelle Ausstrahlung des Hofs Ludwigs XIV.

4. Neuzeit

1700

- 1700–1721 Nordischer Krieg zwischen Schweden und Rußland, Modernisierung Rußlands unter Peter d. Großen. Nach dem Sieg wird es als Großmacht Mitspieler auf der europäischen Bühne
- Friedrich Wilhelm I. macht Preußen zum Militärstaat 1713–40
- Ab 1740 Friedrich d. Große; in Österreich Maria Theresia
- 1756–63 siebenjähriger Krieg Preußens gegen Österreich um Schlesien und Englands gegen Frankreich um den Besitz Amerikas und Indiens
- 1776 Unabhängigkeitserklärung der USA, die 1783 nach dem Krieg gegen England erreicht wird
- Industrielle Revolution in England. Bürgerliche Kulturrevolution der Empfindsamkeit und der Romantik. Kulturelle Blüte in der deutschen Klassik
- 1789 Französische Revolution. Beginn der Neuesten Zeit und der bürgerlichen Gesellschaft. Bis zur Jahrhundertwende wechselnde Verfassungen und Revolutionskriege

1800

- Ab 1799 Napoleon 1. Konsul, ab 1804 Kaiser. Durch Napoleons Siege Neuordnung Deutschlands
- 1806 Ende des Hl. Röm. Reiches, Reduzierung der Fürstentümer auf etwa 37, Rheinbund. Zusammenbruch Preußens, danach Reformen durch Stein, Hardenberg und Humboldt
- 1812 Napoleons Feldzug nach Moskau, ab 1813 Befreiungskriege in Deutschland. Nationale Bewegung. Niederlage Napoleons, Wiener Kongreß, Waterloo und danach Neuordnung Europas nach dem Prinzip der Legitimität
- 1815 Ergebnis: Restauration. Vormärz und Biedermeier
- 1832 Parlamentsreform in England. Industrielle Überlegenheit Englands

Napoleon auf St. Helena

- 1848 Jahr der Revolutionen in fast ganz Europa. Deutsches Paulskirchenparlament scheitert beim Versuch der nationalen Einigung
- 1859/60 Einigung Italiens
- 1862–65 Sezession der Südstaaten. Amerikanischer Bürgerkrieg, Sieg der Nordstaaten, Sklavenbefreiung
- 1870/71 Einigung Deutschlands nach gemeinsamem Sieg über Frankreich durch Bismarck unter preußischer Führung. Gründung des Deutschen Reiches
- Höhepunkt des Imperialismus: Aufteilung Afrikas unter den europäischen Mächten

Paris 1848: Straßenbarrikade von republikanischen Aufständischen.

1900

- Erster Weltkrieg 1914–18. Russische Revolution 1917. Nach der Niederlage Auflösung Österreich-Ungarns; Weimarer Republik. 1922 Machtergreifung Mussolinis in Italien, 1929 Weltwirtschaftskrise. Aufstieg der Nazi-Partei Hitlers. 1933 Machtübernahme Hitlers
- 1939–45 Zweiter Weltkrieg, Judenvernichtung und Völkermord
- 1945 bedingungslose Kapitulation Deutschlands. Abwurf der Atombombe auf Japan. Nach 1947/48 Teilung der Welt, Deutschlands, Berlins und Koreas, später Vietnams im kalten Krieg zwischen den Supermächten USA und UdSSR
- 1949 Gründung der Bundesrepublik Deutschland. Ende der europäischen Kolonialreiche
- 1989 Ende des kalten Krieges, der Sowjetunion, der Teilung der Welt und Deutschlands
- 1999 Krieg der Nato gegen Jugoslawien

Bücher, die die Welt verändert haben*

De Civitate Dei (Vom Gottesstaat), gedruckt 1467 (Augustinus; 354–430)

Schrift des Bischofs von Hippo (Nordafrika), die auf den Niedergang des Römischen Reiches mit der These reagiert, an seine Stelle müsse ein von der christlichen Kirche durchdrungener Gottesstaat treten. Den Verlauf der Geschichte beschreibt A. als Kampf zwischen zwei Gemeinwesen, der von der Liebe Gottes beseelten Civitas coelestis (himml. Gemeinwesen) und der vom Menschen bestimmten Civitas terrena (irdischen G.). Beide sind in den realen Einrichtungen der Gesellschaft verbunden, aber die Geschichte kann als Entfaltung der Absicht Gottes gedeutet werden, die Menschen durch seine Gnade zu erlösen. Damit wird A. zum Begründer der Geschichtsphilosophie, die der Geschichte einen Sinn und ein Ziel verleiht.

Institutiones, gedruckt 1468[1] (Flavius Petrus Iustinianus; 482–565; Kaiser von Ostrom)

Juristisches Lehrbuch und Sammlung des römischen Rechts, die die ganze Rechtsentwicklung Europas beeinflußt.

Cosmographia, gedruckt 1477 (Claudius Ptolemäus; gest. nach 161 n. Chr.)

Zusammenfassung der geozentrischen (Erde im Mittelpunkt) Kosmologie, die vom 2. bis zum 17. Jahrhundert das Bild der Welt bestimmte. Seine falschen Angaben über die Ausdehnung Asiens veranlaßten Kolumbus, seine Reise zu unternehmen (→ Geschichte, mittelalterliches Weltbild).

Elementa Geometrica, gedruckt 1483 (Euklid; um 300 v. Chr.)

Ältestes mathematisches Lehrbuch der Welt. Heute noch brauchbar.

Summa Theologiae, 1485 (Thomas v. Aquin; 1225 – 1274)

Verschmelzung der aristotelischen Philosophie mit der christlichen Theologie. Wichtigstes philosophisches Buch des Mittelalters, als Handbuch gedacht.

* in der Reihenfolge des Erstdrucks

[1] Anmerkung: Das wurde von M. Schneider in der SZ angezweifelt. Aber wir drucken den Titel, der 1468 publiziert wurde, nicht den Codex Juris des 6. Jhdts.

Opera, gedruckt 1490 (Galenus; 129 – 199)

Grundlegendes Buch der Medizin bis zur Neuzeit. Kern war die Humoralpathologie, die Lehre von der Mischung der Körpersäfte, die auch die Literatur und das Charakterdrama beeinflußte.

Naturalis Historia, Venedig 1496 (Gaius Plinius Secundus; 23 – 79)

Eine Enzyklopädie des gesamten Wissens der Antike. Sie zitiert über 400 griechische und römische Quellen. Behandelt wird alles von der Physik über die Landwirtschaft bis zur Literatur, von der Geographie, über die Medizin bis zur Philosophie. Sie wurde zum maßgeblichen Nachschlagewerk des Mittelalters.

Historiae, gedruckt 1502 (Herodot; 485 – 425)

Vater der Geschichtsschreibung. Schildert die persische Invasion Griechenlands 490 – 479.

Utopia, Leiden 1516 (Thomas More; 1478 – 1535)

Fiktive Erzählung von dem kommunistischen Idealstaat Utopia, in dem Mores humanistische Bildungsideale verwirklicht sind. Modell aller weiteren Utopien.

Das Neue Testament, deutsch 1522
Das Neue und das Alte Testament, 1534 (Martin Luther; 1483 – 1546)

Das wichtigste Buch der deutschen Literatur, das durch seine Verbreitung zum Ausgangspunkt der Entwicklung des Hochdeutschen als der gemeinsamen Sprache der Deutschen wurde und den deutschen Kulturraum durch Ausrichtung an den gleichen sprachlichen Normen vereinheitlichte. Luthers Bibel prägte die Kanzelrhetorik, vereinheitlichte das deutsche Stilempfinden und versorgte die Deutschen mit einem gemeinsamen Schatz von Formeln, Bildern und Wendungen, die in alle Poren und Ritzen der Sprache eingedrungen sind. Unter diesem Gesichtspunkt war es ein Glücksfall, daß Luther über ein bildkräftiges, plastisches Deutsch gebot, was die neueren Bibelübersetzungen um so flacher erscheinen läßt.

Il Cortegiano, 1528 → Geschichte (Baldassare Castiglione; 1478 – 1529)

Maßgeblicher Knigge für den idealen Höfling. Prägt den höfischen Verhaltensstil und die aristokratischen Umgangsformen an den Höfen.

Il Principe (Der Fürst), 1532 (Niccolò Machiavelli; 1496 – 1527)

Begründung der Lehre von der Staatsräson. Politik wird unter wissenschaftlich-technischen und nicht mehr unter moralischen Gesichtspunkten betrachtet. Verherrlichung des persönlichen Charismas als »Virtú«, als eine Art energetischer Dynamik des Prinzen, kombiniert mit den Eigenschaften des Löwen und des Fuchses, also mit Mut und Gerissenheit.

Christianae Religionis Institutio, Basel 1536 (Jean Calvin; 1509 – 64)

Bedeutendstes Lehrwerk der Reformation. Zentral war Calvins augustinische Auffassung von der absoluten Herrschaft Gottes und dem sich daraus ergebenden Widerstandsrecht, wenn die weltlichen Herrscher gegen Gottes Willen verstießen: Sie waren nur die Werkzeuge Gottes. Zugleich erläutert Calvin seine Lehre von der Prädestination (der vorherbestimmten Gnadenwahl) und den Pflichtenkatalog eines Lebens in Arbeit. Von Calvin ging ein bestimmender Einfluß auf die Niederlande, England, Schottland und Amerika aus, und der Calvinismus wurde zur entscheidenden Kraft bei der Entwicklung der demokratischen Freiheitsbewegungen.

De revolutionibus orbium coelestium libri VI, 1543 (Nikolaus Kopernikus; 1473 – 1543)

Versetzt dem geozentrischen Weltbild den Todesstoß und erklärt die zu beobachtenden Veränderungen des Himmels damit, daß sich die Erde um die Sonne und um sich selbst dreht. Sein Werk wurde 1616 von der Kirche auf den Index verbotener Schriften gesetzt.

The Book of Common Prayer, 1549

Erstes volkssprachliches Andachtsbuch, das Geistliche und Laien gemeinsam benutzten. Es legte die Liturgie im anglikanischen Gottesdienst fest. Dadurch ist sein Sprachgebrauch in die englische Sprache eingegangen. Wichtigstes Buch nach der Bibel.

Index Librorum Prohibitorum, 1559

Liste der verbotenen Bücher, die nach Auffassung des Papstes den Glauben oder die Moral gefährden. Auf den Index gesetzt wurden ketzerische Bücher, protestantische Bibeln, alle vom Papst nicht genehmigten Schriften über Liturgie und Dogma, sogenannte unmoralische und obszöne Bücher und schließlich alle ideologisch nicht genehmen Veröffentlichungen. Der letzte Index wurde 1948–62 herausgegeben und umfaßte 6000 Titel. Er galt noch bis 1966.

Die Lebensläufe der hervorragendsten Maler, Bildhauer und Architekten (Le Vite de piu Excellenti Pittori, Scultori e Architettori), 1568 (Giorgio Vasari; 1511–74)

Unschätzbare Quelle für unsere Kenntnis der Renaissance; es ist lebhaft geschrieben und voller Anekdoten und das erste Buch, das den Begriff »Renaissance« verwendet.

Die Vier Bücher der Architektur (I quattro Libri dell'Architettura), 1570 (Andrea Palladio; 1508–80)

Lehrbuch, das sich enger als andere an die klassische römische Baukunst anlehnte. Hat vor allem die Landhausarchitektur in England und Amerika (Weißes Haus) beeinflußt und den »palladianischen Stil« vorbereitet.

Les Essais, 1580 (Michel de Montaigne; 1533–92)

Montaigne kreiert mit diesem Buch den persönlichen Essay, in dem nur ganz subjektiv eingefärbte Gedanken und Erfahrungen artikuliert werden. Ein Monument des Skeptizismus, das starken Einfluß auf die Literatur ausübte.

The Holy Bible oder The authorized Version oder King James Bible, 1611

Englische Bibel, Ergebnis einer Konferenz von Kirchenmännern, die von James I. einberufen worden war. »Das einzige literarische Meisterwerk, das von einem Komitee zustande gebracht wurde. Auf jeden Engländer, der Sidney oder Spenser gelesen oder Shakespeare im Globe-Theater gesehen hatte, kamen Hunderte, die die Bibel als das Wort Gottes mit größter Aufmerksamkeit gelesen oder ihr gelauscht hatten. Die Wirkung des unablässigen häuslichen Studiums dieses Buches auf den Charakter, die Einbildungskraft und die Intelligenz der Nation während nahezu dreihundert Jahren war größer als die irgendeiner anderen literarischen Bewegung in unseren Annalen.« (Trevelyan)

Instauratio Magna (The Advancement of Learning und Novum Organum), 1620 (Francis Bacon; 1561–1626)

Ein umfassender Plan zur methodischen Neubegründung der Naturwissenschaft auf empirischer Grundlage. Er enthält eine Klassifikation aller wissenschaftlichen Disziplinen, das Programm einer neuen wissenschaftlichen Methode und eine Revision der aristotelischen Logik, eine Anleitung für weitere Forschungen, Beispiele für Hypothesen als Forschungsimpulse und weitreichende Forderungen zur Wissenschaftsorganisation. Bacon verabschiedet die gesamte spekulative Tradition und fordert die ausschließliche Orientierung am Experiment. Der Einfluß Bacons auf die spätere Wissenschaft kann nicht überschätzt werden! Die französische Enzyklopädie wird ihm gewidmet, und der Konvent der Französischen Revolution läßt sein Werk auf Staatskosten nachdrucken.

Dialogo sopra i Due Massimi Sistemi del Mondo, Tolemaico e Copernicano.

(Gespräch über die beiden wichtigsten Weltsysteme, das Ptolemäische und das Kopernikanische), Florenz 1632 (Galileo Galilei; 1564–1642)

Ein Dialog zwischen einem Radikalen, einem Konservativen und einem Agnostiker, der die neuen astronomischen Entdeckungen aufzählt, das kopernikanische Denken als einfach und schön preist und sich über die Vernageltheit der Ignoranten lustig macht, die ihre alten Systeme verteidigen. Darauf wurde Galilei vor das Inquisitionsgericht nach Rom befohlen und gezwungen, alles zu widerrufen, was er in dem Buch behauptet hatte. Das Buch blieb bis 1828 auf dem Index, und erst 1992 erklärte der Papst die Verurteilung von Galilei als ungerechtfertigt.

Discours de la méthode, 1637 →Philosophie

(René Descartes; 1596–1650)

Grundlegung der Wissenschaften durch Rückführung auf erste Prinzipien: 1. Selbstgewißheit des Bewußtseins (Cogito ergo sum), 2. Fortschritt der Wahrheit vom endlichen Bewußtsein des Menschen zum unendlichen Bewußtsein, 3. Rückführung der Dingwelt auf die Dimensionen des Raumes: Ausdehnung und Bewegung. Auf diesem Buch baut die moderne Philosophie auf.

Leviathan, 1651 →Philosophie (Thomas Hobbes; 1588–1679)

Staatspolitische Schrift, die den absolutistischen Staat aus dem Gesellschaftsvertrag erklärt, den die einzelnen zum Schutz voreinander abschließen, indem sie dem Staat das Gewaltmonopol übertragen. Zugleich wurden das Gewissen und die Moral zur Privatsache degradiert. Damit reagiert Hobbes auf die Erfahrung des Bürgerkriegs, in der jeder aus einem guten Gewissen heraus die Moral für sich reklamiert und damit den Gegner zum Kriminellen stempelt und den Krieg mörderisch macht. Die Schrift ist bis heute aktuell geblieben.

Pensées, 1670 (Blaise Pascal; 1623–62)

Pascal war Anhänger der Jansenisten von Port Royal, die die Verderbtheit der menschlichen Natur und die Gnadenbedürftigkeit des Menschen betonten. Von dieser Position ausgehend, transformierte Pascal den rationalen Skeptizismus gegenüber dem Christentum in einen Skeptizismus gegenüber der Vernunft und gelangte dabei zu Einsichten in den Abgrund der menschlichen Seele: »Das Herz hat seine Logik, die die Logik nicht kennt.«

Tractatus Theologico-Politicus, 1670 (Baruch Spinoza; 1632–77)

Plädoyer für einen Staat, der die Gerechtigkeit, die Toleranz und die Rede- und Gedankenfreiheit schützt. Darlegung der natürlichen Rechte des Menschen und Argumentation für die Trennung von Religion und Philosophie. Wegen seiner Lehren war Spinoza, Nachkomme spanischer Juden in Holland, schon vorher aus der jüdischen Gemeinde von Amsterdam ausgeschlossen worden.

Pilgrim's Progress, 1678 (John Bunyan; 1628–88)

Verbreitetstes Buch des Puritanismus. Als Traumallegorie von der Pilgerreise des Christen durch ein Leben voller Versuchungen und Ablenkungen in kräftiger, zupackend-realistischer Sprache verfaßt, ist das Werk durch seine Typengalerie von plastischen Charakteren und durch den unterschwelligen sozialen Radikalismus äußerst populär geworden und wurde in 147 Sprachen übersetzt. Es ist ein Monument der puritanischen Mentalität.

Die mathematischen Prinzipien der Naturlehre, 1687 (Sir Isaac Newton; 1643–1727)

Theorie der Dynamik und der Nachweis, daß alle Erscheinungen des Sonnensystems aus den Gesetzen der Dynamik und der Gravitation abgeleitet, begründet und vorhergesagt werden können. Die *Principia* gelten als das bedeutendste Werk in der Geschichte der Naturwissenschaft. Sie integrieren alle bisherigen Erkenntnisse in einer neuen, rational begründeten Synthese und liefern der Menschheit damit ein neues Bild der Welt, in welchem die Herrschaft Gottes durch die Gesetze der Kausalität und der Mechanik abgelöst wird.

Two Treatises on Government, 1690 →Philosophie (John Locke; 1632–1704)

Dies ist die Magna Charta des Liberalismus: Locke begründet die Gewaltenteilung mit der Notwendigkeit, daß die Regierten dem zustimmen, was die Regierung tut: Deshalb darf sie ihre Macht nicht absolut ausüben, sondern muß kontrolliert werden. Die einflußreichste Schrift bei der Entwicklung der Demokratie und des Parlamentarismus.

Prinzipien einer neuen Wissenschaft von der gemeinsamen Natur der Völker, 1725
(Giambattista Vico; 1668 – 1744)

Begründung der modernen Geschichtswissenschaften aus dem Gedanken heraus, daß die Geschichte dem menschlichen Handeln entspringt und daß wir unsere eigenen Motive viel besser verstehen als die Gesetze der uns fremden Natur. Deshalb habe die Geschichte Anspruch darauf, als Wissenschaft behandelt zu werden. Vico unterstellt einen Parallelismus zwischen individuellen und gesellschaftlichen Zyklen mit ähnlichen evolutionären Phasen wie Jugend, Reife und Alter der Kulturen, wobei er die Bedeutung von Sprache, Mythos und Kultur entdeckt. Er wurde zur Inspiration von Hegel und Herder und zum Vorläufer Spenglers.

Versuch Schweizerischer Gedichte, 1732
(Albrecht von Haller; 1708 – 77)

In diesem Gedichtband wird die Großartigkeit der Bergwelt entdeckt, die man bis dahin nur mit Abscheu und Widerwillen betrachtet hatte. Das öffnete neue Erlebnisräume, aber auch dem Tourismus Tür und Tor.

Systema Naturae, 1735 (Carl von Linné; 1707 – 78)

Grundlegung der modernen Botanik und Zoologie durch die systematische Einteilung der Pflanzen und Tiere in Gattungen und Arten. Darauf gründet Linné die noch heute geltende lateinische »Zwei-Namen-Benennung«: Der erste Name bezeichnet die Gattung, die alle verwandten Arten einschließt, der zweite die besondere Art – also Löwe und Tiger sind beide Katzen und heißen deshalb felis leo und felis tigris.

Encyclopédie, 1751 – 1765 / 17 Bde. (Diderot und d'Alembert)

Gipfel der europäischen Aufklärung und Haupttriebkraft bei der Diskreditierung der alten Ordnung vor der Französischen Revolution (→ ausführliche Beschreibung im 1. Teil, 1. Kapitel Geschichte).

Essay über die Universalgeschichte und die Sitten und den Geist der Völker, 1756 (François Marie Arouet de Voltaire; 1694 – 1778)

In diesem Werk erfindet Voltaire zugleich die Kulturgeschichte und Geschichtsphilosophie (nach Augustin), indem er die Weltgeschichte als Fortschritt in Richtung Aufklärung beschreibt, zu dem jedes Volk das Seine beitragen könne.

Vom Gesellschaftsvertrag, 1762 (Jean-Jacques Rousseau; 1712–78)

Leidenschaftlich vorgetragene Forderung nach Rückkehr zur Natur und zur natürlichen Gleichheit unter den Menschen und Anklage gegen die willkürlichen Barrieren, die die Gesellschaft zwischen füreinander fühlenden Menschen aufrichtet. Wegen seiner egalitären Rhetorik wurde das Buch zur Bibel der Radikalen in der Französischen Revolution.

Geschichte der Kunst des Alterthums, 1764 (Johann Joachim Winckelmann; 1717–72)

Mit dieser Schrift prägte der Verfasser die europäische Auffassung von der »edlen Einfalt und stillen Größe« der griechischen Kunst, die erst durch Nietzsches Entdeckung des »Dionysischen« wieder erschüttert wurde.

Abhandlung über den Ursprung der Sprache, 1772 (Johann Gottfried Herder; 1744–1803)

Herder wandte den Entwicklungsgedanken auf die Sprachen an und regte an, die Sprachwissenschaften als Vergleich zwischen Sprachen und Kulturen zu entfalten. Er erwartete von der Sprachwissenschaft Aufklärung über das Funktionieren des menschlichen Verstandes. Seine Ideen haben dazu beigetragen, daß die ostmitteleuropäischen Völker ihre nationale Identität in ihrer Sprache suchten, was einerseits zur Philologie, andererseits zum Sprach-Chauvinismus führte.

The Wealth of Nations (Über Wesen und Wohlstand der Nationen), 1776 (Adam Smith; 1723–90)

Das erste und bedeutendste unter den klassischen Werken der Volkswirtschaft. Smith sieht im Wettbewerb als Quelle der Arbeitsteilung den Motor der Produktivitätssteigerung und des wirtschaftlichen Fortschritts. Dieser Fortschritt werde behindert, wenn der Staat durch Eingriffe einzelne Gruppen schützt oder subventioniert. Umgekehrt sorge bei der freien Entfaltung aller wirtschaftlichen Kräfte eine unsichtbare Hand dafür, daß die eigensüchtigen Interessen der einzelnen zum Wohle aller zusammenwirkten. Als Bibel des Liberalismus wurde die Schrift in den Augen der Sozialisten zum Buch der Lügen und zum Paradebeispiel ideologischer Mystifikation.

Kritik der reinen Vernunft, 1781 → Philosophie (Immanuel Kant; 1724–1804)

Kant erklärt die Erkenntnis aus dem Zusammenwirken zwischen der äußeren Welt als Gegenstand der Erfahrung und der apriorischen (erfahrungsunabhängigen) Fähigkeit des Verstandes zur Synthese dergestalt, daß die sinnlich-empirische Welt die Synthese des Verstandes auslöst, dieser aber der Erfahrung vorschreibt, wie sie zu erscheinen hat. Mit dieser sogenannten »kopernikanischen Wende« markierte Kant eine Zäsur in der Geschichte der Philosophie, so daß man seitdem die Philosophiegeschichte als »vorkritisch« oder »nachkritisch« etikettierte.

Reflections on the Revolution in France, 1790
(Edmund Burke; 1729–97)

In Form eines Briefes an einen Gentleman in Paris entwirft Burke die Vorstellung von der Gesellschaft als einem organisch gewachsenen Öko-System, das durch gewaltsame revolutionäre Eingriffe in einen Zustand des Chaos und der Tyrannei gestürzt würde. Er warnt vor der Annahme, daß die Zwecke die Mittel heiligen. Die Verfassung ist für ihn nicht mehr ein naturrechtlich begründeter Gesellschaftsvertrag, sondern ein die Zeit überspannender Generationenvertrag zwischen Toten, Lebenden und Ungeborenen, der eine Tradition begründet, die nicht durch abstrakte, künstliche Verfassungskonstruktionen gesprengt werden dürfe.

The Rights of Man (Die Menschenrechte), 1791 (Thomas Paine; 1737–1809)

Als Antwort auf Burke verfaßte Verteidigung der Revolution, in der Paine die Menschenrechte in leicht verständlichen Formulierungen bekräftigte. Er forderte die Abschaffung von Monarchie und Aristokratie, den Aufbau eines staatlichen Erziehungssystems und eine Umverteilung des Reichtums durch progressive Einkommensteuer. Die gewaltige Resonanz des Buches führte zur Gründung von radikalen Gesellschaften in ganz Großbritannien.

A Vindication of the Rights of Woman, 1792
(Mary Wollstonecraft; 1759–97)

Die Verfasserin, Lebensgefährtin des Philosophen Godwin und Mutter der *Frankenstein*-Autorin Mary Shelley, plädierte für die gemeinsame und gleiche Schulbildung für beide Geschlechter als Voraussetzung für gleichberechtigte Partnerschaften von Männern und Frauen und klagte beredt darüber, daß bis dahin die Frauen von den Männern auf die Rollen des Sexualobjekts, der Haushälterin und der Mutter reduziert worden waren. Mit dieser Schrift wurde sie eine der Gründungsheldinnen der Frauenbewegung.

An Essay on the Principle of Population, 1798
(Thomas Malthus; 1766–1834)

Die Schrift war als Antwort auf den Optimismus Godwins gedacht: Malthus argumentierte, daß jede Verbesserung der Lage der Bevölkerung deren Vermehrung nach sich ziehe, so daß der Zuwachs wieder die Verbesserung aufzehre. Die Bevölkerung vermehre sich immer schneller als die Nahrungsreserven, so daß sich die Armutsgrenze zwar hinausschieben, aber niemals beseitigen lasse. Das Buch führte zu großer Ratlosigkeit unter den Reformern, zu Anklagen gegen die Armen, sich hemmungslos zu vermehren, und zur Gründung von Gesellschaften zur Geburtenkontrolle. Darüber hinaus inspirierte es Darwin zur Idee von der natürlichen Zuchtwahl durch den steten Populationsdruck an der Grenze der Nahrungsreserven.

Phänomenologie des Geistes, 1807
(Georg Friedrich Wilhelm Hegel; 1770 – 1831)

Entwurf der Weltgeschichte als eines dialektischen Prozesses fortschreitender Selbsterkenntnis des »Geistes«. Die Stufen, die er dabei durchläuft, bestimmen sich aus den Beziehungen des Bewußtseins zur Realität: subjektiver Geist (Psychologie), objektiver Geist (Moral, Politik), absoluter Geist (Kunst, Religion, Philosophie, Logik). Das »Hegelsche System« wird dann aus einer Entfaltung dieser Stufen bestehen. Dieser geschichtsphilosophische Entwurf einer sich in dialektischen Umschwüngen zwischen These, Antithese und Synthese vollziehenden Geschichte wurde zum Ausgangspunkt der ideologischen Auseinandersetzungen zwischen Linken und Rechten im 19. und 20. Jahrhundert (man spricht von Links- und Rechtshegelianern).

Waverley, 1814 (Walter Scott; 1771 – 1832)

Dieser erste einer langen Reihe von *Waverley*-Romanen wurde zum Vorbild des historischen Romans. Scott ließ dabei einen erfundenen Helden in einem aus seiner Perspektive beschriebenen historischen Szenario auf wirkliche historische Figuren treffen: In diesem Falle ging es um den Jacobitenaufstand von Bonnie Prince Charlie um 1740 im Schottischen Hochland. Nachgeahmt wurde dieses Schema in solchen Romanen wie *Der letzte Mohikaner* von James Fenimore Cooper, *Der Glöckner von Notre Dame* von Victor Hugo, *Die drei Musketiere* von Alexandre Dumas und *Krieg und Frieden* von Leo Tolstoi.

Über das Conjugationssystem der Sanskritsprache im Vergleich mit jenen der griechischen, lateinischen, persischen und germanischen Sprache, 1816
(Franz Bopp; 1791 – 1867)

Der Autor entdeckt die Verwandtschaftssysteme der Sprachen – in diesem Falle der »indogermanischen« Sprachfamilie – und begründet damit die vergleichende Sprachwissenschaft.

Deutsche Grammatik, 1819–37 (Jacob Grimm; 1785–1863)

Aufbauend auf Bopp erklärt Grimm die Unterschiede zwischen den germanischen Sprachen und ihren indogermanischen Verwandten, entdeckt die Ablautgesetze bei der Konjugation der starken Verben und formuliert das »Grimmsche Gesetz« der Lautverschiebung, die den Hauptunterschied zwischen dem Hochdeutschen und allen anderen germanischen Sprachen ausmacht (Water – Wasser).

Zur Kritik neuerer Geschichtsschreiber, 1824
(Leopold von Ranke; 1795–1886)

Leipzig, Berlin, G. Reimer 1824, ursprünglich angefügt der *Geschichte der romanischen und germanischen Völker*

Grundlegung und Erläuterung der Normen einer kritischen Geschichtsschreibung, die sich nicht auf andere verläßt, sondern zu den Quellen zurückkehrt und sie genau prüft. Ranke lehnt es ab, als Lehrer oder Erzieher aufzutreten, sondern will nur zeigen, »wie es eigentlich gewesen«. Damit begründet er die Geschichte als Wissenschaft.

Cours de Philosophie Positive, 1835–42 / 6 Bde.
(Auguste Comte; 1798–1857)

Evolutionäre Wissenschaftslehre hegelianischen Zuschnitts, wonach der menschliche Geist drei Phasen durchläuft: die theologische Phase, die hinter allem einen Gott vermutet; die metaphysische Phase, die alles auf Ideen zurückführt; die »positive« wissenschaftliche Phase, die nicht nach Zwecken und Ursprüngen, sondern nach Ursachen, Gesetzen und Beziehungen fragt. Die Wissenschaft gliedert sich in eine hierarchische Ordnung, an deren Spitze die Soziologie steht, die Comte damit begründet. Entsprechend ordnet er den drei Phasen die entsprechenden Gesellschaftsverfassungen zu, wobei der »positiven« Phase die industrielle Gesellschaft entspricht. Dieser Entwurf hat den Begriff »Positivismus« (Beschränkung der Erkenntnis auf wissenschaftlich beweisbare Tatsachen) in Umlauf gebracht und der Wissenschaftsgläubigkeit des 19. und 20. Jahrhunderts eine Form gegeben. Noch in den 60er Jahren des 20. Jahrhunderts kam es zum »Positivismusstreit« zwischen der neomarxistischen Frankfurter Schule und den »positivistischen« Vertretern eines kritischen Rationalismus (Albert, Popper) über die richtigen Methoden der Soziologie.

Vom Krieg, 1832–34 (Karl von Clausewitz; 1780–1831)

Der Verfasser ordnet den Krieg der Politik unter (»Krieg ist die fortgesetzte Staatspolitik mit anderen Mitteln«, so lautet das genaue Zitat), betont die Rolle der Moral und der Disziplin als entscheidende Faktoren im Krieg, definiert Strategie als den unablässigen Wechsel zwischen Angriff und Verteidigung und verurteilt alle vorherigen Festlegungen durch feststehende Schlachtpläne.

Clausewitz nahm an fast allen Kriegen gegen Napoleon teil, arbeitete an der preußischen Heeresreform mit und wurde Leiter der Berliner Kriegsakademie.

Post Office Reform; Its Importance and Practicability, 1837
(Rowland Hill; 1795–1879)

Vorschlag der Rationalisierung des Postwesens durch Einführung von fünf Prinzipien: Einführung der Briefmarke, Einführung des Briefumschlags, Vorauszahlung des Portos, Bezahlung nach Gewicht, einheitliches Porto für gleiche Entfernungen. Nach der Prüfung durch eine königliche Kommission wurden die Vorschläge angenommen, die erste Briefmarke (Penny Black) mit dem Porträt von Königin Victoria entworfen und die Post nach Hills Vorschlägen reformiert – mit ungeahnten Konsequenzen: Briefe wurden nun für die Armen erschwinglich, so daß die Auswanderer nach Amerika begannen, nach Hause zu schreiben, was die Welle der Anschlußauswanderer ins Gigantische anschwellen ließ.

Das nationale System der politischen Ökonomie, 1841
(Friedrich List; 1789–1846)

Im Gegensatz zu Adam Smith sah List als Hauptquelle des nationalen Wohlstands nicht den internationalen Handel und die internationale Arbeitsteilung, sondern die Entwicklung der eigenen nationalen Ressourcen. So wurde er zum Vorkämpfer der deutschen Einigung durch Gründung des Zollvereins und sein Buch zur Bibel der sogenannten »Protektionisten«, der Verteidiger von Schutzzöllen.

Onkel Toms Hütte, 1852 (Harriet Beecher-Stowe; 1811–1896)

Der Held des Buches ist ein alter, würdiger, afro-amerikanischer Sklave, der seinem weißen Besitzer und dessen Tochter Eva treu ergeben ist, aber nach zahlreichen geduldig ertragenen Prüfungen von einem weißen Aufseher zu Tode geprügelt wird. Die denkwürdigsten tränentreibenden Szenen des Buches sind die Sterbeszene der kleinen Eva und die Flucht einer Sklavin mit ihrem Baby über die Eisschollen des Ohio. Der Roman wurde als Reaktion auf das Gesetz zur Verfolgung entflohener Sklaven geschrieben und hatte aufgrund seiner melodramatischen Qualität einen größeren Einfluß auf Amerika als je ein Buch vorher oder nachher, so daß Lincoln die Autorin als die »Little Lady« begrüßte, »der wir diesen Bürgerkrieg zu verdanken haben«.

Essay über die Ungleichheit der menschlichen Rassen, 1853–55
(Arthur Graf von Gobineau; 1816–82)

Kampfschrift gegen die Französische Revolution, in der der Verfasser den Herrschaftsanspruch der französischen Aristokratie aus der Überlegenheit des germanisch-fränkischen Adels über die unterworfenen Gallier ableitet. Daß der Adel in der Revolution überhaupt besiegt werden konnte, kann er dann nur mit der »Rassenmischung« erklären, mit der die Franken ihr Blut verdorben hätten. Gobineau erfindet hier den Begriff der »Arier« für die nordische Rasse und liefert die Stichworte für den deutschen Rassismus und den Germanenfimmel der Nazis. Gobineau selbst hielt die Deutschen allerdings nicht für Germanen, sondern für eine Mischung aus Kelten und Slawen mit einem Spritzer unreinen Germanenbluts.

Von der Entstehung der Arten durch natürliche Zuchtwahl, 1859 →Philosophie/Wissenschaft (Charles Darwin; 1809–82)

Begründung der Theorie von der Evolution der Tierarten einschließlich des Menschen durch das Überleben der am besten an die natürlichen Umweltbedingungen angepaßten Spezies. Damit werden jahrhundertelang geglaubte Vorstellungen über den Haufen geworfen: der biblische Schöpfungsbericht, nach dem jede Art, auch der Mensch, unmittelbar aus Gottes Hand entsprungen und die Welt ca. 6000 Jahre alt war; die Vorstellung, daß hinter jeder zielgerichteten Entwicklung ein göttlicher Planer stehen müsse, und daß der Mensch nicht ein Nachkomme des Schimpansen sei, sondern nach dem Ebenbild Gottes geschaffen wurde. Darwins Buch hat wie keine andere Schrift vor oder nach ihm das bisher geltende Weltbild erschüttert und die Eigenliebe des Menschen gekränkt. Es hat die intellektuellen Debatten der nächsten Jahre bestimmt und kaum einen Bereich des menschlichen Denkens unberührt gelassen. Das Konzept der Evolution als eines ungeplanten, aber gleichwohl nicht beliebigen Prozesses der Selbststeuerung ist heute noch hochaktuell.

Über die Freiheit (On Liberty), 1859 (John Stuart Mill; 1806–73)

Bekannteste Schrift des Vertreters der von Jeremy Bentham gegründeten Gruppe der »Utilitaristen«, die »das größte Glück der größten Anzahl« zum Kriterium der Ethik und der Politik machten und aus dieser Überzeugung heraus zur wichtigsten Kraft hinter den Reformen des 19. Jahrhunderts wurden. In dieser Schrift argumentiert Mill, daß das größte Glück der größten Anzahl unmittelbar mit der Freiheit des einzelnen verbunden ist. Damit vermittelte er einer ganzen Generation eine positive Einstellung zur freien Meinungsäußerung, zur Offenheit gegenüber neuen Ideen und zum Fortschritt der Wissenschaft.

Das Mutterrecht, 1861 (Johann Jacob Bachofen; 1815–87)

Aus dem Studium der frühen griechischen Gesellschaft leitete der Autor eine Evolution der Gesellschaftsordnung ab, in welcher das heutige Patriarchat (die Herrschaft der Männer) eine matriarchalische Gesellschaft abgelöst habe, die ihrerseits aus einem frühen Stadium des Hetärentums hervorgegangen sei. In seiner Argumentation stützte sich Bachofen auf kultische Verehrungen von Muttergottheiten und matrilineare Verwandtschaftssysteme. Obwohl seine Schlußfolgerungen heute als überholt gelten, hat er die ethnologische Optik entscheidend erweitert.

The English Constitution, 1867 (Walter Bagehot; 1826–77)

Da es keine geschriebene englische Verfassung gibt, wurde dieses Buch zur Ersatzschrift, die man zitieren kann, wenn man schwierige Verfassungsfragen diskutieren will.

Das Kapital, 1867 (Karl Marx; 1818–83)

Marx beginnt mit einer Kritik der bürgerlichen ökonomischen Theorie, erklärt den Kapitalverwertungsprozeß, den sie beschreibt, aus dem innergesellschaftlichen Verhältnis zwischen herrschender und beherrschter Klasse, geht zur Analyse der Dialektik der Ware zwischen Gebrauchswert und Tauschwert über und beschreibt die Verschleierung der gesellschaftlichen Verhältnisse durch das Geld und der daraus resultierenden Erscheinungsformen der Entfremdung, der Verdinglichung und der ideologischen Verblendung, in der dem Menschen seine eigene Ausbeutung wie ein Ergebnis von quasi naturnotwendigen Sachzusammenhängen vorkomme. Bei der Darstellung der Ausbeutung der Arbeiter stellt er den Begriff des »Mehrwerts« in den Mittelpunkt, wobei er auch hier wieder die »objektiven Gesetze« des Marktes als Maskierung von Herrschaftsverhältnissen enttarnt. Das Werk wurde zur Heiligen Schrift des Sozialismus und begründete den Anspruch auf »eine wissenschaftlich fundierte Lehre«, in der die Glaubensgewißheit von ehemals durch wissenschaftliche Objektivität ersetzt wurde. Gewirkt hat es weniger direkt als vielmehr durch die Exegesen (Auslegungen, Interpretationen) der Kirchenväter Lenin, Kautsky, Plechanow, Lukács u. a.

Trojanische Alterthümer, 1874 (Heinrich Schliemann; 1822–90)

Bericht über die Ausgrabung Trojas. In Wirklichkeit hatte Schliemann eine frühere Stadt entdeckt, und erst sein Mitarbeiter und Nachfolger Dörpfeld konnte das homerische Troja freilegen – aber Schliemann hatte die richtige Stelle gefunden.

Der kriminelle Mensch (L'Uomo delinquente), 1876 (Cesare Lombroso; 1836–1909)

Indem er Kriminalität auf körperliche »Degenerationserscheinungen« zurückführte, eröffnete Lombroso den Blick auf den Zusammenhang von Pathologie und Verbrechen, beeinflußte die Vorstellung der Zurechnungsfähigkeit und die Verurteilung und Behandlung von Delinquenten und leitete die Unterscheidung von Gelegenheits- und Gewohnheitsverbrechern ein.

Also sprach Zarathustra, 1883–85 (Friedrich Nietzsche; 1844–1900)

Eine philosophische Erzählung und ein »Prosagedicht«, in dem der persische Philosoph Zarathustra die Lehre vom »Übermenschen« verkündet, der sich an die Stelle Gottes setzt, das Hier und Heute gegenüber dem Jenseits feiert, den Heroismus und die Macht verherrlicht und die christlichen Tugenden als aus der Schwäche geborene Illusionen entlarvt. Der Einfluß des Buches auf die Nazis ist umstritten.

The Significance of the Frontier in American History, 1894 (Frederick Jackson Turner; 1861–1932)

Der Verfasser lehnt die Erklärung des amerikanischen Charakters aus dem Unabhängigkeitskampf gegen England ab und erklärt ihn statt dessen mit der offenen Grenze im Westen: Sie habe dazu genötigt, die Gesellschaft immer wieder neu zu gründen. Der Pionier, der Farmer, der Missionar, der Händler wurden so zu Helden einer unaufhörlichen Neugeburt, bei der das Recht und die Institutionen der Zivilisation immer wieder neu geschaffen werden mußten. Dieses Buch hat mehr dazu beigetragen als jedes andere, die amerikanische Rhetorik (The New Frontier), das Selbstverständnis der Amerikaner, die Mythen von Hollywood und das Schema des Western-Films mit dem heroischen, das Gesetz verkörpernden Sheriff zu prägen.

Der Judenstaat, 1896 (Theodor Herzl; 1860–1904)

Die Dreyfus-Affäre in Frankreich, während derer zum ersten Mal der rassistische Antisemitismus als ideologisches Bindeglied zwischen reaktionärer Oberklasse und kleinbürgerlichen Massen in Erscheinung trat, hatte Herzl von der Notwendigkeit überzeugt, daß die Juden in Palästina einen eigenen Staat gründen müßten. Die Veröffentlichung des Buches führte zum 1. Zionistenkongreß in Basel im Jahr 1897, auf dem die zionistische Organisation gegründet wurde. Durch den Einfluß von Chaim Weizmann und Nahum Sokoloff ließ sich der britische Premier Lord Balfour zu einer grundsätzlichen Zustimmung zur Gründung eines Judenstaats im Jahr 1917 bewegen, die aber erst 1948 verwirklicht wurde.

Die Traumdeutung, 1900 (Sigmund Freud; 1856–1939)

Das Buch präsentiert die Grundzüge der psychoanalytischen Theorie und Praxis: den erotischen Charakter der Träume, den Ödipus-Komplex, die Libido, die Theorie der Wunscherfüllung, die symbolische Verschlüsselung, die Theorie der Verdrängung, die Teilung der Psyche in Ich und Unterbewußtes, die Theorie der Neurosen und ihrer Symptome, das Verfahren des Bewußtmachens etc. Die Psychoanalyse sollte die westliche Vorstellung vom Psychischen vollständig umkrempeln.

Was tun?, 1902 (Wladimir Iljitsch Lenin; 1870–1924)

Lenin ergänzt den Marxismus durch die Forderung nach einer zentralistisch geführten Partei von Berufsrevolutionären, die den »lauen« Kampf der Gewerkschaften durch eine Strategie der revolutionären Machteroberung ersetzen soll. Selten hat eine Idee so weitreichende Folgen gehabt.

The Principle of Scientific Management, 1911 (Frederick Winslow Taylor; 1856–1925)

Plan zur Rationalisierung von Produktionsprozessen durch Normierung der Arbeit, Koordination und Bezahlung nach Leistung. Von den Sozialisten heftig bekämpft, wurde das System nach der Oktoberrevolution in der Sowjetunion sofort eingeführt.

Grundlagen der allgemeinen Relativitätstheorie, 1914/15 (Albert Einstein; 1879–1955)

Nachweis, daß alle Beobachtungen vom Beobachtungsstandort abhängen und daß es deshalb keinen objektiven Raum und keine objektive Zeit gibt: Wenn ein Weltraumschiff mit Beinahe-Lichtgeschwindigkeit zum 100 Lichtjahre entfernten Arcturus reist, vergehen für die Besatzung nur 10 Jahre, die sich auf 20 Jahre erhöhen, wenn das Raumschiff nach 200 Jahren wieder auf der Erde landet: Damit hat sich die Vision von H.G. Wells' *Zeitmaschine* erfüllt. Für die Erdlinge kämen die Weltraumreisenden aus der Vergangenheit, sie selbst hätten das Gefühl, in ihrer eigenen Zukunft zu landen.

Der Untergang des Abendlandes, 1918–22 (Oswald Spengler; 1880–1936)

Geschichtsphilosophischer Entwurf, nach dem alle Kulturen in Analogie zu lebenden Organismen einen vorherbestimmten Zyklus von Jugend, Blüte, Reife und Verfall durchlaufen. Spengler unterschied zwischen ägyptischer, babylonischer, indischer, griechisch-römischer, arabischer, mexikanischer und westlicher Kultur, bei der er den Übergang von der Demokratie in totalitäre Zustände vorhersah. Aufgrund der trüben Stimmung nach dem Ersten Weltkrieg hatte das Buch einen ungeheuren Erfolg.

Mein Kampf, 1925–26 (Adolf Hitler; 1889–1945)

Unlesbares Gebräu aus Antisemitismus, Rassismus, Militarismus, Chauvinismus, Lebensraumtheorie, Geschichtsdeutungen und politischer Programmatik, das wegen der offenbaren Blödsinnigkeit niemand ernst nahm: »Mein Kampf« war das einzige Buch, das durch seine Unwirksamkeit wirkte.

Bücher zum Weiterlesen

Die folgende Bibliographie besteht nicht – wie üblich – aus einer Liste all jener Bücher, die ich für dieses Handbuch ausgebeutet habe: Dann wäre sie sehr viel länger; vielmehr nennt sie solche Bücher, die einen gut lesbaren Überblick bieten, eine Sache möglichst anschaulich erklären und schildern, eine fremde Welt zugänglich machen oder sonst irgendwie besonders anregend sind. Das müssen nicht immer Fachbücher sein: In der Rubrik Philosophie habe ich z.B. einen Roman aufgeführt. Dafür habe ich unter Literatur nur zwei Werke genannt; Literatur sollte man direkt genießen. Und bei Musik habe ich mich auf ein einziges Werk beschränkt, weil es den Leser in den Stand setzt, seinen eigenen Weg zu suchen. Am Ende der Liste nenne ich noch ein paar Bücher, die in keine der Bildungsabteilungen passen, die uns aber dabei helfen, uns selbst besser zu verstehen, indem sie uns zeigen, wie wir unsere Welt konstruieren, wie wir kommunizieren und wie wir dabei Regeln verfolgen, die uns selbst weitgehend verborgen sind. Die Bücher werden im einzelnen kommentiert. Insgesamt ist eine Liste mit genau 50 Titeln herausgekommen. Wenn man sie alle gelesen hat, darf man eine Pause machen, aber man muß nicht.

Weltgeschichte

Eine kurze Weltgeschichte für junge Leser, Köln 1998 (Ernst H. Gombrich)

Diese Darstellung ist 1935 in Wien erschienen und vom Autor selbst später auf den neuesten Stand gebracht worden. Sie ist das, was der Titel sagt: eine verständlich geschriebene Weltgeschichte, die im Stil und im Erklärungsniveau für Jugendliche geeignet ist, die sich für Geschichte interessieren. Sie wurde in mehrere Sprache übersetzt und kam in England so gut an, daß der Verfasser den Auftrag erhielt, auch eine verständliche Kunstgeschichte zu schreiben.

Bild der Jahrhunderte in 37 Bänden, Gütersloh 1961 (Otto Zierer)

Das ist die Weltgeschichte als Fortsetzungsroman: Der Verfasser macht den Leser zum Zeugen von romanhaft geschilderten Szenen, in denen historische Figuren auftreten. Dabei werden die Situationen so arrangiert, daß echte historische Quellen zwanglos hineinpassen. Die Quellen sind gekennzeichnet und belegt. Zierer schreibt manchmal etwas pathetisch oder auch unfreiwillig komisch, so als ob die Beteiligten im Moment des Handelns immer gewußt hätten, daß sie »Geschichte« machten. Aber es gibt Schüler, die alle 37 Bände mit Interesse durchgelesen und davon sehr profitiert haben.

Kulturgeschichte der Menschheit, München 1978 / 18 Bde. (Will und Ariel Durant)

Diese Kulturgeschichte von den frühen Hochkulturen bis zum 19. Jahrhundert besticht durch ihre Lesbarkeit, ihren Humor und ihre Fähigkeit, die Menschen, um die es geht, lebendig werden zu lassen, so daß man sich an sie gut erinnert. Daß es 18 Bände sind, heißt nicht, daß man sie von vorne nach hinten alle durchlesen muß. Man kann jeden Band für sich nehmen und wird sowohl unterhalten als auch belehrt: Durant zu lesen ist ein Bildungserlebnis im besten Sinne. In der neueren Zeit liegt das Hauptaugenmerk allerdings nicht auf Deutschland, sondern auf England und Frankreich. Die Kulturgeschichte wurde ursprünglich für ein englisches Publikum geschrieben (The Story of Civilization).

Die Antike: Griechenland und Rom

Die Griechen, Hamburg/Frankfurt a.M. 1960 (H.D.F. Kitto)

Kitto, ehemaliger Professor für klassische Philologie an der Universität Bristol, läßt den Leser über die Griechen staunen, indem er schildert, wie unwahrscheinlich sie selbst waren und wie unwahrscheinlich die Kultur war, die sie erfanden. Dabei macht er klar: Grieche zu sein, war ein way of life, nämlich politisch zu sein und im Gespräch mit anderen zu leben.

Römische Geschichte, Köln/Wien 1954 (Theodor Mommsen)

Mommsen hat als liberaler Politiker und Gelehrter an dem Versuch teilgenommen, Deutschland nach 1848 auf demokratischem Wege zu einigen. Dieses politische Interesse macht seine »Römische Geschichte« zu einem der lebendigsten Werke der Geschichtsschreibung. Besonders hat es ihm die Gestalt Caesars angetan, den er mit Cromwell vergleicht: zum Herrscher geboren, aber im Herzen ein Republikaner. Von diesem Buch hat sich George Bernard Shaw zu seinem Porträt Caesars in dem Stück *Caesar und Cleopatra* inspirieren lassen.

Die Geschäfte des Herrn Julius Caesar, Frankfurt a.M. 1965 (Bertolt Brecht)

Wenn Mommsen Caesar heroisiert, will Brecht das Gegenteil: Er will als ein zweiter Brutus die Legende Caesars ermorden, indem er nachweist, durch welch hemmungslose Korruption Caesar an die Macht gekommen ist. Durch das ständige Auf und Ab in einem Hazardspiel wird der Bericht ziemlich spannend.

Ich, Claudius, Kaiser und Gott, Leipzig 1934 (Robert Graves)

Fiktive Autobiographie von Kaiser Claudius. Der Kaiser schildert im Plauderton die Skandale, Intrigen und Verschwörungen unter seinen Vorgängern, den Kaisern Augustus, Tiberius und Caligula. Dabei entsteht ein historisch weitgehend korrektes Sittengemälde von den schändlichen Zuständen am Kaiserhof. Das Buch wurde ein Weltbestseller, mit Derek Jacobi verfilmt und vom Autor fortgesetzt unter dem Titel *Claudius, der Gott, und seine Frau Messalina.*

Völkerwanderung und Mittelalter

Ein Kampf um Rom, Leipzig 1876 (Felix Dahn)

Als historischer Roman ein vergessener Klassiker des deutschen Bürgertums, der aus nationalem Geist heraus die Germanen heroisiert. Er schildert, wie die Nachfolger des Ostgotenkönigs Theoderich des Großen einen vergeblichen Abwehrkampf gegen Justinian, den Kaiser Ostroms, führen, wobei aufrechter germanischer Heldensinn sich gegenüber dem raffinierten welschen Ränkespiel als unterlegen erweist. Dahn war von einem von Schopenhauer und Darwin inspirierten Geschichtspessimismus durchdrungen und taucht den Untergang der Ostgoten in das düstere Licht einer Götterdämmerung. Das Buch verrät viel darüber, welche Rolle früher die Völkerwanderung als Bildungsstoff im nationalen Bürgertum der Deutschen gespielt hat.

Geschichte Europas von der Völkerwanderung bis zur Reformation, Frankfurt a.M. 1961 (Henri Pirenne)

Das Buch des belgischen Historikers wurde im Ersten Weltkrieg in einem deutschen Internierungslager geschrieben, wo der Autor keine Hilfsmittel zur Verfügung hatte. Deshalb wurde daraus eine gute Erzählung. Daß erst die Ausbreitung des Islam die kulturelle Einheit des Mittelmeerraumes sprengte und damit die Antike beendete, ist eine Erkenntnis, die Pirenne in seinem postum erschienenen Buch *Mahomet et Charlemagne* eigens belegt.

Lebensformen des Mittelalters, Frankfurt a.M. 1979 (Arno Borst)

Indem der Verfasser mit »Lebensformen« eine mittelalterliche Kategorie für die Beschreibung des Mittelalters benutzt, holt er es bei seinem Selbstverständnis ab. Da der gesellschaftliche Ort den ganzen Menschen definierte, neigte man im Mittelalter zur Typisierung: Es gab den Bauern, den Bürger, den Adligen, den Fürsten, den Priester, den Mönch, den Gebildeten etc. und damit haben wir schon über die Hälfte des Inhaltsverzeichnisses des Buches wiedergegeben. Borst versteht es darüber hinaus, die Mentalität und die Erlebnisverarbeitung des Mittelalters lebendig werden zu lassen.

Der Herbst des Mittelalters, Stuttgart 1969 (Johan Huizinga)

Ein historischer Klassiker. Der Verfasser behandelt die Kultur des 14. und 15. Jahrhunderts, indem er sie nicht wie üblich als Vorläufer der Renaissance deutet, sondern als letzte Blüte einer zu Ende gehenden Zeit. Im Mittelpunkt stehen dabei die Idee des Rittertums und des Frauendienstes, die Religion und das symbolische Denken. Eines der besten Bücher über den Unterschied zwischen Mittelalter und Neuzeit.

Das erfundene Mittelalter, Düsseldorf 1996 (Heribert Illig)

Dies ist ein Grundkurs in historischer Wissenschaft mit den Mitteln der Schocktherapie: Der Verfasser ist der Meinung, die Zeit vom September 614 bis August 911 habe gar nicht stattgefunden. Fast 300 Jahre könnten aus der Geschichte ersatzlos gestrichen werden. Die These ist weniger wahnsinnig, als sie zunächst klingt: Der Verfasser kann darauf verweisen, daß es für diese Zeit sehr wenig Quellen gibt; und daß aus dieser Düsternis nur der gut beleuchtete Karl der Große hervorragt. Just diese Gestalt aber sei erfunden worden, und zwar von Fälschern, die im Dienste Ottos III. und Friedrich Barbarossas vorhandene Legenden benutzten, um eine fiktive Sagengestalt Karl zum ersten Kaiser des Abendlandes zu machen und ihm eine gut dokumentierte Biographie zu verpassen. Was sollte das für einen Sinn haben? Man wollte von diesem selbsterfundenen Kaiser die eigenen kaiserlichen Rechte ableiten und damit die kaiserliche Oberhoheit gegenüber dem Papst begründen. Und die Karls-Kapelle in Aachen? Von Heinrich IV. erbaut. Man kann nicht behaupten, daß diese These unter Mittelalter-Historikern begeisterte Anhänger gefunden hätte. Richtig aber an ihr ist, daß die mittelalterlichen Machthaber, Könige, Kaiser, Päpste, Klöster, Fürsten und Städte Weltmeister im Urkundenfälschen waren. Sie handelten damit häufig im guten Glauben, indem sie einem unzweifelhaften Recht nachträglich die angeblich verlorengegangene Legitimation verschafften. Man nannte das »frommen Betrug«. So beruhte auch der Anspruch der Päpste auf den Kirchenstaat auf einer Urkundenfälschung, die der Heilige Vater selbst angefertigt hatte. Da die Geschichtswissenschaft aus der kritischen Sichtung von Quellen und Urkunden besteht, vermittelt Illigs Buch eine gute Einführung in die Art, wie die Historiker ihre Erzählungen konstruieren. Hätte er recht, könnten sich die Schüler das Büffeln von 300 Jahren Geschichte im Unterricht sparen.

Für ein anderes Mittelalter, Frankfurt a.M. 1984 (Jacques le Goff)

Darin plädiert einer der besten Kenner des Mittelalters dafür, die traditionelle Zäsur zwischen Mittelalter und Neuzeit um 1500 herum zu streichen und das Mittelalter bis zur industriellen Revolution dauern zu lassen. Solche Vorschläge haben den Vorteil, daß sie ihre Argumente immer auf die wesentlichen Züge einer Epoche stützen müssen, die auf diese Weise stark profiliert werden. Le Goff ist einer der Historiker, die dazu beigetragen haben, das Interesse des breiten Publikums für das Mittelalter neu zu beleben.

Renaissance, Reformation und frühe Neuzeit

Die Kultur der Renaissance in Italien, Köln 1959 (Jakob Burckhardt)

Der Klassiker über die Renaissance schlechthin, dem wir mehr als jedem anderen Buch unser Bild dieser Epoche verdanken. Burckhardt schildert die Renaissance als großes Erwachen, als Neugeburt des modernen Menschen, als Wiege des Individuums und als Morgenröte der Vernunft.

Die Renaissance, Berlin 1987 (Peter Burke)

Dieser knapp über 100 Seiten lange Essay entwirft das Gegenbild zu Burckhardt, betont die Kontinuität zwischen Renaissance und Mittelalter und beschränkt die spezifische Leistung der Renaissance auf die Wiederentdeckung der antiken Kunst und der Literatur.

Über den Prozeß der Zivilisation, Bern/München 1969 /2 Bde. (Norbert Elias)

Der Verfasser zeigt an der Entwicklung der Tischsitten und des Sexualverhaltens der europäischen Oberschichten, wie an den Fürstenhöfen Europas eine neue Verhaltenskultur entstand, die durch größere Selbstbeherrschung, Höflichkeit, Rücksichtnahme, Intriganz, Liebenswürdigkeit, Berechnung und Schauspielerei sowie eine stärkere Trennung von Innen und Außen geprägt war. Diese Darstellung ist erstens sehr unterhaltsam und zweitens ein Klassiker der Zivilisationsgeschichte.

Die protestantische Ethik (Hrsg. J. Winckelmann), Hamburg/München 1965 (Max Weber)

Der Gründungsvater der deutschen Soziologie entwickelt hier seine berühmte These, daß der Calvinismus bei der Entstehung des modernen Kapitalismus eine entscheidende Rolle gespielt hat.

Country and Court, England 1658 – 1714, London 1978 (J.R. Jones)

Das Buch behandelt die entscheidende Zeit der englischen Geschichte, in der für die Verfassungsentwicklung die Weichen in Richtung Parlamentarismus und bürgerliche Freiheiten gestellt werden.

A History of Modern France, 1700–1945, Harmondsworth 1961 / 2 Bde. (Alfred Cobdan)

Eine klar geschriebene Geschichte Frankreichs mit dem großen Drama der Revolution und der Zeit Napoleons als Höhepunkt der Erzählung.

Deutsche Geschichte des 19. und 20. Jahrhunderts, Frankfurt a.M. 1958 (Golo Mann)

Eine große Erzählung eines talentierten Erzählers.

Social Origins of Dictatorship and Democracy, Harmondsworth 1969 (Barrington Moore jr.)

Hier finden wir die Beschreibung dreier Wege der Modernisierung: des liberal-parlamentarischen, des autoritären und des sozialistischen, die anhand der Geschichte der europäischen Staaten und Japans nachgezeichnet werden.

The Rise and Fall of the Great Empires, Economic Change and Military Conflict from 1500 to 2000, London 1988 (Paul Kennedy)

Der Verfasser erzählt die Geschichte der Neuzeit als eine Serie von Versuchen, mit denen jedesmal ein anderes europäisches Land die Welt und Europa in einem Imperium zusammenfassen wollte und dabei jedesmal an der Überdehnung seiner Ressourcen scheiterte: Spanien im 16. Jahrhundert, Frankreich im 18. und 19. Jahrhundert, England im 19., Deutschland und Rußland im 20. Jahrhundert.

Die verspätete Nation, Frankfurt 1974 (Helmuth Plessner)

Dieses Buch erklärt auf einleuchtende Weise einige der sozialen Pathologien der Deutschen damit, daß Deutschland just in der Zeit in einen Abgrund der Selbstzerstörung taumelte, als sich in anderen Ländern eine adlig-bürgerliche Verhaltenskultur bildete, die dem gesellschaftlichen Leben zivilierte Formen verlieh; und daß diese Formen bei uns durch Philosophie ersetzt wurden, so daß Deutschland ideologisch anfällig wurde und nach weltanschaulichen Ernüchterungen und philosophischen Zusammenbrüchen durchdrehte.

Hitler und Stalin, Berlin 1997 (Alan Bullock)

Das Buch erzählt die Lebensläufe der zwei furchtbarsten Tyrannen der Weltgeschichte als parallel verlaufende Karrieren, die schließlich aufeinander reagieren. Weil der Verfasser dazu auch die ganze Geschichte der ersten Hälfte des 20. Jahrhunderts erzählen muß, wird der Eindruck der ungeheuren Fatalität dieser beiden Figuren schließlich überwältigend, und das Buch gewinnt die Qualität einer Tragödie.

Das Ende der Illusion, München 1996 (François Furet)

Der prominenteste Historiker der Französischen Revolution beschreibt die Geschichte des Kommunismus in der Wechselwirkung mit dem Faschismus und den westlichen Demokratien. Dabei stellt er auch die Illusionen dar, die sich die westlichen Intellektuellen – einschließlich seiner selbst – über den real existierenden Sozialismus gemacht hatten. Zugleich weist er die gemeinsame Abstammung der beiden Totalitarismen nach: Ihr Vater war der Erste Weltkrieg und ihre Mutter der Selbsthaß des Bürgertums.

Elemente und Ursprünge totaler Herrschaft, Frankfurt/Berlin/Wien 1975 (Hannah Arendt)

Die Verfasserin analysiert die Tyranneien Hitlers und Stalins als verwandte Formen der Herrschaft und als Folgeerscheinungen von Antisemitismus und Imperialismus – eine These, durch die sich das Buch der heftigen Kritik von seiten linker Faschismus-Theoretiker aussetzte.

Die Vernichtung der europäischen Juden. Die gesamte Geschichte des Holocaust, 3 Bde., Frankfurt a.M. 1985 (Raul Hilberg)

Die umfassendste Darstellung der Planung und Durchführung des Völkermords an den Juden.

Literatur

Analyse der Literaturkritik, Stuttgart 1964 (Northrop Frye)

Der Verfasser macht den Versuch, eine gewisse Ordnung in die Masse der literarischen Werke zu bringen, so daß sie nach Formen, Mustern, Stillagen und Storytypen klassifiziert werden kann. Dabei kommt eine Art Formen-Atlas heraus, der es ermöglicht, die übliche Verwirrung durch einen gewissen Überblick zu ersetzen.

Shakespearean Negotiations, Oxford 1988 (Stephen Greenblatt)

In mehreren faszinierenden Essays zeigt der Verfasser, wie durch tektonische Verschiebungen in der Kultur (etwa durch die Reformation) bestimmte kulturelle Praktiken herrenlos werden (so schaffen etwa die Protestanten die Teufelsaustreibung ab) und wie daraufhin das Theater sich diese freigewordene symbolische Praxis aneignet, sie auf die Bühne bringt und dadurch sich selbst in Katharsis verwandelt. Der Autor belegt damit, wie Literatur aus ästhetischer Entgiftung realer sozialer Praktiken entsteht. Besser kann man die Rolle der Literatur in der Gesellschaft und ihren symbolischen Austausch mit anderen gesellschaftlichen Bereichen nicht darstellen.

Kunst

Funkkolleg Kunst. Eine Geschichte der Kunst im Wandel ihrer Funktionen, München 1987 (Werner Busch, Hrsg.)

Dies ist eine vorzügliche Darstellung der Kunst von mehreren Autoren, die die Kunst immer auch im Zusammenhang mit der Art, wie sie benutzt wurde und wozu sie diente, betrachten. Damit wird vieles an ihr objektiviert, was man sonst der Subjektivität des Künstlers allein zuschreiben würde.

Geschichte der Kunst, Stuttgart 1996 (Ernst H. Gombrich)

Dies ist die klassische Geschichte der Kunst, die Laien und Studenten gleichermaßen benutzen, um sich einen Überblick zu verschaffen. Ursprünglich auf englisch verfaßt *(The Story of Art)*, ist sie in 18 Sprachen übersetzt worden und hat fast ebenso viele Auflagen erlebt.

Kunstgeschichtliche Grundbegriffe, München 1915 (Heinrich Wölfflin)

In dieser klassischen Studie entwickelt der Verfasser fünf stilistische Gegensatzpaare als Kriterien für die Beurteilung von Kunst: linear vs. malerisch; offene vs. geschlossene Form; flächig vs. plastisch; Klarheit vs. Unklarheit und Einheit vs. Vielheit. Mit dieser Ausrüstung untersucht er dann 150 Bilder von Botticelli, Dürer, Holbein, Brueghel, Rembrandt, Velazquez, Tizian, Vermeer u. a.

Manierismus. Die Welt als Labyrinth, Hamburg 1957 (Gustav René Hocke)

Der Autor sieht im manieristischen Stil eine Konstante, die sich in immer wieder erneuerten Schüben aus der Opposition zur klassischen Formbalance ergibt und ein »problematisches Weltverhältnis« durch Deformationen, Verzerrungen, Surrealismus und Abstraktionen ausdrückt. Auf diese Weise kommt der Verfasser zu interessanten Formvergleichen zwischen moderner Kunst, die er auch für manieristisch hält, mit den historischen Varianten des Manierismus und kann so eine Verbindung zwischen moderner und traditioneller Kunst herstellen.

Magritte, München/Wien/Zürich 1971 (Susan Gablik)

Der surrealistische Maler René Magritte hat mit der Beziehung zwischen Bild und abgebildetem Gegenstand so interessant herumgespielt, daß die Verfasserin an seinem Werk die neuartigen Problemstellungen der modernen Kunst demonstrieren kann.

Musik

Die großen Epochen der abendländischen Musik, München 1991 (Karl Pahlen)

Eine große historische Darstellung, gut erzählt, faktenreich und detailliert, mit plastisch geschilderten Episoden und dramatisch akzentuierten Künstlerbiographien.

Philosophie und Ideologie

Idee und Leidenschaft. Die Wege des westlichen Denkens, München 1997 (Richard Tarnas)

Hier macht ein Philosophieprofessor den Versuch, die Geschichte der Philosophie von Platon bis heute so verständlich wie möglich darzustellen. Obwohl der Autor Amerikaner ist, hat er eine Schwäche für die Philosophie des deutschen Idealismus.

Von Hegel zu Nietzsche. Der revolutionäre Bruch im Denken des 19. Jahrhunderts, Zürich 1941 (Karl Löwith)

Diese Studie stellt die Philosophie des 19. Jahrhunderts als Problemgeschichte dar: Sie geht aus von Hegels Verbindung des Realen (der Geschichte) mit dem Rationalen (dem Geist) und verfolgt dann, wie bei den Nachfolgern Hegels – Kierkegaard, Marx, Schopenhauer, Stirner und Nietzsche – diese Verbindung gesprengt wird und aus den Bruchstücken die Ideologien des 20. Jahrhunderts entstehen.

Ideologie, Neuwied 1967 (Kurt Lenk)

Ein Reader (Sammlung von Aufsätzen mit verbindendem Text) über das, was der Titel benennt, und eine vorzügliche problemgeschichtliche Einführung in das Phänomen des gesellschaftlich vorprogrammierten Bewußtseins.

Hauptströmungen der Gegenwartsphilosophie,
2 Bde., Stuttgart 1979 (Wolfgang Stegmüller)

Dies ist eine Darstellung der Philosophie des 20. Jahrhunderts, die sich eher für solche Leser eignet, die sich schon mit den Grundfragen der Philosophie vertraut gemacht haben. Sie behandelt vor allem auch die angelsächsische Philosophie und die Wissenschaftstheorie, die sich sehr mit der Logik und der Sprache beschäftigen.

Wissenschaft

Die Struktur wissenschaftlicher Revolutionen,
Frankfurt a.M. 1976 (Thomas Kuhn)

In diesem Buch revolutioniert der Verfasser die Wissenschaftsgeschichte und verändert unser Bild von der Wissenschaft grundlegend: Wir sehen den wissenschaftlichen Fortschritt nicht mehr als stete Akkumulation von Wahrheiten, sondern als eine Abfolge von wissenschaftlichen Revolutionen, in denen die bisherige Opposition die Oberhand gewinnt und das offiziell geltende Lehrgebäude stürzt. Danach verfolgt Wissenschaft immer zwei verschiedene Forschungsstrategien: die Bestätigung des geltenden Lehrgebäudes und dessen Unterhöhlung und Subversion.

Von der geschlossenen Welt zum unendlichen Universum,
Frankfurt a.M. 1969 (Alexandre Koyré)

Der Verfasser verfolgt das spannende Drama, wie das mittelalterliche in das neuzeitliche Weltbild umgebaut wurde und welche Hindernisse dabei zu überwinden waren.

Gödel, Escher, Bach. Ein endlos geflochtenes Band,
Stuttgart 1985 (Douglas Hofstadter)

Das Buch ist ein Geniestreich, und der Autor hat dafür den Pulitzer-Preis erhalten. Es handelt von Mathematik, Informatik, Genetik, Systemtheorie, Neurologie, Musik, Malerei, Hirnforschung, künstlicher Intelligenz und einer Menge verwandter Gegenstände. Es ist so komponiert, daß man durch den schieren ästhetischen Reiz, der von ihm ausgeht, eine Ahnung davon bekommt, worum es geht, selbst wenn man die Details nicht alle versteht. Es ist ein Buch, das auch dem Laien ein Gefühl dafür vermittelt, wie aufregend und wie phantastisch es in den fortgeschrittenen Wissenschaften zugeht und welch ein schlaues Tier der Mensch doch ist. Ein Buch, das man unbedingt lesen sollte, wenn man sich für die moderne Welt interessiert.

Flächenland, Stuttgart 1982 (E. Abbott)

Dies ist ein Roman, der in einer zweidimensionalen Welt spielt. Die handelnden Charaktere sind geometrische Figuren. Ihre Gesellschaft ist hierarchisch gegliedert: Soldaten und Arbeiter sind gleichschenkelige Dreiecke mit spitzen Winkeln, die Mittelklasse besteht aus gleichseitigen Dreiecken, die Oberklasse gliedert sich in verschiedene Ränge vom Quadrat bis zum Polygon. Interessant ist nun, wie die Figuren sich in ihrer Flächenwelt gegenseitig wahrnehmen und was passiert, wenn sie es plötzlich mit Körpern wie Kegeln und Kugeln zu tun bekommen. Der Roman vermittelt einen spielerischen Einblick in den Unterschied zwischen der Welt und der Art, wie wir sie wahrnehmen.

The Universe in 40 Jumps, New York 1957 (Kees Boeke)

Die 40 Beschreibungsebenen vermitteln ein Gefühl für die verschiedenen Dimensionen des Universums und der Wissenschaft. Auch für Kinder geeignet, wenn sie etwas Englisch verstehen.

Generelle Horizonterweiterung

Menschliche Kommunikation. Formen, Störungen, Paradoxien, Bern/Stuttgart/Wien 1972 (P. Watzlawick, J.H. Beavin, D.D. Jackson)

Wer dieses Buch liest, erfährt etwas über die Selbstwidersprüchlichkeit von Kommunikation. Er sieht plötzlich von außen, was er bisher ganz anders nur von innen gesehen hat. Er versteht, wann Konflikte zwischen Menschen unlösbar werden, und warum. Und er wird einsehen, daß bei Konflikten sehr oft der Gegner weniger schuld ist als die Undurchschaubarkeit der Kommunikation. Wer dieses Buch gelesen hat, ist nachher weiser und hat mehr Verständnis für das Phänomen, das wir Irrsinn nennen.

Die gesellschaftliche Konstruktion der Wirklichkeit, Stuttgart 1971 (Peter Berger und Thomas Luckmann)

Die Autoren sind Soziologen, die uns zeigen, wie Herr Jedermann und Frau Jedefrau ihre Alltagswirklichkeit konstruieren, welche Rolle der eigene Körper, die Kommunikation mit den anderen, die Gewohnheit, die Sprache, die Institutionen und die gesellschaftlichen Rollen dabei spielen; wie sie diese Wirklichkeit absichern, symbolisch überhöhen und für sich selbst lebbar und plausibel machen, um sie sich aneignen zu können. Wenn man das Buch gelesen hat, versteht man, wie voraussetzungsreich und prekär unsere Realität ist, und was passiert, wenn sie zusammenbricht und wir sie nicht mehr verstehen oder sinnvoll finden.

Identität und Lebenszyklus, Frankfurt a.M. 1966 (Erik H. Erikson)

Das klassische Buch, in dem beschrieben wird, welche Phasen der junge Mensch im Heranwachsen durchläuft, welche Eigenschaften und Probleme zu welcher Phase gehören und wovon es abhängt, ob er ein Gefühl der Eigenständigkeit, der Unabhängigkeit und des eigenen Werts gewinnt, die ihn fähig machen zu lieben, zu arbeiten und seine Stellung in der Gesellschaft da zu finden, wo er sich anerkannt fühlt, und das tun kann, was seinen Talenten und Neigungen entspricht. Und er erfährt auch, was passiert, wenn all das in eine Krise gerät. Ein Buch auch für Eltern.

Die Grenzen der Gemeinschaft, Bonn 1924 (Helmuth Plessner)

Das Buch ist ein beredtes Plädoyer dafür, daß die Utopie der totalen Gemeinschaft, des Konsenses und der Übereinstimmung in der Politik tödlich ist; und daß das Ideal der Authentizität und der moralischen Selbstgerechtigkeit die Gesellschaft vergiftet. Zum Widerstand gegen totalitäre Tendenzen bedürfe es der Distanz, der Indirektheit, der Diplomatie, des Rollenspiels und der Hygiene des Taktes. Damit wendet sich Plessner gegen den deutschen Unmittelbarkeitswahn, die Eindeutigkeitsverehrung, den moralischen Rigorismus und das Betroffenheitstheater, indem er zeigt, daß sie mit einer zivilisierten Öffentlichkeit nicht vereinbar sind. Das Buch wurde lange vor der Machtergreifung der Nazis geschrieben, aber es macht deutlich, was uns immer noch mit ihnen verbindet. Es ist ein Buch der etwas schmerzhaften Selbsterkenntnis.

Die Tyrannei der Intimität. Verfall und Ende des öffentlichen Lebens, Frankfurt a.M. 1983 (Richard Sennett)

Sennett nimmt das Plädoyer von Plessner wieder auf mit dem Unterschied, daß er die Öffentlichkeit und die zugehörige Rollendistanz durch die Medien bedroht sieht, die den Politikern eine Pseudo-Intimität und verlogene Ehrlichkeit abverlangen. Das Buch ist zugleich eine faszinierende Geschichte der Entwicklung unserer Verhaltenskultur vom Ende des 18. Jahrhunderts bis heute und eine Fundgrube für Einsichten über die Formen unserer Selbstdarstellung.

Soziale Systeme, Grundriß einer allgemeinen Theorie. Frankfurt 1984 (Niklas Luhmann)

Gemäß der Theorie des interessantesten Soziologen der Gegenwart besteht die moderne Gesellschaft nicht mehr wie die traditionelle aus Gruppen von Personen (Klassen, Schichten, Ständen), sondern aus Typen von Kommunikationen (Wirtschaft, Politik, Recht, Erziehung, Kunst etc.). Dadurch verliert der einzelne Mensch seinen sozialen Ort und teilt sich in ein unsichtbares Ich, daß nur noch psychisch außerhalb der Gesellschaft existiert, und seine zahlreichen sozialen Rollen. Das Buch ist schwierig, da es aber eine komplett neue Theorie bietet, kann es ohne Vorkenntnisse gelesen werden.

Chronologie der Kulturgeschichte

1250 v. Chr.	Auszug der Israeliten aus Ägypten unter Moses
1200	Trojanischer Krieg
1000 – 950	David und Salomo, Bau des Tempels
776	Erste Olympische Spiele
570 – 496	Pythagoras
508	Demokratische Reformen in Athen
499 – 477	Perserkriege, Aufstieg Athens
472	Griechische Tragödie in Athen
522 – 446	Pindar, griechischer Lyriker
443 – 429	Blüte Athens unter Perikles
431	Euripides, Medea
422	Sophokles, Antigone
431 – 404	Peloponnesischer Krieg zwischen Athen und Sparta
399	Tod des Sokrates
387	Platon gründet seine Akademie in Athen, wo Aristoteles studiert
342	Aristoteles unterrichtet Alexander den Großen
334 – 323	Eroberung des Orients durch Alexander den Großen, Beginn des Hellenismus
308	Zenon begründet die Stoa
306	Epikur begründet den Epikureismus in Athen
300 – 100	Übersetzungen der hebräischen Bibel ins Griechische (Septuaginta)
146	Eroberung Griechenlands durch Rom
58 – 48	Eroberung Galliens durch Caesar
45/44	Cicero schreibt seine philosophischen Werke
44	Ermordung Julius Caesars
31	Octavian (Augustus) besiegt Antonius und Kleopatra, Beginn des Kaiserreichs
70 v. Chr.– 17 n. Chr.	Vergil, Horaz, Livius
7 v. Chr. – 30 n. Chr.	Wirken des Jesus von Nazareth
35	Bekehrung des Paulus auf dem Weg nach Damaskus
64	Petrus und Paulus sterben

	in Rom unter Nero den Märtyrertod
64 – 80	Evangelien des Markus, Matthäus und des Lukas entstehen
70	Zerstörung des Tempels in Jerusalem
90 – 100	Evangelium des Johannes
140	Ptolemäus faßt das geozentrische Weltbild zusammen
250 – 260	Christenverfolgung durch Decius und Valerian
um 265	Plotin versucht eine Synthese von Platonismus und Christentum im Neuplatonismus
303	Christenverfolgung unter Diokletian
312	Bekehrung Konstantins zum Christentum
325	Konzil von Nicäa legt christliche Lehre fest
330	Hauptstadt des Kaiserreichs wird das in Konstantinopel umbenannte Byzanz
370	Beginn der Völkerwanderung und Invasion der Hunnen
410	Zerstörung Roms durch die Westgoten
413 – 426	Augustinus, Der Gottesstaat
475	Der letzte römische Kaiser, Romulus Augustulus, erklärt das Römische Imperium für beendet
496	Die Franken unter Chlodwig bekehren sich zum Katholizismus
529	Benedikt von Nursia gründet das erste Benediktinerkloster am Monte Cassino
622	Beginn der Ausbreitung des Islam
732	Der fränkische Hausmeier Karl Martell besiegt muslimische Streitkräfte bei Poitiers
800	Karl der Große wird zum Kaiser gekrönt
1054	Endgültige Trennung (Schisma) zwischen Ostkirche und Westkirche
1096	Erster Kreuzzug
1150	Wiederentdeckung der Werke des Aristoteles
1170	Gründung der Universität Paris
1170	Der Hof Eleonoras von Aquitanien wird zum Zentrum der Troubadour-Lyrik und zum Modell des höfischen Lebens

1194	Baubeginn der Kathedrale von Chartres
1210	Wolfram von Eschenbach, Parzifal; Gottfried von Straßburg, Tristan und Isolde
1215	Magna Charta
1266 – 73	Thomas von Aquin, Summa Theologica, Höhepunkt der Scholastik
1310 – 14	Dantes Göttliche Komödie
1347 – 50	Pest
1353	Giovanni Boccaccio, Decamerone
1429	Auftreten der Jeanne d'Arc
1434	Beginn des Aufstiegs der Medici in Florenz
1452	Geburt Leonardo da Vincis
1453	Eroberung Konstantinopels durch die Türken
1455	Erste gedruckte Gutenberg-Bibel
1492	Kolumbus entdeckt Amerika, Vertreibung der Juden aus Spanien
1498	Leonardo da Vinci, Das letzte Abendmahl
1504	Michelangelo, David
1506	Baubeginn des St. Petersdomes in Rom
1508 – 12	Sixtinische Kapelle von Michelangelo
1473 –1543	Nikolaus Kopernikus
1532	Niccolò Machiavelli, Der Fürst
1513	Albrecht Dürer, Ritter, Tod und Teufel
1516	Thomas Morus Utopia
1517	Luthers 95 Thesen, Beginn der Reformation
1534	Luther vollendet die Bibelübersetzung
1542	Erneuerung der Inquisition
1545 – 63	Konzil von Trient, Beginn der Gegenreformation
1590 –1611	William Shakespeare schreibt seine Dramen
1605	Miguel de Cervantes, Don Quijote
1611	Englische Bibelübersetzung
1616	Der Papst erklärt die Kopernikanische Theorie für ketzerisch
1618 – 48	Dreißigjähriger Krieg
1633	Galileo Galilei von der Inquisition verurteilt

1636	Gründung der Harvard University in Cambridge, Mass.
1637	René Descartes, Methode des richtigen Vernunftgebrauchs
1642 – 48	Englischer Bürgerkrieg
1649	Enthauptung Karls I.
1651	Thomas Hobbes, Leviathan
1660	Gründung der Royal Society
1669	Molière, Tartuffe
1670	Blaise Pascal, Pensées
1677	Spinoza, Ethik
1678	John Bunyan, The Pilgrim's Progress
1687	Isaac Newton, Naturalis philosophiae principia mathematica
1688	Glorious Revolution in England
1690	John Locke, Two Treatises on Government
1714	Gottfried Wilhelm Leibniz, Monadologie
1719	Daniel Defoe, Robinson Crusoe
1723	Johann Sebastian Bach, Johannespassion
1726	Jonathan Swift, Gullivers Reisen
1734	Voltaire, Philosophische Briefe
1740	Samuel Richardson, Pamela
1742	Georg Friedrich Händel, Messias
1751	Beginn der Encyclopédie unter Diderot und d'Alembert
1756	Voltaire, Essay über Sitten und Geist der Völker
1760	Laurence Sterne, Tristram Shandy
1762	Jean-Jacques Rousseau, Gesellschaftsvertrag
1764	Johann Winckelmann, Geschichte der Kunst des Alterthums
1769/70/71	Geburtsjahre von Napoleon, Ludwig van Beethoven, Georg Wilhelm Friedrich Hegel, Hölderlin und Wordsworth
1774	Goethe, Die Leiden des jungen Werther
1776	Unabhängigkeitserklärung der USA, Adam Smith, Der Wohlstand der Nationen

1781	Immanuel Kant, Kritik der reinen Vernunft
1787	Mozart, Don Giovanni
1789	Französische Revolution, Deklaration der Menschen- und Bürgerrechte
1790	Edmund Burke, Betrachtung über die Französische Revolution
1792	Mary Wollstonecraft, Verteidigung der Rechte der Frauen
1798	Thomas Malthus, Essay on the Principle of Population
1799	Napoleon Erster Konsul
1807	Hegel, Phänomenologie des Geistes
1808	Johann Wolfgang von Goethe, Faust I
1813	Jane Austen, Stolz und Vorurteil
1814	Sir Walter Scott, Waverley
1815	Waterloo, Wiener Kongreß
1819	Arthur Schopenhauer, Die Welt als Wille und Vorstellung
1830	Stendhal, Rot und Schwarz, Auguste Comte, Rede über den Geist des Positivismus
1833	Faust II, Tod Goethes
1848	Paulskirchen-Revolution, Kommunistisches Manifest
1857	Gustave Flaubert, Madame Bovary
1859	Charles Darwin, Von der Entstehung der Arten, John Stuart Mill, Über die Freiheit
1860	Jakob Burckhardt, Die Kultur der Renaissance in Italien
1861	Johann Jakob Bachofen, Das Mutterrecht
1867	Karl Marx, Das Kapital
1869	Leo Tolstoi, Krieg und Frieden
1880	Fjodor Dostojewski, Die Brüder Karamasow
1883/85	Friedrich Nietzsche, Also sprach Zarathustra
1900	Sigmund Freud, Die Traumdeutung; Begründung der Quantenphysik durch Max Planck
1905	Albert Einsteins spezielle Relativitätstheorie, Max Weber, Die protestantische Ethik und der Geist des Kapitalismus

1907	Pablo Picasso: Die Mädchen von Avignon
1913	Marcel Proust, Auf der Suche nach der verlorenen Zeit
1914 – 18	Erster Weltkrieg
1915	Ferdinand de Saussure, Grundfragen der allgemeinen Sprachwissenschaft
1914/15	Einsteins allgemeine Relativitätstheorie
1917	Russische Revolution
1918	Oswald Spengler, Der Untergang des Abendlandes
1921	Ludwig Wittgenstein, Tractatus logico-philosophicus
1922	T. S. Eliot, The Wasteland, James Joyce, Ulysses
1924	Thomas Mann, Der Zauberberg
1927	Martin Heidegger, Sein und Zeit
1933	Machtübernahme durch Hitler
1936	John Maynard Keynes, Allgemeine Theorie der Beschäftigung, des Zinses und des Geldes
1939	Durchführung der ersten Kernspaltung
1939 – 45	Zweiter Weltkrieg, Holocaust
1948	Norbert Wiener, Kybernetik
1949	George Orwell, 1984; Simone de Beauvoir, Das andere Geschlecht
1952	Samuel Beckett, Warten auf Godot
1953	Watson und Crick entdecken die Struktur der DNA
1958	Claude Lévi-Strauss, Strukturale Anthropologie
1961	Michel Foucault, Geschichte des Wahnsinns
1962	Thomas Kuhn, Die Struktur wissenschaftlicher Revolutionen
1963	Bürgerrechtsbewegung von Martin Luther King
1968 – 70	Studentenrevolte
1980	Ausbreitung von Personal Computern
1985	Beginn der Perestroika
1989/90	Zusammenbruch des Kommunismus in Osteuropa, Vereinigung Deutschlands und Ende des kalten Krieges

Namenregister

Bild- und Textquellen

S. 5 Stockbyte; S. 7 Leonardo da Vinci: Studie des menschlichen Körpers nach Vitruv (1490), Interfoto, München; S. 13 Jan van Eyck: Die Madonna mit dem Kanonikus van der Paele, Detail (1436); Twinbooks, München; S. 14 Akropolis in Athen: Göttergruppe vom Parthenon-Fries (447-432 v.Chr.), Twinbooks, München; S. 15 Bilderhandschrift: Bau eines Klosters (Anf. 16.Jh.), Twinbooks, München; S. 17 Raffael: Die Drei Grazien (geg. 1500), Twinbooks, München; S. 19 Stockbyte; S. 20 Hans Asper (1499-1571): Zwingli, Twinbooks, München; S. 22 Ludwig Richter: Der gestrandete Robinson (1848), Interfoto, München; S. 23 Aelius Donatus: Schulstube (um 1475), Twinbooks, München; S. 24 M. Tomek, Twinbooks, München; S. 27 Wilhelm Busch: Lehrer Lämpel, Illustration zu »Max und Moritz« (1865), Twinbooks, München; S. 29 Gefangene des Konzentrationslagers Ebensee, Österreich (7.Mai 1945), Digital Stock; S. 31 Gruppenbild einer Knabenklasse der Realschule Berlin Steglitz (1921), akg-images; S. 32 IFA-Bilderteam, München; S. 33 Suffragetten (1910), Twinbooks, München; S. 34/35 Evangelarium Heinrichs II: Kaiser Otto und die Nationen des Reiches (1000), Twinbooks, München; S. 36 Bibel der Castorkirche von Koblenz: Gott als Schöpfer (vor 1077), Twinbooks, München; S. 39 Wagenrennen in der Antike, Twinbooks, München; S. 40 Zeus, Zeichnung nach einer Skulptur des Phidias (ca. 500-432 v.Chr.), Twinbooks, München; S. 41 Artemis, Twinbooks, München; S. 42/43 Europa wird von Zeus in Form eines Stiers entführt, Pompeji, Interfoto, München; S. 44 Herkules befreit Prometheus, Twinbooks, München; S. 45 Der blinde Ödipus geführt von seiner Tochter Antigone, Twinbooks, München; S. 46 Tod des Herkules, Twinbooks, München; S. 47 Theseus nach Erlegung des Minotaurus, Herculaneum (Mitte 1.Jh.n.Chr.), Twinbooks, München; S. 49 Lukas Cranach d. Ä.: Das Urteil des Paris (1529), Twinbooks, München; S. 50 Circe verwandelt Odysseus Gefährten in Eber, Twinbooks, München; S. 51 Odysseus wird von den Sirenen gelockt, Twinbooks, München; S. 52/53 Odysseus tötet die Freier, Twinbooks, München; S. 56 Kathedrale, Anagni: Opfer des Abraham und Melchisedech (beg. 1255), Twinbooks, München; S. 57 Bibel des Pantheon: Die Erschaffung des Menschen, Rom (Anf. 12.Jh.), Twinbooks, München; S. 58 Film »Die zehn Gebote« (USA 1957), C. Heston als Moses, Interfoto, München; S. 59 Gebhardtbibel aus Admont: Moses empfängt die Gesetzestafeln, Salzburg (12.Jh.), Twinbooks, München; S. 60/61 E. Bendemann: Wegführung der Juden nach Babylon, Twinbooks, München; S. 62 Haus des Dioskuren, Pompeji: Achill und Skyros (1.Jh.n.Chr.), Twinbooks, München; S. 65 Griechische Säulenordnungen, Twinbooks, München; S. 66/77 Film »Mary Shelly´s Frankenstein« (USA 1994), mit K. Branagh, Interfoto, München; S. 68 Euripides, Zeichnung nach einer Statue im Louvre, Twinbooks, München; S. 69 Schauspieler eines Satyrdramas, Zeichnung nach einem Mosaik, Twinbooks, München; S. 70 Villa Boscoreale, Pompeji: Der Philosoph (1.Jh.n.Chr.), Twinbooks, München; S. 71 Sokrates, Twinbooks, München; S. 73 Der Tod des Sokrates, Twinbooks, München; S. 74 Plato, Twinbooks, München; S. 75 Plato, Twinbooks, München; S. 76 Alexander d. G. in der Schlacht von Issos 333, Detail, Pompeji (ca. 100 v.Chr.), Interfoto, München; S. 77 Dareios III. Kodomannos in der Schlacht von Issos 333, Detail, Pompeji (ca. 100 v.Chr.), Interfoto, München; S. 78 Aristoteles, Alabaster-Büste, Rom, Interfoto, München; S. 79 Aristoteles und sein Schüler Alexander, Twinbooks, München; S. 82 Kriegselefant, Kastilien (Anf. 12.Jh.), Twinbooks, München; S. 73 Cicero, Zeichnung nach einer Statue in St. Marco in Venedig, Twinbooks, München; S. 84/85 Brutus an der Leiche Caesars, Twinbooks, München; S. 86/87 Film »Quo Vadis« (USA 1951), mit P. Ustinov und P. Laffan, Interfoto, München; S. 88 Konstantin d. G. bietet Papst Silvester die Tiara an, Rom (Mitte 13.Jh.), Twinbooks, München; S. 89 Silbernes Kreuz mit Jesus und Holz Einlagen, Interfoto, München; S. 90 Psalter der Königin Mary: Der 12-jährige Jesus im Tempel (Anf. 14.Jh.), Twinbooks, München; S. 91 Film »Jesus Christus Superstar« (USA, 1972), Interfoto, München; S. 92 Meister des Hausbuchs: Das letzte Abendmahl (Ende 15.Jh.), Interfoto, München; S. 93 Meister von St. Severin: Jesus am Ölberg, Interfoto, München; S. 94 Hans von Memling: Passion Christi (geg. 1470), Twinbooks, München; S. 95 Tizian: Grablegung Christi (1559), Twinbooks, München; S. 96 Giovanni Bellini: Die Krönung der Jungfrau, Detail Petrus und Paulus (17.Jh.), Interfoto, München; S. 97 Kathedrale in Canterbury: Der Hl. Paulus und die Viper, Fresko (Ende 12.Jh.), Twinbooks, München; S. 98 nach französischen Handschriften: Troubadours (Ende 13.Jh.), Twinbooks, München; S. 100 röm. Kaisertherme, Trier (Anf. 4.Jh.), Caldarium (1994), akg-images; S. 101 Grabmahl Theodrich d. G., Ravenna, Twinbooks, München; S. 102 Kriemhild erblickt Rüdigers Leichnam, Twinbooks, München; S. 103 Mekka, Kaaba mit Wallfahrer, Interfoto, München; S. 104 Schlacht von Tours, Twinbooks, München; S. 105 Belehnung Friedrichs, Burggraf von Nürnberg mit der Mark Brandenburg, Twinbooks, München; S. 106 Die Deutsche Kaiserkrone, Corona aurea, Twinbooks, München; S. 107 Testament Karls d. G. (kurz nach Karls Tod), Facsimile des Anfangs, Twinbooks, München; S. 108 Taufe von Sachsen in der Weser durch Karl d. G., Twinbooks, München; S. 109 Reliquienbüste Karls d. Großen aus dem Dom von Aachen (um 1350), Interfoto, München; S. 110/111 Roman de Renaud de Montauban: Diener servieren, Paris (15.Jh.), Interfoto, München; S. 112 Wolfram von Eschenbach, Twinbooks, München; S. 113 Mittelalterliches Hausbuch: deutsches Bürgerleben (15.Jh.), Twinbooks, München; S. 114 Psalter Heinrich von Blois: ein Engel verschließt die Pforte (Mitte 12.Jh), Twinbooks, München; S. 115 Michael Ostendorfer (um 1519-1559): Szene vor einer Wallfahrtskirche, Twinbooks, München; S. 116 Priester und Waffenbruder des Tempelordens, Interfoto, München; S. 117 Friedrich Barbarossa als Kreuzfahrer (1188), Twinbooks, München; S. 118 Ritter, Twinbooks, München; S. 119 Bilder zu den Artusromanen, Twinbooks, München; S. 120 Ambrogio Lorenzetti: Ansicht einer Stadt, Siena (1335-40), Twinbooks, München; S. 121 Bau einer gotischen Kirche, Miniatur (14.Jh.), Interfoto, München; S. 122 Lyonel Feininger: Die Marktkirche in Halle (um 1930), Interfoto, München; S. 124 Die sieben Planeten (1480-90), Twinbooks, München; S. 125 Albrecht Dürer (1471-1528): »Teufelsbuhlschaft«, Twinbooks, München; S. 126 Flugblatt: Hexenverbrennung in der Grafschaft Regenstein, Facsimile (1555), Twinbooks, München; S. 127 Michael Wohlgemut , Weltchronik von Hartmann Schedel: Judenverfolgung, Verbrennung, Nürnberg (1493), Interfoto, München; S. 128 mittelalterliche Tracht der Juden in Deutschland (12.Jh.), Twinbooks, München; S. 129 Die Pest in London (17.Jh.). Twinbooks, München; S. 130 Jan Vermeer: Der Soldat und das lachende Mädchen (geg. 1655-1660), Twinbooks, München; S. 133 Venedig, Stadtkulisse, Twinbooks, München; S. 134/135 Sandro Boticelli: La Primavera (ca. 1477/78), akg-images; S. 136 Sandro Boticelli: La Primavera (beg. 1477/78), Detail, Twinbooks, München; S. 137 Leonardo da Vinci: Mona Lisa (ca. 1503), akg-images; S. 138 Michelangelo: David, Florenz (1501-04), Interfoto, München; S. 139 Michelangelo: Der Sündenfall (1508-1511), Twinbooks, München; S. 140 Tizian: Venus mit dem Orgelspieler (1547/48), Twinbooks, München; S. 141 Raffael: Madonna Tempi (ca. 1505), Twinbooks, München; S. 142 Maria, Joseph und das Jesuskind, Interfoto, München; S. 143 Canale Grande, Venedig, Interfoto, München; S. 144 Wittenberg, Stadtansicht mit Marktplatz, Stadtkirche und Lutherdenkmal, Interfoto, München; S. 145 Johannes Calvin, Twinbooks, München; S. 146 Martin Luther, nach Lukas Cranach d. Ä., Twinbooks, München; S. 148 Bartel Beham: Karl V., 31-jährig (1531), Twinbooks, München; S. 149 Kardinal Richelieu, Twinbooks, München; S. 150 Elisabeth I., Twinbooks, München; S. 151 Hendrik Cornelisz: englisch-holländisches Geschwader vernichtet die spanische Armada (um 1600), akg-images; S. 152 David Aubert: Froissarts Ankunft am Hof zu Foix (1469), Twinbooks, München; S. 153 Bernart von Orley: Karl V., Jugendbild (um 1516), Interfoto, München; S. 154 Tetzels Ablaßkram, Twinbooks, München; S. 155 Lukas Cranach d. Ä.: Portrait Martin Luthers (1529), Twinbooks, München; S. 156 Luther auf dem Reichstag zu Worms, Twinbooks, München; S. 158 Bibeltitel, Randverzierung von Virgil Solis (1561), Twinbooks, München; S. 161 Wilhelm Tell, Twinbooks, München; S. 163 Jan Stehen: Die fröhliche Gesellschaft (1666-1670), Twinbooks, München; S. 166 Dirk Coornhert: Sueleyman II. wird aus seinem Feldlager vor Wien vertrieben, nach Maarten van Heemskerck (1555/56), akg-images; S. 167 Aelbert Cuyp (1620-91): Ansicht von Dordrecht, Twinbooks, München; S. 168 spanische Münze, 1/2 Goldreal von Karl I. (V.), geprägt in Dordrecht, Interfoto, München; S. 169 Kolumbus entdeckt Amerika, Twinbooks, München; S. 170 Magellan, Twinbooks, München; S. 171 Theodore de Bruy: Landung des Christopher Kolumbus auf Guahani, 10.12.1792 (1596), Interfoto, München; S. 172/173 Abraham Ortelius: Weltkarte des Typus Orbis Terrarum (1571), Interfoto, München; S. 174 Melanchton, Twinbooks, München; S. 175 David Teniers d. J.: Stilleben (geg. 1645-50), Twinbooks, München; S. 176 Nostradamus, Karikatur, Frankreich (um 1815), akg-images; S. 177 Jost Amman: Der Buchbinder (1568), Twinbooks, München; S. 178 Hans Baldung Grien (1484/85-1545): Vorbereitung zum Hexensabbat, Twinbooks, München; S. 179 Shakespeare, Twinbooks, München; S. 180 Karl Theodor Piloty: Seni vor der Leiche Wallensteins (1855), Interfoto, München; S. 182 Hyacinthe Rigaud: Ludwig XIV. (1701), akg-images; S. 183 Jean Nocret: Ludwig XIV. mit seiner Familie in mythologischen Kostümen (um 1670), Interfoto, München; S. 184 Corneille liest aus Polyeuktes, Twinbooks, München; S. 185 Emile Antoine Bayar: La Fontaine, Interfoto, München; S. 186 Maria Stuart, Twinbooks, München; S. 187 Karl I., Twinbooks, München; S. 188 Charles I. auf dem Weg zur Hinrichtung, Twinbooks, München; S. 189 Sir Peter Lely (1618-1680): Oliver Cromwell, akg-images; S. 190 Cosson u. Smeeton: Landung der Puritaner in Amerika, Holzstich nach A. Gisbert (1864), akg-images; S. 191 Jan van der Heyden (1637-1712): Charles II., akg-images; S. 192 George I., Twinbooks, München; S. 193 J. C. Stadler: Quäker Treffen, nach T. Rowlandson u. A. Pugin (um 1808), akg-images; S. 194 John Locke, Twinbooks, München; S. 195 Nationalsternwarte in Greenwich, London (gegr. 1675), akg-images; S. 196 Newton, Twinbooks, München; S. 197 Gottfried Wilhelm Leibniz, akg-images; S. 198 Ferdinand Victor Delacroix: Die Freiheit führt das Volk (28. Juli 1830), Interfoto, München; S. 200 Diderot, nach einem Gemälde von Henriquez, Twinbooks, München; S. 201 Latour: D´Alembert, Twinbooks, München; S. 202 Louis de Silvestre: August II. der Starke zu Pferd (um 1718), akg-images; S. 203 Gottfried Schalken: Peter d. G. (1703/1706), Interfoto, München; S. 204 Jacobus Houbraken (1698-1780): Peter d. G., akg-images; S. 205 Karl XII. von Schweden, Twinbooks, München; S. 206 Alexander Newsky Orden, Kaiserreich Rußland (gestiftet 1725), Interfoto, München; S. 207 Fjodor Stapanowitsch Rokotow: Katharina d. G. (1763), akg-images; S. 208 Katharina II. die Große, Twinbooks, München; S. 209 Der Große Kurfürst mit seinen Offizieren, Twinbooks, München; S. 210 Riesengarde von Friedrich Wilhelm I., Twinbooks, München; S. 211 Heinrich Franke: Friedrich d. G. (1784), Interfoto, München; S. 212 William Pitt, Twinbooks, München; S. 213 John Trumbull: Unterzeichnung der Unabhängigkeitserklärung am 4.7.1776 (1787), Interfoto, München; S. 214 Dampfmaschine (1849), Twinbooks, München; S. 215 Pierre-Paul Prud´hon: Familienportrait mit Madam Anthony und ihren Kindern (1785), Interfoto, München; S. 216 südamerikanische Indianer, Twinbooks, München; S. 217 Rousseau bei Frau d' Epinay auf der Eremitage zu Montmorency, Twinbooks, München; S. 218 Boston Tea Party am 16. Dez. 1773, New York (1846), akg-images; S. 219 Samuel King (1749-1819): George Washington, akg-images; S. 220 Zwanzig-Dollar-Schein, Washington D.C. (1990), Rückseite: Weißes Haus, Interfoto, München S. 221 George Stubbs: Pferdekutsche (1787), Twinbooks, München; S. 222 Ludwig XVI., Twinbooks, München; S. 223 Jacques Louis David: Der Ballhausschwur (20. Juni 1789), Interfoto, München; S. 224 Die Königsfamilie kehrt nach Paris zurück, Twinbooks, München; S. 227 Danton beim Revolutionstribunal , Twinbooks, München; S. 228 Hinrichtung Ludwig XVI., Twinbooks, München; S. 229 Jacques Louis David: Marat im Bad (1793), Twinbooks, München; S. 230 Festnahme von Robespierre 1794, Interfoto, München; S. 231 Napoleon, Twinbooks, München; S. 232 Kaiserkrönung Napoleons, Twinbooks, München; S. 234 Hegel, Twinbooks, München; S. 235 Jacques Louis David: Napoleon Bonaparte überquert St. Bernhard (um 1800/01), Interfoto, München; S. 236 Von Stein, Twinbooks, München; S. 236 Hardenberg, Twinbooks, München; S. 237 Flucht Napoleons nach der Völkerschlacht von Leipzig, Twinbooks, München; S. 238 Honoré Daumier: Die Revolution, Detail (geg. 1848), Twinbooks, München; S. 240 Getty Images; S. 241 Das deutsche Parlament zu Frankfurt, Twinbooks, München; S. 242/243 Abgeordneter Rössler verkündet den Waffenstillstand (10.9.1848), Interfoto, München; S. 244 Umritt Friedrich Wilhelms in Berlin, Twinbooks, München; S. 245 Karl Marx, Twinbooks, München; S. 246 Abraham Lincoln (1863), Twinbooks, München; S. 247 Anton von Werner: Fuerst Bismarck am Bundesratstisch (1888), akg-images; S. 248 Wilhelm I., Twinbooks, München; S. 249 Anton von Werner (1843-1915): Kaiserproklamation von Versailles, Twinbooks, München; S. 250 Bebel, Twinbooks, München; S. 250 Lasalle, Twinbooks, München; S. 251 Bismarck, Twinbooks, München; S. 252 Wilhelm II. (1905), Twinbooks, München; S. 253 Stapellauf des kleinen Kreuzers Leipzig, Twinbooks, München; S. 254 Brüssel Atomium, Symbol der Brüsseler Weltausstellung 1958, Interfoto, München; S. 257 Britische Front in Flandern (1917), Twinbooks, München; S. 258 Russische Soldaten nach Revolution (1917), Twinbooks, München; S. 259 Alexander Michailowitsch Gerassimow: Lenin auf der Tribüne (1930), akg-images; S. 260 Englische Panzerautos, 1. Weltkrieg, Twinbooks, München; S. 262 Versailler Verhandlungen (1918), Twinbooks, München; S. 263 Otto Dix: Teilstück des Triptychons Großstadt (1928), Interfoto, München; S. 264 Friedrich Ebert, Twinbooks, München; S. 265 Plakat zur Wanderausstellung: Der ewige Jude (1937), Interfoto, München; S. 266 Film »Der große Diktator«, Halbfigur Charlie Chaplin, Interfoto, München; S. 267 Stalin und Lenin (1922), Twinbooks, München; S. 268 Mussolini, Twinbooks, München; S. 269 Max Liebermann: Bildnis des Reichpraesidenten Paul von Hindenburg (1927), akg-images; S. 270 Inflation in Deutschland (1923), Twinbooks, München; S. 271 E. Schilling: Adolf Hitler u. Alfred Hugenberg, Karikatur, Simplicissimus (München 10.4.1932), Interfoto, München; S. 273 Berufung Hitlers zum Reichskanzler (30. Jan.1933), Fackelzug (Sommer 1933), nachgestellte Szene für Propagandafilm, akg-images; S. 274 Hitler, Twinbooks, München; S. 275 Hitler vor dem Reichstag in Berlin (März 1938), Twinbooks, München; S. 276 Himmler (1944), Digital Stock; S. 277 SA Sturmführer mit seinem Sturm in Nürnberg (1929), Interfoto, München; S. 278 Münchner Konferenz (1938), Twinbooks, München; S. 279 David Low: Hitler und Stalin, Karikatur (1939), Interfoto München; S. 280 Brief des Politbüros an Zentralkomitee der KPdSU (4. Dez. 1937), akg-images; S. 281 Sergej Michailowitsch: Stalin, akg-images; S. 282 Franco (1936), Twinbooks, München; S. 283 Spanische Truppen kapitulieren (1936), Twinbooks, München; S. 284/285 Pablo Picasso: Guernica (1937), akg-images; S. 287 US-Truppen in der Normandie (1944), Twinbooks, München; S. 288 Deutsche erhängen russische Partisanen, Minsk (Okt. 1941), Interfoto, München; S. 289 Häftlinge des Konzentrationslagers Buchenwald bei Jena, (16.4.1945), Digital Stock; S. 290 Der Berg Fujiyama (August 1945), Digital Stock; S. 291 Atombombe (8.8.1945), Digital Stock; S. 292 Mao Tse-tung (1949), Twinbooks, München; S. 294 Nürnberger Prozeß: Göring, Hess und Ribbentrop (1945), Twinbooks, München; S. 295 Das sowjetische Schiff "Fizik Kurchautow" mit Raketen an Bord verläßt Kuba (7.11.1962), akg-images; S. 296 Berlin nach Öffnung des Grenzübergangs Glienicker Brücke (10. Nov.1989), akg-images; S. 297 Getty Images; S. 298/299 Buchregal aus: Barker/At Home with Books, © Christopher Sykes/The Interior Archive; S. 300 Frau Minne in gotischem Rahmen, Twinbooks, München; S. 303 Film »Maria Stuart«, mit P. Wessely, F. Liever, K. Dopsch und H. Koog, Interfoto, München; S. 304 Aufführung einer griechischen Komödie, Twinbooks, München; S. 305 Macbeth, Banquo und die Hexen, Twinbooks, München; S. 306 Titelbild von Hallers Gedichten, Twinbooks, München; S. 307 Alexander Humboldt an seinem Schreibtisch, Interfoto, München; S. 308/309 Johann Heinrich Tischbein (1751-1821): Goethe in der Campagna, Interfoto, München; S. 310 Goethe, Twinbooks, München; S. 311 Szene aus Iphigenie in Taurien, Twinbooks, München; S. 312 Titel von Goethes Wahlverwandtschaften, 1. Teil, 1. Ausg., Twinbooks, München; S. 313 Gottfried Keller, Twinbooks, München; S. 314 Domenico da Michelino: Dante Alighieris Göttliche Komödie, Florenz (1465), akg-images; S. 316 Francesco Petrarca, Twinbooks, München; S. 318 Honoré Daumier (1808-1879): Don Quichotte und Sancho Panca, Twinbooks, München; S. 319 Shakespeare, Twinbooks, München; S. 320 Shakespeares´ Globe Theater, Rekonstruktion (1596 erbaut, 1644 abgerissen), akg-images/Dieter E. Hoppe; S. 322 Shakespeare im Kreise seiner Figuren, Dietrich Schwanitz; S. 323 G. Blanc: Molières Apotheose in der Cérémonie des Malade imaginaire, Twinbooks, München; S. 324 Titel von Grimmelshausens Simplicissimus, 1. Ausg. (1669), Twinbooks, München; S. 325 Daniel Defoe am Pranger, Twinbooks, München; S. 326 Daniel Defoe, Twinbooks, München; S. 327 Innentitel von Young Folk´s Mammoth Story Book: Robinson Crusoe, Interfoto, München; S. 329 Jonathan Swift, Twinbooks, München; S. 330 Grandville: Gulliver entführt die feindliche Flotte in den Hafen von Liliput, Interfoto, München; S. 331 James Jopwood d. Ä.: Samuel Richardson (18.Jh.), Interfoto, München; S. 332 Goethe: Die Leiden des jungen Werther, 1. Teil, 1. Ausgabe (Leipzig 1774), Twinbooks, München; S. 333 Anton Graff: Lessing (1771), akg-images; S. 335 Friedrich Schiller, Interfoto, München; S. 336 Francois Clouet: Maria Stuart, Portrait in weißer Trauerkleidung (1561-1568), Interfoto, München; S. 337 Schiller: Wilhelm Tell, 1. Akt, 4. Szene, Twinbooks, München; S. 338 Heinrich von Kleist, Twinbooks, München; S. 339 Johann Spies: 1. Faustbuch (1587), Twinbooks, München; S. 341 Handschrift Goethes, Valentinszene, 2. Bearbeitung Faust (1800), Twinbooks, München; S. 342 Film »Faust« (BRD 1960), mit Gustav Gründgens als Mephisto, Interfoto, München; S. 343 Film »Ivanhoe, Der schwarze Ritter« (USA 1953), mit E. u. R. Taylor, Interfoto, München; S. 344 Petit: Emile Zola, Twinbooks, München; S. 345 Stendhal, nach einem Medaillon von David d'Angers, Twinbooks, München; S. 347 W.P. Frith: Charles Dickens (1859), Interfoto, München; S. 348 Radar: Gustave Flaubert, Twinbooks, München; S. 349 Brand in Moskau, Twinbooks, München; S. 350 Fedor Dostojewski, zeitgen. Portrait, Interfoto, München; S. 352 Film »Die Buddenbrooks« (BRD), Teil 1, mit W. Hinz, N. Tiller, H. Felmy, L. Dagover und L. Pulver, Interfoto, München; S. 353 Marcel-Proust-Comic, © Delcourt, 8540 Lycon; S. 355 Giselle Freund: James Joyce mit Lupe lesend (1939), Interfoto, München; S. 357 Robert Musil an seinem Schreibtisch (um 1930), Interfoto, München; S. 359 Film »Das Dschungelbuch« (USA 1967), Szene mit Mogli und dem König der Affen, Interfoto, München; S. 361 Interfoto, München; S. 363 Filmplakat »Madame Bovary" (F 1991), Interfoto, München; S. 364 Giovanni Domenico Tiepolo: Die Gaukler (um 1793), akg-images/; Cameraphoto; S. 383 Luigi Pirandello in seinem Arbeitszimmer (30er Jahre), Interfoto, München; S. 384/385 Paul Gauguin: Vincent van Gogh beim Malen, Interfoto, München; S. 386 Skulptur eines Teufels, Notre Dame, Paris, Interfoto, München; S. 387 Kathedrale von Chartres, Westportal (1134-55), Twinbooks, München; S. 388 Leonardo da Vinci, Pflanzenstudie (15.Jh.), Twinbooks, München; S. 389 Gregorius, Moralia in Job: Hiob und seine Frau (Ende 11.Jh.), Twinbooks, München; S. 390 Albrecht Dürer: Portrait eines jungen Mannes (1500), Twinbooks, München; S. 391 Kirche St. Lorenzo, Florenz (1421), Twinbooks, München; S. 392/393 Leonardo da Vinci: Die Verkündigung (1472-75), Interfoto, München; S. 394 Peter Paul Rubens (1577-1640): Immaculata, Interfoto, München; S. 395 Peter Paul Rubens: Raub der Töchter des Leukippos (ca. 1618), Twinbooks, München; S. 396 Rembrandt van Rijn: Die Nachtwache (1642), Twinbooks, München; S. 397 Pieter Brueghel d.Ä.: Die Bauernhochzeit (ca. 1568), Twinbooks, München; S. 398 Antoine Watteau: Les Champs-Elysées (1717-21), Twinbooks, München; S. 399 Jacques Louis David: Schwur der Horazier (1785), Twinbooks, München; S. 400 Francisco de Goya: Hl Franciscus de Borgia und der sterbende Teufelsanbeter (1788), Twinbooks, München; S. 401 William Turner: Regen, Dampf, Geschwindigkeit (1843), Twinbooks, München; S. 403 Edouard Manet: Frühstück im Grünen (1863), Twinbooks, München; S. 404 Picasso vor Staffelei (1945), Twinbooks, München; S. 405 Vincent van Gogh: Sonnenblumen (1888), Twinbooks, München; S. 407 Sebastiano del Piombo: Dorothea (nach 1512), Twinbooks, München; S. 408 Antoine Watteau: Galerie (Ende 1720), Twinbooks, München; S. 409 Rembrandt van Rijn: Landschaft mit Ruinen (geg. 1650-55), Twinbooks, München; S. 410 C. D. Friedrich, Kreidefelsen auf Rügen (um 1818), Interfoto, München; S. 411 Juan Gris: Fruchtschale und Zeitung (1916), Twinbooks, München; S. 412 Oscar Wilde (1891), Twinbooks, München; S. 414 Film »Ludwig II.« (BRD/I/F 1972), mit H. Berger; Interfoto, München; S. 417 Diego Velasquez: Las Meninas (1656), Interfoto, München; S. 419 Diego Velasquez: Las Meninas (1656) Detail Infantin Margarita, Twinbooks, München; S. 420/421 Hans Holbein: Die Gesandten, Detail (1533), Twinbooks, München; S. 422 Michael Werner: Trommel von oben, mit Schlagstöcken und Notenheft, Interfoto, München; S. 423 Hendrick ter Brugghen: Der Flötenspieler (1621), Twinbooks, München; S. 425 Musikinstrumente der Griechen, Herkulaneum, Twinbooks, München; S. 426 Virginal, nach der Musica instrumentalis, Twinbooks, München; S. 427 Der Dichter Adenz mit der Königin von Frankreich und Gräfin von Arlois, nach Miniaturgemälde des 13.Jh., Twinbooks, München; S. 428 Hans Brosamer: Hans Sachs (1545), Twinbooks, München; S. 429 Blatt eines Manuskripts aus der Bibliothek der musikalischen Fakultät Montpellier (13.Jh.), Twinbooks, München; S. 431 Bernardo Strozzi: Claudio Monteverdi (ca. 1640), Interfoto, München; S. 432 Notenschrift Händels, Twinbooks, München; S. 434 Bach am Hofe Friedrichs d.G. im Musikzimmer des Schlosses Sanssouci (Mai 1747), nach einer Zeichnung von Carl Roehling (um 1890), akg-images; S. 435 Bach, Twinbooks, München; S. 436 Notenhandschrift von Bach, C-Dur-Präludium, 1. Teil wohltemperiertes Klavier, Twinbooks, München; S. 437 Schmidt-Luchs, Büste Ludwig van Beethovens, Interfoto, München; S. 438 M. Tomek, Twinbooks, München; S. 439 Goethes Veilchen, Notenschrift Mozarts, Twinbooks, München; S. 440 Beethoven, Twinbooks, München; S. 442 Max Sandor: Franz Schubert, Interfoto, München; S. 443 Felix Mendelssohn-Bartholdy, Twinbooks, München; S. 444 Handschrift Friedrich Chopins, Eingang von Nr. 15 der Vingt Quatre Préludes, op. 28, Twinbooks, München; S. 445 Carl Maria von Weber, Twinbooks, München; S. 446/447 Stokes Marianne (1855-1927): Tristan und Isolde, Interfoto, München; S. 448 Gustav Mahler (1898), akg-images; S. 449 Richard Wagner in seiner Villa Wahnfried, nach einem Gemälde von Wilhelm Beckmann, Twinbooks, München; S. 451 Arnold Schönberg an der Tafel, Interfoto, München; S. 452 Duke Ellington mit seiner Band (1950), Interfoto, München; S. 453 Evis Presley, Auftritt in der Louisiana Hayride Radio Show (5.3.1955), Interfoto, München; S. 454/455 Giorgione: Die Drei Philosophen (1506-08), akg-images; S. 456 Raffael: Schule von Athen (1510/11), Detail, Interfoto, München; S. 458 René Descartes, Twinbooks, München; S. 459 Descartes in Amsterdam (um 1880), nach einer Zeichnung von Felix Philippoteaux, akg-images; S. 460 Thomas Hobbes: Leviathan (1651), Titelblatt, Interfoto, München; S. 461 Thomas Hobbes, Twinbooks, München; S. 463 John Lokke, zeitgenössisches Gemälde, akg-images; S. 464 Leibniz, Twinbooks, München; S. 465 Getty Images; S. 466 Jean Jacques Rousseau, Twinbooks, München; S. 467 Thomas Gainsborough: Robert Andrews mit seiner Frau, Detail (geg. 1748-50), Twinbooks, München; S. 469 Immanuel Kant: Kritik der reinen Vernunft, Titel der 1. Ausgabe (Riga 1781), Twinbooks, München; S. 470 Gottlieb Doebler: Immanuel Kant, Altersportrait (1791), akg-images; S. 472 Jakob Schlesinger: Georg Friedrich Wilhelm Hegel (1831), akg-images; S. 473 Karl Marx (1851), Interfoto, München; S. 474 Öffentliche Suppenküche in London (1867), Twinbooks, München; S. 475 Erik Henningsen: »En Folketaler« (Ein Volksredner) (1899), akg-images; S. 476 Arthur Schopenhauer, Twinbooks, München; S. 477 Chien Yung-Chih: Buddha (Prinz Siddharta Gautama) unter dem Mangobaum (Anf. 11.Jh.), Interfoto, München; S. 479 Curt Stoeving: Friedrich Nietzsche, akg-images; S. 480 Martin Heidegger (um 1962), Interfoto, München; S. 481 Cornelis Tennissen: Allegorie des Todes (1537), Interfoto, München; S. 482 Johann Schmeller (1796-1841): Johann Wolfgang von Goethe in seinem Arbeitszimmer mit seinem Schreiber, Interfoto, München; S. 484 Che Ernesto Guevara auf der Plaza de la Revolucion, Havanna, Kuba, Interfoto, München; S. 485 Börse, London (1844), Twinbooks, München; S. 486 M. Tomek, Twinbooks, München; S. 487 Fernsehserie »Unsere kleine Farm« (USA 1974-83), Interfoto, München; S. 489 Ku-Klux-Klan (1923), Twinbooks, München; S. 490 Blut und Boden, Twinbooks, München; S. 493 Herbert Marcuse mit Studenten (1968), Interfoto, München; S. 494 Christian Taillandier: Michel Foucault (ca. 1967), Interfoto, München; S. 497 Erich Rauschenberg: Geh´n wir auf deine Homepage oder auf meine?, Eichborn, Frankfurt/M.; S. 498 Hans Holbein: Die Gesandten, Detail (1533), Twinbooks, München; S. 501 Juristensitzung, Titelbild von Petri a bella pertica, Twinbooks, München; S. 502 Briefmarke: 100 Jahre Automobil, Twinbooks, München; S. 503 Hermann Vogel: Pflege der Wissenschaft in den Klöstern, Twinbooks, München; S. 504 Charles Darwin, Twinbooks, München; S. 505 Adam gibt den Tieren Namen, Fresko (Ende 12.Jh.), Twinbooks, München; S. 506 Orang Utang, Twinbooks, München; S. 507 Menschenrassen: Australier, Melanesier, Chinese, Indianer Nordam., Inder, Buschmann, Neger, Europäer, Twinbooks, München; S. 509 Erde mit Lichtstrahl, Getty Images; S. 510 Newton: Uhren im bewegten Eisenbahnzug, Twinbooks, München; S. 511 Giselle Freund: Virginia Woolf (1939), Interfoto, München; S. 513 Sofa im Wartezimmer von Siegmund Freud, Siegmund Freud Museum Wien, D. Räppold, formvorrat, Frankfurt/M.; S. 514 Johann Heinrich Füßli: Der Nachtmahr (1782), Twinbooks, München; S. 517 Jan van Eyck: Das Ehepaar Arnolfini, Detail (1434), Twinbooks, München; S. 518 Giovanni Domenico Tiepolo (1727-1804): Karneval, Interfoto, München; S. 519 Trachten der drei Stände, Twinbooks, München; S. 521 George Grosz: Stützen der Gesellschaft (1926), Interfoto, München; S. 522 stockbyte; S. 523 Mode und Frisuren (1908), Twinbooks, München; S. 524/525 Hugo van der Goes: Der Sündenfall im Paradies, Detail (1467-68), Twinbooks, München; S. 526 Hugo van der Goes: Der Sündenfall im Paradies (1467-68), Twinbooks, München; S. 528 Tätowierung eines Seemannes an Bord der USS New Jersey (Dez. 1944), Digital Stock; S. 529 Antoine Watteau: Rendezvous bei der Jagd, Detail (geg. 1720), Twinbooks, München; S. 530 Quinten Massys: Der Wechsler und seine Frau (1514), Twinbooks, München; S. 531 D. Chodowiecki (1726-1801): Das Familienblatt, Twinbooks, München; S. 532 Cornelis de Vos: Familienportrait (1631), Twinbooks, München; S. 533 Der Hl. Schutzengel, Twinbooks, München; S. 534 Frauen ziehen nach Versailles, Twinbooks, München; S. 535 Florence Nightingale (1855), Twinbooks, München; S. 537 Suffragetten ketten sich an Downing Street Nr. 10 fest (1908), Twinbooks, München; S. 538 Mode (1913), Twinbooks, München; S. 539 Alice Schwarzer (1991), Interfoto, München; S. 541 Film »Manche mögens heiß« (USA 1959), mit J. Lemmon, T. Curtis, Interfoto, München; S. 542 Gewerbe des 18.Jh.: Sattler, Twinbooks, München; S. 545 angelsächsische Konversation, Twinbooks, München; S. 547 Vincent van Gogh: Dr. Gachet, Auvers, (Juni 1890), Twinbooks, München; S. 549 Vincent van Gogh: Die Kartoffelesser (April 1885), Interfoto, München; S. 550 Marcel Reich-Ranicki, Literarisches Quartett (1995), Interfoto, München; S. 551 Fußball (1910), Interfoto, München; S. 552 Meister der Sybille: Gesellschaft im Garten, Schachspiel (15.Jh.), Twinbooks, München; S. 553 Tal Michail, Schachturnier in Leipzig, Spiel geg. Padevski (1960), Interfoto, München; S. 554 Schiller Silhouette, Twinbooks, München; S. 555 Albrecht Dürer: Hase (1502), Twinbooks, München; S. 555 Walter Moers, Arschloch in Öl: »Der betende Hase«, Eichborn, Frankfurt/M.; S. 555 Albrecht Dürer: Hände eines Apostels (um 1508), Twinbooks, München; S. 557 Rudolph Friedrich Wasmann: Minna Wasmann (1822), Interfoto, München; S. 558 Robert Musil: Der Mann ohne Eigenschaften, Buchtitel, Erstausgabe (1930), Interfoto, München; S. 559 Don Quijote, Twinbooks, München; S. 560 Alte Nationalgalerie Berlin (1866-1876), Interfoto, München; S. 563 Volker Kriegl: Im Innern des Pantheon, © Haffmanns, Zürich; S. 564 Volker Kriegl: Max Horkheimer und seine Frankfurter Schule, © Haffmanns, Zürich; S. 566 Pieter Brueghel d. Ä.: Der Turmbau von Babel (1563), Twinbooks, München; S. 568 Film »My Fair Lady« (USA 1963), mit R. Harrison, A. Hepburn und W. Hyde-White, nach dem Stück »Pygmalion« v. G.B. Shaw, Interfoto, München; S. 569 »West Side Story« (USA 1960), mit G. Chakiris, Interfoto, München; S. 570 William Hogarth (1697-1764): Das Händel Konzert, Karikatur, Interfoto, München; S. 571 M. Tomek, Twinbooks, München; S. 572 M. Tomek, Twinbooks, München; S. 576 Caroll Lewis (1861), Interfoto, München; S. 578 Moses mit den Gesetzestafeln, Interfoto, München; S. 581 E. Gebhardt: Klosterschüler, Twinbooks, München; S. 583 Giuseppe Arcimboldo: Der Bibliothekar (1566), akg-images; S. 585 Buddha Skulptur, Twinbooks, München; S. 586 Petronius Arbiter: Satyrikon, Titelkupfer einer latein. Ausgabe, Frankreich (1713), Interfoto, München; S. 590/591 Pieter Brueghel d. Ä.: Dulle Griet (um 1562/66), akg-images; S. 592 Charlie Chaplin, (20er Jahre), Interfoto, München; S. 594 Dublin, Trinity College, Bibliothek Innenansicht (1995), akg-images; S. 596 Filmplakat »Der unsichtbare Dritte« (USA 1959), mit C. Grant und E.M. Saint, Interfoto, München; S. 599 Goethe: Torquato Tasso, M. Tomek, Twinbooks, München; S. 601 M. Tomek, Twinbooks, München; S. 602 Männer unter Trokkenhaube eines Friseursalons (1967), Interfoto, München; S. 603 Getty Images; S. 605 Alfred Kerr, Interfoto, München; S. 606 Aufführung eines Passionsspieles im Mittelalter, Twinbooks, München; S. 607 M. Tomek, Twinbooks, München; S. 608 Senta Berger mit einer Miniatur des Eiffelturms, Interfoto, München; S. 610 Felix Ehrlich: Wilhelm II. (um 1897), Interfoto, München; S. 611 Wilhelm Busch: Der Partikularist, Erinnerungsblätter (1870), Twinbooks, München; S. 613 Uncle Sam, Anwerbeplakat der US-Streitkräfte (1917), Interfoto, München; S. 614 Amerikanische Jahrhundertausstellung in Philadelphia (1870), Twinbooks, München; S. 615 Film »Männer des Gesetzes« (USA 1974), mit K. Douglas und B. Dern, Interfoto, München; S. 616 Joseph Smith und ein Engel lesen das Buch Mormon, Interfoto, München; S. 617 Woody Allen (70er Jahre), Interfoto, München; S. 618 Hofbräuhaus München, M. Tomek, Twinbooks, München; S. 619 Twinbooks, München; S. 620 Filmplakat »Die Braut, die sich nicht traut« (USA 1990), mit J. Roberts und R. Gere, Interfoto, München; S. 621 Elisabeth II. (90er Jahre), Interfoto, München; S. 622 Ruderwettkampf zwischen Oxford und Cambridge (1863), Twinbooks, München; S. 623 Golfpartie, England (1870), Twinbooks, München; S. 624 Mr. Bean im Briefkasten (90er Jahre), Interfoto, München; S. 625 Feiern zum Ende des 1. Weltkriegs in London (1918), Twinbooks, München; S. 626 Eröffnung des Boulevard Du Prince Eugéne in Paris durch Napoleon (1862), Twinbooks, München; S. 628 fauler Schüler bei Strafarbeit mit einer Eselskappe aus Papier, akg-images; S. 629 Ludwig XIV. empfängt seine Minister, Twinbooks, München; S. 631 Horst Buchholz auf dem Fahrrad mit Baguette und Wein, (50er Jahre), Interfoto, München; S. 633 Barcelona, Ramblas, M. Tomek, Twinbooks, München; S. 634/635 Madrid, Stier mit Banderilos vor einem Torero, Interfoto, München; S. 637 Film »Don Camillo und Peppone« (F/I 1952), mit: Fernandel und Gino Cervi, Interfoto, München; S. 638 Film »Skandal in Ischl« (Österreich 1957), mit O.W. Fischer, M. Sandt, Interfoto, München; S. 640 stockbyte; S. 641 Zürich, nach Geb. Münsters Kosmographie (1588), Twinbooks, München; S. 643 Frans Hals: Festmahl der Georgsoffiziere (1616), Twinbooks, München; S. 644 Albert Einstein (1950er Jahre), Interfoto, München; S. 646 Vorlesung in Medizin bei Prof. Stricker (1890), Interfoto, München; S. 647 Mozart im 14. Lebensjahr, Twinbooks, München; S. 648 Film »Das doppelte Lottchen« (BRD 1950), mit: Isa u. Jutta Günther, Interfoto, München; S. 649 Film »Dick und Doof als Studenten« (USA 1940), mit S. Laurel u. O. Hardy, Interfoto, München; S. 650 Jürgen Hesse, Hans Christian Schrader, Gedächtnistraining, Eichborn, Frankfurt/M.; S. 652 Adolf Neumann: John Stuart Mill, Interfoto, München; S. 652 Delff: Hugo Grotius, Kupferstich nach einem Gemälde von Mierevelt, Interfoto, München; S. 652 Gottfried Wilhelm Leibniz, Interfoto, München; S. 652 Christian Rauch (1777-1857): Johann Wolfgang von Goethe, Marmorbüste, Interfoto, München; S. 654 Salvador Dalí vor Staffelei (1945), Twinbooks, München; S. 656 Franz Beckenbauer mit Frau Brigitte (1975), Interfoto, München; S. 658 Familie vor Fernseher (1950er Jahre), Interfoto, München; S. 659 Volker Kriegel: Rittmeister K. erholt sich vom literarischen Tagewerk; S. 661 Ziemann Sonja in ihrer Wohnung (Ende 1950er Jahre), Interfoto, München; S. 662 Porsche Carrera, Twinbooks, München; S. 663 Marlene Dietrich (1940), Twinbooks, München; S. 665 Rembrandt van Rijn: Selbstbildnis (1659), Twinbooks, München; S. 666 Apotheke Frankfurt/M. (1668), Interfoto, München; S. 668 Waldameisen auf ihrem Bau, Interfoto, München; S. 669 Film »Die große Liebe meines Lebens« (USA 1957), mit D. Kerr und C. Grant, Interfoto, München; S. 670 Hundeporträt, Stefanie Zehender, Twinbooks, München; S. 671 Großes Wappen der Union der Sozialistischen Sowjetrepubliken (UdSSR 1917-1991), Interfoto, München; S. 672 Xerxes während der Niederlage seiner Flotte bei der Seeschlacht von Salamis, Twinbooks, München; S. 672 Schlacht bei Issos , Twinbooks, München; S. 673 Evangeliar von Averboden: Kreuzigung Christi mit Antitypen (Mitte 12.Jh.), Twinbooks, München; S. 673 Julius Cäsar, Twinbooks, München; S. 674 Brustbild des Hl. Benedikt (geg. 1154), Twinbooks, München; S. 674 Mohammed, Twinbooks, München; S. 675 Donizo Handschrift (1111/1116): Kaiser Heinrich IV. mit Markgräfin Mathilde von Tuszien in Canossa 1077, Twinbooks, München; S. 675 Karl d. G. zu Pferd, Twinbooks, München; S. 676 Unbekannter Meister: Richard II. von England mit seinen Schutzheiligen (geg. 1395), Twinbooks, München; S. 676 Cosimo de Medici, Twinbooks, München; S. 677 Gerard Terborch: Der Westfälische Friede (1646), Twinbooks, München; S. 678 Napoleon auf St. Helena, Twinbooks, München; S. 679 Rote Republikaner bei der Straßenbarrikade in Paris (1848), Twinbooks, München;

Umschlagklappe hinten (von links): Jacques-Louis David: Der Schwur der Horatier (1784); Queen Victoria, Twinbooks München Umschlagrückseite (von links): Abraham Lincoln Briefmarke, Twinbooks, München; Hans Holbein: Porträt Heinrichs des VIII. im Hochzeitskleid (1540), Twinbooks, München; Karl Marx, Twinbooks, München; Frederick de Wit: Der Umlauf der Erde um die Sonne (1680), Ausschnitt aus der Himmelskarte »Planisphaeri coeleste«; Raffael: Die Madonna Tempi (ca. 1505), Twinbooks, München; Wilhelm Busch: Max und Moritz (1865) Rücken: Sandro Botticelli: Geburt der Venus, Detail (ca. 1477/78), Twinbooks, München Umschlagvorderseite: Mozartkugel, M. Tomek, Twinbooks, München; Vincent van Gogh: Sonnenblumen (1888), Twinbooks, München; Buchregal aus: Barker/At Home with Books, © Christopher Sykes/The Interior Archive; Pieter Brueghel, Der Turmbau zu Babel (1563), Twinbooks, München; Albert Einstein (1944), Twinbooks, München; Die deutsche Kaiserkrone Corona aurea

Nachwort

Bücher sind wie Kinder: brain-children, wie Athene direkt aus dem Haupt ihres Vaters geboren. Dieses Buch war ein Glückskind. Es hat schnell seinen Weg zum Herzen der Leser gefunden. Viele von ihnen haben mir Briefe mit Fragen geschrieben. Ich will versuchen, eine Anzahl von ihnen zu verdichten und auf einmal zu beantworten.

Unter den Zuschriften war auch eine Blütenlese eines Lehrers aus Schüleraufsätzen mit so göttlichen Heulern wie: »Die Ureinwohner des alten Ägypten hießen Mumien«, »David kämpfte gegen die Philatelisten« oder »Weil er päpstliche Ablässe verkaufte, wurde Luther an die Schloßtür von Wittenberg genagelt«. Als ich bei einer Lesung einige von ihnen zum besten gab und zu dem Satz kam: »Sokrates starb an einer Überdosis von Schillingen«, erhob sich ein junger Mann und sagte: »Was soll mir Sokrates? Ich will nicht alte, sondern neue Informationen«. Der Ton, in dem er das sagte, erinnerte mich an Hamlets Erstaunen über einen Schauspieler, der aus Mitleid mit der Königin von Troja in Tränen ausbricht: »What's Hecuba to him or he to Hecuba that he should weep for her?«. Was soll uns der Tod des Sokrates, daß wir um ihn weinen sollten?

Nun, die Stadt Athen hatte gerade die Demokratie erfunden. Damit hatte sie sich in einen Debattierclub verwandelt. Alle alten Wahrheiten wurden angezweifelt. Da erschien Sokrates und bot der Jugend ein neues Fundament an: Philosophie, freie Argumentation, Vernunft, kurzum, Bildung. Und er machte sie attraktiv durch dialektische Winkelzüge, logische Scherze und spielerische Überraschungen. Prompt trat ein Wohlfahrtsausschuß der Political Correctness zusammen und verurteilte ihn wegen Frivolität und Verführung der Jugend zum Tode. »Sokrates war der erste Märtyrer der Bildung«, schloß ich meine Begründung, warum man ihn kennen müsse, »und Bildung ist etwas anderes als Information«.

»Und? Was ist der Unterschied«, fragte der junge Mann. Ich wollte gerade zu einer neuen Tirade ansetzen, da fiel mir H. M. Enzensbergers Vergleich zwischen Melanchthon und der Friseurin ein. »Was meinen Sie wohl, wer mehr wußte«, fragte ich zurück, »der Humanist und Reformator Melanchthon oder eine heutige Friseurin?« »Na, ich vermute Melanchthon.« Jetzt hatte ich ihn, wo ich ihn haben wollte. »Nicht unbedingt«, entgegnete ich, »natürlich kannte Melanchthon die Autoren der Antike, die Lehrbücher der Grammatik und der Rhetorik, die Schulphilosophen und die Kirchenväter, ganz abgesehen davon, daß er das Lateinische, das Griechische und Hebräische beherrschte. Aber die Friseurin kennt sämtliche Werbesprüche und Schlagertexte der Zeit, hunderte von Filmen, die Biographien unzähliger Schauspieler und anderer Prominenter, die Preise und Eigenschaften sämtlicher Kosmetikartikel, ganz zu schweigen von den Geheimnissen zahlloser Kuren, Diäten, Fitnessprogramme und Therapien. Gemessen in Bits und Megabytes ist die Informationsmenge, über die sie verfügen, durchaus vergleichbar. Aber: Das Wissen der Friseurin hat eine äußerst schwache Struktur, es ist ohne erkennbare Ordnung. Und es hat eine äußerst kurze Lebensdauer. Sein Wissen dagegen hat eine starke Struktur: Es enthält die Leitunterscheidungen der Kultur; es bezieht sich weitgehend auf Symbolsysteme, von denen aus andere Wissensprovinzen zugänglich werden. Und es hat eine lange Lebensdauer. Da haben Sie den Unterschied zwischen Information und Bildung.«

Als ich geendet hatte, erhob sich ein weiterer Zuhörer und sagte: »Ich bin Informatiker. Die Informationen können wir ruhig den neuen Medien überlassen. Wir können Information speichern, vervielfältigen, neu sortieren und kopieren. Nicht im Zugriff auf die Information wird künftig das Problem liegen, sondern in der Auswahl. Was wir brauchen, sind Selektionsprogramme.« Ich brauchte nur noch hinzufügen, daß solche Selektionsprogramme ja auch Bildung genannt werden können.

Warum aber tun die Intellektuellen des Feuilletons so, als sei Bildung ein schmutziges Wort, das man allenfalls ironisch gebrauchen dürfe, indem man »Büldung« sagt? Warum haben sie mich für den Schierlingsbecher vorgeschlagen, nur weil ich das Wort Bildung in den Mund genommen habe? Was ist mit der Bildung in Deutschland geschehen, daß die Kultusbürokraten ganz schamlos vom »Bildungsgesamtplan« sprechen, bei dem Wort Bildung aber instinktiv ihre Blöße bedecken? Antworten wir mit dem Rückgriff auf einen fetten Bildungsbrocken aus der Hecuba-Abteilung: dem Hamlet. Bekanntlich begegnet der Prinz um Mitternacht dem Geist seines ermordeten Vaters. Dieser sagt, er komme aus dem Fegefeuer. Hamlet aber hat in Wittenberg studiert, der Hochburg des Protestantismus, und Melanchthon und Luther hatten das Fegefeuer abgeschafft. Das war eine Kulturrevolution ersten Ranges. Im Fegefeuer lebten die Toten nämlich weiter, zwar in einer anderen Welt, aber in der gleichen Zeit wie die Lebenden. Sie waren für diese im Prinzip erreichbar, denn sie konnten durch eine Seelenmesse oder eine Fürbitte oder einen Ablaß deren Los lindern. Mit der Abschaffung des Fegefeuers wurden die Toten von den Lebenden getrennt und dem Strom der Zeit überantwortet. Sie verschwanden im Dunkel der Vergangenheit. Erst dann waren sie wirklich tot. Das aber – so zeigt der Hamlet – ließen sie sich nicht gefallen: Sie kehrten wieder als Geister.

Verallgemeinern wir das für uns, so kann man sagen: Eine kulturelle Ordnung, die plötzlich abgeschafft wird, wird gespenstisch. Das ist auch in Deutschland mit der Bildung geschehen. Sie hat im Dritten Reich mit dem moralischen Kollaps des Bildungsbürgertums versagt, und 1968 wurde sie exekutiert. Seitdem sehen die Intellektuellen des Feuilletons, wenn von Bildung die Rede ist, einen Wiedergänger, und ihnen stehen die Haare zu Berge.

Was erschreckt sie da? Wenn wir ein wenig schnüffeln, merkt man es bald: Bildung ist eine spezifisch deutsche Zivilisationsidee. In den westeuropäischen Ländern kennt man sie in dieser Form nicht. Statt dessen wurde in den Hauptstädten und großen Höfen eine Verhaltenskultur ausgebildet, die von einer aristokratisch-urbanen »guten Gesellschaft« getragen war. Sie orientierte sich nicht an Bildungswissen, sondern an den Tugenden der Geselligkeit: Weltläufigkeit, *good sense*, gewinnende Manieren, Charme, Witz, Esprit und Unterhaltsamkeit. Zur gleichen Zeit versank Deutschland im Dreißigjährigen Krieg und danach im Provinzialismus: Weder gab es eine Hauptstadt noch eine gute Gesellschaft, die dem Rest als Vorbild hätte dienen können. Statt dessen gab es Bildung. Sie war die Fortsetzung der protestantischen Weltfrömmigkeit mit anderen Mitteln, eine persönliche Heilserwartung, die als Bildung zur reinen Innerlichkeit und zur Persönlichkeitskultur wurde. Weit erhaben über die als oberflächlich denunzierte Geselligkeit, war sie an wirkliches Verhalten nicht gebunden. Sie besaß keinen

»Sitz im Leben«. Als es im Dritten Reich zum Test kam, war sie gelähmt.
1968, als man der Bildung den Prozeß machte, wurde diese religiöse Komponente nicht durchschaut. Statt dessen übernahm man sie in die Urteilsbegründung und setzte sie fort. Damit wurde Bildung zu einer negativen Theologie mit Tabus und Verboten: Du sollst nach Auschwitz kein Gedicht schreiben. Du sollst keine unterhaltsamen Geschichten schreiben, und – wenn du sie siehst – sollst du sie diskreditieren. Du sollst alles, was Freude macht, mit Mißtrauen ansehen. Du sollst dich nicht am Formenreichtum der Kultur erfreuen. Du darfst Bildung nie mit Unterhaltung verbinden. Du darfst kein positives Verhältnis zu gelungenen Formen der Kultur gewinnen. Du sollst die Tugenden der Grämlichkeit und Freudlosigkeit pflegen, denn die Welt ist eine Katastrophe, und die Kultur existiert nur im Modus ihres Scheiterns.
Mein Buch hat gegen diese Position Stellung bezogen, denn: Sie trennt uns von unseren westlichen Nachbarn. Sie setzt den fatalen deutschen Sonderweg fort. Sie verurteilt uns, weiter im Szenario des Hamlet eingeschlossen zu bleiben, wie der düstere Prinz selbst – ein melancholischer Hysteriker und ein selbstmörderischer Komödiant, wie es irgendwo im Buch heißt, der sich mit ideologischen Fieberträumen und Halluzinationen des Selbstzweifels herumschlägt –, verfolgt von Wiedergängern und Gespenstern. Mein Buch hat diesen Bannkreis des Hamlet verlassen. Es hat versucht, die Gespenster zu verscheuchen. Durch die Aufklärung. Es hat unser kulturelles Gedächtnis an der Zivilisation Westeuropas ausgerichtet, in der sich Bildung in realer Kommunikation bewähren muß.
Erst wenn wir Teil dieser kulturellen Erbengemeinschaft geworden sind – so glaube ich –, sind wir nicht mehr dazu verdammt, den Hamlet immer wieder zu spielen – weil wir ihn dann verstehen.
Viele Leser haben mit ihren Korrekturen und Änderungsvorschlägen zur Verbesserung des Buches beigetragen. Da es unmöglich ist, alle zu nennen, möchte ich stellvertretend für sie der ebenso gründlichen wie großherzigen Anni Roos danken: Nicht nur hat sie die meisten Fehler entdeckt, sondern auch mehr als ein Quentchen Gnade für mich in ihrem Herzen.

Hamburg, im Mai 2000

Über die, die zur Entstehung dieses Buches beigetragen haben

Als die heutigen Studenten geboren wurden, habe ich am englischen Seminar der Uni Hamburg eine Theaterwerkstatt gegründet, die in jedem Semester ein englischsprachiges Stück aufführt. Zu jeder Inszenierung wird eine Programmzeitung mit ca. 30 Artikeln herausgegeben, die Hintergrundinformationen zum Autor, zum Thema und zur Formensprache des Stückes enthalten. Dazu bildet sich jedesmal ein Redaktionsteam, dessen erste Zusammenkunft seit vielen Semestern mit folgender Frage eröffnet wird: »Was können wir bei unserem Publikum an Wissen voraussetzen, und was müssen wir ihm erklären?« An der zunehmenden Beliebtheit dieser Programmzeitung bei Schülern und Lehrern ließ sich ablesen, daß wir unser Publikum immer genauer einschätzen konnten. Das Redaktionsteam besteht – abgesehen von mir selbst – ausschließlich aus Studenten. Von ihnen habe ich mehr als von irgend jemand sonst gelernt, was in dieses Handbuch hineingehört.
Zu den ehemaligen Mitgliedern dieser Theaterwerkstatt gehört auch Andreas Dedring, der das meiste zu dem Kapitel über Musik beigetragen hat, obwohl ich natürlich für seine endgültige Form verantwortlich bin. Andreas hat die Musik zu unserer Macbeth-Travestie *Macbarsh* geschrieben, die nach der Barschel-Affäre im Deutschen Schauspielhaus aufgeführt wurde, das Mozart-Stück *Amadeus* von Peter Shaffer inszeniert und in Anglistik und Musikwissenschaft Examen gemacht.
Für Hilfe und Anregungen bei der Abfassung des Kapitels über Kunst bin ich zwei Doktorandinnen verpflichtet, die in Kunstgeschichte ihr Examen abgelegt haben: Barbara Glindemann gehört ebenfalls zum Team der Theaterwerkstatt und hat eine Arbeit über Inigo Jones geschrieben. Gegenwärtig schließt sie gerade ihre Dissertation über »Creative Writing in England und Deutschland« ab, die von der FAZIT-Stiftung unterstützt wurde. Christiane Zschirnt hat mein Verständnis von moderner Kunst erheblich erweitert. Sie schreibt gegenwärtig an einer Dissertation über »Literarische Ohnmachten und die Erfindung des Unbewußten« und an einem Shakespeare-Lexikon.
Um das Handbuch nicht nur von den extrem nördlichen Erfahrungen Hamburger Provenienz abhängig zu machen, wurde ein südliches Kontrollverfahren angewandt. Frau Angela Denzel, Oberstudienrätin am Helmholtz-Gymnasium in Heidelberg, hat vor Abschluß des Handbuchs große Teile des Manuskripts mit Schülern besprochen und deren Reaktionen systematisch ermittelt. Die daraus gewonnenen Erkenntnisse sind in das Handbuch eingegangen. Ihr und dem Helmholtz-Gymnasium möchte ich besonders danken.
Zu danken habe ich auch meiner Familie, meiner Frau Gesine und unseren Kindern Christoph und Alexandra, sowie allen Bekannten und Freunden, Anrufern und Besuchern einschließlich des Zeitungsausträgers und Postboten: Sie alle haben über ein halbes Jahr von mir nichts anderes zu hören bekommen als Fragen über das, was sie wissen und was sie über das Wissen der anderen wissen, ohne daß auch nur einer von ihnen damit gedroht hätte, mich mit dem großen Brockhaus zu erschlagen.
Ein ganz besonderer Dank gebührt auch dem unvergessenen Hubertus Rabe vom Rowohlt Verlag, vormals bei Hoffmann und Campe: Die anregenden Gespräche mit ihm haben den Weg bahnen helfen, der schließlich zu dem Handbuch geführt hat. Das gleiche gilt für die langjährigen Mitarbeiter und Freunde aus der Theaterwerkstatt und der Universität: Patrick Li, Peter Theiss, Susanne Maiwald, Tina Schoen, Martina Hütter, Nina Stedman, Dominic Farnsworth, Alexander Koslowski und Stefan Mussil.
Und last but not least möchte ich der ersten Leserin dieses Handbuchs danken: Virginia Kretzer, die die immer neuen Varianten des Manuskripts geschrieben hat und dabei manchen Hinweis auf unverständliche Passagen und verdrehte Erklärungen hat fallen lassen. Daß sie begradigt wurden, hat die zweite Leserin ihr zu danken. Mögen ihr Hunderttausende Leserinnen und Leser folgen und sich dieses Handbuch zu eigen machen: Es gehört ihnen.